主编　王振良

九河寻真

2018

万鲁建　编

天津社会科学院出版社

图书在版编目（CIP）数据

九河寻真. 2018 / 万鲁建编. -- 天津 : 天津社会
科学院出版社, 2020.1
（问津文库 / 王振良主编）
ISBN 978-7-5563-0628-2

Ⅰ. ①九… Ⅱ. ①万… Ⅲ. ①天津－地方史－文集
Ⅳ. ①K292.1-53

中国版本图书馆 CIP 数据核字(2019)第 298076 号

出版发行：天津社会科学院出版社
出 版 人：张博
地　　址：天津市南开区迎水道 7 号
邮　　编：300191
电话/传真：(022)23360165（总编室）
　　　　　　(022)23075303（发行科）
网　　址：www.tass-tj.org.cn
印　　刷：天津市天办行通数码印刷有限公司

开　　本：880×1230 毫米　1/32
印　　张：24.625
字　　数：550 千字
版　　次：2020 年 1 月第 1 版　2020 年 1 月第 1 次印刷
定　　价：98.00 元

书写天津史 服务新时代

任吉东

万鲁建兄所编 2018 年度《九河寻真》即将付梓,这是非常值得庆贺的事。《问津文库》推出《九河寻真》系列文集,已经坚持了六年之久。这个按年出版的文集,每部都荟萃当年天津史研究的精华,全面反映出天津史研究繁荣昌盛的局面。由于水平有限,对于诸位大家的文章我不敢轻易置喙,只能借此机会简单谈一下自己对天津史研究的粗浅看法。

天津是近代中国国际化程度最高的城市之一,原因是多方面的:其政治地缘使其分担了首都的部分功能,是对外联络的窗口;存在着国别最多的外国租界,中外文化交流频繁;优越的地理位置又决定了天津是华北地区的经济龙头,承担着对外贸易的桥梁作用等。这样的历史背景和条件,自然引起不同时期中外学者对天津史的广泛关注,"研究这两个城市(另一个是上海——作者注),意味着综合考察中国各城市所具有的特性"。因此,针对天津历史的研究无疑是汗牛充栋,不胜枚举。

按照时代划段,1949年以前的天津史研究多为史地资料类作品,以对天津的各种社会调查以及风土人情、城市概貌为主,内容以描述性传记类居多。这些作品从不同的侧面展示了近代天津市的市情市貌和时代特点,其中大量的数据,广博的知识,丰富的史料,每为后来的研究者所重视,也为近现代天津地方史研究打下了扎实的基础。

1949年以后天津城市史研究进入新的时期,从研究内容及方法上可以分为三个阶段:第一阶段是中华人民共和国成立到改革开放前的三十年,此阶段的特点体现在研究队伍开始形成,研究内容主要以中共革命史、工人运动为主,并伴有大量的社会调查和资料汇编,进一步为天津城市历史研究奠定了史料基础。第二阶段是从改革开放到20世纪末,此时史学研究者集体迸发出研究激情,城市迅速发展也为天津史研究提供了一定的平台,社会史与城市史理论方法的运用更是为天津史研究增加了活力,与国际学术界的接轨和中外学者的交流也在此时开始。第三阶段是21世纪至今。新时期的研究一方面主要借助历史地理、社会学等新的理论方法,从国家与社会、天津与腹地等方面进行研究,尤其重视空间、社会阶层的概念与解读;另一方面则是有计划地编纂专题史研究、档案资料汇编、外文资料汇编等丛书和资料的整理出版。

总结以上研究趋势,我们可以看到天津城市史研究"历代皆有才人出,各领风骚数十年",取得了显著进展和长足进步,研究的领域日趋多样,研究者的队伍也日趋壮大。更为可喜的是,随着史学爱好的普及化与史学研究的大众化,更多的专家学者与爱好者纷纷参与到天津城市历史的编著中来,为天津史研究注入了新鲜血液与新的活力。其中,以王振良先生发起的问津书院建树尤伟,可谓功不可没,而年度推出的《九河寻真》之坚持,无疑就是诸位先生倾尽心血耕耘的汇总与见证。

习近平同志指出,"哲学社会科学是人们认识世界、改造世界的重要工具,是推动历史发展和社会进步的重要力量,其发展水平反映了一个民族的思维能力、精神品格、文明素质,体现了一个国家的综合国力和国际竞争力",而"当代中国正经历着我国历史上最为广泛而深刻的社会变革,也正在进行着人类历史上最为宏大而独特的实践创新。这种前无古人的伟大实践,必将给理论创造、学术繁荣提供强大动力和广阔空间"。这样伟大的使命和伟大的时代,是我们哲学社会科学工作者尤其是天津哲学社会科学工作者的光荣所在与幸运所在。

而伴随着新时代中国城市现代化的飞速发展,我们更加迫切需要总结历史经验,寻找历史规律,规划发展蓝图,因此瞻望未来,天津城市史研究任重道远,还有许多课题急待解决。撮其大要略述如下:

一是研究理论的创新化与权威化。毋庸讳言,天津城市历史的研究成果大部分还停留在现象的描述上,多为"传记体"研究,缺乏具有中国特色的城市发展尤其是近代城市发展的权威性的理论体系,对天津城市史研究的基本内涵和基本线索、城市发展的动力机制、城市现代化的主体脉络等有深度的成果难得一见。因此迫切需要在引进和介绍西方的理论的同时,大力推动本土的宏观理论研究创新化。

二是研究方法的交叉化与综合化。在以往的研究中,运用历史研究方法的成果较多,而综合运用经济学、社会学、城市学研究方法的成果尚不多见。天津城市史本来就是多学科的综合体,应该大力借鉴历史地理、社会学、人类学、建筑学等相关学科的基本理论知识,特别是对新人文文化史、网络分析理论、空间理论等的吸收引进。

三是研究领域的广度化与整合化。以往研究中,在横向上注重内向性研究,缺乏从商品、资金、人口流动等方面深入研究城市与乡村、腹地关系以及城市生态环境、人文与社会关系、城市内外与环境关系的研究;在纵向上则缺少对传统、近代以及当代不同时期融会贯通且有一定深度的研究,缺少对政治、经济、社会控制,特别是信仰、观念、社会生活和文化习俗等方面继承性和融合性的研究,对当代研究也不够关注。这些缺憾需要天津的广大史学研究者齐心协力,为推动天津城市历史研究开辟更大空间。

"中国的昨天已经写在人类的史册上,中国的今天正在亿万人民手中创造,中国的明天必将更加美好。"今年恰逢中华人民共和国成立70周年,也是天津市解放70周年,缅怀历史,我们豪情万丈,放眼未来,我们壮志满怀。天津历史研究者要立时代之潮头,通古今之变化,发思想之先声,为历史立像,为时代立传,充分书写天津城市和天津人民的奋斗实践历程,深刻解读变革发展中所蕴藏的内在逻辑和内在规律,开拓当代天津研究的新领域、新局面、新气象,发挥对天津经济社会发展的智力支撑作用,为天津未来的改革开放和建设发展作出新的贡献。

2019年10月26日

目　录

人物与事件

社会与文化

综述与随谈

附 录

风俗与史迹

18世纪前期海河水系与天津设府的外部动力

张慧芝

天津城发祥于南、北运河交汇处,属典型的漕运城市。金元以降,海防发展军事职能见重,明永乐二年(1404)筑天津卫城,清雍正三年(1725)升卫为州,同年九月升直隶州,九年(1731)设府,六年间行政级别连升3级,探究其间缘由,内外诸因皆与海河水系相关。

一、"水陆通衢"与1731年天津设府

雍正九年(1731)四月,直隶总督奏请天津直隶州升府,主要理由是该州"系水陆通衢,五方杂处,事务繁多,办理不易,请升州为府"①,旨在保证水陆枢纽畅通,并有效解决其管理问题。

———————————

① 《清世宗实录》卷103,九年二月丙辰条。

(一)天津设府概况

顺治九年(1652)天津三卫合一,依然是军事建制;雍正三年改卫为州,隶河间府,始变为行政区划,亦标志着城市职能的质变;同年九月,升直隶州;雍正九年四月,升府。6 年之内行政地位连升三级,直观地反映了当时天津地缘位置的重要。

雍正三年设州后,辖区尚不清晰,"天津所管屯庄俱在各州县,远有三四百里不等,津城附近,反无统属,西门、南门以外即为静海县地方,北门、东门以外仅隔一河,又系武清县地方"①。辖界不明必然给管理带来困难,故是年八月长芦盐政奏请:"将天津州改为直隶州,分武清、静海、青县三邑属之。至若天津旧辖之夐远屯民,即就近分隶于各该州县,其附近天津百里内村民,向为武清、静海所属者,查明丁户、地亩、钱银,相度地势,俱为天津州管辖,如此则经整齐……"②同年九月,升直隶州,划定辖武清、静海、青县三县,但具体实施拖至雍正八年(1730),武清县下辖的 143 个村庄及静海和沧州地区 113 个村庄才名副其实划归。

雍正九年四月升天津府,"附廓置天津……。此新设一县,同该州原辖青县、静海及沧州、南皮、盐山、庆云一州三县,统归新升之府辖。其旧设之河间府海防同知,应就近该属天津"③。至此,辖区已扩至六县一州,即天津、静海、青县、南皮、盐山、庆云和沧州。清初

---

①莽鹄立:《奏为请正疆域,以便吏治事》,吴惠元修:《续天津县志》卷十六《艺文(一)》,清同治九年(1870)刻本,第 1 页。
②莽鹄立:《奏为请正疆域,以便吏治事》,吴惠元修《续天津县志》卷十六《艺文(一)》,清同治九年(1870)刻本,第 2 页。
③《清世宗实录》卷 103,九年二月丙辰条。

不到 80 年间，天津不仅完成了由军事卫所向行政建制的转变，且行政地位由三级连升。

(二)海河"逆潮"与天津早期城市空间范围

京师北迁海河流域，天津作为水运枢纽崛起。因北运河水量远不及南方，漕船、海船需换小船才可继续北进京师；所以渤海湾逆潮抬升海河河道水位的范围就决定了码头、仓廒的分布，或曰水陆及河海联运枢纽的位置。

1. "潮不过三杨"与海潮大致范围

海河尾闾地势平缓，受潮汐力影响极大，古代有"逆河"之谓，《畿辅通志》释曰"以海水逆潮得名"。在渤海湾潮汐顶托下，河道水位托高数米、逆向延伸十几里，可使海船直接驶入。潮水逆流的范围，有"潮不过三杨"之说。这一说法最早见诸嘉庆年间樊彬所作《忆江南·津门小令》，光绪十八年(1892)有人释之："邑有'潮不过杨'之说，事亦甚奇。每潮溢时，御河潮至杨柳青止，北河潮至杨村止，西河潮至杨芬港止，过此无潮。"[1] 蠡测逆潮顶托河道的范围：南运河不过杨柳青镇，北运河不过杨村，子牙河不过杨芬港镇。因潮汐强度呈周期性变化，具体位置难以准确界定。

后世对"潮不过三杨"细化解读，大致有两种：(1)北运河抵杨村，南运河抵程官屯，子牙河抵王庆坨。此说法最早见于《大明一统志》，《天津县志》[2]《津门杂记》[3]沿袭。(2)北河潮抵杨村，南运河抵

---

①李庆辰：《醉茶志怪·潮异》，齐鲁书社 2004 年版，第 64 页。
②朱奎扬、张志奇《天津县志》卷五《山川志·大沽口》，乾隆四年刻本，第 20 页。
③张焘撰，丁绵孙、王黎雅点校《津门杂记·海口》，天津古籍出版社 1986 年版，第 4 页。

杨柳青,子牙河抵瘸柳树,见于光绪《重修天津府志》[①]、光绪《青县志·艺文志》[②]、民国《天津政俗沿革记》[③]等。二则差异不大,逆潮可过三岔河口,确保了海河干流段水量。1958 年天津市修建海河防潮大闸,有效阻拦了海水逆溯的同时也阻拦了海轮的驶入。

2. 海潮对水运的影响与天津早期城市空间

民间有"先有三岔口,后有天津城"之说。海河尾闾、濒临渤海湾决定了天津水运的两种动力:一是海河水动力,二是大海潮汐力,这两种"水力"合力之处,便是天津作为水运枢纽的大致范围。《天津卫志》引明代文献:"三岔河在津城东北,潞、卫二水会流。潞水清,卫水浊,汇流东注于海"[④]。海河、南运河(潞河)、北运河(卫河)交汇故名三岔口,是海河干流起点。1918 年裁弯取直前,它位于天津城东北隅,即今狮子林桥附近。自隋朝永济渠开通,成为航运枢纽;后随漕运发展、水旱码头形成,逐步成为商品集散中心。金代以后,北京依靠政治力量的聚集效应,成为全国最大的消费中心,南方物资北运主要依赖水运,如元人记:"东吴转海输粳稻,一夕潮来集万船"[⑤];至清亦云:"河海会流,三汊深邃"[⑥]。可见,渤海逆潮对海河干流航道水量的影响。

三岔河口是海运、河运物资转输北京的中枢,因逆潮过不了杨

---

①沈家本、荣铨:《重修天津府志》卷 20《舆地二·山水·水道图说 治河诸说》,光绪二十五年(1899)刻本,第 7 页。

②沈联芳:《青县志》卷 6《艺文志》,光绪三十一年(1904)刻本,第 88—89 页。

③王守恂:《天津政俗沿革记》卷 2《河渠》,1938 年刻本。

④薛柱斗:《天津卫志》卷 1《形胜》,康熙十七年(1678)补刻本,第 36 页。

⑤王懋德:《直沽》卷 22《艺文》,乾隆四年(1739)刻本,第 2 页。

⑥陈廷敬:《海门盐坨平浪元侯庙碑记》见朱奎扬、张志奇:《天津县志》卷 21《艺文》,乾隆四年(1739)刻本,第 8 页。

村,物资只能在北仓卸下来囤储,再换成小型驳船转运。明代在天津北门外大街的南运河岸设立常关,所有船只皆须停泊附近,验关纳税,这条街也被称为"北大关"。清承明制,因漕运进一步发展,加之行政建制的设置与提升,南运河两岸新建的码头、货栈、商店、客栈不断增加,渐成为天津商业、娱乐业中心。

(三)水运、盐业与天津府辖区的"南向延伸"

古代行政中心多遵守"居中"原则,国都要位于"天下之中",县城要居"方圆百里"之中,府州等治所位置大致如斯。天津升府及此后很长一段时间,府城却位于辖区最北端,而辖区南向延伸至山东接壤之地。

1. 天津府辖区的"南向延伸"

雍正九年天津升府,辖区已扩大到静海、沧州等六县一州,管辖范围:东界于海,东南界武定府海丰县,南界武定府乐陵县,西界顺天府霸州,西南界河间府东光县,西北界顺天府东安县,北界顺天府宝坻县。辖区和后世有很大不同,主要呈现在向南、东南、西南方向的大幅延伸:其东南界远达 320 里,西南界为 250 里,正南界 260 里。而现在的天津市则是向北、东北、西北方面扩展,清代属顺天府的蓟县(今蓟州区)、宝坻、武清、宁河划归了天津,而属天津府管辖的沧州、青州、南皮、盐山各县已改属河北省,庆云县亦于 1965 年划入山东省。

清代天津府辖区南向扩展的态势表明:这一新兴城市兴起的动力和兴起后功能,既不同于内地的传统封建政治中心城市,也不同于其他沿海的封建工商业城市。天津城市在 18 世纪初期迅速崛起主要得益于其海河尾闾、濒临渤海、接壤京师的地缘位置,由此海河流域的外向型发展、南北河海联运中枢、京师物资供给和军事安全就成为其城市的主要职能。辖区"南向延伸"与上述职能关系密切。

2."南向延伸"的水运和盐业意义

首先,可使直隶境内的大运河大致位于天津府辖区。天津府南部与山东省武定府乐陵县接壤,如此大运河由山东经天津府就直接入京了,"运河自京师经直沽、山东,下达扬子江口,南北二千余里,又自京口抵杭州,首尾八百余里,通谓之运河"①。运河由山东入直隶省,经古城、吴桥、东光三县,便进入天津府辖区,要经过南皮、沧州、青县、静海、天津、武清、香河六县一州,然后入顺天府通州。

其次,可使长芦盐区大部位于天津府治辖区内。长芦盐区得名于明代,主要分布于今天河北省和天津市的渤海沿岸:南起黄骅,北到山海关南。清初长芦巡盐御史"以衙署在京,无事退居私室,恐滋弊端。天津为盐务总汇之地,奏请移驻天津,督催引课为便。"②奏请获准后,康熙七年(1668)和十六年(1677),长芦巡盐御史署、长芦盐运司,分别从北京、沧州移驻天津,天津始成为长芦盐产销中心。辖区南延,就使长芦盐区大部位于天津府辖区之内,便于管理。

二、清廷对海疆的关注与1725年天津水师营的设立

18世纪前期西方许多国家已经完成了封建社会向资本主义的

---

①国史馆校注:《清史稿校注》第5册,卷134《河渠二·运河》,台湾商务印书馆1999年版,第3670页。
②黄掌纶等撰,刘洪升等校:《长芦盐法志》卷19《营建·学校》,科学出版社2009年版,第406页。

转变,海上殖民掠夺不断,大清王朝内一些开明人士也开始关注海疆问题。

(一)清初国防对海疆的关注

成书于雍正八年(1730)的《海国闻见录》,论述了北起渤海湾、南达北部湾、逾3.2万公里海岸线的水文、地貌、航运、海防等概况,对以京津为中心的渤海湾写道:"天下沿海形势,从京师、天津东向辽海、铁山、黄城、皮岛,外对朝鲜,左延东北山海关、宁远、盖平、复州、金州、旅顺口、鸭绿江而抵高丽,右袤东南山东之利津、清河、蒲台、寿光、海仓口、登州而至庙岛成山卫。"①陈氏的论述极具科学价值,折射出当时人们对海上贸易、海防的关注。

康熙晚年曾告诫:"海外如西洋等国,千百年后中国必受其累"②;雍正也曾言:"苟万千战艘来我海岸则祸患大矣"③。《天津通志·大事记》等记载了康熙帝南巡时分别于康熙八年(1669)、二十四年(1685)、三十三年(1694)、三十八年(1698)、四十五年(1705)路过天津,其中第三次来津曾巡视海边疆,第四次来天津曾"命总兵官潘育龙阅兵演武场"。天津作为"京师东面噤喉之地"④,海防作用一目了然。

(二)天津的水上门户地位

天津西接京师,"当海河之要冲,为畿辅之门户",明代因抗倭

---

①陈伦炯:《海国闻见录》卷上《天下沿海形势录》,见魏源:《魏源全集》第17册《皇朝经世文编》卷70至卷89《兵政》,岳麓书社2004年版,第499页。

②王庆云:《石渠余记》卷六《纪市舶》,北京古籍出版社1985年版,第283页

③徐宗泽:《中国天主教传教史概论》,上海书店1990影印本,第256页

④顾祖禹:《读史方舆纪要》卷13《直隶四·河间府》,中华书局1955版,第583页。

援朝海战需要,设立天津海防巡抚,"海防营,在县①东北。《志》云:其地名葛沽,去天津卫城六十里,又天津之外护也"②。迄清海疆变化,天津"水上门户"日渐重要,如1759年英国人洪仁辉到天津海口,并企图由此入京,1793年马噶尔尼使华也是在天津海口登岸,至第一次鸦片战争大沽口的军事地位空前重要:"天津——位于运粮河和白河的交叉点的大商业城市。……聚集在那里的漕船的火焰,如果需要的话,再加上该城的火焰,就会唤醒皇帝的恐惧感,而我们自己的条件就可以达到"③。大沽口成为近代北京的咽喉、真正的水上门户。

雍正四年(1726)"宪皇帝念津门附近京畿,海防綦基,因设满洲水师都统一员"④,在海河入海口——大沽口设置满洲水师营,这是当时最大的八旗水师营,后在海口南北设置炮台,并多次增添构筑了大沽口海上防御体系。光绪二十六年(1900),八国联军攻陷大沽,劫掠津京,次年签订的《辛丑条约》内容之一便是全部拆毁大沽炮台,削弱天津海上防御力量。

三、18世纪前期海河水系的"内河航运"和"河海联运"

地理位置、渤海逆潮等特征,决定了天津成为北京的漕运、海运仓廒,老城鼓楼东面悬"声闻于天"的匾额,反映了当时天下货物汇聚于此的繁华。

①清代天津县。
②顾祖禹:《读史方舆纪要》卷13《直隶四·河间府》,商务印书馆1937年版,第584页。
③齐思和等:《鸦片战争》(第5册),中国近代史资料丛刊,神州国光社1954年版,第89页。
④昭梿:《啸亭杂录》,卷4,中华书局1980年版,第106页。

(一)海河流域社会经济的发展与外向型需求

17、18世纪清王朝国内市场开始逐步突破区域性地方市场,向全国性市场发展。具体到海河流域,一则内部贸易量增加,二则面向流域之外的外向型经济也进一步发展。

1. 粮食供给需要流域内部调剂和外部输入两种途径解决

首先,流域内部贸易增加。海河流域的农业区集中在中游平原,四周太行山、燕山山脉需农牧兼营,这就导致内部供给不平衡。京师迁入海河流域后,人口更为密集,明清小冰期、摊丁入亩政策实施等因素,使粮食问题加剧。一旦水患发生,只能籴入。如河间府辖各州县"贩粟者至自卫辉、磁州并天津沿河一带,间以年之丰歉,或籴之使来,或粜之使去"①;而广平府沿滏阳河两岸,一般年份皆有余量出售,"土人亦有舟载粟、豆至天津,车贩米藕至临清者"②。

其次,商品棉种植区,与流域外贸易不断扩大。如冀中平原的栾城县,"稼十之四,所收不足给本邑一岁食,商贩于外以济之;棉十之六,晋、豫商贾云集,民竭终岁之勤,售其佳者以易粟,而自衣其余"③,棉花种植占到全县耕地的60%。再如京师米粮"从口外来者甚多",因价格便宜"常赖之"④,"热河八沟素产米谷,内地商贩,前赴采买者多"⑤,所谓"百货懋迁通蓟北,万家粮食仰关东"⑥。为解决

---

①樊深:《河间府志》卷7《风俗》,嘉靖十九年刻本,第4页。

②朱世纬:《永年县志》卷11《风土》,雍正乾隆间增刻本,第8页。

③桂超万、李鈖修:《栾城县志》卷2《五产》,道光二十六年刻本,第7页。

④《清圣祖实录》卷240,康熙四十八年十一月庚寅,中华书局1986年影印本,第3214页。

⑤黄可润:《口北三厅志》卷5《地粮》,成文出版社1968年影印本,第17页。

⑥崔旭:《津门》,吴惠元修:《续天津县志》卷19《艺文四·诗》,同治9年(1870)刻本,第46页。

直隶缺粮问题,康乾年间,一再宣布取消口外、关东米粮贩运到禁令。

2. 尾闾地区海盐通过内河航运进入腹地

海河水系滨海地带主要为为长芦盐运司各盐厂所在地,通过内河水运转输流域腹地。据《盐法通志·运道》所记①,长芦盐运有四大主干河道,并由四条干流再进入下一级支流分流到各县腹地,在运河和自然河流交界处,多需要将大船改为小船:

(1)北运河道,北至通州张家湾;(2)淀河道,西至保定县张青口和清苑县,换小船再至固安县、永清县;(3)西河道,至衡水县小范镇、任县邢家弯,换小船再至平乡县下庄桥;(4)南运河道,至大名县龙江庙。

津盐量丰质高,有"芦台玉砂"之誉,《津门杂记》:"天津产盐甚丰,上裕调需,下应民食,直豫两省一百八十余州县皆赖之"②。

3. 流域物产通过水运销往京师及流域之外地区

首先,棉花水运。徐光启记当时南北棉花贸易路线:"今北土之吉贝③贱而布贵,南方返是。吉贝则泛舟而鬻诸南,布则泛舟而鬻诸北"④,主要河运。直隶省"冀、赵、神、定诸州属,农之艺棉者十之八九"⑤,商业性质十分明显。输出南方、以至朝鲜,"更以其余,输溉大河南北、凭山负海之区,外至朝鲜,亦仰资贾贩,以供楮布之用"⑥,

---

①周庆云:《盐法通志》卷7《运道一》,民国七年(1918)再版本,第1–7页。

②张焘撰,丁绵孙、王黎雅点校:《津门杂记·盐坨》,天津古籍出版社1986年版,第13页。

③棉花

④徐光启:《农政全书》卷35《蚕桑广类·木棉》,上海古籍出版社1979年校注本,第969页。

⑤⑥方观承:《棉花图·跋》,石碑现存河北省博物馆。

皆以水运为主。

其次,煤、铁、瓷器等更赖河运。如深州县"秋后贩粟……所需铁石、煤炭诸物皆有子牙河船运"[1];献县"崔庄多枣,动辄成林",成品的枣"南随漕船以贩鬻与诸省,土人多以为恒业"[2];古城县"邑当水陆孔道,冠盖往来,商民杂处"[3];东光县码头镇"前滨卫河,商旅辐集"[4];吴桥县作为运河和腹地间的枢纽:"商贾凑集,宝货俱陈,东南物花之美,下邑得而有之,不可谓非吴之利焉"[5]。

京师所需木材、煤炭、瓜果、蔬菜等,因笨重、易腐烂等多仰赖腹地各州县水路供给。如永定河、滦河上游山区的木材,通过河道漂运供给北京,《张诚日记》记[6],滦河上游一条支流岸边堆积着大量枞树,工人将捆好的木材推入水中,顺流而下,再转入另一条河道,一天之内就可以抵达北京。

(二)以天津枢纽的河海联运

地缘位置决定了天津港口在以京师为中枢的南北河海联运中的枢纽地位;同时,随着航海业发展,西方与北京之间联系也要借道天津港;环渤海的东北地区与河北、山东之间的河海联运、海陆联运,天津也是枢纽。

---

[1] 吴汝纶:《深州风土记》卷21《物产》,光绪二十六年(1900)刻本。
[2] 纪昀:《阅微草堂笔记》卷13,第26则。
[3] 丁灿修、王堉德纂,张烘续修,范翰文续纂:《续修故城县志》卷4《风俗·引前县志》,光绪十一年(1885)刻本。
[4] 杜甲等撰:《河间府志》卷5《官政志·关隘桥梁》,乾隆二十五年(1760)刻本。
[5] 任先觉:《吴桥县志》卷3《食货志·河政》,清康熙十九年刻本,第9页。
[6] 中国社会科学院历史研究所清史研究室著:《清史资料》第五辑,中华书局1984年版,第158页。

1. 与南方地区的河海联运

康熙二十三年(1684)，先开海禁，又弛粮禁，除辽东航线，南方商船开始沿海北上，津城内开始出现闽广一带商人开的栈房，并逐步形成了两个洋货街：一在北门外，一在东门外。道光四年(1824)崔旭在《津门小咏》记："沉檀珠翠来闽海""百货都从海舶来，玻璃大镜比门排，和兰琐伏①西番锦，怪怪奇奇洋货街。"②

天津与南方的海运，《读史方舆纪要》静海县条目下记载："海在县东北百五十里，与山东、辽东接境。元行海运，以天津海道为咽喉要地。前朝亦尝通运于此。嘉靖三十八年(1559)，辽抚侯汝翼，以辽东大饥，议移粟天津。其入辽之路，自海口发舟，至广宁右屯河通堡，不及二百里，中间若曹泊店、月沱、桑沱、姜女坟、桃花岛，咸可湾泊，各相去四五十里，无风涛、盗贼之虞。从之。寻复罢。《志》云：天津一隅，东南漕舶鳞集，其下去海不过百里，风帆驰骤，远自闽浙，近自登、辽，皆旬日可达。"③。这些货物到天津后，主要满足京师所需，余者多通过河运输入流域腹地。

2. 与境外国家河海联运

明代实行政府垄断交易制度，禁止商人海外贸易，清初40年间沿袭禁海政策，政局安定后于1684年宣布开海禁，但指定对外贸易口岸、严格限制贸易规模。清前中期对外贸易分为两个方面：一是与日本、朝鲜、琉球和南洋诸国的传统贸易；二是同西方资本

---

① "琐伏"(Sofa)系阿拉伯语，原指阿拉伯出产的一种毛织品，后广泛指外国的各种毛织品。在乾、嘉时，欧洲的毛织品在我国沿海一带盛行。
② 崔旭：《津门》，吴惠元修：《续天津县志》卷19《艺文四·诗》，同治九年(1870)刻本，第46页。
③ 顾祖禹：《读史方舆纪要》卷13《直隶四·河间府》，中华书局1955版，第582页。

主义国家间的贸易。

在天津逐渐成为我国北方商业贸易中心的同时,自明季以来,欧洲一些商人和使者亦愈来愈认识到天津地理位置的优越, 多从海路至津,或推销洋货,或由之到京进行政治活动。随着与海外联系的加强,天津国际地位不断增强,如顺治十二年(1655)①,荷兰使节过天津时写到:"……该地区三条河流的三岔口, 在这儿耸立着一座坚固的碉堡②……";雍正八年(1730)的沙俄大臣也把天津看成是中国著名的海港、由海上直达北京的咽喉;英国使臣马嘎尔尼还请求清政府要在天津等处通商。

3. 与环渤海湾地区的河海联运

清代环渤海地区以天津为枢纽的河海贸易主要表现在两方面,一是与滦河流域的水陆联运,二是与东北地区的"奉天海运"。

首先,与滦河流域的水陆联运。天津港对于滦河水运覆盖区的意义,明人便有阐述:"岂惟兵食有赖,即应属州县,岁殊丰歉,粟有出入,且商舶凑集,百货可致,将变为富庶之区"③。清代直隶形成西河区(主要包括大清河、滹沱河、滏阳河流域地区)、御河区(津浦路沿线及南运河地区)和东北河区(京奉铁路沿线及滦河、北运河等流域)三大产棉区④,从其名称、范围即可窥内运的作用,至 20 世纪30 年代东北河区商品棉 70%由天津出口⑤。

---

①《清史稿·世祖纪》记"顺治十三年……朝鲜、荷兰……均来贡",但外人记载多为 1655 年(顺治十二年)。
②建于三岔河口北的炮台。
③袁荣:《滦县志》卷 2《地理志上·漕运》,1937 年铅印本,第 57 页下。
④董丛林、苑书义等主编:《河北经济史》第 4 卷,人民出版社 2003 年版,第 33 页。
⑤李洛之、聂汤谷:《天津的经济地位》,南开大学出版社 1994 年版,第 30 页。

其次,与东北地区的"奉天海运"。以康熙五十四年(1716)为界:此前,主要是内地粮食输入,满足东北军需;此后,随着东北农垦,变为粮食输出京津冀等地。康熙二十五年(1686)皇帝已经"闻有运盛京粮米于山海关内者,又泛海贩枣于山东多有之。"①东北粮海运多至天津大沽再运至直隶腹地,有时也准许粮船过大沽口沿着海河直接河运到静海、河间和保定等地;或者由大沽口直接进入南北大运河运赴直隶之大名、广平,河南之临漳以及山东德州、东昌、临清、济宁一带枭买。

四、1730年海河水系管理机构的设置

明清时期海河流域人口不断增加,为满足京师所需,漕运愈发重要;同时,流域上游山地、坡地不断被耕垦,流域生态问题日趋尖锐,与之相应便是流域综合治理机构的出现。

(一)18世纪前期海河水患问题

海河流域除北部坝上高原、燕山山地及西部太行山脉的山区外,大部属于华北平原,地势低平、河流湖淀众多,自古水患多发。和国内大部河流一样,明清以降为解决流域人地矛盾,玉米、马铃薯等高寒作物在干支流河源区迅速传播,地表覆盖植被被破坏使各水系泥沙含量增加,河床淤积,抗洪能力减弱,每遇"骤雨急涨,泛滥横溢,为民生患也"②。而明清治理海河水患最根本的目的是"确保漕

①《清圣祖实录》卷128,康熙二十五年十二月丙辰条。
②蔡新:《直隶河图说》,贺长龄:《清朝经世文编》卷107《工政十三·直隶水利上》,《魏源全集》第19册,岳麓书社2004年版,第65页。

运",以致北运河"往往水高于堤,随处皆堪漫溢",常为害于京东[1];不断加高的南、北运河大堤"犹如一道长城",人为地加剧了海河中下游的洪涝灾害[2]。

海河水患对天津城市安全威胁也在加剧。明清时期多次加固天津城墙、疏浚城壕,甚至建起水闸,如明末天津城守营指挥佥事武中岳"以家财设水门,并建闸于城之东南隅,时启闭,以防汛溢"[3],但天津的城市排水没有进行过大的工程,道光《津门保甲图说·县城内图说》记载:"东、西、南面为水门,通外壕,尤宣泄所系。"城内泄涝、排水主要是靠水门以排泄城内雨、污水。

(二)1730年直隶河道总督(北河总督)设置

河道总督一职,明代多以都御史兼任,且非常设,清始置专职河道总督。顺治元年(1644)初设于济宁州(今山东济宁),天津开府同年移驻天津,总管天津、河间二府十八县的河务和漕粮,管辖范围不限于天津段运河,而是包括山东、河南、河北的河务。

从雍正七年(1729)开始,改河道总督为总督江南河道提督军务(简称江南河道总督或南河总督),管辖苏、皖等地黄淮及运河防治,仍驻清江浦;改河道副总督为总督河南、山东河道提督军务(河东河道总督或河东总督),管辖豫、鲁等地黄河、运河防治,驻扎开封。这样,南河总督、东河总督分别管理南北两河,遇有两河共涉之事,两位河督协商上奏。遇有险工,则一面抢修,一面相互知会。雍正八年(1730),河道总督一分为三,分别为江南河道总督、东河河

①水电部研究院:《清代海河滦河洪涝档案史料》中华书局1981年版,第585页。
②邹逸麟:《从地理环境角度考察我国运河的历史作用》,《中国史研究》1982年第3期。
③朱奎扬、张志奇:《天津县志》卷18《人物传·武廷豫》,乾隆四年刻本,第11页。

道总督与北河河道总督。设直隶河道总督(简称北河总督),管辖海河水系各河及运河防治工作,驻天津。

康熙把"削藩、河务、清运"列为三件大事,治河制度也从承袭明朝以行政区划,逐步转向以流域为单元进行综合治理。雍正八年(1730)置直隶河道总督掌,专司直隶境内的南北运河、永定、大清、子牙、滹沱等河,因直隶河道总督所管诸河为北河,时人称其为"北河总督",标志着这一管理模式的初步确立。乾隆十四年(1749)后北河总督例由直隶总督兼理,直隶总督的全称是"总督直隶等处地方、提督军务、粮饷、管理河道、兼巡抚事",咸丰三年(1853)又兼长芦盐政,同治三年(1864)加钦差大臣,九年(1870)兼北洋通商大臣。在清代总督中,直隶总督地位最高,还兼负海河水系内河航运及河道治理之责。

五、天津设府:从"卫城"到"都会"的转变

天津经有明一代和顺治、康熙两朝共三百多年的发展,至雍正时已完成由封建军事堡垒向封建工商业城市的演变,雍正九年(1731)设府是这一转变的重要标志。

(一)从"海门"到"津门"的转变

明清时期天津城市功能的转变,从称谓由"海门"到"津门"的转变,也可窥一斑。因海拔低、易被海侵,天津城兴起很晚;同时渤海逆潮又会助力航运,"海门"之谓直观地反映了滨海环境对天津发展的影响。对"海门"位置的记载,亦有两种:(1)海河入海口——大沽口。《光绪府志》记:"河流入海处两岸壁陡,一域中

横，土人谓之海门，咸潮上海门而止"①，《津门杂记》也载："大沽口距城百二十里，河流入海处也。两岸壁陡，一域中横，土人谓之海门，又曰拦港"②。这是符合学理的自然"海门"。（2）与渤海逆潮范围相关，大致在三岔河口一带。渤海逆潮可使海船直接驶入三岔河口，所以岔口也被认为是"海门"。如康熙时有诗曰"千里长河尽，人传是海门；地当平处拆，水统万流尊"③，直言"海门"就是三岔河口；近代著名的望海楼教堂，也位于此。诚然，这是从水利实际给予的称谓。

陈廷敬以为"津门"之称谓系由"海门"演化而来，其所撰《海门盐坨平浪元侯庙碑记》云："海门者，海水之所出入也……津门者，众流之所汇聚也……河海会流，三汊深邃，更名津门。"天津作为河海交汇之地，内为漕、盐及百货转运枢纽，外为防海重地，设府置县后屏障京师的作用显著，别称也从自然形胜转向了突出流域门户地位。

（二）从"武城"到"都会"转变

明代天津作为一座卫城，"官不读书皆武流"，"日以戈、矛、弓、矢为事"④。迄清天津经济地位、海防门户上升，设府之后，政治地位提升，官绅富商汇聚，文人雅士提升了城市的文化气息。楼台、园

①沈家本、荣铨等：《重修天津府志》卷20《山水》，第7页。
②张焘撰，丁绵孙、王黎雅点校：《津门杂记·海口》，天津古籍出版社1986年版，第4页。
③王又朴：《山岔河口》，《诗礼堂文集》第27册《介山古今杂体诗》卷1《寒蛩集》，光绪元年(1875)辅仁书院藏版，第11页。
④汪来：《天津整饬副使毛公德政去思旧碑》，薛柱斗：《天津卫志》卷4《艺文》，康熙十七年补刻本，第36页。

林、会馆逐步增筑，"园亭甲郡，馆舍精雅"①。城市景观从单调的"卫城"转向丰满、奢华。

但是直到近代，天津城市职能始终与"卫"关联，只是较之明代"天津卫"，无论从城市空间规模，还是从城市人口、经济规模，都不可同日而语了。首先，从它"宿卫"的主体看，在京师之外增加了它的整个腹地；其次，"宿卫"职责也从军事为主，扩展到包括物资转输、海疆安全及自然减灾等，涉及经济、军事、自然诸多领域。正如光绪《畿辅通志》中对天津的评价是："地当九河要津，路通七省舟车。九州万国贡赋之艘，仕官出入，商旅往来之帆樯，莫不栖泊于其境。江淮赋税由此给，燕赵渔盐由此达，当河海之冲，为畿辅之门户，俨然一大都会也"②。

（刊于《廊坊师范学院学报（社会科学版）》2018年第4期，2018年8月，第64—70页）

作者：张慧芝，天津工业大学马克思主义学院

---

①王翁如：《谈天津的明清园林》，刘志强、张利民主编：《天津史论文选辑》，天津古籍出版社2009年版，第547页。
②李鸿章等：《畿辅通志》卷68《舆地廿三·关隘二》第九册，河北人民出版社1989年版，第95页。

由"赛淮安"到"小扬州"

——大运河的天津故事

吴裕成

历史上,天津先有"赛淮安"之誉,后有"小扬州"之说,通常被作为城市形胜繁华的反映。将这"城市绰号"双双置于大运河线性文化传播的视野下,打量探究,会发现它们承载着丰富的社会历史内容,从而为考察大运河哺育沿线城市的成长、主导南北交流互动,打开一扇窗口。"赛淮安""小扬州"既是古代天津城市发展的两个阶段性花絮,又是运河线性文化传播的例证。

一、天津城市·漕运起家

沿运河旅行,会看到近年来分段竖立的河长标志牌。古代曾有过类似的"定制"。金朝立中都于燕京,漕运成为命脉大事:"凡漕河所经之地,州、府官衔内皆带'提控漕河事',县官则带'管勾漕河事'。"《金史》所列县份名单中,靖海(静海古称)、武清两县搭界,河道相连。金朝设直沽寨,任命正副都统各一人,前者"初为武清巡

清代《潞河督运图》(局部)描绘三岔河口

检",后者曾为靖海县柳口(杨柳青古名)巡检。直沽寨设于三岔河口附近,显然与漕运相关。直沽寨虽非行政区划,但对于天津历史是划时代的,因为这方土地有了最初的命名。

元统四海,仍都于燕。为通漕运,元初开凿会通河。但有元一代,海漕远胜河运,"东南贡赋集刘家港,由海道上直沽,达燕都"。海、河联运,直沽仍为枢纽,顺应"舟车攸会,聚落始繁"的发展,设海津镇。镇比寨,向前跨出一大步。

明代建都南京,洪武年间运饷北方,海路至直沽。明成祖朱棣迁都北京,初期仍循海漕旧制。永乐二年(1404)设天津卫,"直沽海运商舶往来之冲,宜设军卫"。如此战略考量,见于《明实录》。这还为后来天津作为运河行漕的枢纽,做了先期的准备。

历史上,南北经济发展不平衡,诸多封建王朝将政治文化中心设于北方,漕粮输送便成为关乎政权运转的天大要务。襟河带海的区位优势,使得天津这片退海之地璞玉得琢,伴着运河欸乃、渤海涛声,实现由渔村向城市的转变。

二、《明史·陈瑄传》："城天津卫"

"赛淮安"，始见于清代《天津卫志》："明永乐二年（1404），文皇命工部尚书黄福、平江伯陈瑄、都指挥佥事凌云、指挥同知黄纲筑城浚池。民有'赛淮安城'之说。"这部卫志刻印于康熙十四年（1675），是现存天津方志最早的一种。"赛淮安城"之说应当起自明代。明朝首任整饬天津等处兵备按察副使刘福墓志，刻有"商贾辐辏，几如淮安"字样。

永乐二年（1404）正式下令设卫的前一年，城墙的修筑已经开始。2004年12月23日天津设卫建城600周年纪念日，《今晚报》副刊刊发著名明史专家南炳文先生文章，文章考证张思恭"永乐元年，坐事谪督天津卫城"，督修时间为三年左右，永乐三年曾向成祖面奏工程情况。可见张思恭的督建是实打实的。

卫志所记四位筑城官员，明李东阳《创造天津卫城碑记》等史料有所简略，只载黄福、陈瑄为首两位。黄福时为工部尚书，司职营缮工建，其被劾"不恤工匠"，于永乐三年（1405）去职。"不恤"的指责，事因未必与津卫筑城有关。《明史》为其立传，并不涉及天津城。与此形成对比，《陈瑄传》赫然有记："永乐元年（1403）命瑄充总兵官，总督海运，输粟四十九万余石，饷北京及辽东。遂建百万仓于直沽，城天津卫。"

"城天津卫"，史家对史实的精确把握，方有颇具序列感的记述——总督海上漕运的第一年，陈瑄完成较大运量，由此在天津建粮仓，筑卫城。漕运总兵官参与建城事宜，只因天津卫拱卫北京、保障漕运，是为一盘棋。永乐三年（1405）正月，即朝廷正式下令设天

乾隆年间在三岔河口北岸建起海河楼,图为嘉庆时英国人所绘

津卫后 55 天,陈瑄奏准,建城的同时重修天妃宫。这也与漕运相关。

永乐十三年(1415),继陈瑄在江淮疏浚河道之后,南北大运河全线修通。罢海运,行河漕,陈瑄继续坐镇淮安,督管赋粟北输。《明史》说他"理漕河者三十年",不仅永乐朝,宣宗时"命守淮安,督漕运如故"。至宣德八年(1433),王瑜"代陈瑄镇淮安,董漕运"。这一年八月,陈瑄卒于官,年六十九岁。追封平江侯,赠太保,谥恭襄。民间以其浚河有德于民,在清江浦岸立祠祭祀。此祠至今犹存。其身后约二十年,淮安旧居建为督察院。

明朝为漕运而建天津城,陈瑄总督漕运而参与建城,筑城墙、建粮仓、修天妃宫,对于天津城初期规划贡献不小。他是否将淮安城的风貌元素带给这座新城呢?土城立了近九十年,刘福包砌为砖城,城门高楼壮观。人们以"赛淮安城"相夸耀,谁能说其中没有对于陈瑄——那位驻节淮安的漕运总兵官,规划修筑天津城的记忆呢?

三、"赛淮安"：两座运河城市的对话

明代淮安是南北大运河的重要节点，"以运道必经，设文武重臣，开府驻节"。总督漕运的衙署设在淮安，如今那里建有遗址公园。宣德年间，漕运"军民相半"，曾经实行"民运至淮安或瓜洲水次交兑，漕军运抵通州"，淮安成为民船交付军运的交接点。可见淮安之于运河，不仅是枢纽，也是大码头。而天津城，虽然三卫机关并驻，但在承平年月里，城市地位、功能定位的标高，主要是由漕运决定的。由此，"赛淮安城"——与漕运管理中心所在城市相比拟，眼光不低，且堪有一比。

明代运河，为天津带来"天下粮艘商舶鱼贯而进，殆无虚日"的活力，促进城市的成长。运河行船，粮艘商舶，"淮安、济宁、东昌、临清、德州、直沽，商贩往来之所聚"。记入《明实录》的这段话，道出以淮安为起点的大运河北段，沿河各城市商贸活跃。这是运河城市带来的商贩往来、物流互通，与之形影相随的，必然还有城与城之间的文化对话。这就为天津"赛淮安"之说提供了背景。"赛淮安"，或是南来的泊船者，对天津城给予的称许；或是闯荡过淮安城的沽上人，为评价家乡给出的参照；抑或，对更多的人说来，这只是桑梓情怀浸润的运河远方的故事。

"赛淮安"是大运河造就的城际佳话。淮安城历史悠久，明朝初年对新旧两座土城包砖加固，后又在两城间建造夹城。旧城最大，周长十一里。天津卫城周长九里十三步，规模与淮安旧城基本相当。清人咏津城"雉堞周遭九里宽，至今犹说赛淮安"，即指此。漕运使淮安粮仓很多，天津也多仓廒。对地方文史研究多有创见的李世

妈祖崇拜随元代漕运传至天津,图为海河岸边天后宫

瑜先生指出,"赛淮安"之说"可能是指天津在漕运中的地位,譬如码头的规模、运输的数量、卫城的形势等是和淮安相仿的"。此外,还有"商贾辐辏,几如淮安"。

四、起自乾隆年间的"小扬州"之说

扬州是古老的运河之城。清代《府志》记,"扬州有城自吴王夫差城邗沟始"。邗沟即《左传》所载沟通江淮的古运河,为运粮水道。隋唐大运河、京杭大运河都经过这里,便利的交通使扬州自古为淮盐总汇,商业发达。"天下三分明月夜,二分无赖是扬州","烟花三月下扬州",唐诗名句脍炙人口;"腰缠十万贯,骑鹤下扬州",也广为流传。至清代,刻于乾隆末年的《扬州画舫录》更是写尽繁华。

　　将天津称为"小扬州"，起于乾隆年间。例句有，杨映昶《津门绝句》"二分明月小扬州"；张传山《怀天津旧游》"十里鱼盐新泽国，二分烟月小扬州"。天津进士于豹文《天津口号五十首》则吟出"元宵灯火似维扬"。

　　其后，不少诗文用此比拟。嘉庆年，樊彬《津门小令》写作起因，是"读《扬州忆》，因思沽上有'小扬州'之目"。道光年，崔旭《津门百咏》开篇诗："沽上人家千万户，繁华风景小扬州。"崔旭百首组诗，似以"小扬州"话题为最重。第一，他的自注言及元代朱名世《直沽》写到扬州，组诗卷首的自题诗也围绕元人此诗立意。朱名世的四句诗是："直沽风月可消愁，标格燕山第一楼。细问花名何处出，扬州十里小红楼。"其实，朱名世泛海至燕京，一路成诗三十余首，"诗尾各以古句足之"，"扬州十里小红楼"即移自宋词。另有《盐城》也化用前人写扬州的句子。其诗集自序"诗尾联以古句，盖滑稽也"。可见与"小扬州"的联想并非一码事。第二，为崔旭诗卷题词的名家也都说到"小扬州"。高继珩题句十六行，其中两句："沆瀣一家传好句，二分明月小扬州。"梅成栋共八句，落笔全在"小扬州"："阿谁名赠小扬州，无赖风光泥此游。烟月一城长抱水，笙歌四季不知愁。几多大贾营华第，尽有闲人聚酒楼。靡丽日增贫日甚，狂澜未见肯回头。"梅成栋借"题"发挥，见解深刻而富思想性。

　　晚清的天津诗人，同是吟咏"小扬州"，着眼点不尽相同。华长卿有句"当场丝馆奏殷勤，酷似扬州月二分"，讲听曲享乐；其子华鼎元《津门征迹诗》"几经建置几经修，委屈长河抱郭流，天语煌煌夸析木，诗人漫说小扬州"，讲城垣形势乃至天文分野；鼓楼名联作者梅宝璐的竹枝词，"生涯海国足勾留，十里鱼盐美利收。好是船山诗句切，二分烟月小扬州"，讲物产民生。至民国，小说家刘云若取材津门风土市井之作,书名《小扬州志》。

五、"赛淮安"之后"小扬州":城市发展史的逻辑

康熙年间修《天津卫志》,民间还以津城比淮安;到乾隆时,另一个运河城市扬州被人们拿来做评说天津的参照。以"小扬州"称谓天津,有旅津者也有本地人。由"赛淮安"到"小扬州",可不是无端地"移情",其变化具有城市发展的内在逻辑。

早期天津的经济支柱,依靠"渔盐之利"。开始煮盐的年代虽早于金元,但铺垫了城市形成基础,还得说漕运,金代直沽寨、元朝海津镇都因漕而立,是为明代天津设卫建城的先声。明代设卫建城后,与运河漕运重镇淮安类比,代表了当时天津城市发展的阶段性特征——漕运是立城兴城的重要依据。

漕运促进城市的成长,逐渐长大的天津在尽职运河枢纽的同

天津老城博物馆砖雕

时，又以区位优势，承当起历史赋予的新角色。这主要表现在盐业。渤海沿岸出产优质盐，"芦台玉砂"以赞其优，长芦贡盐在津贮存留下盐坨村的地名。天津盐业在明代获得巨大发展。至清康熙八年（1669），以天津为盐务总汇之地，将长芦巡盐御史署由北京移驻天津。八年后，长芦盐运使司由沧州移至天津。这些盐政机关的入驻，在政治经济文化各方面，促进了天津城市实力的增长。到了雍正三年（1725），终于迎来城市发展史上一次质的跨越。这年三月，改天津卫为天津州；半年后，升为直隶州。雍正九年（1731），升直隶州为天津府，辖六县一州。由军卫编制天津卫，到行政建制天津府，实现这一华丽转身，需要城市综合实力的推动，盐业助力很大。

"盐政于国计为最巨"，清代仍实行盐业专卖制度。官盐价高，高在政府抽税和盐商求利。盐税是重要税源，盐利富了盐商。天津成为长芦盐业的产运销中心，"鹾商之所辐辏"，推高了城市经济体量。拥有巨大财富的盐商阶层，文化格调、奢华需求，使城市品位及繁华程度得到提升。这与两淮盐商聚集地扬州的繁华，以及精致生活、奢华风尚，就有了共通之处。"小扬州"之比拟，产生于乾隆年间，与天津城市进程颇为合拍。

"天津擅者海之利，故繁华颇近于淮扬"，此语出自纪晓岚。都守着运河，都拥有发达的盐业，"小扬州"是清代人关于天津与扬州的比对。这是千里运河一线牵的城际因缘，是两地之间同类项的聚合。仅举一例。扬州为运河沿岸繁盛之城，乾隆六次南巡，驻跸盘桓。盐商们为奉迎皇帝，在瘦西湖建五亭桥，民间还有用盐包一夜建白塔的传说。天津为京畿之地，乾隆巡游更繁。盐商们公捐银两为天子做事，换得优恤、赏赍。规模可观的柳墅行宫，"长芦通纲商人呈请购材恭建"；三岔口北岸海河楼，供乾隆喝茶赏景，"通纲商人捐赀建造"——尽管乾隆帝说过"长芦众商赀业素微"体恤的话。

天津海河三岔口以下不远处，曾有皇船坞泊存天子龙船，康熙时奉旨建造。乾隆时"归长芦盐政办理，承办商人随时看护修葺"。河船御题"安福舻""翔凤艇"等。这些龙舻凤艇南去北归，一次次亮丽了运河风景线。《长芦盐法志》大篇幅刊录乾隆南巡诗作，一路写到"七日西湖"，"杭州回銮"转调船头，依然且行且写的那些御制诗，也因为久泊天津的皇家船队有了缘由。关于运河线性文化传播，皇船成队南北行，不妨视为一种直观的演示。

六、"赛淮安""小扬州"之说是运河线性文化传播的产物

中国大运河已入选世界文化遗产名录。有论者言，大运河所体现的线性遗产特征，代表着人类的迁徙和流动，代表着多维度的商品、思想、知识和价值的互惠和持续不断的交流。

作为运河城市，天津自古融于运河主导的交流之中——人员的和商品的，物质的和文化的。"知有南来船，烟中闻吴语"，"门临卫水当孔道，冠盖如云喜经过"，走这条水道来到津沽，有运卒船夫，也有官员商旅、文人雅士、赶考学子。运河使天津成为交通枢纽水陆大码头，古人留下的行旅诗很多。杨村、蔡村、河西务还有杨柳青、独流这些村镇，古代题诗多，也是因为运河。明代文学家吴承恩"津鼓开帆"的吟咏题为《泊杨柳青》，他自淮安来。明代时来华传教士利玛窦运河乘船奔北京，在天津眼见岸边的房子、战船和士兵，

还听说新巡抚上任，他将这些记入
"中国札记"。

康乾间，天津诗文的兴盛，津门
乡贤与外来宾客携手做出了贡献。
留下佳话的遂闲堂、帆斋、大悲院坐
落在南北运河交汇的三岔河口附
近，水西庄则傍着南运河。南方诗朋
文友由运河北上，馆于水西庄，本地
诗人与外地诗人吟咏唱和，高水平
地书写了天津清代文学的篇章。水
西庄的宾客、钱塘诗人汪沆，参与撰
修《天津县志》的同时，完成《津门杂
事诗》百首，成为津沽文史的珍贵文
本。汪沆有一首扬州诗也十分著名：
"垂杨不断接残芜，雁齿虹桥俨画

扬州老民居木雕

图，也是销金一锅子，故应唤作瘦西湖。"由此，保障河得名瘦西湖。
杭州、扬州、天津，汪沆的"文化行走"，应能体现循运河线性展开的
人员流动和思想交流、知识交流。

"赛淮安""小扬州"，这"赛"这"小"是一种比对，需要对于淮
安、对于扬州有耳闻有目睹，需要城与城的交流，需要有对于远方
的想象。大运河承载的人员流动与迁徙，将这些带给天津人。同时，
大运河也将"小天津"的美誉送给河北、山东、河南一些地方。

因此可以说，"赛淮安""小扬州"之称是历史的赠予，是大运河
线性文化传播的产物。它们从侧面反映了古代天津城市发展的两
个阶段。"赛淮安"侧重城市的规模风貌，透露着质朴；"小扬州"涉

及城市的民风习尚,折射关于纷华绮丽的看法。及至近代,襟河带海的天津,"河"的作用仍在,运河继续滋养这座城市的成长,而"海"的因素,更以冲击传统路径的力量,改变并导引这座城市的发展。这已是本文之外另一话题。

(刊于 2018 年 12 月 21 日《今晚报》第 12 版"副刊·讲述")

作者:吴裕成,今晚报社

运河、漕运与天津

任云兰

天津古代城市的起源和发展与运河、漕运密切相关。天津素有"运河载来的城市"之称。

公元 1153 年，金代迁都燕京（今北京），称中都，由于大量人口集聚，军需民用皆仰仗周围地区供给，如河北、山东等地。于是，官府利用河北平原的河渠组织漕运，供给中都。这段水路最初并不经过天津三岔口，只是从独流西折经霸州、永清、安次，直达通州，即行永济渠故道。到 1205 年时，原有漕河淤塞，改凿漕渠。改凿后的漕渠，不再在独流西折行永济渠旧道，而是北流至三岔口，然后溯流北上直达通州。自此，天津真正成为内河航运的枢纽和控扼首都经济命脉的门户。金贞祐二年（1214），为了保护漕运和守护中都，在三岔河口设立军事据点——直沽寨，完颜佐为都统，完颜咬住为副职，戍守直沽寨，这是天津市区最早的聚落。当时，每年漕运至中都的粮食达一百多万石。

元时，仍定都大都（今北京）。天津以海河为界，分属二县管辖，以北为武清县,以南为清州靖海县。《元史·食货志》载"元都于燕,百司府庶之繁,卫士编民之众,无不仰给于江南",意思是说,元定都燕京以后,政府机构庞大,人口众多,只有依靠富庶的江南地区才能解决诸多人口的吃用问题。因此,元代更加依赖漕运,专门设立漕运所(后升至漕运司),1282 年又改称京畿都漕运使司,掌管御河上下至直沽、河西务、李二寺、通州等处漕运事宜,直沽成为漕运系统中的重要节点。元初漕运由内河进行,中途颇费周折,又耗资费时,于是开凿京杭大运河,并在 1293 年全线开通。

京杭大运河开通以后,由于河道狭窄,且经常淤塞,船只小,载货量不大,年运量不足以满足大都的浩繁需要。于是,有开海漕之议。1287 年设"行泉府司,专掌海运",1288 年设"海道运粮万户府……掌每岁海运粮,供给大都"。海漕开通后,每年转运大都的粮食由元初的数十万石,增加到最高时达三百万石。

无论是河漕还是海漕,天津都是重要的中转枢纽,尤其是海运,由于船只较大,溯潮水上行至杨村(民间有"潮不过三杨"之说)附近就需要就地卸下漕粮,更换为小型驳船运至通州。因此在从三岔口到河西务沿线设置了许多仓储设施,用以存放粮食,在三岔口附近建有广通仓、直沽海运米仓,在今北仓地区建有广通仓北仓,在河西务建有十四仓。至今留存的北仓、南仓和十四仓等地名印证了历史的沧桑。

由于海漕的开通,直沽呈现出"晓日三岔口,连樯集万艘"和"东吴转海输粳稻,一夕潮来集万船"的壮观景象。大直沽"舟车攸会,聚落始繁,有宫观,有接运厅,有临清万户府"。元代大规模的漕运,直接影响到天津城市的形成和发展,元延佑三年(1316)在直沽设海津镇。由于漕运的兴盛,直沽一带商业繁盛,人口集聚,南北文化交流日益加深。"一日粮船到直沽,吴罂越布满街衢",南货不仅在直沽市场上集散,而且通过通惠河运送到大都。"转粟春秋入,行舟日夜过。兵民杂居久,一半解吴歌",描写的就是由于漕运和商业活动的展开,南北人口杂居,北人对南人的语言文化了解加深。为了确保海运的安全,初兴于福建的妈祖信仰也在直沽民间流传开来,出现了护佑船民海上安全的天妃宫。1990年代末发掘的天妃宫遗址是我国北方第一座妈祖庙,建于1314—1320年间,印证了那句民间流传的说法"先有大直沽,后有天津卫"。天妃宫遗址和现存的天后宫都与元明清几代的漕运文化密切相关。

明永乐二年(1404),天津设卫筑城。永乐十九年(1421),迁都北京。政治中心安定以后,明王朝实行"里河运粮",即每年通过运河把数百万石的漕粮和商货自江南运抵北京,"京师岁食东南数百万之漕,悉道经于此",由此天津卫出现"天下粮艘商舶鱼贯而进,殆无虚日"的盛况,并发展成商贩云集、百货倍于往昔的城市。

清代初期仍沿袭明代的"里河运粮",多次疏浚改造大运河,使大运河重新发挥了南北交通大动脉的作用。1684年海禁开放以后,天津不仅实施"奉天海运"(即从东北运粮到天津),也在运河淤塞时,通过海路运输南粮,由于天津在清帝国经济、交通、军事等方面的重要性,清雍正三年(1725),升天津卫为天津州。清雍正九年(1731)开府置县,升天津州为天津府,辖六县一州。

明清时期,漕船除正式载运的漕粮外,还可以携带免交课税的土特产品,数量从最初的每船10石到后来的180石。这样,南方各地的蔗糖、茶叶、海货、干鲜果品、丝绸布匹、瓷器、蓝靛、名贵木材、竹木及竹制器皿随漕船带到了天津,有的在天津交易,有的被运输到北方各地售卖。回空船也将北方特产如芦盐、棉花、枣、梨、豆、麦、核桃、瓜子等带回了南方各地,天津成为南北商品集散之地。当时,海船常常停泊在海河沿岸至东门外一带,河船多停泊在北门外、三岔口、尹儿湾(今北仓)、河西务等地。漕船的停泊和夹带货物的交易,在一定程度上促进了天津商业的繁荣和各种专业街市的形成,如天津的商业街侯家后、估衣街就是因紧邻运河、人气集聚而形成的商业繁华区,而锅店街、竹竿巷、针市街、小洋货街等则是因销售漕船舶来的商品而成名。这些类似街道名称在运河沿岸城镇也不难寻踪影,如杭州、济宁、临清、北京都有竹竿巷。由于商业和运输的繁荣,各类商行、货栈、钱庄、银号以及同乡会馆应运而生。一个生机勃勃的城市在运河和漕运的催生下茁壮成长起来。

漕运一直保持到 19 世纪中期。1855 年以后由于黄河改道,运河水浅,输运困难,清廷于 1901 年宣布废止漕运。漕运废止以后,天津地区部分区段的运河还作为地区间的水运存在了一段时间,但对城市经济的作用远没有元明清时期那么重要。

(刊于 2018 年 11 月 12 日《天津日报》第 12 版"满庭芳")

作者:任云兰,天津社会科学院历史研究所

明清时期天津水神信仰述略

欧阳康

作为"九河下梢"的天津地区,在古代一直是河流、湖泊纵横密布的地区。水,既孕育了文明,也经常给人们带来毁灭性的灾难。自古以来,我国各地都有种种关于水神的信仰,天津也不例外。自京杭大运河疏浚贯通、天津设卫以来,天津的漕运、海运日渐兴盛,人们的生活多围绕水而开展,因而逐渐成为多种水神信仰植根的土壤。天津的水神信仰,是古代天津经济社会发展的一个缩影,也是运河文化的重要组成部分。今笔者根据有关史志资料,试对明清时期在天津存在过的水神信仰进行阐述。

一、"三官""水官"与《重修三官庙碑记》

1961 年,在天津市南门外大街东出土了一块刻于明嘉靖二十九年(1550)的《重修三官庙碑》,该碑现藏于天津博物馆。其《碑记》曰:"我朝成祖文皇帝入靖内难,圣驾尝由此济渡沧州,因赐名曰天津……",成为"天津"得名的一个侧证。而这块碑的主体——所谓"三官庙",供奉的正是"天官""地官"和"水官"这"三官"。

据清康熙《天津卫志》记载,"三官庙,在城南门外,明弘治年(1488-1505)建。"清光绪《重修天津府志》记载,"三官庙"在天津共有十五处,分布在西门外、南门外、东门外河东岸、河北、北仓赵家庄、西沽、东乡欢坨庄、东沽、杨柳青、南羊码头、泥沽、葛沽、邓善沽、大沽、东乡郑家庄等地。

"三官"分掌天、地、人三界,是道教中地位极高的神仙,所谓"天官赐福、地官赦罪、水官解厄",三官信仰源自人们对天、地、水的原始崇拜,在三官庙,人们进行祭天、祭地、祭水的礼仪。"水官",正是以道教神仙面目出现并在天津地区较早活跃的水神信仰。

二、"金龙四大王"与"大王庙"

清光绪《重修天津府志》记载,天津有"大王庙"两处,"一在小稍直口,名福寿宫,一在院署西,乾隆年知县侯珏建,同治十二年(1873)重建。"据陈克先生《天津的大王庙》一文反映,20世纪二三十年代在三条石附近、南运河畔还有大王庙,规模不小。

这里的"大王",就是所谓"金龙四大王",他是明代官方正祀的河神。据明代朱国祯《涌幢小品》、清代赵翼《陔余丛卷》及《杭州府志》《绍兴志》史籍所载,金龙大王真名为谢绪。谢绪,南宋钱塘县人,南宋末年广应侯谢达之孙,其先祖是东晋宰相谢安。谢姓有兄弟四人纪、纲、统、绪,谢绪最少,他生性聪慧,好读书但不求为官,隐居钱塘之金龙山。宋亡之际,谢绪四方奔走、联络抗元,但因大势已去,终成绝望,后投水自尽。史载因"忠愤不舒,壮志未酬,尸体竟逆流向上"。人们崇敬其气节和情操,为其塑像立庙。元朝末年,朱元璋与元军在黄河吕梁段大战,战况不利,突然间,天地间狂风大作,乌云翻滚,电闪雷鸣,大风挟卷着黄河波涛向上游扑去,形成黄河倒流,乌云中似乎有一披甲大将跃马挥戈,促赶风神。朱元璋所部士气大盛,奋勇杀敌,元兵一败涂地。当夜,朱元璋即梦见一儒生上前拜见:"臣谢绪也,宋祚移,沉渊死。上帝怜我忠,命为河伯。今助真人破敌,吾愿毕矣!"次日,朱元璋即诏告天下,封谢绪为"金龙四大王"。取这个封号,是因为谢绪曾隐居金龙山,并葬于金龙山,在兄弟中排行老四。金龙四大王主事河神,兼管黄河运河,并在行营处的河边为他建了祠庙。据说该祠有求必应,"永乐间,凿会通渠,舟楫过洪,祷无不应"。

大王庙是漕帮活动的场所,"金龙四大王"信仰的兴衰,与漕帮在天津的兴衰也有着密切的关系。近代以来,海运漕粮逐步代替了河运,北方运河逐渐断流,漕帮日渐衰落,"金龙四大王"信仰也渐渐退出了历史舞台。

三、龙王、晏公、小圣等诸河神信仰

(一)龙王

清乾隆《天津府志》记载,天津有龙王庙两处,一在东门外闸口,有"敕建□仁寺"匾额(笔者注:应为弘仁寺);一在西门。清光绪《重修天津府志》记载,天津有龙神庙六处,一在东门外闸口,又名弘仁庙;一在西门前;一在西沽,又名龙泉寺,康熙三十八年重建;一在大伙巷;一在杨柳青;一在大直沽。

龙,或曰龙王、龙神,是中国古老的灵物崇拜,也是最知名、最广泛的水神信仰之一。龙具有治水、祈雨、防洪护堤等诸功能,是水旱灾害频发地区极为盛行的信仰, 直至近代, 龙与水旱灾害的传说,仍然在普通民众中广为流传。清同治十二年(1873),畿辅地区发生大水灾,有灾民怨怒李鸿章,"言彼至处非大雨即洪水",李鸿章也不敢怠慢,连忙在天津行馆附近建龙王庙,"亲祭奠,请治水"。

(二)晏公

据清康熙《天津卫志》、清光绪《重修天津府志》记载,天津有晏公庙一处,在城外西北隅。

晏公,原是流行于江西等地的水神信仰。大约宋代时,南方一些地区就有了晏公庙,后来道教又把晏公拉进道教系统,并补充完善了有关传说。道教中晏公的原型,姓晏名戌仔,江西临江府清江镇人,为人正直,疾恶如仇。元朝初年,入选为文锦局堂长,因病归,登舟即奄然而逝。棺木尚未归家时,乡人却见其在旷野间骑马,衣冠如故。后棺木归家,众人启棺而视,一无所有。父老认为晏公已化身为神,立庙祀之。

晏公之所以流行起来,从江西一带的地方水神,成为具有全国影响力的水神,也得益于明朝开国皇帝朱元璋。据说朱元璋在江南乘船与张士诚打仗时遇险,是晏公显灵救了他。明朝洪武初年,住院超诏封晏公为"神霄王府晏公都督大元帅""管理河道显灵平浪侯"。当时,在往来繁忙的水运枢纽,在船工、渔户密集的地方,都有晏公庙。

除了单独奉祀之外,后来晏公也曾作为妈祖的配祀神。有传说记载,晏公面如黑漆,浓眉横髯,曾经纵容手下为害江河,毁船沉舟。海神妈祖为民除害,驾轻舟与晏公大战了一场。晏公虽然战败,但仍不服,继续幻化为神龙兴风作浪。妈祖再战,投下神绳将其牢牢绑住,晏公才惧而伏罪。妈祖降伏晏公后,令他统领水族救民解危。

(三)小圣

据清康熙《天津卫志》记载,天津有小圣庙两处,一在城外东南隅,明崇祯五年(1632)敕建,一在河东盐坨,有石牌坊。清乾隆《天津府志》记载,小圣庙,一在河东盐坨,一在闸口。

民国二十年(1931)高凌雯纂《天津县新志》记载了小圣的来历:"小圣庙,在盐坨。相传小圣神姓滕,名经,年二十三落水成神,故称小圣,盖海神也。旧有庙在河西,始封平浪侯,继封护国济运显应平浪元侯,商舶往来屡荷显应。顺治六年复建庙河东,栋宇宏敞,陈廷敬、余泰来皆有碑记,载碑刻志。今庙址划入租界。"

据赵耀双先生《关于盐坨小圣庙》一文考证,滕经是河北省清河县滕蒿林村人,《清河县志》载,"滕经,性聪敏,双手写字,目观八行。年十二补弟子员,当时号为神童。嘉靖二十三年(1544)乡试不第,归,至天津坠河死,时年二十三。数月驸马显圣,嘉靖敕封北河平浪小圣。清康熙敕封护国镇海显佑济运平浪元侯灵应尊神,至今沿河多有庙宇,香火不绝。"清代天津的盐业非常发达,作为盐业的保护神,水神小圣也是荣极一时,时人多有诗作歌咏小圣庙庙会盛况。

四、妈祖等诸海神信仰

(一)妈祖

据清康熙《天津卫志》、乾隆《天津府志》记载,天津有天妃宫一处,在东门外,元朝建,明永乐元年重建,明正统十年(1445)参将杨节重修。该处天妃宫(天后宫、娘娘庙)后多次重修,至今留存,现已成为天津民俗博物馆的一部分。

清光绪《重修天津府志》记载,除原东门外一处,另又有"天后宫"十二处,在陈家沟、丁字沽、咸水沽、贺家口、葛沽、泥沽、东沽、前辛庄、后尖山、秦家庄、城西如意庵南、大直沽等地。大直沽一处,始建于元代,清代为奉敕重建,规模较大,今有"元明清天妃宫遗址博物馆",保留了元明清时的大殿基址等。

妈祖,又称天后娘娘、天妃娘娘,是中国沿海一带广为崇拜的神,掌管海上航运,也主宰妇女的生育。她的原型人物,本名林默,福建莆田人,出生时有异香环绕,十余岁时习法术。一天林默家里人出海,正遇风浪大作,在家中焦急等待的林默脸色苍白,双眼紧闭,倒在床上不省人事。不久,风暴停息后,林家兄弟回家,表示是一个姑娘踏浪而来,救了他们。大家明白,原来是林默魂魄出窍,去海上救援亲人。林姑娘一生未嫁,她经常乘船渡海,来往于岛屿之间,凭着一副好心肠、一身好水性,多次在海上救护遇难的渔民和商人。宋雍熙四年(987),妈祖升天为神。当地居民立庙奉祀,称其为"通贤灵女"。元、明、清对妈祖都加以尊奉,特别是清代,从康熙十九年(1680)到光绪元年(1875),妈祖获得褒封16次,封号字数也积至64字,爵位达到了无以复加的"天后",列入国家祀典。

(二)特殊的巨型"鱼骨"崇拜

清光绪《重修天津府志》记载,天津有"鱼骨庙"一处,"在海口邓家岑,庙只一间,鱼骨为屋脊,塑小神像,以鱼圆骨为神座,座旁有泉,不堪饮。"《直隶省商品陈列所第一次实业调查记》记载:"邓家岑有鱼骨庙,鱼骨为梁,龟骨为神像底座。"

邓家岑今名邓岑子,位于葛沽镇。据葛沽镇的张金樵先生表示,曾在一本名为《葛沽杂史》的书中,发现康熙皇帝赐名"鱼骨庙",并题写楹联"百年鱼骨为梁架,千年龟髓附至尊"。有关文章推测,鱼骨庙的房梁应是由鲸鱼的下颌骨构成。

此外,在今滨海新区大神堂村,亦有过"鱼骨庙"的记载。据清光绪《宁河县志》记载,"鱼骨庙,在神塘,县治正南六十里,地近海。当年有巨鱼浮岸上,其骨大且多。土人因取之,修一庙,其操檩椽钉,俱用鱼骨为之。"从这段记载来看,葛沽的"鱼骨庙"应该与这座类似,都是使用"巨鱼"(鲸鱼)的骨架作为梁架建造的庙宇。

明清时期的天津,是水神信仰较为盛行的区域,除了传统的龙神,还有河神、海神等信仰。水神信仰与所在区域的地理和社会环境有着密切的关系,正是运河、河流、海洋交错的地理环境,造就了天津复杂的水神信仰体系。这些信仰作为一种社会现象,又对天津的社会生活产生影响,在促进和强化地域认同方面发挥了相当作用,形成了独具地域特色的文化,它们也成为我们今天考察天津社会历史、生态环境变化的重要依据和线索。

(刊于《天津史志》2018 年第 5 期,第 14—16 页)

作者:欧阳康,民盟天津市委员会

问津园的前世今生

章用秀

在河北区北运河岸，经过一年多的建设，作为天津市首个复建的私家园林，北运河带状公园的园中园——问津园近日完工，6月27日起免费对外开放。

浣烟沉碧、遂闲雅叙、篆水映月、垂虹潋滟，凸显江南一步一景。秀美精致的风光令人心旷神怡。如果要追根溯源的话，三百年前今河北区金钟河畔确有一座极负盛名的私家园林——问津园。

当年的问津园，风光幽雅绮丽，园主人热情好客，招来了诸多南北学者名流，促发了天津文坛兴盛，对提高天津城市的文化品位和文明程度发挥了不可替代的作用。从历史上看，该园比查氏水西庄还要早半个多世纪，堪称天津最早的私家园林。

园林的主人是清康熙年间天津的豪门大户遂闲堂张氏。近人高凌雯《志余随笔》中称："沽上园林之盛，张氏首屈一指。"张氏为何等人家？有何背景？为何要营建这样一处静雅别致的私家园林呢？

　　张氏原籍河北省抚宁县，是清初由普通商人一跃成为家财万贯的大盐商的代表。县志记载，张家最早由抚宁居津门的是张光禄（明予）与其弟张封翁（闻予）。他们在顺治年间即以行盐长芦开创了张氏家业。与张家有莫逆之交的天津诗人龙震在《记亡友张帆史交情始末》一文中提到："予先大人与其父闻予公曾同贫贱患难，又同业盐于长芦，及张氏昌大，予家亦丰足。"又说："予孤不谙世务，成业渐凋，而帆史父兄正当显扬之际。"（《津门古文所见录》卷四）可知张家先世明予、闻予一代当初还并不十分显赫。后来，张明予故去，明予之子张霖与其叔闻予共同操办盐务，支撑家业，随着天津盐业的兴盛，张家才有重大转机。这里所说张帆史是张霖的从弟张霔。从清代王鸿绪康熙四十六年（1707）的密奏小折中得悉，张家的银两仅在蓟、遵八县行盐地方计值银三十余万两，禹州、临颍、新城、清源、静海、青县处计银十三万两，张霖父子房屋计值银五万余两。

　　跻身仕途，改换门庭，是中国封建社会一些大盐商发家致富后的最终归宿，张家也不例外。张霖有了雄厚的经济基础以后，为了猎取政治地位，不惜重金，捐官买爵。《天津县新志·人物》载：张霖，字汝作，号鲁庵，自号卧松老衲。他"豪于家财而风度彬雅"，"康熙三十四年（1696）升安徽按察使，三十七年（1698）迁福建布政使，三十九年（1700）以前在安徽失察属吏降官，寻授云南布政使"。他的官位就是花钱买的。张霖在外为官时，天津的盐务事宜主要由其叔父闻予操办。张霖还曾于任上将叔父接到官舍小住。此时的张家，家有财源，外有官运，财势双全，不可一世。

　　与此同时，张家还用大量金银置买房产土地，广造庭阁园林。张霖官京曹时，曾以母老告归，在锦衣卫桥附近大兴土木，大起宅第,筑遂闲堂,一门和聚。后来又在金钟河畔建问津园。这里,树石葱茜,亭榭疏旷,垂杨细柳,流水泛舟,且"务极幽胜,法书、名画之属,充仞栋宇"。登楼凭栏可观海吟啸,夜深可听城楼更鼓梆声。当年闻予之子张霔作《春晴初过问津园》一诗有"园树人春不寂寞"和"高楼客戏弄弦管"之句,足见问津园之豪华典雅。此外,还在天津城东北三岔河口附近建起一亩园,园内有垂虹榭、绿宜亭、红坠楼等。文献记载,张氏别业还有篆水楼、倩绿园、帆斋等,确切地点,说法不一,但大体也都在三岔河口和今天的中山路附近。

随着家业的兴盛和私人园林的建起,张家的名声越来越大,海内名士纷纷慕名而至。具有较高文化修养的张氏一家出于改换门庭与切磋学问的双重目的,利用自家园林"延纳四方名俊"广一时北游之士。如《明史》纂修者、大文学家姜宸英和梅文鼎、沈一揆、徐兰等,"罔不适馆授餐,供张丰腆",使问津园宾客如云,往来赠答不辍,被称为天津的"小玉山"。

在这些海内名流中,以清代现实主义诗人赵执信住其家最久,赵执信(1662—1744)在清初文学领域中,从诗歌创作到诗歌理论,都有相当高的成就。他一生坎坷,正当他落拓之时得到张家的帮助。赵执信在出游时,曾对人说:我以所居停的地方为家,那就是问津园。与张家交情最深的是当时被称为"仙才"的清代学者、山西蒲州的吴雯(1644—1704)。史志记曰:一次客居问津园内的吴雯在闲谈时说道,他家中条山下环以玉溪之水,如能买田圃、构草堂十余间,贮书其中,有楼有亭,种竹艺梅,以此终老,也就足矣。谁知数年后,吴雯别去,抵达故里,见庐舍顿改。原来张霖已按他所言为他营构了新的房舍。吴与张氏兄弟酬唱甚多,曾作诗曰:"最爱王官谷,劳劳托兴长。人家攘西宅,风景辋川庄。慷慨成高隐,艰难就草堂。

买山原所自,高谊不能忘。"此外,桐城派创始人方苞,修《明史》、作《日下旧闻》的博学多才的朱彝尊等,也与张家有所交往,居于问津园内,结下友谊。驰名文坛的清代戏剧家洪升的传世名作《长生殿传奇》,也是在问津园内最后定稿的。

这些名流学者在经史、文学、艺术上皆有很深的造诣,为文之道见地颇高,有的在学术上还持有不同观点。如吴雯为诗学"一代正宗","神韵派"代表作家王士禛所欣赏,而赵执信又是王士禛在诗坛上的劲敌。他们不仅在问津园内留下了不少脍炙人口的鸿篇佳作,而且各自阐发自己的创作理论,从而促进了南北各地的文化交流,打开了天津人的视野。早在道光年间天津学者郭师泰就评价说:"若人文之盛,又有张氏遂闲堂、查氏于斯堂。大江南北知名之士聚集于斯者,踵相接,津沽文名,遂甲一郡,是鱼盐武健之乡,而为文物声明之地。"从一个侧面反映了问津园在天津文坛的地位和作用。

正当张氏最为显扬、最为富有之际,张氏一门却遭到了一场大祸。康熙中叶,张霖于云南布政使任上被他人弹劾,最后终以"假称奉旨贩卖私盐,得银一百六十一万七千八百两有奇,又纵子张埙、张坦,骄纵不法,肆行无忌"(《清圣祖实录》卷122)等罪被清廷革职。朝廷很快将张氏财产清查收缴。康熙五十二年(1713),张霖故去,张霖子张埙奉旨发遣宁古塔。从这以后,张氏家道日衰。至张霖孙辈及曾孙辈,境况已相当窘迫。天津地方志记曰:张霖的两个曾孙徒步走桐城,当时方苞还在世,为了使他们能在安徽讨上一口饭吃,便与其作书,写"方伯遂闲公之孙也"几个字。弟兄俩带着这一字条遍访吴楚故旧,得其资助,才得以回津。

至于问津园,张霖遭事被籍,其亭馆日趋荒驰,康熙末年已成为废墟。乾隆中叶,张氏门庭一度中兴,又在问津园故地建思源庄,实为张氏墓地附近的一处小园林。这处小园林也曾吸引了一些文人学士,不过远不及问津园兴盛了。到了近代,张氏再度衰败,思源庄随之而荒圮。后来竟还发生这样一件事:袁世凯督直隶时,欲拓建公园,旁及思源庄,令张家毁园迁坟。族长张裕增葵卿以"祖墓已历二百年不可发棺暴骨",奔走哀号,求已其事,既不得请,以死抗之。袁世凯虽有威力,莫之能强。"先人邱垄,因以得全"。

复建的问津园面积为 8033 平方米,复原了清代问津园部分遗迹,园内栽植各种植物 157 种、5080 株,设景观置石 160 块、假山 8 组。整体为纯粹的江南园林造园手法和风格,着意体现精致清雅的意境和文人造园的神韵。园林布局按照江南园林空间从小到大罗列变化的特点,符合中国人含蓄的审美哲学,尤其是园内处处可见南方园林里典型的蝎子尾飞角,营造出古建筑小巧轻盈飞动轻快的韵味。问津园的复建标志着天津雅文化的传统与传承,让今人领略到天津历史文化的历程与辉煌。

(刊于 2018 年 7 月 9 日《天津日报》第 12 版"满庭芳")

作者:章用秀,天津地方史学者、藏书家

姚范与问津书院

杨传庆

问津书院是清代津门最为著名的书院,它诞生于乾隆盛世。清雍乾时期,朝廷倡令各省于学宫之外创立书院,礼聘名儒掌教,问津书院应运而生。问津书院的成立,长芦盐运使卢见曾居功至伟。卢雅好文教,于乾隆十六年(1751)到任后即着手创办书院,在盐商查为义献地之助下,书院"经始于乾隆十六年辛未八月,落成于十七年壬申二月。""问津"之名,出自卢见曾,其《问津书院碑记》云:"孔子之道犹海也……学者因文见道,譬如汎海者……不能达者皆不得其津者也。"①其意在希望学子们勤修苦学,以书院为津渡,遨游学海,故钱能群题书院讲堂为"学海堂"。

问津书院创建后,卢见曾"招集诸生,亲为课艺,优给膏火,培养人才,一时称盛。"②书院并未因卢见曾的迅速离津而有衰颓,其

---

① (清)卢见曾:《问津书院碑记》,《雅雨堂文集》卷三,《续修四库全书》(1423册),上海古籍出版社2003年版,第490—491页。

②《(同治)续天津县志》,天津市地方志编修委员会编著《天津通志·旧志点校卷》(中),天津社会科学院出版社2001年版,第350页。

矗立津门近一个半世纪,它极大提振了津沽文风,不仅是登贤书、捷南宫者蔚然而起,更深远地影响了津门学术文化。问津书院之所以能有如此生命力,主要在于其不乏名儒担任山长,而在历届驻院山长中,声名最著者当属姚范。由于史料的欠缺,人们往往只能从只字片言中获知姚范曾主讲问津书院,对于其寓津时间及其学术影响罕有提及,故本文掇拾散见材料,略加述论。

一

姚范(1702—1771),初名兴(启)涑,字已铜,又字凫青,后字南(青)菁,号薑坞,又号铜庵、石农、橐沙,晚号几蓬老人。安徽桐城人。乾隆七年(1742)进士及第,选庶吉士;十年(1745)散馆授编修,充武英殿经史馆校刊官,兼三礼馆纂修官。后遭母丧,服阕后任原官,兼文献通考馆纂修官。乾隆十五年(1750)致仕。姚范博学淹雅,尤擅经史考据,能诗文。其文章学术与顾炎武、阎若璩相提并论,一代通儒,为人所重。姚范著述甚丰,因其堂名"援鹑"①,故其曾孙姚莹编刻有《援鹑堂诗文集》《援鹑堂笔记》等。姚范是桐城派承前启后的津梁,钱锺书称其为桐城诗派的发端②,其学术、思想对其侄姚鼐及之后的方东树等桐城文士影响极深。

姚范为一时名儒,身在礼馆,为何会在乾隆十五年(1750)未满五秩之时突然致仕? 包世臣《清翰林院编修崇祀乡贤姚君墓碑》(下

<hr>

① "援鹑"出自扬雄《法言》《寡见篇》:"春木之芚兮,援我手之鹑兮",东晋李轨注云:"春木芚然而生,譬若孔氏启导人心,有似援手而进,言其纯美也。"姚范以此为堂名,可见其推崇孔子之教学。
② 钱锺书:《谈艺录》(补订本),中华书局 1984 年版,第 145 页。

文称《墓碑》)云:"庚午京察一等,既引见,以病自免。"又云:"居词馆数年,即膺察典,当外擢方面,遽引疾去。夫岂愁于世事哉？继读君跋《颜氏家训》曰:'交道缔结,常为祸福所倚伏,文人志士,于幕府权门,贵判迹于首途,避薰炙于始灼。'然则君之决退,其亦有所不得已于中者也？"①《墓碑》中的记载颇有闪烁其词之处,既云"以病自免",又说其决心退出官场有不得已者,即不愿屈节依附权贵。

据《墓碑》所记,姚范无论是因病自免,还是"不得已于中者",都与京察一等有关。京察一等是清代中下级京官考核的最优等,须经皇帝面察,得一等者可优选外任地方官,而姚范致仕的原因正是京察一等的失败。更为严重的是,姚范致仕,乃皇帝弘历之饬令。《清实录·乾隆朝实录》载:"谕曰:翰林院编修姚范,人平常,杨廷栋,人既衰庸,学问亦平常,俱着休致。"(卷三百六十二)本年五月十九日,弘历再次针对姚范:至姚范、陈兆崙列入京察一等,则姚范人本平常,不堪超卓之选,前于引见考试人员时,令其休致。梁诗正谓其人"闭户读书",词臣中闭户读书者不少,岂能尽列一等？②(卷三百六十五)姚范在引见面察时即被弘历否定,尽管有梁诗正为其说项,但仍未能改变弘历对他的看法。遭到当朝皇帝否定,强令休致,姚范的仕宦之路即刻休止。这是其主讲问津书院的人生背景。

李兆洛《桐城姚氏姜坞惜抱两先生传》说:"(乾隆)十五年(1750),京察一等,以病免归,主讲席于问津书院者八年。"③吴德旋《姚姜坞先生墓表》(下文称《墓表》)说:"尝应直隶总督方恪敏公之

---

①(清)包世臣:《清故翰林院编修崇祀乡贤姚君墓碑》,《包世臣全集》,黄山书社1993年版,第354、355页。

②《清实录》(13册)《高宗实录》,中华书局1986年版,第1027页。

③(清)李兆洛:《养一斋文集》卷十五,《续修四库全书》本(1495册),第238页。

聘,主问津书院,前后八年。"①姚莹《援鹑堂集后叙》也说:"未几归里,往来天津、维扬间,主讲书院。"②姚范自己则说:"中间余至韩江,寓津门几八九年。既归,杜门却扫。"③则其主讲问津书院实际将近九年。可以说,担任问津书院山长是姚范致仕之后最重要的履历。据吴德旋《墓表》,直隶总督方观承聘请姚范至津担任山长,方观承1749—1755年间任直隶总督,据姚鼐《方恪敏公诗后集序》云:"鼐家与方氏世有姻亲。公与家伯父薑坞先生相知尤密,于鼐为丈人行"。④姚范也作有《宜田宫保以棉花诗见示成七言一章》等诗,可知方观承与姚范为同乡好友,其聘请姚范为问津书院山长,当也有为姚谋一生计之虑。

关于姚范至天津担任山长的时间,史料中并无明确记载。包世臣《墓碑》云:"解组后,教授南北凡二十有一年"。姚范乾隆三十六年(1771)辞世,由《墓碑》所言,他甫一致仕即至津门。但是据姚鼐《左笔泉先生时文序》称:"鼐后成进士,从世父自天津归。"⑤姚鼐乾隆二十八年(1763)年成进士,本年姚范携姚鼐从天津归乡,则可知1763年春姚范仍在天津。又姚鼐《游媚泉笔记》(1764年作)云:"以岁三月上旬,步徇溪西入……是日,薑坞先生与往,鼐从,使鼐为记。"则姚范归乡后似未再返回问津书院。所以若其离官后即至津门,则其居津已超过十二载,与寓津"八九年"之记并不符合。因此,

①(清)吴德旋:《初月楼文钞》卷八,光绪十年(1884)刻本。
②(清)姚莹:《东溟文集》卷二,《清代诗文集汇编》本(549册),上海古籍出版社2011年版,第327页。
③(清)姚范:《徐鉴亭七十寿序》,《援鹑堂文集》卷四,《清代诗文集汇编》(298册),第98页。
④(清)姚鼐:《惜抱轩诗文集后集》卷一,上海古籍出版社1992年版,第265页。
⑤(清)姚鼐:《惜抱轩诗文集》卷四,第58页。

姚范并非致仕后即至天津。据其与姚鼐乾隆二十八年(1763)归乡逆推,则其主讲问津书院当在乾隆十九年(1754)。我们还可以据其诗歌作品对其寓津时间及在津时期的情感心态作更多了解。

姚范《赠卢雅雨运使》诗其三云:

> 汉家贤将佐休明,形胜东临右北平。塞草春生朱鹭曲,霜榆秋下白檀城。共知酹酒辞金马,但看开黉奏管笙。回首张帆铃阁迥,松枝尝忆说经横。守永平日,尝属宋蒙泉编修延予主书院,予时方谋南归,未就。

此诗赞颂卢见曾任永平知府时的成绩,"但看开黉奏管笙",即指卢见曾在永平建敬胜书院之功。据此诗小注,卢见曾倩宋弼邀请致仕后的姚范主讲敬胜书院,因姚欲南归而作罢。可知,饬令致仕后,姚范回归乡里隐遁,直到四年之后,方才出掌教职。姚范另有《初至津门,高蕙田太守枉顾,翌日以诗扇见赠,依韵奉酬》一诗:"江湖久矣忘鸿干,遁迹宣游笑两端。不谓乘潮拾海月,翻成戴笠话鸡坛。"遁迹江湖,未料再次出山,不难看出,姚范至问津书院当是经过深思熟虑的。由诗题"初至津门"知此诗是姚范到津不久后作,明确其创作时间,则姚范主讲问津书院的起始时间就更明确了。诗题中提到的"高蕙田",即高恒,时任长芦盐政、天津总兵。据卢见曾《问津书院碑记》所记:"适吉公庆来视盐政,为延名师、立教条。"①乾隆十七年(1752)二月问津书院落成之时,长芦盐政为吉庆。乾隆

---

① (清)卢见曾:《雅雨堂文集》卷三,《续修四库全书》(1423册),上海古籍出版社2003年版,第490—491页。

十八年(1753)三月十八日,吉庆以长芦盐政、天津总兵身份上《奏谢留任一年折》①,则其至乾隆十九年(1754)四月前当仍在任。姚范初至津门,高恒已然担任盐政之职,则其主讲问津书院必在1754年4月之后。姚范又有《杏花次金质夫太守韵》一诗,金质夫即金文淳②,乾隆二十八年(1763)到任天津知府,则姚诗当为本年春杏花绽放时作,此时姚范尚在津门。如此,则可定姚范主讲问津书院的时间为乾隆十九年(1754)四月后至乾隆二十八年(1763)春之间,这一时间也恰合姚范"寓津门几八九年"之说。

据《重修天津府志》载:董承勋乾隆十六年(1751)始任天津道,问津书院建成后,他曾聘请名进士吴联珠主讲问津书院,则吴联珠当为问津书院第一任山长。吴乾隆十九年(1754)去世,这应是姚范本年北上津门担任主讲之因。寓津期间,教学、著述、友朋间的诗酒唱酬构成了姚范生活的全部。他的唱酬诗作有《查俭堂太守苍梧见怀之作》《九月十洲过津门,出颂嘉草堂图属题,依韵即送其南归,次章末句兼怀欧舫湘灵诸君》《秋日鄂怡云以仓部赕储至津门相见话旧兼出新诗赋赠》《津门送王西园前辈之上江臬使任》《双芝图歌为津门查集堂赋》《为雪园给谏题吾庐读书图,时以巡漕驻节天津》

---

① 故宫博物院编辑委员会编:《宫中档乾隆朝奏折》(第4辑),1982年版。清初曾规定,长芦盐政任期一年。

② 金文淳(?—1772),字质甫(夫),号金门,浙江钱塘(今杭州)人。乾隆二十八年(1763)任天津府知府。乾隆三十二年(1767)六月,因辖内南皮知县犯案受牵连,被乾隆严惩,革职遣戍关外。《(同治)续天津县志》有云:"罢官后,主讲问津书院,课生童如子弟。凡所识拔者,无不腾达云。"(天津市地方志编修委员会编著《天津通志·旧志点校卷》,天津社会科学院出版社2001年版,第351页)但据袁枚《随园诗话》卷六云:"质夫为太守,两遭罪遣,谪戍以死"(江苏古籍出版社2000年版,第129页),汪师韩作于乾隆三十七年(1772)《挽金门太守》诗注中也说:"君定于十月南归,竟不及。"此是死于谪所之证,则金文淳谪守关外,似至死未归津门。

《杏花次金质夫太守韵》等。这些诗作中,唱酬之乐难掩人生失意之叹与客居乡关之思,如"飘萧自分此生浮,白首羞逢海上鸥"(《查俭堂太守苍梧见怀之作》);"白首门生潜海曲,青云冠盖忆平生"(《秋日鄂怡云以仓部偾储至津门相见话旧兼出新诗赋赠》);"自分天涯同老马,何时浩荡随虚舟。"(《九月十洲过津门,出颂嘉草堂图属题,依韵即送其南归,次章末句兼怀欧舫湘灵诸君》);"坐忆青山白水满,绿荫鹅躲插秧抽"(《沽上待渡》)。诗中悲叹仕途断折,老大飘零之情思在在可感。其《双芝图歌为津门查集堂赋》云:"我来羁栖渤海岸,两丸转毂三年淹。"羁栖淹留于北地异乡,何以解忧? 惟有水西美景。徜徉于水西庄风亭水榭,花卉桃李之间,感受着水西主人的风雅高怀,姚范云:"过此流连每日夕,如鸟脱笼驹驰衔。最爱举杯斜阳外,高柳忽堕长空帆。"(《双芝图歌为津门查集堂赋》)在水西庄,他获得了自由与欢乐,忘却尘世俗扰。

二

姚范在问津书院担任山长时的教学理念与具体教学情形,今已难知其详,他自己未有相关记载,其后人姚鼐、姚莹等于此也罕有多言。今日可见涉及姚范主讲问津书院最重要的史料当为范当世《天津问津书院,薑坞先生主讲于此者八年,外舅重游其地,感欲为诗,乃约当世同用山谷武昌松风阁韵》一诗,全诗如下:

> 有文支拄山与川,恍人有脊屋有椽。我立此语非徒然,眼下现有三千年。远矣周孔隔地天,手语目听交鸣弦。五德替代如奔泉,扫去碌碌留圣贤。此事担当在几筵,耿耿一发天宇悬。丈人家

世留青毡,文字碧水流潺湲,从来不与时媚妍。薑坞先生此粥饘,百年乔木参风烟。公来再饮唐山泉,龙堂蛟室来眼前。吾今只可烂漫眠,梦里不须书绕缠,醒亦毋为世交挛,眼见地塌天回旋。①

清光绪十七年(1891),范当世陪其岳丈姚濬昌(姚范为其高祖)游览天津问津书院,二人缅怀姚范功德,感而赋诗。

此诗开篇即言文章之用如山川、脊梁、屋椽,这也是桐城派对文章功能之期许,姚范就认为"文章关乎世运,学术系乎风俗人心"②,他强调诗文对于社会道德建设的重大作用。"远矣周孔隔地天,手语目听交鸣弦"二句即点明姚范在教学中对周孔之道的传承,手语、鸣弦,以孔子教学弦歌不辍借指姚范之讲学;"目听"用《列子·仲尼》典故,"老聃之弟子有亢仓子者,得聃之道,能以耳视而目听。"范伯子用这个典故指书院学子深得姚范所传之道。姚莹曾指出:

> 先曾祖为文,根柢经史,旨渊思深,必得古人精意,不为放诮蹖驳之论取快一时。先曾祖之于文,可谓能载道矣。至其天资沈笃,强记博闻,自束发以终其身无间,故能淹通宏洽,不为拘墟孤陋之见,空疏无据之谭。其大者在笃信程朱,以为非考证不足以多闻,而舍身心亦无以为学。③

姚范所处的乾隆时代,学人或宗汉学,或主宋学,各执一端,前者

①(清)范当世著,马亚中、陈国安校点:《范伯子诗文集》,上海古籍出版社2003年版,第131页。
②见《桐城麻溪姚氏宗谱·姚氏先德传》,民国十年(1921)印本。
③(清)姚莹:《东溟文集》卷三《与张阮林论家学书》,《清代诗文集汇编》本(549册),第339页。

重考据,后者重义理。姚范长于考据,但仍非常重视程朱之学,其"病近代诸公或竞谈考据,以攻诋宋儒为能也,谓此人心之敝,充其说将使天下不复知有身心伦纪之事,常慨然欲有所论著以明其义"①。姚范认为宋儒之学强调的道德伦纪不可忽视,所以其为学以"文以载道"为宗旨,重视程朱义理之学,而又不废考据。刘声木也曾指出过姚范重视圣贤传统,又不拘泥程朱的特点。他说:"主讲天津、扬州等书院。刻苦读书,博览强识,以勤于古圣贤之经传,诸子百史,志在贯穿。不主家法,唯以旁稽互证,求一心之是。"②可以想见,姚范教导书院学子必然是传扬周孔圣贤之道,同时将汉学之考据与宋学之义理折中调和。他的这一教学理念贯穿在问津书院一个多世纪教书育人的历史之中。同治乙丑年(1865),津门诗人华鼎元作《问津书院》一诗:

> 儒家衣钵孰传薪? 学海堂前教诲频。
> 不薄程朱尊马郑,先生只合作调人。③

传承儒家衣钵,调合宋学(二程、朱熹)、汉学(马融、郑玄),书院的这种育人思想正由姚范奠定。直至民国时期,严修、华世奎、章钰、王守恂等在津创立崇化学会,分义理、考据、词章三科,仍可见桐城派的教学主张对津门教育之深远影响。

范当世在诗中赞美了姚范甘守清贫,培养了栋梁之才的不凡业绩;高度褒扬了他在一发天悬之时承传圣贤教化之业的担当,以

①(清)姚莹:《〈援鹑堂笔记〉闽刻原后序》,《援鹑堂笔记》,清道光十六年(1836)刻本。
②刘声木《桐城文学渊源考》卷三,黄山书社1989年版,第138页。
③(清)华鼎元:《津门征迹诗》,潘超、丘良任等:《中华竹枝词全编》第一册《天津卷》,北京出版社2007年版,第369页。

及开启桐城姚氏文章百年风流的功德;尤其是强调了姚氏"从来不与时媚妍"的高贵品格。姚范为人律己严恭,砥砺品节,从不媚俗逢迎。姚莹说他"生平懿行笃学,实能无愧古人"①,吴德旋也说他"遇所不可,介如也"②。文以载道的理想,加之为人之耿介,使得姚范在学术文艺上注重道德性情。他主张作诗言志,摛风裁兴,藻辞谲喻。例如他与刘大櫆编选明代诸家诗,选录并不知名的诗人薛蕙(字考功)诗作数十首,其原因正是萧穆所道"考功之学行风节,不第为诗人已也"③。而对于为文为诗不端正持重者,姚范是拒与为伍的,这明显地体现在他对袁枚"性灵说"的排斥上。袁枚曾记其与姚范故事:

> 先生(姚鼐)从父南青讳范,在长安与余有车笠之好,学问淹博,而不喜吟诗。余改官江南,送行诗麻集,而南青无有也。余调之云:"南青爱人如老妪,初入翰林殊栩栩。平时著述千万言,临别赠我无一语。④

对于袁枚之言,桐城后劲刘声木曾有析论:

> 袁简斋明府枚怀桐城姚薑坞太史范诗云:"平日著书千万言,临别赠我无一言。"似太史专工于校勘之学,拙于文辞,如唐李善之类;又殊不尽然。太史古文,传归方之绪,屹然为桐城

---

① (清)姚莹:《〈援鹑堂笔记〉闽刻原后序》,《援鹑堂笔记》,清道光十六年(1836)刻本。

② (清)吴德旋:《姚薑坞先生墓表》。姚范仕途不遂与其耿介严直的品性也有关联,在乾隆盛世不作讴歌迎合致其陷入孤立。例如他的《读史》诗咏建安云"隋珠既在握,荆璞亦冥搜",极称曹氏得人之盛,但篇末却说:"谓当致高蹈,何意摧华铧。体弱既足病,肥憨亦为羞。空文俾日月,桢干委山丘。遂使三公位,徒嗤孙仲谋。"(《援鹑堂诗集》卷一)正直有骨气的人才在盛世反被遗弃,这无疑是其自身写照。姚鼐《姚氏长岭阡表》(《惜抱轩文后集》卷六)也说:"(姚范)仕为翰林数岁,不究其用而归。"

③ (清)萧穆:《跋薛考功奏议》,《敬孚类稿》,黄山书社1992年版,第113页。

④ (清)袁枚:《随园诗话·补遗》卷一,江苏古籍出版社2000年版,第428页。

一大宗,诗亦清娇绝俗,撰有《援鹑堂诗集》七卷,《文集》六卷,卓然可传于世,不知当日何以无赠行诗文。岂恶明府放荡太甚,不拘礼法,早于无形之中,已严绝之,然严绝之诚是也。①

袁枚倡言"性灵",为诗坛名流,从"送行诗麻集"可见众人趋附之态,姚范能诗独不赠诗,更见其不媚时流的品性。而其临别无诗赠袁,更反映了二人在学术旨趣上的抵牾。袁枚主张性灵舒洒,任情率真,时有突破儒家礼法诗教之处,流于"放荡太甚",轻佻浮薄。这与姚范推重道德性情、温柔敦厚的诗学观念大不相同。可以想见的是,"粥饘"于问津书院的姚范在培养"百年乔木"时必会将儒学诗教化于学子心中,桐城派崇尚雅正的诗文主张在清代天津文坛也一直绵延不辍。

一代名儒姚范执掌问津书院将近九载,因其彻底绝于仕宦,故能专力为之。姚范主讲问津书院,乃是桐城派与京畿文学与教育关联的一个生动例证,他将传扬周孔之道的理想,折中汉学与宋学的学术思想,以及追求道德性情的主张融入到问津书院教学之中,奠立了书院未来的育人方向,也对天津文教产生了深刻影响。可以说,姚范是早期桐城派书院教育的实践者,也是桐城派北地传播之前驱,以此观之,其主讲问津书院的价值与意义尤为值得重视。

(刊于《廊坊师范学院学报》2018 年第 2 期,2018 年 4 月,第 13—16 页)

作者:杨传庆,南开大学文学院

---

① 刘声木:《苌楚斋随笔》卷六,中华书局 1998 年版,第 126 页。

河东盐坨的历史沧桑

曲振明

2017年8月,在天津举办的第十三届全运会开幕式上,用3D技术展现了一幅反映天津历史繁荣的画卷《潞河督运图》。这幅图表现了当年天津盐业的兴盛,其中河东盐坨是画中的亮点。随着历史的推移,河东盐坨已经不为人知了,可是这个地名却延续了几百年,而且对天津的经济发展起到过巨大作用。

一、河东盐坨的建立

天津濒临渤海,早年受潮汐浸淫的影响,地质斥卤。天津的先民掌握了煮盐方法。自元代始,官府在三岔口、大直沽设盐使司,组织乡民设灶煎造,以至有"万灶沿河而居"之说。明代初年,长芦运司在小直沽设批验所,盐商在海河东岸买地筑坨存盐,以等待查验运销。

清康熙年间,长芦巡盐御史署、长芦盐运使司署先后从北京、沧州移驻天津,天津由此成为长芦盐业的中心。同时在海河东岸设立盐关即津坨掣盐厅和盐坨。坨即贮盐之地,当时长芦分为南场坨和北场坨。南场坨在沧州西门外,北场坨在天津海河东岸。河东盐坨南起季家楼(今天津站附近),北至掣盐厅(今东门外海河东岸),这里原是明代銮仪卫庭燎厂辖地,"所征金灯、火把、苇地钱粮,后庭燎厂裁撤,交给商人贮盐,每年收坨租银四千零二两。最初由青州分司征收,后改天津分司、天津道征收。"康熙六年(1697),巡盐御史宁国珍题准,"天津道有地方之事,每逢交纳,商有守候之苦,仍归青州分司征收"。

盐坨是封建时代食盐运销的"引岸"制度的产物。在这一制度下,盐商凭"盐引"运销食盐,其数目和销售区域都是固定的,且有时间限制。盐商从各盐场购买盐斤后,先要把盐运到盐业管理机构所在地接受查验,谓之"称掣"。在等待称掣与称掣完毕等待运往销售区的时候,要暂时将盐堆放储存。堆放的方法是:以芦席或口袋将盐打包,每包一引(三百斤),九引为一堆,每堆谓之一埠,十埠谓之一垛,排列成行。总体谓之"盐坨"。

二、盐坨的管理

盐坨存放的盐有生熟之分,盐商从各盐场运来的海盐叫生盐,运进盐坨后,由掣盐厅统一分等、称重,用芦席"领包"重新包装的盐包即"熟盐"。据《天津政俗沿革记》载:"各商由场运盐未入坨之先,谓之'生盐',入坨之后,商人引领改包,谓之'熟盐'。"经过包装的"盐引"方便了堆垛、提运、装船、计量等各项作业。盐坨平日里也设专人养护管理,盐坨每年春秋各开坨一次,收进生盐,调出熟盐。

河东盐坨由各盐商划地存贮,共有盐垛二百多座。盐坨以条石为基础,条石间设为通风道,用芦席"领包"包装的"熟盐"在条石上整齐码放,上部码成坡状,用芦席自下而上层层苫盖,再用麻绳连缀缝边成坨。一坨盐码可储存"熟盐"万引。

盐坨有新旧之分,并石碑为界。旧坨位于石碑之南,只贮存由各盐场运来的生盐。新坨位于石碑之北,由各盐商改装的熟盐,经称掣配运后移贮于此。

河东盐坨地势较低,面临海河,背靠东淀,每值雨季河水、淀水涨浸,往往冲毁盐坨。因此长芦盐商历年都对盐坨周围进行培堤筑岸,雍正三年(1725),经过长芦巡盐御史莽鹄立的奏请,在盐坨外围修筑起了一道堤坝,名为护坨堤(亦称护盐堤)。嘉庆六年(1801)六月,天津水患频发,盐商昼夜加筑护坨堤,当时河水与堤持平,"积水无从消泄,存坨盐斤雨淋水浸,荡没二万六千余包。""盐坨后堤李公楼一带,水势顿长数尺,堤埝登时漫溢,抢护不及,斜冲入坨,冲去盐包六十六码……"。长芦巡盐御史那苏图号召盐商重筑新堤,"自药王庙至季家楼环护如带,巩固坚垒,而盐坨庶无漂没之虞矣。"护坨堤自药王庙至李公楼,长约三里多,经过多次重修,有效地保护了盐坨的安全。

津坨掣盐厅位置在海河东岸,今金汤桥东侧。乾隆三年(1738)设立,内设官厅、廊厅。厅外设竿台,备有秤架。各盐商将生盐包装成盐引后,赴长芦盐运使司告掣,运司委托批验所查验,具结呈报盐院(长芦巡盐御史)听掣,每掣一包过小筹(筹为竹签子)一支,二十包过大筹一支,是为一次,逐包掣毕,移贮于新坨。盐商再赴长芦盐运使司、天津道署挂号,再造册呈送盐院。手续齐全后,运送熟盐的商船停泊盐关下,听候盐关抽包掣挈后,启关放行。当时盐关前设有浮桥,该桥于雍正八年(1730)由天津分司孟周衍捐出俸禄,众盐商响应所建。因名其桥"孟公桥"。而浮桥也是盐关的关闸。"盐之由坨秤挚配运者,即以此为关键,司启闭焉"。

三、平浪元侯庙

除了盐关、盐关浮桥,河东盐坨还有一处著名的庙宇,即平浪元侯庙。平浪元侯也称小圣,《长芦盐法志》:"小圣,海神也。旧有庙在天津河西,始封平浪侯,继封护国济运显应平浪元侯,顺治六年(1649),津人移建于此,康熙二十三年(1684)重修;又阜财、丰财二场亦俱有庙"。小圣神何许人也?据《天津县新志》:"小圣庙:在盐坨。相传神滕姓,名经,年二十三落水成神,故称小圣,盖海神也。旧有庙在河西,始封平浪侯,继封护国济运显应平浪元侯,商舶往来屡荷显应;顺治六年复建庙河东,栋宇宏敞,陈廷敬、余泰来皆有碑记,载碑刻志。今庙址划入租界。"由此可见小圣是一位叫滕经的人,因为失足落水而成神。此外,成书于乾隆四年(1739)的汪沆所著《津门杂事诗》中有小圣庙一首,其小注云"小圣庙在河东盐坨,祀海神平浪元侯。俗传神姓滕,讳经。"滕经是河北省清河县的滕蒿林村人,1934年天津文竹斋印行的《清河县志·列传·人物》:"滕经,性聪敏,双手写字,目观八行。年十二补弟子员,当时号为神童。嘉靖二十三年(1544)乡试不第,归,至天津坠河死,时年二十三。数月驸马显圣,嘉靖敕封北河平浪小圣。清康熙敕封护国镇海显佑济运平浪元侯灵应尊神,至今沿河多有庙宇,香火不绝。"由此可见这位"小圣"也如"天后"一样是由人落水而成神的。由于清代康乾年间天津盐业发达,小圣庙也风光一时,从河西迁到河东盐坨附近,因为这里也是许多盐商与盐业机构的聚集地。将小圣庙迁至此地,方便民众崇神祭祀。小圣庙的祭祀活动十分隆重,这在天津人记述上随处可见。诗人沈峻《津门迎神歌》有"复有恬波称小圣,立庙瀛壖裡祀敬。未闻报赛举国狂,始信欢虞关性命"的描绘。除了修庙外,河东盐坨小圣庙还举办盛大的庙会。蒋诗的《沽河杂咏》有小圣庙一首:"二月连朝有胜会,刹那五月赛元侯。津门士女倾城至,戴七星花结伴游。生动地描绘了当年庙会的盛况。

四、中外人士的记载

河东盐坨是清代天津的一道景观,在中外人士的记述中多见记载。清人张焘《津门杂记》记载:"盐由海滩运津,堆积之地在河东,名曰盐坨。盐包累累如山,呼曰盐码,地占数里,一望无际";清诗人崔旭《津门百咏》则描绘这些盐坨道:"堆积如山傍海河,河东数里尽盐坨。民间珍视如珠玉。不道此间如许多。"清代诗人唐尊恒有诗:"河东几甲号盐坨,堆积官盐近更多。赢得纲商佳子弟,花天月地会消磨。"但坨坨中,间有桂花飘香,是为"盐瑞",诗人樊彬称"坨堆十里接晴云,香诇桂花熏。"堆积如山的盐坨,是盐商发财的资本,以至他们家财万贯,崔旭吟咏:"盐策长芦此要津,凤天气色属商人。铜山金穴须奥事,大宅连云递旧新。"但是盐商也有倒霉的时刻,如有不测,会"一朝化去成乌有,公私交迫真债薮"。所以,诗人李云楣发出了这样的感慨:"自古有余则为患,安用盐坨堆如山?"写出盐坨的兴废和盐商的兴衰。

许多外国人看到盐坨也十分惊奇。乾隆五十八年(1793),与英国使臣马嘎尔尼一同到中国的斯当东爵士在《英使谒见乾隆纪实》

中记载河东盐坨的情况:"在一些村庄和市镇附近有许多棱锥形的堆积物,长度和宽度不一律,但一般都是十五呎左右高。这些都是盐包堆积起来的,形象好似欧洲的泥炭堆。盐包上只盖着一层草席来挡雨。这个地区骤雨极少,盖上一个草席足够用了……根据堆的大小和数目估计,盐的数量大得惊人。巴罗先生做了这样的计算:'除去不完整的盐堆不计算在内以外,共有二百二十二大堆。每堆的横切面有七十二包盐,每堆的长度至少二百呎,多至六百呎。假定它的平均长度为四百呎,每袋盐是二呎长,那么每堆将包括一万四千袋盐,二百二十堆将要三百万袋盐。每袋盐约有二百磅重。因此,总共这些盐堆将有六亿磅重。"清咸丰八年(1858),英国侵略者额尔金率海军攻陷了大沽口,顺海河西上,向北京进发。当他们快要到达天津城东门时,忽然看到了奇怪的景象:在海河东岸上,整齐地码放着一排排奇怪的堆垛,这些堆垛高二三十英尺,宽一百英尺,长二百到六百英尺,形似货车隆起的圆顶,上面覆盖着席子和秫秸,看不到里面是什么内容。一番打探,他们才了解到:这些高大的堆垛里竟然全部是白花花的盐。额尔金所看到的就是河东盐坨。

五、河东盐坨的消失

1900年,天津城被八国联军攻陷,河东盐坨多被俄、法两国军队抢占,数目多达四十六万余包。当盐商们前往交涉的时候,这些侵略者竟然恃武力索取赎金。最终,盐商们花了一百九十余万两白银才将盐斤赎回,所费超过了这些盐斤三年应纳税银的总额。

光绪二十七年(1901),俄国、意大利、奥匈帝国先后开辟海河东岸为租界。在最初的协商中,遭到盐商的反对。称"商家坨地迄今二百余年,加以历年培筑,其地始能坚实可用。若换用新地,则土性松软,筑造盐包伤耗必巨,三五年内不能适用地也。且商家筑盐夫役,工价皆有定章。而夫役熟手皆为附近住户,若远移他处,用生手则不谙作法,用熟手则远路奔驰,筑包万不能及时,工价则必增数倍。"

民国以后,废除了盐引制度,国家对盐业实行专卖,丰财、芦台两盐场,在产地贮存海盐,南北两坨并废。

(刊于天津市地方志编修委员会主办:《天津史志》,2018 年 4 期,第 47-49 页)

作者:曲振明,河东区政协文史委

大沽路的交通枢纽
——下瓦房站

刘利祥

对于天津人而言，指示方位时，少有东西南北。除了左右，就是上下。北为上，南为下，与平面地图的方位一致。这是因海河蜿蜒曲折穿城而过，以及租界道路依河取势各自为政设计铺建造成的。北辰区宜兴埠有一条"下卫道"，就是从北部的市郊，向南，到天津卫老城的意思。而下瓦房，天津人也有念"下伍房""下五房"的，顾名思义，可理解为自老城厢去南乡，路上一片

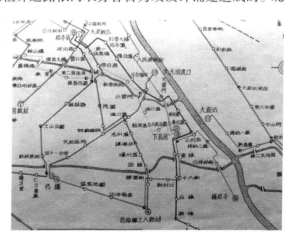

1956年天津市公共汽车线路图（内部资料）可看出下瓦房已成重要枢纽

普通的小瓦房。

海大道,即大沽路(包括今大沽南路与大沽北路),自海河西岸转向南岸,随河入海,自今小白楼至大沽口,从清乾隆四年(1739),是以海河堤岸培土堆叠而成,道光年间更名为海大道。后名称随管治沿革几经更迭。老百姓还是习惯将这条交通和商业要道简称为"大沽路"。

按照城市布局"中心地"理论,下瓦房应属于次中心地,虽然不及市中心的繁华商业区,仍然是闹市。无论兵马还是粮草,来往城区与南乡和大沽口之间,到此会打尖,但少有住店。类似于洋务运动编练新军时,在马厂和新城之间修筑的"马新大道",沿途的驿站,是按照四十里一大站、十里一小站而设立的,后来小站逐渐发展成了商业和民居聚落,留下"小站不小,大站不大"的说法。而下瓦房,也可以理解为海大道上,说大不大、说小不小的驿站。

天津市曾经的1路汽车,就从下瓦房经过,可见其地理位置的重要性。中华人民共和国成立后,天津市着手进行公共交通建设。据天津师范专科学校退休教师徐冠生先生回忆, 他1952年开始,一直住在学校宿舍,现所居博轩园小区,也是学校拆除后的原址上建成的。20世纪50年代初,下瓦房的居民要去劝业场,需要坐马车到渤海大楼,后来有了公交,

20世纪90年代,下瓦房公交总站及换乘站台全貌

汽车后面要背个大包。汽车站就在师专门口附近。徐老师脑海中背着气包的就是 1 路汽车,由劝业场附近发车,经小营门、大营门、下瓦房、东楼、南楼、土城、陈塘庄至灰堆。1965 年,结合有轨电车的逐步调整和拆除,由人民大楼经和平路、东南角、东北角、金钢桥、中山路至北站的公交车开通,沿途经过市区主要繁华地带,具有标志性意义,该线路遂定名 1 路,而原 1 路编号易为 20 路,沿用至今。

下瓦房公交总站,原坐落于大沽南路和琼州道交口东北侧。1955 年建。曾占地 1006 平方米,建筑面积 66 平方米。1956 年 1 月,下瓦房曾为 2 路始发至邵公庄,3 路始发至小西关西的终点站和途经 1 路和平站至灰堆,14 路河西杨庄子至佟楼的换乘站,内部使用的线路图显示当时天津市区和塘沽共有 23 条公共汽车线路,下瓦房即已始发两条、途经两条,已成为重要的公交枢纽。

说起下瓦房的公交,最具代表性的还是 3 路。3 路最初由西关西至下瓦房,西关西站址在习艺所南门西侧,靠近墙子河,与三元村隔河相望,后打通拓宽芥园道拆除。线路经如意庵大街、掩骨会大街、南大道、南开五马路、长江道、南京路等地,主要设站小西关、掩骨会、南大道、西南角、电车公司、南开中学、海光寺、电报大楼、西开教堂、小营门、大营门等。天津地铁“7047 工程”开始后,南京路断交,3 路自西南角后,改经南马路、南门外大街、多伦道、山西路、鞍山道、河北路、马场道、厦门路,到下瓦房,临时增设了菜桥子、南门外、火柴厂、哈密道、滨江道、民园、人民公园等站点。20 世纪 70 年代,在西关西至河北路的 3 路绕行路线基础上,新开通 19 路,由西关西至中心公园,3 路调至咸阳路。咸阳路站址在黄河道与咸阳路交口南侧,附近为工业区,后打通拓宽咸阳路拆除。由咸阳路经黄河道与原线路汇合,增设站点有咸阳路、临潼路、红旗路、黄河道桥等。在中环线未建设前，咸阳路经红旗路、复康路至绍兴道的 23 路公交车开通，3 路再将起点站由咸阳路延伸迁移至密云路，沿途增设向阳路站。"7047 工程"竣工后，3 路经西南角改走南开三马路，另一行仍走南开五马路，再经南京路至下瓦房。25 路公共汽车，自法国菜市（后改至天津站），经人民剧场、南市、东南角、南门，20 世纪 80 年代，由西南角，向西经黄河道至密云路，代替了 3 路的走向。1982 年，3 路改经密云路、长江道至海光寺，再沿南京路原线路至下瓦房，1986 年改由芥园西道发车，站址在小稍直口村东，密云路公交总站北侧，沿途设汾水道、密云路、密云南路、向阳路、红日路、咸阳路、红旗路、青年路、南丰桥、南开二马路、海光寺、鞍山道、滨江道、长沙路、湖北路、小营门、大营门、下瓦房等站。当年 6 月由公共交通二厂转至三厂运营。1993 年开通 603 路双层巴士优质线路，月票无效，2000 年重新与 3 路合并，后延伸至跃升里公交总站，增设赵庄子、西横堤、锦园里站。还曾尝试开通 K3 路空调大站快车、通勤快车等。3 路自西向东贯穿天津市区，行经长江道、南京路、大沽南路等靓丽的城市名片黄金路段，连通商业区、生活区、工业区，直线系数高，等候间隔短，成为天津市客流繁忙、久负盛名的一道流动风景线，带动了周边经济带的繁荣。

还记得下瓦房公交总站的模样吗？曾经是天津市唯一一个岛式并排停靠的简易换乘枢纽站，理念先进、功能实用且不占空间。有发车室、存车处、月票点、小卖部、卫生间一应俱全。除了 3 路始发外，由东楼沿大沽南路开往大营门方向的公交车，不在路旁停靠，而要经过琼州道口，进入站院专用的岛式站台停靠，实现站内封闭式安全换乘。除了 20 路与 3 路换乘外，高峰线 307 路由小海地三水道至南开五马路，支农线 703 路由北里八口、大寺龙居花园至中心公园,沿途均只设几大站,必在下瓦房停站。

20世纪90年代中后期,人民公园南墙的琼州道双向开通小公共汽车,后因路面条件与绍兴道循环改为单行,增设下瓦房影院站,进一步提升了周边公共交通的便利程度,河西区澳隆花园至河北区春江里的608路,宜兴埠至利民道的641路,澄江路至唐家口的866路,南开区华智里至天津钢厂的867路,相继开通,佳宁里至唐山道的606路延伸至尖山温泉公寓,北站至唐家口的7路延伸至谦德庄永安道,均曾经由此站。进入新世纪,下瓦房公交总站增加了始发至双环邨金苑公寓的962路、至师范大学主校区的963路,后陆续延伸撤出。杨柳青至绍兴道的175路延伸至下瓦房。

随着天津图书大厦拔地而起,20世纪90年代末,为了方便市民出行,天津图书大厦门前增设公交途经站,路过的公交车陆续增停此站,结合大沽南路的升级改造,下瓦房商圈由以下瓦房公交总站为中心的点状,拓展为下瓦房至天津图书大厦之间大沽南路为轴的带状,奉化道的拓宽以及直沽桥的开通,地铁一号线、五号线和规划八号线下瓦房换乘站的建设,历史上逐渐形成的下瓦房交通中心,由点向线及面,再交叉、纵深,必将升级成为现代化多模式立体交通枢纽。

即使在地铁建设改造期间,老下瓦房公交总站被拆除,3路始终还坚守

拆除前的公交3路下瓦房候车室

着原先那个路口的一隅,计划几次延伸或迁移都未实施。从"下瓦房"到"上边儿",要坐 3 路,是老居民出行的习惯和传统。有好多人到下瓦房,总愿意说去"3 路终点站",为人指路去下瓦房,告诉他先找"3 路终点站",这似乎是最响亮和最具代表的行路注脚,更成为了下瓦房街区最显著和最悠久的交通地标。

(刊于天津市河西区人民政府下瓦房街道办事处编:《河西原点下瓦房》,天津社会科学院出版社 2018 年 9 月,第 48—51 页)

作者:刘利祥,律师、主持人、文史研究者

坐落在红桥的天津大学

周醉天

中国第一所大学于 1895 年 10 月在河西梁家园创办，现址为海河中学。1900 年庚子事变，天津被八国联军占领，大学校舍先后被美、德占据。1902 年，直隶总督兼北洋大臣袁世凯带领中国警察接管天津，令北洋洋务局蔡绍基、津海关道唐绍仪、大学堂总教习丁家立等人与德方交涉索还校舍，没有成功，后经袁世凯批准，将西沽武库改造成校舍。1903 年 4 月 27 日，大学堂在西沽复校，袁世凯将其更名"北洋大学堂"。

总教习丁家立参照美国著名大学的课程标准，制定北洋大学的课程规划，教学方法重质不重量，几乎全部使用美籍教习，使得北洋大学的毕业生都可直接进入美国著名大学的研究院，这就是北洋大学成为世界一流大学的标志。自 1903 年在红桥复校到 1937 年抗战前，北洋大学已经建成分区合理、功能齐全、环境优美的校园。教学所用的设备、仪器、图书等大多从美国采购，并且连年补充。图书馆里的西方杂志就常年保持在 100 种以上，并且都是理工类世界权威杂志,到 1934 年,图书馆藏书 5 万 4 千余册。

北洋大学在红桥复校以后,就开始计划派遣留学生。1906 年、1907 年、1908 年,分 3 次共派出 55 人,他们在西方的出色表现也促使西方教育界把北洋大学列入名牌校之列。这一时期北洋大学培养了一批著名人才,如著名外交家王正廷、法学家王宠惠、矿冶学家王宠佑、经济学家马寅初等。

1912 年 1 月北洋大学堂改名为北洋大学校,直属当时的民国政府教育部。1913 年又改称国立北洋大学。1917 年,民国政府教育部对北洋大学与北京大学进行科系调整,北洋大学改为专办工科,法科移并北京大学,北京大学工科移并北洋大学。从此,北洋大学进入专办工科时代。

虽然北洋大学课业紧张、管理严格,但是,北洋大学的学生却非常关心国家大事,积极参与社会活动,爱国热情非常高。在五四运动中,北洋大学和全市大中学生一起举行罢课、游行,从西沽到南开中学,又折返东马路,冲破金钢桥警察的阻拦,游行到省政府,支援北京学生,声援五四爱国运动。

1928 年,南京国民政府在高等教育上试行大学区制,北平大学区成立,改北洋大学为北平大学第二工学院。1929 年大学区制废止,北洋大学又被改名为国立北洋工学院,这时的院长是茅以升。至 20 世纪 30 年代,北洋大学在校学生 400 人左右,校园中活跃的学生社团多达 20 余个。在这时期,北洋大学率先实现了工程人才培养的本土化,打破了中国大学在工程技术上对外籍教员的依赖;开创研究所,招收中国第一批研究生,引领了中国大学向研究性大学的转型;克服艰难险阻,试制成功中国第一台飞机发动机,各项技术指标都追平甚至超过德国原机,达到世界一流水准;召集一大批工程巨擘,创立中国第一所水工试验所,将救国救民的家国情怀洒向黄淮江海,兴修水利,造福苍生……

1937年7月7日,日本发动全面侵华战争。7月30日,天津沦陷。9月10日,教育部下令以北平大学、北平师范大学、北洋工学院和北平研究院等院校为基干,设立西安临时大学。1938年3月,西安临时大学改称国立西北联合大学。7月教育部指令西北联大改组为国立西北大学、国立西北工学院、国立西北师范学院和国立西北医学院。

1945年8月,抗战胜利,天津收复。教育部正式下令恢复国立北洋大学,着力在天津西沽北洋大学原址复校。此后,泰顺北洋工学院、北洋工学院西京分院、西北工学院和北洋大学北平部等,四校师生先后返回到西沽参加复校。10月22日,北洋大学正式复校开学,茅以升任校长,设两院十二个系。

1951年9月,中华人民共和国高教部令北洋大学与河北工学院(1903年2月创立)合并,改称天津大学,校址设在天津老城南之七里台。

(刊于2018年5月25日《天津日报》第7版"美丽红桥")

作者:周醉天,独立学者

历史文献里的北洋大学桃花堤

刘宗江

　　北洋大学是中国第一所高等学府,1895 年 10 月 2 日, 天津海关道盛宣怀通过直隶总督王文韶,禀奏清光绪皇帝设立新式学堂。光绪帝御笔钦准,在河西梁家园(现址为海河中学)成立天津北洋西学学堂,1896 年,更名为"北洋大学堂",1900 年"庚子事变",八国联军入侵津京地区,北洋大学堂校舍先后被美、德占据,设备、文档、案卷遭毁坏,学校一度被迫停办。被联军占领后期,丁家立协同直隶总督兼北洋大臣袁世凯向德方索要校址,无果,后丁氏自告奋勇,亲赴柏林,援引德国法律,竟讨回赔偿费白银五万两。袁世凯拨出西沽武器库旧址和部分款项, 由丁家立组织复校。1903 年 4 月 27 日,北洋大学堂在西沽新址重建后正式开学。总教习丁家立参照美国著名大学的课程标准,制定北洋大学的课程规划,几乎全部使用美籍教习, 使得北洋大学的毕业生都可直接进入美国著名大学的研究院,北洋大学成为世界一流大学。从此,建于西沽桃堤的北洋大学,名扬天下,而西沽桃堤则成为所有北洋学子毕业后对母校象征性的魂牵梦萦的记忆。

西沽桃堤在何处，是不是单指北洋大学附近，历史上的北洋桃花堤在哪里？北洋大学为西沽桃林的兴盛提供了生气，使得西沽名扬天下，本文试图通过一些文献来还原当年桃花堤的盛况。笔者认为，西沽桃花堤是一片地区，首先是西沽村西北部历史上的西沽叠道沿路，也就是人们熟知的北洋大学西部背依的桃林，其次是在西沽村正北方向的通往北洋大学的大道上，再者是北洋大学校旁的运河堤畔上的桃花，最能说明问题的应是当年的地图，可是当时西沽以北已是荒凉之地，故在历年多个版本的地图中均无详细绘出，而只能通过部分地图，以及文字记载说明了。

首先我们谈一下历史上的广义的"桃花堤"，笔者认为应是西沽叠道沿路，光绪戊戌年(1898)《重修天津府志》有载："西沽叠道，在天津县北，自西沽迤至桃花口，界于运河、西沽之间，即天津县驿路也，共长二十五里。自乾隆以来屡次修筑(新通志)。自北门外祇树园起，历西沽，踰(三角)淀河，至丁字沽、唐家湾、王家庄、刘家园汛、茶棚、王秦庄，桃花口止……。"同治九年(1870)《续天津县志》中北运河堤里，又有如下记载"由桃花店南至祇树园以叠道代堤。"从《津门保甲图》中可以看出祇树园在河北大街上，具体位置是三条石以南。当时京津之间的官马驿道基本上是沿运河堤岸而行。清初，由京师至天津卫的官马驿道，一是走运河右堤。从北京出永定门或朝阳门过通州，到杨村，再经境内上蒲口、下蒲口、桃花口、王秦庄、王庄、西沽，至北大关进城；二是从北京广渠门出发至杨村，沿境内运河左岸的汉沟、双街、北仓、南仓、穆庄子、霍嘴、小王庄等地进城。1917年，在北运河左岸修京津大道，右岸的西沽叠道从此降为县道。

　　崔旭(1767-1847)，字晓林，号念堂，清代直隶天津府庆云县(今山东省庆云县)人。在其所著《念堂诗话》有如下记载："天津北三十里，地名桃花口，揭傒斯《杨柳谣》云'贩鱼桃花口'是也。明杨梦山巍，亦有《桃花口》诗，《天津志》俱未载也。"由此可见，早在元朝西湖叠道就广植桃树，每逢腊尽春回，桃红柳绿，飘粉流丹，香沁十里成为一处面积较大的自然风景区。桃花口村依傍运河，北靠池塘，堤岸桃花盛开，村中古树浓荫，成为古驿道上的一处别具特色的景观。沿道路两侧多栽以桃柳，上溯自桃花口、桃花寺，下至西沽沿岸，都有成片的桃林。明清以来，文人诗家咏诵北运河畔桃花美景的诗作不断。下面拣选几首来还原当时的美景。

　　《明诗纪事》中有成始终(1403—1463)作的一首，《发桃花口直沽舟中述怀》："直沽洋里白沙村，百丈牵船日未昏。杨柳人家翻海燕，桃花春水上河豚。养高无计寻韦曲，投老何方觅谢墩。只待干戈平定后，草堂归饮独山门。"

　　清代查为仁(1695—1749)，所著《蔗塘未定稿》里有一首《桃花口》诗云："桃花半黄春半露，行人正到桃花渡。桃花渡口水漫漫，桃花渡外春尚寒。春风吹皱桃花水，水禽两两因风起。莫谓桃花犹未开，枝头抱满春光来。"

　　清代天津华鼎元所辑《梓里联珠集》里有一首蒋诗所作《桃花寺》一诗云："桃花口里桃花寺，寺里桃花报两春。桃为迎銮花特放，枝枝红映漂榆津。"

　　清代管干珍在其所著《管松崖先生诗续集》记有一首《桃花口》，诗云："秋月桃花口，青帆叶叶鲜。唯看静如练，初无红欲然。小村临水断，缺岸与云连。时时掠飞燕，引客过帘前。"

　　其次有必要说明一下北洋大学所在地"西沽武库"，武库坐落在天津城北八里的西沽村北（今西沽公园与河北工业大学东院一带），占地约350亩，始建于1873年。早在1871年春，李鸿章以在西沽筑城事，立有水师训练学堂，设厂造船，并有大规模的火药制造厂。兴工建设大小库房200余楹，作为储藏军火之地，是天津机械局重要的配套设施，故称"武库"。武库中有大量军用物资，多门进口新式大炮、速射机关炮、新式毛瑟枪和来福枪，以及大量中国制造的弹药。并贮备医用品，及大量给养，以备战时之需。

谈及天津武库又将谈及"西沽韬楼"，光绪十八年（1892）天津军械局总办合肥张士珩（号冶山居士，冶山人）建韬楼于西沽武库之上。门临潞河（今北运河），榆柳万树，水木风光之胜，在七十二沽之上。光绪二十年（1894）春三月，瑞安孙锵鸣应邀为之撰书长联，《题天津西沽韬楼》："黩武不可，弛武尤不可，况此问外固边圉，内卫神京，三百库棋峙星罗，积甲比山齐，奚夸紫电青霜，宝气定干牛斗上；铸兵于斯，销兵恒于斯，看今后环海镜清，梯航鳞集，七十沽风和日丽，飞楼矗云起，弥望高榆大柳，春光直与凤城连。"

联中提及"三百库"，可见当时之兴盛，而作者"希望铸兵于斯，销兵恒于斯"的美好愿望没能实现，1900年"庚子之乱"八国联军入侵天津，英海军中将西摩爵士（E.se-ymour）率两千侵略军前来占领了武器库，宙匿武库数日，临行将武库全部破坏，各地义和团和清军歃血为盟，同仇敌忾与侵略联军展开了殊死斗争，重新夺回了武器库。之后，在武器库东南部开辟为菜园，辟塘养莲。在1984版天津街道详图上，在西沽西部仍然可见"武库菜园"地名，1937年，日伪南满铁路株式会社将菜园、荷塘改为稻田，建畜产综合农场，1949年中华人民共和国成立后，改为农林水利局苗圃。1958年改建为西沽公园。可叹当年"三百库"的武器库，在战后仅存西部的八座空库房上,建立起了日后的北洋大学堂,其中两座改为教室,六座改为学生宿舍,并在东端新建教学大楼一座,以及外国教员宿舍楼、中国教员宿舍平房、学务处等办公用房设施。

津门文史学家陈铁卿,在其《津门旧事辑》里,有《天津第一所大学》一则,是这样记载的:"天津最早的大学是'北洋大学'。公元一八九五年(光绪二十一年)初创时,设于今大沽南路的梁园地方。庚子(公元一九〇〇年)之役、设在西沽桃林附近的'武库'(储藏弹药的处所)被焚,北洋大学于一九〇二年在武库址建立新校舍迁入,故后来亦称'武库大学'及'西沽大学'。西沽桃林的开辟,亦与此差不多同时,使得这个地方逐渐形成一个小小的风景区。"

实际上可以说成"北洋大学附近桃花堤风景区"。桃林的具体位置在 1930 年由日光堂书店发行的天津市街图中,清晰地标明在西沽村西北部。(见图 1)

图 1 1930 年由日光堂书店发行的天津市街图

1927 年 4 月 20 日的《北洋画报》,有一篇《花开了》,署名"喜晴"的文章,记述了包括王小隐在内几位报社编辑游历西沽的过程。摘录如下。

"这一阵看花的潮声,可以算得是达于极点了。本月初十(即 1927 年 4 月 11 日)的那天,北洋画报同人们,约定了第二天到西沽看桃花去。车子由东马路北马路飞也似的跑着,一直开到了北大关铁桥。便到了河北大街上了。街上车马拥挤不堪,有时还看见一队一队的军人,肩枪上刺,在道旁站着,秩序很好,这也可见近几年军队训练的进步。大红桥被水冲倒之后,到如今还不曾修建得好。还是用几双木船,缆在一处,这个桥,本地人叫做浮桥。名儿起得很恰当。不过这时水浅,桥梁的中部,凹在水里,车子在上面走过,危险得很。我们便下了车,让空车开到那边岸上。我们徒步走过桥去。过桥之后,上了车走不多远,便带着很浓厚的乡村风味了。这旁的小孩子们,指指点点,大饶风趣。两旁的桃花,约有几千株,开得艳丽非凡。这时大家都感觉到一种说不出的愉快。"可想当时的千树齐开的胜景当是多么壮观。

由上一则我们可以看出,从市内西部去往北洋大学的路线,在1946年5月由时代图书社出版(成城书店总发行)的地图中清晰地看到(见图2)。经河北大街到北营门大街,过大红桥走红桥北大街,关帝庙街再经驴市街到达西沽村。从西沽村正北一条大道直奔北洋大学。此条大道在1946年图中未标,但1935年天津市街图,标明由西沽村呈向北部有一条大道直通北洋大学,这条大道没有名称,但在文献中

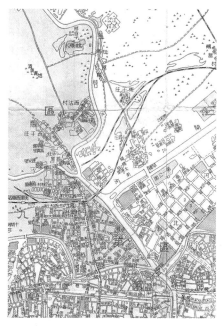

图2　1946年5月由时代图书社出版的天津地图

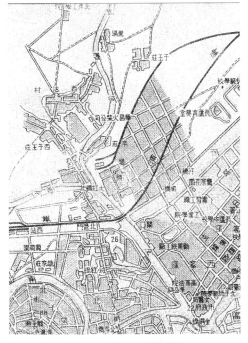

图 3　1935 年天津地图

大多数人均提及（见图3）。

例如，在 1929 年 8 月的《新晨报》丛书处编辑的《北平各大学的状况》一文中对北洋大学桃花堤有如下记载："（风景）该校四临旷野，诸水环抱，往来以渡，行人遂稀，耳无车马之喧闹，宜于弦诵，目睹风景之清丽，可涤尘心。校旁桃花林，为津门名胜，葱笼修伟，直达西沽村，林两行，中夹一道，广丈余，而左右对株，梢端相接，当春千树齐开，花荫蔽日. 人行其间，不啻避秦仙境；三五之夜，明月在地，疏影横斜，诚足令人心旷神怡。及桃花将谢，丁香破蕊，校内几处丛林紫白斗妍，清芬四散，醉人心脾，迨至春去红稀，庭前杨树百株，渐成浓绿，微风振叶，风萧萧如雨，佐人清兴。入秋河水涨溢，校前堤畔恒见渔翁设网，意态萧然，滨河柳阴之下，时泊小舟，傍晚饭毕，学生散步堤上，每欣赏之。"

又如 1920 年《少年世界》第一卷第三期，有一篇署名林继庸（北洋学子）的题为《国立北洋大学》的关于学校调查的文章，也谈到了西沽以北的一条大道，看如下记载："（三）位置及风景，北洋大学的风景真是好看。春天和暖的时候,中外人士,常常到此处附近踏青。有学校风景画本每本小洋四角,在校内庶务出售可以邮寄;诸君要知道北洋大学地位之适宜读书,买一本看一看就可明白。校址离天津埠约十里,由西沽村往北至学校二里来长的大道,满种着桃花。到了春天比上海龙华寺的风景差不多。学校四围都是荒林旷野,没有人居。东北两方绕着一道大河——北运河。出了校门,由此坐船,冬天坐冰橇,可以直到大胡同。校门上有一座高楼,顶上放着一座丈多大的时辰钟,晚上开着电灯,坐津浦火车的人,晚上经过天津西站,从东北方辽近望见一片红光若圆月似的,就是这个东西。",此胜景见于1929年4月6日的《北洋画报》302期(见图4)。

西沽以北的这条没有名称的大道的桃花是由谁栽种的呢,在1929年7月14日《益世报》可见记载,"天津市政调查汇志(八),西五自永定河废河北岸,(又名西沽大桥)起,直至北洋大学(又名武库大学)后方,辖境并不甚大,其交通要道,均系以土垒成,未铺石子,完全庄乡模样,风俗朴厚,北洋大学在津埠创立最早,造就人才甚伙。校右有桃树两行,夹道而栽,春日花开似火,行人如织,又与青岛之樱,龙华之桃,比美齐休,此桃为袁项城(袁世凯)督直时所植,至今已成纪念品矣。"由此可见,袁世凯任直隶总督应在1902年以后,这则记载姑且

图4 1929年4月6日的《北洋画报》302期

认为是真实的，也可以后考证。特此引用1928年4月14日的《北洋画报》179期的两幅美图（见图5）。

图5 1928年4月14日的《北洋画报》179期

1932年11月7日《益世报》，其中《津沽名胜》一则中有如下记载，"桃林，天津西沽村北洋大学校长堤，遍树桃花，每当春晴佳日，往游者络绎于途。八里台荷花，与西沽桃林，南北媲美，日落之后，荡舟往游者甚多，而南开大学之南北二池，植蓬尤伙，亭亭玉立，翠叶如钱，乘机而观光南大者，亦不乏人。"此一节在《天津志略》里亦有相同记载，其文如下："桃林，天津西沽村北洋大学校长堤，遍树桃花，每当春晴晓日，往游者有山阴道应接不暇之势。"

关于"校长堤"，此校长应该是冯熙运。冯熙运，字仲文，我国实业家、文史学家。1886年生于天津冯氏望族。冯自幼聪慧勤学，1905年考入北洋大学堂，攻读法律。1907年由北洋大学堂派送，赴美留学，先入哈佛法律系，毕业后考入芝加哥大学研究院，先后获得法学学士和法学博士学位。1911年学成归国，曾任直隶省检察厅检察官，后应聘北洋大学教书，与同为留美学习法律的赵天麟同事。赵天麟任北洋大学校长时，冯熙运协助教育。1920年后，冯熙运继赵天麟之后出任北洋大学校长。

冯熙运之侄冯燮墀有一篇回忆父亲（冯熙敏）与伯父的文章

《冯仲文冯叔捷在天津教育界》，其中提到："一九二三年（冯熙运）利用办学节约的经费，建设了 U 字楼学生宿舍（因其楼平面形状如英文字母 U 字，故名 U 字楼），施工单位按当时社会风气，还对校方负责人提出馈赠。仲文先生断然回绝。令施工单位用此款在北运河堤岸上广植桃林。后来每值春日桃花盛开，桃红柳绿景色宜人。西沽桃花堤不但为本校师生憩游之所，也为津沽增添一景。"

1923 年 9 月 4 日《益世报》，有一则《北洋大学新校舍落成》的新闻是这样记述的："城北武库大学，旧有宿舍，原系武库改成，一切设施，均欠完善。屡次鸠工改造，均以无款而止。惟年来学生日益发达，原有宿舍不够分住，因乘今暑假假期之便，于校后空地建筑大楼一幢，计费大洋六万余元。楼上下共有房一百四十余间，足容四百余人，每间住三人，前后有窗，光线极佳，冬日备有热水管。内中床铺、写字台及洗面台等，均系新制，颇为整洁，在校各生，业已迁入。闻原有宿舍，将改为课室、机器室、实验室云"。由此"校长堤"中的校北应该是冯熙运。

从市内东部去往北洋大学的路线，在多种地图均直观表明，从黄纬路过旱桥，也有地图标"汗桥"，1936 年称新民桥（1949 年后称京津桥）。经小王庄大街过津浦铁路，经东于庄至席厂，过北洋桥到北洋大学。1936 年 4 月 12 日《益世报》有一篇题为《西沽记游》的文章，他们的游览路线足以佐证如上所述。

"木欣欣以向荣，泉涓涓而始流"，现在正是春气蓬勃，万物更生的时候，人们蛰闭了一冬，好容易转入这风光明媚和暖如锦的春季里，心情怎么会不活泼、兴奋；

……

在马路上,依然是人马沓杂,络绎不绝的使人心烦意乱,恨不得一步逃脱了这熙来攘往,嚣扰挤拥的城市,好深深的吸一口清新的空气,我们顺着黄纬路一直过了新民桥,走上大学道,我们发现现实总是撒别人心的,这儿的人更多了!我们商量着加快了步伐,一直跑过了津浦铁道,现在算是到得市外,心境也觉得豁亮多了,道上那么悄静。总之算是渐入佳境了。

……

红楼的北洋工院射入我们的眼帘了,大家呼吸都现着紧张,再加快了步子,走,走,走!

走过明德桥,一直绕向南面蜿蜒的曲径,啊,丛林掩映着花影,灿烂,缤纷,美丽如锦。桃树夹着柳树,左一排右一列的排成一条路,这就是引人的桃林呀!她们是多么带着媚力呀!我们缓步徘徊的走着,那馥郁的清香随着春风直向人们鼻孔扑来,使人陶醉神荡。在枝头上的小鸟,叫的那么有韵有律,金黄色的蜜蜂也嗡嗡的飞来飞去,开始作他们的生活奋斗。红的桃英,白的柳絮,黄的蜜蜂加上天空中的白云蓝天……好不显豁,真可说是春色灿烂呀!

……

回到桃林,一步缓似一步的走着,我们非常流连这儿的景色,也真不忍得对这一年一见的桃花姑娘举行告别礼而遽然言去!走到明德桥畔的一家茶铺旁,从铺中拥出一群人包围着我们,我们被他吓惊了,后来才知道是舟子们招揽生意的,结果讲好了四角大洋代价一直送我们到金刚桥畔,在碧波中破浪归来,已经是炊烟四起的薄暮时分了,只落得,春风吹发乱，春意荡禁怀！

此篇游记提及的几个地名"大学道""新民桥""明德桥"，我们在下一则当年《益世报》新闻中找到答案。

1935年2月9日《益世报》有载，"小王庄庄马路改称大学道，天津市政府。近以欧美各国市内凡通至各大学之马路，率皆命名为大学道。本市亦有仿行之必要．以示提倡教育之意。特规定黄纬路西头，自旱桥西起，经小王庄、席厂，至北洋工学院前木桥止一段马路，命名为大学道，旱桥命名为新民桥，该院前木桥，命名为明德桥。昨已分别函令省会公安局，及市属各机关知照云。"此则新闻提及的道路、桥梁更名，均未在当年以及以后几年的地图中发现。关于在大学道上乃至于靠近北洋大学，也就是运河东侧（北洋大学对面）有没有桃林，笔者因没有确切文字记载，故不能确定成片桃林的存在。

北洋大学对于西沽桃林，红雨满堤、绿柳如茵美景的维护也做出了许多贡献，当年校旁有军马对桃林滋扰，为此校方致函傅作义将军以保护西沽桃林。此事件新闻见于1928年8月12日《益世报》，特录如下：

傅作义令保护西沽堤畔桃林

警备司令傅作义，昨据函报，西沽堤畔桃林。近忽有军士放马系在树上，任其奔腾，以致树枝多被残毁，若不严行禁止，加意爱护，何以保存名胜。傅氏据报后，当日昨分令所属各部队，一体饬属，切实保护。其令文如左。为通令事，案据国立北洋大学校务临时维持委员会函开，敬启者，查本埠西沽堤畔，桃树成林,历来由本校保收培植,近年日愈繁滋,每值春际花枝盛开,为中外人士游览之所,群推为津地名胜之一。近忽有军士来堤放马,甚或将马匹系在树上,任其奔腾,以致树枝多遭残毁。伏思天津名胜无多,此项桃树经营多年,始臻繁盛,自应加意爱护,应请贵司令颁谕禁止,贴示堤前。并恳饬知该军士勿再前来,不胜感祷之至。此致。等因。据此,合行通令各部队,嗣后对于,西沽堤畔桃林,一律禁止放马,以存名胜,为此令仰查照,并转饬所属一体遵照为要。切切此令。

北洋大学的《北洋周刊》全面记载了北洋大学各个时期,学校多方面的发展及校友人物,学生毕业后的去向以及贡献,计有"院闻""纪事""北洋友声""学生园地""规章"等栏目,为此成为后人研究北洋大学的第一手珍贵校史资料。下面拣选几则有关北洋大学桃花堤的记载,有谈北洋桃堤保护以及维护产权,或谈关于校方广栽桃树,以及桃堤计入校歌的盛事,这些珍贵的记载彰显了人们当年对于桃林美景的热爱以及关注。按时间顺序,自录如下。

1934年3月19日,第十五期一则,《西沽桃花翠柳成问题》:"西沽桃花树谁家栽?西沽桃花向谁开?西沽桃花,久已驰名津沽,为津市风景之一,对于本院之风景与卫生,关系尤巨,惟西沽沿路桃花翠柳,系公家产物,并非个人私产,年来因无人保护及栽培,枝干苍老,桃花已不如昔日之盛,且枯亡相继,后植无人,瞻念前途,西沽桃花,恐终不免为历史上之名词,不复为津市仕女游息赏玩之所矣。近北宁路局函请本院承认沿路碧桃绿柳,为该路产权,并准备砍伐,惟以该项桃树,有关本院风景及公共卫生,未便遽予砍伐处分,如须仍旧留植,即请本院出具证明该路产权之书面交件,以免纠纷。

本院以本院迤南马路,虽非校产,然校产南界与马路毗连,应请该局注意,且柳树亦与校景卫生有关,亦不能任其砍伐。西沽桃花谁家栽?西沽桃花向谁开?桃花衬绿柳,亦犹西沽之有北洋,事关津市胜景,不能视作产业,北宁路局为公家机关,非私人商业组织,不能因该路现属该局管辖,即认沿路之桃树六十八株,柳树二十二株,为该局之财产,复以柳树所值较多,先加砍伐,以试探舆论。该局人员,如认清路局使命,系为国家人民造福利,非为个人谋私利,则该局于认清产权后,应广植桃柳,使甲于全国每逢西沽桃花盛开,游人如云,北宁路局应备观花专车,专载北宁沿路赏花游人,如沪杭路局之海宁观潮专车然,岂不名利兼收,公私皆便。"

1934 年 4 月 2 日,第十七期一则,《本院培植西沽桃花》:"西沽桃花,驰名津市,因年久无人栽培,枝干苍老,日趋衰亡,北宁且有加砍伐之意,已志本刊。本院为爱惜津市胜景,不忍名花中断,已由庶务课购到大批桃秧柳苗,遍栽西沽马路两旁,每日栽树灌水,异常忙碌,近已含苞待发,再经春风一度,定可开遍西沽桃花,届时天津仕女,携手桃源,定有今年桃花盛往年之感云。"

1934 年 4 月 5 日《益世报》亦见记录此事,见《北洋工学院近训一束》一则:"西沽桃林,驰誉津市,惟以年久无人爱护,时加攀折,日趋衰落。近北洋购到大批桃秧柳苗,分栽西沽马路两旁,每日栽树灌水,颇形忙碌。目下桃花已含苞待发再经春风几拂。定可开遍长堤,届时三津仕媛,携手徘徊,当有今年桃花盛往年之感云。"

1934 年 4 月 9 日,第十八期一则,《西沽桃花盛开游人如云》:"西沽桃花,现已盛开,游人如云,本院院内院外,桃花林下,已布满游人踪迹。各校旅行团,结队来游者尤众,且有童子军数团,在院外森林,搭支帐篷,流连不去。每日上午十时至下午六时,天津仕女前来观花者,络绎于西沽道中。因本院今年广植新树,皆有今年西沽桃花盛往年之感云。"

1935 年 3 月 25 日,第六十一期一则,《西沽桃花盛开》:"西沽桃花为津市名胜之一,自本院于去年加意保护添植后,益觉繁茂。今岁因天气和暖甚早,故院外桃林,均先期含苞怒发,几度春风,均已开放,津埠士女,惊悉桃讯,多联袂而来,尤以上星期六星期日两日为最多,大学路上,络绎不绝;北连河内,游艇相接;观花仕女,多有今年桃花盛往年云。"

1935 年 8 月 26 日,第七十四期一则,《本院院歌》:"本院前恳上海国立音乐专科学校校长由萧友梅先生转诒音乐艺文社社员廖辅叔君代撰院歌,俾便集会时歌咏。歌词现已寄院,披露如下:'花堤蔼蔼,北运滔滔,巍巍学府北洋高。悠长称历史,建设为同胞。不从纸上逞空谈,要实地把中华改造! 穷学理,振科工,重实验,薄雕虫。望前驱之英华卓荦,应后起之努力追踪! 念过去之艰难缔造,愿一心一德,共扬校誉于无穷!'"

该校歌旋律雄浑,词意凝练,内涵深远,既体现了"实事求是"北洋大学的办学精神,更强调了以振兴中华为己任,以工科见长、注重实践的特色。"花堤蔼蔼,北运滔滔,巍巍学府北洋高。"自此,这首校歌便在代代北洋人中传唱。桃花堤也成为师生心中学校的标志。

抗战后北洋大学恢复建校,在 1948 年 4 月《北洋校刊》第一期予以记录,见《恢复旧日风景》:"本校从前以桃花称盛,抗战胜利后,桃树尽被砍伐,满目荒凉,非复旧日风光。本年植树节经向各苗圃洽得桃树三千株,分别植校内隙地。不数载,而风景依然如昔年之盛。"

昔日的美景已停留在人们的脑海里,不复存在,1985年为开发运河桃花堤的旅游资源,新建桃花堤,南依北运河,东至北洋桥,西至千里堤。桃花园入口处位于天津市红桥区勤俭道勤俭桥旁。1991年又实施了桃花堤二期工程。每逢春日,蜿蜒的桃堤天桃成行,绿柳相伴,落英缤纷,形成了一条绚丽的五色长廊。不但恢复桃红柳绿的天然美景,并且建成"桃诗园""北洋园","运河桃花旅游节"也受到各界欢迎。

北洋大学桃花堤年代久矣,我们通过这些历史文献了解了当年的胜景。北洋大学桃花堤集中区应是西沽一片区域,尤其是西沽村北方径直通往北洋大学的大道,可惜此大道没有名称而且未明确见诸于民国地图中,另外本文提及的"校长堤"的具体位置也不甚明确,只是见于文字记载,遗憾之,有待于以后的资料发现,笔者抛砖引玉,有兴趣的读者也可以继续研究。

(刊于王杰、张世轶编著:《北洋大学与天津》(第二辑),天津大学出版社2018年11月,第179-190页)

作者:刘宗江,天津地方史学者

丁字沽小学校史考据

张绍祖

红桥区丁字沽小学现是一座以招收外地务工子女为主的普通小学校,其以保存有近 600 年历史的白衣寺(前身观音寺)大殿及壁画闻名遐迩, 又以天津 100 多年前废庙兴学中硕果仅存的小学校知名全市。近年又以遗产教育促进教育教学,在全区崭露头角。2015 年在全市率先开设遗产教育课,打响第一炮。

一、从校名"丁字沽"谈起

丁字沽小学是以"丁字沽"区片名为校名。丁字沽位于天津市老城厢以北,地处红桥区的最北端,在现西沽公园后门一带。咸阳北路附近的勤俭道至本溪路之间。以老丁字沽村为基础,其南部则是 1952 年建的丁字沽工人新村。

丁字沽因位于北运河、大清河(早已改道)汇流处,形若"丁"字而得名。《新校天津卫志》云:"丁字沽,去城北七里,其河型犹如丁字之象。"又于鹤年《天津卫考初稿》云："沿直沽而北为丁字沽,取水形象丁字也。"

丁字沽人烟稠密,水陆冲要之区也。

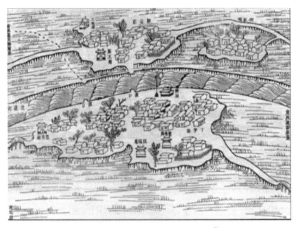

《津门保甲图说》中的丁字沽①

旧志谓:沽形似"丁"字,故名。其相对之村曰何家嘴,曰柳台庄。图内庙五,村三,渡口二。西界天齐庙庄。

绅衿 五户 税局 三户 铺户 一百七十九户 烟户 二百五十八户 应役 五户 佣作 六十四户 负贩 九十四户 船户 二百十八户 寡居 二户 乞丐 四户 僧道 六户

共七百七十八户(大口二千三百九十一口;小口一千四百二十三口)②

在天津的诸多区片类地名中,丁字沽是起源较早的一个。《天津市地名志·红桥区》称,此地汉代即有人居住。然而这终属于故老传闻,于史无徵。但至少到元代,丁字沽已经形成聚落。元统一中原后,大力推行漕粮海运,然因北运河淤浅,海船通过海河溯流而上,

---

①来新夏、郭凤岐审定,李丽中、张格点校:《津门保甲图说》道光丙午年新镌(1846),转引自《天津通志 旧志点校卷》(下)南开大学出版社 1999 年版,第 459 页。
②来新夏、郭凤岐审定,李丽中、张格点校:《津门保甲图说》道光丙午年新镌(1846),转引自《天津通志 旧志点校卷》(下),南开大学出版社 1999 年版,第 459 页。

只能到达三岔口以下，再用驳船转运，经杨村、河西务、张家湾等地，最后抵终点大都。地属武清的三沽（直沽、西沽和丁字沽），由此成为漕粮中转的枢纽。每逢夏秋之两季，水涨船高，丁字沽一带风帆往来，景色颇为壮观。

明代迁都北京后，包括丁字沽在内的三沽，漕粮转运枢纽的地位进一步加强。时人李贽《赋得舟集三沽》诗云："万里云帆漾碧天，村烟渔火泊吴船。层层鸥集三沽里，簇簇鳞屯两岸边。西北群流连海岱，东南巨浸拱幽燕。凤城形胜雄千里，独许雍奴溢广川。"由于地位的重要，"三沽"甚至成为天津的别称。直到当代，仍有用三沽代指天津的，如著名作家孙犁《题亡人遗照》云："一落黄泉两渺茫，魂魄当念旧家乡。三沽烟水笼残梦，廿年嚣尘压素妆。秀质曾同兰菊茂，慧心常映星月光。老屋榆柳今尚在，摇曳秋风遗念长。"

丁字沽的南北大街，明清时期是天津通往京城的必经之路，民间通称为"官道"。作为水陆交通咽喉，丁字沽一度十分热闹。南来北往的文人墨客，留下了诸多吟咏丁字沽的诗篇。1860年天津开埠后，海运大开，铁路渐通，漕运被废，丁字沽又很快冷落下来

丁字沽位置冲要，史籍记载不少，但大都一笔带过，这为我们了解丁字沽历史，增加了很多困难。现在，我们只能从保留下来的有关诗篇中，略窥丁字沽的社会历史风貌。这里因为滨河近淀（西淀），渔业十分发达，很多渔户都常年以船为家。成衡诗"人家半水居"，沈兆云诗"人家半往船"，都可为此作注脚。外如华长卿诗"天寒月黑芦花岸，几点渔灯丁字沽"，王维珍诗"疏篱两岸渔家住，夜火丁沽人踏冰"，也都描绘了这里的渔家风情。丁字沽的农业，尤其是蔬菜种植业，应是另一重要经济支柱。成衡诗云"榆柳栽成巷，茄瓜载满舆"，闻法诗云"水净鱼吹浪，圃荒人灌畦"，均可想见这里的

田园景色。因往来行旅甚多,以旅馆业和酒店业为主的服务业,应该也较为发达。从成衡诗"青帘谋一醉",高静诗"酒店耿残灯",沈兆云诗"村中频呼酒",姚学程诗"青帘高揭酒人家"等句中,尚约略可以看出些蛛丝马迹。

丁字沽虽然一度繁华,但毕竟离三岔口和西沽过近,而此二者占有更加有利的地理位置,因此丁字沽的发达程度不但远不及三岔口,而且也无法抗衡西沽。关于丁字沽的人文记载,也缺乏很像样的东西。这里的街市建筑,至少在清代前中期还不太成样子,如查礼诗云"村村矮屋藏烟扉",姚学程诗云"红板桥,黄沙路",不过如此而已。

丁字沽曾一度名为兴隆镇,但到底"兴隆"的程度如何,似乎也缺乏有力佐证。相传乾隆巡游过丁字沽,见附近桃林连片,垂柳成行,渔帆万点,菜蔬千畦,不觉心旷神怡,遂命停船赏景。乾隆问此系何处? 随从大臣答曰"丁字沽"。乾隆听后以为"不吉",因命改称"兴隆镇"。此后很长一段时间,官方均称丁字沽为兴隆镇,但老百姓叫着不顺嘴,仍旧叫这里丁字沽。①

二、丁字沽的娘娘庙与白衣寺

(一)丁字沽的娘娘庙

道光《津门保甲图说》道光丙午年新镌(即道光二十六年 1846年)说:"丁字沽人烟稠密,水陆冲要之区也。"有"庙五",即娘娘庙

---

① 王振良:《诗声词韵丁字沽》前言,载《红桥区丁字沽小学校本教材》,2011 年 9 月印行。

（天后宫）、白衣寺、关帝庙（二座）、火神庙等。

同治《续天津县志》载："天后宫十六：东门外，元建，明永乐元年重（天章）；陈家沟；丁字沽；咸水沽；贺家口；葛沽；泥沽；东沽；前辛庄；后尖山；秦家庄；城西马庄；河东唐家口；芦北口；城西如意庵南，名天后行宫；大直沽。①

从同治九年（1870）《续天津县志》记载来看，丁字沽娘娘庙，排列在天津16座天后宫的第三座，仅次于东门外，现古文化街上的天后宫与陈家沟天后宫，这两座及大直沽的天后宫都始建于元代。丁字沽的娘娘庙（天后宫）也很有可能建于元代。内供奉天后娘娘。

（二）丁字沽的白衣寺

光绪《重修天津府志》载；"白衣庵一在城东南隅，康熙四十七年重建，俗名大寺（前志）；一在城内东北隅（《县志》）。白衣寺在北门外河北岸，明正统七年建，名观音寺（前志）。国朝顺治十七年重建，改名白衣寺（同上）。乾隆间大学士于敏中、盐运使吉虚中、天津道宋宗元重修（《县志》）。白衣庙一在河岸，一在杨柳青河北。（俱同上）。"②笔者认为在北门外河北岸白衣寺为今红桥区丁字沽小学校址。

光绪《重修天津府志》记载丁字沽的白衣寺供奉白衣观音，殿内墙上有壁画。在20世纪初的废庙兴学中改建成小学校。

在历史变迁中，丁字沽的娘娘庙（天后宫）已不存在，但丁字沽

①（清）吴惠元总修，蒋玉虹、俞樾编辑：同治《续天津县志》，转引自《天津通志·旧志点校卷》（中），南开大学出版社1999年版，第295页。
②（清）沈家本、荣铨等修，徐宗亮、蔡启盛纂：光绪《重修天津府志》，转引自《天津通志·旧志点校卷》（上），南开大学出版社1999年版，第1003页。

的白衣寺的大殿壁画，因为在废庙兴学中建成今丁字沽小学而幸运地保存下来，而当地一些人习惯地称此白衣寺为娘娘庙，但实际应称白衣寺。

三、丁字沽小学的诞生年月的考证

丁字沽小学建于何时？说法不一，多认为建于1930年。笔者经过反复考证，认为丁字沽小学前身为第四半日学堂，是在庚子后袁世凯新政时期，天津著名教育家严范孙、林墨青等有识之士，为了振兴天津，首先要振兴教育，在天津掀起了废庙兴学高潮。该校就是在这个高潮中所建，建于清光绪二十九年（1903）闰五月，地点在

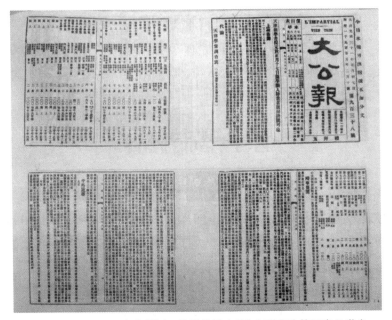

1905年2月10日《大公报》《天津学堂调查表》中丁字沽第四半日学堂

天津丁字沽民立第四半日学堂①

丁字沽,为民立,有教员 2 名,学生 20 名,学制 4 年,经费每年 600 元。课程有字课、默字、填字、联句、珠算、笔算、圣论、修身、弟子规、体操。②

四、丁字沽小学的沿革

据高凌雯编著《天津县新志》记载:《宣统三年(1911)全境内学校表》列有:天津丁字沽民立第四半日学堂于"清宣统三年(1911)为民立十一初等小学堂,地点仍在丁字沽,职员 1 人,教员 1 人,学生 44 人,经费每年 280 两。"

---

①贾长华主编:《图说天津》,百花文艺出版社 2004 年版 ,第 110 页。
②《天津学堂调查表》(非中国所立及女学堂从略),载《大公报》1905 年 2 月 10—11 日。

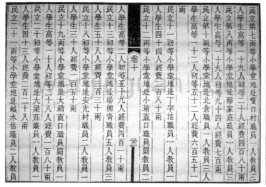

《天津县新志》记载丁字沽民立十一初等小学堂①

据 1938 年 1 月天津特别市公署教育处统计室所编《1937 年度第一学期中小学教育统计表》记载：该校为区立丁字沽小学，校长柴恩重，有教员 3 名（男）学生 51 名（男）。校址在丁字沽。笔者认为此时校名为该校用地名作为校名之始，时为 1937 年。

该校在命名区立丁字沽小学之后，曾改名天津市公立第七十三小学，抗战胜利后改名天津市九区第二十八保国民学校，校长陈延熙，有 6 个年级，291 名学生，3 名教员，1 名工友，3 间教室。地址在丁字沽大街白衣寺前。笔者考证此时校址第一次提到在丁字沽大街白衣寺前，把学校与寺庙联系在一起。

据 1949 年 3 月《天津市小学概况表》记载：1949 年 1 月 15 日天津解放后，该校改名为天津市九区第二十八街小学，校长陈延熙，校址在九区丁字沽大街白庙（即白衣寺）前，学生原有 374 人，现有 205 人，教职工 7 人，教职员学历：师范 3 人，高中 3 人，初中

---

①《天津县新志》书影由天津图书馆张文琴、刘桂芳提供。

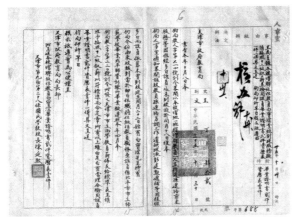

天津市第九区第二十八保国民学校校长陈延熙致天津市教育局函[2]

机关公教人员于文铎人事调查表

1人。[1]

1956 年第九区归并为红桥区,此时称红桥区第十小学校。校歌唱到:丁字沽位列七十二沽,左滨白河右子牙。德智体美,学术灌输,校居白衣寺,学子闲乐曲,诚义礼信做我校训。身体力行,能发扬光大!

2001 年初,在该校保存的教育遗产白衣寺西配殿内,发现彩色壁画 69.44 平方米,内容为白衣观音等佛教故事和民间传说,人物最大约 30 公分,最小的 15 公分,线条简练,色彩鲜艳。原丁字沽白衣寺是目前天津现存的几座古寺庙之一,西配殿保存完好,是典型清代建筑,殿内彩色壁画是天津市市内首次发现,具有很

①1949 年 3 月《天津市小学概况表》,转引自《天津通志·基础教育志》,第 353 页。
②天津市第九区第二十八保国民学校档案照片由天津市档案馆周利成提供。

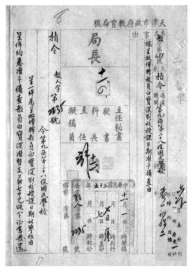 

新聘级任教员白宝深资历表　　　　市教育局增聘教员白宝深指令

高的文物价值和艺术价值。2001 年 3 月 14 日作家冯骥才曾会同天津市文物局、市艺术博物馆有关方面专家张仲、魏克晶、崔锦等到校鉴定壁画。

（刊于《天津史志》2018 年第 3 期,2018 年 6 月,第 37-41页）

作者:张绍祖,天津市河西区政协文史委

乾隆与盘山

刘　春

　　清乾隆皇帝一生酷爱游历，迷恋山水胜景，自称"山水与我有宿缘，每遇佳景辄欢畅"。除了下江南、上热河外，游览次数最多、留下遗迹最多的当数京东蓟州的盘山了。

一、游盘山

　　当乾隆皇帝还是宝亲王时，他就反复阅读康熙皇帝时僧人智朴所写的《盘山志》，对盘山美景十分向往，许下"寄语山灵还订约，他时拟上最高峰"的心愿。每次奉命去遵化或东北祭陵，途经盘山脚下，都被盘山景色吸引，对其已心向往之，"而以程期唯谨，迄未登临。"当政之后，乾隆皇帝每到东陵谒陵祭祖，回京时都专程到盘山游览，他被盘山美丽的自然风光、众多的名胜古迹所吸引，发出"早知有盘山，何必下江南"的感叹。

　　乾隆皇帝一生多少次登临盘山？史籍说法不一。《钦定盘山志》

成书于乾隆十九年(1754),因此只记载了成书以前的 11 次。道光《蓟州志》编修者考虑还要修盘山专志,故未予系统记载(道光年间的《盘山志》亦未修成)。《清史稿·高宗本纪》共记载了 14 次。民国《说盘》对乾隆十九年以前的"巡幸"照录《钦定盘山志》所记 11 次,以后只讲"屡至",未详其数。民国傅增湘《静寄山庄歌·有序》中说:"高宗驻跸二十五次",歌中又说"二十八巡常驻跸"。后来的书籍、文章、导游词都沿用"二十八次"之说。多年前,在编修《盘山志》时,我们查阅了中国第一历史档案馆所藏《汉文起居注》和中国人民大学出版社出版的《清高宗乾隆御制诗文全集》,通过研究考证,终于弄清了这样的史实——从乾隆四年开始登盘山,直到当了太上皇最后一次登临盘山,一生共三十二次游览、驻跸盘山。清代诗人王士禛在谈及盘山时写道:"海内言名山者,五山之外,若黄山、匡庐……自唐文皇驻跸兹山,辽金诸帝莅止不一。迨于本朝,翠华临幸再至……诸名岳莫敢望焉。"道出了当时盘山在全国名山中的显赫地位。

乾隆皇帝游览盘山的具体情况是:

乾隆四年(1739)秋,奉皇太后谒陵回銮。九月十七,游天成寺古刹,题吟二首。

乾隆七年(1742)秋,谒陵回銮。九月十六,游盘山天成、万松、盘谷、云罩诸佛寺,题吟八首。

乾隆八年(1743)盛京谒陵回銮,路经蓟州作《过贤渠庄望盘山》诗一首。

乾隆九年(1744)十月二十至二十一,奉皇太后驻跸静寄山庄。遍览行宫诸胜,游天香、天成、万松、盘谷、东竺、云罩、少林诸佛寺,题吟一十六首。

乾隆十年(1745)春,谒陵回銮。二月十九至二十一,驻跸静寄山庄。遍览行宫诸胜,游千像、天成、万松、少林、盘谷诸佛寺,题吟二十首。回銮题吟《忆盘山》《田盘山色图》《如来影》等二十首。

乾隆十二年(1747)春,谒陵回銮。二月十四至十七驻跸静寄山庄。遍览行宫诸胜,游感化、天成、盘谷、东竺、云罩、千像、古中盘、少林诸佛寺。二月十七,赐诸王大臣等宴,侍臣能绘者被旨图写内外各景,呈进御览,前后题吟三十九首。

乾隆十三年(1748)秋,启銮至盘山。七月十九至二十二,驻跸静寄山庄。遍览行宫诸胜,游天成、千像、东竺、少林诸佛寺,题吟一十六首。

乾隆十四年(1749)秋,塞上行围回銮。九月十七至二十一,奉皇太后驻跸静寄山庄。遍览行宫诸胜,游天成、万松、盘谷、云罩、东竺、云净、少林、东甘涧、古中盘诸佛寺,题吟二十四首。

乾隆十五年(1750)秋,路经盘山作《望盘山口号》。谒陵回銮。八月二十二,奉皇太后驻跸静寄山庄。遍览行宫诸胜,游天成、西甘涧、东甘涧、古中盘,敕修万松、中盘、上方诸佛寺,题吟三十首。

乾隆十七年(1752)春,谒陵回銮。二月二十一,驻跸静寄山庄。遍览行宫诸胜,游东竺、云净、少林诸佛寺,题吟三十七首。回銮京西御园,题吟一首。前后题吟三十九首。乾隆十七年十月初五,奉皇太后命幸行宫,驾至云罩寺;初八,至西甘涧、东甘涧、古中盘、天成寺。

乾隆十八年(1753)秋,塞上行围回銮。十月初五至初八,奉皇太后驻跸静寄山庄。遍览行宫诸胜,游云罩、古中盘、东甘涧、西甘涧、天成诸佛刹,题吟一十八首。

乾隆十九年(1754)春,谒陵回銮。二月十八,驻跸静寄山庄,敕命纂修《盘山志》。携蒋溥、汪由敦、董邦达等游天成、盘谷、云罩、上方、千像、云净、东竺、少林、古中盘诸佛寺,题吟四十七首。这一年的十月十六、十七日,十二月十六至二十日,均驻跸在盘山行宫内。

乾隆二十年(1755)春,谒陵回銮。二月十五至十六,驻跸静寄山庄。遍览行宫诸胜,游古中盘、少林、上方、东竺、云净、天成、万松、青峰、双峰、法藏、云罩诸佛寺,题吟四十七首。

乾隆二十一年(1756)春,谒陵回銮。三月十五至十六,驻跸静寄山庄。遍览行宫诸胜,游天成、万松、青峰、双峰、法藏、云罩、少林诸佛寺,题吟八首。

乾隆二十三年(1758)十月二十五,自西峪入盘山,驻跸静寄山庄。遍览行宫诸胜,游双峰、法藏、云罩、古中盘、少林、上方、东竺、天成、西甘涧、东甘涧诸佛寺,题吟四十首。

乾隆二十五年(1760)春,谒陵回銮。二月十一至十三,驻跸静寄山庄。遍览行宫诸胜,游古中盘、少林、云净、天成、万松、盘谷、云罩、东竺诸佛寺,题吟六十首。

乾隆二十八年(1763)正月,于西苑题张宗苍《盘山别墅》。春,谒陵回銮。乾隆二十八年(1763年)二月二十三至二十七,驻跸静寄山庄。遍览行宫诸胜,游天成、万松、青峰、法藏、西甘涧、东甘涧、东竺、少林、古中盘、云罩诸佛寺,题吟六十首。

乾隆二十九年(1764),塞外秋狩回銮。入古北口,经丫吉山,自西峪入盘山。十月初一,驻跸静寄山庄。遍览行宫诸胜,游双峰、法藏、云罩、上方、天成、万松、西甘涧诸佛寺,题吟二十八首。

乾隆三十年(1765)二月十四至十七日,驻跸盘山行宫;十五日,驾至天成寺、万松寺、盘古寺并拈香。

乾隆三十一年(1766)春,谒陵回銮。三月十四至十七,驻跸静寄寄山庄。遍览行宫诸胜,游天成、万松、盘谷、云罩、西甘涧、东甘涧、古中盘、少林、东竺、云净诸佛寺,题吟六十九首。同年秋,自西峪取道入盘山。九月二十五,驻跸静寄山庄。遍览行宫诸胜,游双峰、云罩、天成、东甘涧诸佛寺,题吟一十六首。

乾隆三十四年(1769)春,启銮至盘山。三月初九至十三,驻跸静寄山庄。遍览行宫诸胜,游天成、万松、西甘涧、东甘涧、古中盘、少林、盘谷、东竺、云净诸佛寺,题吟七十二首。

乾隆三十五年(1770)春,谒陵回銮。二月二十三至二十八,奉皇太后驻跸静寄山庄。遍览行宫诸胜,游古中盘、少林、东竺、云净、天成、万松、青峰、法藏、云罩、盘谷、千像诸佛寺,题吟六十一首。

乾隆三十七年(1772)春,启銮至盘山。二月十二至十七,驻跸静寄山庄。遍览行宫诸胜,游古中盘、少林、天成、万松、青峰、法藏、西甘涧、东甘涧、东竺、云净诸佛寺,题吟一百零八首。

乾隆四十年(1775)春,启銮至盘山。三月十五至十九,驻跸静寄山庄。遍览行宫诸胜,游天成、万松、西甘涧、东甘涧、少林、古中盘、东竺、云净诸佛寺,题吟一百一十一首。

乾隆四十一年(1776),谒陵路经蓟州作《过盘山寄题》一首。

乾隆四十七年(1782)春,启銮至盘山。三月初五至十一,驻跸静寄山庄。遍览行宫诸胜,游天成、万松、西甘涧、东甘涧、古中盘、少林、东竺、云净、千像诸佛寺,题吟八十一首。降旨垫修山道者赏银200两。

乾隆五十年(1785)春,启銮至盘山。三月初七至十四,驻跸静山庄。遍览行宫诸胜,游天成、万松、青峰、法藏、西甘涧、东甘涧、慧因、少林、东竺、上方、千像诸佛寺,题吟九十五首。降旨垫砌山道者赏银200两。

乾隆五十二年(1787)春,谒陵回銮。二月三十至三月初四,驻跸静寄山庄。遍览行宫诸胜,游天成、万松、青峰、法藏、西甘涧、东甘涧、慧因、少林、东竺、上方、千像诸佛寺,题吟九十首。

乾隆五十四年(1789)春,启銮至盘山。三月初七至十四,驻跸静寄山庄。遍览行宫诸胜,游天成、万松、青峰、法藏、西甘涧、东甘涧、慧因、少林诸佛寺,题吟九十九首。

乾隆五十六年(1791)春,启銮至盘山。三月初七,驻跸静寄山庄。遍览行宫诸胜,游天成、万松、西甘涧、东甘涧、慧因、少林、东竺诸佛寺,题吟九十二首。御道两旁地丁钱粮免十分之三。

乾隆五十八年(1793)春,启銮至盘山。三月初八至十三,驻跸静寄山庄。遍览行宫诸胜,游天成、万松、西甘涧、东甘涧、慧因、少林、东竺、千像诸佛寺,题吟八十八首。降旨所有修垫山道者,赏银200两。沿途经过之地,免地丁钱粮十分之三。

嘉庆二年(1797)春,启銮至盘山。三月初九至十五,驻跸静寄山庄。遍览行宫诸胜,游天成、万松、西甘涧、东甘涧诸佛寺,题吟八十一首。降旨所有修山道者,加赏银200两。

二、建盘山

盘山,是乾隆皇帝投入财力最多的名山。清乾隆九年(1744),以"朝往暮归,仆从侍御之臣不免于劳",采纳大臣们的建议,在盘山大兴土木,仿避暑山庄规制,营建盘山行宫,这是继康熙建避暑山庄、雍正建圆明园之后,清代又一座规模宏大的皇家园林。山庄从清乾隆九年(1744)动工,直到乾隆十九年(1754)才竣工,整整建了10年,可见工程十分浩大。仅围墙就长达7.5公里,整个围墙用盘山南面小山上的石块垒成,用白灰江米汤勾缝,十分坚固。南墙有用汉白玉石建造的水闸,可以按季节随时启闭,以及时排泄行宫内的雨水。

静寄山庄又称盘山行宫,位于盘山东南麓,今玉石庄东北,千像寺西的盘山怀抱中。占地约 6000 亩。

盘山行宫由外八景、内八景和新六景组成。

盘山行宫的外八景有天成寺、万松寺、云罩寺、千像寺、盘谷寺、舞剑台、紫盖峰、浮石舫。这些建筑都是在盘山行宫以外,故称外八景。

盘山行宫的内八景是静寄山庄、太古云岚、层岩飞翠、清虚玉宇、镜圆常照、众音松吹、四面芙蓉、贞观遗踪。

静寄山庄,是行宫大宫门内的主要建筑,位于今天盘山烈士陵园南面平地处,为当年乾隆皇帝班朝听政之处。正殿悬挂乾隆皇帝所书"知乐仁处"四个大字。正殿东侧有松岩寒翠斋,为皇帝接见群臣之处。

太古云岚,位于山庄大宫门北侧,因山中出云、顷刻万态、从古至今、变幻无穷而得名,为行宫内八景中规模最大的建筑群。西侧有引胜斋、畅远楼、接要楼;后有韵松轩,四周回廊,为皇帝驻跸之处;东侧有寿萱堂,为圣母皇太后来此休息之所。

层岩飞翠,位于太古云岚景点东北侧,因为这里"入山愈深,所见愈远,千岩万壑,尽收眼底"故名。主要建筑为瞻怀堂。瞻怀堂西侧为撷翠楼、云起阁,瞻怀堂后面有绿缛亭、石林精舍等建筑。

清虚玉宇,位于太古云岚景点东北侧,为一座道观,院子为方形,四周有庑,正中为主要建筑正圆楼阁,后面有假山石洞,洞口有乾隆皇帝御书匾额"壶中天地"。

镜圆常照,位于行宫西北角,主要建筑为天竺招提殿,乾隆皇帝为此殿题额"镜圆常照",故作为景名。殿前有一蛾眉形巨石,殿后有得概轩和碑亭。

众音松吹,位于行宫西部,因盘泉之水触动石头,似惊涛拍岸,故名。主要建筑为乐堂书屋,东侧有小石城(即石海)。

四面芙蓉,位于行宫南侧,主建筑为婉峦草堂。还有松湍流韵、翠帛亭、清啸亭等建筑。

贞观遗踪,位于行宫西北角,石壁上刻有乾隆皇帝所书"贞观遗踪"四个字。石上平坦处建有沧浪亭,附近有进水门。

盘山行宫还有新六景,即半天楼、池上居、农乐轩、雨花室、泠然阁、小普陀这六个景点。

半天楼,位于行宫西北方向的山坡上。登楼远望,山前平原尽收眼底。向北望去,石刻"萝屏"二字清晰可见,附近有摩青亭和撺云亭。

池上居,位于行宫东城墙的深涧中,由三个水池组成,水池上建有殿宇亭台。

农乐轩,位于行宫东侧,是皇帝种植农作物的地方。

雨花室,位于行宫西北的山坡上,建有两个亭子。

泠然阁,位于行宫西北的山坡上,建有大殿。

小普陀,位于行宫东北角,为一小石潭,上面建一个观音庙,庙内种竹万杆。

盘山行宫建成后,乾隆皇帝在行宫驻跸数十次,嘉庆皇帝在行宫驻跸数次。嘉庆十八年(1813)后,清朝皇帝不再来此。清道光十一年(1831),裁撤盘山行宫,所有陈设运往热河的避暑山庄,但直到清末,仍有园官看守。1926年,陕西军阀胡景翼的部队为筹集军饷,以卖官产为名,先伐树,后拆房,最后计亩卖地。同时,看守园官也争相抢夺,盘山行宫遭到了严重损坏。现在仅存"撖云亭"建筑遗址和六、七里长的行宫宫墙的残垣断壁。

山庄建成后,又在天成寺、少林寺、上方寺、古中盘、云罩寺、盘谷寺、东竺庵、万松寺、法藏寺、青峰寺、天香寺、上方寺、东甘涧、西甘涧、双峰寺共营建16处寺宇,以供皇帝游览休息之用。此外,乾隆皇帝还多次拨款赐金修缮寺宇,用于盘山兴土木、搞建设,所用白银数以百万计。

三、写盘山

乾隆十九年(1754),盘山行宫——静寂山庄正式建成,由于盘山名胜比以前更丰富,人文景观也有了很大变化,康熙年间的《盘山志》已不能反映盘山面貌。于是,乾隆皇帝龙心大悦,命令蒋溥、汪由敦、董邦达三人纂修《钦定盘山志》,三人全都是朝廷重臣,又是下笔成章的高手。乾隆十九年(1754)二月,他们开始编纂《钦定盘山志》。全书分巡典、天章、图考、名胜、寺寓、流寓、方外、艺文、物产等,歌颂乾隆皇帝功德,描述盘山美景。与康熙年间的《盘山志》相比,《钦定盘山志》专设"巡典、天章",集成5卷,冠于卷首,为乾隆皇帝歌功颂德,为大清盛世大唱赞歌。在《田章》里,收录了乾隆皇帝歌咏盘山的大量游记,如《游盘山记》《静寂山庄十六景记》《盘山千尺雪记》和百余首御制诗。

乾隆皇帝一生写诗颇多。每到一处景观、古迹游幸,必会题诗留念。盘山是乾隆皇帝留下诗文最多的名山。乾隆皇帝每次到盘山,都被盘山的秀美风光所陶醉,诗兴发,文思畅,"盘山与我向无语,每到盘山必有诗"。《钦定盘山志》、光绪《蓟州志》、民国《蓟县志》等都收录了大量乾隆皇帝咏吟盘山的诗文。《清高宗乾隆御制诗文全集》和《清代园林图录》收录了乾隆吟咏盘山的诗文达1366首之多。这些诗中,有乾隆皇帝在盘山中写的诗;有从他处望盘山、向往盘山的诗;还有他离开盘山后怀念和留恋盘山的诗。这些诗中,不乏意境深远、诗意浓郁、语言优美的诗句。如《盘龙松歌》的"何处无松,盘山之松,天下松之宗!"成为歌咏松树的千古名句。

在盘山天成寺前,有一座乾隆皇帝御制碑,碑的阳面刻有乾隆七年(1742)乾隆皇帝写的《盘山游记》,碑的阴面刻有乾隆九年(1744)乾隆皇帝写的一组吟咏盘山的诗作。其中,《盘山游记》开头的"连太行,拱神京,放碣石,距沧溟,走蓟野,枕长城,是为盘山。"成了千古名句。

乾隆皇帝还为盘山寺庙题写了许多匾额。天成寺的庙门上有乾隆皇帝题额"天成寺"三字,天成寺是乾隆皇帝巡游次数最多的庙宇,他的替身僧就在这里出家。万松寺的殿檐上有乾隆皇帝题写的"慈育万物"匾额,万松寺山门前的骆驼石上镌刻乾隆御制诗8首,现在,除《万松寺》一诗尚清晰外,其余7首诗均已剥蚀,模糊不清。上方寺于乾隆十七年(1752)奉敕重修,正殿悬挂乾隆皇帝御书匾额"云涛花海",并题联"石润苍苔皆佛胜,松摇暗籁有禅机"。乾隆皇帝还为上甘涧的盘谷寺题写匾额"定力周围",并题联两副"一声清磬动耶静,万迭浮云假也真""虚窗不碍疏还密,洁径何妨静以深"。康熙皇帝曾在盘谷寺与诗僧智朴和诗。乾隆七年(1742)乾隆皇帝驾幸盘谷寺,看了康熙皇帝和智朴诗碑后,便依原韵和了一首诗。为了昭彰诗僧智朴与康熙皇帝的诗文交往和撰写《盘山志》的功绩以及所显示的一代诗僧的才华,乾隆皇帝特别赐他为进士,并敕令在盘山南天门下重修智朴墓。少林寺北的中盘寺,正殿为乾隆皇帝题额"盘阿精舍"四个字,正殿对联为乾隆皇帝所撰写的"阶下泉声答松籁,云间树色隐螺峰"。千像寺正殿,悬挂乾隆皇帝书额"雨花福地"。千像寺北面的天香寺,为乾隆九年重建,并赐"天香寺"匾额,乾隆皇帝还为天香寺正殿御书"无上法味",并题联"杨柳外晓风残月,净瓶中白日青天"。

乾隆皇帝还为许多名石题刻留字。丹梯石上有乾隆皇帝御笔题刻"丹梯胜处"四个字,翠腴石上有乾隆皇帝御笔题刻"翠腴"二字,濯烟扉石上有乾隆皇帝御笔题刻"濯烟扉"三个字,青牛石上有乾隆皇帝御笔题刻"青牛"两个字,籍琴石上有乾隆皇帝御笔题刻"籍琴"两个字,萝屏石上有乾隆皇帝御笔题刻"萝屏"二字。

乾隆为何如此钟情盘山?一是风光确实俱佳,二是位置离京城距离较近,三是替身僧在盘山出家,四是去东陵谒陵祭祖时必经蓟州的盘山。

一位帝王对一座名山的游历次数之多,留下墨迹之多,耗用财物之多,盘山实为历代所仅见,在全国名山中也无他例,由此可见乾隆皇帝对盘山的钟情和厚爱!

(刊于《天津史志》2018年第1期,2018年2月,第50—54页)

作者:刘春,蓟州区史志办

也说葛沽的由来

张乐君

关于葛沽地区历史的沿革,近年来已有不少学者、老师做过探讨,并有相关研究成果面世。本文拟在这些研究成果的基础上,结合史书记载、地理常识、现代探测数据、古时传说及民间发现,以渤海西海岸平原成陆、海河主干流形成、古代葛沽地区军事民生为大背景,用年代正叙标注的方式,对葛沽主体地区成陆,特别是"鲛脐港铺"做一些初步分析,以期各位学者老师指正。

葛沽,天津海下古镇。《津门诗钞》二十四卷中一首:"满林桃杏压黄柑,紫蟹香秔饱食堪。最是海滨风味好,葛沽原号小江南。"[1]把我们带到了她风景如画的古代。"人面相看浑欲醉,不须沽酒借朱颜。布帆一片云如锦,岛上来寻度索山。"[2]千百年来,鲛脐港铺、丰财场、九桥十八庙、津东书院、宝辇茶棚等许多光鲜久远的词语串

---

[1]（清）梅成栋纂,卞僧慧、濮文起校点:《津门诗钞》(下)卷二十四,天津古籍出版社1987年版,第784页。

[2]（清）梅成栋纂,卞僧慧、濮文起校点:《津门诗钞》(下)卷二十五,天津古籍出版社1987年版,第832页。

联起葛沽从古到今的自然与人文、传承和改变，也道出了海河主干流的形成，是坐落在海河中下游南岸的葛沽成陆和诞生的主因。

一、邓岑子、"三会海口"和"鲛脐港铺"的由来及形成过程

渤海西海岸的成陆过程中，发生过 4 次相对稳定的停顿，形成了四道古海岸线的遗迹——贝壳堤。"其中第二道贝壳堤形成于距今 1500—2600 年前。"①这道贝壳堤北起于宁河小北涧沽，经白沙岭、军粮城、泥沽穿过葛沽的邓岑子、杨岑子一路向南经上古林、老马棚口到达河北省黄骅县的岐口、贾家堡、狼坨子。

位于葛沽西部的邓岑子、杨岑子，在渤海西岸成陆的第三次停顿中，成为春秋到唐代渤海西海岸线上的一个点，同时也成为葛沽最早成为陆地的地方。据《天津简史》记载："在北段的白沙岭、泥沽、邓岑子一带发现过战国时代以及较多的唐、宋时代的文物。"这就表明，最早在战国时期（距今约 2240 年）"东泥沽、邓岑子一带就有零星的居民点出现。"②

西汉初年（距今约 2150 年），静海小钓台之东平舒已兴建城池，葛沽的先民们在邓岑子渔盐劳作，而葛沽的主体地区仍静静地躺在惊涛骇浪的浅海平原上，以每年不到 3 毫米的速度进行着几千年来一直没有间断的海相沉积。

---

① 天津市地方志编修委员会编著：《中国天津通鉴》（上卷），中国青年出版社 2005 年版，第 3 页。
② 津南区土地管理志编纂委员会：《津南区土地管理志》，天津社会科学院出版社 1998 年版，第 9 页。

西汉初元元年（公元前 48 年），"天津平原的东部和中南部地区遭渤海海溢。"①《汉书·元帝纪》记载：初元二年(公元前 47)"北海水溢，流杀人民。"《汉书·沟洫志》则曰："海水溢，西南出，寝(侵)数百里，九河之地已为海所渐矣。"可以看出，海溢造成的灾害达数百里之远，渤海西岸的天津平原沿海低洼地区变得鲜有人迹，滨海 4 米等高线以下的地区变成泽国，战国以来生机勃勃的农、盐、渔业开发进程被遏止，大部分城池和村落被迫废弃。

没在海水中的葛沽主体地区没有赶上这次海溢，贝壳堤上的邓岑子、杨岑子也因地势高及泉水丰沛抗过了这次灾难，一些原居民在海溢后仍居留在此地。近年来考古学家们经过考古发现，第二条贝壳堤因这次海溢造成的"年代割裂现象"客观并不存在。

距今 1810 余年的东汉献帝建安九年(204)，汉朝重臣曹操为了北伐袁绍及征讨乌桓，开凿了平虏渠(南运河青县至静海独流)，随后又开挖了泉州渠和新河。至此，渤海西岸天津等平原上的 300 多条大小河流，汇聚成清河、呼池河、泒河三大水系，再归一于泒河尾入海。以因人治形成、主干流短、水系为扇形而著名于世界的海河水系初步形成。

随后的隋代开凿的大运河，唐朝新平虏渠的竣工，把海河流域同南北水系及海上航线勾连起来。在渤海西岸的泒河尾形成万流归一东流入海的格局，同时"三会海口"——唐朝的军港及航运枢纽也在泒河尾入海口的北岸，在今军粮城附近形成并繁盛起来。《曹操征乌桓时开通运渠事迹考略》中说："海河之北为军粮城，海河之南为东泥沽，两地隔河相望……自是入于海的地

①天津市地方志编修委员会：《天津通志·土地管理志》，天津社会科学院出版社 2004 年版，第 15 页。

理位置……"①

"云帆转辽海,粳稻输东吴""三会海口"的形成,使海口以东的海底也悄悄地发生了变化。清河、呼池河、泒河水系聚于泒河尾涌向大海,河水中所携带的泥沙,在潮汐海浪的作用下落淤于海口以外的浅海平原上,慢慢地在"三会海口"东南的海面下形成一条局部的丘状隆起。大约在距今 1100 年以前,在靠近邓岑子贝壳堤东北的海面上,一个不大的海口三角洲性质的小岛浮出了水面。小岛距"三会海口"南岸的泥沽直线距离 5 千米,与邓岑子相隔一不宽的浅海。岛中有一泻湖,局部与大海相通,形成一个天然的小海湾。这个小岛就是葛沽主体最早形成陆地的部分。

"海平面是人类活动的起始高程,它是一个包含有很多变量的敏感组合体。"②"泥沽西去葛沽东"的葛沽主体这时还没有"不是桃花即柳遮"的自然景观。唐末五代时期,还是一个稍有积淤、长满耐盐碱植物、人迹罕至的海中荒岛。

五代末年,后汉天雄节度使郭威称帝建立后周,进行了减免徭役、整顿腐贿、招抚流民、放松盐禁等一系列改革,此举措减轻了民众的负担,短时间内国势即见强大。后周的复苏,使得因连年征战、农盐业生产遭到很大破坏、生活在水深火热中的北方邻国民众非常向往。公元 953 年,辽卢台军使兼幽州榷盐制置使领坊州刺史张藏英带领亲属、士兵千余人,灶户长、幼七千余口,牛马数以万计,船只数百艘脱辽渡海(从军粮城东北古海岸芦台等地乘船渡过海河当时入海口"三会海口"到达西南属后周古海岸登

①天津市地方志编修委员会编著:《中国天津通鉴》(上卷),第 48 页。
②李建芬、商志文等人:"渤海西岸全新世海面变化",《第四纪研究》2015 年第 2 期。

陆)投奔后周。①投诚的灶户及船械在随后的几年里成为后周北方沿海渔盐业生产的生力军,补充了后周北方沿海"人稀、地荒、业废"的燃眉之急。邓岑子周边地区的居民也逐渐增多,渔盐业生产逐步恢复。公元 959 年,周世宗柴荣北伐辽朝,辽军不战而逃,此举为宋太祖赵匡胤奠定一统天下大业基础的同时,也奠定了北宋与辽国以界河(今海河、大清河)为国界的基础,使界河成为国界长达一百六十余年,直至金 1125 年灭辽,第二年又灭北宋,此界才不复存在。

北宋建立后,东北部边境以海河为界与辽隔河对峙。"三会海口"也一分为二,出海口北岸为辽之军粮城,南岸为北宋之"泥沽海口"。②此时的海口已失去南北转运的功能。李俊丽在《天津漕运研究(1368—1840)》中曾这样描述:"唐代'安史之乱'以后,北方陷入藩镇割据,后来宋朝与辽朝以海河为界南北对峙,在此期间,天津漕运处于停止状态。"③"宋、辽虽然长期对立,但民间的往来还是很多的⋯⋯辽朝居民常越界到宋贸易,最多时用十余只大船自海口运盐入界河,辽朝渔民也常乘小船入界河捕鱼。间或进行交易"④北宋也为了安抚边界民心,放宽政策,允许南商与辽交易,设立榷场管理边贸,还一度作物造船,允许渔民入海捕鱼。在这样的历史背景下,处在海口以外 5 公里的岛洲——葛沽最早成陆之地,也因其特殊的地理位置,因居住在邓岑子附近张藏英投诚旧

---

①张毅著:《明清天津盐业研究(1368–1840)》,天津古籍出版社 2012 年版,第 14 页。
②天津市地方志编修委员会编著:《中国天津通鉴》(上卷),第 47 页。
③李俊丽:《天津漕运研究(1368—1840)》,天津古籍出版社 2012 年版。
④天津社会科学院历史研究所《天津简史》编写组:《天津简史》,天津人民出版社 1987 版,第 18 页。

部灶户等与辽人老亲旧邻的关系,因半私下的岛上交易可躲避北宋"官收其算"等管理,小岛洲一下子成为了宋辽边界海口地区边贸中民间私下交易的主要地点。这时岛洲与海口西南海岸之间落淤而成的浅海地带,涨潮时波涛汹涌,落潮时或有露出。岛上潟湖也淤浅缩小,湖口形成的小河湾与大海相连。宋辽边民交易的大小船只就停靠在来往方便的小河湾里,人员登岛进行交易。渐渐地岛上有了一些固定的交易设施,河湾里的码头也有了一个名称——"鲛脐港"。

宋太宗时,因辽兵经常越界扰掠,北宋设置"北面房"进行管理,在岛洲上设立了"鲛脐港铺"。《宋史·何承矩传》记载:"自淘河至泥沽海口,屈曲九百余里……太宗置砦二十六,铺百二十五,廷臣十一人,戍卒三千余,部舟百艘,往来巡警,以屏奸诈,则缓急之备,大为要害。"[1]《武经总要前集》也称:沧州横海军有九砦,"泥沽砦东至鲛脐港铺十里,北至界梁河。双港砦东至泥沽砦二十五里。三女镇砦东至双港砦八里。苇场港砦东至三女镇砦二十里。小南河砦东至苇场港砦一十八里。百万涡砦东至小南河砦三十里。沙涡砦东至百万涡砦十一里。独流砦东至沙涡砦一十二里,钓台砦南至乾宁军六十里,北至独流砦六十里,砦城居其中,沿御河一路都有稻田务。"[2]从这些资料可以看出:首先,泥沽是当时的海口,向东十里还设立了1个铺——即将葛沽岛洲上的"鲛脐港"设为"鲛脐港铺"。其次,口铺主要分布在沧州以西州军,在沧州横海军设立的口铺唯有"泥沽海口"以外十里的"鲛脐港铺"。再次,口铺功能是屏狡

①(元)脱脱等撰:《百衲本宋史》卷二百七十三,国家图书出版社 2014 年版。
②(宋)曾公亮、丁度编:《武经总要前集》卷 16 印景文渊阁《四库全书》,台湾商务印书馆 1986 年版。

诈、备缓急,即用较少的戍卒投入,及时了解敌情,以做缓急之备,同时又兼顾塘泊管理和防御。

"鲛脐港铺"是葛沽最早被记入史书的名称。这部史书名为《武经总要》,是宋仁宗令文臣曾公亮、丁度等用5年的时间编写完成的,而且宋仁宗赵祯亲自校核,又为此书写了序言。

二、关于"鲛脐港铺"的一些初步分析

宋太平兴国七年(982),只在界河(海河)南岸设置1个口铺——"鲛脐港铺"是值得研究的。其余口铺哨所全部分布在北平军以东,沧州以西之州军。其中有一名称与"鲛脐港铺"相似的口铺哨所设置在河间的海河支流古河汊上,名为"牙家港铺"。在"鲛脐港铺"古代遗址及物证均已失考的今天,我们只能从古时称谓、民间发现、历史资料、自然地理、地质钻探数据、现代仪器对古物检测、水利等方面进行多层次多角度的分析,以期得出正确的结论。

葛沽古时被称为"海下"或"海下葛沽",后来葛沽周边及以东地区也被泛指。现今人们只用"葛沽是退海之地"来解释这一称谓的涵义是不全面的,因为整个天津沿海平原地区都是黄河老三角洲地区,即都是退海之地。那为何只有葛沽被称之且现今仍被称为"海下"称谓呢?原因只有一个,即在周边及以东地区还是一片汪洋的时候,葛沽已先于它们以海口三角洲岛的形式成为了陆地。史料记载:宋仁宗庆历八年(1048),黄河最后一次北上夺南运河由界河

---

①天津市地方志编修委员会编著:《中国天津通鉴》(上卷),第18页。

(今海河)"泥沽海口"浊流入海,一直保持到公元1193年,历时145年时间将海岸线推至塘沽、东大沽、高沙岭今海岸线附近。①而"鲛脐港铺"设置时间,比这次黄河退海造陆的开始时间早了66年,比黄河流域与海河流域的彻底分离早了210年。

葛沽地区因其特殊的地貌形成和历史社会变迁经历,使其在地名上大都含有地貌、历史、人类活动等内涵,具有鲜明的地域特色。《天津村镇地名概述》中也描述"地名是人地关系的一种反映,它是以人类社会活动需要为根据,赋予其活动空间的理想指位语言。"①例如,沽:古指小小水入海之名,后延伸为水中或水旁高地,如葛沽、盘沽、泥沽等。滩:水退后露出水面的大片洼地,如:大滩、小河滩等。台:指高地,如南台、赵家台、何家台等。岑子:指贝壳堤上的聚落,如邓岑子、杨岑子等。港(jiǎng):指河汊中的小码头,如小港、官港、鲛脐港等。圈:指大河中的小湾,如苏家圈、马家圈、汪家圈等。车地:指清朝水利营田,每架龙骨水车浇地30亩或25亩,以水车架数言地亩多少而形成的地名,如三合村的四车地、八车地等。砦:同寨,是因北宋设置在北方边境上规模较小的军事驻地的名称而形成的地名,如泥沽砦、双港砦等。铺:是因北宋设置在北方边境上担负屏奸诈、备缓急任务的固定或临时的军事哨所的名称而形成的地名,如龙窝庄铺(青县)、马村铺(河间)、鲛脐港铺等。以上列举的地名中,"沽""港""车地"是葛沽所在地天津地区所独有的。理解了以上地名的含义,也就了解了葛沽形成和发展过程中先民们对地名起始和演变的认知过程,亦可将"鲛脐港铺"从字义上分析解释为:在巨鲛(鲛:动物名,海中鲨鱼)形岛洲中部湾汊码头

①况清楷、袁文成:"天津村镇地名概述",张树明主编:《天津土地开发历史图说》,天津人民出版社1998年版,第506页。

上设置的军事哨所。

"黄河在推进天津平原海退成陆,塑造海河流域形成中建树了丰功伟绩。"①曹操开凿运河及隋唐二朝运河的勾连和改造则在海河流域形成过程中起到了"人为导向"的作用。葛沽岛洲"鲛脐港铺"的成陆是在这两个大前提下,在黄河南下入海的年代,由永定河等河流的泥沙在海口缓慢淤积形成的。海口河道宽广、河水流速减缓,河中携带的泥沙逐渐沉积于海口外一带,首先形成海口浅滩,随后在潮汐的往来中逐渐将浅滩泥沙推高出水面,形成三角洲性质的海口岛洲。这一自然地理现象在世界各大河流的入海口处普遍存在,我国长江口的崇明岛群、现今海河口的岛洲以及大沽口以外的"大沽沙"都属于这一性质。

葛沽附近地区的古地名"砦"为小规模军事驻地,"铺"则只是一个固定或临时的军事哨所。如果当时处在砦铺防御最东端的"鲛脐港"具备了设置"砦"的基本条件,北宋忽略其海口外军事要地的重要性而弃"砦"设"铺",从常理上是说不通的。现在分析北宋设"鲛脐港"为"铺"的原因主要有以下三点:一是"鲛脐港"还是一海口外的岛洲,其与海口之间仍是浅海或浅滩,尚未成陆相连。二是岛洲的低海拔与经常性的强海潮等灾害不适宜驻军。三是岛洲虽然已是海上边贸交易的重要地点,且有了一些场所设施,可是当时还没有河道将淡水资源输送到岛洲周边。"淡水"资源的缺乏使得岛洲还不具备人类长期居住生存的基本条件。水是人类生存形态变迁的导因,在古代如果一个地方没有供人类饮用的淡水,这个地方不可能形成长久聚落。

①天津市地方志编修委员会编著:《中国天津通鉴》(上卷),第3页。

据《武经总要》记载,"砦"与"砦"距离较远,辽宋边界共设置了26个。而"砦"与"砦"之间设置的口铺相对密集,太宗时即置125个。口铺一般二至三里设置一个,彼此联系紧密,方便在发生敌情时互相策应。可是,北宋在"泥沽砦"以东相距十里只设置了一个"鲛脐港铺"。[①]其间史书上再无口铺设置的记载。宋仁宗宝元二年(1039)夏四月戊辰:"河北缘边安抚司,请于缘界河百万涡寨下至海口泥沽寨空隙处,增置巡铺,从之。"[②]这里也没提到要在"泥沽砦"与"鲛脐港铺"之间设置口铺。从这些史料可以看出,在当时的"泥沽砦"与"鲛脐港铺"之间可能还不具备设置口铺的条件,也就是两地之间还没有形成稳定的浮出海面可供人临时活动的陆地。葛沽自古传称"鲛脐港铺",但近代研究资料多将"鲛脐港铺"地点定在今盘沽与葛沽之间。这可能是按海河水路或沿河陆路从现今泥沽向海河下游推算10里得出的结论,这里忽略了"泥沽砦"到"鲛脐港铺"之间当时还没成陆这一可能。而现今从泥沽到葛沽的直线距离正好是10里,是符合"泥沽砦至鲛脐港铺十里"这一史书记载的。

三角洲冲积平原的河道入海口一般呈宽广对称喇叭状。有历史记载的由河流、潮汐、地质、泥沙、沉积、基岩埋深等因素决定的海河主干流几个稳定时期的入海口都有这一特征。"泥沽海口"的"泥沽"与"军粮城"正是因距守在呈喇叭状的海口两岸,才被宋辽两国分别称为海口的。在黄河南下,海河口被携带泥沙相对较少的永定河等冲积的年代,除了形成自然地理特性的浅海淤积及海相

---

①《武经总要前集》卷16。
②《续资治通鉴长编》卷32。

层顶板浮出海面外，海口两侧的贝壳堤海岸只是缓慢地向外延展变宽，现今邓岑子处贝壳堤宽达 200 米。《图说滨海》一书在介绍天津滨海地区成陆时是这样描述的："东丽区军粮城以东的塘沽地区，成陆年代十分明确。北宋仁宗庆历八年（1048），黄河……入界河（今海河）东流至泥沽入海……天津海岸线迅速向东推进到今大沽、北塘一线……今塘沽、汉沽、大港三区海岸线基本形成。"①这一介绍不仅明确指出了军粮城以东地区成陆年代，海口两侧海岸对称扩散成线的形状，还从海河对岸（北岸）的角度阐述了——当时的黄河入海口为"泥沽海口"而非其他地方这一史实。"鲛脐港铺"因界河防御而设置得名，时逢宋辽对峙、海运禁停、边贸中兴。在随后的一百多年里又被黄河的退海成陆卷入沧海桑田的变迁中。故传说"鲛脐港铺"是葛沽历史上被海侵吞没的海口大港及北方航运枢纽是缺乏正确史据的。

在距今约 890 年的"南宋建炎二年（1128），杜充'决黄河由泗入淮，以阻金兵'，使黄河由合御河入海一变而为合淮入海。"②这里提到的"杜充"乃宋时庸臣，当时镇守北京大名府。金国完颜宗望的东路军杀来，他不敢与之交锋，下令决黄河河堤用河水阻挡金兵。"杜充"的决河御敌使黄河南下分流，黄河北上东支水量减少，海河主干流及天津平原停止了急速突变的发展，在海河干流的基本定形中再一次的进行了"人为干扰"。黄河最后的北上，使海河入海口由"泥沽"向东推至"大沽口"附近，随后海岸线也向东推进至第一道贝壳堤附近。身陷三角洲平原的"鲛脐港铺"从此远离了大海，静

①贾长华主编：《图说滨海》，天津古籍出版社 2008 年版，第 3 页。
②海河志编纂委员会：《海河志（第一卷）》，中国水利水电出版社 1997 年版，第 91 页。

静地依偎在海河中下游南岸一隅，随着潮汐的节奏间或品尝着河水的甘甜与海水的咸涩。

与第二道贝壳堤以上众多考古发现形成鲜明对比的是，"泥沽海口"以东10里的"鲛脐港铺"遗址至今失考。分析原因，应与当时"鲛脐港铺"身处第二至第一道贝壳堤成陆突变之中有很大关系。在"杜充"决堤之前大约30年，黄河浊流泥沙造陆将"鲛脐港铺"彻底融没。"鲛脐港铺"历史的断裂亦由此造成。查询当代专业地质钻探资料，葛沽主体的大部分地区成陆年代距今约为920年，这一数据，比葛沽局部岛洲成陆至少晚了约180年；比北宋设置"鲛脐港铺"晚了约116年；比黄河从"泥沽"入海造陆开始晚了约50年；比史书记载的"杜充决堤黄河分流"早了约30年；比"黄海"彻底分离早了约95年；比葛沽地区有史料记载的聚落——元至元二年（1265）"丰财场"的建立早了约160余年；比现代一些资料上记载的"1405年前后"始称"葛沽"早了约300年。

"鲛脐港铺"遗址官方失考，但在葛沽民间却另有一重大发现。据葛沽砖瓦厂原职工孙连生在葛沽华艺斋书画店回忆，在20世纪八十年代初的一个春天，厂里二十几位职工一起为制砖备土打方坑，方坑上部为约2米厚的黄褐色泥土（应为1048年黄河最后一次造陆形成），黄褐色泥土下是约10厘米厚的贝壳层，再往下是约1米厚的黑灰色粗砂泥层，最底下则是黑灰色细软基泥（符合陆相、海相的地质特征）。在打坑深至黑灰色粗砂泥层时，挖到了一艘古船。古船宽四五米，估计船长约十几米，挖出时船舱朝上，船身呈倾斜状，一头儿向南斜插入更深的黑灰泥沙中。船舱中有瓦器、瓷器残件及碎片，仓泥中还有辨别不清的物质。因当时人们没有对古文物的保护意识，就自行将船身挖出部分断开搬出方坑，随便放置在一旁,瓦器、瓷器残件也被人们随便丢弃。泥中部分船身因打坑已够深度仍留在泥中未被挖出。两三天后,被挖出放置一旁的部分船身风化散落,不久就没了踪影。"一条古船"一半被挖出风化,一半仍深埋泥中。根据方坑地层岩性判断,这是葛沽主体地区的一次大型古物出土发现。虽然发现后的处理过程和结果非常尴尬,好在还有部分古船没有出土,古船附近应还有古物待考。这个方坑距葛万公路二百米左右,就在现荣程钢铁公司院内。

2018 年 5 月 28 日新闻资讯,国家重点科技攻关项目——中华文明探源工程,历时 14 年研究,取得最新成果:在距今 5000 年前,黄河、长江中下游以及西辽河等区域进入文明阶段,出现了国家,进入了古国时代。这一成果的发布,揭开了中国上古史的神秘面纱,填补了历史空白,对各地区探寻文明起源与历史发展必将起到积极推动作用。今人研究葛沽的由来和过往,如同"探源工程",同样需要更多的出土文物及现代技术探测的科学数据,以此来验证从文史资料中分析判断得出的葛沽由来结论的精准性。"十年怀此地,百里未能游,一夕随潮至,千门向水流。"[1]没有人为干预及黄河最后一次北上造陆, 就没有海河干流及葛沽等海河下游众多村镇的形成。葛沽,在海中孕生,傍海河长成,靠津沽大地而久存。几百年来,葛沽的发展不仅受惠于京师门户、海下重镇的地理位置,更得益于古代的海运、屯军、制盐、围田。"海门东望葛沽堤,一路春风入马蹄。水上桃花村外柳,红妆多在画楼西。"[2]2017 年,葛沽凭借厚重的历史文化底蕴和特色鲜明的智能制造产业链成功入围第二批

---

[1]《津门诗钞(卷九)》金平《次葛沽》。
[2]《津门诗钞(卷十三)》吴人骥《葛沽道上》。

全国特色小镇。津门古镇葛沽,迎来了又一次展翅腾飞的契机。抚今追昔,愿葛沽"最是津东繁华处,大好风光画里描"的复兴之梦早日成真。

(刊于《海河柳》2018 年第 5 期总第 83 期,2018 年 10 月,第57-61 页)

作者:张乐君,天津水爱通供水设备科技发展有限公司

塘沽的第一眼水井

李红路

1927年,日本参谋本部出版的《直隶省兵要地志》记载有大正十二年(1923)七月调查表(海河口附近饮用水调查),其中对于塘沽地区饮用水井调查中标注有两处:一处在塘沽对岸(所指以当时日军陆军运输部所驻地为参照,在今天塘沽商业大厦附近),为一中国人所有,采用掘灌汲扬式采水,水质清透,味道良好。这口水井深度0.67米,直径1.93米,储水量约为8吨。另一处水井在当时塘沽小学校附近,为当地居民共有,采用掘灌汲扬式采水,水中有杂质,略含盐分。水井深度5.33米,直径2米,储水量12.5吨。此外,塘沽久大精盐西厂与义兴公司还各有一口水井。塘沽对岸的水井水质优良,是酿造粮食酒的最佳水源。

《塘沽文史资料辑》第3辑记载:"一九二七年,塘沽一位水铺掌柜的名叫李江,起初担挑送水入户,后发展到开水铺为业,以多年的积蓄,自筹资金,在现解放路世界理发馆路中心,开凿塘沽第一眼民间水井。用空气压缩机提水,由于井水清澈、甘甜,送水到户,其水价比河水高出一二倍,饮用井水的人,大都是有钱的人家。每逢四、五、六月海河'闹咸水',李掌柜水铺则广开水源,财源茂盛。"

塘沽文史资料所记与《直隶省兵要地志》调查表中记载的塘沽水井年代有明显差别。据《直隶省兵要地志》判断,塘沽第一眼水井挖掘时间应早在 1923 年,并且其中一眼深度不深,井水甘甜清冽,这在含盐分很高的土层中实属罕见。

(刊于 2018 年 10 月 29 日《今晚报》第 12 版"副刊·津沽")

作者:李红路,天津地方史学者

民俗,对于天津意味着什么

管淑珍

英国学者雷穆森在《天津租界史》一书中将天津称为"通向天子京城的津梁",是的,天津这座"天子津渡",是一部灿烂辉煌的文化史,是一部精彩纷呈的城市传奇,亦是一部厚重深刻的历史教科书。

20世纪90年代,危陋平房改造工程进行得如火如荼。津门大直沽的一件出土文物,吸引了无数人的视线——元代敕建的天妃灵慈宫遗址,惊动了考古学家和文化学者。

尘封数百年的城市记忆就像一部埋藏无数秘密的大书,忽然被人掀开一角,让读者瞥见其中惊世骇俗的段落篇章。随着一件明代石雕——赑屃的出土,历史凭借简洁而优美的笔墨书写了一部充满记忆和谜团的诗篇。来到重建于天妃宫旧址上的元明清天妃宫遗址博物馆,看到这件曾被历史遗忘的赑屃,我发现它的头和尾已经被游览者抚摸得油光锃亮了。是啊,很多人都相信民间流传着的那个说法——摸过赑屃的头和尾,可以避邪、祛病、长寿、祈福。

凝望这件珍贵文物,刹那间,时光回溯到几百年前,令人荡气回肠的历史记录,令人叹为观止的古迹遗存,抚今忆昔,倍感自豪。在文化寻根的旅程中,我们的视野越来越开阔,目标也越来越明确。

寻根,就是在破译一个千古不变的谜面——我是谁,从哪里来,到哪里去?

金代,天津被称为直沽寨,作为漕运咽喉,直沽寨聚集了成千上万的渔民船工,因此,这座直沽寨横空出世,以不同寻常的气概出现在世人眼中。

元代,直沽寨经历了一场华丽转身,成为海津镇。天津依然是漕运枢纽,妈祖崇拜也成为民间信仰的一个重要组成部分。好似一道彩虹自海上升起,天后娘娘降临津门了,为渔民船工带来福音,为海上船只保驾护航。天后娘娘与天津卫,前世今生的因缘,缔结于元代,元世祖忽必烈至元年间敕建的天妃灵慈宫,称为“东庙”。有人曾说:“先有天后宫,后有天津卫。”此言不谬。

明初的天津,“置三卫以守”,所谓三卫,即天津卫、天津左卫、天津右卫。至清代,天津又由卫升为州、府,其京畿门户的地位更加稳定。明清两代,天津在为城市的进一步发展积蓄能量,日新月异,一日千里。

清末民初,天津进入了成熟期,在城市史的发展进程中,以傲然屹立的姿态,展现着自己独一无二的城市特色。法国年鉴学派认为,文化是有年鉴的。天津亦如此,清末民初,天津的政治经济发展迅速,城郭壮观,景色瑰丽,百业发达,民生富庶。而天津的民俗活动,也呈现出丰富多彩的特点。

何为民俗?民俗在本质上是一种带有鲜明特点的,沟通传统与现实、物质生活和精神生活的文化现象。

"民"这个汉字,含蕴着汪洋恣肆的意义,融政治、文化、经济等诸多概念为一体。《诗经·玄鸟》中"邦畿千里,维民所止",仅仅八个字,言简意赅,气吞万里。最初在天津聚居的人是伟大的,宇宙洪荒,沃野千里,浩浩荡荡的民众携儿带女地奔走相告——这里正是我们的美好家园。那种原始意义上的乡愁,如期而至,云蒸霞蔚。

在世俗生活中,人与谷物之间那种相辅相成的关系,凝练出一个"俗"字,这个与"雅"针锋相对的"俗"字,以小见大,寓意深远。以人而论,那些俗得淋漓尽致而妙趣横生的人,往往就是抵达了极致境界的人,比如偶尔粉墨登场的元代戏剧家关汉卿,又比如号称"京城两大俗人"的大画家齐白石和大作家老舍,无论古今,这些大俗大雅的文艺家,其入乡随俗的外表之下都包裹着一颗精致而高雅的心。

民与俗,密不可分,气息相通。民俗,渗透在百姓生活的方方面面,而民俗学,终于成长为参天大树。

俗话说,五里不同风,十里不同俗。关于风与俗,《汉书》是这样阐述的:"上之所化为风,下之所化为俗。"对于百姓来说,风与俗,都是日常生活的底色和背景。民俗与百姓的生活,密不可分,融为一体。天津拥有与其他地区迥然不同的民俗文化,应当说,正是那些极富内在张力的民俗事项,为这座城市建构了一道瑰丽的文化风景线。

至于民俗的起源,颇有研究价值。时至今日,谁也说不清民俗究竟是怎样诞生于百姓生活中的。有一种说法是——民俗源于迷信,持有这种说法的人认为,当人类还处于原始社会时,无法解释大自然中的各种现象,对于雷雨闪电等自然现象或地震海啸等自然灾害,产生惧怕心理却又无能为力,因此,民俗便以迷信的方式产生了。除此之外,还有民俗源于祭祀说、民俗源于禁忌说等,这些说法或许还会引起争议,不过,有一点是可以肯定的,民俗一旦形成,则如蜿蜒千里的河流,潺潺流动,生生不息。在民间,山川地貌、节气时令、万物生长、衣食住行、婚丧嫁娶、祭祀大典、节日庆典、民间信仰、民歌俚曲、史诗传说等,雅俗兼容,雅俗共赏,不断刷新着民俗学这本厚重的大书,因此,"民俗"二字,对于一座城市来说,是筋骨,是血脉,是永远气韵生动的本色。

一、百姓日用中的民俗事项

俗话说,穿衣戴帽,各有所好。然而,冠带衣履又是社会历史发展的一个缩影。着装之道往往能够代表城市的形象,而衣食住行则体现出城市文明的发展水平。

谈起天津的衣食住行,先要说一说此城的山川地貌和历史人文背景。大海退却,山川凸显。天津曾是退海之地,海水退却之后,此地逐渐形成海河平原,那三道贝壳堤就是海水退却的历史见证,言之凿凿,历历在目。成陆四五千年以上的海河平原,既像天上裁剪下来的一片云彩,又像海面漂浮的巨形方舟,孕育着天津这座美丽的城市。而燕山南麓的蓟县,聚拢人气的历史更加悠久,大约有两千多年,那里的山民像海河平原的渔民船工一样,以辛勤劳作谱写了一曲生生不息、兴旺发达的不朽金曲,其民俗虽与海河平原不尽相同,却相互交融,相互借鉴。

最早聚居于海河两岸的民众,沿河设灶,打鱼煮盐,俨然一个世外桃源。或许,那时的民众多为巫医乐师百工之人,大家从四面八方聚集而来,既要同气连枝、相濡以沫,又要守望相助、声气相求。于是,那些民间约定俗成的规矩,渐渐成为凝聚人气的处世规则。从民俗学角度来讲,某种民俗现象产生之后,逐渐得到多数人的认可,大家随之起而效仿,个人与集体之间相互影响,约定俗成,绵延不绝,正如古人所说,"相染成风,相沿成俗"。

天津曾被称为"算盘城",这个"绰号"是有出处的,得从一则故事说起。传说刘伯温建造了北京城之后,发现南面的天津颇有奇异之处,便亲自到天津一带来访查勘探。刘伯温研究了天津的地势和特点,想在此处建造一座城池,可是,令他大伤脑筋的是,建城的开销费用对于入不敷出的朝廷来说,是一个天文数字,另外,应当将天津城垣设置在哪个方位才是最精准的设计,他还拿不定主意。为此,刘伯温经过了无数天的苦思冥想,画了无数草图,依然没有找到令自己满意的答案。有一天,静夜难眠的他披衣而起,踏着夜色独自漫步,忽然遇一巨人,头顶金盔,身披金甲,号称是金甲神。他感觉奇迹将要发生,于是,虔诚地向金甲神诉说自己心中的疑问,金甲神则端坐在那里岿然不动。刘伯温仔细一看,金甲神左手托着金鼓,右手举着算盘,双目紧闭,神情寂然。蓦然间,风来云散,月落乌啼,金甲神不见了。刘伯温命令手下将金甲神坐过的地方挖掘一遍,挖出许多刻字金砖,这些砖上刻着"拱北""定南""镇东""安西"等字样。刘伯温豁然开朗,就在此地建造了鼓楼,又按算盘的形状修建了城墙。

如果说"算盘城"这个称谓像一个谜面,那么,其谜底是什么呢?商埠。由城墙围绕起来的城池,南北短,东西长,其形状极像一个算盘。在城市发展过程中,天津渐渐由军事卫所发展成为重要商埠,商业氛围特别浓重,据传说,每年大年初二这天的清晨,部分商家会派伙计晃动算盘,算盘珠互相撞击,发出巨大而清脆的响声,场面热烈,声势浩大。

天津处于南运河、北运河和海河的汇集之处,三会海口,奔流到海。地形非常奇特,西北高而东南低,形如簸箕,向东南方向倾泄不已,这其中似乎具有深不可测的隐喻意义。"地当九河要津,路通七省舟车",南北交融,五方杂处,这种独特的地理位置,使天津成为一个四通八达、生意兴隆的商埠。天津城中移民很多,来自四面八方的移民同在一座城市中生存发展,在追求利益的同时也会重视人文精神的建设。因此,天津的民俗活动具有求真务实的特点,大多表现一团和气、吉祥如意、富贵万年等寓意,其核心观念是保平安,求富贵。由于市民们生活在同一民俗背景之下,其心理特征、审美情趣、价值观念,也会具有趋同的特点。从这个意义上讲,民俗具有极强的文化凝聚力。

清同治十年《续天津县志》中讲:"民俗尚华侈,而皆好善乐施。"说得十分贴切。天津在相当长的时期里,由盐商、漕运商人引领着衣食住行的时尚,因此,"吃尽穿绝天津卫"也成为当时的口头禅。乾隆年间的天津举人杨一昆在《天津论》中这样形容盐商的打扮:"第一是走盐商,走久接(结)地方,一派纲总更气象:水晶顶,海龙裳,……店役八九个,围随在轿旁,黑羔马褂是家常。"

在日常生活中,礼服马褂是有身份的男子最常见的打扮,体力劳动者则是"短打扮",冬天以"二大棉袄"为主,所谓"二大棉袄",比棉袍短,比小棉袄长,既便于劳动,又起到保暖作用。

天津妇女的服饰,一直沿袭着宋明以来的传统,结婚时新娘子凤冠霞帔,平时则宽袍大袖,三寸金莲。清军入关之后,天津民间流传着"男从女不从,生从死不从"的说法,意思是说,女人的服饰和逝者的寿衣依旧保持传统特色,并不因改朝换代而改变。天津女子喜欢穿红,遇到节庆典礼,天津女子一袭红衣,红袜红鞋,襟上别着一条红手帕,通体红色,寓意吉祥,另外,也和天后娘娘海上救难的传说有关联。在天后娘娘海上救难传说中,海神的形象很美,"常衣朱衣,飞翻海上",这个传说,沿着海岸线,一直传诵到天津,影响到天津妇女的着装之道。新生婴儿则要戴老虎帽、踏老虎鞋、穿百家衣,以求长命百岁,吉利祥和。

在天津,穿衣戴帽一般都会到老字号去购买。《天津地理买卖杂字》中讲:"要穿鞋,日升斋,德华馨的都认买;仁义和,靴鞋庄,物彩华的真是强。要戴帽,北德馨,马聚元的也时兴……瑞林祥,瑞蚨祥,绫罗洋布绸缎庄;谦祥益,范永和,栏杆广货带绫罗;绸缎庄,敦庆隆,隆聚隆顺合元隆。"

食俗是天津一项重要的民俗事项,天津人以"卫嘴子"著称,一是指天津人能说会道,一是指天津人以美食家居多。

民间流传着"当当吃海货,不算不会过"的俗语,不仅点明天津河海两鲜、讲究应时到节的特点,而且流露出天津人对于美食所持有的豪放态度——即使将贵重衣物送到当铺也要享受海鲜美酒杂然前陈的饕餮盛宴。

天津是一个五方杂处的城市,"五味神"必须照顾到来自各地民众的口味,难免有众口难调之弊,不过,充满智慧的天津人博采众家之长,在鲁、川、粤、闽、苏、浙、湘、徽八大菜系的基础上,形成了独树一帜的津菜,这一点是难能可贵的。"天津八大碗",历来为人所称道。天津"八珍",也很诱人,所谓"八珍"即八种食品:银鱼、紫蟹、铁雀、晃虾、黄芽菜、韭黄、青萝卜、鸭梨。除此之外,狗不理包子、十八街麻花、耳朵眼儿炸糕等一直享誉中外;煎饼果子、嘎巴菜、贴饽饽熬小鱼等也名扬四海。天津曾有许多著名的饭庄酒楼,

《天津地理买卖杂字》中说："聚庆成，大饭庄，什锦齐来天一坊；聚乐成，聚和成，鸿宝楼来义和成。"清代崔旭《津门百咏》诗曰："翠釜鸣姜海味稠，咄嗟可办列珍馐。烹调最说天津好，邀客且登通庆楼。"崔旭以文人的眼光和心胸看待天津食俗，给予天津美食极高的评价。总之，具有鲜明地域特色的津菜和津味小吃，早已成为天津的民俗文化旅游产品。

《天津地理买卖杂字》中这样介绍天津的"住"和"行"："利顺德，洋饭店，中国旅馆长春栈；同福栈，佛照楼，电车直奔老龙头；自行车，四轮电，上京直奔火车站。"从中可以看出，清末民初时期的天津，文明程度还是很高的，既拥有利顺德这样的大饭店，也开始使用电车、自行车等较为先进的交通工具。天津居民的住房大多是青砖瓦顶平房，而大户人家居住的是四合套院。至于出行，海河上有摆渡，也有桥梁，人们在街上用以代步的一般是人力车，又称"胶皮车"。

婚丧嫁娶，是人生中的大事。在天津，举办婚礼是有许多讲究的，要经过隆重而神圣的仪式。按照天津旧俗，婚礼是在下午举行的。婚礼举行前，男方发轿迎娶新娘。新娘凤冠霞帔，蒙着红盖头，上轿。到了男方家里，先要关闭大门，令新娘的花轿停在门外，称为"闭闭性"。新娘下轿，迈过火盆以驱赶邪气，才能进屋。拜天地之后，进入洞房，夫妻"坐帐"，同吃子孙饺子，祈求早生贵子、儿孙满堂。此间，要有"全科人儿"（父母夫妻儿女俱全的妇女）来撒帐，在床上撒些红枣、栗子、花生等，嘴里念着"早立子""花着生"等吉祥话。婚后第二天，新娘的弟弟由一老年妇女陪伴来"送油"，并商量回门事宜。第三天，称为"分大小"的日子，新娘与全家老小正式行礼，称为"拜见礼"。第四天，称为"回四"，新娘回到娘家。也有一种说法,新婚之后新郎要陪新娘"住对月"。第一月在婆家住二十天,在娘家住十天,第二月在婆家住二十一天,在娘家住九天,以上两条取"十完了是九,吃完了就走"的意味,是说新婚夫妻在娘家吃完了就走,是外姓人;第三月各住十五天。自20世纪30年代开始,天津实行"文明结婚",旧式婚礼与新式婚礼并存,"易代之际,礼俗未定",人们处于移风易俗与循规蹈矩的夹缝之间,"住对月"这类习俗也就渐渐被人遗忘了。不过,有些老派市民至今还遵守着传统婚俗。在天津,办丧事也很隆重,《津门杂记》中讲:"津郡每遇丧事,辄高搭卷棚,门竖牌楼,开丧受吊,虽在平民,其气象居然大家……尤重出殡之举,穷奢极侈,过分越礼,且隆而重之曰大殡。"这种宏大而繁琐的丧事仪式,从某种意义上体现了孔子"慎终追远"的思想,不过,随着社会的发展变化,更多的人去世前告诫子孙——丧事新办、一切从简。

二、天津的节日民俗

从蛮荒到文明,百姓们走过了漫长的人生道路,在这个过程中,当人们面对天灾人祸而感到束手无策、无可奈何之时,节庆活动以及节日期间的各种禁忌,既有助于提升民众的生活热情,也可以慰藉那些难以治愈的心理创伤。

天津的"妈妈例儿"特别多,由此可见,遵守民俗约定,决不触犯民俗中的禁忌,是天津人的一种生活态度。

春节是具有浓厚的民族文化情结和地域特色的节日,已经列入非物质文化遗产名录。春节这个产生于农耕时代的传统节日,在城市现代化进程中,依然是天津人民生活中的重头戏。在天津,春节是最美好、最热闹、最牵动人心的节庆活动,天津人对春节的重视程度是超乎寻常的。近年来,年味儿虽有所淡化,春节却永远成为城市文化中的重要符号之一。

在天津,一进腊月,从吃"腊八粥"开始,年的序幕就拉开了。腊月十五"上全街"购买年货,以天后宫为中心的宫南宫北大街上,销售年货的商家到处张贴"年年在此"的红纸条,既有占据地盘之意,也有祈求天长地久之心。接下来,人们开始准备过年,二十三糖瓜粘,二十四扫房子,二十五糊窗户,二十六炖大肉,二十七宰公鸡,二十八把面发,二十九贴道酉,三十晚上坐一宿。其中"二十三糖瓜粘"是指祭灶时用糖瓜粘住灶王爷的嘴,以实现"上天言好事,回宫降吉祥"的美好愿望。"二十九贴道酉"指的是贴"吊钱儿""福"字、窗花等。"吊钱儿"是在红纸上刻出"连钱""万字"的背景,然后再刻上"吉庆有余""招财进宝"等吉祥话;"福"字要倒着贴,寓意"福到了";窗花又叫"窗户眼儿",一进腊月,小贩就沿街叫卖:"窗户眼儿贴去!";剪纸则是以"肥猪拱门""和平鸽""聚宝盆"等图案为主。除夕之夜,是春节的高潮,家家祭祖,户户守岁,还要拜天地君亲师,而孩子们则可以得到"压岁钱"。

进了正月,天津人几乎是喊着口号吃饭,初一的饺子,初二的面,初三的合子往家转,初四烙饼炒鸡蛋。初五,称为"破五",一个"破"字意味着可以打破过年的禁忌。所谓禁忌,内容很多:除夕之夜禁止串门,特别是女人,不可到别人家里去;已经出嫁的女儿不许看娘家灯,否则对娘家不利;不许说不吉利的话,"没有了""不够了"等都不能说;禁止扫地和倒水,以防财富外流。有些禁忌,是整个正月都要遵守的:禁止动用刀剪针线;禁止向人讨债,因此留下"躲过初一,躲不过十五"的俗语。总而言之,禁忌的内涵是祈求平安吉祥。初五包饺子则意味着"剁小人""捏小人嘴"。初六开巾大吉,"合子加七、合子加八、合子加九",正月十五吃元宵,看花灯,正月十六"走百病",体现了人们对健康的渴望和追求。正月二十五是"填仓节",从正月二十四这天晚上就开始忙,人们要在院子里画个古钱,写上"金银满囤"四字,再画上一个梯子通向大门,梯子前画一个圆圈,放一撮米,拿砖头压上,称为"粮囤"或"米囤";屋内也画一个古钱,再画一个圆圈,在里面放一些钱,到了二十五这天,用门窗上撕下来的"吊钱儿"包住这些钱,压上院中那块石头,称为"钱囤"。整个仪式寓意着五谷丰登、丰收在望。"填仓节"这一天,天津市区内的百姓们有喝鱼汤的习俗。

春节期间,一些民间信仰也与之相互融合,比如初二敬财神,家家设摆供品,祭祀财神,黎明时分,或由柴夫送一捆柴,将写着吉祥话的纸条贴在柴上,或由挑水的送一桶水,念一些吉祥话,主人家都要给赏钱。此外,初二还是已出嫁的女儿回娘家的日子。

二月初二龙抬头,天津人吃焖子。所谓焖子就是用豆面制作的凉粉之类的食品,油煎之后,佐以麻酱、蒜末而食。这天,人们还有一项民俗活动,从海河边走到自己家门口,用灶膛灰画线,称为"青龙得水",沿途撒上灶灰糠皮,民间称之为"引钱龙"。从二月初二开始,人们可以去理发店了,民间传说"正月里剃头死舅舅",因此,人们都要等到二月初二龙抬头这天才可以剃头。

春节期间,天津的游艺民俗也很热闹,如猜灯谜、踩高跷、舞龙、耍狮子、太平鼓、秧歌、什不闲儿等,体现了民间文化丰富多彩的特点,不过,有些民俗事项已经失传了。

此外,城隍庙会、端午节、中元节、中秋节、重阳节等,都有隆重的仪式和琐细的规定,就不一一加以描述了,我只想说一句,在这种仪式感特别强的生活场景中,作为主要角色的普通百姓,能够获得较高的幸福指数。

三、天津天后宫

在天津老城的东北角,北运河、南运河和海河交汇,称之为三岔河口。位于此处的天后宫游人如织,香火氤氲,时而飘出的钟声和鼓声,其声音青云直上,联结着长江南北、大陆两岸无数善男信女的心。天津天后宫建于元泰定三年(1325),称为"西庙",被列为全国三大妈祖庙之一, 另外两座分别是福建莆田湄洲屿妈祖庙和中国台湾云林北港镇朝天宫。

凡是到过天津天后宫的人都知道,其中最吸引人的是还愿船、宝辇和"娃娃大哥"等。还愿船为信众还愿所进献的贡物。传说600多年前,一位古董商人携古玩珍宝坐船出海,途中遇到风暴,危难之间朱衣女子出现,全船乘客因大呼"娘娘救命"而得救。这位商人到天津大直沽的天妃宫还愿,奉献一只木船,表示要将满船珍宝献给娘娘,因而又称"替身船",又称其为"奉纳船"。后来,还愿献船的做法为许多人所效仿。宝辇,为天后娘娘"出巡散福"时所乘轿辇,由16人抬行,相当于旧时的"华辇"。宝辇通身木雕,以龙纹为主,辇脊装饰12只贴金凤凰。旧时宫南袜子胡同有一家泥人作坊,专门制作小泥娃娃,送到天后宫。那些前来求子的妇女,趁道士不备,"请"一个小泥娃娃回家,称为"拴娃娃",这个小泥娃娃则被称作"娃娃大哥"。这个家庭中一旦有了孩子,排行老二,以尊重"娃娃大哥"的地位。喜添贵子的家庭还要到天后宫还愿,有些人往往送回一百个小泥娃娃,称为"拴一回百"。"娃娃大哥"过年时长了一岁,泥人作坊要将"娃娃大哥"换成一个大一点的新泥娃娃,并且改变服饰,称为"洗娃娃"。每年都要"洗娃娃",直至最后给"娃娃大哥"养老送终。除此之外,由于天后宫供奉着除天后娘娘之外的近百位神祇,妇女们也会为了孩子到天后宫来拜求斑疹娘娘、眼光娘娘等。

天津人对天后娘娘的崇拜,属于民间信仰。民间信仰一般包括天地崇拜、山川水火崇拜、日月星辰崇拜、城隍信仰、祖先崇拜、英灵崇拜等。天后娘娘的原型是宋代的林默,来自福建,年纪轻轻就去世了,因其有过海上救难的事迹,民间尊称其为海神娘娘。林默经过历代皇帝的不断加封,最后晋封为天后。每年农历三月二十三日是天后娘娘的生日,为庆祝这个日子,信众们为天后娘娘"送驾""接驾",在"出巡散福"的仪式中,仪仗銮驾和法鼓、高跷、中幡、重阁、狮子、五虎扛箱等进行各种表演,全城洋溢着神圣而热烈的气氛,万人空巷,盛况空前。由于得到过乾隆皇帝的赏赐,这项民俗活动也改称"天津皇会"。

对于五方杂处、南北交融的天津来说,民俗的意义在于可以增强城市人民的凝聚力。纵观历史,横向观察,任何一座发展良好的城市,都具备相应的历史文化积累,而民俗所起的作用终不可小觑。在民俗活动中,每一个细节都具有神秘而深刻的意义,应当说,民俗可使百姓悟道,也可使人文精神得以升华。民俗具备"不立文字,直指本心"的特点,对社会历史的发展具有深远的意义。民俗属于草根文化,其生命力是顽强的,而草根文化得以世代流传,与精英文化的认可分不开,应当说,精英文化对草根文化的认可,助草根张目,取同情态度而壮其威势,是具有进步意义的。有些民俗事项由"俗"到"礼",再由"礼"到"法",成为社会成员共同遵守的行为准则,就是民间文化融入主流文化的体现。

为了天津的进一步繁荣发展,请大家尊重、保护并且大力弘扬天津的民俗文化!

(刊于《天津盟讯》2017 年第 3 期第 30 页、第 4 期第 36 页,2018 年第 1 期第 34 页)

作者:管淑珍,天津市作家协会签约作家

红红火火的娘娘宫年货市场

高　伟

一进腊月,天津卫最热闹、最繁华、最红火的地方,就是娘娘宫的年货市场了。据说娘娘宫的年货市场源于早年的娘娘宫庙会,成型于康乾年间,兴盛于民国。待我辈记事时,娘娘宫的年货市场已较前大幅萎缩,可就是那样规模的年货市场,回忆起来,也时常让

人流如织的娘娘宫年货市场

我们这些古稀老人津津乐道,开心不已。

娘娘宫的年货市场主要分布在宫南、宫北大街及娘娘宫院内,并辐射到周边的福神街北马路等街道。每年学校放寒假以后,我们一群同学就会结伴到娘娘宫来玩。从河北到娘娘宫我们通常不走金钢桥,而是过望海楼摆渡走福神街到宫北,一来过一把坐摆渡船的瘾,二来可以看看今年卖鞭炮的摊位。在我印象中,娘娘宫卖鞭炮的摊位主要集中在福神街和宫北大街一带。有几年,我们来的太早,福神街两侧的大墙上,贴满了"年年在此"红纸条,那是预定好的摊位位置。听老人们说:"娘娘宫的年市"腊月十五"出全街(音该)"意思就是,腊月十五以后,各种货摊全部出齐,福神街里各种吃喝,摊主为招揽顾客放的鞭炮声响成一片。

福神街的"南鞭北炮"最受天津百姓的喜爱,"南鞭"专指湖南浏阳生产的各种鞭炮,"北炮"多指武清静海生产的"两响"和"白杆",还有河北农村生产的"钻天猴""滴滴金儿""摔炮""麻雷子""黄烟带炮"等。鞭炮摊上摆满了大小老头呲花,各种鞭炮。最大的老头花竟有半人高,需四五个大人才能抬得动。学生们大都买浏阳出的"机器鞭"经济又实惠,一百头1角6分,回家后,拆了放在一

宫北大街卖吊钱的摊位

个盒子里,能放大半天,当然,安全也是第一的,这种小机器鞭只有一寸长,用手捏着后屁股放,也不会崩手。"黄烟带炮"点燃后冒出黄烟,可

以在墙上写字,烟尽即爆炸,看谁写的字多而不炸手。孩子们怕炸手,又不愿失去写字的机会,大都写"xx是大王八"然后扔

摇头摆尾的金鱼灯

掉等着炸响。最有趣的是放"地老鼠",用手扣掉一端的泥皮儿,漏出火药,放在地上,用鞭杆香点燃,只听"呲"的一声响,一条火星在地上飞快盘旋,四周的孩子们唯恐"地老鼠"钻进自己的裤腿,纷纷惊叫着四处躲避,这条火星在人们欢笑之中,以迅雷不及掩耳之势直冲天际,消失在夜空。

福神街上,搭好席棚的摊位大都是卖年画的,色彩斑斓的年画十分惹人喜爱,席棚内外贴满了各种年画,上面写着年画的编号。你只要记下编号,递给画商,很快就会给你备齐卷成一个卷筒,一手交钱一手交画。在柜台前,围着里三层外三层的买画人,伙计把一摞摞年画依次打开,高声报出画名,如有人要,则抽出放在一旁,再打开下一摞,把他的年画全部看一遍也得个把小时。最好卖的是杨柳青的木版缸鱼画,5毛一张,不须等待,给钱拿画,卷上就走。

写春联的小摊只有一张八仙桌子,上面摆着镇纸砚台和笔架,一旁的凳子上,是裁好的各种规格大红纸,有写好的对联,大小福字,门对儿、春条等,搭在绳子上供人们挑选。你也可以自己出词儿让他现写,大都是吉祥话语或寄托来年的期望。门对儿可选择的范围不大,就是那几句传统的词语,什么"忠厚传家久""诗书继世长""敷天箕福,寰海镜清"等,春条更简单了无非是"抬头见喜""紫气

东来"之类。

灯摊也是人最多的摊位，高搭的席棚顶上挂满了各式各样的彩灯，金鱼灯、荷花灯、鸭子灯、蒺藜灯，还有孩子们在胡同里打着的玻璃丝灯、方玻璃灯。天津人讲究舅舅给外甥送灯笼，好应那句俗语"外甥打灯笼——照旧"。那时节，好像家家都要买一个红玻璃纸糊的金鱼灯，金眼红鳞，摇头摆尾，以求连年有余。高档的有各色宫灯和走马灯，我曾在一架走马灯下看了好久，试图看明白里面的人物是如何转的，始终一头雾水。直到上高小，才从教自然的老师那闹明白，看来，我也够笨的了。

娘娘宫大门前和张仙阁下，卖香锞纸马的摊位多，这里大都是上点年纪的老人光顾，来自河北省内丘的精制神祃和宫南成记香祃店的摊位摆了一长溜，尽管当局已宣传破除迷信，但毕竟还有一些老人是信的。来自内丘木版、石刻的神祃，印制精良，有全神大祇、灶王神龛、南海大士、三清教主、天地君亲师、木雕牌位等应有尽有。红白蜡烛、香锞纸钱、黄历运年、石榴供花、八仙人物，佛前五

娘娘宫牌坊下的金鱼摊

娘娘宫前院的摊位

供,祭祀用品可在这里一网打尽。摊位上还摆着各种把香、熏香、盘香,点燃的檀香气味弥漫着整条街。

娘娘宫院里早年间就把一些多余的房间和场地出租给一些小贩和制作商,用以贴补庙里的开支。比如娘娘宫大殿北侧的两间厢房就租给了"刘海风葫芦"的创始人屈文台,制售"刘海牌"风葫芦。凡是玩过风葫芦的人没有不知道"刘海牌"商标的,这种烫着"刘海戏金蟾"图案的风葫芦,制作精良,坚固耐用,音质高亢,不怕摔不开裂。一个人抖动风葫芦,声音可传几条胡同。风葫芦可分单轴和双轴,规格由四响至十八响。卖风葫芦的摊前,总是雇两个伙计抖风葫芦,清脆高亢的声音响彻娘娘宫内外,吸引着逛市场的人们到此购买。在这家摊位的上方,悬吊着一只巨大的风葫芦作为招揽顾客的标记,我有幸看过伙计把这只风葫芦放下,用皮条抖起来,风葫芦欢快、浑厚的声音和围观人群的喝彩声交织在一起,吸引了更多的人群涌进院内。后来,"刘海风葫芦"在娘娘宫大门外又开了一个摊,生意更加红火。

除了"刘海风葫芦"一家,娘娘宫院里还有一家卖"老寿星"牌风葫芦的摊贩,质量也不错,他们的伙计时常把风葫芦抖到空中,故意掉的地上,让人们看看风葫芦结实不结实,也经常引得围观人群一阵阵叫好。

娘娘宫牌坊左边甬道上一拉溜摆满了大泥盆,里面是各色的金鱼,摇头摆尾,十分好看。有红帽子,水泡眼,花龙井,过年的窗台上摆一个金鱼缸,里面游着几条火红的大金鱼,一定会增添几分欢乐的气氛。娘娘宫里的金鱼摊从清朝就在那经营,人们相信这里的金鱼沾着老娘娘的灵气,因此过年到娘娘宫购买金鱼的人也很多。娘娘宫的玻璃鱼缸专门定制,鱼缸中间用玻璃吹上一只五颜六色的珊瑚,金鱼围着玻璃珊瑚游弋,再加上几根绿色的水草,情趣盎然。

娘娘宫院里还有一个大宗买卖,那就是专卖"耍货"的玩具摊。小朋友们走到这里,肯定走不动路,被这里的各种玩具吸引。"耍货"摊上摆着木制的刀枪剑戟,纸浆脱模各种京剧脸谱鬼脸,泥哨儿、毽子、泥模子、泥人、弹球、木嘎等,不给孩子掏钱,是过不去这关的。

年货市场里的耍货摊

因为吊钱、窗花、黄表等是春节各家必须粘贴的物品,因此娘娘宫戏楼左右及宫南宫北,卖吊钱、窗花的摊位随处可见。这些摊位的特点,就是满眼大红,一片火红。天津人过年讲究"八大红""供前红",不把吊钱、对联、春条、门对等买齐,总觉得短点嘛。不过也有卖蓝绿吊钱的,通常不摆在明面,你要问,他才取出来,那是为"守制在家"的人们准备的。

宫南的玉丰泰绢花店也在门前搭起了席棚,棚内的柱子上扎着草把,上面插满了各式各样的绒花、绢花、聚宝盆。天津卫的风俗,春节儿媳要给婆婆送一朵聚宝盆绒花。火红的绒花映红了人们的脸庞,颤巍巍的凤冠上缀满了大大小小的珍珠光片,夺人二目,这里是妇女们的天地,男孩子一般是不去挤的。再往南走,就是各种生活用具和土产、炊具等摊位了。

宫北大街的西头,靠近毛贾伙巷一带,都是卖各种食品如鸡鸭鱼肉的摊位。活蹦乱跳的拐子、发好的海参、碧绿的大对虾,应有尽有。茶食糕点店里也拥挤不动,主要都是回老家过年的人提前购买糕点。这一片都是采买年货吃食的地方。卖花卉的挑子一直排到北马路上,黄色的迎春、火红的绣球、刚吐蕾的水仙卖的最火。站在宫北放眼东望,一片火红的世界,一片游人的海洋,传统文化和现实生活在这里交汇,过年的氤氲笼罩着这里的天和地。如今,娘娘宫年货市场仍是传统的年货市场,宫南宫北的年货摊位一年比一年更红火。

(刊于《海河文化》2018 年第 1 期总第 102 期,2018 年 2 月,
天津市群众艺术馆,第 16—19 页)

作者:高伟,天津文史学者

白俊英传说与
"杨柳青美女擅年画"

方 博

"天津城西杨柳青,有一个美女白俊英。妙手丹青会画画,小佳人,十九冬。"这是民歌小调《画扇面》的唱词,它唱遍大江南北,使得才女佳人白俊英的形象成了古镇画乡最好的代言。由此,还涌现出不少缠绵悱恻、感人至深的民间传说故事。全国各地的人们,通过白俊英产生了对杨柳青的第一印象,进而有了"杨柳青出美女"之说,有了"杨柳青美女擅年画"的说法。

一、《画扇面》中的白俊英

仅《中国歌谣集成》丛书中,就有"天津卷""北京卷""河北卷""山东卷""山西卷""辽宁卷""黑龙江卷"等收录《画扇面》。另外,此曲在河南、安徽、甘肃、宁夏等省份也多有传唱。对比各地版本,虽歌词略有出入,但曲调基本近似,内容大致相同,唱的都是杨柳青女画家白俊英画扇面的故事。其流传之广泛,可见一斑。民国报人吴秋尘就曾撰文回忆他儿时对《画扇面》的印象,刊于1930年5月《一炉》杂志:"我头上还梳着长不满三寸的小辫的时候,在我的脑子里,已经深深印着了'杨柳青'了。那是从小唱本上得来的,那唱本的名

杨柳青年画《游春仕女图》(健隆号,乾隆年制)

字叫做《画扇面》……杨柳深处有个白玉般的女画家,是多么令世人神往啊!"

《画扇面》遍传全国各地,口口相传之间,人为加工在所难免,加之方言音韵,南腔北调,流变而生,甚至以讹传讹,也就形成了各地不同的版本。"白俊英"的名字,在不同地域,就有被唱成:柏俊英、白秀英、翠英、翠玲、白二姐等。这也造就了不同地域人们对白俊英以及对杨柳青的不同理解。

二、关于杨柳青出美女

"杨柳青出美女"直至今日仍不时被人提及。其实,对于"美女"的解读,仁者见仁,智者见智。

生于杨柳青的美术史论学者、年画收藏家王树村先生,在《中

国民间美术史》中从学人的角度阐述过他的观点:"以往传说'杨柳青出美人',非人品美而是指画出的美人画,多传自北宋画法,清秀淡雅,不同于传统仕女画已定型。尤以齐健隆画店绘制的'透体纱'之时装美人,尝被宫中后妃或王府贵人所效颦。"

不过,对于普通大众而言,多数人并没有像王树村先生那样雅致的理解,而是更直奔主题。翻阅民国文字,"杨柳青出美女"的说法比比皆是。如1948年2月《一四七画报》中的《杨柳青年画》一文写道:"'杨柳青垂驿,靡芜绿到船',这是于慎行赞扬杨柳青的佳句。在那样美妙的环境里,自然是人物秀丽、情致缠绵的了,所以冀北的美女产源地,自古相传都是在于杨柳青的。"

1930年的春季,同是报人的吴秋尘、徐凌影夫妇赴津西踏青,将在杨柳青的见闻写成文章,发表于当年5月的《一炉》杂志上,二人在文中均提到"杨柳青出美女"之事。吴秋尘记下杨柳青火车站站长的话:"人人说杨柳青出美女,我来了五六年了,也不曾看见过一个美女,也许是美女单单和我无缘!"徐凌影则记述:"杨柳青,据

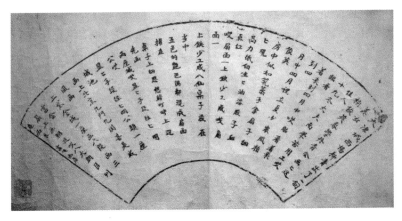

王树村先生收藏的清末杨柳青年画店印制的《画扇面》唱词

说是出美人的地方,所以我特别留意看美人,这却使我失望了。"

其实,杨柳青在历史上确实出过美女,如袁世凯的五姨太杨氏、张学良的第二位夫人谷瑞玉,都生于杨柳青。此外,在轰动清末朝野的段芝贵贿赂庆王载振一案中,主人公杨翠喜的籍贯也有一说是杨柳青。

三、杨柳青美女擅年画

如果说,"杨柳青出美女"的说法有据可查,那"杨柳青美女擅年画"就有待商榷了。

《画扇面》唱词主要是描绘白俊英所画扇面的内容,先画几座城(最初的版本只画北京城,后来随着传唱,逐渐在各地出现不同版本,增加了盛京城、东京城即北宋汴梁城、天津城等),后画忠孝节义,最后再画8个戏出,包括《三国演义》《西游记》《水浒传》《杨家将》《隋唐演义》等小说和戏曲故事,各地内容不尽相同。

虽说是画扇面,但在开头便唱道:"天津城西杨柳青,有一个美女白俊英。"杨柳青是闻名遐迩的年画之乡,而扇面上所画的人物、故事、戏出又与年画题材如出一辙。其实,从广义的年画上理解,扇画与年画同属民间美术的范畴,可归为一类。这就容易在概念上有所混淆,让人觉得《画扇面》中所唱的是白俊英在画年画。再从上述"杨柳青出美女"的说法引申,进而产生了公众对"杨柳青美女擅年画"的认识。

如1934年2月1日《益世报》上刊登的《民间艺术的"年画"》一文,副标题即为"杨柳青少女最工此道,活画出中国农民姿态"。文中写道:"杨柳青的年画作者听说都是青春的女人……大概他们的父夫兄弟,都是地道的农人,所以画的题材,都带着浓厚的农家色彩。"再如1948年2月《综艺》(第一卷第四期)《漫谈年画》记述:"平津的年画出产地是津西杨柳青……据说着色多出于妇女,因而更得一般人好奇的喜欢。"

上述二则文字,不乏"听说""大概""据说"之类颇为含糊的字眼。说明作者并不通晓年画之道,仅是凭借道听途说而将自己对杨柳青年画的粗浅认知表述其间。

更有甚者,将杨柳青年画的工艺水平归功于是由少女所作。1948年2月《一四七画报》(第十八卷第十期)《杨柳青年画》一文就这样写道:"画中人物的面部,在着色的时候,是认为重要的部分。任他画幅上,山石云树的物陪衬,被渲染得多么粗糙,不堪入目。到了人物的面部,却是勾勒的比较精致,自然亦是'画龙点睛法'的遗意。另一方面也是担任这部分的人,多是出自妙龄少女的纤纤玉手的缘故啊!……年画的手工艺的驰名,也未尝不是受了上述影响所致的。"

虽然,上述这三则民国年间的报刊记载不足为信,但也恰好从一个侧面反映出当年普通大众对杨柳青年画的认识水平。

杨柳青的美女是否真的擅年画呢?这要从两方面而言。所谓"画年画",要区分两类人:其一是画师,另一是画工。

画师是负责年画的粉本(底稿)创作和关键部位的填色。要想赋予年画以灵魂,画师必须具备熟练的技艺、敏锐的审美和精深的造诣。王树村先生所著《中国年画史》一书中,附有"民间知名画师举要",其中收录杨柳青画师9人,分别是:高荫章、张祝三、阎画师、阎文华、王宝珍、张曜林、张兴泽、潘忠义、韩景贵;杨柳青南乡画师21人,分别是:陈宝珍、陈宝章、杨永兴、王绍田、王润田、王润柏、郑国勋、刘思德、娃娃胡、刘金祥、翟长青、翟国森、翟文彬、王贵银、王文明、王学勤、张文柱、张天恒、张开亮、刘宗立、刘宗恒。其中无一人为女性。

相对而言,画工的工作则简单得多,他们多是农民出身,在农闲时从画店趸来坯子(印制墨线的年画半成品),进行染色,以为副业,补贴家用。其画法

张兴泽师傅在指导徒弟绘制年画（采自《天津画报》1957 年 1 期,封三）

多以平涂、刷抹为主,简便易学。这些画工的农人多以杨柳青南乡的女性为主。如 1936 年 1 月 20 日《益世报》上登载的《关于年画》中就写道:"其实南乡炒米店是青镇画业的后台。那里据说每家都是画作坊,可称为年画村。而且全是女工操作。"民国画家苏吉亨在30 年代曾对杨柳青年画进行过系统的调查研究,所作文章发表于1936 年 7 月 15 日的《益世报》上,题为《名画家苏吉亨拟民众艺术改进计划》,其中也言道:"年画因有较长历史,在杨柳青附近的几十个村庄的农村妇女,除了一年的耕耘纺织以外,这墨线着彩已成为他们唯一的副业了。工作最盛的时间,是在每年秋收以前及春耕以后的几个月内。并且这些人已训练成功极敏捷的技能。最快的画手,一天可以赚到五六角钱的工资(每百张工资不过一角)。所以走

到杨柳青附近的任何村庄，全可以看到屋内陈设着彩笔画案一类的工具。"可见，女性在画工中所占比例颇大。

《画扇面》中描绘的白俊英，更多的给人以画师的印象，而实际上女性参与年画制作，是做画工。就是说，对于年画制作，创作和绘制关键部位的画师多是男性，进行粗加工的画工工作多由女性承担。笔者认为，这是对"杨柳青美女擅年画"更合理的解释。

多年来，对于白俊英的身世，很多学者做过考证，但又难以在确切史籍中找到相关记载。综合上述解析，笔者认为白俊英是众多画工身份的农家少女形象的集中体现。在画史记载中，画师尚且只言片语，画工就更难觅踪迹了。查不到白俊英的出处也就可以理解了。将女性画工描写成画师身份，从而塑造出白俊英这个才女形象。也印证了"艺术源于生活而又高于生活"的道理。

(刊于《天津文史》2018 年第 1 期总第 69 期,2018 年 3 月,第 62—64 页)

作者:方博,中国能源建设集团天津电力建设有限公司

煎饼馃子·煎饼果子·煎饼裹着

由国庆

饼馃子是天津民间小吃的重要标志，成为城市美食的一张名片，享誉八方。那么，煎饼馃子究竟缘何而来？到底该写作"煎饼馃子"还是"煎饼果子"呢？

一、咬文嚼字 "馃""果"有别

先来说"馃"，其繁体字为"餜"，从文字学角度解读，该字从"食"从"果"，"果"即瓜果，"食"与"果"二者相合表示瓜果形状的点心。《康熙字典》引《玉篇》中的解释："馃，饼也。"

馃，是糕点的统称，旧年点心铺、糕点店也称馃局、时馃局（突出点心的时尚性）、南馃局（北方售卖南方细点）。比如笔者收藏有一张民国时期的糕点广告故纸，上面画着楚楚动人的旗袍少妇，同时大字标明"西安东南时馃局"。另外，山东龙口恒兴茂糕点店20世纪20年代中期的广告仿单上也写着"馃子铺"字样。

煎饼馃子

再看"果"字，乃传承字，无繁简之分，异体字为"菓"。《说文解字》中说"果"从"木"。宋代朝廷为方便朝中供给，专门设四司六局，其中果子局为六局之首，其他的还有菜蔬局、香药局等，类似机构一直传至清代，后来果子局也演变成水果店的统称。此果局非馃局。

"馃"也指油炸面食，最典型的是油条馃子。馃子是天津、北京、河北、山东以及东北地区、河南部分地区民众对油条的俗称。老天津传统馃子品种很多，最多见的是长坯儿，它是两条面，两端捏拢，中间分开炸好，顾客买下用（摊主常备的）竹签或苇棍挑走。还有馃子饼、馃头儿、馃箅儿、套环馃子、鸡蛋馃子（鸡蛋荷包、鸡蛋兜、气鼓油老虎）、糖皮儿（糖盖儿）、老虎爪、馓子、排叉、花篱瓣等。早期煎饼馃子中所裹以馃箅儿居多。棒槌馃子兴起较晚，约是晚清的事，称"棒槌"缘因馃子形似。这两种馃子为煎饼馃子在天津的大红大紫打下坚实基础。

二、馃子入津 说"油炸馃"

宋朝秦桧夫妇害死忠良岳飞的故事大家耳熟能详，临安（今杭州）百姓对秦桧恨之入骨，民间悄然诞生了一种叫"油炸桧"的面食馃子,秦桧死后,人们又叫它"油炸鬼"。传说,当年有个叫施全的义士欲行刺秦桧,未遂,后来为躲避追杀从京杭大运河一路行船北上,最后落脚在天津三岔口一带以售卖"油炸鬼"为生。至今,江南很多地方及港澳地区仍可闻"油炸桧""油炸鬼"的称呼。

焦圈是北京名小吃,它与馃子一样,同为面配以盐、碱、矾炸制而成。焦圈小如手镯,焦脆酥香,其形与老天津的套环馃子如出一辙。焦圈,又俗称"油炸馃",直到中华人民共和国成立初期北京人都这么称呼。当然,也有人叫它"小油鬼"。故宫文博专家、清史专家朱家溍曾对该名词的读音进行过解释:"'油炸馃'的'馃'字读'鬼'音,这是保留在北曲中的元大都音。'焦圈'一词是新北京话,从前只称'油炸馃'。"可见,"油炸鬼""油炸馃"与馃子的源起有一定关联。

三、聚合而来 因地制宜

煎饼、馃子是煎饼馃子的两大灵魂。关于煎饼入津来由无需赘言,天津与齐鲁饮食文化素有渊源,有一种说法,说山东煎饼卷大葱传到天津后,"卫嘴子"觉得葱辛辣气息重,逐渐替换为好吃的馃箅儿、油条,并将鲁地传统小米面煎饼改为口感更佳的绿豆面煎饼。清代初年很多鲁人移民天津,食俗相随,煎饼馃子逐渐衍生定型。

又一说,煎饼馃子得益于天津经典早点锅巴菜。笔者走访了中国烹饪大师王文汉,他说昔时锅巴菜铺摊锅巴(绿豆面、小米面煎饼)往往会剩余边角下料,丢掉可惜,总吃难免乏味,不知谁灵机一动用锅巴卷起馃子,如此搭配挺好吃,一来二去发展成煎饼馃子。

再有一种提法，要追溯到六百余年前。朱棣"燕王扫北"在天津设卫筑城，随军驻扎天津的兵民大多来自安徽宿州、固镇、凤阳以及江苏。固镇方言也成为天津方言的重要"母语"之一。据闻，已故某饮食文化学者曾于 20 世纪 80 年代到固镇调研，称当地县志里记载有煎饼馃子，当时街头也有卖的，只是与天津的调料小有差别。此说在目前被业界认为是"比较严肃的说法"。难道天津煎饼馃子是随军传袭而来？有人后来也到固镇调研，但并未见到煎饼馃子。笔者也曾通过相关渠道考索，暂未亲见当地方志原始资料。如今搜罗固镇小吃美味，所见资讯不少，却鲜见煎饼馃子。

天津食俗喜欢两种（或更多种）食物卷在一起吃，除煎饼馃子外，还常见大饼卷馃箅儿、饼卷牛肉、饼卷蟹黄、饼卷炸酥鱼炸小虾炸蚂蚱、饼卷炒鸡蛋、饼卷炒合菜（豆芽、韭菜、鸡蛋等）、饼卷炸春卷，更有"卷卷相合"的大饼卷素卷圈以及现下青少年们喜欢吃的大饼卷鸡排、大饼卷鸡柳，甚至又衍生出"大饼卷一切"。缘何？方便。老天津是河海商埠大码头，拉船的搬运的苦力多，跑街做买卖的多，这些人忙且累，手里拿着一卷吃食，边走边吃，价廉物美，快捷省时，老话俗称"吹喇叭"。煎饼馃子算得上因需而来的快餐。

想想彼时情景，与当下青年人早晨赶往职场不乏相似之处吧，奔波忙碌的他们手里往往是一套煎饼馃子，或大饼卷鸡蛋、烧饼夹里脊。便捷，也为煎饼馃子成为夜宵铺就了道路。

四、夜宵主流 清晨小吃

一直以来，煎饼馃子并非高级食品，早年也不像现在这样摊子遍布大街小巷，他们多在晚间售卖，早晨卖的占少数。掌灯后，小贩挑着挑子或推着小车在南市"三不管"、日租界、劝业场等繁华地带吆喝,供打牌好玩的人、演出结束的人、听戏散场的人在深夜垫补垫补胃口。摊贩为多挣点钱,一般要干到午夜前后才收摊。说到推小车营生,老天津有歇后语"煎饼馃子翻车(跌跤)——乱套了"。相关的还有:形容人出口成章能言善辩,叫"煎饼馃子——一套儿一套儿的";比喻诡计坏心眼被识破,叫"煎饼馃子下毒药——别来这一套"。

民国时著名小说家刘云若在《湖海香盟》中写到晚间的煎饼馃子。主人公任意琴晚间去和友人会面,但去得太晚,到饭馆附近一看四下漆黑,"只在不远的街角上,有个卖煎饼馃子挑子,一灯荧荧在夜风中摇动,有如鬼火。小贩袖手倚墙而立,偶尔吆喝一声"。

摊煎饼加鸡蛋在早年不多见,因为一是蛋价贵,二是小贩携带不便。当然遇上不在乎钱的吃主儿也许会例外。刘云若在小说中继续描述:"那小贩见她过来,问道:'小姐您买几套,可要带鸡子儿的?'意琴答道:'给我一块钱的,什么都成。'那小贩得了大方的主顾,满面春风巴结道:'小姐,都摊带鸡子儿的,多个油条好不好?'"对话中的"鸡子儿"是天津人对鸡蛋的俗称。

旧时,京韵大鼓表演艺术家骆玉笙晚间在茶园演出,因为她爱吃煎饼馃子,所以后台管事常给准备一套。又闻,中华人民共和国成立之初,京剧名家裘盛戎来天津中国大戏院演出,晚场演出结束后常会到附近买一套煎饼馃子吃。

再说相对少的早点煎饼馃子。作家宋安娜在《天津,犹太人神圣的渡口》中记述了一些犹太人的天津生活及后人寻访旧迹的故事,其中写道:"米勒先生说,小时候家里都是做西餐的,而他偏偏喜欢天津的煎饼馃子、大糖堆儿、烤山芋和炒瓜子。他说,那时候每

天去犹太学校上学都要经过法国菜市（笔者注：原文括号中注为
"现大沽路菜市场"，疑误，应为现长春道菜市场，大沽路菜市场为
旧英国菜市），他总是买那儿的煎饼馃子吃。"笔者走访文史专家金
彭育，据介绍，其父金克家爱吃煎饼馃子，20世纪30年代末金克家
在位于马场道的工商附中（现天津外国语大学址）上学，说学校门
口有两个煎饼馃子摊，每天清晨开卖，一家是武清的师傅，一家是
杨柳青的师傅，天天唱对台戏搞竞争，来往食客觉得哪家好吃就买
哪家的。

其实，老天津的传统早点品种挺丰富，常见面茶、黍米（稀）饭、
八宝粥、馄饨、烧饼、包子、大饼、馅蒸饼、馃子、炸糕、锅巴菜、老豆
腐等，大可弥补当时早点煎饼馃子不普及的缺憾。

五、白纸黑字　莫衷一是

煎饼馃子属于里巷小吃，非正饭常食，加之早年不甚普遍，所
以正式史料记载不多。成书于1931年的《天津志略》中写到一批本
地特色食品，但无煎饼馃子。北平（今北京）中华书局1936年版《天
津游览志》中的《小饭馆》一节里民间吃食如云，写到馃子，没提到
煎饼馃子。可见煎饼馃子在当时并不起眼。

过去民众文化水平有限，写一些复杂字往往会"从简"或"丢三
落四"，比如"馃"，丢下繁琐的"食"字旁，而俗写为"果"字，大家一
般都明白什么意思，久而久之"约定俗成"。1933年11月20日天津
《大公报》副刊上有《天津市的小饭馆》一文，其中提及津门小吃，写
的是"煎饼果子"，多在晚间售卖。20世纪40年代《民治周刊》上载
《津市的两样特殊食品》，文中说到炸蚂蚱、煎饼馃子等，"馃"也以

"果"刊出。文云:"天津售卖煎饼果子的小贩,常是由清晨起一直活跃到夜晚。我们走到街巷里,只要细心观察一下,便可以发现有卖煎饼果子的,有的是挑个小挑,有的是推着小车,随时随地吆喝着煎饼果子的叫卖声送入耳鼓。"从这段话则可以看出,后来煎饼馃子渐渐作为早点而存在。

1977 年 12 月《第二次汉字简化方案(草案)》公布,1978 年 3 月《关于学校试用简化字的通知》发布,但时间不长,1978 年 7 月开始,报刊停用"二简字",1986 年 9 月有关机构正式下文要求社会停用"二简字"。但"二简字"在民间仍存在惯性,导致

张伯驹信札中的
"煎饼果子"四字

一些字在书写过程中被不规范地简化,甚至以讹传讹,这也许是导致"煎饼馃子"书写不规范的又一因素。

说段花絮。收藏鉴赏家、诗词学家张伯驹青少年时代在津读书,从此与天津结下很深的情缘。据近年拍卖的信札显示,晚年的张伯驹(他于 1982 年 2 月逝世)曾给天津友人写信:"年假来京,望将《空城计》研究带来有所用,并望带四五个煎饼果子。"其中也写为"果",同时不难看出老人对煎饼馃子的怀恋。

长期以来,馃子、煎饼馃子名称在出版物中所示不一。比如:天津市第二商业学校、天津市饮食公司编《天津面点小吃》(1979 年版)中刊"棒棰馃子""馃箅";中国民间文艺研究会天津分会编《天津民风》第五辑(1983 年版)中刊"果子";天津社会科学院出版社

《话说天津的地·事·人——对外通讯报道文集》(1990 年版）中刊
"煎饼馃子"；天津市民间文艺家协会编《天津民风》第十二辑（1992
年版)中刊"煎饼果子"；南开大学出版社《津门食萃》(1995 年版)中
刊"馃子业"；上海书店《津沽旧事》(1994 年版)中刊"煎饼馃子"；同
一作者文,天津人民出版社《天津卫掌故》(1999 年版)中又刊"煎饼
果子"；天津人民出版社《天津文史资料选辑》(2002 年版)中刊"煎
饼果子"……

此外,馃算儿之"算",长期以来亦有"算""篦"混用的情况。篦
子指有密齿的梳头用具,算子则是有洞眼用以隔物的器具,如蒸食
物用的竹算子。做馃算儿时,面抻极薄,还要戳一些细碎小孔,以方
便炸透,笔者以为,这里用"算"更形象、更合理。

六、悄然变化　风行早餐

关于天津煎饼馃子的食材,按传统标准,面浆是用水发纯绿豆
水磨的,磨制中加葱花、小虾米等附料。至于煎饼中的馃子,新炸的
馃算儿、棒槌馃子兼而有之,前多后少。无论卷馃算儿还是馃子,卷
好后讲究在铛上点两滴油,把煎饼馃子煎一煎,煎饼皮达到两面带
嘎儿,有着微脆的口感才好。所抹调料仅限于面酱,至于酱豆腐汁、
辣椒油、韭菜花、蒜蓉辣酱、葱花、香菜、芝麻乃至孜然的使用,是改
革开放后市场经济年代的事,按顾客所需酌情添加。

煎饼馃子的售卖方式也出现多样性。旧文《津市的两样特殊食
品》中还写道:"另有一部分卖煎饼果子的小贩, 他们并不沿街吆
喝,专门在澡堂里卖,供给一般的澡客们吃点心,每天的收入也是
相当可观。"

中华人民共和国成立后,一些夜生活场所被取缔,卖煎饼馃子的小贩没了生意,于是更多转向早点市场。那时候物质条件有限,煎饼馃子多为不加鸡蛋的"素的"。据王文汉介绍,20世纪50年代中期他小时候常在西沽宣家渡口买煎饼馃子吃早点,当时一套素煎饼馃子三分钱,其中有一根棒槌馃子,小贩按规矩把馃子两坯分开,卷在煎饼里。70年代中期涨价到八分钱。

计划经济时代个体经营煎饼馃子的不算多,甚至是"胆战心惊,如履薄冰"的状态。天津煎饼馃子迎来新生是在改革开放后,小车小摊如雨后春笋般复苏,迅速成为早点市场的"老大"。市民生活逐渐宽裕,加鸡蛋、加双馃子的吃法随之增多。买煎饼馃子、炸鸡蛋荷包时顾客可以自带鸡蛋,也算天津的一种风俗,外埠罕见。有些主妇过日子细,会算自家买来的与小贩摊上的鸡蛋差价,她们信奉那句老话:吃不穷喝不穷,算计不到就受穷。

率先在清晨出摊卖煎饼馃子的可谓第一批下海"吃螃蟹"的人。在当时,煎饼馃子的利润不算低,民间戏称,一辆煎饼馃子小车可养活一家人。记得20世纪80年代后期,笔者亲戚与老城东南角一对摊煎饼馃子的老夫妇相熟,他们的煎饼味道正宗,排队的人多。老大爷嫌老伴不机灵,总搞混谁要加几个蛋,谁要加几根馃子。老大爷索性用烟卷盒里的锡纸卷成小棍代表馃子,用小圆白纸片代表鸡蛋,让老伴按顾客要求按数递给他。他们就凭那煎饼馃子车挣来的辛苦钱,为两个儿子都娶了媳妇。

80年代末90年代初开始,传统煎饼馃子悄然出现变化,面浆除了绿豆面外,坊间又有了小米面、紫米面、杂粮面、玉米面等多种面浆,这与山东煎饼改良丰富的时间大致相同。另外,市面也出现了品牌煎饼馃子,统一配货,连锁经营。不可回避的是,市面上有些面浆开始不尽如人意了,若不加鸡蛋而单摊,往往摊不出像样的煎饼,所以想吃一套素煎饼馃子变得不容易。

从夜宵到早点,再看今天,煎饼馃子已现身一些高级饭店正餐席上,无论将它视为小吃,还是当成主食,与山珍海味同登大雅之堂,不能不说是煎饼馃子的飞跃。近年,它在有的繁华路段已实现门市昼夜售卖,越到晚间越要排队等。

七、包容一裹　世界共享

食俗生活历来与时俱进,特别是在时代飞速发展的今天,煎饼馃子再传统再经典也无法游离潮流之外。

对于当下"时髦"煎饼馃子中加裹香肠、鸡排、海鲜、豆皮、酱菜、生菜等,坊间不乏微词,可难挡市场需求。从食品丰富层面说,今非昔比,无尽的美味激发着人们味蕾的活力,那么,在抱守传统老味道的基础上,寻求滋味新感觉并不为过。

当年,老天津人吃煎饼馃子一般配茉莉花茶,后来喜欢就豆浆,而如今呢?营养粥、奶茶、牛奶,都可以搭配煎饼馃子,好似"乱花渐欲迷人眼"。

不仅如此,在"互联网+"时代,煎饼馃子也走上网购平台,食客足不出户轻松品尝,尤其方便外埠需求。煎饼馃子从地方突围,有走向全国甚至世界的势头。

"地球村"概念不再新鲜,在欧美一些国家的华人聚居区、旅游地,不难找到天津煎饼馃子,口味也在被改良,以适应当地消费者。馃子油重,西方人吃不惯,有些地方的口味比较清淡,也不适应辛辣。有一位留学生在英国伦敦、布里斯托尔吃到了煎饼馃子,煎饼里裹的是介乎油条与馃箅儿样的馃子,轻油,切成块的。而在比利时布鲁塞尔,那里的煎饼馃子不仅可以抹天津甜面酱,还可抹当地人喜欢的西餐酱料、海鲜油等,卷裹方式也变为三角包。其实这些变化无可厚非,我们在国内吃到的汉堡、寿司、烤肉、意面等美食,与它们原产国的口味不也是不完全一样么? 这些,都是中西合璧、入乡随俗的表现。

回望岁月,再传统的食品也不可能一成不变。毋庸置疑,今日多样多元的煎饼馃子适应着消费个性化、多层次的需求。在市场经济、全球共享的大背景下,包括煎饼馃子在内的许多民间美食,无论怎样改良,只要人们喜欢吃,便是成功。

重要的是,万变不离其宗,创新皆应以传统煎饼馃子为蓝本,以相关行业标准与操守为标尺。一裹一包容,人们不会忘记它叫煎饼馃子,根在天津,那些出现在世界各地的煎饼包装上,也一定写着"TianJin"字样。津门故里,确实"倍儿有一套"。

(刊于 2018 年 7 月 13 日《今晚报》第 16 版"副刊·讲述")

作者:由国庆,天津故纸温暖工作室

人物与事件

近代天津两次抵制日货运动比较论

李学智、马俊波

近代天津曾发生两次抵制日货运动。前者在 1919 年的五四运动中,后者在 1931 年九一八事变之后。两次抵制日货运动,前者是民间自发,采取的行动民间自主;后者则为国民党当局介入、操控。兹对此中情况略作撮述。

一、运动的兴起:民间自发与当局推动

五四运动中,天津社会各界民众发起抵制日货运动,运动的兴起完全是民间自发。

五四运动爆发伊始,天津各界民众即发起抵制日货运动。各级各类学校师生是抵制日货运动积极的发动者、参与者。1919 年 5 月14 日,直隶水产学校学生在大礼堂召开全体大会,商议抵制日货办法并做出多项决定:不买日货,不吸日本纸烟,学校的用品不买日

---

① 《本埠新闻·各学校抵制日货开会纪》,《益世报》1919 年 5 月 15 日。

货,不去日本租界游玩,将现在所用日货一律焚毁等。[①]在直隶女子第一师范学校的"五七"国耻纪念会上,有多名学生咬破手指大书"提倡国货""抵制日货"等口号,学生们将所用日货,包括书包、纸本、画图规、石笔、石板等尽皆废弃。[①]成美学校学生沙主培在学校大讲堂进行演说称,应对日本,"须先从抵制日货下手云云",其"言辞甚为悲愤慷慨"。演说毕,学生们即将所用日货一律焚毁。而且其副校长蒋某"令各学生自本日起一律不用日货",并"筹办本校售品室",预备各种国货供诸生之需。[②]南开学校内的售品公司有日货出售,学生公推代表到此售品公司交涉,限期停止销售。虽经营者"业已依允,惟有数项为学校所必须用者(如油墨、蜡纸等类)不得不暂归例外,许其销售"。[③]5 月 22 日,天津学生联合会约集各校学生代表在学联事务所开会,"讨论抵制日货办法", 会后散发传单,"劝导国民购用国货"。[④]5 月上旬,天津各界民众纷纷成立救国十人团,其规章明确宣示:"提倡国货,宁死不买仇人的货物。"[⑤]关于码头工人的表现有这样的报道:"津埠劳动界海关脚行,对于抵制日货集议办法,决定此后如再有日货进口船只抵埠时,无论其出若干代价,不许为之雇用卸载,如有违背者,从重议罚云。"[⑥]面对学生及各界民众抵

---

①《师范女生之爱国》,《益世报》1919 年 5 月 11 日。

②《本埠新闻·关于学界消息汇志》,《益世报》1919 年 5 月 14 日。

③《南开学校售品公司禁售日货》,《南开日刊》(第 1 号)1919 年 5 月 26 日。

④《本埠琐纪·联合会之讨论》,《大公报》1919 年 5 月 2 日。

⑤关于十人团情况, 请参见《救国十人团发现》,《益世报》1919 年 5 月 10 日;《本埠新闻·救国十人团来函两则》,《益世报》1919 年 5 月 26 日;《本埠新闻·成美学校组织十人团》,《益世报》1919 年 5 月 28 日;《本埠新闻·商界发起十人团》,《益世报》1919 年 6 月 1 日;《仁慈庄之十人团》《救国十人团来函(三件)》,《益世报》1919 年 7 月 8 日;《本埠新闻·救国十人团来函两则》,《益世报》1919 年 5 月 28 日;《本埠琐纪·电报局组织十人团》,《大公报》1919 年 6 月 3 日等。

⑥《本埠新闻·劳动界抵制日货之决议》,《益世报》1919 年 5 月 31 日。

制日货的热潮,天津商人亦不甘无所作为。5月中旬在大阪购货的天津商人合电天津总商会称,对于日本侵夺我山东权益,抵制日货"诚为最稳健最切要之办法……现已议决停办日货,不日一齐回国"。①

此次抵制日货,无论学校师生、商人或其他民众,纯为自发自主行为,直隶及天津当局则制定各种措施,对各界民众的抵制日货运动加以阻止乃至镇压。而"九一八"之后天津民众的抵制日货运动,各界人士同仇敌忾的同时,国民党当局则是积极介入,组织、推动运动的进行。

当日本侵占沈阳的消息传到津埠,各学校师生立即纷纷集会、演说,并提出各种抵制日货的方案,而国民党天津市党部则其中进行了积极的组织、推动工作。9月22日,国民党市党部在党部大礼堂召集全市各中等以上学校学生代表会议,"讨论反日具体办法",南开大学、汇文中学等22校代表200余人到会。国民党市党部委员刘不同为大会主席并致开会辞,国民党市党部主任委员邵华报告随记者团赴沈阳的经过,多校代表报告本校反日组织建立情况。会议进行中改为天津市中等以上学校学生代表联席会议,并通过建立天津市中等以上学校学生抗日救国会提案,且"呈请教育部通令各学校一律加紧军事训练",要求本会会员"绝不购用买日货"。②9月24日,天津市中等以上学校学生抗日救国会在国民党市党部召开成立大会,大会追认9月22日各中等以上学校学生代表联席会议所通过的各项决议。③

①《抵制日货之坚决》,《益世报》1919年5月1日。
②《津市新闻·中等以上学生昨成立救国会》,《大公报》1931年9月23日;《教育与体育·本市各校代表联席会议决议组织抗日救国会》,《益世报》1931年9月23日。
③《教育与体育·天津学生之中心组织抗日救国会昨日成立》,《益世报》1931年9月25日。

9月25日，国民党市党部致函各学校、各民众团体、各街街长，要求其劝导市民宣誓，并填写"救国志愿书"。其内容为：今愿自此以往不买日货，不卖日货，及不做日本事，并负责在家庭、亲友、社会各方面努力宣传。如有违背，愿受国人最严厉之处罚。[1]

10月1日，天津市学生抗日救国会召开会议，其通过的决议中包括请国民党市党部"津贴本会会费一百元"。同时，会议接得国民党市党部"训令"称，奉国民党中执委秘书处指示，各界反日团体"一律改为反日救国名义"，于10月2日在国民党市党部礼堂召开天津反日救国联合会。[2]

10月22日，国民党天津市党部又召集天津各小学负责人召开"救国讨论会"，100余校负责人到会。会上，国民党市党部委员时子周要求以后各学校用品"全要用国货替代……宁可牺牲不用也绝不能用日货"，"凡是学校一切用具及贩卖部之货物旧有日货，一律封存，以后绝对不买日货……如买日货学校概不承认"。[3]

国民党当局积极介入抵制日货运动，对于各学校乃至各民众团体、各街街长提出抵制日货的明确要求，做出工作部署，无疑对抵制日货运动的开展起了重要推动作用。

二、商学博弈：当局的旁观与介入

天津这两次抵制日货运动中，都出现了商人对抵制日货态度比较消极，行动迟缓，而其他民众，主要是各校师生态度激烈而催促、

---

① 《本市新闻·市党部昨日常会议决抗日救国两案》，《益世报》1931年9月2日。
② 《教育与体育·抗日救国会昨举行第二次执委会》，《益世报》1931年10月2日。
③ 《教育与体育·反日救国须从小学教育做起》，《益世报》1931年10月23日。

推动商界投入抵货运动的情况。在商学两界①的博弈中，前一次，政府当局作壁上观，后一次，国民党天津市党部则数次出面居间调停。

1919 年 5 月 14 日，直隶省立第 16 中学校"救国团"致函天津总商会称，要抵抗日本的侵占，"最足以致其死命者，唯抵制日货"②。5 月 23 日，天津学生联合会致函天津总商会指出，对日本的侵略野心，"惟有抵制日货，他无良策"，请总商会"奖喻各商号勿售日货"③。面对商人抵制日货态度的消极和行动的迟缓，7 月 6 日，天津学生联合会再次致函天津总商会，催促总商会运用其"指挥商家特权"，号召各商铺抵制日货。④《南开日刊》发表评论指出："自青岛交涉以来，抵制日货之声澎湃全国，未闻有敢破坏者，独吾津商界口是心非……售日货者有之，买存日货者有之，以日货而假冒国货者亦有之。"评论质问天津商界："胡为而不实行抵制日货！"⑤

在学生及各界民众的推动下，天津商人终于开始了抵制日货的行动。自 7 月中旬开始，各业商人、商人同业公会或声明于报端，或致函总商会，表示要抵制日货。⑥但这些商号，只是宣称以后不再

---

① 清末民初，由于工商业资产阶级和新型知识分子阶层初步形成并在社会生活中扮演着重要角色，遂有"商学两界"之称。此"商"为工商；此"学"则是新型知识分子群体的代名词，包含有学校师生及记者、报人等在内。"商界"一词今仍沿用；"学界"现则专指学术界。本文所谓"学界"者仍取当时原意。

② 《省立第十六中学校救国团吁请津商会赞同抵制日货函》，天津市档案馆等：《天津商会档案汇编（1912—1928）》，天津人民出版社 1992 年版，第 4740 页。

③ 《天津学生联合会提议以抵制日货行动对抗日本夺我青岛函》，《天津商会档案汇编（1912—1928）》，天津人民出版社 1992 年版，第 4738 页。

④ 《天津学生联合会函催总商会抵制日货》，天津历史博物馆，南开大学历史系编：《五四运动在天津（历史资料选辑）》，天津人民出版社 1979 年版，第 229 页。

⑤ 《敬告本津商界刍言》，《南开日刊》（第 25 号）1919 年 7 月 2 日。

⑥ 其中有：绸缎棉纱洋布同业公会、海货商同业公会、五金铁业行同业公会、麻袋行商、灰煤商、木商同业公会、洋广杂货栏杆颜料各行商号等（《五四运动在天津》，第 236—247 页）。

订购日货,现存日货售尽为止。也仍有少数商人,始终不肯加入抵制日货,其中尤以万德成棉纱庄的表现最为突出。

7月初,万德成棉纱庄向日商定购布匹数百包[①],各界联合会数次开会讨论万德成号的问题,先曾做出罚款10万元的决定[②],后在总商会副会长卞月庭等的调停下,改为3万[③]。当各界联合会提出万德成号不得运进所订日货时,卞月庭称"实有不能行之苦衷"[④],万德成号仍照常经营日货。

12月13日,天津国民大会筹备会开会[⑤],马千里提议,国民大会召开时,将检查出的日货集中于会场焚毁。商界代表反对称:各商铺日货为血本所购,若检查、焚毁,"商人损失何堪设想"。[⑥]12月17日,国民大会筹备会开会时,学生代表再次提出焚毁日货问题,商会代表坚决反对,"言语间甚为冲突",焚烧日货的提议仍未能通过。[⑦]12月20日,天津国民大会在南开学校操场召开,学生联合会出发检查日货,将数家商号售卖的日货检查登记后运到国民大会会场,并分为数堆焚烧。[⑧]由于但总商会和商人们的一致反对,国民大会委员会不得不做出让步,改停止销售日货为将现货售完,以后不再订批、售卖日货。

---

① 《敬告本津商界刍言》,《南开日刊》(第25号)1919年7月2日。
② 《私购日货之调查》,《益世报》1919年7月8日。
③ 《联合会开评议会》,《益世报》1919年7月15日。
④ 《联合会开评议会》,《益世报》1919年7月25日。
⑤ 1919年11月16日,在福州的日本居留民团数十人持戒打死打伤查禁日货的学生及市民,造成"福州惨案"。为声援福州人民的斗争,天津各界联合会准备召开国民大会,并成立了国民大会筹备会。
⑥ 《本省要闻·筹备国民大会纪》,《大公报》1919年12月14日。
⑦ 《本省要闻·国民大会之种种》,《大公报》1919年12月18日。
⑧ 《特别记载·津商界议决之拒货办法》,《益世报》1919年12月22日。国民大会筹备会自1919年12月24日改称国民大会委员会。

五四时期的抵制日货运动中,学校的学生、教师是主体和中坚力量,其游行、演说、召开会议,均是民间自发。学生联合会、各界联合会等均由民间自发成立,自主行动,这当是清末新政时期所开始出现的各种民间社团纷纷建立并积极开展活动局面的继续。[①]学生及其他社会人士与商会、商人在关于如何抵制日货的交涉、博弈中,表现出来的是不同社会阶层面对这一问题时爱国的道德心与实际利益的纠结、矛盾,未见有当局政治力量的介入。

九一八事变后的抵制日货运动开展后,天津各界民众组织的救国联合会成为运动的领导机构,学校的学生、教师亦为其中坚力量。商界虽然组织了对日经济绝交委员会,但是有些商人"仍源源贩运"日货,此对日经济绝交会"何尝不是敷衍",故天津各界救国联合会与商界的对日经济绝交委员会,成为"两个冲突并对立的团体……遂演成'反自反''贩自贩'的现象"。[②]

鉴于这种情况,天津各界救国联合会于 10 月 23 日开会,决定以 10 月 28 日为"封锁本市日货"之期,届时"入口日货不许进口,出口货不卖给日本,境内已有存储日货另定办法",并要求商人对日经济绝交会于 24 小时内"停止工作听候彻查"。[③]在商学两界发生严重对立的情况下,国民党市党部出面进行协调。10 月 25 日,救国联合会代表王君惠等人,与国民党市党部委员刘不同、时子周等

---

① 清末新政时期,天津社会各界人士建立了诸多社团,如阅报社、讲演会、天足会、戒缠足会、戒纸烟会、体育社等,并积极开展活动。这些社团虽与官方有各种联系,如,成立的禀报与批准、负责人拜访官员等,但其活动自主进行,未见当局介入或干涉的情况。参见李学智:《民间社会的成长与城市的现代转型——以清末天津为对象的考察》,天津社会科学院:《城市史研究》第 30 辑。

② 《本市新闻·日货明日封锁》,《益世报》1931 年 10 月 27 日。

③ 《本市新闻·抵制日货益趋严重化 二十八日决实行封锁》,《益世报》1931 年 10 月 24 日。

至天津商会,"与商会各常委接洽协商"。之后,国民党市党部作出如下决定:令商人对日经济绝交会"即日停止工作,暂交商会接收";"各商柜存货物,除造册报由商会标明日货,于门市零售外,一律停止运售出境"等。

面对各界救国联合会的"封锁日货",各行商人"群情慌惑"。10月26日,销售日货的商人50余人聚于商会,请求与商会主席、常委谈话,"以救国会欲封锁日货,恐双方发生冲突,要求商会各委与国民党市党部洽商,准商人自动封锁。经一再讨论,自动封锁恐救国会不能相信,改由商会封锁。当即要求主席、常委往见时子周、刘不同等请示",并提出日货"整件者由商会封锁,各号旧存零星物品仍准门市销售"的办法。①10月28日上午,商会与各界救国会联合会再次进行协商,且"与党部各委商议展缓日期及商人自动封锁等事"。在国民党市党部的调解下,封锁日货的办法改为先由商人自动查封日货,再由商会协同各界救国会联合会复封,零星货物则由各商号"造清册售卖,有减无添,售罄为止"。于是,各界救国联合会原定封锁日货计划并未能实施。②

"九一八"之后的抵制日货运动中,国民党当局不仅积极组织推动,且当各界民众(主要是学界)与商人之间出现矛盾时,还出面进行调解、裁决,表明此时地方当局对民间社会的控制较北洋政府时期有了很大的加强。

---

① 《本市新闻·今日实行封锁日货》,《益世报》1931年10月28日;《津市新闻·封锁全市日货各业商愿由商会办理》,《大公报》1931年10月28日。
② 《津市新闻·封锁日货昨未实行商会党部商得便通办法》,《大公报》1931年10月29日;《本市新闻·封存日货展期》,《益世报》1931年10月29日。11月8日,日军组织便衣队发动暴乱,天津陷于一片混乱之中。天津当局宣布戒严,社会公众的关注随之转移,此次抵制日货运动遂归于无形。

三、民间、官方力量的消长与社会转型进程

19 世纪中期以来,中国受到西方世界的侵略——冲击,近代西方社会的机器工业、科学技术、政治思想、社会文化等渐次进入中国,上海、天津、汉口等通商口岸地区资本主义工商业开始出现。时至 20 世纪初,清廷开始推行"新政",资本主义经济有较大发展,海外留学与新式学堂等文化教育事业亦快速兴起,尤其是在 1904、1905 年清廷分别颁行《奏定学堂章程》和停止科举考试之后。时至辛亥革命前后,在天津、上海等通商口岸城市,工商业资产阶级和新型知识分子阶层已初步形成,成为民间社会力量的代表。"商学两界"人士对公共事务、社会问题表达意见,从事各种社会活动,如兴办学堂、创办报刊、改良风俗,以及为进行这些活动而组建各种社会团体等,开始在社会生活中崭露头角,成为社会生活中的主导力量。近代以来民间社会力量的成长,民众参与社会政治生活的程度的提高,构成中国社会由传统向现代转型进程的一个重要方面。①

辛亥革命之后,民间社会力量呈继续增长的趋势,各种社会团体积极开展活动,"商学两界"关注、参与社会政治生活,其行动和诉求甚或对当局产生一定影响,迫使其在一定程度上接受民众的要求。五四运动即是上述社会发展趋势的体现,而此时期天津抵制日货运动中的情况也表明了这一点。如,6 月 10 日天津商人

---

① 参见拙文《对中国近代"民间社会"问题的再认识》,《理论与现代化》2014 年第 6 期;《民间社会的成长与城市的现代转型——以清末天津为对象的考察》,《城市史研究》第 30 辑。

开始罢市后,当日午前,大总统徐世昌即作出准交通总长曹汝霖辞职的决定。下午3时许,直隶省长曹锐向天津总商会转来大总统准曹汝霖辞职的命令,但商会董事杨晓林等认为此"纯系一种敷衍政策",于是会董们决定继续罢市。曹锐再于10日午夜来到总商会,劝说商人停止罢市,此时国务院代表曾毓隽也携大总统准免曹、陆、章职的命令乘夜车赶至天津,并即到总商会,当众宣读。总商会于是宣布自11日起"照常开市"。虽11日开市一天,但经过学生代表的抗争,总商会决定如11日夜12时之前政府无严惩曹、陆、章及保护爱国学生的明令,12日继续罢市,并将此决定电到北京政府。①

6月13日下午5时,北京政府国务院"保护学生"的复电到达天津总商会。此电虽言词空洞模糊,学生代表表示不满,但在场的绅商代表则极力劝慰,并表示:"如果政府有非法干涉学生时,不但为后援助,仍可演成罢市,不纳捐税等事",于是各界代表表决通过明日开市。②面对学生罢课、商人罢市行动,当局者虽力图阻止、压制,但在社会各界民众的群情汹涌面前,当局在某一时段及一定程度上无疑居守势。③

南京国民政府建立后,国民党开始施行所谓"训政"体制。1928年10月3日,国民党中央执行委员会常务委员会第172次会议通过《训政纲领》,10月26日南京国民政府通过《国民政府训政时期

---

①《津商会强烈要求北京政府命令保护学生惩办曹陆章卖国罪行急电》,《天津商会档案汇编(1912—1928)》,天津人民出版社1992年版,第4728—4729页。

②《表决开市之详情》,《益世报》1919年6月14日。

③1920年1月因魁发成事件而演成商学两界严重冲突,北洋当局借机出手镇压学生运动,逮捕请愿的学生领袖、教育界代表,但并不能因此而否认此前之种种情况。

施政宣言》,宣告训政时期开始。所谓训政,就是国民党代行政权,按照胡汉民说法,就是"一切权力皆由党集中,由党发施,政府由党负其保姆之责"。①九一八后发动、组织各界民众开展抵制日货等活动即是一体现。

9月23日,国民党中央执行委员会和南京国民政府分别发表告全国同胞书和国民书:前者称面对侵略全国民众必须"听统一之指挥,守严整之纪律";②后者要求全国民众"一致团结,群集于国民政府之下……一致听中央之指导"。③9月29日,国民党中央执行委员会又发表告全国学生书,要求其在反日救国运动中服从国民党中央的领导并称:若人民不服从政府指挥,政府不能约束人民,为敌所乘,国家乃亡,要求学生"一心一德,服从指挥,以为全国国民倡"。④南京国民政府教育部则于10月8日电令各国立、私立大学、各学院及上海市教育局,并电上海市党部称:"学生救国运动必须遵守中央统一之规定……任何团体之主张,其有违背中央之教令及规定办法者,各校学生概不得轻予附从。"⑤

可见,组织发动各界民众特别是学生开展反日活动是国民党中央的决策,国民党天津市党部组织推动各界民众进行反日活动,绝非国民党地方组织自主行为,而是国民党训政体制下举国一致的共同行动,而《中央日报》则对各地国民党党部及政府机关组织

---

①张海鹏主编:《中国近代通史》(第8卷),江苏人民出版社2007年版,第46—47页。
②《中央告全国同胞书》,《中央日报》1931年9月23日。
③《国府昨发告国民书》,《中央日报》1931年9月24日。
④《中央告诫全国学生在中央统一指挥之同赴国难》,《中央日报》1931年9月29日。
⑤《学生救国运动须遵守中央之规》,《中央日报》1931年10月9日。

领导学生及各界民众开展反日活动的情况做有充分的报道。[①]而相形之下,国民党天津市党部组织民众开展反日活动的工作力度,与上述报道中一些城市的情况相比,或属略显不足者。

国民党在"训政"体制下,以种种措施强化对社会的控制,故民间社会力量及自主程度下降。[②]此次天津各界民众抵制日货运动中,几乎所有全市性的大会均由国民党市党部出面召集。国民党市党部10月3日召开市民代表大会,并决定10月10日举行市民大会。[③]后接国民党中央指示而取消,中等以上学校抗日救国会坚持要求召开"抗日市民大会"并派出代表向当局请愿,但国民党省市当局宣布,"凡关于抗日市民大会、演讲宣传、粘贴标语等事项一律停止"。[④]而1919年抵制日货运动中之所有集会均为各界民众团体自行组织、召集。

---

① 如:《天津各界反日热》,《中央日报》1931年9月25日;《(南京)全市日货总检查》,《中央日报》1931年10月1日;《首都各校师生永不用日货》,《中央日报》1931年10月6日;《对日经济绝交,各地抵制仇货益热烈》,《中央日报》1931年10月7日;《对日经济绝交,汉开始登记日货,各地党部抗日工作紧张》,《中央日报》1931年10月5日;《汉市党部扩大反日宣传》,《中央日报》1931年10月9日等。其中,江苏省教育厅10月2日训令各市县教育局:指导学生反日救国运动,须遵守国民党中央执行委员会暨教育部"颁有之各省市指导学生救国运动要点",此外,为统一江苏各学校的行动,"用特遵照中央意旨",分别制定了《江苏省中等以上学校抗日救国运动实施办法》和《江苏省小学抗日救国运动实施办法》,要求各市县教育局长"遵照并转饬所属遵,且须"将详细实施方案具报备查"(《苏省在学青年抗日救国实施办法》,《中央日报》1931年10月3日)。
② 参见张静:《南京国民政府成立初期的国民党政权》,《南京大学学报》2014年第6期。虞和平认为,南京国民政府建立以后,政府的专制统制日益强化,商会处于政府的超法强权控制之下(虞和平:《近代商会的法人社团性质》,《历史研究》1990年第5期);徐鼎新指出,国民党统治时期,商会与政府之间的法律关系名存实亡,商会完全处于屈从政府意志的附属地位(徐鼎新、钱小明:《上海总商会史(1902—929)》,上海社会科学院出版社1991年版,第400页)。
③ 《本市新闻·双十节举行市民大会》,《益世报》1931年10月4日。
④ 《本市新闻·市民大会决停止举行》,《益世报》1931年10月9日。

再者,"九一八"之后天津的抵制日货运动中,除了由国民党市党部召集的会议之外,其他社会各界召开的会议其场所亦几乎均在国民党市党部。如天津市中等以上学校学生抗日救国会、天津市各界反日救国联合会这两个抵制日货运动中最主要的组织的历次会议均在国民党市党部举行。而五四运动时期天津各种公共集会的场所是总商会、南开学校(今南开中学)操场、河北公园(今中山公园)等。

近代天津此前后两次抵制日货运动中所出现的上述截然有别的情况,是近代中国历史演进中民间与官方两种力量消长变化的体现。尽管南京国民政府建立后的数年间,经济社会建设某些方面有所进展,①但从民众参与社会政治生活程度这一角度观察,则中国社会由传统向现代转型进程出现了曲折与倒退。

(刊于《天津师范大学学报·社会科学版》,2018 年第 6 期,第10—15 页)

作者:李学智,天津师范大学历史文化学院

马俊波,天津师范大学历史文化学院

---

①张海鹏主编:《中国近代通史》(第 8 卷),第 298—338 页。

直奉战争与天津

葛培林

　　两次直奉战争,是近代中国的重大历史事件。它虽然发生在天津周边地区,但波及天津,且影响极大,给人民生命财产造成了巨大损失。尤其左右了中国政局的走向。其结果,直接导致了北洋政府的更替。1922 年的第一次直奉战争,当时奉系将领张作霖支持亲日派政客梁士诒组织内阁,严重影响英美帝国主义及直系的利益,引起了直系将领曹锟、吴佩孚与张作霖的混战。4 月,战争在京汉线长辛店(今属北京市)、津浦线马厂(今属河北青县)一带进行。5 月,奉军战败。6 月双方以榆关(山海关)为界,成立停战协定。从此北京政权完全由直系军阀控制。1924 年的第二次直奉战争,是因是年 9 月江浙战争爆发,张作霖乘机派兵入关,直奉两军再战,战事在榆关一带进行。10 月,直系将领冯玉祥回师北京举行政变,将曹锟囚禁,直系军失败。其结果冯玉祥、张作霖与段祺瑞在天津日租界召开会议,共同推举段祺瑞为"中华民国临时政府执政"。这又说明了当时天津是政治后台,导演排练好节目,到北京的政治前台开始演戏的史实。

一、直奉两军先后在天津设立总司令部

两次直奉战争中，直奉两军都曾在天津设立总司令部，是战争的指挥中枢。当时的曹家花园、安徽会馆、中州会馆、军粮城等地，都有奉军驻兵，并设立司令部，作为战争的指挥中心。而军粮城，又是北京、天津进出东北地区的必经之路。因此，作为战略要地，在战争期间，军粮城先后成为直奉两军的司令部。

在第一次直奉战争中将奉军赶出关外，并独霸中央政权的曹锟，借孙家花园之地为自己过生日，相中了这座花园，便托人许以重金欲买下花园，此时正值曹锟得势之时，孙家半卖半送给了曹锟。第二次直奉战争后，奉军入关，曹家花园又成为军阀混战中胜利者的所谓行辕，先后任直隶督办的李景林、褚玉璞，最后是张作霖住进了从前曹锟召集会议、发号施令的这座园林。

二、直军在天津纷纷成立后方医院

直军在天津纷纷成立后方医院。第一次直奉战争期间，天津很多学校停课，直军利用校内的设施，改作军队的后方医院。除天津红十字会有医院二所，并在河北女子师范学校设立医院一所；在河北新开河畔的北洋法政学校设有五百张床位，水产学校设有六百张床位的临时医院，直隶第一师范学校内所设医院则为二十三师专用。后来随着战事的持续扩大，伤兵源源不断运到天津，由于本埠医院再无床位，只得转运到保定等地医治。其中仅由前线运来伤

兵共计四十余车,大约两千名,天津后方总医院院长因无处收容,亲自到火车站进行阻止,未令下车,即开赴保定治疗。

三、天津火车站是直奉军争相控制的战略交通枢纽

天津作为重要的交通枢纽,战争的双方南来北往,天津新车站,也称天津总站(今北站),老龙头火车站(今天津站)则是其必经之地。天津新车站,在第一次直奉战争中成了运输军队、物资和伤员的重要地区。奉军经天津总站运送军用品及食品。直军在新车站设立输运司令部,成立给养所。老龙头火车站也是直奉两军的必争之地。因为天津火车站是直奉军争相控制的战略交通枢纽。否则其军队就无法南进北上。控制了天津站,其军队的南来北往就有了主动权。如其"由军粮城专车赴马厂","由廊坊过津回奉天","由天津赴军粮城备用"等,都必须经过天津站。在第二次直奉战争中,天津火车站又曾作为奉军的司令部。这就进一步说明天津火车站在中国近代史上的重要战略地位。

四、直奉战争对天津及其周边人民的生活带来巨大灾难

直奉战争对天津及其周边地区人民的生活带来巨大灾难。战争致使天津地方秩序大乱,以新车站为中心,到处驻兵,设运输站和伤兵医院,学校停课,商店停业,难民云集,富户逃往租界。同时为躲避战乱,京津一般达官阔老,均将贵重物品及眷属迁至各租界,以致各租界公司房屋及客栈旅馆房价增涨一倍,如公司房屋每间原租金三元者,现租金六元,然租者仍争先恐后。河北总站地方,

自京乘车迁津者颇多,有用马车、汽车或者洋车搬移一切物品者;有暂时寄存旅馆,再行搬移者,以致河北大经路(今中山路)至东马路一带,车马络绎不绝。

战争又直接导致天津市面商业停滞,百业萧条,津浦路断,运输隔绝,南方之米粮无法运到北方,而北方之杂货更难以通行。粮食市价因之大涨,人民之疾苦骤增;货物堆集过多,商家之损失益甚。另外,天津地方戒严,人心惶惶。北洋法政专门学校、直隶省师范学校、水产学校、高等工业学校、河北公园等处,都被军队占用。

战争给天津周边村民也带来巨大灾难。第一次直奉战争结束后,奉军溃败路经各县,肆行骚扰,劫夺焚杀,民不堪命。如杨柳青、土城、灰堆、陈塘庄村、大寺村、泥沽村、小站、何家庄、李辛庄、芦新河、姚家庄、张各庄、新城、芦台等村镇,遂肆行抢掠,声势凶猛,还在军粮城勒索绅商银洋三万数千元。即使有时奉军无抢掠行为,但居民早已惊慌万状,扶老携幼,四散奔逃,其状极惨。西沽村地处天津城北,正当要冲之所在。由南向北逃跑的奉军溃兵,以及天津城北民众赴城内避难者,该村正为一总汇处。奉军前脚刚走,直军又接踵而至,不得不因此连日预备,予以支应,老百姓苦不堪言。又有溃军一千余人退回杨柳青,商民铺户被挨家砸门,睡觉饮食,秩序大乱。

直奉战争爆发后,在战区的人民为了躲避战乱,滦州、唐山、芦台、信安、胜芳、杨柳青等地,携老扶幼,逃难来津之百姓述说战争给人民带来的惨状。当时难民暂住鼓楼南广东会馆,内外院已难容足。

宝坻县,在第一次直奉战争中,不断遭到溃兵的骚扰和洗劫。此次奉军溃败,逃往京东方向的共计两、三千人之众,均系全副武装者。他们有的从杨村向东,有的则由京东向北,一路抢掠,造成沿途的村庄十室九空。其中宝坻县城内、大口屯镇、刘宋镇、林亭口、皇庄镇、黑狼口镇等处,都被奉军驻扎并搜罗一空。蓟县,在第一次直奉战争中,"所有蓟县全境,几无完土",也成为重灾区之一。

五、天津成了一个不设防的城市

英国、法国、日本、意大利、美国等列强不断在天津租界增兵,出入如无人之境,天津成了一个不设防的城市。第一次直奉战争期间,英国、法国、日本、意大利、美国在天津之租界当局,不断增兵天津,言称保护租界、侨民在津之利益。如 1922 年 5 月 1 日,美、英、法三国派军舰驶抵天津,声称保护领事馆和侨商。美国兵还驻防杨柳青。各国租界不许中国军队进入。如 1922 年 5 月 5 日,各国列强在天津租界宣布戒严,其来津各国军舰,海军兵士,登陆天津,设有机关炮,实行特别戒严。英国方面,派武装军队在墙子河外一带梭巡。法国军队在东西车站及总站荷枪实弹站岗。而败退奉军士兵在日租界遭到日军搜身。各国租界不许中国军队进入。在天津日军,凡与日租界毗连处,均有日军荷枪实弹站岗。日本兵又驻防塘沽。法国租界内戒备极严。法国桥(今解放桥)下设有机关枪,并有法兵多人把护。英国租界,有英、美军队驻扎,法国军舰声称担任保护俄界之美孚、德士古煤油罐,并有美国军队,驻扎法界河沿,声称保护大来木行等。意大利租界当局阻塞马路,断绝交通。

六、天津各社会团体设立伤病医院,实行人道主义

各社会团体及社会组织,纷纷设立伤病医院,救助伤兵,实行

人道主义。在第一次直奉战争期间,一是天津红十字会组建临时医院救助伤兵、难民,组织救护队到前线救护伤员,减少战争给人民带来的死亡;他们筹措经费,医治伤兵,保护妇孺;帮助青县、杨村成立红十字会救助伤兵;还有曹锟、吴佩孚、齐燮元,开滦矿务局、裕元纱厂等,各界人士及团体向红十字会捐款,救助伤兵和难民的事迹。二是天津青年会组织参与救助伤兵方面做了许多工作。如帮助前线伤兵,来津就医;青年会组织服务团,专与伤兵谈话,或作种种消遣,或赠以报纸,均以解除愁苦为宗旨。青年会成员给伤兵放电影,捐款杀苍蝇。三是天津基督教会出于"爱人如己"的精神,成立了妇孺救济会,开展救助妇孺的工作。工作布置很具体,并由各教会承担任务。另外透露出的重要信息是:使人们了解到当时天津的基督教会组织分布的地点和名称,如:东马路福音堂、锦衣卫桥基督教会、仓门口基督教会、仁田西里基督教会、西门里基督教会、杨柳青美以美教会、鼓楼西教会、法租界维斯理堂、海大道维斯理会、西沽公理会、冈纬路教会、西门里基督教会、沈王庄教会、东马路圣道堂等。这些内容为今人研究天津近代基督教会提供了第一手资料。四是天津学生同志会救护伤兵。第一次直奉战争期间,天津学生同志会,作为学生社团在救护伤兵中当仁不让,直接参与了救护伤兵的工作。这些社会组织为减少士兵伤亡、救助难民和妇女儿童,做了许多实际工作,可谓救死扶伤,实行人道主义。

(刊于《天津史志》2018 年第 3 期,2018 年 9 月,第 42—44 页)

作者:葛培林,民革天津市孙中山研究会

运河畔的南国悲歌

周梦媛

　　美丽的冲绳是日本的南国之岛，那里曾是琉球王国。琉球人在珍珠串般的群岛上生息，建立国家，拥有独特的文化。明初，中山王察度向明称臣朝贡，就此开启琉球作为藩属与中国的交往。凭借有利地势，琉球通过海上转口贸易成为富有国家，号称"万国津梁"，可这富庶也吸引了日本的军阀豪强。如果说萨摩藩的野心被幕府在考虑利益的情况下多少压制，琉球在 17 世纪初第一次被侵略后名义上还保持国体的话，那么在幕府被推翻后的 19 世纪 70 年代，日本终于张开巨口吞下琉球。1871 至 1879 年，不到十年时间，琉球从王国到藩国到冲绳县，琉球国王则从王降到公再降到侯爵。

　　然而一个独立的民族总是有自己优秀的儿女。亡国之际，曾有众多不愿屈服的琉球志士，躲避着日本追击，渡海北上请求宗主清帝国拯救祖国。这些志士被日本称为"脱清人"，他们"生不愿为日本国属人，死不愿为日本国属鬼"，在海外顽强而无悔地为挽救民族和祖国而奔波。这其中最为著名的，是王族向德宏一行。他们曾

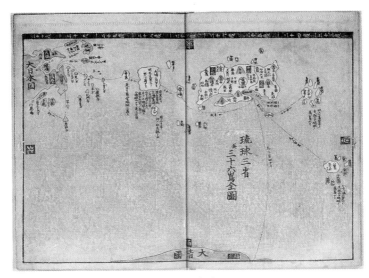

日本绘琉球地图

在天津逡巡，与北京的救国运动互相照应，最终在清帝国的斜阳下，谱写出一曲血色悲歌。

一、琉球纷争

1876 年，向德宏等人来华，首先在福建福州柔远驿(琉球馆)停留，与先时到此滞留的朝贡使毛精长等人汇合。向德宏官居从二品紫巾官，时任琉球王府御物奉行，是主管财政的高官，也是琉球末代国王尚泰的姐夫，本身亦是王室支族，他是清末琉球复国运动的领导者。琉球处在中日两国夹缝中，大多数士族除中国风格的唐名外，还有"大和名"，因此在日方资料里，向德宏多被称为幸地亲方朝常。其一行著名的尚有通事、世子师林世功(号春傍,字子叙)，都通事蔡大鼎(伊计大鼎,字汝霖)等人。在他们来华前后，"脱清者"

前赴后继,以实际行动抗议着日本对祖国的侵略。众人通过闽浙总督将国王密信递交清廷,就日本蛮横阻挠琉球进贡清廷之事陈奏,等待救援。清廷以琉球"孤悬海外""可有可无",指示驻日公使何如璋与日外务卿进行谈判,希望日本对琉球待之以礼。另一边则令滞闽的琉球官员回国。

清廷的态度助长了日人的威风。1879 年 3 月 27 日,数百日本军警强占首里王城,"处分官"松田道之指责琉球王"悖逆",悍然宣布废除琉球国。4 月又宣布设置冲绳县,5 月掳琉球王及世子往东京软禁。仍在福州的琉球志士们于 6 月接到世子密信,大为吃惊,考虑到按照正常程序逐级禀报的话多费时日,耽搁之下恐社稷不保,遂剃发易服,扮作清人,秘密北上。自此,琉球救亡图存活动的重心转移至京津地区。向德宏于当年 6 月 21 日先行抵达天津,具书叩至直隶总督衙门李鸿章处。禀稿中详细叙述了日人逞凶、琉球灭亡的惨状,以及自己不愿忍辱偷生,故北上请清政府兴师讨伐日兵的恳愿。李鸿章亦已从驻日公使何如璋、闽浙总督何璟等人处知晓日人蛮行及琉球之事,他对这位易服来访效秦庭之哭的远邦孤臣怜恤有加。在向德宏不肯回闽侯信的情况下,为避免日人追杀,李鸿章将其安排在衙门西侧大王庙居住,并吩咐津海关道员郑藻如多加照应,该庙的位置即在今天的三岔河口。其间,李鸿章和郑藻如

大王庙

等就琉球与日本之事多次召见询问向德宏。

当年7月23日,向德宏再次上书李鸿章,再叙琉球之危,以及自己熟悉日本国情文字,愿意充当向导先锋,带领问罪之师光复国土的愿望。在此之前,针对中方不断的强烈抗议,日本驻华公使宍户玑将来自外务卿寺岛宗则的来信交给清总理衙门,多方面论述琉球专属日本。李鸿章将此信转交大王庙里的向德宏。向德宏见信,写成《登覆寺岛来文节略》,有力地逐条据理驳斥了日方的谰言,又将可证日人观点矛盾的萨摩藩士著书《冲绳志》部分译成汉文,交给李鸿章。8月22日,李鸿章将向的两次上书及《节略》上呈,总理衙门即对宍户玑发出照会,反对琉球为日本专属之论。

二、分岛方案

嚣张蛮横的日人并不理会中琉双方的抗议。在1879年派遣冲绳县令,强行接收琉球各项事务,日官与琉官冲突不断。8月,日警竟以煽动罪为名,一举拘捕百余名琉官及百姓,进行残酷拷打,且关闭学校,不许琉球子弟读书,"囚官虐民",不愿屈从日人残暴的官民或逃出海外,或被逼死,琉球笼罩在人心惶惶的恐怖氛围中。类似的报告一件件传达到福州琉球人处,他们决定再次北上,向清廷泣告。当年9月29日

签订《马关条约》的现场

冲绳地标首里门

夜,毛精长、林世功、蔡大鼎等人从福州出海,于10月7日到达天津大沽口。此时大沽口水浅,渡轮不能进入,几经卸货和换船后,10月11日戌时刻客船终于到达紫竹林码头。一行人上岸,住宿在客栈高升店;转天又移居至河北宏盛客店,与向德宏会合。那一天,他们听说了"分岛方案"。

分岛方案要从该年5月美国前总统格兰特访华访日说起。当时恭亲王奕䜣和李鸿章会见了格兰特,希冀其从中调停中日就琉球之事的争端。格兰特作为前总统,已经不能代表美国政府的立场,但他提出了"分岛方案",将琉球国一分为三:久为日本窃据的北方五岛归日本;中部各岛归琉球,中日两国设领事保护;南部八重山、宫古诸岛归中国。7月,格兰特至日本,阐述其见解,但当他9月返美后,日本并不满足于这个方案。停留在津的琉球志士们并不清楚内情,以为已成定局,不日将有日官来华了结此事,遂未在天津久留,10月16日,便从河北启程往北京,三天后到达。向德宏则留在天津,继续向李鸿章请愿。

毛精长等人到京后,开始向总理衙门、礼部等不断上书请求解救琉球,冬去春来,"仰望中朝之救,如赤子之望慈父母"。但已趋沉暮的清朝彼时内忧外患丛生,无暇分身,对待琉球案,只能一边劝慰琉官归国,一边以美国人建议为基础考量,一边与步步紧逼的日使周旋。向德宏在津从李鸿章处获得的信息成了在京琉球人行事的根据,一年之内,九封上书,字字泣血。

1880 年 3 月,明治政府又遣竹添进一郎来华,此人不日便担任驻津领事,这时却早已与李鸿章谈判琉球问题多时。竹添到天津,一改之前格兰特的说法,称日本欲以琉球南岛归中国,中、北之岛归日本,又提出修改增添《中日通商条约》。此时清俄伊犁争端未解,在部分官员"联日拒俄"的鼓噪下,清廷与日本就分岛改约进行谈判与密议,至当年十月。

三、自杀请愿

不过琉球志士和清廷有识官员都深知,日人的野心不止于分岛。李鸿章本有欲以南岛交还琉人、另立琉王之意,询问向德宏。此时,依然住在大王庙里的向德宏,在李鸿章心目中早已是一位"忠贞坚忍之操,视包胥殆有过焉"的爱国忠臣。他呈上自己画的地图,述说琉球南岛"土产贫瘠无能自立",在南岛立国无异于灭亡,是断不能行之事,说完,便伏地大哭不起。李鸿章对此,抱有深深同情之心,他也考虑到,日人断不会满足,南岛枯瘠,终究还会落到日人手中,于是接受了这位仁贤孤忠之臣的建议,在谈判即将结束之前,向总理衙门递函,奏请琉球案缓结。对日本,则尽量拖缓延宕,数年

穿清朝服装的向德宏

之后,倘若清朝水师完备,或许能震慑日本……

然而,琉球志士和李鸿章都没能看到美好愿景的实现。一方面,日人不断对在华琉球人的活动进行刺探及威胁,另一方面,清廷部分官员也担心琉球复国活动会对外交局面有所影响,陷入既默认其存在又时而拒收其上书的犹豫中。在京的毛精长、林世功、蔡大鼎等人,不停奔走于各衙门求救的同时,也常痛哭求助于诸位大臣,甚至逢朔望之日必往正阳门内关帝庙祈求国事。如此一年有余,复国依然无望。悲愤绝望中,上书联名使之一的通事林世功,这位曾作为琉球国最后一批留清官生学成归国、满腹诗书的文士,在呈递给总理衙门最后的请愿后,毅然自杀,壮烈殉国。时为光绪庚辰六年十月十八日辰刻(1880年11月20日8时左右)。

林世功之死,震撼京畿。"都邑见闻者,无不叹美。"清廷以琉臣林

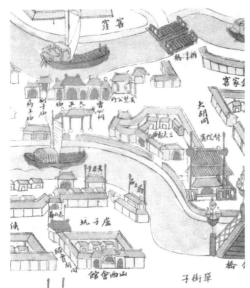

光绪二十五年保甲图

世功忠烈可嘉,赐银二百两郑重归葬其于张家湾。与此同时其一行琉臣尚有一人绝食而死,二人与日后客死北京的同志一起,均长眠于张家湾的琉球人墓地。他们的忠举导致清廷官员坚持以延宕态度对待日本的步步紧迫,将分岛改约案搁置,粉碎了日本欲与西方国家在华既得利益均沾和蚕食琉球不被清廷干涉的企图。

四、后人访津

琉球志士们依然在各处为复国奋斗。1881年秋,久居大王庙的向德宏启程离津前往福州,与那里的同志会合,在彼处继续向他们认为是对外强硬派的督办福州军务左宗棠等人上书请求拯救琉球。然而这段时间里,越南之役又起,中国的宗藩体系陷入分崩离析中。天津依然是琉球复国运动的重要据点,接替向德宏的琉球人不少反多,有此前在北京的蔡大鼎、王大业、蔡锡书,还有王族富盛朝直等人,从日方追踪脱清者的资料分析,他们多投宿于客店中。1885年5月,向德宏再次返津,以琉球战略地位之重要展开分析,三度投书全权大臣李鸿章。他应该也知道,李鸿章依旧挂念着琉球,以至于在与日本驻天津领事竹添进一郎、驻华公使榎本武扬的会谈中,依然为琉球案未结之事,交锋往来,忧心不已。

但是,那支曾为李鸿章和琉球志士寄予希望的北洋水师舰队,于1894年的甲午战争中惨败。中日之间签订的《马关条约》,让中国宗藩体系最后一块基石崩塌。一直以来为众人所殚精竭虑的琉球复国运动,也归于失败。只是那些曾奔走于各地、往来呼号的志士们,大多没能看到这幅惨景。向德宏早在1891年5月24日逝于福州,在他前后,毛精长、蔡大鼎等人,纷纷遂了他们"生不愿为日

2016 年冲绳人访津报道

本国属人,死不愿为日本国属鬼"的心愿,皆是义不屈节,客死中华。

2016 年 5 月,日本冲绳当地报纸《琉球新报》报道有冲绳人团队访问京津。在天津,昔日琉球复国志士的指导者向德宏的后代、渡久山朝一老人,满怀激动的心情,在有关单位研究人员带领下,前往"总理衙门"所在位置参观。那张被标注"总理衙门旧址"的图片,是天津红桥区大胡同影院街附近。这些冲绳客人应该是要找李鸿章的直隶总督衙门,不知在那次行程中,他们有没有一并看看三岔河口、旧紫竹林地区,还有蜿蜒的海河,看看这些曾经见证和承载了他们祖先的救国恳愿、为忧泪浸透、悲歌流淌的所在呢?

(刊于 2018 年 11 月 30 日《今晚报》第 12 版"副刊·讲述")

作者:周梦媛,天津数联空间科技有限公司

宁河前贤王照事略

甄光俊

一、英烈后代　不辱名门

　　王照(1859—1933),字藜青,号小航,又号水东。直隶省宁河县(今天津市宁河区)芦台镇人。其曾祖王锡朋,系中国近代史上著名爱国将领,任寿春镇总兵时参加鸦片战争,在定海之役以身殉国,定海人民群众自发捐资,在当地修建"三忠祠",纪念壮烈牺牲在抗英前线的王锡朋、葛云飞、郑国鸿等三位总兵。王照父名楫,太学生,袭都骑尉兼云骑尉职。王照兄弟皆功名在身:其兄王燮,诗人兼书法家,袭承祖荫补任京城左营游击,加总兵和仓场侍郎,特享二品衔;其弟王焯,进士及第,任吏

王照

三忠祠里的三总兵塑像

部主事。王照幼年失怙,由叔父教授其天文、地理、兵法及中外掌故,塾师教以诗文,十一二岁即常因观星象彻夜不眠,乐而忘疲。19岁考中秀才之际,正值北京同文馆招生,秀才身份符合录取条件,王照欲进京赴考,但遭到族中尊长反对。其理由是,刚节公被"鬼子"害死,后人反而学"鬼子",败坏家声,不可为。王照虽不以为然,但众口一词,不能违拗,只得作罢。此后,他广求时务书籍,凡教会所译印、上海制造局同文馆所译印,以及林乐知、傅兰雅诸人的译作,大都搜集齐备。而对于八股文却无兴趣。亲族和乡人以为王照魔气,大都不看好他。然而,王照1891年(辛卯)考中举人,又三年(甲午)考中进士,点翰林院庶吉士。他朝考那天恰逢日本海军炮击大清高升号军舰,引发了甲午年中日黄海大战,王照的两名族人死于这场海战。同年,王照满怀爱国之志,在家乡芦台办起宁河乡团,与驻守当地的清军直隶提督聂士成相互配合，为维护地方秩序、准备御敌作出积极贡献。

彼时，光绪皇帝的老师翁同龢向光绪报告："各省无纪律之军队，梭织于天津、山海关一带者四五十万，蹂躏地方，又兼关外穷人之逃兵种种扰乱"，光绪皇帝钦差直隶总督王文韶查看。王文韶察访宁河乡团，得悉王照纪律严明，办事公道，在当地民间有"王照打表叔——公事公办"的歇后语流传，口碑甚佳。事情是这样的：

王照为维护地方秩序，协同县衙官员在芦台办起乡团。由于战事紧张，社会出现混乱，乡团在全镇四处张贴"宵禁"通告："夜里二更到五更，居民不准到街上走动，违者重责20大板"。芦台镇有个杨姓豪绅，终日喝酒打牌，无所事事。一天夜里，他在朋友家打完牌已近四更，朋友们劝他"宵禁"时段先别走，杨某哈哈大笑说："夜里不准走动，这要看是谁了。我可是王照他表叔。"他大摇大摆走上大街，被两个团丁拦住，杨某自称是王照表叔。团丁将他带到衙署。王照听了报告，亲自上堂审问。杨某满不在乎，笑嘻嘻地瞅着王照，心想，看你叫不叫我表叔，你能把我怎么样？王照一看，果然是父亲的姑表兄弟，自己的表叔。但是，此时此刻他厉声问道："你没看见'宵禁'告示吗？"杨某答："我哪有空儿

宁河县志复制王锡朋像

看那玩意!"王照听罢,吩咐团丁"照规矩办事,打 20 大板!"

杨某挨了打,又气又羞,回家就病倒了。事隔 3 日,王照带着点心前去探望,一进院子就喊:"表叔在家吗?"杨某吐了一口唾沫,大声吼道:"谁是你表叔,给我滚出去!"王照不气不恼,满脸带笑地说:"前几天我打的是犯了规矩的人,今天来看望的是生病的表叔,这是两回事儿。那天不打你老,布告就白贴了。今天不看你老,还叫啥亲戚!这点道理不是明摆着吗?"一席话说得杨某心服口服,终于消了气。从此,在当地流传开带有警示意味的歇后语"王照打表叔——公事公办"。这句歇后语连同出处,一并收入《宁河县志》里。

王文韶对王照颇为赏识,回京复奏:"即行札饬各州县仿办。"次年(乙未)四月,王照交卸宁河乡团事务,进京应散馆试,朝廷授其礼部主事。直隶总督王文韶上书朝廷,奏称:王照"所练之乡团,队伍严整,饷项分明,为沿海一带表率",要求派王照仍归宁河办乡团。王照遂奉旨还乡。

二、普及教育　力倡新学

中日甲午战争后,朝野要求改革之风日炽,王照热情高涨,于1897 年(丁酉)9 月,在家乡芦台创办当地最早的小学堂一处。有清以来州县地方立学堂前所未有,后人称其为直隶省教育史上破天荒之举。是年冬季,王照进京,邀约一部分有志于教育事业的同省京官,在松筠庵开会,商议创办北京南横街小学堂,然后向总理衙门呈请立案。呈文中有"名声第一号者,以后尽力推广,二号三号以至十百千号,多多益善"之说。总理衙门的王爷、大臣不懂教育,以为铺张,加以反对。由于王照事先得到徐世昌支持,最终获得总理衙门批准。1898 年(戊戌)3 月,"八旗奉直第一号小学堂"宣告成立,即后来的燕冀学校,再后来又改称南横街小学堂,是为北京历史最悠久的学堂。

　　按大清戒律,改良文字属于犯法。王照冒着生命危险,一直思索中国文字改革。他认为"世界各国之文字,皆本国人人通晓,因其文言一致,拼音简便。"而我国地域辽阔,各地口音相差很大,百里千里之外如同异域,"妨害多端,误尽苍生"。鉴于此,他立志创造以北京语音为标准、统一汉字发音字母的官话。早在戊戌年(1898)六月,即义和团爆发之前两年,他即提出"国人知能远逊彼族,言论浮为万难国存"的反省议论。他决心在中国造出一种普及教育的利器,那就是拼音新字。他潜心钻研,创编官话合声字母,他到处宣传用合声字母拼写白话,申明"语言必归一致,宜取北京话为标准。"因为"北至黑龙江,西至陇,西南至滇,南至江,东至海,纵横万里,约二百余兆人,皆与京话略同。其余桂粤闽浙吴楚晋,与京音不同,亦且各不相通。是推广之便莫如京话,故可定名曰官话。"他解释说:"官者,公也,古今皆然。公用之话,自宜择其占幅员人数多者。"当初王照的大力提倡,为后来国语规定以北平(今北京)为标准奠定了坚实基础。所以后人称王照是中国文字从衍形到衍音的过渡者。也是在中国发明拼音文字的第一人。

三、舍生忘死 改良文字

　　清光绪皇帝主张实行新政,戊戌年王照以礼部主事上书言事,堂官不代奏,王照当面冲撞这位顶头上司,遭严劾。光绪帝非但不怪,反而赏识王照"勇猛可嘉",超擢四品京堂候补,并赐三品顶戴。

王照建议光绪帝力倡新学,朝野之言戊戌新党者,无不知王照与康有为齐名。变法失败后,王与康(有为)、梁(启超)同为慈禧太后严拿之钦犯。但光绪帝与慈禧因新旧思想不合,母子仇如冰炭,使提倡变法诸钦犯提前得到消息,于戊戌年(1898)农历八月先后离京,至塘沽登上大岛军舰避往日本,继续开展革新活动。关于康梁出亡之事,王照在《水东集》第 3 卷 17 页,有《后江翔云兼谢丁文江书》一文,言之甚详。

王照逃亡日本期间。继续研究中国文字改革。1900 年他潜行归国,变易赵姓名世铭,自称赵举人,隐居天津,为普及教育继续创编官话合声字母,即后来全国通行的注音符号,1901 年《官话合声字母》专著初刻本在日本江户印行。

1903 年王照在北京秘密创设官话字母传导所(义塾),由门人王璞出面任教,自己则使用化名往来京、津、保(定)间,暗中进行传播。1904 年(甲辰),他在北京闻知新党沈荩被捕至死,估量自己亦是难免,遂到步军统领衙门投案自首,下刑部狱。两月后慈禧特赦党人,王照获释,并复职原衔,但王照并未再仕,他继续埋头于文字改革,于 1905 年在保定创办拼音官话书报社,次年迁到北京,报社所编写的伦理、史地、自然科学等拼音官话书,发行量达六万部以上。直隶以外,两江总督周馥、盛京将军赵尔巽,均下令在省城设立简字学堂。王照倡建的官话字母迅速流传至 13 个行省。

王照所发明的"官话合声字母",从其学者甚多。且有日本人伊泽修二,抄制王照之法,饰为己作,公开炫耀(抄袭详情,见《小航文存》第 1 卷 35 页书首按语)继王照之志的浙江桐乡劳乃宣(号玉初),宣传拼音简字,著有《简字全谱》《简字丛录》《京音简字述略》《增订合声简字谱》等,是在王照拼音基础上将其扩大,而非别种拼音文字。后来流行的注音字母和注音符号,也是在王照、劳乃宣的基础上进化而成者。

辛亥革命后,王照曾一度受聘居段祺瑞幕中,旋即高隐,仍从事宣传白话教育,并尽个人所能竭力推广、普及。1912年,蔡元培向政府提议,请由教育部召集大会,议行拼音字,政府允许。但未及筹备,蔡氏因故辞职南去,事遂搁置。至1913年春,教育部再次提议在北京开国语读音统一会,聘请创造拼音文字的王照为读音统一会副会长,正会长由吴稚晖担任。吴氏因欲加入苏浙一带之十三音为拼音字母,与王氏争执不决,吴氏辞职。又数日,王照亦因积劳成疾,辞去会长职务,改由王照门人王璞代理会长,继续进行会务。(详情见《小航文存》第1卷44页)此后中国流行的注音字母,(后改称注音符号)即此读音统一会的产物。

四、胡适作序 深中肯綮

1919年,王照在杂志上看到梁漱溟和胡适关于新文化运动的辩论文字后,对胡适的观点予以支持。1930年9月,胡适到了北平,借住在大羊尾巴胡同任叔承家中。从友人处得知消息的王照,于10月8日特地前往造访,胡适不在寓所,王照写了便笺以及一大包文字,托人转交。胡适看了他的字条,知道他是30多年前革新志士、官话字母的创始人王照,便急匆匆把他留下的文稿全都读完,从王照的文稿里,他了解到这位当年的"老新党",在思想上还是胡适的一个新同志。胡适受到王照的赞许,虽然已是多年前的事,依然受宠不已。第三天,胡适到水东堂去看望王照,彼此畅谈十分投机,胡适爽快地答应为王照的《小航文存》作序。胡适在民国二十年

(1931)五月三十一日夜为《小航文存》所作序中,对王照"这个国家吃亏,就在缺少一些敢说老实话的大傻子"的观点表示认同,称赞王照"是一个肯说老实话的傻子。"。

王照自光绪二十六年(1900,庚子)创造官话字母,此后系列著作颇丰,但由于光绪三十年(1904,甲辰)仓促入狱,积年书版先是被无识的房东焚毁,出狱后迁往保定创建拼音官话书报社,宣统二年(1910),摄政王载沣以官话书报触其忌讳而遭封门,使王照平生的著作损失良多,存留廖廖。只有《水东集初编》五种,包括胡适作序的《小航文存》四卷,《三体石经时代辨误》二卷,《读左隋书》一卷,《表章先生正论》一卷,《方家国难咏纪事》一卷,共九卷一函,约二十余万言。

王照晚年家居北平(今北京)德胜门内马家大院一号,门首有"水东草堂"四字。生活拮据却自甘清贫。与他有多年世交的一士听说他患病,写信告知想去探视,王照于1930年11月13日复信给一士,信中写道:"……惟弟风烛残躯,每冬加迫。前两冬皆危而获全,及今冬……霜降未过,即交大寒,令人万不及防。以故弟屡喘咳嗽较往年加甚,且食量大减,两膝以下无自温之力,百药无灵。每日惟有蹲坐于热炕之上,围之以被,以盼延过三冬,始能自认为活人!"此三页信纸,竟然分七八次写完,可知其人病久体衰,晚景凄凉。终于1933年6月1日逝世,享寿七十有四。

20世纪20年代末,学者陈光垚因为编辑《中国新文字运动史料集》,需要转载王照提倡《官话合声字母》的几篇文章,同时要为王照作一《传略》,经胡适介绍,与王小航先是频繁通信,后来成为经常往顾的挚友。1931年农历九月,陈光垚完成题为《老新党王小航先生》长文,特请王照以自撰长信形式,叙述光绪二十四年

(1898)戊戌变法以前之个人传略(戊戌以后王氏略历,在《水东集》已有记述),内容多系外间从未闻见之史料,极为珍贵。两稿尚未发表,王照逝世,陈光垚为悼念故友,将王小航自撰的这部分传略,糅入《老新党王小航先生》一文,连同附记,一并发表在 1933 年 9 月出版的《国闻报》上。

（刊于《天津文史》2018 年 1 期总第 69 期,2018 年 3 月,第18—21 页）

作者:甄光俊,天津市文史研究馆

汉沽乡贤

王雅鸣

汉沽物华天宝,人杰地灵。在几千年漫长时光里,涌现出了许多历史名人。他们或一生为官,清正廉洁;或博学多才,学贯中西;或躬耕笃学,造福桑梓;或扶危济困,乐做善事,被人们称其为一代乡贤。白驹过隙,沧海桑田。每每想起,就会令人感怀不已。

一、知州刘灼

刘灼,汉沽人,清乾隆十七年(1752)中举人。父亲去世后,为了奉养老母,他同兄长刘炳靠开私塾为生,以微薄薪酬赡养老母和供弟弟上学,其弟学至庠生。

乾隆年间,汉沽最早只是一个村庄,称汉沽庄。在庄东头,有一座木桥架在小盐河之上。这是芦台古镇通往汉沽、营城、北塘唯一的陆路通道。1769年,村民共议改建为石桥。由崔鹤庚、冯时亭、肖国扶三人商量,诸亲友和庄内富户共助,捐助银两,历时三个多月,于夏初落成。桥长四丈五尺,宽一丈五尺,梁高一丈五尺,全是长条石结构。乾隆年间的《宁河县志》卷之十三"记文"中,刘灼撰写的《永济桥记》详叙了此事:"汉沽村东口,旧有板桥,屡修屡缺,旋至朽坏,行人车马过此者惴惴焉惧有失坠……于乾隆三十五年孟春(1770年农历1月),鸠工创始,至夏初而落成……"

在《永济桥记》中,详细记载了造桥的规模和情景。"其梁高一丈五尺,阔如之,长则四丈有半,制取完固久远而已,无繁饰也。构造之日,余以事他往,崔翁骤得病未起,而肖翁又以务冗,未暇兼理。此三月中,督视匠工,筑篱舍,日两餐皆馈食,蚤作暮归,不辞况瘁者,实惟冯翁一人是任。桥既成,众不敢忘其劳也,爰命余为记,而名是桥曰永济云。"

乾隆三十一年(1766),刘灼被破格选拔到江南,做了一个见习知县。上任后干得非常出色,从而得到上司的器重,称他不仅是一县六百里之才,还应有大用。果然没过多久,刘灼很快就出任了安庆江防同知(同知的职衔比知县大,略高于通判)。经过一段时间的试用,他的职务再次得到升迁,派他署理宿州事务,任为知州。刘灼在知州治理有方,清正廉洁,秉公办事。州府内外,一片清明。但也得罪了不少同僚和上司,他们视刘灼为眼中钉,肉中刺,于是向朝廷进谗言,皇帝偏听偏信,于是被奸臣弹劾而去职。正像史书上所记录的那样:"后因公被劾,识者惜之","而灼坦然也"。

回到家乡后,刘灼不为官场失意所影响,天天以诗酒怡情,调解邻里纠纷,热心公益事业,像修筑永济桥这类造福于民的事情更是热心参与,为乡亲们所敬重。

多少年来,永济桥成为小盐河故道上的一处风景。随着城市建设的发展,永济桥被移至河西公园,供人们参观。刘灼在为永济桥

作记的同时,还留下了一首诗:

> 凿石为桥鸠众工,
>
> 观成村口卧长虹。
>
> 三春尽费磨砻力,
>
> 数世应邀利济功。
>
> 环绕波流潆上下,
>
> 往来旅客接西东。
>
> 他年题柱何人手,
>
> 驷马高车气概雄。

二、汉沽教育家崔以敬

自晚清以来,汉沽崔氏"裕善堂"之家以盐渔为事业,传承耕读育人,成为汉沽地域上颇有名望的"书香世家"。而崔以敬就是汉沽崔氏第十五世传人,是"裕善堂"之家创始人。

汉沽崔氏祖籍江苏,明永乐二年(1404)由洪洞县分迁顺天府霸州、宝坻,嘉庆年由宝坻县崔家铺迁至芦台,其四世祖崔岿然于万历年间(1573—1620)由芦台分迁汉沽。十五世曾祖父崔以敬在汉沽街建崔氏"裕善堂"之家。正门挂有一副楹联:博陵世族,东海名家。南门楹联上书:岂但盐渔为事业,从来耕读课儿孙。

崔以敬(1838—1941)字德舆,号少农。幼家贫,就读私塾,学习刻苦。12岁(1850)考中秀才,后为副贡生。咸丰十年(1860)设馆教书。咸丰十一年(1861),曾任山西县主簿(正九品)。据《汉沽区地方志》中教育志记载:"本境私塾教育起始年代无考,清咸丰十年(1860)前后,崔以敬在汉沽庄开办一所私塾,是今人所知最早的名塾。"

据记载,光绪初年,崔以敬开始任四川酉阳直隶州州判幕僚。两年后,回乡教书,至80高龄离教,先后任教58年,培养学生200余名。汉沽庄后来的私塾先生多为他的学生。

随着洋务运动的深入,国人"废科举、办学堂"呼声日盛,办学之风兴起。光绪三十二年(1906),崔以敬先将自己48年之久的"私塾"移入改建好的"三官庙"西厢房新教室,改名为"汉沽庄私塾馆"。

光绪三十四年(1908),崔以敬与乡人杨小舟、刘德庵等人商议,以正殿和后殿的6间禅室斋房为基础,将设在"三官庙"的"汉沽庄私塾馆"改为"汉沽庄初等小学堂"。申报到宁河县政府得到批准后,他心情振奋,立志将学堂办好。学堂主要经费由崔氏家族的大户捐赠。在经费不足的情况下,他不仅以个人财力、物力慨然相助,并四处奔走,求助于本地乡绅、养滩户资助,为学校的筹建投入了很大精力。

在时任县长周登皞主持下,"宁河县汉沽庄初等小学堂"正式成立,当时被称为男女合班的"洋学堂"。小学所用的国文、修身等课文,是蔡元培、张元济等几位著名学者所编。课本内容高瞻远瞩,深入浅出,将近代思想、科学知识和历史典范有机地结合起来。彼时,设校董11人,校长崔术森,教员4名,招收学生40名,男女兼收。民国初年,学生增至80余人,校长崔仲云。其中,崔墨卿的长女崔乃然,人称"墨大姐",是汉沽地区最早的女教师。

崔以敬不仅是该校的奠基人、创建人,又是校董之一。他支持女孩上学,使该校成为当地男女合班最早的官立学校。对当初的教育思想、办学方向、知识传播产生很大影响。他是倡导新式教育的先驱者,为汉沽地区早期教育事业的发展作出了重要贡献,深受民众的尊重和爱戴。后人颂曰:"建校伊始,筚路蓝缕。校舍无着,辟庙为堂。借神净地,启幼蒙稚。众绅捐资,奠基大业。"

现汉沽一小已建校百余年。一路走来,从原来的初等小学堂发展为汉沽完全小学、汉沽第一国民小学、汉沽小学、汉沽第一小学。校名几度变化,但教书育人宗旨不变。几代教师立足讲台,传教解惑,青蓝相接,弦歌不断。众多学子学有所成,出类拔萃,国之栋梁。其学生崔敬伯,8岁读私塾,是该校第一批毕业生。曾任中央金融学院教授、中央委员、中华人民共和国财政部税务总局副局长等职,成为汉沽人的骄傲!

1941年,崔以敬无疾而终,享年103岁。临终前,头脑清醒,叮嘱家人不请僧、道念经,葬礼要俭朴。出殡那天,崔氏族人男女老少皆穿孝服祭拜,人称:一街白。汉沽小学全体师生闻讯,全校停课,列队为其辞灵、送殡,以表达对这位汉沽教育奠基者的绵绵思念!

三、江南副主考戴彬元

汉沽自古出文官。戴彬元,就是清朝末年的书法大家之一。书法造诣在民间有过"南黄(自元)北戴"之称。黄自元书法以间架结构九十二法著称于世,而戴彬元书法则集颜、柳、赵、欧超人之韵誉于市。他在光绪十二年(1886)写的《司空诗品》24首,曾经石印流传于世。其实,戴彬元清廉恤民之事在百姓中更有口碑,至今还在戴彬元的家乡——汉沽留庄村传为美谈。

咸丰十一年(1861),戴彬元26岁时拔贡生,朝考一等,任户部小京官,候补主事,云南司行走(掌核云南之钱粮及各厂税课,并管漕政事务)。光绪五年(1879)顺天乡试为13名举人。

光绪六年会试256名进士,殿试二甲第一名,朝考一等,改授翰林院庶吉士,任朝廷修编。朝廷循"子荣父耀"之矩,为其父戴襄清加晋一品。因戴彬元博览群书,师承翰墨,有过人文采,书法之韵超人。特别是他在位期间清廉为官、体恤民情,留有甚好的口碑。因此,慈禧封戴彬元为"太史第",赐匾额一块。

光绪十三年(1887),由英国人操办的唐胥铁路向塘沽、天津方向延伸,计划横穿刘家庄,村民要遭拆房、毁田、平坟墓之大难。戴彰勋专程到京城向父亲诉说此事,恳求父亲出面协调。戴彬元表示,此事无力回天,但涉及到家乡父老的利益,一定要管。他找到直隶总督兼北洋大臣、中方代表李鸿章,与英方工程师金达沟通,改动了原设计方案,将铁路线往北稍做移动,绕过了刘家庄。全庄民众感恩不尽,于是改刘家庄为留庄。此事在汉沽一直传为美谈。

光绪十一年(1885)他任江南副主考,授奉直大夫。按照惯例,赴任期间,各地方官所敬贡的礼品或器物不计其数,凡便于携带的,作为主考官均可带走,或折款供奉。而戴彬元所过之地一无所取,别人说他,你这可破例了。他却一脸正气地说:"奉皇命选士,责任重大,贪得无厌怎能为人师表?"

戴彬元对取仕非常认真,大事都要亲自检查,经他手录取的,多是知名人士。戴彬元在京为官二十七年,身居要职,掌握着一定数量的银两支配权力,家庭本该显贵。戴公墨守"君子喻于义"的古训,凡是涉及到与自己有关联的事,从不动用官银,也未曾用朝廷银两做光宗耀祖之事,被一些官吏戏谑"痴戴""穷戴"。至戴彬元1889年去世,戴家仍是1885年建的坐南朝北倒正房5间,后院各三间土木结构厢房,其所写"太史第"匾额竟多年无处悬挂。由于他积蓄无多,晚年解任后经济拮据,病困交加,一生仅存有大批图书。

临终时叮嘱家人"卖书还清债务,不要亏欠一个债主"。终年 54 岁。

民国年间,戴彬元的儿子戴彰勋在吉林督军孟恩远麾下当秘书。听说戴家建房缺乏资金,孟督军于是大笔一挥,从在天津建自己"将军楼"的经费中予以了拨付,戴家才建起带穿堂屋的青砖房 5 间和临街门楼,左右摆放石狮子两尊,将清漆红木的"太史匾"悬于其上。有谁能想到,这已是戴彬元去世 40 年之后的事了!

1944 年,日本侵略者拟在蓟运河上修建复线铁路,有一天,大批枕木被盗了。这令日本鬼子恼羞成怒,立即调集人马包围了蓟运河西岸的留庄,准备对庄内进行大搜查,一场惨案即将发生。日本军队头目率骑兵来到留庄,路过戴家门口时,忽见戴家门口悬挂着"太史第"的匾额。遂大吃一惊,即刻下马,列队敬礼,而后撤退,小留庄避免了一场血腥之灾。

四、筑路诗人崔戟荣

崔戟荣(1879—1939),汉族,字振三,是我国第一代著名铁路工程师。曾参与修建南满、京山、津浦诸铁路,曾与王节尧、茅以昇、邓聿光、姚荣伯、林兼之等建筑大师作为同仁共事多年。系汉沽崔氏"裕善堂"崔以敬之四子。

崔戟荣生于汉沽,在其父崔以敬(汉沽第一小学创办人)影响下,聪明好学,常用沙土秸秆练习写字。幼时学私塾,后考入开平武备学堂。毕业时成绩优异,选派赴德国学军事。已届登船之日,忽萌实业救国之念,立即退掉船票。旋即投考山海关铁路学堂(唐山交通大学前身),攻读铁路建筑之学。因其会俄、日、德、英四国文字,又刻苦学习,成绩突出,深得德籍教师沙尔赏识。光绪二十六年

（1900）毕业，先后在沈阳、吉林开埠局、林西矿务局任工程师之职。

宣统元年（1909）参加修建浦北铁路。宣统三年（1911）在长春开埠局任职，参与建埠工程。

1912年，他受段祺瑞举荐，在国民政府交通部技术科工作。1913年，参与修建亚洲第一坨——汉沽盐场坨地码头。

1915年，任交通部技术科长时，为改善北京内、外城交通，崔戡荣受交通部委派与德国人罗思凯格尔共同设计改建正阳门箭楼，添建水泥平座护栏和箭窗的弧形遮檐，月墙断面增添西洋图案花饰。1916年竣工后，在外观上保持古建筑外貌，建筑结构上有新的突破，遂成为北京著名的景观之一。

1919—1920年，被交通部临时派遣到顺直水利委员会，参与永定河裁弯取直工程。

1921年11月12日至1922年2月6日，九国华盛顿会议正式召开，在中、英、美三方的压力下，日本妥协，2月4日，中、日两国签订了《解决山东问题悬案条约》及《附约》，规定日军撤出山东省胶州湾，德租借地和青岛海关的主权归还中国，胶济铁路由中国赎回。国民政府以5400万马克从日本人手中赎回胶济铁路，交通部路政司司长沈琪派崔戡荣赴青岛接收。1923年元旦，中日双方铁路主权交接仪式在青岛朝城路举行，中国政府收回了胶济铁路及其支线并一切附属财产，悬挂了八年的"日本山东铁路管理局"的牌子终于摘下，"中国胶济铁路管理局"随之揭牌。2月1日起，又接管全路各站，并改回原站名。崔戡荣任中国胶济铁路局工程师。后任胶济铁路岞山工务段工程师；1928年调至高密任胶济路正工程师、工务二段段长。

1928年夏，山东东部大雨，崔戡荣担心冲毁路基，不顾雨大夜深,亲自随乘由青岛至济南过站客车查看路情。行驶至潍河大桥时,突然发现前方情况异常,命令司机紧急制动。列车刚停,就听轰然一声巨响,大桥被山洪冲断,避免了一次车毁人亡事故,保住了整列车旅客及司乘人员生命安全。为此,国民政府交通部、铁路局特颁发给他一枚二等银色嘉禾奖章和300银元奖金。像这样的奖章他有不下数十枚。

胶济铁路局招标修建潍河铁路大桥,日本承包商中标。为达偷工减料目的,开工前,日商准备了重礼送往峄山工务段,被崔戟荣当即拒绝。

1937年,他调平绥路任工务处处长,兼改建八达岭盘山道总工程师。日寇侵占胶济铁路后,他坚守民族气节,坚决不为日本人做事,避难到山东高密聂家庄。日本人多次派留用员工到聂家庄威胁、利诱,以月薪从300银元加至400银元为饵,邀其为日本人效力,均被严词拒绝。1938年夏,他告别聂家庄乡亲,辗转返回汉沽。1939年,重阳节与世长辞,留下绝笔诗作:

> 信笔聊成四句诗,
> 再三日即重阳时。
> 今岁登高去何处,
> 村外玉沙山最宜。

崔戟荣喜诗、书,文笔亦长,书法宗柳、赵,墨迹遍及胶东。特别是诗作记录了崔戟荣漫长的人生经历,其后人编辑了诗集《筑路归来》。其中收录了崔戟荣许多吟咏汉沽家乡风物的作品,十分珍贵,耳熟能详,今天读来仍自然亲切。如《河岸盐坨》:

邑景玉砂名早标，

沿河堆垛接云霄。

乍来旅客遥瞻处，

疑是高山雪未消。

五、一代宗师李汉章

在汉沽，流传着武术家李汉章见义勇为、匡扶正义的故事。其武学绝技人称："贴身靠"。

李汉章，1880年生于汉沽寨上，幼时随母习武，12岁拜宁河县丰台镇唐维禄为师，学习长拳及形意拳。年轻时，秉性刚直，身体健壮，因爱打抱不平而闻名。一次，他走在街上，碰巧看到两名盐警正在调戏一个妇女就上前制止，反遭盐警毒打。李汉章奋起反击，将两名盐警打得抱头鼠窜。这时盐巡大队前来增援，李汉章沉着应战，又将盐警队20多人打得狼狈而逃，李汉章从此威名远扬。

不久，李汉章只好前往唐山避难，并四处拜师学艺。听说八卦掌十分了得，他又前往北京程廷华家学习八卦掌。与程门弟子比武时，曾用"贴身靠"把影壁墙撞倒，人送外号：靠背熊。程廷华遂正式收李汉章为徒，传授他"游身连环八卦掌"。

1934年，李汉章在一个脚行（扛大个儿）教武术。闻听一群日本浪人在长春设摔跤场，摔伤不少中国人，令李汉章十分气愤。比赛规则是画一个四米大的圆圈儿，比赛时，出圈者为输。如中国人赢了，给一袋大米；若输了，却自认倒霉。日本兵营里有个汉奸叫麻三,在长春一带为虎作伥,欺男霸女,无恶不作。逼得一个女孩上吊后,又用乱枪打死了闯入兵营找他寻仇的女孩的父亲。李汉章听说后,义愤填膺,决心要教训一下这个汉奸。一天下午,麻三不知死期将至,竟带着三个日本武士找上门来,扬言今天前来就是要与李汉章切磋武艺,一决高下。李汉章微微一笑,毫不犹豫地在生死文书签字画押。而后,吩咐徒弟说:"给我抹上大油(猪油炼成的油脂)!"

这时,脚行外早不知不觉被人们围了个里三层外三层。长春的父老乡亲早就对小日本恨得咬牙切齿,今天终于盼到有人来替他们出口气了,心里特别高兴,同时也暗暗为李汉章捏了一把汗。这三个日本人个个身体强壮,膀大腰圆。兄弟三人分别叫大力、二力和三力。大力擅长摔跤,号称常胜将军。二力精通空手道,战胜过许多高手,从未失过手。三力年轻力壮,拳跤俱精,比二人更胜一筹。此刻,李汉章不穿褂子,浑身涂上大油,亮光闪闪,显得格外精壮。较量开始,大力一照面,拱手行礼,十分谦恭。李汉章不卑不亢,胸前抱拳给予回礼。双方一交手,大力上来就伸手拽李汉章,想来个"背口袋"。但李汉章上身早已涂上大油十分光滑,大力一抓一出溜。往返多次,大力是有劲用不上,心里暗暗着急。李汉章趁其不备,抓住了大力手腕,双手一较力,大力趔趔趄趄地飞出了圈外。周围群众一片叫好声!

不等大力爬起来,二力上前,左右开弓抽了大力几个嘴巴子,骂道:"你的废物的干活!"

二力蹿上来。几招过后,年过五十的李汉章渐渐感觉力气有点不够用,身上出了一层白毛汗。但他稳住神,两眼死死盯住二力的步伐和手里的动作,虚晃一招,突然用出形意拳中一个虎形拳,把二力打出了圈外。

三力恼羞成怒,"啪啪啪"照样赏给二力几个嘴巴后,狂叫着要继续大战李汉章。

这时,有人就说:"你们车轮战啊,太不仗义了!"

三力一听,也觉得连续再打也是胜之不武,就同意稍后再战。这时,女孩的母亲拿来了饽饽。李汉章赶紧就着红糖水吃下,体力很快得到了恢复。

一开打,李汉章感觉三力真不是浪得虚名。他吸取了兄弟俩的教训,说什么也不让李汉章近身,想拖延时间等李汉章疲乏后再出手。十几个回合过去了,李汉章渐渐感到有点力不从心,他在急切地想着怎样破解三力的计策。这时,就听有人在喊:"用贴身靠呀!"

贴身靠,又叫贴山靠,是形意拳法武术动作中的一个招式。它是将人全身的力量运到背部,然后突然发力,达到出奇制胜的效果。就是这一声,提醒了李汉章,让他信心倍增。当两人转在一起时,李汉章突然近身,三力伸手去抓。李汉章气贯丹田,大吼一声"嗨——"随着他双膀一叫力,三力就觉得一座山崖突然坍塌在眼前,身体受到了巨大的冲击,他不由地噔噔噔倒退几步摔出圈外!

麻三一看大势已去,就要逃跑,女孩的妈妈大喊:"他就是仇人麻三!"李汉章怒火中烧,蹿上去一掌击中了麻三胸口,麻三立时口吐鲜血栽倒在地。日本人恼羞成怒,派出许多宪兵和警察要抓捕李汉章。他在大伙掩护下,趁乱逃出长春,到范家屯继续为脚行的人教功夫。

1947年6月,李汉章回到汉沽。1948年底汉沽解放,他也迎来了自己的新生活。1957年,李汉章当选为政协汉沽市第二届委员,并担任天津化工厂厂警队武术教练,1962年因病去世。

1990年,汉沽区纪念李汉章诞辰110周年,孙氏太极拳研究会会长孙剑云为李汉章题写了匾额:"一代宗师"。

(刊于《天津史志》2018年第2期,2018年6月,第43-49页)

作者:王雅鸣,汉沽作家协会

天津宝坻王煐与广东南海
吴文炜交游考

宋　健

　　王煐（1651—1726），字子千，一字紫诠，号盘麓、南区、南村。宝坻人。是清初著名诗人，被誉为近三百年诗文之奇才，天津文化史上重量级人物。康熙二十八年（1689），出任广东惠州知府。在岭南，与屈大均、梁佩兰、陈恭尹、王隼、廖燕、龚章等诗文名家结下了深厚情谊。还与韶州知府陈廷策合作，出资刊刻了张九龄《曲江集》和余靖《武溪集》，为岭南文化传承做出了巨大贡献，被称为"惠州贤太守"。

　　吴文炜是王煐岭南挚友之一。有关二人的交往，似乎尚未有人做深入研究。

　　吴文炜（1636—1696），字山带，后改名韦，大沥大圃人。少与梁佩兰同窗，十九岁童子试，获冠军，名噪一时。以后乡试屡不第，放意于诗酒中达三十二年。清康熙三十二年（1693）乡试第三名，时已五十八岁。次年参加会试又不第，取道南回，遍览山川胜景。越二年，陪同广东巡抚之子赴京应考，卒于途。文炜长于诗画，画成辄配以题诗。为诗初学李长吉，喜奇嗜险，论者以为其诗有徐文长风韵。

朱彝尊游览广东将归时,文炜作了墨卷子给他送行,画上题诗云:"上番新笋坼林风,垞北抽条得几丛。未得便留山展驻,罗浮晴看紫茏葱。"平日赋咏,多写在败叶残纸之上,不重视存稿,有《金茅山堂诗集》。生平见清同治八年(1869)《南海县志》卷三十九《列传八》。

吴文炜早有诗名。王士禛《北归志》云:

> (程)衍祖示南海吴韦(炜)山带诗,颇清逸。广州英妙有王隼蒲衣、梁无技王顾,昨皆见之。韦(炜)独不至。

此康熙二十三年(1684)事。这一年,王士禛代皇帝祭告南海,来到广州,结识了王隼、梁无技等岭南诗人,读到吴文炜的诗,印象深刻,很是赞赏。

康熙二十八年(1689),王煐出守惠州。结识了很多岭南诗家,如屈大均、陈恭尹、廖燕、梁无技、王隼、岑徵、陈阿平等,结下了深厚的情谊。其中也包括吴文炜。在岭南八年,从康熙三十二年(1693)起,王煐与吴文炜交往、唱和之事很多。

王煐与吴文炜的交往,在岭南诸诗人中,是比较晚的。王煐康熙二十八年(1689)到惠州做知府,当年就与屈大均、陈恭尹建立了非常融洽良好的关系,而与吴文炜,直到康熙三十二年(1693)才有交往的记录。

康熙三十二年(1693)春,梁佩兰、陈恭尹为吴文炜辑录订刻《金茅山堂集》,梁佩兰作序,王煐为刻之。(陈恭尹《独漉堂文集》卷三《吴山带诗序》,卷十二《吴山带行状》)但此时,王煐似乎还未与吴文炜见过面。直到这年四月,应王煐邀请,吴文炜与梁佩兰、陈恭尹、季煌结伴乘舟沿东江赴惠州,中道遇雨,逆流添涨,五日始达,沿途吴文炜作《江行十首》。中山大学商承祚先生旧藏《清吴文炜诗画合璧册》收录了这十首诗,由于年代久远,有的诗句漫漶残缺,已经无法认读了。

江行十首

与梁药亭、陈元孝、季伟功移舟东江将访紫翁使君,中道值雨,逆流添涨,五日始达循州,作江行十咏,纪闻见也。

江星

平楚敛荒烟,星河向夕县。依依与渔火,渔火在江尖。风浪□□□,璇玑自不愆。登舟观气象,清露转愁眠。

村灯

半日槎江路,烟村见渐稀。青溪几家住,莫树一灯微。临水门初掩,荷锄人欲归。溯流牵百丈,犹未息劳机。

鱼板

一江平似练,清夜此夷犹。人放中流月,鱼飞白板舟。群情争□扰,所得是无求。颇怪持竿者,溪南钓未收。

芦烟

芦中人不见,江色自萧萧。落日倚滩曙,寒烟一水遥。孤□留野岸,轻□断山椒。何许沧浪□,长歌□□□。

晒罾

□黄新柳外,箇箇翠□□。□□□落□,因依出芦烟。□□□□□,□□□□□。□□□□□,犹□渔人家。

雨帆

□度沉云影,廻看去鸟程。□移□岸□,□动与潮平。漠分江□色,油油惬□情。花溪明□政,红湿两□倾。

潮痕

路成沙尾出,潮落岸纹回。□月随高下,为时信往来。花低坐石角,萍细泊鱼台。宿雨忧新涨,前山黯未开。

橹声

东流方逆上,鸣橹不能停。断续菰蒲岸,沿廻凫鹜汀。蓬歌疏雨散,江□独吟醒。起问连樯客,丰湖几驿亭。

孤屿

石阰横流势,倾涛未肯休。天风吹欲动,江气没还浮。半壁□□落,长空疾鸟投。那逢谢康乐,高吟向中洲。

新苗

陂□常早熟,天气属南□。渐近鸣蜂候,知逢细雨多。风和时作浪,叶□半沉波。蓄泄劳官长,还闻麦黍歌。

这十首诗,王煐极为赞赏,赋同题十首和之:

江星

月落舟行缓,篷窗坐半开。橹摇珠斗碎,缆引玉绳廻。渔火初难辨,萤光久易猜。秋槎同汉使,此日探源来。

村灯

岭月光难上,潮流牵苦迟。江村静鸡犬,灯火出茅茨。香散龙柯节,腥传鱼腹脂。(自注:粤俗:近山多燃松脂,近海则以鱼膏为烛。)瓦盆煨定爨,买醉问篱师。

鱼板

缘木人应笑,胡为设板求。练光猜逆浪,月影讶垂钩。欲遂江湖意,还防网罟收。须知鲲与鲤,变化任遨游。

芦烟

渺渺沧浪水,苍苍葭菼秋。几湾渔径隐,一望野烟浮。白共轻云散,青随夕照收。何人更高蹈,蘅杜满芳洲。

晾罾

几日离支雨,(自注:粤中荔子将熟,必有时雨酿之,如江南之黄梅雨也。)江潭渔父忙。网罛防弊漏,补结趁斜阳。菰刺呼儿摘,筠芋嘱妇藏。鱼生堪细切,石上醉新凉。(自注:粤俗:细切生鱼,酒浸食之,呼为鱼生。)

雨帆

镇日风如意,其如雨势增。几人惊榜折,到处认崖崩。未息垂天翼,还劳系日绳。斜阳前浦出,暂泊伴鱼罾。

潮痕

大块同呼吸,由来不计年。怀襄成水国,清浅易桑田。世事俱陈迹,吾生亦偶然。但观消息(刻本作"消长")意,莫更费言诠。

橹声

欸乃空江櫂(刻本作"棹"),深宵未肯停。数声惊雁起,几处杂猿听。似答吟难稳,非关酒易醒。前山残月落,维缆傍将汀。

孤屿

怪石中流峙,应知星降精。蛟龙依窟宅,樯橹避逢迎。风雨年华逝,波涛日夜生。从来能独立,情至是无情。

新苗

煮海今为厉,官山古已苛。漫云同癣疥,终虑致沉疴。有齿焚身易,无文脱网多。寄言游惰子,努力莳嘉禾。

同行诗人亦纷纷唱和。陈恭尹有《江行杂咏十首》,梁佩兰有

《江行杂咏十一首》，僧愿光有《江行十首》。

王煐与吴文炜的交往，从一开始就是愉快的。吴文炜对王煐也是非常赞赏敬佩。吴文炜有《赠循州王子千太守》云：

> 此邦为政知无事，桑麦来歌独至今。
>
> 卧郡自成黄相治，寻山差遣谢公心。
>
> 石楼秋见三更月，庭树朝栖五色禽。
>
> 拟向登高诵新赋，朱幡时从出青林。

（此诗转自《岭南五朝诗选》卷九，亦收入《清吴文炜诗画合璧册》）

他们与梁佩兰、陈恭尹等人游览了西湖。释纪长作《初夏客西湖六宜阁王南区梁药亭陈元孝吴山带季伟公沈三隐诸公分赋》：

> 垂柳依湖岸，风过小阁凉。
>
> 香飘凝石几，云卧占绳床。
>
> 修竹当窗立，新荷出水香。
>
> 群贤乘兴至，名世属文章。

（康熙刻本徐旭旦著《惠州西湖志》）

他们雨后在代泛亭望湖赏景。吴山带有《雨后代泛亭望湖》诗：

> 一镜远涵波滟滟，红坭亭子霁初回。
>
> 轻阴不为游人散，胜地还因太守来。
>
> 内外湖分堤树出，东西山夹郡城开。
>
> 更须鼓枻穷冥杳，箫鼓中流夕瀤催。

（此诗见《清吴文炜诗画合璧册》）

王焕有《雨后代泛亭望湖》诗：

> 厅馆经旬锁碧苔，今宵云影两湖开。
> 波翻皎月催诗出，雨洗青山待客来。
> 良会古人难再得，画图异代莫相猜。
> 添衣一任侵风露，且共殷勤劝酒杯。

梁佩兰等亦有《代泛亭雨后望湖》诗。从此，代泛亭成为王焕等人雅集赋诗的重要场所，这些诗，被整理成册，即名之曰《代泛亭诗》。陈恭尹《代泛亭诗序》云：

> 癸酉四月，予偕友人梁药亭、吴山带、季伟公客焉，每晨而望，则渔舟竟出，网罟群集，纵横自得，如轻凫聚散，湖中三堤六桥，樵人牧竖，贩夫农妇，荷担往来，历历可数，月夕则水如积雪，山若浮墨，与星影天光平铺万里，无复高下间隔，寺灯村火，若灭若没，或积雨后，则堤与水平，一痕如线，行者踯躅其上，水注北桥，有声汹汹如千人喧呼，昼不闻也。日之方中，则云光下漏，推移山谷间，此晦彼明；雨骤至，则云脚低垂，随风聚散，或有或无，不可殚述。盖湖上之朝昏晴雨，未尝不若是，而无人凭高观之，斯美蕴而莫传，城内无多高山，自有此亭，然后一代之大观始备。天地之生，城郭之立，不知凡几千年而独有待使君，名胜之开，固有数耶？吾怯夫后之人以建置之近而易之，则木石之力，将有时而尽，故取一时登咏之作，序而归与

使君,牓以传之,冀来者为可继也。

这年秋闱,吴文炜中举,名列第三。王煐非常高兴,屡屡称之。

康熙三十三年(1694)除夕,王煐作咏橄榄诗四首。(《王南村集》第 107 页)吴文炜赋诗和之。诗见《清吴文炜诗画合璧册》。

康熙三十四年乙亥(1695)王煐卸任惠州知府,陞川南道,寓居广州。五月五日,王煐与吴文炜、梁佩兰、屈大均、陈恭尹等岭南诗人泛游珠江,分韵赋诗。王煐有《午日梁药亭先辈招同屈翁山陈元孝廖南伟吴山带王蒲衣蓝采饮诸子泛舟珠江观竞渡即席分赋得一先》二首。(《王南村集》第 115 页)吴文炜有《五日珠江雨后同梁药亭陈元孝廖南炜燕饯南翁观察之官川南并录求教正》诗一首:

> 西陲宠命来南陬,诗客长筵属令晨。
> 薄荐菖蒲官酝熟,乍收江雨渚虹新。
> 半天青雀三门水,几日皇华六诏人。
> 好似香山白居士,就中难别最湖滨。
>
> (诗见《清吴文炜诗画合璧册》)

吴文炜有长诗《奉题紫翁先生观察川南》贺王煐任职川南:

> 天风不断吹海水,浩浩元云泻千里。使君分竹属南溟,涵盖大才谁优尔。余波鼓荡皆文章,沐日浴月何汪洋。理繁剧郡犹多暇,四时谯客丰湖旁。菱丝荇叶纷明媚,白鹄轻船压红寺。流连觞咏不肯休,列炬前津引归辔。昨日招我来循州,登君忆雪之高楼。双江□倾入胸次,罗浮四百摇清秋。日傍樯楹骋长

望,物象澄鲜可酬唱。五子风骚殊杳然,手奉珠槃起颓旷。兴酣
落纸如飞烟,长陵锐师真无前。江黄小邾亦咸会,乐事□翅相
周旋。阎闿除书至粤殷,□指旅□穴鱼□。栈间延缘鸟道□,
□日□台空极目。鹧鸪朝啼苦竹林,猿猱夜啸苍厓阴。宦游踪
迹良有以,此邦从古多词人。拾遗草堂到应见,浣花花好光犹
眩。卷携杖策留东屯,闻水闻山欲题遍。吴趋况是陆放翁,剑南
著作称豪雄。边陲文物久未畅,群公天使开鸿濛。永宁宣抚更
僻远,直渡资泸近夷版。怀古应寻米利城?行春每过渔漕堰。殊
方雅化垂令名,宫商迭应声噌吰。心期千载有神契,遥示新篇
自天际。(诗见《清吴文炜诗画合璧册》)

康熙三十四年乙亥(1695)王煐与蓝采饮、朱十洲、吴文炜等友
人过佟声远寓园雅聚,有诗。(《王南村集》第133页)吴文炜有《紫
诠使君同过佟声远粟园再叠前韵三首》:

　　　　东关潮长入丛祠,水脉潜通小苑池。
　　　　住近南园风雅处,龙鳞波动写新诗。
　　(自注:粟园在宋三忠明南园五先生祠南侧。)

　　　　春风尚掩粟园开,东郭高眠似在山。
　　　　一卷南华未曾了,石房摇落藓文斑。

　　　　逶迤沙路杂游龙,野老相逢自可容。
　　　　莲萼一亭波上立,分明太华此中逢。
　　(见《广东诗汇》三编,清代稿钞本第一二〇册,305页。此条由

惠州报业集团严艺超先生提供。亦见《清吴文炜诗画合璧册》)

佟声远,即佟蔗村。后寓居天津,筑艳雪楼,至今为津门文人盛称之。

稍后王焕与陈恭尹、吴山带、朱十洲再聚佟声远粟园,王焕有步前韵诗三首(《王南村集》第 134 页)。

吴文炜成了王焕无话不谈的知心友人。康熙三十四年乙亥(1695)有一个春夜,两人闲话,说起平生异遇,王焕有《与吴山带夜坐各述生平异遇因出丁巳纪梦诗相示山带为赋三绝句复次韵和之》:

> 春寒料峭夜披棉,旧事重提意惘然。
> 记得华胥初入路,分明芳草杏花天。
>
> 蓬莱别岛洞门开,碧玉楼台绝点埃。
> 游遍仙都思作赋,江郎梦里却无才。
>
> 兰香萼绿伴双成,无缝天衣着体轻。
> 雾谷亦须香露浣,彩云诗思雪同清。
>
> (《王南村集》153 页)

吴文炜有《月下与紫翁使君语平生异遇使君因以纪梦诗相示其小序云己巳季春之夕梦至仙源碧树清溪璇房琼阁见三丽人踞石赋诗双鬟捧红丝砚侍侧予窃视良久三丽人者如无所觑挥翰自若题曰浣衣犹记其落句云天上彩云成五色也为赋三绝句》:

枝头幺凤语绵绵,玉洞桃花红欲然。

亲见彩云尽一幅,□知身到大罗天。

慧心真向玉莲开,碧树清溪岂有□。

故许旁人窃佳句,世间从此识仙才。

□纸分题赋未成,丛云风细五铢轻。

□□□□□浣,□□流泉见底清。

(见《清吴文炜诗画合璧册》)

康熙三十五年丙子(1696)正月三十日,王煐招集友人雅集并志别,有《正月晦日同袁密山通政梁药亭史蕉饮二吉士史万夫明经于右承州牧家令诒明府招同布衣岑金纪廖南炜屈翁山陈元孝王蒲衣蓝采饮孝廉吴山带林赤见秀才梁王顾陈献孟曾秩长童子黄汉人宴集寓斋分赋即以志别》诗。(《王南村集》第140页)吴文炜绘《潇湘三峡图》为之壮行,同人各赋诗赠行。吴文炜还把与王煐交往期间的诗作绘制成《诗画合璧册》赠之。此册流传至今,成为岭南文化史上的珍贵文献。

三月二十二日,有友人送来新荔枝和苦瓜,王煐与吴文炜等分享,有《三月二十二日圃人饷新荔支苦瓜有作》:

客里浑忘改岁华,每因感物动猗嗟。

酸心不待尝丹荔,苦口偏宜镂碧瓜。

落落半生羞作吏,茫茫四海笑浮家。

西邻老圃多情甚,佐我盘餐兼味奢。

（《王南村集》142 页）

吴文炜有《有进使君新荔枝者是日兼尝苦瓜二物皆南产使君
□笃嗜之此岂久习两物耶抑于性有所近耶亦可知使君不为南北□
□时人之囿于一隅之见也》诗，记其事：

> 惯习殊方土物宜，八年炎海驻旌麾。
> 都门菜果何疏润，出窖黄芽秋白梨。
> 园丁新采进□篮，不厌微酸苦尚堪，
> 岭外依依惟□□，亦如南□人相谙。

陈恭尹作《有进川南使君新荔枝者是日初尝苦瓜使君纪之以
诗与吴山带和之次吴韵》诗。

初夏，王煐与吴文炜、蓝涟、陈恭尹等在广州寓所雅集，陈恭尹
作《月夜紫诠使君寓斋同蓝公漪朱甸安吴山带叠韵三首》。

夏，吴文炜随广东巡抚高承爵之子赴京会试，在京中患病，十
月二十六日，逝于良乡旅店。享年六十一岁。（陈恭尹《独漉堂文集》
卷十《吴山带行状》）

关于《清吴文炜诗画合璧册》，屈向邦《粤东诗话》云：

> 盘麓王紫诠为惠州守，筑忆雪楼。政暇，集粤中诗人为唱
> 酬之乐。于广州，则佟声远粟园其常聚之地也。及王观察川南，
> 一时名流皆有诗赠行。独漉以各体字写与王唱和诗数十首为
> 长卷，南海吴山带韦则写细笔山水暨与王唱和诗成小册，以送
> 其行。此卷册均藏诵清芬室中，亦吾粤可贵之文献也。册中有

《与紫诠使君同过佟声远粟园诗三首》云云。诗极清俊,令人遐思。今日文德路迤东一带,昔时林野之胜,所称粟园水木清华,诗人高会佳处,尤可念也。册后翁覃溪跋云:"予在粤八年,未见山带墨迹。而广州之粟园,惠州之忆雪楼,亦未得见访。今见此册,追念昔游,宛在几研间。因赋二诗题后,兼邀鱼山编修同作"云云。得翁跋与诗,更觉斯册足贵。

翁方纲《复初斋诗集》卷二十五:

南海吴山带为王紫诠观察诗画册,兴化赵贡夫于燕市得之。紫诠名煐,宝坻人,有《忆雪楼诗集》,其由惠州守迁川南观察在康熙三十四年。此册则明年春粤中词人饯行所作也。予在粤八年,未得见山带画,而广州之粟园,惠州之忆雪楼,皆未亲访。余见此二册,追念昔游,宛在几研间。因作二诗,题其后,邀冯鱼山同赋:

蟹舍渔村碧玉湾,扶胥黄木研屏间。
忽疑雪瀑穿云下,谁向金茅采药还。
东郡只应潮响接,南园未许粤□删。
海天一粟祠轩侧,仿像重洋远近山。
(同过佟声远粟园诗注云,粟园在大忠祠招风轩之侧)

幺凤娟娟翠不收,鹅城道士自骑牛。
人间竟有飞琼语,今日谁知忆雪楼。
石墨傥同探瘗鹤,诗囊未得缩罗浮。

寄声试和空江笛,环珮天风万壑秋。

(飞琼句用册中王使君述梦事也。惠州牧牛道人题忆雪楼长歌,见王文简《居易录》。)

此册后归商承祚。商承祚去世后,传其子商志醰。商志醰亦为中山大学教授、考古学家、著名收藏家。商志醰去世,家藏文物捐给了中山大学,这本《诗画合璧册》,或亦在捐赠文物之中?

在离别岭南之前,王煐绘《古欢图》,为其与陈恭尹、吴文炜"合照"。康熙五十一年壬辰(1712)王煐挚友曹寅病逝,有《题三友图》诗,题下自注云:

曩余在惠州作古欢图,亦三友合照也。元孝、山带久逝,惟余尚在图中。荔轩、南洲继殁,惟晚研独存。读荔轩诗,不胜感悼。因用其韵寄晚研先生知有同情也。

诗曰:

掩卷怀古欢,虎泉与独漉。三友失曹徐,披图一痛哭。泪洒纸痕斑,诗成紫毫秃。遥忆晚研翁,应共伤孤独。(《王南村集》第279页)

时过十六年,王煐对陈恭尹、吴文炜等挚友的去世,仍然哀痛不已,这种情谊,真让后世之人深深感动。

参考文献

1. 王煐著、宋健整理:《王南村集》,天津古籍出版社 2015 年版。

2. 陈恭尹著:《独漉堂文集》,《清代诗文集汇编》第 125 册,上海古籍出版社 2011 年版。

3. 陈恭尹著、陈荆鸿笺注:《独漉诗笺》,广东人民出版社 2009 年版。

4. 潘尚楫纂修:《南海县志》,清同治八年刻本。

5. 王士祯著:《王士祯全集》,齐鲁书社 2007 年版。

6. 梁佩兰著:《六莹堂集》,中山大学出版社 1992 年版。

7. 黄登编:《岭南五朝诗选》,清康熙间刻本。

8. 徐旭旦著、惠州市岭东文史研究所点校:《惠州西湖志》,广东人民出版社 2009 年版。

9. 翁方纲著:《复初斋诗集》(稿本),国家图书馆藏。

10. 赫俊红著:《清吴文炜诗画合璧册》,《收藏家》1999 年第 4 期。

(刊于许振东编:《京畿学》第 1 辑,天津古籍出版社 2018 年版,第 271—280 页)

作者:宋健,天津市宝坻区邮政局

李菡赏识李鸿章

陈兆军

在李鸿章的求学生涯中,顺天府宝坻人李菡起到了重要作用。

李菡,字滋园,宝坻"李半朝"家族代表人物,同治皇帝老师。道光壬午科(1822)进士,选庶吉士、授编修,历任仓场侍郎、工部左侍郎署礼部尚书,同治元年(1862)擢工部尚书。同治二年(1863),李菡去世,谥号"文恪"。

道光二十一年(1841),四十六岁的李菡出任安徽学政,任职期间认真负责、兢兢业业,赢得了广大学子的爱戴。"凡应试入都及以事至者,无不依恋门墙望风恐后,其感激之意有更深于乡会座主者。"按照规定,学政到任的第一年要对生员(秀才)岁试分别优劣,酌定赏罚。道光二十年(1840),十八岁的李鸿章考中秀才。因此,道光二十一年(1841),李鸿章参加了岁试。

李菡十分欣赏李鸿章,李鸿章被"滋园学使拔取第一"。道光二十三年(1843),李菡离任安徽学政回京任职。按照规定,各省学政三年任期满时,就本省生员择优报送国子监,称为优贡,每省不过数名。结果,李鸿章被李菡选拔为优贡。李菡在科举方面给予李鸿章极大帮助。李鸿章的哥哥李翰章也得到李菡的赏识举荐。因此李鸿章对李菡十分尊敬感激,视其为恩师恩人。

(刊于 2018 年 8 月 6 日《今晚报》第 12 版"津沽·副刊")

作者:陈兆军,天津市宝坻区大白高中教师

王仁安"名号"与"斋号"

侯福志

　　王仁安，名守恂，以字行，出生于清同治三年（1864），是津沽著名学者、诗人和方志学家，关于他名号、斋号的得来，很少有人涉及，而了解他名号、斋号的演变，无论是对于他的著述研究，还是对于他的生平研究，都是非常重要的。

　　王仁安本名守恬，因与光绪皇帝同音，故更名为守恂。关于这一点，由刘佑民整理的《仁安先生随笔》（刊于 1937 年 2 月 24 日《语美画刊》）载："余名、字，均父命也。名与德宗讳同，只少'水'旁，今名'恂'，因避而改此，不得复论也。"也就是说，他的名、字，都是他的父亲给起的，但因为"守恬"这个名中的"恬"，与德宗名字"爱新觉罗·载湉"中的"湉"同音，所以改为守恂。

　　"阮南"是王守恂的别号，关于这个说法，《仁安先生随笔》同样作了说明："字曰仁安，嗣后仍应正写，不复以音相近者易之。至于阮南别号，是余少年无识，取'南阮'（指阮籍）之义，褊浅无味，此后决计弃之。凡书籍自署，及所用图章，皆在发此言前耳。"按照文末"丁巳旧十二月初六记"得知,该则随笔写于1917年,也就是说,1917年以前,他出版的一些著述或所作的文章,尚有用"阮南"署名者,如《阮南自述》等,而自该年后,就不再用"阮南"这个别号了。

王仁安还有个"阮叟"的别号,一直到1936年发表作品时仍署此名,但他认为这个"叟"字使用不当:"时近人晚年多自署曰'叟',读《孟子》首篇始觉未当。余向来亦自署曰'阮叟',矢自此日后改之。"《孟子》首篇里有:"孟子见梁惠王。王曰:叟!不远千里而来,亦将有以利吾国乎?"笔者分析,在王仁安看来,这个"叟",是专指孟子而言的,常人是不可以用圣人名号的,所以他认为今人自号曰"叟"显然不合适。

除别号阮南外,王仁安在杭州就职时,还曾有"补读书斋""远读我书室"等斋号,这在他1918年撰写的一则笔记中有记载:"自到杭后,日事游宴,心无归宿,端阳后改弦易辙,专以书自娱,因颜所居曰:'补读书斋'。今将去官,此后随所居地,一椽半榻,即可命之曰'远读我书室'。"按照刘佑民的解释,"'远读我书室',取陶诗'时远读我书'之意。"由此可见,王仁安作为有良知的知识分子,其从政时,内心仍坚守读书人的道德底线,并不为世俗所累,这一点在当时是很难得的。

另据《王仁安先生事略》一文载,王仁安"晚年家居,一志诗文,更及书法,自号拙老人,每为人作书,辄录己作,语挚情真。"按照这个记载,"拙老人"应当是王仁安另外一个号。1936年9月9日《语美画刊》创刊时,总编辑刘幼珉(佑民)曾给王仁安开设个人专栏,名曰"拙老人笔记",王仁安利用这个专栏撰写了不少津门掌故,其中谈到了对李叔同的看法:"晤天津李叔同,清癯绝俗,饱尝世味,已在剥肤存液之时,自愧不如,吾乡静上刘竺生(即刘宝慈)之外,又得叔同,喜慰万状。"由此可见,在天津知识界,李叔同的地位是非常高的。

(刊于 2018 年 10 月 8 日《今晚报》第 12 版"副刊·津沽")

作者:侯福志,天津市规划和自然资源局

王修植与《国闻报》

张　诚

紫竹林红楼后,作为一个老地名,已经消失了一百多年了。一百二十年前的一个夏天,几个中年男子经常在这里聚会,他们要在在这里建一学会,专译西人新学之书。他们不但要租屋,还要买机器,办报纸,甚至还要推翻大清封建王朝。

这些胆大妄为的人,为首者为一45岁中年人,中等身材略有些发胖,白静面皮上一双深邃的大眼,好像能洞穿整个世界,这人就是天津北洋水师学堂总办严复。

自从李鸿章1880年在天津筹建北洋水师学堂,严复便和天津结下不解之缘,由于严复兼水师营务,1883年从学校宿舍搬到老水师营务处,与学堂总办、会办相邻一寓。直到1889年周馥调动,迎来官场一系列晋升,时来运转的严复升为会办,转年又升为总办,严复才有条件单独住到法租界德威尼寓旁胡同。然这两处地点都和王修植家相距不远。

一、王修植在红楼后

此时王修植住在紫竹林红楼后,是法租界新扩之区。1898 年他四十岁,与三任直隶总督有良好关系,他是小站练兵的背后推手,是胡燏芬和袁世凯的"师爷",还是袁世凯的盟兄和定武军营务处帮办;另外,他还有个身份是天津北洋大学堂的总办和水师学堂的会办。

这些人聚会都是在王修植家,他是这里的灵魂人物,他的家就成了戊戌变法在天津的副中心。

袁世凯那年三十九岁,是除严复、王修植以外这些人里第三个重量级人物。他虽个子不高但体格健壮,尤其是那双眼睛,看起来炯炯有神。他是这些人中唯一行伍之人,他也是王修植捧起来的。

1895 年大清王朝改革军制,王文韶派胡燏芬练兵,委王修植为定武军营务处帮办。袁世凯以练民为经纬,多次拜访王修植,并和王修植、张锡銮、孙宝琦、潘克俊结成盟兄弟,王代以练兵条陈,因此袁遂得瓜代胡燏芬,在小站练成新军。后严复在提到他们"相晤恒于菀生之寓庐时,袁项城甫练兵于小站。值来复之先一日必至津,至必诣菀生为长夜谈。斗室纵横,放言狂论,靡所羁约。"

另外,袁世凯还和康有为关系密切,康在北京宣传变法组织强学会,袁也是发起人之一。康间接向光绪帝举荐"抚袁以备不测",因此袁世凯获小站练兵,临走时康特为他邀众饯行。变法期间日前首相伊藤博文来津,作为新建路军统领的袁世凯,曾和王修植一起接待。荣禄在北洋医学堂设宴款待伊藤博文,袁也在座,日方随员森槐南曾借酒赋诗赞袁曰:

旌旗津口夕阳开,鼓乐清秋共举杯,
喜阑冠当盍簪集,待看琴瑟改弦来。
西昆北漠今同轨,东箭南金尽异材,
最是推袁多骏骨,明朝携手上燕台。

这些人里第四个是杭辛斋,他是袁世凯的幕僚,王修植的同事。杭与袁形影不离,他不但辅佐袁世凯,还与王修植一起编辑《国闻报》。

第五个是吕增祥,他是海军公所会办,前驻日本参赞。吕那年五十岁,是他们中的老大哥,也是这几人中的文胆,还是严复的儿女亲家。吕也住在红楼后,与王修植、严复等相邻而居。

第六人为孙宝琦,那年他才三十一岁,父亲曾做过光绪帝的老师,本人为直隶道和军机处情报局局长。他也是袁世凯的铁哥们,育才馆的创始人,同时也受过光绪帝的召见。

最后一人为夏曾佑,是王修植的老乡,1890年庚寅恩科会试,与王修植、蔡元培同时入第。夏曾任礼部主事,是严复的知己,是王修植的莫逆。王曾说:"今之读者多,读书而淹博者亦多,读书而不为古人所黑者,惟夏氏一人也。"

夏那年三十五岁,受孙宝琦之邀任育才馆教习,戊戌变法前后他就住在王修植家,与严复衡宇相接,二人经常夜辄过谈,谈辄竟夜,微言妙旨,往往而遇。他与上海《时务报》主编汪康年关系甚笃,后与严复、王修植一起创办《国闻报》,他还常与梁启超、谭嗣同一起研讨"新学"。

二、王修植和严复

1895 年大清甲午战败之后,李鸿章与日本签订《马关条约》,清政府不顾全国人民抗议,要批准《马关条约》,康有为等闻讯极为愤慨,悲痛欲绝。于光绪十四年(1888)十月书《上清帝第一书》,同梁启超等鼓动广东、湖南举人百余上书都察院,请代奏皇帝拒绝批准条约。随后,各省举人亦相继上书。

转年四月初, 康有为又约同十八省在京会试举人一千三百余名,开会决定联合上书,会上公推康有为起草。康用一昼两夜时间,起草了《上清帝第二书》,提出:"下诏鼓天下之气,迁都定天下之本,练兵强天下之事,变法成天下之治。"请求光绪帝拒和、迁都、练兵、变法。

但是腐败透顶的清廷还是批准了《马关条约》,康有为等虽没能够阻止,但这一行动已产生巨大影响,它标志着维新思潮渐变为一场政治运动。

身在天津的严复,不但思维敏捷、治学严谨,且审时度势。他早年在留学英国期间,就已认识到报纸对开化民智、国家进步的重要作用。自甲午战争之后,严复多次强调要有一介媒体,用以沟通上下了解内外,并以此向西方国家学习治国安民之策。

在与旧制度和顽固派的斗争中, 严复认识到一个人的力量是有限的,他开始想利用职务关系,与北洋大学堂总办王修植、北洋育才馆创始人孙宝琦等组织一个学会, 专门翻译引进国外新学书籍。为此,还拉来儿女亲家吕增祥,王修植也拉来老搭档袁世凯和孙宝琦,而袁世凯还带来了风水先生杭兴斋,孙宝琦拉来了育才馆的夏增佑。

他们这些人有文有武，一部分是想通过振兴教育救国救民的文化人，这就是以北洋水师学堂校长严复为主，北洋大学堂校长王修植为辅，再加上北洋育才馆创办人孙宝琦和教师夏增佑。严复与这两个学校相处甚笃，经常以北洋水师学堂校长身份，到北洋大学堂和育才馆参加教学活动，并负责监考，而王修植也以北洋大学堂校长身份，到北洋水师学堂负责监考和参加教学活动；另一部分，则是想通过练兵、购械、聘请外国教习以达到实力救国的人。这些人是以新建陆军统领袁世凯为主，王修植原是他的搭档，而航辛斋则是他的军师。袁世凯在王修植的帮助下，将原有定武军扩编至七千人，并用新式武器装备，聘德国教练，按照德国营制、操典进行训练的军队，设有步兵、炮兵、工兵等学堂，推行新的军事教育。

这些人志同道合，可谓是老相识了。他们之间除了工作关系，还有亲情、乡情加友情，且在津住的还都不远，他们的共同目标，就是要唤醒民智民，消除弊端，以达到救国救亡目的。他们能经常在一起探讨，谈新学、谈变法、谈改革、谈练兵，无所不谈，谈辄竟夜。

早在1896年梁启超、汪康年等创办《时务报》时，严复即满怀热情地予以讴歌。严复认为《时务报》发行的重要意义，就在于能摧陷廓清守旧势力，启动中国的维新之机。于是，即和王修植等在天津创一报纸，并购办机器租赁房屋。

三、王修植和《国闻报》

1897年10月26日《国闻报》创刊，这是中国近代新闻史上的一件大事。

《国闻报》是以报刊介绍中外情况，扩大人们的见闻，增进人们的智慧,汲取国外治理国家社会的经验,以达到富民强国之目的。但此时的严复,仍在一场大病之中。报纸由王修植、杭辛斋负责,他只能和夏增佑负责旬刊的编辑。

《国闻报》表面上是他们几个人出资,但实际上《国闻报》的社会背景为北洋水师学堂和新建陆军;再后边,还有北洋大臣和直隶总督的支持,王文韶曾多加赞赏并解囊相助。

虽然当时全国练兵、变法之声日盛,但他们并未因当时环境好转而掉以轻心,对报纸刊载内容十分小心。为避免清政府的干涉,他们把报社地址设在天津法国租界,以期在受到政府干涉时得到保护。为了避嫌严基本不到报馆,报纸所有编辑工作都在王修植家进行,由王和同样有袁背景的杭辛斋主持。

当时《国闻报》的主要股东严复,找来一个老乡李志成当名誉馆主,而暗中由王修植当家。时任日本驻津领事郑永昌,曾在向外务省呈递交的密信中,明确的说:"天津发刊之汉字报纸《国闻报》,原为支那人王修植所有。"后严复也承认:"余与夏君惠卿主旬刊,而王菀生太史与(杭辛斋)君任日报,顾余足迹未履馆门。"

戊戌期间梁启超在《时务报》上有很多脍炙人口文章,而严复虽然不到报馆,但在《国闻报》上大量发表了他赞成康、梁变法的文稿。他曾连续发表过《论世变之亟》《原强》《辟韩》和《救亡决论》。严复以犀利的笔锋,痛陈中华民族面临着被列强瓜分的厄运,指出中国唯一的出路,就在于改弦更张采用西法。

《国闻报》发表的这些论说,抨击时弊,振聋发聩,在神州大地引起强烈反响。

他们虽然没有像康那样立党结社,但在变法问题上,大家还是能够达到一定共识,逐渐形成一个沙龙式结构体,形成早期维新变法的温床。

四、《国闻报》第一次遇险

1897 年底,中国又发生了件大事,山东巨野地方有德国教士被杀,德国借口山东巨野教案,派舰队强占胶州湾。俄国人虎视眈眈,想借机鲸吞旅顺、大连。

甲午战争之后,沙皇俄国步步紧逼,是清政府当时的最大敌人。为此,腐败透顶的清政府不得不与德国人讲和。

在此国难当头,康有为在北京多次上书皇帝要求变法,严复也在天津《拟上皇帝书》要求维新,这也是他们几人的诉求。

1 月 31 日德国使臣海靖来总理衙门会晤, 中德之间即将缮定教案六条。除了租借青岛外,还要给德国在山东修铁路和开发矿产的优先权。就在双方讨价还价之时,在京维新派找到《国闻报》,要求希望将此公布于众。

这件事非同小可,一是泄露国家机密,二是清政府会追查来源,搞不好还会人头落地。此时的《时务报》主编汪康年,因受张之洞、梁鼎芬影响,与康有为等隔阂日深。所以,康、梁只能求助于《国闻报》。

上海《时务报》不敢登,天津《国闻报》敢不敢? 几个人商量来商量去,最后决定:此关大局,舍我其谁?

于是在 2 月 7 日,《国闻报》连续两天刊载《总理衙门奏教案办结胶澳议租折》,将总理衙门与德国使臣交涉经过,及清廷在列强面前的腐败、懦弱公诸于世。

由于《国闻报》的刊载,此事在社会上引起轩然大波,《国闻报》

亦名声大振,一时成一纸难求之局。自此,《国闻报》一举取代了《时务报》,成变法运动中支持康、梁的主要舆论工具。但是,此举引起沙俄的极大不满,他们认为《国闻报》泄露了俄、德两国外交谈判之秘密,从而使中国人大增对俄人之恶感。因此,俄国公使再三请求总理衙门将《国闻报》查封。同时清廷也大为震怒,他们认为《国闻报》有泄露国家机密之嫌,责令时任直隶总督王文韶彻查。

五、王修植与郑永昌

此时一片黑云压城,虽然严复和王修植与王文韶关系甚笃,但是他们闯了这么大祸,直隶总督也是扛不住的。在此生死存亡之际,他们只好求助对维新有好感的日本人。

因为维新派一直主张联英、联日抗衡沙俄,所以日本人对他们有好感,再加上吕增祥关系,于是在3月13日,王修植通过总督府日文翻译陶大均,向日本驻京公使和在津领事求救,说明《国闻报》面临停刊,和他们几个人的处境,看是否能帮忙闯过这一关。

陶大均性情温和,清廷在日本设公使馆不久,就在那里当翻译,长期滞留日本,对日本政情及社会相当熟悉,也与日本人关系殊为密切。而日本驻津领事郑永昌的祖籍也是福建,其父、兄均在外务省任职,都与天津有不解之缘。

当时王修植对郑永昌说:"如果该报就此停止,则殆无再兴之望,且迄今之苦心努力,皆付之东流,毁于一旦,甚为遗憾。若能改为日本人名义,则可免除此危难。故特请求予以格外怜察,拯救此次危难。"

郑永昌听了介绍后说:"《国闻报》有关胶州湾及旅顺口占领问

题的报道和论说尤可称道,日本方面对《国闻报》揭露俄德的侵略阴谋,持非常欢迎的态度。"他也认为《国闻报》的存在,对两国皆有意义。

于是郑永昌立即给日本外务大臣打了个报告,说明情况并等待批示。

苦熬了一周的王修植,在 3 月 21 日写给汪康年的信中,百般无奈地写说:此间馆事颇发阻力,总署已具稿,将奏请北洋封禁,此间虽已部署,不悉可靠否耶?

3 月 25 日,夏曾佑也与汪康年说:"敝馆因政府阻力太甚,俄人亦迭有违言。虽屡行设法消弭,终非持久之道。兹不得已,与东邻矢野君相商,借作外援,始得保全自主。俄人之发阻力不足为奇,可奇者政府也,然此正所以成为今日之政府也。"

身在总理衙门的维新派张元济,深知事态严重,他给《国闻报》暗通消息,嘱他们"一切留意"。

郑永昌按照王修植的想法,找来一个叫西村博的日本人,让他来"顶帽儿"。因此王修植亲自到日本领事馆,对《国闻报》归日本人一事进行确认,并与西村博当着郑永昌的面谈妥:

一是西村博以《国闻报》之主事资格,办理社务;

二是《国闻报》所载之论文、新闻,必须经西村博之检阅;

三是西村博于《国闻报》馆内居住,饮食零用等一切费用由《国闻报》社支付;

西村博暂且不得要求除此之外的一切之报酬。

之后,西村博便发出一个启示,称"今自中历三月初六日为始,所有内外一切事务均归敝处管理。"并在后边署名:"《国闻报》馆主人西村博。"

他们还撒了个谎，推说所得《总理衙门奏教案办结胶澳议租折》的底稿，是由外国人提供的。为了避险，王修植拟暂时回乡，夏增佑也计划回里，此时严复如坐针毡。而当时的总理衙门，也只是想查出内部泄露之人，藉此王文韶也就顺水推舟，把这个英文稿交上总署，因此《国闻报》和严复等暂时没受太大冲击。

后来王修植在提到这事时说："刻总署密折，经署咨北洋查办。嗣馆中答以此件来自洋人，并有洋文信一函，呈缴北洋，据此复署，遂作罢论。盖总署之意，本系查抄传泄漏之人，并不与馆为难。"

六、《国闻报》二次遇险

正当众人刚松口气的时候，御史李盛铎受俄人贿赂，向皇帝上书弹劾严复与《国闻报》有染。指责《国闻报》"惟抑扬中西之论，淋漓满纸，与他报同一流弊"，说严复等"勾串外人挟制长官"。李还明确指责《国闻报》"间载水师学堂总办道员严复之言，又有水师学生所译西报，人咸谓系改员严复等合股所开，当自可信。""不意以监司大员，荒谬如此；以水师学堂之紧要，玩视如此，师殄舟烬，有自来矣。"

光绪帝接到李盛铎的奏折，日即颁布谕旨："着王文韶查明该报馆现办情形，及道员严复有无与外人勾串之事，据实具奏。"

直隶总督王文韶本是《国闻报》初设时的赞助人之一，据西村博向日本外务省的报告称："王文韶，原任北洋大臣，直隶总督，《国闻报》鼓吹新学，力劝入世之气概，多少是由于王文韶的指导。"王文韶奉到上谕之后，也深感问题比自己想的严重。

为了保护严复，也减轻自己之责，王文韶让时任海关道李岷琛函致日本领事，询问《国闻报》馆果否系日人经理，并接自何人之手？而自知其中利害的郑永昌，亦顺水推舟的称："前国闻报馆主李志成为福建人，因亏本歇业，曾于中历本年三月初六日，出盘售与敝国士人西村博接办自行经理，已据禀明有案，即于是日在报端刊布告白，兼列敝国年月字样"等。

王文韶接到郑永昌的函复后，便将原文照抄给光绪皇帝，并回奏说："二十三年九月，天津紫竹林租界地面，设有国闻报馆，闻系闽广人所开。今年三月，见报端有日本明治年号，询知该馆因报纸行销不广，资本折阅，售予日人。""道员严复素日讲求西学，偶以论说登报则有之。合股之说，即或因此而起，实未闻有勾串情事。""今该报被参合股，及与外人勾串各节，既查无其事，应仰恳天恩，免其置议。"

在直隶总督王文韶的一再庇护下，他们终于又涉险渡过这一关。

据当年郑孝胥日记中记载："闻前数日或劾严复、王修植、孙宝琦者，军机大臣为力救乃免。"

七、《国闻报》与保国会

与此同时，康有为等为了鼓动京官投身于变法运动，先后在京师南横街的广东会馆召开保国会，大声疾呼国势危如累卵，岌岌可危，号召京官们奋起保国救亡图存。

5月12日御史潘庆澜《请饬查禁保国会由》，劾康有为聚众不道。

在上海那边的汪康年，收到梁鼎芬从武汉发来的信件，要《时务报》不要刊载有关保国会活动的时候。天津《国闻报》毅然决然地刊发《京城保国会题名记》，严复为此发表评论，称赞该会为史无前例的盛会。次日，《国闻报》再次刊布《京城保国会题名记》，将刘鹗、宋伯鲁、杨锐等186人的姓名见诸报端。《国闻报》刊布这些名单,紧密的配合了维新志士在京师的举动,为变法救亡大造声势,反击守旧派,证实京师有爱国之心的京官参加保国会,是千真万确的事实。

在上下一片讨伐潘庆澜的情况下,5月26日,光绪特批:"会为保国,岂不甚善。"《国闻报》遂在"京师新闻"中,刊布了皇上支持保国会,而不理会潘庆澜、李盛铎等的奏章。

有了皇帝的支持,《国闻报》又刊发《书保国会题名记后》《论保国会》以及《闻保国会事书后》,并于5月28日开始接连不断地登载"南海康长素工部"在《保国会三月二十七日第一集上的演讲稿》《闰三月初一日保国会开会第二集演说大意》以及浙江举人陈虬等呈请总署代奏《变法自强力保大局,请求立会折稿》。《国闻报》的这些报道与评论的社会舆论影响力巨大,为全国所瞩目,它旗帜鲜明地站在维新派一边,使之名副其实地成为维新派喉舌。

借此东风,5月29日严复再次拜会直隶总督王文韶,二人商量应付李盛铎弹劾《国闻报》的办法。于是,到了6月7日王文韶才敢复奏,推说:"日本领事称,前开国闻报馆者,系闽人李志成。""严复被参报馆合股,及与外人勾串各节,既查无其事,应仰恳天恩,免其置议。"同时,他还说他警告了严复:"嗣后不得再有只字附登馆报,以自取戾"。当然这些都是表面文章。

八、《国闻报》与戊戌变法

由于严复等人和《国闻报》两次涉险支持变法,使得在京维新派大受鼓舞。于是翰林院侍读学士徐致靖上奏《国事大定密保人才折》,举荐康有为、黄遵宪、谭嗣同、张元济、梁启超五人。有了全国上下的呼声,有了在京维新派的支持,6月11日,光绪皇帝下《定国是诏》开始维新变法,起用维新人士。

光绪还把王文韶调到自己身边,封他为户部尚书,在军机处和总理各国事务衙门上行走,让荣禄暂署直隶总督。王文韶在入京前,没忘上书为严复请奖。他奏说严复等"尽心督课,不遗余力,以积年综理之功,储异日兵轮之用,询属着有微劳"。建议将严复交吏部从优议叙。

严复听说后欣喜若狂,遂于6月19日《国闻报》在"京师新闻"中,以《简在帝心》为题报道了光绪皇帝对康有为等志士的赞赏。之后还以《总报局告白》的形式,大力推销康有为、梁启超等人的变法维新论。并在《国闻报》连续上刊登了梁启超等的《公车上书请变通科举析》,将"要求废止八股取士制度"等主张公诸于世。

在大环境的督促下,荣禄一到天津,即在督辕面见严复、吕增祥、袁世凯、张翼等,积极布置皇帝和慈禧要来天津巡幸事宜。

8月29日少詹事王锡藩上《奏保人才折》,推荐严复为达时人才,同时被荐的还有林旭等人。光绪当即命"北洋差委候补道严复,着荣禄饬令来京,预备召见"。

9月14日,严复一早到乾清宫觐见光绪帝,光绪向严复详细垂询办理海军、开办学堂以及其他方面的事情,奏对约三刻钟之久。

严复被皇帝召见后非常振奋,拟将《拟上皇帝书》登报稿本紧急修缮,回到通艺学堂后,便伏案疾书以备再呈。然而他哪里知道,此时光绪与慈禧之间出现很大裂隙,京城中充满了谣言,百日维新走到了头。

第二天,光绪就写了一份密诏给康有为,谕以政变危机令筹对策,并交由杨锐传出。

第三天光绪皇帝就召见袁世凯，并提升他为候补侍郎专办练兵。然后又明里将康有为派到上海办官报局，暗地里又给康有为写了一个密诏，让林旭带出。

可就在这天，不知从哪里走漏了风声，御史杨崇伊密奏慈禧太后，康有为图谋围园弑后，要清廷赶紧发谕查拿，并"呼垦皇太后即日训政"。

慈禧一听大惊失色，天不亮就从颐和园返宫，直抵光绪皇帝寝宫，怒诘光绪皇帝，并尽括章疏携之而去。

此时康有为正在广东会馆，知事端危急，即将行李交弟康广仁，当即乘早七点第一班火车出京，经塘沽潜往上海。

九、《国闻报》再次遇险

戊戌变法失败后，慈禧大抓革命党，杀六君子于菜市口，康有为、梁启超亡命海外。保举严复的王锡蕃和他的好友张元济，和与之有关的官员皆被革职。凡与变法有关书籍和报纸一律停刊或销毁，这也涉及到严复在天津的《国闻报》。

严复回到天津后，得知六君子遇难，沉浸在巨大悲痛中，作有《戊戌八月感事》诗一首。9月28日，前户部主事缪润绂专门为此事向朝廷上书，认为"奸党甫去，乱端复萌。"其证据是："天津之《国闻报》依然邪说横行，假外人为名，实皆华人笔墨。"

10月6日慈禧下懿旨："凡有关于国家大计者，指陈得失，毋得自甘缄默，果系心存君国，直言无隐，无不曲予优容；倘若淆乱是非徒事攻讦，亦必治以应得之罪，为公为私自难逃朝廷洞鉴也。"

有了慈禧这道懿旨，守旧派立刻像打了鸡血一样兴奋起来，矛头马上转向《国闻报》。10月11日,江南道监察御史徐道焜奏劾《国闻报》及严复、王修植、孙宝琦等,说他们借《国闻报》"指斥朝政,略无忌惮,意在挑衅"。

当时的郑孝胥心里充满着担心,10月20日在日记中写到:"日来《国闻报》指斥朝政,略无忌惮,意在挑衅。彼必有以待之者,惟幼陵当益危耳。"

然而就在这一天,《国闻报》又刊布了康有为在香港发表的反对慈禧等人之激烈言论,更激起顽固派的仇恨。

10月28日,礼部右侍郎准良递上奏折,说《国闻报》"报馆奉旨停止未及旬日,旋即照常刊布,其诽谤诋斥较诸往日有加无已。九月初七日,述康逆问答之词,尤为肆逆不法。"他强烈要求:"一见国闻此报,即行查办!"

慈禧接到准良的奏章,立即下旨给军机处:"该报馆名为设自洋人,必有内地匪徒,挟洋为重,敢于肆行指斥。着裕禄拣派妥员,密查明确,设法严禁。此等败类,必应拏获惩办,毋得轻纵。"

然对此一无所知的严复,还在《国闻报》上肆无忌惮地嘲笑那些守旧朝臣,和请求禁毁康有为变法书籍的文章,说他们是"放马后炮","打落水鸡也。"

12月2日清政府下令,以严复、王修植等在报馆秉笔屡被参劾,命直隶总督裕禄随时察看。

这时的郑永昌也没办法,他在12月12日给外务大臣的报告中说:"天津发刊之汉字报纸《国闻报》,原为支那人王修植所有。因清国政府施加种种迫害,遂有日本人做表面之社主维持经营,对此已在以前之报告中述详细说明其困难经历。现今,王修植已陷入行将解散之窘境。"

十、王修植是《国闻报》馆主

《国闻报》在百日维新前后,支持改革,同情新党,表现得十分出色。功劳究竟应归功于谁? 谁才是《国闻报》的真正主人?

《国闻报》从开馆到关闭走过的历程有三个阶段。

第一阶段是从 1897 年 10 月 26 日正式出版, 到 1898 年 3 月 27 日西村博顶帽。

这一阶段自始至终为我所控。严复等为主要出资人,王修植为馆主,杭辛斋和夏增佑为主笔,严复在《国闻报》上发表了大量文章,此为第一阶段。

第二阶段为 1898 年 3 月 27 日西村博顶帽,到 1899 年 4 月 20 日《国闻报》馆正式卖与郑永昌,严复、王修植等退出报馆。

1 月 16 日夏增佑在给汪康年信中称:"报馆王、严均拟暂停,已有成议。(日人尚不甚愿)。"在夏曾佑的心里,王修植显然是排在第一的。

2 月 27 日他在另一封信中说:"国闻报馆已认真卖与日人,已交五千元,而余数尚未决定,馆事则一切交与日人矣。"

在这一阶段政局发生了翻天覆地的变化,西村博名为馆主,但实质上《国闻报》仍一直掌握在以严复、王修植等改革派手里。戊戌政变数月后, 夏曾佑在写给其表兄的信中称:"馆事则一切交与日人矣,弟等当初办此事时,作论打听新闻则甚劳,筹款备赔则又甚困,大为外力所挤则又甚窘。其事之苦如此。而自交日人之后,日人西村博名为馆主,而其人性极雅澹,且与支那言语文字均不甚通,虽在馆中而悠然物外,若与馆事无涉也者。日领事郑永昌稍精明,而无暇力及此。"

3月23日夏曾佑在寄到上海的信中称,《国闻报》"所需文章,严老近无暇,弟亦无暇,晚生方作之。"以此看来,在戊戌变法时期,《国闻报》上发表的三十余篇重要文章,除能查出九篇为严复所书外,其余主要是由王修植执笔。

第三阶段为1899年4月20日严复、王修植等退出报馆,到1900年6月23《国闻报》停刊。在这一时期,严复、王修植等虽然还能藉此发表一些文章,但其内部管理和主导,基本上都是郑永昌做主,也就是按日本人的意志行事。

十一、《国闻报》再遭绞杀

时间就这样到了1899年,北洋大臣裕禄,在慈禧的严厉督饬下,欲彻底绞杀《国闻报》。3月4日亲派津海关道黄花农,照会日本领事郑永昌,以"《国闻报》馆查系贵国人所开,我两国现在和好,极宜修睦以敦邦交,饬即转致贵领事,请烦将国闻报馆即行禁止,免淆惑人心。"

郑永昌在接获该公函之后,即复函进行辩驳,而黄道台仍不依不饶,即复函称:"现承贵领事谆谆诚谕该报馆,凡属议论不纯、肆意毁谤之词,概置弗登。"裕禄也啃不下这块骨头,只能上报总理衙门,要之与日本公使交涉。

当时的日本政府,也不愿因一张报纸和大清过不去。于是鉴于当时的局势,外务大臣在3月23日致电郑永昌:"近来清国内阁之保守派中,反对当地发行的《国闻报》者居多,常有种种埋怨之声。""该报纸自去年以来,屡屡发表有关清国皇帝及西太后的令人不满之报道。""然而不久前,对于皇嗣对立事件之报道,实又深深刺痛清国政府之感情,以致该政府有灭绝《国闻报》之意,实乃本大臣最遗憾之处。""既然专门作为两国外交上的一机关,而在帝国政府的直辖下营业,则现时特在清廷的报道中,笔端尤须谨慎,以使不违背善邻交谊之本意。"

这时的大形势已今非昔比,似乎再也没有人能保护《国闻报》了。严复、王修植、夏曾佑、杭辛斋等几人只能作鸟兽散。

4月20日,王修植将国闻报馆所有机器铅字,生财什物及一切费用等项,出卖与日本领事郑永昌。此时的《国闻报》价值银钱一万一千元。卖约签署之后,严复、王修植亦正式撤出报馆。

就在这时王修植的父亲故去了,夏曾佑致函上海:"菀生三四日内必当动身回宁。"当时的夏走投无路,在被迫离开报馆时,说了一段很感人的话。

夏氏云:"我辈昔日之地狱,一转移间而为天堂,浼而思之,不觉大笑。""从此有一公理可知:盖支那者无教化之国,在不开化之地者,决不可行开化之事,强而行之,不受大祸亦有大累。"之后,夏曾佑也借遴选祁县而离开天津。

此时严复在津也待不住了,他在给时在上海的张元济的信中说:"弟近灰心仕进,颇有南飞之思。"

十二、王修植与沈鹏事件

夏秋之交,王修植假满后回到天津。9月15日,日本学者内藤湖南来到天津,拜见王修植、严复等。内藤是同情和支持中国的维新变法的,他们交换了对中国时局的看法,他举出日本维新以来的经验、教训，希望中国能吸取有益之处，并记取前车之鉴。此时，戊戌变法的失败，及清政府一系列绞杀《国闻报》的行为，给王修植予沉重打击。面对内藤提出的问题，王修植指出："政府的高官们，大都年老而倦于政务，肯定没有改革的希望。依我看来，必须从百姓自己的团结做起。"

内藤接着问："贵国时事，尚难变法耶？"王回答说："目前尚未能说到此，大约十年以后，列邦交逼，即使上不变，下亦必变。"

当时，内藤对王修植的印象是，"王年齿四十一，容貌温籍，虽不通欧文，犹在现职，盖为才物也。"

在这一时期，北京又发生沈鹏冒死弹劾"三凶"事件。翁同龢的老乡翰林院编修沈鹏，指斥军机大臣荣禄、刚毅和太监李莲英等，《为权奸震主削民，生祸召灾，请肆诸市朝折》，历数罪状，要求"亟收兵权"，对李莲英要"除恶务尽，不俟终朝。"此折多次送至衙门，抑而未上，因此沈鹏大闹翰林院，在北京引起轩然大波，众乡友为了保护他而说他疯了，翁炯孙等强扭其出京，送其回籍养病。

沈鹏等到天津后，在侯家后借酒消愁，有说王修植11月18日在赛金花处宴客时，将沈鹏的疏稿弄到手，转天就全文刊在《国闻报》"折稿照录"里。

12月6日《国闻报》在"国闻录要"又加报道：翰林院编修沈太史鹏，前曾请掌院徐中堂代奏请杀大臣某某及内监某等一折，中堂不为上。复具一折，仍抑之，将再请。众乡友强其出京。不料，至津后仍折驾而回，更具一折。

翁同龢也在日记中说："连日为沈鹏在京欲讦大臣，同是公议，遂令出京，而炯孙阻之尤力。旋天津报登其疏稿，而论者遂疑余主使。沈鹏既归，见之又作辨诬一篇，欲刊之于报，于是同乡诸君益愤,斌孙面斥其具疏之谬,并痛驳其置辩之非,乃始罢议。噫,沈鹏一痴呆子耳,其人不足惜,而欲累及师门,亦奇矣哉。"

《国闻报》多次刊载沈鹏消息,立即引起清廷那些保皇派的新仇旧恨,他们立即把矛头对准王修植,上书慈禧太后说:"天津《国闻报》馆,为候补道王修植所开设,上年封禁之后,贿求日本出名,仍系王修植主笔,造作谣言,变乱是非,乃至诽谤朝政,请饬查禁严惩。"这次他们真的要把《国闻报》置于死地。

1900年2月27日,军机大臣钦奉上谕,"着裕禄查明,严行禁止。"裕禄接到谕旨,当即密饬津海关道黄花农切实详查。第二天又下旨将沈鹏革职,着地方官严行监禁。

由于抓不到把柄,3月1日裕禄回禀总理衙门:"现经一再访查,该报馆确系日本人西村博所开,买于福建人李志成之手,其在李志成开设报馆之初,王修植有无合股,时仅四月,事隔两年余,详查并无确据。"

3月6日《国闻报》继续登沈鹏业被拘获,即日在常熟监禁,县令嘱其速行自裁。

3月11日《国闻报》在《拿问词臣续志》,说沈鹏已在江苏原籍被拿,此数员初议皆革职,内改为斩立决。后经军机大臣某某中堂二人求之,方减轻为永远监禁。

3月16日《国闻报》登载《字林西报》的消息,说:"军机大臣面奉皇太后懿旨,电传密谕至苏州,着该抚派员密解翁中堂,并沈太史鹏一并治以死罪云。"

3月19日裕禄再次回禀总理衙门:"已饬令该关道函致日本领事郑永昌,即将该报馆禁止。查王修植才具尚优,粗谙西学,遇事善于炫长,明敏有余,诚谨不足。裕禄到任后,考察年余,尚无劣迹可指。王修植现丁本生父忧,俟其起复到省后,随时留心察看,如果趣向不端,不能敛才就范,即行据实参惩,不敢稍事姑息。"裕禄此折递上之后,上报总理衙门:"《国闻报》系日本志士所开,日本领事不愿予闻。查国闻报馆捏造是非,诽谤政事,实属有违各国报例,请由总署知照日本驻京大臣,转饬该领事查禁。"

总理衙门接报后回复"该衙门知道",然后又与日本政府交涉。

3月23日,日本外务大臣青木周藏致天津领事郑永昌:"该报纸自去年以来,屡屡发表有关清国皇帝及西太后的令人不满之报道,现时特在清廷的报道中,笔端尤须谨慎,以使不违背善邻交谊之本意。"

3月27日《国闻报》又在"东南各省新闻"中以《志沈编修事》为题报道。

两天后,日本驻京公使回复总理衙门,称:"据驻津领事具禀称,所有国闻报馆一事,业经与津海关道相商妥洽,一面禀明北洋大臣,一面谆瞩报馆,加意慎重,迩来查阅该报所登各节,尚无违碍事体。"

4月1日《国闻报》还在登沈鹏被发回原籍监禁的消息。

4月3日,日本公使西德二郎致外务大臣青木周藏,建议如遇到良好机会,即将《国闻报》卖出为上策。

4月6日,总理衙门致函日本公使,即希转饬驻津领事,"《国闻报》如能裁撤,固属甚善,否则必须严饬报馆,凡有妄肆诽谤,有碍朝政之词,不可登入报章。"

4月26日,青木周藏同意西德二郎的意见,并回训要郑永昌将《国闻报》售出。

据郑永昌4月27日所记:"青木外务大臣致在清国西特命全权公使,以目前清国形势而论,继续出版发行该报纸,非但无益而且有害，一俟有好机会，即可售出于清国当局或与我无关之当地人,或外国人(俄国除外),而目前望做临时应变的措施。"

还没等郑永昌将《国闻报》卖出，6月份清军和义和团开始围攻租界,紫竹林战火纷飞,《国闻报》报不得不在23日彻底停刊。

据西村博后来在《东京朝日新闻》里说:"国闻报馆正值动乱之际,又被三叉河口炮击,道具和机器都被糟蹋得非常严重。其后,日本军队又驻进馆址,就无法继续刊行了。"

一个月之后,主笔方若才身无一物地携妻逃到日本。

1901年3月1日《国闻报》寿归正寝,由方若接管,正式改名为《天津日日新闻》。

十三、王修植救过梁启超吗?

政变发生后,慈禧下令搜捕维新派领袖,康有为、梁启超、王照等都是从天津逃跑的。荣禄在天津派出多路人马拦截,据说王修植也是其中一路。

王因担任对伊藤博文的接待工作出色,荣禄遂把他当做心腹。

此时夏曾佑听说京中生变,梁启超逃入日本公使馆,并已由日本人送至天津,并由日本领事郑永昌亲自陪伴到了塘沽,即将登上日本兵舰。夏立即追到塘沽,觅得日本领事的汽船,上船与梁启超话别。上岸后于河滨正好遇到王修植。

夏曾佑问王修植,你们上这儿干什么来了? 王修植答:"奉旨捉拿要犯",然一笑而散。

后来王修植告诉他,当日荣禄传见,说:"奉电旨,梁启超已由日人护送至津,潜图出国。经探报,日领事已将他送到塘沽,即将登上日本军舰,汝速往塘沽,设法拿捕,务须慎重。"

王修植心知其意,说此涉及到日本人,得带上日语翻译。

荣禄会意地说:"陶大均行吗?"

王修植说:"行,就让他跟我去吧"。

荣禄立马就答应了,即派总督专用的快马小火轮送他们去塘沽。

到了河边找到日本领事馆的汽船,刚好遇上夏曾佑从里边出来。

王修植和陶大均立即登上日本领事的汽船,说明缘由,见梁启超正在船中,此时已剪去辫子,穿着日本和服,二人打个照面假装不认识。

日本领事郑永昌推说:"我船中并无此人"。跟在王修植后边的侍卫手指梁启超,说这个人可疑。

郑永昌说:"此为我国人"。

王修植说:"我们带翻译来了,你是否愿意与我们谈谈?"

梁坚不开口,陶则用日语再说一遍,仍然无效,经过多次交涉仍无结果。

其时王修植、陶大均与梁启超均为好友,荣禄岂能不知之,而故为之,正是遮掩外人耳目。王修植说要派日语翻译,也是心里清楚。

二人随即回直隶总督府交差,而荣禄也以追拿无着,回禀总理衙门。

这段叙事,出于张元济 1952 年《追述戊戌政变杂咏》,此时已经 85 岁的张元济,说是夏曾佑当年告诉他的。张的这段叙事,遭到不少专家学者质疑。

事实果真是这样吗?

经查,夏曾佑在光绪廿四年(1898)八月日记中说:"六日(9 月 21 日),小雨竟日。夜起,知待庵(王修植)处,知国家有大事也。""初七日(9 月 22 日),晴。访待公(王修植),知其将往塘沽。"这天王修植去塘沽无疑,但到塘沽干什么去了? 夏没有说。

当时京津之间火车对开,每日四班,间隔三小时,分别是早七点、十点、午后一点、下午四点。京津之间火车下午才恢复,而梁启超21 日晚遁入日本公使馆。所以,他不可能乘最后一班车,于晚七点抵津,因而在郑永昌的陪同下,乘小艇驶往塘沽。而这天夏曾佑也没有去塘沽,他是在四天后才到塘沽,见到的人里也没有王修植。

夏曾佑的日记里是这样写的:"十一日(9 月 26 日),晴,与西村、井上游于塘沽,见聂功庭(聂士成)、黄少卿(黄花农)、吕秋樵(吕增祥)诸君方捕亡人。"

其时梁启超不需要那么急,21 日崇礼只是在京奉命捉拿康有为,捎带着捕走了康广仁和与之有关的张荫桓,并没有涉及到旁人,而梁启超心中有"鬼",才遁入日本公使馆要求保护的。24 日慈禧才下令捉拿康党。

黎明,步军统领崇礼复率弁兵出正阳门,至宣武门外南横街将新授军机章京内阁侍读杨锐、刑部主事刘光第、内阁中书林旭、知府谭嗣同并其家丁等一并拿解。然后带兵到东安门外锡镴胡同拿张荫桓。据此看来,当时涉及到的只是京官,而非梁启超等。

据日本公使林权助给日本首相大隈重信的电文来看,梁启超是在 25 日到达天津的,这说明梁从 21 日晚至 25 日下午,他在日本公使馆藏匿了四日之久。

郑永昌曾报告,本月 25 日,他与另外两名日本人陪着梁启超换上猎装。晚上 9 点左右,他们一行 4 人从紫竹林悄悄登上一艘中国船,乘着夜色向塘沽进发,行驶途中被北洋大臣的快马号拦截。

快马号上有大清国的警部、持枪士兵和其他二十多名中国人,他们声称船上有朝廷要犯梁启超,要求停船检查,但郑永昌拒绝其搜查。

当时这艘船,已被快马号用缆绳索住,准备拖回天津。大约向上游逆行拖带200余米,双方又争辩起来。经过两个多小时对峙,终于达成协议,清国警部与持枪士兵登上郑永昌乘坐的船只,以警护为由一同去塘沽,而快马号则回天津报告。

翌晨7时,郑永昌的船只到达塘沽日舰大岛号旁,军舰上放下一只快艇,上边装满日本水兵。此时清国警部与士兵,见此情形便不再坚持,打算各自逃离。郑永昌与梁启超四人上了大岛号。

这是出于茅海建《戊戌变法史事考》中查阅日本外务省的档案。

郑永昌的报告似为可信,因为21日梁启超遁入日本公使馆时,京津之间夜班火车可能没有了,而22日停运,继而23日又停半天,所以梁启超化装成猎人,最快也要乘下午或晚班火车到天津,然后乘小艇去塘沽。

郑永昌说25日是准确的,转天26日早晨梁启超即登上大岛号,夏曾佑就是在这天去的塘沽。然而这天他并没有看到梁,而是碰上聂士成、黄花农、吕增祥。当时聂士成是武毅军统领,负责这一带的治安;黄花农是津海关道,负责北洋对外交涉;吕增祥是天津县,这里是他的地盘。荣禄派他们三个到塘沽处理有关突发事件最为合适,所追捕的"亡人",当然就是梁启超了。

为什么有说梁启超逃亡是在22日呢? 原来在那天直隶总督衙门确实有过追捕行动。

据《申报》连续报道,21日步军统领崇礼在京城里外寻康不见,恐其出逃,清廷即下密令四处通缉,并电饬各省悬赏缉拿。步军统领亦派差弁至马家堡迎护守候竟日未到,旋悉康已远扬废然而返。

市中传说纷纷,咸谓康已出都搭船南下。

慈禧电传懿旨,命直督荣制军由津密拿。总理衙门将通缉电报于晚一点钟发往上海、广州,并电致烟台、上海两关道照会领事,俟各轮船到埠密往搜捕。

夜晚荣禄迭接京电,遂于夜半以后,札行津芦铁路总局,称有密件饬于初七日暂且停车,并派飞鹰猎船沿途追捕。

凌晨,忽由谍者报称,康有为匿迹于紫竹林下日本领事署,五更时已由日本官商三人伴同,雇一小轮船向大沽进发。荣禄这时正在料理进京事宜,闻报后立派通商巡捕刘君驾飞鹰猎船追之。刘君一直到大沽才追及前船,然日人不令登舟,并于怀内出洋枪,指刘而胁之。刘无奈,为命挽舵而回。告于大沽直字营统领史军门。

史军门由德律风禀报护理北洋大臣袁世凯听候核夺。之后史立往追赶,而日人所乘之小轮船已经出口,泊于日本兵船相近,史军门遂望洋而返。

袁世凯派津海关道李岷琛,督同天津县吕增祥到大沽口上船究诘,然李岷琛等又不能到船搜索,只有天高任鸟飞而已。

夏曾佑日记中说:"初七日(9月22日),晴。访待公(王修植),知其将往塘沽。"王修植是去处理这件事吗?如果是的话,由于飞鹰猎船时在大沽,他只能乘总督衙门的"快马"小轮船追赶。然《申报》只报道说有李岷琛和吕增祥,并没提到王修植。

飞鹰猎船追捕的亡人到底是谁?后来所知,在日本人小艇上隐匿的并不是梁启超,而是因一纸参倒阻碍变法的礼部六堂官而"畏罪潜逃"的四品京堂王照。

10月15日,慈禧接到都察院奏《遵查四品京堂王照并无下落》一折,即下懿旨:"该员畏罪避匿实难姑容,后补四品京堂王照着即革职,着步军统领一体严拿务获,并饬宁河知县将该革员原籍家产一律查抄,毋任隐匿。"

十四、王修植之死

据王修植的后人讲:"晚清御史王修植经常奉慈禧之令查办要案。1898 年,戊戌变法失败后,慈禧下令追杀参与变法者,康有为得知消息准备出逃,慈禧接到密报,立即派王修植率人去天津捉拿。密报中称,康有为在外国使团有关人员的帮助下准备出国躲避。远渡重洋必定要借助外轮,王修植在天津进行搜查的同时,还对港内外轮进行逐艘检查。在一条正准备起航的外轮上,王修植果然遇到了康有为,康打扮成一个烧煤的伙夫在假装填煤。在极度高温的机舱内,脸上满是煤灰和汗水,脏乎乎的下人衣服,没有谁认出这就是朝廷缉拿的要犯,一个随从吆喝了一声:'滚开点,不要在这里挡路!'王修植乘机冲康有为呵斥道:'挡道!滚!'两人对视了一下,似乎心照不宣。康有为立即俯首躲开,王修植遂去别处检查。返京后,王修植不得不向慈禧复命捉拿无果。"

关于王修植的死,张闳达是这样说的:

回到家中他很是后怕,万一随从中有人认出康有为向上秘报,必定祸及九族,越想越怕,极度紧张,于是一病不起。中医说是受了惊吓破了苦胆,无法治疗,家人就去请西医诊治。

当时的西医分德、日派和英、美派,而德、日派在其中占上风,于是请来了一个日本医生,医生给王修植打了一针就走了。谁知日本医生走后不久,王修植出现口鼻溢血,没一个时辰就气绝身亡。

从天津回京到莫名而亡,只有两、三天的时间,家人对王修植的死充满了疑问。从口鼻溢血的现象来看,似乎为中毒而亡,当得知康有为是在日本人的帮助下出逃的,家人推测那个日本医生有可能是来奉命杀人灭口,而毒就在那一针药剂中。后来家中有人读了西医,分析王修植一病不起可能是极度紧张引发的心脏病,而日本医生投毒一说仅为推测,不足为凭。

王修植病倒在家时,慈禧颁发诏书,任命他为沪杭甬铁路总办,这在当时是一个肥缺,没想到尚未到任,王修植便去世了。去世前他只向最亲密的家人简略讲了一下放走康有为的经过。十几年后,康有为回到国内,才使王修植的家人了解了具体的细节。

综前所述,即能看出王修植后人之说,纯属道听途说不足为信,而后边所叙则更无考证不足为凭。

王修植的死是在1902年。那年夏天,夏曾佑多次在上海遇到他。秋天王才回到天津找袁世凯,此时他的把兄弟已经是正式的直隶总督了。王修植10月5日回津之后,先住在泰来洋行,后寓四明王宅。

此时正值袁母病故,袁世凯要回籍葬亲,临走前还有很多棘手的事要处理。10月10日终于百忙之中见到王修植,二人叙说旧事,不觉感伤万分。由于还要接待别的官员,他们只能改日再叙。据《大公报》载,袁当天先后接待二十三位要员。但是,直到10月20日袁世凯回籍,也没能抽出时间。更可惜的是,四天之后王修植突然逝世。

时在北京的夏曾佑,听到噩耗恸哭欲绝,冒着小雨从北京赶来,到浙江会馆给王修植吊丧。只见大堂之上挂着严复亲书的大幅挽联:

兰以香而焚,膏以明而竭,同彼龚生,天年竟夭;
有拔之而起,孰挤使之止,嗟我子敬,人琴俱亡。

此作淋漓呜咽,有天马行空之神骏,闻者无不哀之,以致后来有人说此"非萍乡学士,不足当此。"

后 记

虽然戊戌变法失败了,但是维新思想深入人心,以致当时很多硕果得以为继,从多方面推动社会的稳健发展,特别是以教育和练兵为举世瞩目。不管怎么说,除了英年早逝的王修植和吕增祥外,在新思想诱导下,从这里走出一个北大校长严复,还出了一个民国总理孙宝琦,还出了个国会议员杭辛斋,甚至还出了个民国大总统和洪宪皇帝袁世凯。戊戌变法虽然没有从根本上动摇封建统治,但是到辛亥革命时期,袁世凯却联手孙中山最终推翻满清王朝。

不管王修植是否救过梁启超,孙宝琦如何救得孙中山,然《国闻报》和红楼后这些人,都对中国变革起到了关键作用。

(刊于王杰、张世轶编著:《北洋大学与天津》第二辑,天津大学出版社,2018年11月,第68—89页)

作者:张诚,老照片收藏家、天津地方史学者

周维善与《新天津画报》

刘礼宾

　　1937 年 7 月 4 日、11 日、25 日的《新天津画报》上均以较大篇幅刊登了画家周维善的漫画作品。周维善当时在美术界有一席之地,其部分作品具有极强的感染力。周维善是爱国知识分子,具有正义感的漫画艺术家。

　　《新天津画报》由爱国报人刘髯公主持操办。《新天津画报》图文并茂,新闻及艺术摄影、插图漫画、书画艺术作品等占报纸总版面的三分之二。书法美术为固定专版,其中设有不同栏目。徐悲鸿、华世奎、曹恕伯、薛月楼、刘子清、李子华等名家都曾在《新天津画报》上发表过作品。当时艺术评论界名人崔笑我、薛小楼、王喆夫等也在撰文之余刊登书画作品,并开展书画赈灾义卖。

　　周维善思想进步,敢用画笔批判旧政权,其人品符合新天津报社对作者要具有爱国主义精神的要求,其作品与报社的择稿方向相一致。周维善遂因经常刊稿,成为新天津报社作者战斗集体中的一员。他与《新天津画报》的渊源,也因此留痕于报纸文献资料中。

周维善曾被媒体誉为"漫画先锋第一人"。他的漫画具有鲜明的思想性,部分作品呈现出战斗力。他以笔为武器批判腐败的旧政府、揭露丑恶的社会现实。大凡批评类的漫画或文章,他皆落笔露锋,不遮不掩。他的部分漫画作品,贯穿喜怒哀乐、悲欢离合,以百姓的日常生活为素材,吸引眼球,给人思考,激发斗志。

1934 年 3 月,周维善与高龙生、童漪珊、苏吉亨、沈硕甫等人成立了"天津漫画会",并于同年 5 月 1 日创办了《天津漫画》杂志。周维善在发刊词中写道:"如今大鼻子的黄毛们,碧眼下露布着两列皎白的贝齿;东洋的矮小(侵略者)们,趾高气扬。我们艺术界也应挥毫而起,为中华民族争口气,负起责任来!"周维善还写道:"本刊这块园地,公开的无偏无党,是全国艺术界的园地,雅俗共赏的花园,故此有漫画与艺术界二合一的部门,漫画的部分是表现现代社会的矛盾现象的缩影。艺术界,是介绍国内外艺术家一切艺术杰作,使艺术的爱好者与学者,得有正确的认识与趋向;(本刊)愿与读者诸君,共同努力向前走去,发扬中华民族的艺术;(愿)在国际间唱出民族英雄的豪歌在未来。"

《天津漫画》杂志名为漫画,实则被周维善等人办成了一本雅俗共赏的文化类综合刊物。第一期的《天津漫画》内容有漫画、国画、油画,还刊有小说、小品、诗歌等形式的文学艺术作品,可见周维善主持下的《天津漫画》是自由与开放的。

无论什么样的创作形式,周维善均以笔为媒,表达自己对知识分子和劳动人民的深切同情,他在作品《招生》《一忧一喜为虚荣》中对旧政权的腐败无能和旧政府的不作为给予尖锐批评。周维善还在个人画展中植入"追求正义、追求平等"的信号,通过画展传播进步思想,号召同胞投身反帝反封建斗争。1934年5月1日,天津漫画社丛书精选了周维善的50幅作品,出版了《维善漫画》,为周维善个人, 同时也为中国近现代美术发展史留下了一部珍贵的研究资料。

(刊于2018年8月8日《今晚报》第12版)

作者:刘礼宾,天津文史学者

金恭寿与《金氏家集》

金彭育

津门峰泽堂金氏,原居浙江绍兴,清初迁津,业盐起家,亦儒亦商,代有著名文人,著作亦多流传。从清代到民初,《金氏家集》共出版五种版本,最初为清咸丰八年(1858)天津致远堂刻本,六卷,两册,金召棠(墨樵)编,书中有金氏族谱。民初的版本是由金恭寿(向辰)编刻于1918年,天津致远堂镌本,上书:"戊午参镌,版存家祠",书中亦有金氏族谱,首页是金恭寿写的"序"。

一、秉承家风钟情诗词书画

金恭寿(1857—1930),字向辰,是我的十二世叔。金恭寿祖父金同人,父金沂(云波)。金恭寿本人系禀膳生,候选县丞,选缺后以知县在任候补。他幼读私塾,钟爱国学,秉承家风,吟诗作画。稍长,在津京进行稽核(经济)专业知识学习。曾任京奉铁路总稽核。民国二年(1913)6月18日任中华全国铁路协会本部职员,与詹天佑同

金恭寿与他的中华全国铁路
协会胸牌

为评议员。他北京的工作地点在王府井,天津的工作地点在大经路(今中山路)择仁里。金恭寿平时喜爱诗词和书画,钟情丹青,画得较多的是山水画和花草。我曾在"文革"前看过他的多幅画作,现已悉焚尽失。2005年,天津同方秋季艺术拍卖会·古代书画专场,上拍过他的一幅画《南山晋颂图》,上有钤印。现其家人留存有他在1920年画的一幅《益寿图》影印件。这幅画是冬日场景,只见远山近岭,怪石嶙峋,苍松遒劲,一老翁拄杖前行。画中题文:庚申孟春之吉,为学勤道长兄古稀初度,写此奉赠以当九如之祝。落款为金恭寿,上有钤印。据悉,这是送给"天津补遗女子学校"老师的祝寿画。该校于民国二年(1913)由张铁创办,校址在鼓楼北户部街朝阳观后院。校舍为老式楼房,原为职业学校,后又附设女子小学。到1920年,由李世湘接办,请王书云女士为校长。当时有一个职业班,两个初小班,共有学生90人,教员8人。除教室外,还有一个小礼堂,一个小工厂。工厂内有织袜机、织毛巾机共41台。1934年在此建起市立师范附属幼儿园,后为南开区第二幼儿园。

家存的一册《金氏族谱》是由金恭寿续编、整理、书写的,共有津门金氏十一世至十四世大部分谱系。这本《金氏族谱》是用毛笔写的工整楷书,从右侧写,欧体,立式。据了解,这册《金氏族谱》编成时间是 1918 年至 1920 年之间,因为以后的情况就缺失了。

二、艰苦曲折的编辑过程

金恭寿在"序"中,记述了他编辑这个版本《金氏家集》的艰苦过程。他还是幼童时,父亲曾为其口授古诗 30 首,嘱他随时诵读。稍长,熙堂(际泰)伯父手抄先人近体诗一册,让他熟读。金恭寿虽然读了,但不知其深意。后又听说熙堂伯父、鹤山(达澜)叔父,均说起金氏家族先人诗稿甚多,但他们已经老了,要把诗稿交给金恭寿,要他传承下去,不能遗失。金恭寿了解到,据家谱中所载,原诗稿存于绍兴藕川老宅,清初家人迁居天津卫。诗稿存于熙堂伯父、鹤山叔父处,经他二人合编后,共得诗 438 首,名曰《家集》。熙堂、鹤山均为十一世。熙堂(1803-1875)为奉议大夫,鹤山为附贡生,候补从九品。录正本时,又发现庚山(凤洲)叔父从四川仁寿带来的少量诗稿,未及整理,这样又过了多年。这里还应介绍一下庚山,他是个官员,供职于四川。金凤洲(1831-1884),字庚山,道光己酉科举人。拣选知县军功,特授四川南江县知县,历任巴县、成都、仁寿、江油、乐至等县知县,升授巴州知州,赏戴花翎,钦加运同衔。金凤洲从小酷爱古诗词,出口成章。离津赴渝,仍不忘诗词相伴。晚年回津后,四方搜集家族成员的诗歌创作,不遗余力。但在这期

《金氏家集》的扉页

金恭寿撰写的《金氏家集》序

间,熙堂、庚山相继辞世,因此,诗集一直没能付梓,鹤山因庚子之乱而去世。金恭寿了解到诗稿副本经庚子之乱散失,非常焦急。"以先人累世手泽,伯父、叔父数十年苦心经营编成的诗集,正本先失于四川,副本后失于天津"。作为子孙,情何以堪?"虽经多方搜索而不得之"。巧妇难为无米之炊,原诗稿的遗失,使金恭寿编《金氏家集》的计划难以实现。

踏破铁鞋无觅处,得来全不费工夫。1912 年秋,事情出现了重大转机。金恭寿在与文友高泽畬(凌霄)闲聊时,高言之某书商藏有金氏遗稿,但要价偏高。金恭寿遂出重金求他为之代购,共得家藏诗集 32 本,其副本亦在其中,"这皆因是金氏先人在天之灵的呵护"。金恭寿得到这些诗集,又得到众位家人的帮助,继续四方搜求,又得诗 142 首。算起来,共计 580 首,但这不及原来大量诗稿之一二。丁巳(1917)秋,先将家集重新编校,并请高彤皆(凌雯)、王仁安(守恂)参与修订。至戊午(1918)冬始脱稿,并付梓面世。书中写道:"特感谢先人累世之手泽,伯父叔父数十年之苦心。愿世代子孙永牢记。金氏十二世孙恭寿谨序"。

三、金氏家族诗画作者扫描

该版本《金氏家集》是金恭寿最后搜集编辑的。共有津门金氏六世至十四世诗作者 49 人,诗词 603 首,分为六卷。卷一作者为 4 人,其中金(安)平诗 61 首,附词 14 首。金平系六世祖,字子升,号惺园,七品敕封文林郎。从金平起携家人始迁津,业盐起家,亦儒亦商,居天津城内西北角。金平素有诗名,构"岭南轩",接纳南北文士。与"问津园"主人张霖(鲁庵)风雅相尚。著有《家训》一卷和《致远堂集》四卷传世。

卷二为金玉冈(芥舟)诗歌 185 首。津门金氏第八世为清代全国知名的诗人、画家、书法家、旅行家的金玉冈。金玉冈,字西昆,号芥舟,晚号黄竹老人,津沽名士,不乐仕进,开一代画风,诗文、书画皆精,好游名山大川,足迹几遍天下。

卷三诗作者共 23 人,计有金方(勉之)33 首,金胜(岭云)21 首,金鹤山(达澜)26 首,金龙节(达清)15 首,金铨(野田)7 首,金昶(永和)2 首等。其中金方和金昶分别为金芥舟的长子和次子,诗画俱佳。金龙节,名达清,别号墨禅,是金芥舟的曾孙。从天津来看,津门画家惟金氏独盛,自芥舟以下六七世,代不乏人,人才辈出,画风别具一格。金龙节绘画"递传家学,能别开生面,不入四王窠臼"。他擅画山水,尤喜湿笔皴点,笔墨淋漓淹润,素有"墨胜于笔"之誉。其子金菊舫、孙金梦鱼皆为绘画高手,金梦鱼还是著名画家张大千的半师半友。其曾孙女金森为当代北京画院国画家,出版过《金森画集》。金铨(野田)字均衡。篆刻浑厚自然,苍劲工稳。他是被清代闻人汪启淑写入《续印人传》中的人物。金铨童年补博士弟子员。仰慕晋代陶潜、宋代林逋的为人,绝意进取。工于书法,精摹晋、魏、唐、宋名贤真迹,能得其神韵。因家居贫困,以卖字维持生计,断章尺幅,人争惜之。

卷四诗作者共 16 人,其中金业(蒲亭)33 首,金坤(霁岩)11

金恭寿的祝寿山水画《益寿图》

首,金相(琢章)2首,金世熊(康侯)2首。金业儿子金汝琪(润圃)。孙子金钺(1892—1972)一生编刻天津地方文献数十种,对桑梓文化的保存和传播作出重要贡献。这其中有两个金家进士——金思义(晓岩)和金相(琢章)。金思义为金芥舟从兄之子。乾隆三十三年(1768)举人,乾隆四十六年(1781)辛丑科二甲进士。官陕西宜川知县,两校秋闱,所拔取皆秦中之佼佼者。后告病归乡,仍以课读为事,从游甚广,文名甚高。终年70余岁。金思义之孙,便是前面提到的金凤洲(庾山)。金相,字琢章,号勉斋,16岁补诸生,21岁乡试

第一;22岁,即雍正五年(1727)丁未科二甲第5名进士,改庶吉士,授编修。雍正十三年(1735),充福建乡试副主考,累迁翰林院侍读学士。后因事降职。复升至内阁侍读学士。金相端品励学,雅负时望。官右庶子时,奏进《礼记》之讲义,其向皇帝所进,不忘规谏。与同乡周人骥并居京职,并以"清正"见称。有古代名臣之风。金相之子金世熊,字康侯,号力农,晚号竹坡,乾隆十五年(1750)举人,主宰河南襄城,平反冤狱30余人。改蓟州学正。晚岁清苦,八十余卒。著有《竹坡存稿》。

卷五为女诗人4人,其中有金至元(含英)24首,金沅(芷汀)12首。金至元为金氏八世,与金芥舟同辈分,查为仁妻,同查氏居水西

庄。金至元自幼诵读诗书,女红之外,书算琴管,无不精妙入神,尤喜赋诗与书法。初与查家议婚不久,查为仁即与其父因科举事同时入狱,金家不改初衷,几年后出狱始成婚。在查为仁从板屋花影庵回津后,被迎娶,一时有双璧之称。但仅婚后 10 个月,便因病英年早逝。金至元去世后,世人争相传诵其诗。佟璟(莘湄)妾艳雪《挽至元》诗云:"美人自古如名将,不许人间见白头",甚得推崇。金芥舟侄孙女金沅,字芷汀,号问梅女史,训导梅成栋妻,著有《问梅小草》一卷,七十余首诗。金沅幼喜文史,饱览诗书。婚后读书更多,且善吟咏。与成栋感情甚笃,病重时留题小像二首,临终予成栋。成栋为此绘了一幅"问梅图",并题诗于上,一时和者甚多。

卷六为补录,金召棠(墨桥)28 首。其父凤池(掌纶)本卷诗有 2首,著有《涥藻斧藻集》传世。凤池长子即召棠。召棠系附贡生,署广平府教谕,敕授文林郎。生于嘉庆二十四年(1819)八月十六日,卒于光绪十七年(1891)五月初九,寿七十三岁。

四、清代民初的津沽民俗画卷

该版本《金氏家集》,比较全面地表现了金氏家族的诗词创作水平,也展示了清代和民国初叶的津沽民俗生活画卷。其中水平最高的当数金玉冈和金至元。

金玉冈自幼聪颖,活泼好动,敏而好学。少时入私塾,学习《千字文》《百家姓》和四书五经。对唐诗最为喜爱,并尝试写一些诗文,对作画情有独钟,从小便显示出诗画才华。金氏别业"岭南轩"为其祖父金平所建。园虽不大,但十分精致,有水有桥,有石有亭,有花有草,景色幽雅。春来赏芳,秋来品果,也别有情趣。金玉冈在家族文化环境的熏陶下,在诗文、书画方面逐渐得到提高。"岭南轩"作为金玉冈童年的乐园,对他以后的旅游生涯有所影响。康乾年间,金氏家居天津城内西北隅。金玉冈稍长,在北运河畔购"杞园"。主要是园中种植杞柳,故名。园中有小池,种荷花。有小亭,曰苍浪亭。颜其室曰黄竹山房,房侧种黄竹一丛。金玉冈闲时莳花垒石,仿造远游途中山川奇景,自得其乐。园中畜一鹤,甚驯,每煮茗弹琴,鹤侍左右,如童子。金玉冈不慕仕进,不求富贵,不合流俗,家产给了弟弟,自己贫居晏如,放情于名山幽谷之间,是清代天津文人中远游最广的第一人。金玉冈成年之后,把家中商务交其弟管理,自己仅带一个仆人,一杖一笠,出游名山大川,开始了他艰苦的旅游生涯,被誉为"清代的徐霞客"。他行程万里,不持一钱,卖画以自给。据《天津县新志》记载,他曾两次登临上方(房山),七次游田盘(盘山),四次往来于齐鲁吴越,登黄山、九华山、天台山、雁荡山、栖霞山等。往西行,至嘉峪关,眺望祁连积雪,领略青藏高原奇景。其族人金昌(朴亭)被谪辽东戍边,无人随往,他又陪其到了东北,游览了长白山、鸭绿江等北国风光。乾隆三十三年(1768),其挚友郑熊佳赴粤为官,他又随之去了广东。金玉冈客居南国 5 年之久。其间,他又游览了闽浙,曾浮海到普陀,瞻海天佛国胜境。乾隆三十八年(1773)8 月 14 日,金玉冈客死广东电白,年六十有三。金玉冈常与查为仁

金恭寿的《南山晋颂图》

（莲坡），查昌业（次斋），郑熊佳（蓬山），徐云（文山）诸文人友善，与众人在杞园风雨相聚，诗酒唱和。作为一种文化现象，可谓当时封建社会天津

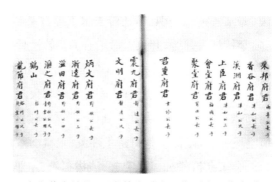

由金恭寿续编、手书的金氏十一代到十四代家谱

上层文化的代表。金玉冈生逢康乾盛世，创作、旅游得以顺利进行。他席丰而慕文，风标高尚，博览群书，精通百家。工诗善画，书艺尤精，自成一格。金玉冈嗜酒迷诗，好为雅饮。《津门诗钞》辑录其诗作96首中，竟有23首提到酒，可见一斑。金玉冈手稿结集《黄竹山房诗钞》三十卷;《田盘纪游草》一卷;《天台雁荡纪游》一卷;《粤东草》一卷;《山舟草》（与天津诗人郑熊佳唱和集，即郑熊佳《蓬山诗存》）一卷。嘉道年间，诗人梅成栋从其稿中选定700多首，经金玉冈侄曾孙金英（杏林，丹阳县丞）于道光二十六年（1846）刻成《黄竹山房诗钞》十二卷。因当时邳县恒素轩编刻错讹，且编刻不多，民国三十二年（1943）金氏十四世金钺（浚宣）删节校后合为六卷，在津重新付梓，计两册。另金钺又于金玉冈几位朋友处集中辑录200多首编成《黄竹山房诗钞补》一册。而金玉冈手稿原件经梅成栋选定后，不戒于火，悉付焚如。金玉冈曾写下《来牛氏园》:"长林丰草际，狐啸鸟呼群。树老逃绳墨，人闲坐水云。波光摇日落，秋色隔河分。向晚传声响，衰蝉断续闻。"经过佟鋐的浣花村，写下《过佟蔗村艳雪楼故居》诗:"共沿流水到篱根，燕雀喧喧最小村。几点红芳遮破屋，满庭青草闭闲门。缥缃散尽残书帙，樵牧唯余旧子孙。艳雪犹名楼已

废,海棠一树最销魂。"还曾去永丰屯赏菊,留下《永丰屯看菊》诗:"独坐秋烟古井旁,井泉澄澈道心凉。数枝野菊浑无主,向我临风着意黄。"天津艺术博物馆藏有金玉冈立轴山水画一幅,名为《峰顶云罩挂月图》,并题七绝一首:"朝开龙藏含灵气,夜辗冰轮破月痕。七级仰瞻孤塔锐,万山腹外一峰尊。"这幅画清淡高雅,气势磅礴,意境空灵,韵致幽深。他得诗主性灵,自得韵致之美。

金至元诗作如孤峰突起,清拔孤秀,不染脂粉之气。其书法工整秀劲,自成一格。查氏夫妇平日里在水西庄唱和之诗甚多,均收入《松陵集》一书。金至元著《芸书阁剩稿》二卷,由山东寓津诗人赵执信(申府)作序传之。金至元写的七言律诗《夜话和莲坡主人韵》,系一首夫妻唱和诗,诗云:"人生大抵游仙枕,已出邯郸君莫疑。世事浮沉无定著,流光劫火漫寻思。试香午院宜煎茗,斗墨晴窗好赋诗。终卧牛衣吾不悔,只凭清课惬心期。"诗写得有生活、有情感、有情趣、有典故、有哲理,清远自然,意境幽丽。七言律诗《春日》云:"午窗寂历听啼莺,淡沱春光画不成。坐拥熏炉寒尚峭,旋移花堡雨初晴。钩帘乳燕多寻垒,隔巷吹箫已卖饧。忽见侍儿来插柳,始知节物近清明。"七言绝句《闻燕语有作》云:"十眉图懒试新妆,画阁无人黯自伤。不卷重帘留燕子,呢呢学语听雕梁。"这两首诗,婉约、清丽、孤独,又带着淡淡的忧伤,思绪万端,令人意远。

(刊于 2018 年 3 月 9 日《今晚报》第 16 版"副刊·讲述")

作者:金彭育,五大道历史风貌建筑保护办公室

张大千、徐燕孙在津"握手言和"

周利成

1933年春,张大千应中国画研究学会的邀请,来北平(今北京)参加学会在稷园(今中山公园)举办的春季联展。在这次联展上,张大千展出了三件作品。其中他与于非暗合作的一幅《仕女扑蝶图》,有题诗:"非暗画蝴蝶,不减马江香。大千补仕女,自比郭清狂。若令徐娘见,吹牛两大王。"最末两句有挑战画家徐燕孙之意。徐燕孙观后大为恼火,延聘蔡礼大律师,具状地方法院,控告张大千恶意诽谤。张大千则搬出蔡礼的老师江庸为其辩护。江庸曾代理北洋司法总长,时任北京政法大学校长,力主双方庭外和解。后又经傅增湘、周养庵从中调解,这场官司遂不了了之。官司虽然没有打起来,但书画界、新闻界却沸沸扬扬地炒作了两年之久。

直至1936年1月11日至13日,张大千、徐燕孙联袂来津,在永安饭店举行了三日公开画展,此案才以两位主人公"握手言和"画上了圆满的句号。张大千的弟子巢章甫在《北洋画报》上发表的《从张徐讼事谈到永安画展》一文,作为一个旁观者的身份记叙了这一事件的全过程。

那两年,平津盛传张徐讼事,轰动一时。此案尚未起诉时,巢章甫正在北平居住。因为他是张大千先生的弟子,故所闻者,多为张先生周围人的谈论。巢章甫回津后,方知双方均已向法院提起自诉。当时,每遇友人雅集,均以此事为热议的话题,并且向他探询事件的真相。张大千是巢章甫的恩师,于非暗也是他一直以来的企仰者,1935 年相识于张大千的家中,谈笑亦各相得。徐燕孙先生的画作也是巢章甫所钦佩者,只可惜,画展前,巢章甫与他尚无一面之缘。巢章甫在文中自谦地说:"我是晚辈,涉世又浅,对于三位苦中景仰者,我既无主见,又无偏袒,更不敢有所讥弹,唯有保持沉默了。"

张徐讼事,无形中为一般关心者制造许多谈资,为新闻界带来许多猛料,为艺术界留下许多史料。巢章甫作为圈内人时有所闻,他知道此事后经双方友好调解,张徐言归于好。为了向世人昭示他二人的和解,因此才联袂来津,于 11 日起在永安饭店举行公开画展三日。在事件的整个过程中,巢章甫可算是旁观者,也算是亲历者,他"既饱耳福,又饱眼福,是以不可以不记也"。

此次永安画展的参加者除张大千、徐燕孙、于非暗外,更有张大千的二哥张善孖、溥心畬、萧谦中、胡佩衡,以及巢章甫的同门何海霞诸君前来助展,可谓名家荟萃,展品精良。展览期间,观众踊跃,好评如潮,成为天津美术史上的一段佳话。

(刊于 2018 年 5 月 30 日《今晚报》第 12 版"副刊·津沽")

作者:周利成,天津市档案馆

查为仁散佚诗文考论

叶修成

清代天津名园"水西庄",诗人袁枚将之与扬州马曰琯的"小玲珑山馆"、杭州赵昱的"小山堂"、吴焯的"瓶花斋",誉称为当时四大书史收藏之家、文人雅集之所①。乾隆初年,查为仁主盟期间,水西庄一度成为失志与在野文人的心灵栖息地,其文化活动也一时臻于鼎盛,与江浙诗社遥相呼应,互动交流,在当时的士林中产生了极大的影响。

查为仁(1694—1749),又名成甄,字心榖,号蔗塘,又号莲坡、花海翁、花影庵主人、澹宜居士,康熙五十年(1711)辛卯科顺天乡试解元,一生未仕。查为仁平生的文学创作,被收入了以下著述:《蔗塘未定稿》(内涵《花影庵集》二卷、《无题诗》二卷、《是梦集》一卷、《抱瓮集》一卷、《竹村花坞集》一卷、《山游集》一卷、《押帘词》一卷、《赏菊倡和诗》一卷、《花影庵杂记》二卷、《芸书阁剩稿》一卷、

①(清)袁枚:《随园诗话》卷三,江苏广陵古籍刻印社1998年版,第50页。

《游盘日纪》一卷、《莲坡诗话》三卷)、《蔗塘诗集》二卷、《水琴山画堂围炉集》一卷、《澹宜书屋六咏》一卷、《拟乐府补题》一卷、《旧雨兼新雨》二卷、《昨非斋草》(《怅然吟》)一卷、《松陵集》一卷、《绝妙好词笺》七卷(厉鹗同笺)等①。然而,除此之外,尚有一些散佚之作。从这些佚作中,我们也可见出当年水西庄文化活动的空前盛况,以及水西庄宾主之间人际交往与文学创作的繁盛情状。

笔者对查为仁散见各处的诗文进行了广泛地蒐集和辑存,现将这些佚作按照时间次序逐录并考论如下。

闰重阳,集香雨楼,宴赏洋菊,与吴东壁、刘雪珂、汪槐塘、赵浅山、万柘坡诸同人分体赋诗。

风光最爽称重九,况值今番得闰时。白帝亦知秋菊好,故教叠作赏花期。

黄花瘦尽不知添,只数陶家篱畔芳。不道雨香秋白里,有人移种自东洋。

灵葩旳旳有奇香,别样丰姿异样妆。岂为今年两佳节,迟开粉面斗秋光。

一枝一叶总堪题,万朵芬芳眼欲迷。细认花间犹未遍,雁声横过直沽西。

调弦按板韵悠扬,催破寒英满华堂。解得百年都是梦,何妨三万六千场。

座中倜傥有延陵,剥取芭蕉叶几层。数首新诗才写罢,枝

---

① 叶修成:《天津水西庄查氏家族成员生平及其著述考》,《文津学志》(第九辑),2016年,第139—151页。

头秋更十分增。

刘郎老去兴犹豪，爱煞槐塘风致高。惟恐好花容易散，一尊相对读《离骚》。

带露因风有所思，柘坡情共浅山痴。知君此后间功课，不咏长条咏折枝。

酒人偏自泥香魂，半醉阑干半倚门。忽见墙头上明月，花花叶叶弄黄昏。

斗转参横兴未穷，更将图画倩朱□。消磨不尽昂藏意，都付疏花淡墨中。①

按，查为仁之弟查礼在天津旧城内香雨楼台阶前后种植了菊花数千株。乾隆二年(1737)闰九月初九日，查礼邀请了查为仁以及水西庄宾客，如刘文煊、王本、吴廷华、朱岷、李源、周焯、余尚炳、胡睿烈、赵贤、汪沆、施济清、万光泰、陆宗蔡等十五人集会宴赏洋菊，且分体赋诗②。查为仁酒后挥毫作此十首七言绝句。

菩萨蛮

小窗曲槛深深处。罗帷绣帐沉烟注。漏尽不知寒。温香暖玉间。朝来睡未足。懒画双眉曲。别有自然姿。何劳脂粉施。③

按，乾隆四年(1739)十一月初七日，查为仁四十六岁寿辰时，

①陈克、岳宏主编：《水西余韵》，天津古籍出版社2008年版，第64-65页。
②(清)查为仁：《莲坡诗话》卷中，(清)查为仁：《蔗塘未定稿》，乾隆八年(1743)写刻本。
③陈克、岳宏主编：《水西余韵》，天津古籍出版社2008年版，第57页。

新纳姬人①,并填词《菩萨蛮》四首。其中有三首被收入其词集《押帘词》②,稍有改动,而以上一首未被收录。水西庄宾客恽源浚根据词意绘制了《月季花图》;朱岷为之题款;刘文煊、汪沆、万光泰、胡睿烈、陈皋等人题写了诗词祝寿贺喜③。

好事近·秋夜忆

对鸥先生在舟中,调寄《好事近》,并请谱定。

尔自去匆匆,却令我添愁绪。满院黄花黄叶,又秋风秋雨。

兰舟此际泊何湾,定是兼葭处。明月五更才尽,奈孤衾薄絮。④

按,乾隆七年(1742)秋,水西庄宾客陈皋离开天津,南下扬州⑤,查为仁填词寄赠。此词真诚地抒发了友朋之间离别的愁绪和萦怀的牵挂。陈皋舟泊沧州时,收到了查为仁的这首赠词,即刻依韵和答⑥。

南园录别四首

十载声华动要津,藜光入夜坐生春。致身直是忘新进,得罪终蒙宥小臣。静想紫苔林际步,闲看青鬓镜中身。平生不忍轻言别,且尽深杯酒一巡。

①张宏生主编:《全清词·雍乾卷》(第三册),南京大学出版社 2012 年版,第 1401 页。

②(清)查为仁:《押帘词》,(清)查为仁:《蔗塘未定稿》,乾隆八年(1743)写刻本。

③陈克、岳宏主编:《水西余韵》,天津古籍出版社 2008 年版,第 56–59 页。

④陈克、岳宏主编:《水西余韵》,天津古籍出版社 2008 年版,第 45 页。

⑤(清)查礼:《铜鼓书堂遗稿》卷四,《续修四库全书》(第 1431 册),上海古籍出版社 2002 年版,第 35 页。

⑥张宏生主编:《全清词·雍乾卷》(第三册),南京大学出版社 2012 年版,第 1385 页。

小集离堂恋夕晖,几番惆怅挽征衣。丝牵碧浪萍难合,色带寒芒星乍稀。拂袖未容豪气减,分襟却恨至交违。南云北树迢迢隔,目断冥鸿千里飞。

此去西湖赋卜居,如屏青嶂绕精庐。闲过篱落频看竹,相对潺湲独钓鱼。异册灯前题海录,清筋花外奉晴舆。人生大好乡园味,话到林泉一起予。

尘缘底事日相撄,偷得余闲足一生。尚子襟怀将共毕,陶公衡宇拟同营。青山莫漫牵离恨,锦字犹堪慰素情。记取今宵携手处,一窗凉白月三更。①

按,乾隆八年(1743)二月,杭世骏以言事获罪被罢,愤懑抑郁之下,立马从京城来到天津以寻求心结的慰解。查为仁陪他游览杨柳青、水西庄,抚慰他失职后的创痛,消解他心中的郁闷。宾主诗酒流连,数日之后,杭世骏调适了心绪,重返京城。查为仁在天津旧城东南隅的南溪园作此四首诗歌为之送别。

题《一犁春雨图》

细雨轻风春半过,好驱黄犊一披簑。秋来准备登场后,要与农夫试较多。

耕读由来不两歧,开窗早起课孙宜。爱他檐外潺潺雨,鸟语书声两和之。

先生风致本萧疏,更嘱佳儿绘作图。图上烟霞图外意,顿

---

①(清)杭世骏:《道古堂诗集》卷十一,《续修四库全书》(第1427册),上海古籍出版社2002年版,第83-84页。

教人羡好规模。①

按,乾隆三年(1738)孟春,王肇基(字履仁,嘉兴人)绘制了《一犁春雨图》。乾隆十年(1745)春天,王肇基携带此图来游天津②。次年,查为仁为之题诗三首,钤印四方:"为仁之章""心毂""丙寅""花景荪主人"。其中"丙寅",即乾隆十一年(1746)。从第一首诗中的"黄犊""披蓑""登场""农夫"等词语,我们可以得知"一犁春雨"乃是"农田"的美称。水西庄内也有一处景点叫"一犁春雨"③,有学者以为它是一方池塘④。王肇基《一犁春雨图》虽然不是为水西庄内的"一犁春雨"所作,但由此却可以旁证水西庄之"一犁春雨"亦为农田,而不是一方池塘。"一犁春雨"本义是指春雨湿润土地的深度刚好适合一个犁头扎下去的深度,即意味着可以开始犁地春耕了。"一犁"是用来表示降雨量的多少。

题双凤词并序

乾隆丙寅三月望,夜梦双凤自空而下,栖余屋边,各衔一玲珑金色篆字,一"贞"一"福"。少顷,掷二字于庭,遂翔去。既觉惺惺,究不知其何征也? 秋八月,偶买一妾,询其小字,曰"贞",因呼之曰"贞娘"。丁卯仲春,有友自南来,赠一小鬟,字

---

①(清)葛金烺:《爱日吟庐书画录》卷四,中国大百科全书出版社1997年版,第281页。
②(清)查礼:《铜鼓书堂遗稿》卷三十,《续修四库全书》(第1431册),上海古籍出版社2002年版,第220页。
③(清)吴廷华、汪沆:《天津县志》卷七,来新夏、郭凤岐主编:《天津通志》(中),南开大学出版社2001年版,第78页。
④郭鸿林:《漫话历史名园"水西庄"》,《天津档案》2002年第7期,第30-31页。

曰"福",呼曰"福娘"。因忆前梦隐符,为之惊异。岂其投老花丛,情多子野,三生石上,尚有夙因耶?爰倩苏中顾方来绘为图,并系以诗。

　　闲情何处觅相思?梦里吹箫引凤时。自喜老怀殊不浅,赢他白发系红丝。

　　雾鬓钗横双凤凰,分明小字自衔将。也知比翼前生愿,便欲温柔老是乡。

　　玲珑髻子斗芳妍,顾影含情自可怜。未许人前唤贞字,黄金小篆压香肩。

　　我见犹怜况老奴,旁人莫漫笑狂夫。香奁百福裁成处,富贵神仙胜得无?

　　虎头妙笔为传神,脸晕眉峰略似真。一种风怀谁解得?梅花明月证前因。

　　色空空色竟如何?岂肯拖泥带水过。聊借一天花雨散,众香国里坐维摩。①

　　按,诗末署款云:"花海翁查为仁题,时年五十有四。"据此可知,《双凤图》以及查为仁诸诗均作于乾隆十二年(1747)。其后,为之题诗者甚多,如英廉、吴廷华、厉鹗、王昆霞、赵虹、李元、刘文煊、余尚炳、陈皋等;朱岷为图册题签②,这些人均为水西庄宾客。

---

①(清)梅成栋纂:《津门诗钞》卷七,天津古籍出版社1993年版,第219页。
②(清)梅成栋纂:《津门诗钞》卷七,天津古籍出版社1993年版,第220页。

送恂叔三弟之任农曹,即次留别原韵

此生岂肯滞田间,辜负光阴似转丸。得向天边蒙圣泽,真堪堂上博亲欢。功名不在封侯显,经济惟期置器安。努力前程莫回忆,直沽风静水平澜。

信我平生懒慢人,卅年相对性灵真。趋庭呼鲤悲今昔,通藉扬名感旧新。老去襟怀嫌说别,梦来风雨倍情亲。临歧珍重无他嘱,为报平安破砚尘。①

按,乾隆十三年(1748)六月底,查礼(字恂叔)进京任职户部陕西司主事,作诗留别查为仁②。查为仁次韵赋诗为之送别,热情鼓励查礼积极出仕,勤勉国事,建功立业,光宗耀祖。

题方正学先生《双松图》

凌晨客过展画叉,再拜肃瞻文正笔。青天忽堕双虬龙,谡谡如闻风雨泣。我思此图四百载,绢素虽残墨精采。百灵诃护避劫灰,留与侯城集俱在。挥毫公正丱角年,英气早已腕底宣。花朝写祝丹崖叟,应是上书代戌前。苍皮溜雨明青铜,一松盘屈一摩空。似公东市就义日,慷慨乃携哲弟同。长陵渡江纷白刃,公先诸臣惨相殉。当时荣悴何足凭,少师墨竹随烟烬。③

①陈克、岳宏主编:《水西余韵》,天津古籍出版社 2008 年版,第 45 页。

②(清)查礼:《铜鼓书堂遗稿》卷八,《续修四库全书》(第 1431 册),上海古籍出版社 2002 年版,第 56 页。

③(清)厉鹗:《樊榭山房续集》卷七,中华书局 1936 年版,第 176 页。

按，乾隆十三年七月，英廉来拜访厉鹗，查为仁展示了其所收藏的方正学先生《双松图》，三人一同欣赏，并分别为画题诗①。方正学，即方孝孺，浙江宁海人，明朝靖难之役时，拒绝为篡位的朱棣草拟即位诏书而被杀，诛连十族。查为仁此诗高度赞颂了方孝孺凛然正气、抗节不屈的士人精神。

西颢将行，夜集竹间楼，诗以送之

君来沽水才三日，便向筵前听渭城。惆怅花枝云影地，十年前事最关情。

别绪离愁叠万千，匆匆握手更堪怜。正须买夜烧灯赏，难得新秋月闰圆。

梅花一屋为君留，香影横斜入座周。数载吟情何处着，好风亭外竹间楼。

君挂征帆我奈何，临流一曲飓微波。此行莫便时相忆，秋雨秋风入梦多。②

按，乾隆十三年闰七月，汪沆（字西颢）自京城赴武昌，取道天津，查为仁、吴廷华、厉鹗、吴可驯等人夜集竹间楼，为之饯行，作诗送别。查为仁在诗中动情地回忆了十年前与汪沆在水西庄诗词吟咏的情景，也表达了对汪沆浓厚的依依惜别之情。

---

①（清）英廉：《梦堂诗稿》卷八，《四库未收书辑刊》（第9辑第26册），北京出版社2000年版，第425—426页。
②（清）汪沆：《槐塘诗稿》卷五，《清代诗文集汇编》（第301册），上海古籍出版社2010年版，第346页。

宛平查氏支谱序

谱系之制,原于《世本》。盖所以溯得姓之根源,辨族数之远近,以及坟墓之阡原、宗庶之继嗣、妻妾之外氏、适女之出处,一一详之,俾先人遗泽长以不坠,而后嗣亦得数典不忘也。沿及晋魏六朝唐宋迄今,家传、家纪、姓苑、姓系、姓源诸书,纷然有作。若鄱阳马氏、云间王氏《通考》、《续通考》二书所载谱牒,合一百四十余种,亦云繁矣。吾家系出姬姓,食采于柤,因以为氏。夹漈郑氏《通志·氏族略》推论原委,代有闻人,具详"世表"。七十三世祖茂言公,居江西抚州临川县紫石村,生三子:长聿钟公、次聿秀公、三聿俊公。聿俊公世居紫石,聿钟公偕聿秀公于前明始迁顺天宛平,遂占籍焉。传高、曾、祖、父,历今凡五世。先世临川旧谱洊遭兵燹,无复存者。而自北迁以来,百有余年,其间生卒之异时、茔兆之异地、承祧之异派、妻妾子女婚姻之异族,宏纲细目,纪载阙如。吾父虑其久而有所遗也,于康熙戊戌冬手创谱稿,授之剞劂。于茂言公而上,凡疑不能知者,阙而不书;茂言公而下,得于闻者十之三,得于见者十之七,洋洋洒洒,据事直书。盖尊祖敬宗之义,水源木本之思,胥于此焉寄之矣。岁月迁流,欻易两纪。过庭之暇,复诏为仁而诲之,曰:"予先世自聿秀公来,三世单传,绵绵延延,不绝如线。汝王父而下,幸歧二枝。今汝兄弟又各举子,以姒以续,庶可衍遗绪于勿替乎? 特念予三岁失怙,先太安人茹荼食蓼,抚予以成。迨长,稍能自立,频遘患难。太安人于冰霜风雪、荆棘丛翳中出万死一生以脱予于难,则今日查氏之危而复安、绝而复续者,微先太安人之力,不致此。前辑支谱约举大凡,自维垂暮之年,春秋展墓,攀松日短,而罔极之恩未有寸报,感极痛心,愧极痛心,汝曹识之。"为仁跪而受命,爰取王母轶事,详加增补。而于当代大人君子立言不苟者,与吾父缟纻赠答之作,并附录焉。书既成,复述吾父垂训之意,以告后嗣,曰:"凡我子孙,知邀国厚恩,幸而通籍登朝,应忘身忘家,力图报效。读'世系'一卷,则本支百世,纵椒聊繁衍,当思敬宗以合族也;读'志''铭''序''传'诸卷,则当思祖宗创业之艰,肯构肯堂,以无隳家声也。跂予望之,诚能不背慈训,则此一帙,虽未足与钱氏庆系、鲜于氏卓绝诸谱相颉颃,而于吾父重命排纂之旨,庶为不负也夫。"

乾隆五年岁在庚申腊月之中浣三日,北迁第六世裔孙为仁百拜谨序。①

按,据此序文可知,康熙五十七年(1718),查为仁之父查日乾首次修纂了北迁以来的家谱;乾隆五年(1740),查为仁遵照父命,又再次修辑了家谱。查为仁在此文中简要追溯了本族的渊源与发展,并说明了本次重修家谱的重要原因和家族意义。

(刊于《京畿学》第一辑,天津古籍出版社,2018 年 10 月,第 249—255 页)

作者:叶修成,天津财经大学中文系

---

① 查禄百、查禄昌等纂:《宛平查氏支谱》卷首,1941 年铅印本。

诗名被"掩"的周学熙

宋文彬

一、"跨界"高手

周学熙是近代著名实业家,北洋政府时期两次出任财政总长。周氏虽为皖人,但与天津颇有渊源,其八岁即随父举家移居津门,先后居津数十载,与津门名士赵元礼、章式之等多有交游。周氏幼承家学,打下了良好的国学根底,在诗学方面很有修养,作诗之技法相当纯熟,晚年著有《止庵诗存》及《止庵诗外集》,惜其诗名被其实业家之名所掩。

周学熙,安徽建德人,于清同治四年十一月二十六日(1866年1月12日)生于金陵,卒于1947年8月12日。乳名元瑞,谱名学熙,字缉之,别号定吾。六十岁后,又号止庵、卧云居士(取放翁诗"身卧云山万事轻"之意)。清光绪十九年(1893)举人,官至直隶按察使。周氏仰慕北宋名臣范仲淹之为人,终生以裨益民生为己任,创办直隶工艺总局、北洋支应局、高等工业学堂、滦州矿务公司、唐山启新洋灰公司,总理京师自来水公司,相继建成天津、青岛、唐山、卫辉华新纱厂,成立长芦棉垦局。在民国的实业界,与南通张謇齐名,有"南张北周"之誉。

据周学熙自叙年谱所载,其六岁初习识字,八岁入塾读书,九岁在天津与其三兄同宿塾中,十二岁习作文,十五岁(居建德)因在籍无塾师,遂从长兄课读,日夜用功,逾年入泮。十九岁治举业,从刘丹庭(启彤)先生看课。当时,其父周馥幕中多一时贤俊,周学熙熏陶渐染,得窥各学门径。二十岁,周学熙奉父命,随两兄执贽宿儒李莼客(慈铭)先生门下,当时,李氏主讲学海、问津诸书院。

1925 年,周学熙退居林下,建师古堂藏书楼,从事写作、史料整理工作。1930 年,周氏在北平寓所附设师古堂刻书局,刊行大型丛书《周氏师古堂所编书》,收书五十余种,计数百卷,周学熙自己编著的便有二十种。

(刊于 2018 年 11 月 12 日《今晚报》第 12 版"副刊·津沽")

二、周学熙的家学传承

安徽建德周氏一门,自周学熙之父周馥于清同光之际崛起后,书香传家,历久不衰。

周馥(1837—1921),字玉山,号兰溪,谥悫慎。安徽建德人。清咸丰十一年(1861),李鸿章读到周馥的文章后,十分欣赏,延其入幕,主文案。同治四年(1865),周馥得直隶州知州衔。同治六年(1867),任金陵工程局襄办,次年,得知府衔。同治十二年(1873),办理永定河、黄河河务。光绪七年(1881),任天津海关道。光绪十四年(1888),迁直隶按察使。中日甲午战争爆发后,总理淮军前敌营务处。光绪二十五年(1899),任四川布政使、直隶布政使。光绪二十七年(1901),署理直隶总督北洋通商大臣。次年,调任山东巡抚。光绪三十年(1904),署两江总督。光绪三十二年(1906),调任两广总督,晚年寓居天津。

周馥由淮军幕僚致身显赫,在治河、屯田、创建海军、开设商埠等方面颇有政绩。周馥一生读书不辍,尤喜《易经》及儒先学案,著有《易理汇参》《负暄闲语》《玉山诗集》等,其著作结集成《周悫慎公全集》,内容分为奏议、公牍、诗文集、年谱、杂著等。

以读书振兴门阀,在周馥所处的时代,是最好也是最常见的选择。周馥所著《负暄闲语》是一部家训类著作,分"读书""体道""处事""待人"等十二类,主要叙述其生平力学所得,及经历、见闻,附载历代理学家语录。他告诫后辈要"随时参悟,以助学力","即能谨守数语,终身不决,亦必受用良多"。是书首列"读书"一项,提出读书应以《四书》《五经》及性理要籍为主,中学为主,西学次之。列"崇儒"一项,强调读书之要旨:"今日正学不明,特圣贤学问无人讲求。即文字亦鲜解悟,甚且诽谤圣贤,轻弃礼法,晦盲否塞,于斯为极,不知何日开明;然天不变,道亦不变,久之,自有正学昌明之日。我家子弟,总以专重儒修为主,不可邪趋旁骛。考求西学,原属因时制宜。圣贤处今日,断无不变法之理,亦断无不间取西法之理,要不可逐末忘本,蔑视圣教,获罪于天,不可逭也。"

周馥以程朱理学为宗,他自然希望后辈能讲求正学,求得科名。光绪十四年(1888),周馥之长子周学海参加江南乡试,得中第二十九名举人,次子周学铭中顺天副榜第七名。光绪十八年(1892),周学海、周学铭中同榜进士,周学铭选庶吉士。光绪十九年(1893),周学熙应顺天乡试,得中第十八名举人,此乃周氏一门科

名之兴盛期,周馥有诗云:

> 二周芳躅宁追步①,千佛萱帏许乞灵。
> 自是贻谋承祖德,错教僚友说祥刑②。
> 髫龄骑竹重闹喜,今日登科我已衰。
> 禄养伤余瞻墓木,声华望汝护门楣。
> 从来勤学天无负,须属诸孙志莫移。

(刊于 2018 年 11 月 14 日《今晚报》第 12 版"副刊·津沽")

三、喜读香山放翁诗

周学熙所著《止庵诗存》上、下两卷(不含外集),计收诗一千六百余首,有如此之数量,则不难看出周氏确实是喜欢作诗的。周氏在《止庵诗存》的自序中称"乃喜读香山、放翁诗"。通读其作品后可知,周氏此言是相当实在的,其诗风和白居易、陆游很接近。他之所以喜欢白居易和陆游诗作的风格,一方面可能是性情相近,还有一个方面,可能是受其父的影响。周学熙的诗风和其父周馥的诗风有些接近,周馥曾写有《忆少年事效白香山体十一首》,可见其喜欢白居易的诗风。

周学熙作诗,技法相当纯熟,尤其是律诗,颔联和颈联写得十

---

①远祖繇公,唐进士第,时称'咸通十哲',弟繁公亦举进士,文章齐名。
②有人谓予平反冤狱极多,故获是报,此俗说也,儒者不道。
③周馥:《子学海学铭同榜登第志喜兼勖熙渊辉三子四首当其冲(光绪十八年壬辰五十六岁)》,见《玉山诗集》卷二。

分自然,足见功力。如《甲子六十初度》诗云:"堪笑人间毕世狂,聊将粥饭答年光。明朝未必今朝是,来日何如去日长。般若一经无尽藏,弥陀六字自资粮。相期得证无生忍,携取醍醐共举觞。"又如《市隐》诗云:"一生好入名山游,垂老翻成市隐谋。沧海田中新世界,红尘堆里旧春秋。数椽且复亲铅椠,小圃聊堪荷棘耰。欲问乡园归雁少,夕阳明处怕登楼。"中间两联都写得十分流畅,这可能和其少时所受的训练有关。因为在旧时,小孩子的启蒙读物中便有《笠翁对韵》,在学习作诗之前,先要学习对对联。周学熙擅长作对联,今以其晚年所作联语为例:

八十自寿联:"高第起科名,只落得朝市虚声,林泉孤咏;中兴际生长,更何期晚经兵燹,终见大同。"

挽胡宗懋联:"五十年落落风尘,同咏霓裳,空悲逝水;三千卷煌煌文献,常留铅椠,永镇名山。"

挽王筱汀联:"蓄道德,能文章,并世孰如公,奚只视辰星之可数;共功名,同甘苦,平生独知己,得无见落月而生悲。"

挽赵元礼联:"健笔久凌云,一世诗豪今孰匹;举杯空对月,百年梦境古同悲。"

皆词意浑成,吐属自然。

(刊于 2018 年 11 月 19 日《今晚报》第 12 版"副刊·津沽")

四、内心的牵挂

周学熙是近代著名实业家,他所处的时代,是中国社会发生激烈变革的时代,但在他的诗作中涉及这两个方面的作品却很少,绝大多数作品是记录其交游与家事的。

在周学熙的诗作中,除一定数量的宴游作品外,有两类值得特别关注,一类是其怀念先人之作,此类作品是因祭祀或值先人的生日、忌日而作;另一类则是由自身及家事所引发的,如生日感怀、家中添丁等。这两类诗作在内容方面其实是有关联的。通过这两类作品,我们可以了解周学熙在事功之外,内心究竟牵挂何事。

周馥的临终诗有"皇天偏厚我,世运愧难旋"(《天命已尽书示家人》)之叹,周学熙的《示儿最后语二首》已转向期盼周氏家族家风的延续:"先公笃守程朱学,孝友传家忠厚存。门祚兴衰原有自,愿儿诗礼教诸孙。""祖宗积德远功名,我被功名累一生。但愿子孙还积德,闭门耕读继家声。""门祚兴衰"在动荡的社会环境中,已非人力所能左右,周学熙的诗中多有身累功名,似有未尽其才未展其志,无可奈何之意。

"勋业文章"之思在其诗中多次出现。如:"勋业不救时,文章不传世。负此七尺躯,平生多颠蹶。"(《病中示诸子》)"勋业文章志已虚,形骸土木卧蜗庐。笺题万轴尘封尽,悔不终身作蠹鱼。"(《藏书叹》)

周学熙对于周氏家族而言,是一个过渡性人物,其父周馥崛起后,周学熙一辈多有作为,但他的后辈呢? 当时已处于社会变革时期,时局动荡,此前,周氏家族赖以崛起和兴盛的环境已经完全改变了,此后,对于周氏家族的发展而言,颇多未定因素,这无疑增加了周学熙内心的焦虑。"启后承先守素风,心常履薄临深中"(《岁暮感怀》)是其内心活动的真实写照。周氏家族的功业科名,在晚清十分显赫,周学熙在其诗中时常忆及往日之盛, 如:"我生初及中兴年,家庆椿萱福禄绵。"(《丙子除夕荐辛盘》)"橐笔中兴思祖武,楹书季世望孙贤。"(《喜得皓孙书》)

父兄去世后,作为周馥第四子的周学熙成为一族之长,责任非同一般,如何传承祖德,培养子孙,使周氏家族能够兴盛绵延,是头等大事。《止庵诗存》中有数十首诗作涉及这一主题,数量相当可观。如:

> 霜叶丹黄满眼秋,残年百感恋松楸。
> 衰宗扶植无长策,乐几艰难有隐忧。
>
> (《癸酉九月回籍省墓》)

> 勋业文章志未摅,固应身世落樵渔。
> 四方蓬梗无安土,三宿桑根有爱庐。
> 学礼诸孙勤祐主,如愚季子典楹书。
> 千年城郭巍然在,辽鹤犹当识故居。
>
> (《故都止园题壁》)

而从"箕裘未绍辜阴骘"(《病起追慕慈亲》)"遗经恐坠先人训"(《七十初度述怀》)等诗句中,可见周学熙内心的焦虑,似有前途未卜之意。

(刊于 2018 年 11 月 21 日《今晚报》第 12 版"副刊·津沽")

五、祭祀主题

有关周氏家族祭祀的主题,在周学熙的诗中也多有体现,如《丁丑岁暮祀祖》《中元节祭先》《先公秋祭感言》《清明家祭》《岁暮祀祖》《先公春祭在孟庄春晖堂行礼》《寒露节先公秋祭毕朋来茶集》《乱后第一次谒先公祠》等,数量近三十首。

重祭祀,是慎终追远之意,《礼记·祭统》中云:"凡治人之道,莫急于礼。礼有五经,莫重于祭。夫祭者,非物自外至者也,自中出生于心也。"举行祭祀仪式可以增强家族的凝聚力和家族成员的责任感。祭祀大致可分为"家祭"和"祠祭",所谓"家祭",是纪念去世不久的家人;所谓"祠祭",则近乎祖先崇拜。当然,祭祀也有祈求祖先庇佑之意,在当时动荡的时局中,人们很容易将对来日的希望寄托于人力之外的神秘力量。

1933年,周学熙筹建各处家祠,建济南悫慎公家祠、金陵悫慎公家祠、芜湖纪念堂、至德周氏先贤家祠。关于周家的祭祀情况,周一良在其所著《钻石婚姻杂忆》中称:"周馥的子、孙、曾孙三代按辈分排列,举行三跪九叩礼,每次一人单独出列,诵读祭文,大约是周学熙所撰。每年听一次,所以记下了头几句:'洪维我周,忠厚开基,肇迁兰水,文武英姿……'"由此可知,祭祀的规模应该不小。的反复举行,使得周氏家族成员通过一些固定的程序,重温家族"全盛日"的记忆,家族的过去与当下因此发生关联,孝友传家、诗书继世的传统也由此获得"生长"的机会,家族的记忆在不断讲说中变得越来越厚重……

统观周氏《止庵诗存》,私意以为,以诗作水平的高下来讲,周学熙虽然算不上一流的诗人,但他在诗的创作方面,绝对可以称得上是行家里手,这对于一位以作诗为余事的实业界巨子来说,是难能可贵的。

(刊于2018年11月26日《今晚报》第12版"副刊·津沽")

作者:宋文彬,天津政法报社

刘云若消夏诗中的"密司杨"

张元卿

　　刘云若爱写竹枝词,1932 年夏他在《中华画报》发表的《消夏竹枝词》,为我们留住了八十多年前的那个夏日。

　　这组竹枝词中有两首写到了当时的歌舞游艺,第一首写道:"昨冬烽火六楼盛,今夏筝琶五夜繁。且乐承平忘离乱,笑携女伴上中原。"云若原注云:"日租界中原游艺场又重开矣,绣幕银灯,一时称盛。催吾人今日乘凉之楼,即去岁日军置炮之地。游侣皆欢喜无量,曾无憬然回忆者。"这说明"笑携女伴上中原"是那个夏日的风尚。"今日乘凉之楼,即去岁日军置炮之地",指九一八事变后天津的日本驻军策动武装暴动,袭击天津市政府。事变后,游艺场重开,市民"乐承平忘离乱",中原游艺场已尽是游侣。当时中原公司大楼一至三层为百货商场,四楼是游艺场,五楼是大戏院,六楼是中原酒楼,顶楼为露天花园。这种设置可满足购物娱乐的综合需求,而游艺场最受欢迎,据称每日游人总数有五六千人,可见天愈热大众的消夏热情愈高。云若虽批评他人"乐承平忘离乱",自己也还是要去消夏

天津法租界天祥商场

的,因此在注中坦言:"区区不才,亦曾一往,哀莫大于心死,信然。"

　　女人总是夏日一景,携女伴上中原,是旁人眼中的风景,而自己眼中的风景可能就不是歌舞游艺,而是女招待。刘云若在《消夏竹枝词》中专门写到女招待也成为夏日一景:"樽前谁顾周郎曲,座上频催玉女妆。歌舞等闲招待好,销魂第一密司杨。"云若用小注解释道:"某大剧院于歌舞游艺外,另有具叫座魔力者,为女招待小杨。其人秀目姣容,名满租界,所衣伺服,独为绸制,以示绝群绝俗,附膻者甚众。"

　　1936 年 12 月 23 日《天风报》刊有杨韫辉《章金杨赵陈张任陈林诸老惠赠四诗次韵奉答》,刘云若在诗末附识中写道:"右为名女侍杨韫辉手稿,杨玉貌清才,温韵可人,久着艳名于七十二沽间,即当'春和'时代,余所制竹枝词中所谓'歌舞等闲招待好,销魂第一密司杨'者也。"由此可知,《消夏竹枝词》中的"密司杨"是女招待杨韫辉。"章金杨赵陈张任陈林诸老"显然不是云若所谓的一般"附膻者",他们会合韵赠诗,于风尘女子别有情怀,杨韫辉也深有同在天涯之感,因此奉答诗云:

> 多谢欹奇磊落人,枉垂青眼到风尘。懒寻圆石三生约,且对高楼百戏陈。
>
> 倚竹牵萝翠袖寒,相逢无计为君欢。临风自笑沾泥絮,顾影谁怜对镜鸾。

刘云若曾在章一山、金梁诸老觞咏宴上遇到过"密司杨",印象极深:"灯光欺肤,酒晕生肌,光艳明慧,拙笔难传,而翠袖娟娟,又多林下风致,是真仪态万方者也。"

逃阁《赠杨韫辉和抱冬老人即席原韵》有句云:"传奇谁谱当炉艳,好事多情属姓陈。"原注写道:"陈夏冰作《当炉艳乘》小说,所称柳迎辉,即指个侬也。"刘云若眼中仪态万方的"密司杨",经夏冰之手变成了小说中的"当炉艳",但逃阁先生却把名字写错了,小说中的"当炉艳"叫柳沁芳,后叫来叫去,叫成了柳迎春。一字之差不算大问题,关键是"密司杨"在小说中还是女招待。

小说中说柳迎春本是南方人,家道沦落,流落天津,眉眼都很秀丽,身材不算婀娜,但态度柔和,楚楚有致,最动人的是有一种闺阁气。当日章金诸老眼中的"密司杨"也应有一种闺阁气,有闺阁气,又仪态万方,难怪阅人无数的刘云若也要慨叹"销魂第一"了。

(刊于 2018 年 9 月 5 日津云号·记忆天津工作室)

作者:张元卿,独立学者

《书坛巨匠吴玉如》前言

魏暑临

在 20 世纪风云变幻、复杂瑰丽的文化史长卷上,吴玉如的事迹绝不仅仅是一个简单的标点符号,而是值得大书特书的耀眼段落、交响乐章。

吴玉如先生(1898—1982),安徽泾县茂林人,名家琭,字玉如,后以字行,早年自号茂林居士,晚年号迂叟,是著名的书法家、诗人、学者、教育家。他平生以书法、诗词、训诂名世,博学鸿儒,且名士大隐。鸿儒轻利,大隐忘名,而其生前却在书法上有"三百年来无此大手笔",与沈尹默并称"南沈北吴"的美誉,身后更是被认为一代文化大师巨匠,赫然成为二十世纪文化史的标志性人物。

他的一生,虽不可谓波澜壮阔,也确是曲折坎坷、充满传奇。他出身富裕,但自青年穷困,一生不再富贵荣华,然而他端居处静,从未有因乞食而改志之心;他没有文凭,但是好学多能,笃定执着,所结交的文人雅士,或一时一地之名贤,或艺苑文坛之巨手,有的论交尚友,有的甚至拜其门下,甘为弟子;他结交上游,但是屡屡主动错过功名利禄,宁困厄也不愿违己交病,宁守拙也不愿与俗世同流，晚年贫病交加，但从不轻易提起过人往事和各界显赫人际关系；他性情古怪，生活中难以接触，不讲情面时连对当轴政要、蒙恩业师都毫不退让，但是他又亲民爱生，有教无类，特别重视文缘墨契、风雨交期；他执教严苛，但是后学弟子都视他为至尊至亲，看到他就像是遇见"道之所存"，毕生信赖追随；他书宗"二王"，但又并非死守"帖学"，而是碑帖并重，融碑入帖，力求扭转数百年来书风之疲弊怪异，其书法实践与理论兼长并美，自成一家，在很多方面开书学史上未有之先河；他治学博洽，功力深厚，但述而不作，只曾点校古籍，不写高头讲章，没有专著留传；他诗入骨髓，日常随处吟咏，却无心存留梳理，很多作品毁灭失传；他才韵风流，也曾有浪漫爱情，但婚姻总是不幸，大部人生还都是孤苦伶仃；他立身明德持节，总像传统文化的化身，固守君子不党的古训，在时代巨变的背景下常显不合时宜，但他又关注世运时政、国计民生，常系国民大事于心中……在这种种复杂的人生轨迹中，他的纯粹、他的诚明、他的执着、他的热忱，都因他对民族文化传承的自信和使命，以及其中那一以贯之的态度和行准，而显得愈加可爱，愈加可敬。

因此，他的故事、学养和精神，已经在社会上以各种方式加以纪念、弘扬和发展，尤其是那些记录他人生经历的文章，多维度地讲述了他的方方面面，但是，迄今尚未有一部较为完整的吴玉如传记问世，以让世人对他的整个生平有所观感，这不能不说是一个遗憾，也是一个比较艰巨的课题。

欣逢盛世，重文修史，在倡导民族文化自信、复兴中华传统文化的今天，天津市河西区政协委员会决定组织编写"海河西岸记忆丛书"，吴玉如传记正在编写之列。这既体现了吴玉如逝世三十多年以来，世人对于他的认识和研究已经达到一定的高度，亟待一本传记的问世，更体现了天津人民对于吴玉如的深切纪念和独特感情。在吴玉如坎坷的一生之中，虽然有重要的十几年是在哈尔滨度过，其他年华又曾奔走于各地，但他早年求学、中年积淀和晚年升华的岁月都是在天津度过，他传道授业，培养大量弟子，翰墨神飞，书写大量佳作的居所，又正是在河西区马场道的照耀里，他的光辉、他的存念，更多的就是在海河西岸，这一曾经背负历史沧桑、家国荣辱，今日建设物阜民强、文教先进之地。而2018年又恰逢吴玉如先生诞辰120周年，这不能不说是历史的机缘。

作为本书的编撰者，我是一个的的确确的后学晚辈，本不敢承担这样重大的任务，但是，因为河西政协对这个课题的重视和扶持，凭着我对吴玉如先生艺术成就的仰慕，我义不容辞接受了这项工作。虽然对吴玉如先生的书法成就非常熟悉，但是在此之前，我没有系统地阅读过关于他生平事迹的文献，没有系统梳理过他的诗文和书论，为此，在繁忙的工作之余，我广泛搜集资料，夜以继日，在有限的时间内阅读了相关文献千万字，并从中遴选、分类、梳理、编写，所直接引用的发表或未发表的资料百余种。在这个看似容易但实际艰辛的过程中，一个愈加完整，愈加清晰，愈加可观可感、可亲可敬的文人形象浮现在我的眼前、心间，我以前所不知道的吴玉如、所误解的吴玉如，不但已知、已解，更让我感动、怀念，常常使我在深灯下动情，在起居中沉思，在喟叹中神驰。编撰这部传记的过程，真是我学习提升的历程，我想，读者在阅读的过程中也会有所同感。

当然，吴玉如先生高山仰止，而本书篇幅有限，我的学力浅薄，编撰的时间也比较仓促，读者只能在这部传记中初步了解吴玉如先生，如若想真正理解他，还是要去阅读他的诗文辑存、欣赏他的书法遗迹，知人论世，以意逆志，站在他自身的角度去思考他，站在历史的坐标上去定位他,站在时代发展的角度去接受他。

在编撰本书的过程中,最宝贵的是那些被我搜集来的资料,以及章用秀、田正宪两位先生的支持和帮助。文化学者章用秀先生长年致力于津沽乡邦文化的研究,这次襄助河西政协组织丛书编写,他慧目如炬,所拟书目皆涉及天津近代史上十分重大且前人研究撰述尚未丰富的课题。在本书的撰写过程中,章先生鼎力支持、严格督促、悉心指导,提供了很多资料以及宝贵的意见和建议。天津吴玉如艺术馆馆长田正宪先生常年致力于钩沉整理吴玉如先生生平学术事迹,对吴玉如先生的艺术成就多有宣传弘扬之功,他得知我编撰本书,慷慨提供了大量已发表或未发表的资料,以及他自己曾撰写的关于吴玉如先生的文稿,他对吴玉如先生的事迹和成就如数家珍,不但审阅全书稿件,提出宝贵意见,还提供了本书所有的插图。两位先生百忙中不辞烦劳,亲力亲为,胸怀坦荡,砥砺学行,其心可佩,其情可感。我们共同以真诚的态度告慰杰出的文化大师吴玉如先生,并愿以此书的问世作为一个新的契机,与世人共同开启研究、解读、学习、继承吴玉如先生学养和精神的新境界。

本书既是河西区政协组织编写的系列文化史著作的一种,其目的也正是在于挖掘梳理天津乡邦文化资源,弘扬歌颂天津城市精神,有助于世人更好地认识理解天津记忆,有利于我们更好地致力从事天津发展。延续天津文脉,桑梓学缘,我们责任在肩,使命必然。

2018 年端午节夜半

(刊于魏暑临著:《书坛巨匠吴玉如》,天津社会科学院出版社,2018 年 12 月,第 1-4 页。)

作者:魏暑临,天津二中团委

世界语诗人苏阿芒

张立巍

在奥地利维也纳的世界语博物馆内，矗立着一尊中国人的塑像，这就是我国著名世界语诗人苏阿芒。

苏阿芒（1936—1990），本名苏承宗，笔名阿芒，安徽石台人，生于北京，幼时随父母定居天津。他从少年时期就酷爱文学和外语，13岁时开始学写中文诗。1954年高中毕业后，他以惊人的毅力自学了英语、德语、法语、俄语、意大利语、西班牙语等21种外国语言。1957年，苏阿芒用意大利语写的一篇评论文章，在意大利《第七日》刊物上发表，同年加入国际世界语协会，先后历任国际世界语博物馆馆员、国际世界语文学季刊《世界文化》特约撰稿人、国际世界语青年联合会中央委员等职。

1965年，苏阿芒被日本《大本教世界语》杂志邀请参加赛诗会，获得国际优等奖，为祖国赢得了荣誉。他的《我爱你，中华》《在詹天佑铜像旁》《刘三姐》《梁山伯与祝英台》等近三百首抒情诗、叙事诗，在世界50个国家用二十多种文字刊载。同时，苏阿芒还把屈原、李白、杜甫、白居易、苏东坡、陆游等国内伟大诗人的著名诗篇翻译成世界语在国外发表,被誉为"一颗新出现的东方璀璨的明星"。

1979年4月29日,《光明日报》用第三版整版的篇幅介绍苏阿芒的事迹,一夜之间在全国引起强烈反响。苏阿芒被推举为中华全国世界语协会理事、国际世界语协会会员及驻华代表,安排在天津百花文艺出版社做外文编辑。同年,意大利出版了苏阿芒的意大利语诗集《来自中国的诗》,1983年,人民文学出版社出版了苏阿芒的中文诗集《迟开的素馨花》。

1990年,苏阿芒因病在天津逝世,享年54岁。1991年,苏阿芒的诗集《来自中国的诗》在第22届利万托国际诗歌比赛中荣获最高荣誉金质奖章, 他也成为本届比赛中获得金奖的唯一一位中国诗人。

(刊于2018年11月5日《今晚报》第12版"副刊·津沽")

作者:张立巍,自由撰稿人、天津地方史学者

王崇烈致金钺信札简介
兼谈甲骨文的发现

孙肇净

是册为王崇烈(1870—1919年)写给天津著名学者、刻书家、书画家、大收藏家金先生的信札。王崇烈字汉甫,又字翰甫。他是我国清末著名的爱国人士、国子监祭酒、甲骨文之父王懿荣的二公子。他的哥哥王崇燕1891年考中举人后急于会试进士,因劳累过度咳血病殁于1893年,时年二十六岁。1900年八国联军侵华,清朝廷战败,王懿荣率夫人谢氏和长儿媳张氏壮烈投井殉国。王崇烈因为没有钱扶灵柩回山东福山归葬父母和嫂嫂,把父亲收藏的殷墟甲骨转卖给了刘鹗,一部分编印成《铁云藏龟》一书,一举使殷墟甲骨昭示于天下。1898年,二十八岁的王崇烈以举人的身份,被朝廷任命为候补直隶知州派往天津,暂时供职永定河观察使督导兴修水利。在天津,王崇烈公职之余广交天津耆宿名士,尤其与金钺(1892—1972年)交游更深,常常仰赖金钺的借书和赠书打发时间。我们通过阅读这册信札可以充分证实这一点。这册信札金钺先生后来写过跋语:

　　福山王汉甫先生崇烈，为文敏公之子，承其家学笃嗜金石，书法尤酷肖乃翁，此其手札若干通，皆在戊午己未间者(1918—1919 年)，盖先生即卒于己未之秋，年未周甲。时予方二十七八，今逾三十年矣，俯仰之间沧桑几易，缅怀旧雨感喟良多。尔时予将有许学四种之刻，曾出稿本与之相商，尚蒙长札参订，怂恿精雕，即册中末一通也。惜书成后先生已不及见矣。庚寅(1950)二月。

通过观看金钺先生的跋语和整册信札，我们可以确信这册信札是十分重要的文献资料。金钺，字浚宣，号屏庐、心远楼。金浚宣出身于津门世家，他祖上自清康熙朝以来一直以诗书传家，涌现出了许多著名诗人和学者，清末他曾任民政部员外郎，辛亥以后回到天津以著书、藏书、刻书度时光，积极参与严修、高凌雯、王守恂编纂的《天津县新志》《天津政俗沿革记》等书，还帮助严修、章式之等人创建天津崇化学会、城南诗社等，竭力弘扬天津的国学和传统文化事业。著名学者罗振玉 1919 年春天从日本回国定居在天津，借住了金钺在天津英国租界集贤里的房子才得以继续从事研究殷墟甲骨文工作。令我们惋惜的是，在这一年春天王崇烈患了严重的喉疾，并且逝世在这一年秋天。阅读这册信札内容，我们仍可以清楚看到当年王崇烈在天津和许多重要学者以及有关殷墟甲骨文研究的几个重要人物的交往，比如有清末重臣翁同和、大总统徐世昌、著名学者缪荃孙、罗振玉、章式之、王旭祖等等。同时他还帮助金钺联系 1918 年在北京琉璃厂刚刚开始营业的文楷斋刻书铺，为金浚宣雕版刊刻《许学四种》《天津县新志》《天津政俗沿革记》《天津文钞》《天津诗人小集》等三十余部与天津有关的重要史籍、书籍,从而使金浚宣成为与徐世昌、傅增湘、董康、陶湘等人同时代最重要的刻书家之一。金浚宣先生也见证并伴随了文楷斋刻书铺从创业、兴盛,一直到倒闭歇业。据知,目前仍有人保存文楷斋最后一位管理者訾瑞恒先生通知金钺关门停业,让他取回自己有关财物的文献资料。

顺便提及一件事:一段时间以来,有人对京津两地王懿荣和王襄先生究竟是谁首先得到了殷墟甲骨文这件事而有争论,几成聚讼①。其实这种争论对于殷墟甲骨学研究本身来讲,没有什么实际的意义。但是把王襄先生当年亲历的经过介绍给大家,也避免以讹传讹。1898 年以前河南安阳洹水旁边小屯村农民在田地里挖出了许多形状各异的龟甲和骨头,骨头上虽然有一些刀刻的笔画符号,可是谁也不认识这些字,农民们就随意堆放在一边。1898 年冬天,山东潍县贩售古旧器物的小贩范维卿(字寿轩)经过这里,看见这些东西感到很奇怪,可是因为不懂这些碎骨头,就没有放在心上。当他回家路过天津时,来到平日喜欢搜集古旧器物的朋友王襄先生家里做客。闲谈之间范寿轩讲到了在河南见到的这些奇怪的东西。正坐在一边的天津书法名家孟广慧凭借自己对古籀文字学识的敏感,知道这些东西应该是一些古代文字,并且提议让范寿轩赶紧回去购买。正是孟广慧和王襄先生的提示提醒了范寿轩,他在1899 年秋天终于背着一袋子殷墟甲骨来到天津。王襄与孟广慧看

---

①王襄先生是我国著名学者,以刚毅正直著称于世,他是我国公认最早的殷墟甲骨文收藏家之一,新中国成立后被天津市文史研究馆聘为首任馆长,我国《甲骨文合集》编纂委员会成员之一。他早年因为对殷墟甲骨文拓墨用纸不精,除了罗振玉以外许多学者都误认为他的收藏有问题,其中包括大名鼎鼎的郭沫若,后来大家才逐渐认识到自己误解了他的考释和收藏,知道他的收藏其实全部真实可靠,此事见郭沫若《卜辞通纂后记》。王襄去世后郭沫若曾亲自给他题写墓碑并表达自己的歉意。

到这些骨头上的笔画符号虽然一时不大认识，但知道是一种奇妙的古文字。范寿轩张口要价骨头上每个字一金（银元），这一下难住了王襄和孟广慧，因为两个人都不太富有，只得各自买了少许。王襄、孟广慧等人的购买更使范寿轩壮了胆，他径直带着甲骨去往北京锡拉胡同国子监祭酒王懿荣家里，把甲骨全部卖给了嗜古如命的王懿荣[①]。

多年以来，人们都认为王懿荣是因为得病吃中药偶然发现了殷墟甲骨文。其实，罗振玉先生自从 1903 年为刘鹗《铁云藏龟》写序以来，他和刘鹗就一直在肆力收藏和寻找这些甲骨的出土地点，但是因为贩售甲骨的小贩从来不肯跟搜求甲骨的人们讲真话，他们始终为自己找不到这些甲骨的确切出土地点而焦急。罗振玉在 1910 年下定决心委派自己的弟弟罗振常亲自前往河南搞实地调查寻找，才终于在河南安阳洹水旁边的小屯村找到了甲骨的确切出土地点，并且著成了《殷商贞卜文字考》，并用日记编著了《洹洛访古游记》两部著作，从而确定了小屯村就是古殷商国都城遗址殷墟，这里所有的出土甲骨文字几乎都是古殷商国君占卜国家大事的甲骨文卜辞，并且确定此前只有范寿轩在这里收购过甲骨。我们据此可知，如果当年药铺果真有卖含字甲骨的话，罗振玉大可以直接询问药铺老板即可以得知甲骨来源地，他不会费那么大力气和花那么多年时间也找不到出土之地。

王崇烈因为任职所在，从一八九八年四月离开北京住在天津，除了 1900 年安葬父母和嫂嫂变卖了一些东西给刘鹗外，安排完后事很快带着年仅九岁的弟弟王崇焕和十岁的侄儿王福坤从北京回

[①] 见《簠室殷契（代序）》《题所录贞卜文册》，《王襄著作选集》；《题易穑园殷契拓册》，《河北博物院月刊》，1935 年；《亡弟雪民家传》（此文写于 1946 年）等著述。

到天津。他在天津研究殷墟甲骨文,著有《题鄯阁藏龟拓本序》等著作①,他在序中说:

> 龟板出土在洛阳(应为安阳)属之小屯,地方为河亶甲(殷商国王名)旧都,光绪己亥(1899),忽出龟板一大坑,人无识古,贩运至京师,先文敏公悉数收之,当谓可以上傲许徐下卑欧赵也。二叔大人命崇烈识。

读了此文我们可以肯定古董小贩范寿轩贩卖甲骨一事王崇烈应该是早期重要知情者,他并没有编王懿荣吃药的故事,而且对于范寿轩是听从孟广慧和王襄的话才开始贩售甲骨的事情还不甚知情。因此他认为父亲王懿荣当初看见这些甲骨就悉数全买了下来,不知范寿轩此前在天津已经卖给孟广慧和王襄一些了。此后他在天津和好朋友金浚宣、罗振玉、章式之、王襄这些人不时见面和通信问候,一定会互相讨论殷墟甲骨文及其出土这件事情的。1899年范寿轩在北京把甲骨卖给王懿荣回到天津后,向王襄和孟广慧炫耀王懿荣给他的价格更高,并且还讲到王懿荣对一片大些的龟甲啧啧称奇爱不释手,引得没有看见这片甲骨的王襄、孟广慧十分羡慕。孟广慧立即去请王崇烈给自己写封介绍信去北京王懿荣府观赏,并且在1900年王懿荣去世后中国正危乱之际的秋天,孟广慧就已经开始用心刻苦摹写甲骨文了②。另外我们还确知,1910年罗振玉因为了解到王襄早在一九○四年已经开始研究甲骨文并写有著述《题所录贞卜文册》③,于是把王襄视为同道知己,并把自己在

---

①见胡厚宣《再论甲骨文发现问题》。鄯阁先生即是王旭祖。
②孟广慧1899年收藏的殷墟甲骨和1900年摹写的甲骨文资料现收藏在中国文化部,见陈梦家《殷墟卜辞综述》。
③此时王襄虽已知道甲骨文为贞卜之文,尚不知甲骨文是殷商之物。

1910 年刚刚出版的研究甲骨文重要著作《殷商贞卜文字考》一书赠送王襄交流切磋①，王襄对罗振玉考定出甲骨文是殷商王室遗物十分钦佩，两人由此开始数十年的殷墟甲骨文学术交往。罗振玉在1916 年为了编著《殷墟书契续编》一书，特意从日本回国向王襄借阅甲骨文拓片资料和考释成果，其中采录王襄考释出的文字达到了五十四字之多②。王襄在 1918 年综合和修改了自己以前的殷墟甲骨文研究成果，重新编写了《簠室殷契类纂》一书，并持书登门求教于王崇烈，获得王崇烈的高度赞扬③。无私的王崇烈为了帮助王襄成就他研究殷墟甲骨文事业，特地把自己所收藏的甲骨文拓片和正在编著的《殷墟书契待问编》一书借给了王襄，此举足以证明两个人的亲密友谊。罗振玉 1919 年春天从日本回国借居天津金钺家以后，从古董小贩范寿轩 1898 年十月在天津讲起甲骨的事情，1899 年秋天他第一次在天津和北京贩售甲骨，一直到 1900 年春天他在京津两城第二次贩卖甲骨后不久王懿荣在旧历七月壮烈殉国，从时间上讲不过跨了三个年头；而王懿荣、王襄、孟广慧等人真正见到殷墟甲骨文，一直到王懿荣去世实际只有短短的十个月试想当年如果不是王崇烈为筹钱安葬大义凛然、壮烈殉国的父母和嫂嫂，把一部分王懿荣的殷墟甲骨文转让给了刘鹗，从而促成刘鹗和罗振玉拓墨后编印了《铁云藏龟》一书，我们何时才能得知世间出现了国之重宝殷墟甲骨文，并进行全面的研究呢所以王懿荣收

①见《王襄著作选集》，这篇著作 1920 年 12 月由天津河北第一博物院发表。
②罗振玉此书出版于 1933 年，见陈梦家《殷墟卜辞综述》。罗振玉回国之事见《流沙坠简勘误记序》，《王襄著作选集》。罗振玉为了报答王襄借阅甲骨文资料，罗氏回日本后即把自己最新编著的《流沙坠简》一书寄赠给了王襄让他一同研究，王襄很快写出了《流沙坠简勘误记》和《序》。
③见《王襄著作选集》，这篇著作 1920 年 12 月由天津河北第一博物院发表。

藏的殷墟甲骨文，并能使这门学问迅速成为我国古文字研究领域的显学意义之重要,我们无论怎样赞美都是恰如其分的。

王崇烈致金钺信札

释文：

惠书至谢。尊欲刻宋板字,何如用顾鼎梅[1]之聚珍板,宋字大佳(今年新书印价亦不昂)。俟一半日他与弟寄书来,即其父之著作(只两本共送弟两部),大可分赠吾兄一部,一见必喜之也。似较自刻省事多矣。如必自刻则非京中(弟之老交易家[2],近为大总统[3]刻书)尚可。除此外,弟敢言无可当兄意者也。如有篆字,则自刻之可自看之,否则真不如用顾氏之聚珍板也。顾氏新到北京,大十三、四日回河南,兄何妨一到京晤之。此人布衣长袜颇有古风,今之隐君子狷介一流,不可多得者也。(他之不言又再板,尚未印出耳)今并领《吟草》[4],拜读之下以五古为最佳,大有汉魏之风。王壬秋先生[5]专教人以学汉魏, 故其集全为五古。盖一学时调便不能入古矣。吾兄天才,正可攻此,事半功倍,

①顾鼎梅(1875—1949年),名顾燮光,字家相,号鼎梅,又号崇堪。浙江会稽人,光绪年贡生,工书法绘画,尤精碑版目录之学,曾著《梦碧簃石言》,与著名学者藏书家叶昌炽和金钺有金石文字之交。

②王崇烈所指刻书老交易家,即北京琉璃厂著名刻书书铺文楷斋,1918年以前文楷斋为徐世昌总统公府刻书处。

③大总统即指徐世昌,文楷斋1919年春天正式挂牌对外营业前只给徐世昌总统和少数名流雕版印刷刻书,自从经王崇烈介绍后,金钺先生在文楷斋雕版刊印了包括《天津县新志》《天津政俗沿革记》等三十多部重要津门书籍,使金钺成为我国近现代著名刻书家。

④《吟草》,即是金钺先生自己的诗集《戊午吟草》。

⑤王壬秋,即是王闿运,字壬秋,号湘绮,我国著名学者、诗人、教育家、史学家,咸丰二年(1852)举人,与重臣肃顺、曾国藩交好。民国初年受聘任中华民国国史馆馆长。

何幸吾党多一诗人！弟于诗学少有所闻，而最怕作诗，却非不知诗者也。一笑。叔言①，弟尚未晤，昨通一信，弟亦甚忙，非晚间无暇也。此颂，浚宣仁兄大人道安。弟烈顿首。初八。

释文：

华翰遥赍，尤喜大著告成，指日可读，盼切何似，以速尤感。兰公年本高，然体非不壮，乃误于医也，惜少一谈金石之人耳。此老眼力不奇怪，古泉碑板真在行也。弟咽痛仍未全退，闷闷不堪。吾兄逍遥，最为养生妙事，弟相距太远，不克追随为歉。弟近日并无书可读，吾兄处有否昔日名流金石题跋之书否？(不知朱竹垞②一生题跋有成书否？其诗文集则早见过也。或后来人为之辑者亦可)今年毫无所得，一则无力，二则近来劲敌日多，更无希望矣。一笑。弟又好小石砚，偶得一二均不甚恰意。盖弟所好者每每与人不同，同一佳品有合弟之派别者，有不合者，故尤不易。古刻日贵，万不能买，且有今刻。故砚中尚有题字者，此好砚之由来，小则更可把玩耳。叔言先生来津多日，弟竟无暇访之，以早晚总是相左，甚难凑合，此老兴致尤好，令人欣羡。上海每月之《艺术丛编》兄买过否？《美术丛书》前十三集，弟均见过，不知其出到第几集。兄有之否？此书内多

---

①叔言，即罗振玉(1866—1940 年)。罗振玉，字式如、叔蕴、叔言、叔翁等，号雪堂，晚号贞松老人。罗振玉和他的学生王国维是我国近代著名学者，是我国近代考古学、殷墟甲骨文字学、敦煌学的重要奠基人。1919 年春天罗振玉从日本回国定居在天津，就是借住金钺在英租界集贤里的房子。罗振玉的书斋号"雪堂"，和王国维的"观堂"、郭沫若的"鼎堂"、董作宾的"彦堂"，并称为研究殷墟甲骨文字学著名的"四堂"。
②朱竹垞，清朝著名学者朱彝尊。

可取者。《国粹学报》中刘光汉①有谈《说文》小学者不少,此人才人而学博,可佩,至其说则多私臆,不足从。若论当日考古学,则正当行也。近日真能讲小学者,唯有在柯氏父子②,其余多掠影之谈。如以《说文》小学讲金文,则又不入也。此颂,浚宣仁兄先生大安。弟烈顿首。初四。

释文:

浚宣我兄有道:忽奉惠书,多承垂注,感不可言。弟小恙四个多月,弟幸自知医,尚无大谬。前仰兄看弟,询西医,服西药治喉,近亦见效,然衰老日甚,懒而且闷,不堪言状。吾兄壮年,自易将息,想全复矣。闻叔翁③来康尊花园,弟尚未见。兄之大著作弟盼切一读。弟今年毫无所得,近状尤寒,致大客亦不相晤。然心绪不好精力又衰之人,趣味亦太减,终日只有看书为解闷,如观剧也。缪艺风先生七十六作寿,嘱弟作寿文,弟本不善此,不得已现正忙此,亦借以遣时日耳。甚累也。此颂,大安。弟烈顿首。廿一。

释文:

大著当细读,约三日内可读完。祈廿三日烦人来取可也。

---

①刘光汉,即刘师培(1884—1919年),字申叔,号左庵,1902年中举人,后来参与革命,和孙中山、章炳麟(太炎)等人创建同盟会,曾经与章炳麟齐名。他的祖父刘文淇,父亲刘曾贵都是清末仪征经学大师。

②柯氏父子,即指胶东著名学者柯蘅、柯劭忞父子。民国初年柯劭忞任清史稿总纂官兼清史馆代馆长。

③翁,即罗振玉。

弟恙总不瘥，困人已甚，天热则病尤甚。章式之①兄亦熟人，弟最佩者，亦因相距太远不克常晤耳。即颂，浚宣仁兄大安。弟烈顿首拜。

释文：

浚兄足下：大著拜读一通，当以鄙见所及奉注，兄推爱既深，敢不竭诚相答？至合尊意与否，实非草草读者所能领会。弟尝谓许冲②上其父书，其果为许君定本未可知也。传之今日，更兼后来之讹舛，岂尽为泫长③原来面目？即如弟先文敏公④所著各笔记存稿，三四次写者仍无一定本。故一正非本人手定刊行，万难完善也。许君年表甚多考证，此可否行，以无足重轻于此间也。宋本说文又错字昭昭，他可知矣。二徐兄弟⑤乃大不相同，总之古人研此者少，故二徐以称。弟又每谓泫长小篆亦不足考古。友人某君曰：小篆乃为学童起见，本与大篆两事。弟乃恍然矣！古人文字已绝（指大篆言），今日若再不研于小篆，则学堂一盛而小篆又绝矣。今日小篆之美备，乃干嘉老辈之功，若尽如宋元明之写篆字，则许书早绝也。狂瞽有当与否，乞教。

---

①章式之（1865—1937年），名章钰，字式之，别署坚孟、茗理、霜根老人等。斋名四当斋。光绪三十年（1904）进士。他和名士章梫、章炳麟（太炎）都是著名学者俞樾的弟子，世人美称他们是'俞门三章'，民国初年章式之受聘清史馆纂修清史。1925年他和罗振玉、王季烈、高德馨在天津一同考释殷墟甲骨文字，编著成《集殷墟文字楹帖》一书。1927年天津乡贤弘扬国学创立崇化学会，延请章式之主讲，为天津培养了众多优秀国学人才，声望极高。
②许冲，汉朝大学者许慎之子。
③《后汉书》：许慎'为郡功曹，举孝廉，再迁除泫长，卒于官。'
④文敏公，即王懿荣。
⑤二徐兄弟，即指北宋初年著名文字学家徐铉和弟弟徐锴。

即颂，暑安。弟烈顿首。廿一日。籀文周宣王始有之，古文则许君漫言之，不敢定为何时，自虞夏以及籀前皆曰古文。逐读一遍，有谓苦心孤诣矣。若细核之，则应察之书多矣。兄意是便于初学，则为以楷书释篆，是否？盖弟揣体例如是耳。此中如壹字，改订极佳，姑举其一。叩却非邻字，邻字作双叩本不合古，忘其所出，亦不足道，似可删之。弟幼时于《说文》稍有功夫，今全忘矣。总之此小篆，许君汉人，汉人专以声重，与大篆专以形重者格格不入（惜古人无此例以小篆释大篆者耳）。此卷弟不敢妄赞一词。欲因如目所定，若简言之数行，又乃申言之则千言莫尽。只在作者自写己见，旁人加毁加誉皆非也。弟就式之①所论别者书所知以陈一二。秦始皇辩护一段，说辩护非也，兄有感而言则当写明所感触，以引伸及之。至秦之焚书坑儒，古说甚多，万不可就塾师所讲。秦始皇烧天下之书、杀天下念书人，大非也。全不是如此讲法，则使说不到焚古之文字矣。雪堂②或知兄感何事而认可，若以之刻在书上则须明白，此乃含混，颇涉语病，祈酌定之。经济即章，经术同义，经济亦非廓古人以经术治天下，故言同也。论文字则宜用经术耳。经济以韬略比，此又盖自宋明以后才有也。

释文：

借书已可感矣，乃又惠书心泐何极！即呈上《李宪》拓本一张。此石在赵州公署花所内（出土不过四十年）。初出时魏字不

---

① 式之先生，即章式之。
② 雪堂先生，即罗振玉。

甚残,此拓乃友人所赠,乞晒收。余面。此颂。(翁六先生①之孙署赵州,新拓出。年久未拓也。)浚兄大安。弟烈顿首。

尊《皇甫》《乞伏》②拓本,今李君求一份,乞便中惠。李公在今日博学,不在许阁翁③之下,其议论尤奇辟也。兄如往访亦可(花园街义州李文石先生④之子)。浚公,弟烈顿首。卅日。

浚宣仁兄先生足下。两次失迎,至歉至歉!渴想何似。弟近来午起既晚,又须日日出门。因舍亲吴宅白事,势须往慰之也。(先是其老太爷,近又为其如夫人。均系要紧之人)俗冗不堪,雅趣顿减。弟亦久想趋访台阶一谈,并伸答拜之忱,实以性懒而相去又远,故致中辍耳。弟又有嗜好,出门久谈,又恐多有未便之处,言之增愧矣。容当晤序。先此即颂大安。崇烈顿首,长至日。尊处有小本(无论是何板,不要好书也)后汉书否?此等检阅之书不可看好板本也。

再启者。尊藏之《皇甫驎》(不必好拓本),如有寻常之拓本可否见惠二三张(拟送缪小山⑤,即艺风先生,老名士太史公,

---

①翁六先生即翁同和,"之孙"似指翁同和侄孙翁斌孙。1914年王崇烈任清史馆协修,曾撰《翁文恭公列传》,此称号或见于吴趼人小说《二十年目睹之怪现状》。

②指著名魏碑《皇甫驎墓志》和《北齐故镇将乞伏保达墓志》。此二墓志初为国子监祭酒王懿荣所得,后归端方,再后尽归金钺先生。金钺曾经亲自精拓数纸赠送挚友。

③许阁翁即王旭祖先生(1853—1905或1919年),山东诸城人,字兰溪,号许阁、鄦阁等。王旭祖是光绪十一年(1885)举人,官至内阁中书,金石学家,著有《王氏吉金释文》《古泉汇补缺伪》等,1911年以后旅居天津。

④李文石即李葆恂,字宝卿,号文石、戒庵。奉天义洲人,家富收藏,与宜都杨守敬并称为南北两大收藏家。其子李放号小石,又号词堪,亦是藏书名家。

⑤缪小山即缪艺风(1844—1919年),名缪荃孙,字炎之,又字筱珊,晚号缪小山、艺风老人等,清光绪五年(1879)进士,授翰林院编修。他和王崇烈逝世于同年秋冬时节。缪荃孙先生是我国近代著名藏书家、目录学家、校勘家、教育家,中国近代图书馆创始人。1914年任清史稿总纂官。

兄必知之)。如送缪公者,可说为兄所赠,亦可找一张求其题也,乞酌之。弟烈顿首。

浚宣仁兄足下。惠拓本既多且佳,感泐何似!寄艺风老人二纸,一赠一题昨已发去,并附尊函。以足下文笔大佳,弟尤钦佩。弟于良友向无虚情客气,兄具此美材,将来未可限量,吾兄其有来历之人也,古人朋友相勖以德。用敢冒言,天生上智万亿人中不一二睹也。弟白日起的晚,又多俗冗,而夜间九点钟则多暇矣,看书写字以自消遣耳。《后汉书》局板亦是大本,取携不易,弟此时欲查书亦尚无暇,如果须用时再相假也。笔二奉收,即以鸣谢。并颂大安!弟烈顿首。廿八。天津有琢砚之人否?兄知之乞示及,或荐一人。不必高手,即平常卖新石砚者即可。弟闻三条石某地有一家也。

浚宣仁兄足下。近闻兄收姚氏之《太和造像座》[1],足征识者!姚氏尚有《韩显祖》[2]一石,此亦极精之品,闻足下亦有意,此亦在必须收之列,不多睹之品,勿为他人得去(有方地山[3]者言将留之),故以奉告!姚氏此外小造像亦无特别品矣。(太和、韩石)均弟极赏者,今得所矣。缪艺风老人已有信来,收拓并谢。大约题就即寄来也。于君近日未来,如便见乞代达一声,便中过弟处为盼。草草。即颂大安。弟崇烈顿首,廿日。

浚宣仁兄足下:久违为念。弟祠堂新刻碑文告成,以一拓

[1]北魏著名《太和造像座》石刻,此石刻光绪年间在北京凤凰岭归当地姚氏所有。1919年姚氏把此石刻卖与金钺先生。
[2]《韩显祖》全名是《北魏韩显祖等造塔像记》石刻,当年亦为姚氏收藏,当时与《太和造像座》一起转卖给了金钺先生,金钺曾经亲自精拓《韩显祖》数纸分赠友人。
[3]方地山(1873—1936年),名方尔谦,江苏扬州人,清末秀才,天津诗词名家,有楹联圣手之名。袁世凯曾聘他为自家西席,教授袁克定、袁克文等人。

奉呈,哂收。系弟自书。因御赐文有先君之讳①,所以不便书名也。此颂,大安! 弟王崇烈顿首。初九。

浚宣仁兄足下:奉到手示,并幼章二卿具悉。并谢费神。在幼章不能割爱乃常情也。弟因俗冗迟答为歉。兄谈说文之学,具见功夫深纯,我国文字与外国迥然两途,故不能以外国相比例。弟昔年亦学洋文半年,即以读中国书,读法乃全然不能用,遂尔中止。今专论六书,如谐声、转注,乃六书之最后起,为汉人所创,故徐氏注许书已有不合。盖一以声求字则古文绝矣。后人有訾徐氏者,弟每因今日见金文比古人为多,乃并知许书之误,所以《说文》引古文籀文与小篆直不相入也,皆由焚书以后文字亦失传。许书勉强凑成《说文》,全以当时小篆为书法,盖古文已不可复见也。且许氏书乃其子所进,是否完书尚未可必也。部首之字乃古文之字,可见当日只有此数。许氏乃以古文为之首,而以小篆附其下,所以部首有不应为部首者也。劳玉初先生②以中文太深,故想书简写之法,竟行不开。(袁宫保③书亦试行之不开)劳公即以外国文法为之组合,孰不知中文不能行也。即使全用简字法,而满篇无一非白字矣。(简字法即全用声不用义,所以不成文理)中文之文字,文、法相并而行,不能分者。外人则有声即有字。其文法即是话,不是文也。所以法文又不同矣,法文则文字、文法两事。所以外国公文仍以法文为重也。弟于《说文注》看出许多不妥

---

①王懿荣殉国后,清政府为表旌他,赐以"文敏"谥号并追赠侍郎衔。
②劳玉初(1843—1921年),名劳乃宣,字季瑄,号玉初。同治十年(1871)进士,中国近代教育家,音韵学家,探索中国汉字拼音法第一人。
③袁宫保即袁世凯。

之处,则徐氏注解初非高等,在当日研究此书人少,故徐氏为特书也。即本朝《说文》甚行,著书甚多,只可谓《说文》衍义,而于大小篆并不能考订一字。此弟之狂言,如许阁老人却以弟说为然,盖此非好金文不能知其故也。如此之说,在世人必以弟为疯子敢訾许书。初不知大小篆班班可考,非能欺人之语也。弟非吾兄前,亦不敢倡言徒自招骂也。年事想公忙,弟本街正月初二开一衣馆,以后大可方便。弟所以少应酬者皆因路远,今比邻矣。且北京有名之馆开不来者,弟所最嗜者也。唯兄如来谈时,先行示下为妙,弟可相候也。此颂大安。弟烈顿首,廿七早。

再启者:今者,弟买一小帖,是兄处转手之件,弟当时即付价矣,弟向来如此。此事与我二人无涉,因中更有转手之人。弟所以为言者,因弟在宝乡时恐或疑及,弟尚未腾挪耳。唯在切恳者,兄千万勿泄露一字,因此中关系太多,否则弟便是背后说人私话,弟尚可为人乎? 兄知之而已,阅后付丙。

久违为念。缪老先生题拓本今日来,即奉查收。因其二月忽患呕血症初愈也,文字无多,自是当行出色。专此即颂,浚宣仁兄大安。弟烈顿首,廿六。

(刊于《书法丛刊》2018 年第 4 期总第 164 期,2018 年 7 月,第 43—58 页)

作者:孙肇净,天津地方史学者

从天津走出的红学大家

林海清

　　时光荏苒,周汝昌先生已驾鹤西行七年了,今年恰逢他的百岁冥诞。盖棺定论,掂量先生在灿若群星的红学研究队伍中的地位的时候,我要说,他是著述最多、影响最大的红学大师。

　　周汝昌是从天津走出的红学大家。少年时期就常听母亲讲红楼故事。在燕京大学西语系学习期间,机缘巧合地在校图书馆发现了敦敏的《懋斋诗抄》,并发表了曹雪芹生卒年之新推定的红学文章,得到胡适的激赏。从此走上了红学研究之路,一发而不可收。六年之后便完成了他的经典大作《红楼梦新证》。这部著作的出版引起巨大的轰动效应,也奠定了他的红学大师地位。

　　在《新证》之前,人们对《红楼梦》的价值评价不一,远未达到现今"四大名著之首"的地位。当时的主流红学对它并不看好。以胡适、俞平伯为代表的新红学考证派虽然能够尖锐地指斥旧红学索隐派对《红楼梦》的误读,却又认为《红楼梦》的见解与文学技巧"比不上《儒林外史》《海上花列传》和《老残游记》"。而周汝昌在《新证》卷首就明确提出《红楼梦》是一部石破天惊的伟著,曹雪芹是旷世天才。而后从思想内容、时代价值以及作者的文学才能等方面论说,充分肯定《红楼梦》在小说史乃至文学史上的地位,并逐渐得到国内外红学界的认可。

胡适、俞平伯开创的新红学体系,考证出《红楼梦》的作者是曹雪芹,写的是他的"自叙传"。进而又提出"后四十回是高鹗续补"这一论断,将对《红楼梦》的解读带入学术研究领域中来,但研究得尚不够深入。周汝昌的《新证》承接了胡、俞的基本观点,却有了重大发展,尤其是对"自传说"的考证。他在极为有限的条件下,几乎一网打尽地挖掘出与曹雪芹身世相关的大量珍贵资料,引证文献极多,丰富而翔实的史料令读者叹为观止。正是有了《新证》,曹雪芹的轮廓在人们的心目中才渐渐清晰起来。《新证》也初步构建了曹学、版本学、脂学、探佚学的红学体系,使红学能够发展成"显学"。

周汝昌在《新证》中还提出了不少独树一帜的新观点,在红学界引起热议,对推动红学发展起到了积极作用。不可否认,《新证》存在着宣扬"自传说",考证过于繁琐等时代局限,但都不会影响它在红学史上的经典地位。

周汝昌对红学的另一大贡献是对《红楼梦》版本的考订。他与兄长周祜昌抱着还原原著真实面貌的决心将已经发现的《石头记》十一种版本收集起来进行汇校,露钞雪纂,殚精竭虑,历经五十六年完成了洋洋 500 万字的浩然大作《石头记会真》。这中间曾经历了动荡年月的三度抄家,以致手稿、资料片纸无存,又从头开始的艰难考验,谁能不敬佩这种学术精神呢!

(刊于 2018 年 6 月 4 日《今晚报》第 12 版"副刊·津沽")

作者:林海清,天津师范大学国际教育交流学院

刘啸岩教出"当代画圣"

齐　珏

创建于 20 世纪 30 年代的天津市立美术馆,曾于馆内"附设西画研究班",在馆内任职的刘啸岩因其独特画风,影响了当时许多热爱绘画的津门学子, 是当时天津乃至华北地区非常著名的西画教师。

刘啸岩,名风虎,留学德国,学习的是尼德兰画派的绘画风格,擅长画人物、风景。中华人民共和国成立初期,曾经有人在一次展览上看到他所作的一幅大型三联画《聊斋》,整幅作品技法娴熟,气势恢宏,具有强烈的震撼力。虽然他几乎没有留下任何原作,但是从 20 世纪 30 年代的《北洋画报》《益世报》等报刊刊载的作品中,我们仍可以体会到刘啸岩在西画方面精湛的艺术语言。

1932 年 6 月 13 日《益世报》报道《西画展览会开幕》,文中对刘啸岩的经历和绘画作了比较充分的描述。"这次美展的出品共有一百数十点,当中有几十帧是该馆(天津美术馆,笔者注)附设西画研究班研究员的习作,比较算是趁热闹而外,其余九十八幅画,可以说都是有过相当研究的,尤其是出品最多的刘啸岩君的作品可以给这次美展增光不少。"此次展览刘啸岩共展出四十六幅作品,其中有十六幅油画,十一幅木炭画,十一幅炭精画,八幅红炭精画。

据《益世报》介绍,刘啸岩1931年从欧洲回国,"他学画的地方不是巴黎,而是德京柏林的国立美术学院,他曾在那里苦心研究过六七年以上的时间"。《益世报》的记者还将刘啸岩的作品与其他作者的进行了比较,"从刘氏的炭画中可以看出我们所未看过的'力量',他画人体最有根底,对于人体解剖学有甚深的认识,所以从他的人体写生中,可以看出每个骨骼和筋肉的位置,并且完全用线条来表现,没有丝毫涂抹和含糊的地方,这是在记者所见过的一切印刷和真迹中所未尝见的特色"。关于刘的油画记者觉得"似乎不合乎平常人的眼光,如'足''息'等",但刘的作品不仅有"粗"的风格,还有几幅"极工笔的油绘","如'红纱'等作,却能使观者不相信那是真油画的东西,而误以为是一种美术印刷的照像了,这我相信凡是观者都具同感的"。刘氏的画又颇注重题材,如"情网",一幅"描写青年人为异端的女性所诱惑,男性颇为惊恐,而女性以肉感的手段来蛊惑他,使他堕入迷途","画面的四周有象征的图案,上面是代表凶煞的夜鹰,下面有带翅羽的骷髅"。

刘啸岩的学生中最著名的当数刘继卣。刘继卣自幼受其父著名画家刘奎龄的影响,酷爱绘画。1936年,16岁的刘继卣进入天津市立美术馆西画研究班学习,在刘啸岩的指导下系统学习素描、速写、水彩、油画,并从刘子久学习山水画技法,从陈少梅学习山水画和人物。刘啸岩接受的尼德兰绘画技法承袭了凡·爱克、勃吕盖尔等人的传统,强调以严谨的线条塑造艺术形象,在创作中,除了重视对人物性格的刻画外,还对光和色的表现和空间构成的问题给予特别的注意。刘继卣受教于刘啸岩,刘老师的严格训练为刘继卣日后的绘画创作打下了坚实的基础。后来,刘继卣成为新中国连环画奠基人,被誉为"当代画圣""东方的伦勃朗和米开朗基罗"。

(刊于 2018 年 8 月 1 日《今晚报》12 版"副刊·津沽")

作者:齐珏,中老年时报社

票界翘楚杨慕兰的戏剧人生

杨秀玲

在京剧发展史上,民国是个繁盛期,京剧职业演员不仅涌现"三大贤",还有"四大须生""四大名旦",票界也有众多的贤能之士,他们或为前清皇族贵胄,或为官宦之后、社会显达。如人称"涛七爷"的爱新觉罗·载涛;人称"侗五爷"的红豆馆主爱新觉罗·溥侗;风流名士袁寒云;卧云居士爱新觉罗·玉钦;大收藏家张伯驹等。

20世纪二三十年代,天津已经成为北方戏剧重镇,有"戏曲大码头"之美誉。不仅职业戏曲演员人才辈出,票友从业人数及水平也是相当可观。受当时社会风习影响,女性票友相对很少,真正"票"出点名堂的更是微乎其微,堪称票界翘楚的近云馆主——杨慕兰,便是典型代表。

一、虚心问艺、博采众长

清光绪二十九年(1903),杨慕兰生于无锡,谱名景晖。父亲杨味云,24岁时考中辛卯科举人。1904年进入官场,曾任清政府商部保惠司和度支部丞参上任行走、天津长芦盐运使、总统府顾问、财政部次长、参议院议员等要职。

杨家是无锡名门望族,杨味云的夫人是近代著名教育家顾毓琇的姑祖母。杨味云有子女八人,杨慕兰排行第二。杨味云的次子杨景燧,娶了荣德生之女、荣毅仁的胞姐荣漱仁,故此,杨荣两家成为姻亲。1904年,两岁的杨慕兰随同母亲和大姐杨景昭到了北京。杨家人爱听戏,4岁时,杨慕兰经常随家人去戏院听戏,逢亲友家举办喜寿,常去听堂会。她小小年纪,逐渐对京剧产生了浓厚兴趣。8岁,杨慕兰又随父母迁居天津。到了津城,杨慕兰对京剧的痴迷更甚,常带着两个弟弟到戏院听戏,喜欢吟唱。1924年,由父母做主,杨慕兰许配给父亲的好友、前北洋政府财政总长周学熙的四公子周志厚,成了周家四少奶奶。杨慕兰性格外向,在外人眼里,看起来这桩婚事门当户对。随着时间推移,两人在性格、爱好、生活方式等方面渐显不合。婚姻不幸,使杨慕兰借物托志,自寻开心,消磨时光。她唯一的嗜好就是京剧,遂寄情于皮黄,成为名噪京津的名票。

票友学戏,骄傲自满者多,杨慕兰却不然,她勤学苦练,广揽博采,戏路较宽。为学戏,杨慕兰虚心求教,转益多师。她的第一位授戏老师是位姓戴的盲人。为了躲避家人,掩人耳目,她常找借口偷偷溜出家门去学戏。她学的第一出戏是《女起解》,三个月的学习,戴先生渐渐感到这个学生戏底子深厚,自己学识有限。杨慕兰也深感先生所教东西已经不能满足自己需求,只好另寻名师。

杨慕兰学戏与常人不同,为了拓展戏路,她青衣、花衫、武旦、小生均有涉猎。她先后求教于律佩芳、郭际湘(艺名"老水仙花")、阎岚秋(艺名"九阵风")、姜妙香、魏莲芳等人。陆续学了《红线盗盒》《霸王别姬》《廉锦枫》等戏。律佩芳是科班出身,唱做规矩,舞台经验丰富,给不少名角配过戏,戏内戏外给杨慕兰很多指点,不但使她对戏曲艺术真正开了窍,而且在原有基础上有了很大提升。一年时间,她跟律先生学会了《大保国》《武家坡》《骂殿》《坐宫》《会审》等青衣传统戏。为了将青衣和花衫融合的更加巧妙,她还经常到王瑶卿先生家拜访求教,这位"通天教主"曾给予"四大名旦"许多指点。杨慕兰从王瑶卿那里学到了如何在表演上突破成规,融青衣、花衫于一炉,创造新的演唱风格。为学小生戏,杨慕兰虚心向姜妙香、徐斌寿、包丹庭三位先生请教。包先生给她说《雅观楼》,姜先生给她说《白门楼》《群英会》。为学刀马旦戏,她还托人请来当时著名的京剧武旦演员阎岚秋。阎先生表演特点是以"媚"出彩,以"俏"入胜。阎岚秋先后为杨慕兰说了《穆柯寨》《金山寺》等戏,从他身上杨慕兰学到了不少东西。

学刀马旦不同于学青衣、小生戏,讲究腰腿功夫,必须从幼年开始学。杨慕兰从没练过功,用她的话讲,就一个字"练"!她冬练三九,夏练三伏,每天很早起床,一个人在屋前的小院子里跑圆场,风雨无阻,从不间断。她还尝试练跷功,此功也属于童子功,从小学起。时空不能倒转,没办法,她只好弄来一副硬跷,绑在脚上练习。她学跷功不是想演踩跷戏,而是通过跷功,练习走台步。毯子功也属于幼功,杨慕兰想学,老师极力阻止,担心她数岁大,摔坏身子。她提出不练毯子功可以,但要练硬屁股座子,为的是演青衣、花衫戏时用得上。老师拧不过她,只好建议她根据剧情改用走磋步、回身、大翻袖、矮身等身段或用软屁股座子替代。通过跟老师学基本功,杨慕兰明白了一个道理:戏中的唱念做打是为剧情发展而设置,可依据演员条件适当变动,扬长避短,才有利于收到舞台效果。

二、四大名旦　各学所长

　　杨慕兰与梅、程、尚、荀四大名旦交往密切,有半师半友之谊。她喜欢"四大名旦"戏,尤其喜欢梅兰芳、尚小云和荀慧生的戏。有人曾问杨慕兰是学哪一派?她笑着回答:"是传统京剧,不讲究什么派。"她认为研究戏剧,不能单纯学某个人,不能硬性地死学,要结合自身条件,才能推陈出新。如果专以学某派来标榜自己,不利于技艺发展。她对梅、尚、荀演唱风格,自有评价,认为梅先生嗓音甜美圆润,行腔平淡中透出奇崛,中正里蕴含华丽,韵味醇厚。尚先生嗓音娇脆明丽、高亢挺拔,演唱刚健险峭,圆亮爽朗,富有气势。荀先生嗓音甜中带沙,善用柔音柔腔,风格温柔妩媚,俏丽精巧,圆润和谐。

　　因喜欢梅兰芳的戏,杨慕兰跟梅先生的关系非同一般。据说"杨慕兰"的名字也是因梅而得。梅兰芳每次莅津,杨慕兰都热情招待,包场看戏,亲自捧场。她曾先后向梅先生的琴师和得力助手徐兰沅、姜妙香、魏莲芳、朱桂芳诸先生学习梅派戏。姜妙香先生,原唱青衣,后改小生,年轻时就与梅先生搭档演出,是梅剧团的骨干。杨慕兰向姜先生学小生戏,姜先生来津,常住在杨家,杨慕兰问艺学戏非常方便,姜先生总是很和气地予以指点。杨慕兰最钦佩的是姜先生对京剧艺术高度负责,一丝不苟的精神。每次演出前,姜先生必对所要演唱的戏,从头到尾小声哼一遍,即便是很熟的戏也不例外。杨慕兰自己组班后,常约梅团班底助演,为的是有较多机会向梅兰芳学习表演艺术。杨慕兰演梅派戏,达到了相当高的水准,非常人可比。有一次,她特意赶到上海看梅兰芳和金少山上演的

《霸王别姬》。不凑巧,那天梅先生的嗓子出现问题,当晚不能演唱。梅兰芳一见她来了,好不欢喜。因为梅先生深知,只有周太太能代替自己演出。于是,本打算看梅演戏的她,却粉墨登场,代替梅先生上台演出,成为梨园界的一段佳话。今年80多岁的孙元喜先生谈起干娘杨慕兰,总是一脸喜色和崇拜之情,他说:"杨慕兰对京剧的热爱,对梅派熟知度和梅戏表演的出神入化,戏剧界找不出第二人。"

梅先生为人谦虚,对杨慕兰非常尊敬。杨慕兰不光喜欢看梅的戏,还潜心研究梅派艺术,经常给梅兰芳提出一些好的建议。一次,梅兰芳在天津中国大戏院演出昆曲《奇双会》,梅先生饰演李桂枝,俞振飞饰演赵宠,姜妙香饰演李保童。三个角色服装均为红色,天台上正面悬挂的"守旧"也是红色。看似满台鲜艳,但给观众感觉有些"顺色"。散戏后,杨慕兰向梅先生提出自己的看法,梅兰芳觉得周太太提得很有道理,虚心接受她的意见,等离别再演这出戏时,便换了一件白地绣花"守旧"。这一换,不仅突出了三个主要人物的形象,还增强了舞台效果。

杨慕兰对尚小云的戏也非常喜欢,与尚交情深厚。因她是大户人家,房多屋阔,尚小云来津演出,常常住在她家。令杨慕兰感受颇深的是尚小云亲自授予她三出看家戏《战金山》《昭君出塞》和《失子惊疯》。尚小云演出任务重,事务多,业余时间极少,但只要是杨慕兰所求,尚先生从不推脱。尚小云先生的这三出戏,最难的是《失子惊疯》。尚小云饰演的胡氏,因失子而惊疯,而且不是假疯,是"真"疯,更不是"装"疯。这样的功底,让杨慕兰学来,确实得下一番苦功。尽管如此苦练,杨慕兰仍然觉得没有达到尚先生所要求的地步,自知心有余而力不足,故此,该剧她始终没有演过。杨慕兰后来谈及此事,仍觉得辜负了当年尚小云竭诚相授的一番盛情。

　　杨慕兰与荀慧生交情极好,荀慧生所收女徒弟,多是她的干女儿。荀先生曾风趣地对她说:"周太太,咱们是亲家啊!"杨慕兰与荀慧生先生相识较早,凡是荀先生排演新戏,杨慕兰总要去看。荀慧生的管事常少亭为她组班演出时,大多是荀先生班的二路配角,阵容相当硬,如张春彦、马富禄、何佩华、曹连孝等。荀先生曾先后赠予杨慕兰四十余部剧本,可惜"文革"中散失。

　　在与众多京剧名家的交往与合作中,杨慕兰汲取了大量营养,提升了艺术水准。她献身京剧事业,为中国京剧艺术奋斗了一生,也贡献了一生。她的艺术造诣与为人得到了内外行的推崇与敬重,在中国京剧史上也是极为鲜见的。

三、红氍票戏,名伶扶助

　　杨慕兰第一次登台"票"戏是1931年"九一八"之后,当时全国上下抗日热情高涨。北平(今北京)新闻界人士在哈尔飞戏院(即后来的西单剧场)举办"抗战献机"义务戏汇演,非新闻界人士被邀请人员只有杨慕兰一人。那天,大轴戏是徐凌霄的《审头刺汤》,压轴戏是杨慕兰的《贺后骂殿》。这是杨慕兰首次粉墨登场,公开亮相。因怕家人知道,戏单和海报上均用"近云馆主"的名字。事后有人问及为何取名"近云馆主",杨慕兰说:"主要是演出前看到书桌上父亲所编的《云在山房丛书》,忽然灵机一动,临时决定采用此名,没想到后来就一直沿用下来。"首次露演,她便一炮打响,获得满堂彩。

　　杨慕兰第二次登台票戏是在北平的开明戏院,也是演义务戏。这次戏码是与德籍票友雍竹君女士合演《玉堂春》,她演上半场"起解",雍演下半场"会审"。

杨慕兰在京津两地均有房产,学戏、唱戏都很方便,更多时候她常住北平。七七事变后,她从北平回到天津居住。首次在津登台是明星戏院(今和平影院),也是参加义务戏演出,这次她演大轴戏《玉堂春》。

几次登台演出,杨慕兰逐渐有了信心,演技不断提高,在京津两地小有名气。她不仅与别人同台合演,还自己组班单演。在当时的时代背景下,一个票友,特别是一个女票友,敢于自己组班,独挑大梁可以说独一无二。同时,为使演出生色,她还常常邀请名角助演,以此壮大声势。

最初,"票友"都是一些喜欢京剧的皇亲贵胄,有权、有钱、有闲。他们与艺人之间犹如鸟之双翼,互帮互学,相辅相成。杨慕兰能够挑班唱戏,且邀请名伶加盟,也是出于此目的。

首先,经济实力为她挑梁组班奠定了基础。杨家和周家均是商宦世家,经济条件优越,杨慕兰在当时自己组班演出根本不成问题。为此,她花费了不少钱,购置戏装、台帐、桌幔、椅靠和"守旧",并请荀慧生的管事常少亭先生管理一切事务。不仅如此,1942年杨慕兰与袁青云共同创办云吟国剧社,地点在原天津劝业场惠中饭店旁华中里。在该剧社存在的24年里,前后在册的有四五十人之多,实力雄厚,乐队主要有荀慧生的鼓师刘耀曾,曾为张学津操琴的王鹤云,还有后来成为中国京剧院琴师的周世麟等;演员有后来成为花脸名家的女花脸齐啸云,云南京剧院著名青衣王小盈,还有后来天津戏校的名教师孟宪蓉、葛小林等。此外,童芷苓、吴素秋、白玉薇等红伶都不时向近云馆主问艺。云吟国剧社在当时也是培养京剧人才的孵化基地。

　　第二,人脉广泛为她演出风采生色无限。杨慕兰懂戏、学戏、演戏、迷戏是一般人无法比拟的,被戏曲界公认为"内行",这一点非常难能可贵。京剧名伶都愿意与她交往,甚至与她同台演出。她曾与金少山联袂演出《霸王别姬》,与朱桂芳合演《廉锦枫》,与姜妙香同台合作《玉堂春》,与吴彩霞、李多奎、马富禄等合演《探母回令》等戏。仅京剧《十三妹》,她就与郝寿臣、候喜瑞、姜妙香分别合作过。杨慕兰选择与名角合作的目的很明确,就是壮大声势,提升自己表演水平。

　　第三,生性好胜为她不断进取拓展戏路铺平道路。在满足个人戏瘾同时,杨慕兰更愿满足观众口味,除演小戏和折子戏外,她还专功本戏。当时很少听说票友排本戏的,杨慕兰可以说开了先河。她曾先后排演过《全本十三妹》《骊珠梦》《遇姬别姬》和《黄小香》四出大本戏。《全本十三妹》是她排演的第一出大本戏,为增强舞台效果,她特约著名架子花脸侯喜瑞演邓九公。该戏连续演出,深受观众欢迎,被界内外公认是杨慕兰博采众家之长并赋予新意的代表作。

　　第四,侠情义举为她热心公益事业赢得众名伶扶助。杨慕兰无论在北平、天津,只要有人请她义演或赞助,从不推辞,而且要做就做得最好。因为她热心公益,仗义钱财,许多名角都愿扶助她同台演出。常少亭为她组班演出时,常常根据杨慕兰演戏的需要和增强舞台效果,特邀一些京剧大腕班底演员参加公益演出。演《霸王别姬》特邀周瑞安演项羽;演《探母回令》除特邀吴彩霞演萧太后外,杨慕兰坚持邀请李多奎演佘太君;演《廉锦枫》特请肖长华饰演渔翁,孙甫亭饰演渔婆,姜妙香饰演唐傲,朱桂芳饰演蚌形。曾与杨慕兰合作过的名家可以列出一长串名单,如须生李宗义、陈少霖、周啸天等；小生姜妙香、金钟仁、韩子峰等；老旦李多奎、文亮臣、孙甫亭等；花脸金少山、候喜瑞、郝寿臣等；丑萧长华、马富禄、朱斌仙等；刀马旦阎岚秋、朱桂芳等；武生周瑞安、尚和玉、候永奎等。与名角同台演出，不仅使杨慕兰学到更多的舞台经验和表演技巧，还为国家、社会提供帮助，贡献自己的一份力量。

参考资料

1. 杨慕兰：《回忆我的戏剧生活》，《天津文史资料选辑》第 48 辑，天津人民出版社 1989 年版。

2. 周慰曾：《近云馆主传略》，《天津文史》第 31 期。

3. 黄殿祺：《女票翘楚杨慕兰》，《近代天津京昆名票》，天津人民出版社 2015 年版。

4. 孙元喜口述材料。

（刊于《中国京剧》2018 年第 6 期，2018 年 6 月，第 42—45 页）

作者：杨秀玲，天津市艺术研究所

赶大营的老客

李树德

天津西门里大街靠近西门的地方有个广泰兴百货店。1915 年前后开业,到了 20 世纪 30 年代发展到相当规模,三楼三底,三间大门脸,后面还有 300 多平方米的库房,是一个零售兼批发的商店,从销货金额上看,批发占三分之二,雇佣店员达 60 余人。是当时天津数得上的大百货商店。

我父亲从 1936 年至 1955 年在广泰兴工作了整整 20 年。他晚年经常给我讲在广泰兴工作的经历,我印象最深的是"赶大营"的老客们的故事。所谓"赶大营"是指 19 世纪 70 年代,清政府任命左宗棠为钦差大臣,率军西征,收复新疆。在此期间,天津杨柳青的货郎肩挑货担,追随大军做生意,保证了军队的后勤供应,这就是"赶大营"。后来这些人在新疆定居下来,成为新疆商业舞台上的第一大商帮。

这些赶大营的商人到天津来进货,被称为"老客"。他们成群结队而来,多住在估衣街一带的客栈里,那里有很多商铺,如归贾胡同有天成、益华新、同昌祥；北马路白衣胡同有鸣记、同瑞祥、瑞生成等。有的老客就住在广泰兴店里，在店里库房看货、选货、买货、结账，还可以广泰兴店里吃饭。为了招揽生意，每到赶大营的老客来津，广泰兴的东家就在大饭店设宴招待他们，饭后带他们到店里库房看货，买与不买都没有关系，目的是与老客们建立商务关系。

这些赶大营的老客，绝大多数来自万里以外的新疆迪化（乌鲁木齐市），一次进货很多，广泰兴与他们的生意做得非常火爆。他们都是错季进货，夏天来时，购买冬季需要的商品，如绒衣、绒裤、棉衣、棉被、棉手套以及其他御寒的商品；冬天来时，购买夏季需要的商品，如单衣、单裤、汗衫、背心、袜子等等。他们买的货物由广泰兴的店员包装好，再装入木箱，木箱要打上铁腰子，有时还刷上油漆，包装得非常牢固，然后运到火车站托运。当时没有通往大西北的火车，货只能发到张家口。货到张家口后，老客们再用骆驼运送，穿山越岭，经过沙漠，要走近半年的时间，到达新疆目的地时，这些商品正赶上时令，销售得相当好。

这些赶大营的老客吃苦耐劳，他们从边陲长途跋涉来到大都会天津，很注意自己的形象，衣冠整齐，谈吐文雅。更为重要要的是，他们做生意很讲诚信。有时他们看到好货，进得比较多，没有带那么多现款，就向广泰兴赊账，下次必定归还，而且自觉地加上利息。广泰兴柜上不要利息，但他们坚持要给，他们的口头禅是："借驴还马，下次自拿。"广泰兴非常愿意与这些赶大营的老客们做生意，除了他们购货量大以外，就是他们的诚信。

1937年7月7日发生卢沟桥事变，7月29日，日本飞机对天津市狂轰滥炸，广泰兴商店被迫停业一段时间。随着抗日战争的全面展开,内地与新疆的交通受阻,这样与赶大营老客们的生意往来也就中断了。

(发表于《今晚报》2019 年 9 月 5 日第 12 版"副刊·津沽)

1954,天津电建人踏上津沽大地

张 辉

天津第一发电厂始建于 1937 年 3 月,初期安装 2 台 1.5 万千瓦机组,分别于 1938 年 3 月 1 日和 6 月投产,全部设备均为日本产品,由日本人安装。该厂始称天津特一区发电所,是国内最早的城市发供电企业之一。新中国成立后,于 1954 年、1958 年和 1961 年经过三期扩建,共安装 5 台 2.5 万千瓦机组,全厂共装机 7 台,总装机容量达到 15.5 万千瓦,成为京、津、唐电网 20 世纪 60 年代的主力电厂之一。

也就是 1954 年,三津大地铭刻上了天津电建前身施工队伍员工的足迹。当时,国民经济经过三年恢复建设,步入正轨。国家从 1953 年开始实行第一个五年建设计划,京、津、唐地区用电量也写日俱增。为缓解电力供应日趋紧张的局面,天津市一方面对老厂继续进行技术改造,一方面开始着手扩建新机组。

此前在 1951 年,天津第一发电厂扩建工程根据驻部苏联专家的建议,安装原冀北电力公司留下的日本芝浦厂制造的 1 台 2.5 万

发电机组试运行人员正在对机组进行最后调试

千瓦发电机和从瑞士进口的 BBC 公司制造的 1 台 2.5 万千瓦气轮机,并修复原有的 70 吨／时链条锅炉,以及配置从苏联订购的 130 吨／时煤粉锅炉。工程建设由华北电业管理局组织,该项目在当时是中国自行设计和施工的最大容量机组。工程机组部分于 1953 年6 月开工,1954 年 5 月并网发电（编为 3 号机）;锅炉部分于 1954 年 7 月开工,翌年 8 月投入运行(编为 4 号炉)。机组投产时,举行了隆重的庆祝投产典礼,天津市市长吴德剪彩,天津市委工业部部长冯文彬、电业管理总届局长程明升、中国电业工会主席蔡书彬到场祝贺。这期参建职工中,很多从事机炉安装的工人师傅后来几经沿革,于 1964 年 5 月 4 日加入了天津电建大家庭。1954 年可以说是天津电建在津沽大地播撒璀璨明珠的肇始之年。

1956年，由北京基建局第一工程处分出一支施工队伍，在天津成立北京基建局第一工程处天津工区，为建筑安装综合性施工队伍。1959年，北京基建局第一工程处天津工区改革后，成立北京电业管理局基建工程公司第四工程处，土建队伍分出划归山东省电力厅管理，即山东火电公司第一工程处（即后来沿革为的山东电力建设公司黄台第一工程处）；由原北京基建局第一工程处包头工区又分出一支施工队伍，在唐山成立北京电业管理局基建工程公司第二工程处，为建筑安装综合性施工队伍。北京电业管理局基建工程公司第二基建工程处、第四基建工程处作为华北地区的主要火电施工力量，转战京、津、冀等地，主要参与了社会主义工业初步发展时期"二五"计划期间、苏联援建"156项目"中的电力工程建设，以及对外援助蒙古电力项目。

作为驻扎在天津的电力建设施工力量——京电四处，承担了第一发电厂二期、三期扩建项目。二期工程建设规模为1台2.5千瓦瑞士BBC汽轮发电机组，1台苏制TΠ–13型锅炉（即4号机、5号炉），1957年8月1日工程正式开工。当时正值国家第一个五年计划提前完成，"大跃进"热潮之际，施工场面呈现了争分夺秒抢工期、集中优势兵力打歼灭战的特点，职工们干劲十足，不论白天黑夜，不惧风霜雨雪，不管是高空作业还是泥水沟里施工，都是苦干实干，做到加班加点不计报酬，当天任务当天完，甚至春节也不休假，实现1958年5月30日汽轮发电机组较原计划提前两个月竣工并网发电。5号炉于1958年8月，亦较原计划提前两个月竣工。二期扩建工程后，第一发电厂总装机容量上升到8万千瓦，成为当时京津唐电网的主力火力发电厂之一。

国家第二个五年建设计划开始不久，1958年7月水利电力部批准了第一发电厂三期扩建工程。规模为 3 台 2.5 万千瓦机组及 3 台 130 吨／时锅炉（即 5 号、6 号、7 号机,6 号、7 号、8 号炉）,除了 8 号炉为苏联产品外,其余皆为国产机炉。

工程 1958 年 4 月破土动工。京电四处职工和兄弟施工单位、第一发电厂职工密切配合,克服了场地窄小、施工机械、设备不足等种种困难,以战斗姿态投入。在安装工程方面,创行了"战役施工"模式,实行"军事化"的组织工作,成立作战指挥部,下分锅炉、汽机、电气 3 个战区和生产、供应、生活、宣传 4 条战线,并任命各组织的负责人。最后的一机一炉,工程期划分为 6 个战役(设备检修、吊装、水压、风压、煮炉、试运)。每个战区各有战役主攻目标,施工进度按日排列,各战区负责人于每天下班前向指挥部汇报。各个战役都开展动员、誓师、比武、报捷和庆功总结等活动,把全体职工的积极性较好地调动起来、组织起来、发挥出来。

施工中还建立了职工自检、互检和专业检查相结合的制度,在 8 号炉安装高峰时,发现过热器焊口不合格,在时间紧、任务重、人员少的情况下,为保证质量,施工人员不怕任务重、困难大、气候炎热和工作条件恶劣,日夜奋战,坚决割掉重焊,终于消除了隐患。就是这样的精益求精,有效保障了工程整体质量。

最终,3 台机组于 1959 年 12 月至 1961 年 11 月期间相继并网发电,7 号机是当时国内首创的第一台双水内冷发电机。与机组配套的 3 台锅炉也分别在 1960 年 3 月至 1961 年 8 月陆续竣工投入运行。工程务期必成。事实证明,这种按军事化模式组织施工的实践,对于造声势、严纪律、强督导、保目标以完成突击任务,是有其特殊功效的。三期扩建工程结束之后,第一发电厂总装机容量达到 15.5 万千瓦,成为当时华北地区屈指可数的主力发电厂之一。

　　京电二处在河北地区建设现场也是多点开花,1960年11月投产滦河电厂1台机组,1.2万千瓦;1959年到1963年期间投产唐山电厂5机4炉安装工作,共20万千瓦。1963年投产下花园电厂2台机组,共6万千瓦。

　　此外,京电四处还承担了五零九电厂1号机组(0.6万千瓦)和2号锅炉安装,1号机组于1961年10月试运行, 后因正值国家经济困难时期,工程下马未投产。

　　1964年5月4日天津电建成立, 当时称华北电力建设公司天津工程公司, 成为由北京电业管理局基建工程公司第二基建工程处、第四基建工程处、山东电力建设公司黄台第一工程处、天津第三建筑公司第三工区合并组成的土建安装综合性施工企业。此前,老一辈员工的"十年奋战"创业历程是艰辛而非凡的,他们艰苦奋斗、顽强拼搏,在施工机械有限和施工技术落后的年代,凭借聪明才智,创造了一项项不平凡的工程业绩,为国家薄弱的经济基础夯下了坚固的石桩。

　　(刊于2018年第4期《天津电建人》,2018年10月,第18—21页)

　　　　作者:张辉,中国能源建设集团天津电力建设有限公司

李炳德的崇化书香

王振良

　　李炳德先生走了,带着他的满腹经纶。时间是 2018 年 9 月 20 日 12 时 18 分。

　　我与先生结识与崇化学会相关。2006 年 4 月,机缘巧合之下,我促成了崇化中学与今晚报社合作,联办 "从崇化学会到崇化中学" 征文。5 月 31 日,学校安排到北京拜访历史学家蔡美彪前辈,他 1942 年至 1943 年在崇化学会晚班学习过。同行者中除了校领导,还有一位年过古稀的长者,坐立有度,谈吐不俗——这是李先生留给我的最初印象。

　　先生 1948 年肄业于崇化学会,后受聘于学会整理藏书,再后转入崇化中学教书,直到最后荣休。先生是最后一批经过严谨国学训练的学人,语言学、文字学、训诂学功底扎实,运用到语文教学上自然得心应手,因此成为天津最早的语文特级教师之一。先生的语文课,留在了诸多崇化学子的记忆中:"李炳德先生是我的语文老师,在他的身上能深深感受到'腹有诗书气自华'的儒雅气质和精益求精、一丝不苟的治学精神。课前给同学们深鞠一躬，一支粉笔、一根教鞭就能带领我们进入文学世界尽情畅游，即使是生涩难懂的古文，也能在李先生的讲解之下格外有趣。"(仇普良、仇玥莲《两代人的崇化情》)先生还堪称学校的重要符号，每年新生入学，他都要给他们上读书指导课，并组织到市图书馆参观。

从天津文史研究角度讲，先生只能归入大器晚成。可惜的是太晚了，历史只留给他十二年时间，而以学问根基论，他成为有成就的学者本来不难。先生每次参加学术会议，发言吐字清晰，有板有眼，无一句废话，记录下来就是文章。在我接触的天津学人中，能做到这点的，只有南开大学的来新夏先生。

2006 年 6 月，先生发表了他关于崇化学会的第一篇文章——《金浚宣所藏崇化学会〈董事勘辞〉》，为《今晚报》所刊征文中的一篇。但就是这篇短文，燃起了先生研究崇化学会的热情，先后撰写了约二十篇相关文章。根据年龄和体力情况，我曾鼓动他以郑逸梅《艺林散叶》形式，完成三万多字的《崇化杂忆》，在《问津》总第 16 期以专集形式推出。就在去世前十几天，他还勉力草竣《崇化学会始末》万字长文。

对曾主崇化学会讲席的章式之先生，李先生也情有独钟。他不但与章氏后人长期保持联系，更在通读《章氏四当斋藏书目》基础上，撰就《四当明霞：藏书目里的章钰及其交游》书稿。这部书稿一年半前就已完成，并列入我主编的《问津文库》出版计划。然而因为我的疏懒和拖沓，该书至今仍未能问世，让我感到万分惭愧。

在我编的《问津》丛刊中，还收过先生的三本小册子——《〈津门艳迹〉中的天津土语》《天津抄本小说中的方言俗语》和《天津土语拾零》，先生生前我们也探讨过将这些结集成书。

先生是真正的学人,不只因为治学的严谨,而且还有做人的谦敬。匆匆走笔至此,泪眼已自婆娑。

李炳德先生走了,带着他的崇化书香。

2018 年 9 月 21 日于沽上恐高轩

(刊于 2018 年 9 月 24 日《今晚报》第 12 版"副刊·津沽")

作者:王振良,天津师范大学新闻传播学院

社会与文化

清末官报的白话风格与社会启蒙
——以《北洋官报》为中心的考察

杨莲霞

晚晴启蒙思想家梁启超指出,"学校、报纸、演说"为"传播文明三利器",主张"国民识字多者,当利用报纸,国民识字少者,当利用演说"①。但是,由于国民文化水平低,甚至有大量文盲存在,宣传难度显而易见。如果仅用文言文来面向民众,启蒙之效可以想见。因此,创办白话报刊,变革文字文体,以白话替文言创办白话报刊,也就成为晚清时期进行通俗易懂的社会启蒙教育的可行之法。裘廷梁曰:"欲民智大启,必自广学校始。不得已而求其次,必自阅报始。报安能人人而阅之? 必自白话报始。"②《东方杂志》也有如下记载:"吾中国今日文言异致,普及惟艰,社会中识字之人通文者不过什一,则文言之报,有时而穷。济报纸之穷,端有赖于白话焉,白话者,报纸之先锋也。"③与此同时,基层政府也认识到白话报启蒙民众的优越性。河南汝宁府知府罗维垣"饬各县城乡分设宣讲所,以期开

---

① 任公:《饮冰室自由书》,《清议报》第 26 册,1899 年 9 月 5 日。
② 裘廷梁:《无锡白话报序》,《时务报》第 61 册,1898 年 5 月 20 日。
③《论政府宜利用报馆并推广白话演说》,《东方杂志》第 2 卷第 8 期,1905 年 8 月。

通民智,选聘讲员用白话演说",希望通过用浅显详明的白话文演讲,使百姓知晓,以收宣讲之效。受此影响,上蔡县县令许芳首先捐廉聘请讲员先在各集镇分设数处宣讲所,亦采用白话文的方式宣讲,"听者甚为踊跃"①。白话报刊或用白话文宣讲,由于通俗易懂,易于接近民众,被官方和办报人视为进行社会启蒙的利器。此后,白话报刊创办热潮铺开,19 世纪末至 20 世纪初在中国出现了 170 多种白话报刊,据蔡乐苏统计,其中 1897—1911 年约有 111 种②,李孝悌又在此基础上从报刊和广告中辑出 20 种③。

一、清末官报的白话风格转型

以白话形式宣讲报章,是清末官报舆论宣传的重要形式④。清

①《北洋官报》第 1258 期"各省近事"栏目"饬属分设宣讲所"条,1907 年 1 月 22 日。这里需要对《北洋官报》的装订方式做一交代:酝酿期间,官报局预设中的《北洋官报》与清末绝大多数报纸一样,装订成册——"官报之式亦如本报(《大公报》,笔者注)之分成书页以便装订成帙"(《纪官报》,《大公报》1902 年 6 月 23 日)。但到 1905 年初,官报局做了一次尝试——散装、单页、双面印制,903~924 期为两张双面印刷单页,字号很小,版式密集,从第 925 期开始恢复 1905 年之前的版式,且对此做了说明:"本局自今年官报改为两全张,取材较富,拟忽阅者不便拆订,自二月初一日起照旧装订成册,篇幅较前加倍,总期改良求精,以副刊报诸君之意,其学报每五日一册,特此声明。"(《北洋官报》第 924 期,1906 年 2 月 22 日。
②蔡乐苏:《清末民初的一百七十种白话报刊》,丁守和主编:《辛亥革命时期期刊介绍》(第 5 集),人民出版社 1987 年版,第 493~538 页。
③李孝悌:《清末的下层社会启蒙运动:1901—1911》,河北教育出版社 2001 年版。
④关于晚清白话报的研究成果较多,如刘茉琳《论晚清至"五四"的白话文运作》(暨南大学博士学位论文,2010 年)、刘秋阳和万丽《论清末白话报纸对"下层社会"的启蒙》(《中南民族大学学报》2009 年第 4 期)、徐小凤《近现代白话报的出现及其办刊思想研究》(《编辑之友》2013 年第 9 期)对晚清白话报的创办、运营和影响进行了深入剖析,黄晓红《〈安徽俗话报〉研究》(安徽大学博士学位论文,2010 年)、林绪武《清末白话报刊与〈大公报〉白话文》(《历史教学》2012 年第 3 期)、胡凤《分解与重构:安徽近代白话报刊中的行省意识研究》(《安徽史学》2016 年第 6 期)则对特定白话报刊进行了探讨。

末民初,民众的识字率较低,他们的整体文化水平也不高,各级政府为了将朝廷及官方的旨意传达到基层民众中,派专员分赴各地以白话形式宣讲报章。清政府在全国范围内推行白话文宣讲,以便无从接触报刊的下层民众了解外部世界,使得大批文盲成为报刊的"听众",将报刊的影响直接推向了社会最底层,具有启迪民智的作用。到了20世纪初,白话风格的报章以其在近代中国社会语境中传播的优势,疏通了官报、邸报等官方媒介接近民众的通道,也激活了传统官媒通俗化转型的动力。"甲子一败,庚子再败"后,清政府实行包括创办官报在内的多种宣扬新政的措施。各官报总纂、总办在编辑、印刷、发行官报的同时,也编印一些材料,作为宣讲所宣讲资料,比如"编官话报以资宣讲"①,并于出版当日正刊的封面告白处广而告之。

作为清末最具代表性、报龄最长、最有影响的地方政府官报《北洋官报》(以下简称"《官报》")也以白话文的形式出版报刊副产品或宣讲《官报》内容。《官报》创刊于1902年12月25日,鉴于其试办成功,清政府决定"依照北洋章程妥酌开办"②,在全国推广,由此掀起了清末新式官报创办的高潮,也确立了《官报》在全国的地位。于是大至宗旨、章程,小至如何选聘工匠、选购机器,《官报》都成为各地创办官报的模仿对象,并由此形成固定的内容、体例、办报思想、办报方法和完整的布局。北洋官报总局设在天津,北京和河北设有分局,1905年1月《直隶白话报》在保定创刊,半月刊,吴樾创办并主编,以"开通民智,提倡学术"为宗旨,分社说、历史、地

---

① 《〈北洋官报〉第一千册纪念辞》《北洋官报》第1000期,1906年5月9日。
② 戈公振:《中国报学史》,上海古籍出版社2014年版,第40页。

理、传记、教育、军事、学术、实业、小说等栏目。

作为《北洋官报》的副产品,《北洋官话报》和《北洋法政官话报》等采取白话体例。以第 1 册、第 2 册《北洋官话报》出版为例:"《北洋官话报》丙午年第一册出版:本局丙午年第一册《(北洋)官话报》现已出版,仍照历次捐赠《(北洋)官话报》及《国民必读》之例分发顺直各州县用作宣讲之资,不取分文,特此广告。"①"《北洋官话报》丙午年第二册出版:本局丙午年第二册《(北洋)官话报》现又出版,仍照前例随同《官报》分发顺直各州县用作宣讲之资,不取分文,特此广告。"②清末预备立宪前,《北洋官话报》自 1906 年 4 月 22 日 1906 年 9 月 17 日,基本以每月下旬一册的周期出版了 5 册。而且,这些分发的宣传材料也得到基层政府积极呼应,取得了一定的宣传效果。庆云县县令通过阅读《官报》得知宪台设宣讲所于天津,又于工艺场派员演说,决定与绅董筹商先在城内城隍庙设宣讲所一处,拟将前次宪台颁发之《国民必读》先行宣讲,再择各报中足以鼓舞民情、裨益教化者编演白话以资讲说。但担心"坊间白话各报,又恐词旨激烈不能悉轨于正",建议北洋官报局增编白话报一种,附于《官报》之后,即可奉为宣讲之资,而官报行销之地咸可借此开通,水到渠成,收效必普。直隶总督袁世凯的批复则为:"据禀已悉,该县仿办宣讲所,以开民智办理甚善,深堪嘉奖。果使各村镇一律推行,化民成俗之机莫捷于此,候饬官报局增编白话,附登报中以资应用。折存此缴。"③

清末预备立宪是《官报》发展的一个分水岭,也是凸显其政法

①②《封面告白》,《北洋官报》第 983 期,1906 年 4 月 22 日。
③"文牍录要"栏目《庆云县请饬官报局增编白话报禀并批》,《北洋官报》第 754 期,1905 年 9 月 25 日。

宣传功能的转折点。各大报刊媒介,特别是官报,是清末宪政信息的主要输送渠道之一。1906 年六月,经袁世凯奏明,直隶自治开办,"先于天津设天津府自治局,派员宣讲刊行《法政官话报》"①。"开政治、法律之学,必借报章以开民智,北洋官报局所编《北洋学报》应即改为《北洋法政学报》,北洋官报局所编《北洋官话报》也相应改为《北洋法政官话报》。"②所以,1906 年 10 月 25 日,以"讲求政治学理,破痼习,瀹智识,期于上下通志,渐致富强"③为宗旨的《北洋官话报》正式更名为《北洋法政官话报》。《官报》曾以广告的形式具体解释了《北洋官话报》更名为《北洋法政官话报》的情况:"本局《北洋官话报》改为《(北洋)法政官话报》,第一期现已出版,仍照前例分发顺直各州作为宣讲之资,不取分文,特此广告。"④并在每册《北洋法政官话报》出版当日《官报》封面告白处做宣介:"本局第五期《(北洋)法政官话报》今日出版,仍照前例,随报分送。"⑤"本局第六期《(北洋)法政官话报》今日出版,仍照曩例分发顺直各州县作为宣传之资,随报分送。"⑥自 1906 年 10 月 24 日 1910 年 2 月 25 日,《北洋法政官话报》也同样基本以每月一册的周期连续出版了 39 册。改版后继续沿袭附送白话版本宣讲材料的做法,以示劝谕。

---

①"奏议录要"栏目《直隶总督杨奏遵章筹办地方自治折》,《北洋官报》第 2034 期,1909 年 4 月 9 日。

②"封面告白"栏目《本局广告》,《北洋官报》第 1132 等期,1906 年 9 月 18 日等。

③《序一》,《北洋官报》第 1 期,1902 年 12 月 25 日。

④《封面告白》,《北洋官报》第 1168 期,1906 年 10 月 24 日。

⑤"奏议录要"栏目《高邑县倪令鉴禀本局设立阅报处情形文》,《北洋官报》第 1272 期,1907 年 2 月 5 日。

⑥《封面告白》,《北洋官报》第 1310 期,1907 年 3 月 25 日。

《官报》创办之初,秉着"求其所以交通上下之志,使人人知新政新学"①的初衷,在充分考虑受众的基础上,不断创新语言文体,变革内容书写样式,使报刊形式、内容更加贴近民众生活空间和认知方式。这样,不仅普及了民众喜闻乐见的知识,同时开阔了底层民众的视野。《官报》以白话文的形式刊登"圣谕广训""教务白话""动物概论""农事浅说""地文学浅说"等内容,并在目录中有所体现,以期上情下达,普及知识。《官报》在保留"之乎者也"的古文风格的基础上,增加了民众的口头言语,两种语言并用,既保持官方媒介的正式性,也方便民众阅读。《官报》第3期"封面告白"栏"圣谕广训"条的内容为:"往训推广立教之思,先申孝弟之意,用是与尔兵民人等宣示之。"紧接着用白话文对此段做解释:"往训要极力推荐这立教的意思,先要申说这孝弟的道理,因此与你们兵民人等特的讲个明白。"许多栏目在目录中就标注有"白话"二字,比如"教务白话"的"今日是梦醒的日子,你们从前所言那些义和拳,叫做大师兄二师兄的,现在死的死杀的杀,再不见各影儿,说什么神仙附体,能不怕刀枪,不怕火炮,你们亲眼所见,被枪炮活活打死的有多少,岂不是害了别人还害了自己么?"向民众介绍义和团的危害并"教导"百姓要相信他们的"父母官"。《官报》第896—924期增加了"附张",附张白话、文言文均有,白话较多,且用空格表示句子停顿,如"有一种土番 以打猎为生 性情凶暴 无一点人理 大概全没受过教育的缘故"②。甚至有人建议直接编写白话教科书:"传闻杜侍御彤日前上一封奏折,请饬学部将中国历史以及各种时务新书

---

① 《序一》,《北洋官报》第1期,1902年12月25日。
② 《附张》,《北洋官报》第906期,1906年2月4日。

演成通俗白话,颁发各省蒙小学堂列为教科书,以期文词浅近,易于开发蒙童。"①

内容选择方面,官报选登贴近农人日常生活所需知识,以期开通民智。《官报》第4期目录为"国子监之图、宫门抄、上谕、督院辕门抄、论说、奏议录要、公文录要、河南乡榜、选报、农事浅说、教务白话",其中"农务浅说"的主要内容为:"平常的土有这五等,但是耕种起来,这沙土胶土都有些不好。怎么说呢?因为这胶土,性子很黏腻,湿的时候,粘犁粘锄,不好做活,到干的时候,却又很坚硬,也不好耕锄,水气也不太流通,植物的根子也不得舒展。"②旨在从土壤、水气等角度,普及土壤知识。《官报》第66期"动物概论"栏目"乳养族·四足动物"条,以图文并茂的形式介绍了四足动物:"这一类动物,四肢不分前后,都有手指,为什么不称他为四足呢?确因他长的确乎是手,有拇指,有中指食指此类。"《官报》选登诸多日常生产、生活的实用知识,开拓了民众的知识视界,也丰富了报刊内容式样。这样,《官报》的内容风格不再生硬刻板,增添了生活气息,契合民众日常生活需求。《北洋官报》第73期设置"地文学浅说"栏目等,不一而足。

在版式设计上,引进先进的照相技术并系列刊登图片,也是《北洋官报》的大胆尝试之一。1906年间,但凡封面告白页有"今日增刊图画并图说一页"者,《北洋官报》之"专件"与"广告"栏目间就有图画。但需要强调两点,一是目录中有标注且在目录中体现出来,二是附有图说并以白话文表述。以第1031期为例,目录最后一

①"京师近事"栏目《请编白话教科书》,《北洋官报》第957期,1906年3月27日。
②《北洋官报》第4期,1902年12月31日。

列为"图画埃及之石人石塔○附图说",其部分内容为"非洲埃及国的京城叫做开罗（一作'加罗'又作'海楼'）这城附近的地方 有两种希[稀]奇的古迹一为极大的石人头从肩上量到头顶计高五十六尺 两肩的宽处 计阔一百七十二尺一为尖形的石塔 那石塔的形象 如金字一般 所以埃及国的人都叫做金字塔 很为著名 这塔的三面 都有层级 游观的人 可以任便上下 从塔脚量到塔顶"。图片加文字的设计风格颠覆了传统官媒的"公文化"刻板印象,增强了视觉效果,对于创新报形式、提振读者阅读兴趣助益良多。

报刊是记录时代变迁的一面镜子①,值得指出的是,作为官方的喉舌,《官报》尽管在内容体例上有诸多创新,但言说政治、宣讲时事仍为其主体功能。《官报》特别重视以白话形式介绍时政要闻,刊发各省白话演说,进行政治宣讲。《官报》第1234期"各省近事"栏目"白话报实行演说"条介绍了《河南白话报》的创办情况:"河南官场于七月初曾创有白话报一种,月出六册。兹悉各属劝学所相继成立,实行之者甚夥,如陕州、封邱等县均纷纷来省请额外添寄十份,以资分派各乡镇绅董宣讲,而陕州之陈太守则更于每月之逢五逢十等日亲为择要督讲,并出示劝民往听。"②第1144期《官报》更是花了大量篇幅介绍《河南白话报》,其一是"文牍录要"栏目的"河南官报局通饬各属将《白话报》督同绅耆择人演说以开民智札文"条,其二是"专件"栏的"河南官报局颁发《白话报》演说奖章"条,足见白话报是当时很具代表性的出版内容和宣讲方式。所录《河南白话报》"演说奖章"主要内容如下:

---

①王天根:《晚晴报刊与维新舆论构建》,合肥工业大学出版社2008年版,第30页。
②"各省近事"栏目《白话报实行演说》,《北洋官报》第1234期,1906年12月29日。

一、《白话报》主重演说。报之有白话,取重言文合一,俾人人易读易晓也。汴省普通社会,能识字者约不过十之三,阅报者并不过十之一,故曰:《白话报》之设,犹只为识字而阅报者计也,如并不甚识字,而不能阅报者,以祈智慧开通之效、之捷、之普。

二、演说地方。《白话报》每五日出一册,演说也应定每五日一次,其分派报册,既按缺分定为四十册、三十册、二十册矣,而又于各州县中除城厢内外,酌分区域定期演说外,其余乡镇每州县各有若干堡若干寨,每堡每寨派一册或二册,择人集处所或庙宇或公处按时开讲……

三、演说人。《白话报》首列圣谕广训直解,其在城市演说,逢朔望日,该印官务必亲临,以肃观听,余日则由学官监视。其乡镇须遴一二绅耆有德望者,切实将事。查学务处奏定章程宣讲条内,地方官本有监督之责,尤宜不时考查,以稽勤惰。演说宜择稍知时局,语音清亮或学堂教习及举贡生员中慎选,以膺斯任。概不得以劣绅刁鉴滥充。

四、演说义务。……演说者,续剀切明示,俾国民具有一种新知识,以各人能尽各种义务为要著,并酌附列强侵主权、揽利权各要闻,令多少国民略知外间时务,演说时尤当义形词色……以激发忠君爱国之天良,而又以偏激为切诫……亦不准掺入离经叛道语……

五、演说应得奖励。……而能初终无怠,成效昭然,如兴学堂、课农蚕,讲树艺、牧场、工场,一切具新思想,是有公德于地方不浅,应由地方官随时禀请给奖。

六、演说宜严稽核。《白话报》看似极平淡,极浅易,其事地方一切自治新政,兴养立教,罔不由此。近来各州县往往漠视新政……应照稽察学务之法,不时派员四出巡察,以期实行。庶此报不致徒托空言，而小民得沾实益。

尤其是清末预备立宪后，《官报》积极报道各地立宪政情政况，宣传预备立宪知识。《官报》第 1269 期"官报附录·地方自治的意思"（宣讲员演稿）用白话文的方式演说："自治就是本地方的人自己去整理于本地方有利益的事。本地方的人都党费谋整理兴起，这就叫做地方自治。"

《官报》编印风格的转换，既是报章提升自身影响、扩大发行量的应变之举，同时也是清季思想界特别是报人思想下移的缩影。采用白话风格编印官报折射了晚清媒介对于"民众在场"的观照，这与晚清思想界的政治转向和舆论转向密不可分。这一变化实质上反映的是报章编辑们背后的思想动向，一定程度上改善了信息传递过程中阅读主体"民"的缺失这一境遇。诚然，无论什么时候，官报自身的政治属性无法将其与政治宣讲割裂开来，报刊编辑们尤其是总办或总纂们在考虑到民众阅读的同时，更重要的是在思索报章与政治之间的内在关联。《官报》第 1200 期分析了官报与政界的诸种关系，讲到："官报尤与政界大有关系，不可拘守旧章，致蹈陈陈相因之失。现值明昭，特颁宣布预备立宪之宗旨。"于是，在《官报》中增添论说，并在官报中逐日排印立宪纲要，又拟增四条办法，其中第一条为"拟增论说分为'本局论撰'及'舆论采新'二类，间日轮出"，第四条为"选录学堂讲义及编辑科学杂志附于报末，相间轮出，以广门类"。又"于讲义科学之外编辑宪政浅说，仿照《白话报》之体，苦口劝导，务期家喻户晓，人人思为立宪国之国民。此项宪政浅说与科学两种，相间轮出，俾阅报者积日累月，可以装订成书"①。所以，《官报》的白话风格既是邸报、官抄等官媒近代化转型的一个侧面反映，也是官方谋求更有效地将讯息传达给一般民众的有益尝试。换言之,《官报》编纂风格的开新是清季思想开化时期媒介本体顺应职业化要求和官方舆论控制、社会启蒙的双向融合。

二、白话风格报章的社会启蒙

代表官方意志的传统官报在近代宪政兴起的过程中,通过转换自身的书写式样希冀达到施政于民,实现社会动员的效应。为了逐步推动智识宣讲和民众启导,各级政府利用清末维新立宪的政治契机,紧握《北洋官话报》等白话报章这一宣传利器,纷纷设立报章宣讲机构,购置白话报章,并选派专员进行宣讲。有的地方甚至自办白话报章,擎起白话宣讲这一大旗,有效地粘合了文化媒介与基层民众。对此,《竞业旬报》曾有一个形象的记载:"办起了一个《国民白话日报》来,天天发行一张。把浅近的道理讲给同胞听听。唉!列位呀,这真是我们国民的幸福,我们中国国势振强的起点。从此贩夫走卒,若少识了几个字,就可以买张白话报看看,少少的懂点时事,爱国合群,都从此发达起来了。"[2]

(一)基层政府白话宣讲劝谕

尽管"报章能激发识字之人",但是,清末民众"识字者什不得一,白话报纸之于社会,得其一而失其九,遗憾犹多"[3]。为了能"激

---

①附张《本局禀官报改良增添论说送呈样本请批示只遵由并批》,《北洋官报》第1200期,1906年11月25日。
②铁汉:《论开通民智》,《竞业旬报》第26期,1908年9月6日。
③《论政府宜利用报馆并推广白话演说》,《东方杂志》第2卷第8期,1905年8月。

发不识字之人",将朝廷及官方的意旨传达到基层民众中,清末各级政府选派专员分赴各地,在宣讲所或阅报所之宣讲室,以白话报为基本资料进行劝谕宣讲。有的宣讲所(室)"以圣谕广训照官报所载一段编成白话,反复剖晰(析),切实开导,次及折奏、时事并外洋译报,讲者务必振起精神,百方解说,听者方能提醒鼓动,始终毋解"①。这样的白话报章演说、宣讲,既彰显官方宣传劝谕的苦心,亦收到耳提面命之效。《官报》积极捕捉各地宣讲实效性讯息,重点报道各地基层政府宣讲白话报章之事迹,凸显其启蒙宣传之示范功能。《官报》第151册"文牍录要"栏"试用从九品张实树请设立阅报公所并宣讲章程禀奉"条记载,此阅报公所内设宣讲室,公所派委员一员,宣讲室招用讲生三名,委员每日酌量择定应行宣讲之条,交讲生于退班之时编成极简极明之白话,以便上班之时照白话宣讲。宣讲之条首选"圣谕广训",宣讲室每日将《官报》"圣谕广训"栏中的一段编成白话,反复宣讲,也"振起精神百方解说"折奏、时事并外洋译报②。山西护抚赵次珊饬令各州县订阅浅近文理之报章——《京话白话》,"每属若干,派人分赴村乡各地,轮流演说,即以所购报章分送阅看,俾知时事,以阅心思"③。湖南巡抚赵尔巽饬各府厅州县儒学随时亲历城乡宣讲,"报纸如《北京京话报》《杭州白话报》《北京启蒙画报》《湘省通俗报》《白话报》之类,岂非俗话之报纸,恐相认不能明白,亦必须以白话演说之"。另外,赵尔巽还要

①"文牍录要"栏目《湖南巡抚赵通饬宣讲章程公文》,《北洋官报》第113期,1903年8月16日。

②"文牍录要"栏目《试用从九品张实树请设立阅报公所并宣讲章程禀奉》,《北洋官报》第151期,1903年10月31日。

③"选报"栏目《晋民开化》,《北洋官报》第5期,1903年1月2日。

求"各属教官须将每月所编白话讲义开折送阅以凭稽核",并希冀各教官于所指应行宣讲各种外,另以意编成白话劝俗文,"果能志趣正大发挥透辟,准其呈送来辕,以便选择刊刻,饬属传布通行"①。对于浙江举人金荣等创办《外交俚语报》的禀请,赵尔巽也批复道:"(金荣等)将所撰报章送呈查核,如果志趣正大,词旨明通,足为演说所取资而助学堂之不及,应即准其立案,并通饬各署,一体购阅,以开风气。"②《河南白话报》以派销的方式发行:"酌定大县四十份,中县三十份,小县二十份,如其不敷分派,或演说处逐渐推广,可随时禀请填补,每年每份尽取纸张工本银二两四钱,按季汇解。""发由各州县派人宣讲"外,饬札各州县"速将白话报传谕各乡镇绅耆,照章派发,择人演说"③。目的是希望人人领悟智识宏开、渐趋文明进化之规则。奉天将军赵留守认为中国教育最大的问题是"东民锢蔽",于是特饬学务处"编撰白话讲义",送发各处,令地方官一律派员实行宣讲,以开民智,这些白话讲义"均呈由留守鉴定并拟援劝学篇之例,准通行各省"④。

清末基层官府把演讲书报视为弥补白话报刊不足的手段,认为"济白话之穷,舍演说莫为力也,演说者,又白话之先锋也"⑤,通过"演以浅说",可达"智群之实"⑥。尤其是周年纪念等重要仪式节

---

①"文牍录要"栏目《湖南巡抚赵通饬宣讲章程公文》,《北洋官报》第113期,1903年8月16日。

②"文牍录要"栏目《湘抚赵批浙江举人金荣等禀请开设〈外交俚语报〉由》,《北洋官报》第116期,1903年8月22日。

③"文牍录要"栏目《河南官报局通饬各属将〈白话报〉督同绅耆择人演说以开民智札文》,《北洋官报》第1144期,1906年9月30日。

④"各省新闻"栏目《奉省编发白话讲义》,《北洋官报》第847期,1905年12月7日。

⑤《论政府宜利用报馆并推广白话演说》,《东方杂志》第2卷第8期,1905年8月。

⑥《各省报界汇志·广东》,《东方杂志》第1卷第10期,1904年10月。

点,利用民众活动的结节性优势,乘势扩展宣讲效果。光绪三十二年五月十四日(1906 年 7 月 5 日),京师的日新阅报处召开创办周年纪念会时,各报社各学堂来宾共一百四五十人,会议"先由陈贵甫君宣告一年捐款及出入清账,宋友梅君以白话演说纪念会宗旨……散会时在会者皆合拍一照"①。直隶安平县于 1905 年仲春之初,相县城通衢适中之地创设宣讲所,每逢一六集期,"乘士民云集之时,为耳提面命之举,自一点钟起至四点钟止。初则恭讲圣谕,继复演说《国民必读》暨《白话报》等类"②。宁河县到处劝立宣讲所,令不能设立宣讲所者"即定《白话报》一份"③,至各处宣讲。开会时由大令演说大旨,以忠君、尊孔、尚公、尚武、尚实为纲领。白话报作为宣讲、演说材料,备受基层政府热捧,既是基层官方实现社会控制维稳的切实努力,也是官方舆论构建中上行下效的表现。总之,清末先识者注意在阅书报或其他适宜之地创设讲书报社和宣讲所进行演说活动,专职或义务讲演人员通过讲书和讲报的方式,对广泛的民众阶层进行启蒙宣传,既能让更多的国人接受近代文明的洗礼,又实现官方讯息传递速率的最大化。

(二)设立阅报机构,购备报章供民众阅读

"报馆乃起衰振懦之猛剂,拯危救亡之良方矣。……报馆者,一国之耳目代表也,人有耳目,则灵明,人无耳目则冥闷。"④清末各地

---

①"京师近事"栏目《日新阅报处开纪念会》,《北洋官报》第 1062 期,1906 年 7 月 10 日。

②"文牍录要"栏目《安平县禀呈宣讲所暨运动会章程合影文化并批》,《北洋官报》第 1022 期,1906 年 5 月 31 日。

③"本省近事"栏目《宁河学务之成绩》,《北洋官报》第 1112 期,1906 年 9 月 8 日。

④《论报馆之有益于国》,《东方杂志》第 2 卷第 4 期,1905 年 4 月。

读书识字之人过少,各地为了便民宣讲,纷纷设立阅报机构,购买白话报章,供民众取阅。譬如直隶宣化县,每届县考应试者不过20余人,以致学堂招考,学生鲜有应者,宣化府王守遵照学校司章程在小学堂内设立师范生公所一处,付诸教法改良。又经神童集议于城内适中之地神火庙内设立阅报研究教育所一处,每日无论官绅、商民均可在阅报所互相讲求教法、算法,"其报章由府县两署捐送,计遇星期则由王守率领卑职与在城各同寅金至所内研究教育,月朔及既望则由该绅等编选劝世白话"①。直隶省元氏县认为"各种报纸于各省风俗利弊、中外交涉政治凡有关国计民生者,亦无不广收备载,苟能留心历目,择善而从,自足以识时务而扩见闻",鉴于"读书识字者大抵寒士居多,难免有心阅报无力订购之恨","特于城内南街筹设阅报处一所,捐廉购备各种新闻报章",包括《官报》《直隶白话报》《京报》《时事采新》《大公报》《中外日报》《教育杂志》等各一份,"专供众览"②。

"常州学社近日创设阅报所以饷学者,所中广储中国国文报,并有新撰新译之书,俟经费稍裕即多购白话报并东西诸国报,以备粗解文义及同志中之兼习东西文者。"③宣化县于1904年7月27日在大街火神庙设立阅报研究所一处,拟订购《蒙学画报》《白话丛书》《官报》《京话日报》等。且约定演说尚白话,"务使明白易晓、妇孺皆知",并"以方言俗语为主"④。1902年,山西护抚赵次珊创办学

①"奏议录要"栏目《宣化县设立工艺局暨师范阅报两所开办日期禀并批》,《北洋官报》第477期,1904年11月23日。
②"文牍录要"栏目《元氏县创设阅报所并章程禀》,《北洋官报》第801期,1905年10月22日。
③"各省新闻"栏目《开报设所》,《北洋官报》第123期,1903年9月5日。
④"文牍录要"栏目《宣化县呈送阅报研究暨附设半日学堂章程清折》,《北洋官报》第479期,1904年11月25日。

堂多所，"又饬各州县订阅《京话白话》、浅近文理之报章"，派人分赴村乡各地轮流演说，分送所购报章供人阅看，"俾知时事以阅心思"①。静海等县的宣讲所"购选宗旨纯正教育新书及《官报》《政治官报》《学部官报》《警察汇报》《农务官报》《商务官报》《北洋法政学报》《北洋法政官话报》《白话警务报》《商报》《大公报》《中外时报》《竹园报》《天津日日新闻报》《采新画报》《爱群画报》，共十数种。遴选通达事务者为宣讲员，逐日宣讲，不论绅商士民，一体准其阅听"②。除了被用作宣讲资料外，各阅报处还按期选购"宗旨纯正"报刊，如《官报》《北洋法政学报》《法政官话报》《商务报》《政治官报》《学报》《农话报》《学部官报》《白话警务报》《农务报》《顺天时报》《天津日日新闻报》，"不论绅商士民一体准其逐日到处阅视"③。

(三)掀起试办白话报章热潮

《官报》乃清末新政时第一份新式官报，后又被其他的官报奉为创办样板。与其他地方官报不同的是，《官报》不单单关注直隶地方，而且很大程度上关注国家政务，在《政治官报》创刊之前，为事实上的国家官报。但因创办于天津，其最主要的辐射范围为顺直。所以京直地区从中央到地方都大力提倡开办白话报章。清警部创设的当年，即有官员以报纸之感发人心，收效最为迅速，亟宜力求推广，"现拟通咨，各省均须添设白话官报，务使宗旨纯正，志趣端

---

① "选报"栏目《晋民开化》，《北洋官报》第 5 期，1903 年 1 月 2 日。
② "文牍录要"栏目《静海县吴令增开办宣讲所阅报社文附章程并批》，《北洋官报》第 1973 期，1909 年 2 月 7 日。
③ "奏议录要"栏目《高邑县倪令鉴禀本局设立阅报处情形文》，《北洋官报》第 1911 期，1908 年 11 月 27 日。

方,发行各州县宣讲所,按照演说,以开民智"①。北京"探闻有金君天根以中国立宪四千年未有之创局,惟下流社会未识宪法之意,动辄妄生猜揣,疑窦丛业,故筹集股款,在京创办《宪法白话报》,以期词意显明,广开民智,大约本月下旬即可出版"②。无独有偶,"北京赵君继君创设华新书局兼印白话报以开风气。已在宣武门外香炉营二巷觅定房屋,不日开办。该报每三日出版一次"③。"天津北洋官报局于乙巳冬起增编白话报,随报分发各州县,不另收价,以为宣讲之资"④。奉天"职商吕君玉书为开通下等社会知识起见,在省创设简明白话报一种,已禀上蒙提学批准立案"⑤。

《官报》虽是直隶总督兼北洋大臣袁世凯倡议创办的,但其创办之初就流露出放眼全国的视界,"安[按]期递寄各府厅州县,分送各村长、各学堂阅看,至外省之商埠城镇,亦可推广分售",为在全国推广官报提供学习与模仿的样板。各地有识之士积极效仿,创办起白话报刊。"近年来,一班热心公益的人,知道文言报章不能普及国民,所以办起了许多的白话报来。据现在出版的说起来,却也不少,各省有省会的白话报,各府也有一府的白话报,甚至那开通点的县城里、市镇里,亦统有白话报,或是日报,或是旬报,或是星期报,却也各色都有。"⑥1904 年 12 月 11 日,《河南官报》在开封创刊以来,豫省官绅士大夫深谋开风气、启愚蒙,模仿直隶及东南各省办法,"于官报外辅以《白话报》,毋取文言文,惟求浅近,举其体

①"本省近事"栏目《警部饬办〈白话官报〉》《北洋官报》第 1035 期,1906 年 6 月 13 日。
②"京师近事"栏目《〈宪法报〉将次出版》,《北洋官报》第 1150 期,1906 年 10 月 6 日。
③"畿辅近事"栏目《纪报》,《北洋官报》第 273 期,1904 年 5 月 4 日。
④《各省报界汇志·直隶》,《东方杂志》第 3 卷第 3 期,1906 年 3 月。
⑤《各省报界汇志·奉天》,《东方杂志》第 4 卷第 9 期,1907 年 9 月。
⑥铁汉:《论开通民智》,《竞业旬报》第 26 期,1908 年 9 月 6 日。

要"。《白话报》具体内容如下:首列圣谕广训直解,将学务、商界、农桑工艺各新法演成白话;次外国兴替略史及有关风教小说;再次述时务要闻,务以扩张公益激发民智为主。其发行方式如同《北洋官话报》一样,随《(河南)官报》五日一期递交各厅州县散发①。1906年,山西省大学堂西斋学生禀请抚院"设立《晋阳学报》并《白话报》"。因"学报足以济教育之穷,《白话报》所以启颛蒙之智,裨益士民匪浅"②,再加上书报减价发售,这些都是疏沦新知之要务,学务处转饬知照并准在浚文书局暂行代印,待此生购到机器后另行设馆自办。《黑龙江官报》第 1 册出刊后,"曾仿照《北洋官报》附出《白话报》,周三刊,按月汇集成书"③。江苏"镇江包君开第以立宪在即,民智未开,因纠集同志编辑白话报一种……专为开通下流社会知识,以期为将来立宪之一助"④。《官报》第 462 期"各省新闻"栏目记载了《江西白话报》的创办情况:"蔡君辰白近创《江西白话报》,每月二册,其内容为论说、国文、历史、地理、体操、教育、理化、算学、实业、小说、唱歌、和文、英文、新闻、时评十六门,已于前月在九江出版。"而通商较早、海外文明最易输入的福建,也有创办于福州、出版周期为半月的《福建白话报》⑤。尤其在清末宪政期间,基层乘势也将自办报章视为地方自治的重要内容之一。1906 年,井陉县丁大令在自治制度尚未颁布, 即无自治机关之时,"禀请试办自治机

① "文牍录要"栏目《河南官报局通饬各属将〈白话报〉督同绅耆择人演说以开民智札文》,《北洋官报》第 1144 期,1906 年 9 月 30 日。

② 《禀设学报及白话报》,《北洋官报》第 1133 期,1906 年 9 月 19 日。

③ 黑龙江省地方志编纂委员会编:《黑龙江省志·报业志》,黑龙江人民出版社 1993 年版,第 35 页。

④ 《各省报界汇志·江苏》,《东方杂志》第 5 卷第 1 期,1908 年 1 月。

⑤ "各省新闻"栏目《福建报章存疑表》,《北洋官报》第 506 期,1904 年 12 月 22 日。

关白话报,蒙督宪札发自治局核议,现经议覆,以实行自治全在报章宣讲,诚能各属自为,编印分布,裨益良多,拟请通饬各属一律仿照办理……拟名某县自治研究白话报,以符名实"①。

在清末"文言异致,普及惟艰,社会中识字之人通文者不过什一"的社会语境中,欲"济报纸之穷,端有赖于白话焉。白话者,报纸之先锋也"②。清末最早的白话报为申报馆1876年出版的《民报》,第一份以启蒙为目的的白话报为1897年的《白话演义报》,都是出现在上海。同时,天津也出版了多家白话报,分别为1905年创刊的《白话开通报》、1907年创刊的《竹园白话报》、1910年创刊的《天津白话报》《公民白话报》等。应该说官办白话报和民办白话报之间是互相影响、互相促进的关系:两者都以启迪民智为主要目的,民办白话报的出版和流行促进了官办白话报的创设,而官办白话报的风格和体例也被民办白话报所借鉴。同时在《官报》等的白话转型示范下,白话报在全国范围内积极铺开。20世纪的头十年,共计新创办白话报刊100多种,而且分布于全国各地,不仅奉天、天津、山西、江苏、上海等这些文化较发达地区出现了白话报刊,甚至西部边陲的新疆创办了《伊犁白话报》,西藏创办了《西藏白话报》:"驻藏联大臣豫以藏中人士锢蔽已深,欲事开通难求速效,因思渐开民智,莫善于白话报,特于藏中开设白话报馆一所,参仿《四川旬报》及各省官报办理,以爱国尚武开通民智为宗旨。"③如此看来,"各省有省会的白话报,各府也有一府的白话报,甚至那开通点的县城

①"畿辅近事"栏目《推广自治白话报》,《北洋官报》第1201期,1906年11月26日。
②《论政府宜利用报馆并推广白话演说》,《东方杂志》第2卷第8期,1905年8月。
③《各省报界汇志·西藏》,《东方杂志》第4卷第9期。按,《四川旬报》是《四川官报》的副产品之一。

里、市镇里,亦统有白话报"④,所言不虚。更不难看出的是,很多白话报,从其刊名上就能看出地域特色,如《直隶白话报》《保定白话报》《北京官话报》《杭州白话报》《苏州白话报》《湖南白话报》《安徽白话报》《湖北白话报》《福建白话报》《绍兴白话报》《宁波白话报》等。有些行业、门类、学科也编辑出版了白话报。比如,《白话普通学报》:"近有人在北京崇文门内方巾巷设立白话普通学报馆,每星期出版一次,第一册已于上星期发行。"①再比如,《白话商报》:"闻商部现时所拟商会章程均白话编妥。昨经各学堂阅毕,饬令刊刷咨颁各省矣。"②

由此,白话风格报章的兴起成为晚清官方媒介转型的新契机,开创了晚清公共舆论构建的新格局。有的报刊直接以"白话"或"俗话"命名,有些报刊开辟了白话专栏,《中国近代期刊篇目汇录》中搜集 1901 年至 1910 年间的以"白话"或"俗话"命名的期刊就有19 种③。

余 论

报刊宣传是启蒙国民的重要手段。报刊作为近代社会的传播媒介,有着迅速传播和敏捷反应的特征,从而可导拨舆论,并且操纵和控制社会意识④。传统研究审视报章的角度基本上依从晚清士

④铁汉:《论开通民智》,《竞业旬报》第 26 期,1908 年 9 月 6 日。
①"畿辅近事"栏目《纪〈白话普通学报〉》,《北洋官报》第 695 期,1905 年 7 月 7 日。
②"畿辅近事"栏目《商部编行〈白话商报〉章程》,《北洋官报》第 757 期,1905 年 9 月 8 日。
③梁景和:《清末国民意识与参政意识研究》,湖南教育出版社 1999 年版,第 99 页。
④梁景和:《清末国民意识与参政意识研究》,第 91 页。

人与报章之间的关系,无论是"上下通"还是"中外通",明显是在帝制的构架下思考报章的功能,也相应的烙上了自上而下的时代印痕。或者说,学者在以报章为中心形成的"思想界"的要素时,重点关注与之发生关联的读书人①。诸如晚清士人是怎样借助各式各样的阅读、思想活动为他们的生命寻找意义,编织自己的意义之网②。甚至有人谓,阅读报章是读书人新的"晋升的阶梯"。以《官报》为中心的考察可见,在文盲充斥、民众文化水准不高的晚清社会,亟待解决的是如何疏通底层民众接触官方讯息的渠道。所以,从底层民众的主位视角进入,窥探传统官报如何实现近代转型是可取的路径。在此基础上,《官报》通过变革文字文体、以白话替文言创办白话报刊、增添农务自然等生活气息的知识、创新版式设计等一系列措施彰显"民众在场"的编印方式,实现了由传统宫门邸抄性质向近代公众媒介的转轨,进而有效扩大知识传播半径,丰富报刊内容的资取源泉,夯实近代讯息知识传播的社会基础。

在社会动员的效应上,报刊风格的转换带动了社会启蒙形式的转换,诸如设立阅报机构、购备报章供民众阅读、选派专员用白话宣讲劝谕、创办白话报刊等。正如哈贝马斯所言:"一份报刊是在公众的批评当中发展起来的,但它只是公众讨论的一个延伸,而且始终是公众一个机制:其功能是传声筒和扩音机,而不再仅仅是信息的传递载体。"③就公共舆论的形成来讲,阅读公众是不可或缺的

①章清:《清季民国时期的"思想界"》(上),社会科学文献出版社2014年版,第23、36页。
②潘光哲:《追索晚清阅读时的一些想法》,《新史学》第16卷第3期。参见李仁渊《阅读史课题与观点:实践、过成、效应》,复旦大学历史系、中外现代化进程研究中心编:《新文化史与中国近代史研究》,上海古籍出版社2009年版,第213~254页。
③[德]哈贝马斯:《公共领域的结构转型》,曹卫东等译,学林出版社1999年版,第230页。

一环。在社会启蒙效应上,白话报刊的阅读、演说等方式,试图打破帝制时代信息传递的矩镬,为底层少知识或无知识民众提供了接触知识的机遇,尤其是阅报机构的设置,使得民众接受的方式由被动收受转变为主动获取。这样,扩展了官报阅读者群体数量,对于讯息的获取,渐次转向阅读近代意义上的报章,扩充公共思想界的半径。尽管由基层政府主导,但是,其出发点和客观实效不言而喻,一定程度上践行了教启四荒、化育乡民的初衷。

(刊于《安徽大学学报 (哲学社会科学版)》2018 年第 1 期,2018 年 1 月,第 100—107 页)

作者:杨莲霞,天津理工大学马克思主义学院

近代天津绅商的参政议政
——以清末天津县自治为中心的考察

杨兴隆

在经历了 19 世纪末 20 世纪初的内外交困，特别是中日甲午战争和日俄战争的两次冲击，清政府不得不正视政治制度改革的紧迫性和必要性。1905 年清廷派遣五大臣出洋考察各国政治后，朝野内外关于预备立宪的声音即不绝于耳。"地方制度，必先乎立宪政治而兴"[①]，"立宪当以地方自治为基础"[②]，在这样的认识下，开展地方自治遂提上日程。作为着力主张推行新政的代表，直隶总督袁世凯于 1905 年 7 月与周馥、张之洞联衔上奏清廷，"请自今十二年后实行立宪政体"[③]。随后，袁世凯委任天津县令唐佩元、保定知府朱家宝及候补知府凌福彭提前筹备自治，"拟先从天津县办起"，并"一俟五大臣考察回国后即行议定实行"[④]。1906 年夏，清廷下令先

---

①《奏报天津试办地方自治情形折》，廖一中、罗真容整理：《袁世凯奏议》，天津古籍出版社 1987 年版，第 1520 页。
②《内务·论立宪当以地方自治为基础》，《东方杂志》1905 年第 2 卷第 12 期，第 218 页。
③《纪事·中国大事月表·乙巳五月》，《新民丛报》1905 年第 21 期，第 119 页。
④《袁督注意地方自治》，《申报》1905 年 9 月 7 日，第三张。

于直隶、奉天两地试办地方自治,袁世凯随即着手天津县的试办自治事宜。在地方自治这场政治试验中,天津绅商凭借自身的权势、地位和影响力跻身其中,发挥着不容忽视的作用。

一、从在商言商到参政议政

在中国传统的四民社会中,商人群体居于"士农工商"之末,低下的社会地位和认可度致使其在政治领域集体失声, 故数千年来商人绝少染指政治。"在商言商"常见诸商人之口,与其说是商人的心理写照,不如说是出于无奈的说辞。如梁启超所言,"我国自昔贱商,商人除株守故业、计较锱铢外,无他思想"[1]。晚清以后,中国开始由传统农业社会向资本主义工业化社会过渡。四民社会的解构,社会结构的分化重组,科举制的废除,加诸重商主义思潮的盛行,多种因素的作用破除了昔日位处四民之首的士绅与位于末端的商人之间的壁垒,从中打开一条互溶互通的通道。随着绅与商的相互渗透、交流,在 19 世纪末 20 世纪初逐渐形成了与此过渡社会形态相适应的绅商阶层。这种权势与财富的结合产生出巨大效力,使绅商成为不可忽视的社会阶层。这一阶层 "既有一定的社会政治地位,又拥有相当的财力,逐渐取代传统绅士阶层,成为大、中城市乃至部分乡镇中最有权势的在野阶层"[2]。特别是 20 世纪初商会在各地的普遍设立, 为绅商阶层提供了平台。通过商会及各种民间组织,绅商将自身的影响力渗透到城市生活的各个领域。在这样的背景下,绅商逐步摆脱商人"在商言商"的传统,开始广泛涉及到地方

---

①李华兴、吴嘉勋编:《梁启超选集》,上海人民出版社 1984 年版,第 578 页。
②马敏:《官商之间——社会剧变中的近代绅商》,天津人民出版社 1995 年版,第 93 页。

事务乃至政治改革中,并表现出新兴阶层的新特性。在开展地方自治之前,天津绅商就通过公举于1904年组成商务总会,并以共同议决这样民主的方式来讨论地方事务。而在清末天津县试办自治的进程中,同样可以看到以天津绅商为代表的地方精英广泛而积极地参与到地方政务的筹备和实施中去。可以说绅商这一阶层从一诞生就形成了不容忽视的社会影响力。

(一)天津府自治局

根据袁世凯的规划,天津府于1906年8月成立了下属的天津自治局。作为规划、筹办及实施天津地方自治的官方机构,自治局成立初始便定下"委用员绅,各司其职,不假手胥吏,以期洗除积习"①的基调。自治局除去督理和部分参议为在职官员外,其他诸课(法制课、调查课、文书课、庶务课)课员几乎均为在籍士绅,体现出浓厚的"官督绅办"的特点。实际上,在办理自治之前,官方就表现对士绅的重视和培养。1905年袁世凯曾派遣直隶士绅出国考察,袁认为"作民望者绅也,而绅之蒙昧如故。欲求民智之开,非由官绅入手不可"②。在自治即将开办之际,袁世凯还特别嘱咐自治局,"此次试办地方自治,为从前未有之事,凡在官绅,务必和衷共济,一秉大公,以为全省模范"③。

此外,出于治理经验、经济实力及地方名望等方面的考量,官方当局特别注重对新型士绅的代表——绅商的倚重和利用。自治

---

① 《天津自治局文件录要初编》,第2页。
② 《遣派官绅出洋游历办法折》,廖一中、罗真容整理:《袁世凯奏议》,天津古籍出版社1987年版,第1161页。
③ 《批天津自治局禀试办地方自治章程由》,骆宝善、刘路生:《袁世凯全集》第16卷,河南大学出版社2013年版,第4页。

局在开办简章中明确提到,"本局随时函邀天津府属著名绅商集议自治事宜,以备采择施行"①。为了给自治储备人才,袁世凯还饬令直隶提学使卢木斋仿照 1905 年派遣绅士游学日本之例,继续从直隶各州县选派人员赴日学习,"以备地方自治之选"②。接到饬令后,卢木斋即与自治局商讨东游士绅的资格及选派方法,最终议定游绅资格为"举贡生员或中学堂以上卒业之学生或家道殷实曾办地方公益事务之绅商"③。值得注意的是,绅商不仅为自治的参议人员及后备人才提供了必要的人事储备,还为自治的运行提供了财力支撑。例如,由于地方财政的紧张,自治局本身的开办经费就主要来自天津大盐商"振德黄"家的八万两报效银。④

(二)天津县期成会

自治局成立后,为尽快推行地方自治事宜,袁世凯于 1906 年11 月面谕自治局督理凌福彭、金邦平,令从天津县先行试办议事会、董事会,并要求一个月之内开始办理。凌福彭在与自治局商酌后,认为"创设议事会,董事会,非先定法制不可,而欲定法制,非合有学识有经验之本地绅商公同协议,不足以昭慎重"⑤,因而决定仿效日本,先成立天津县自治期成会,为议事会、董事会的创立规划制度章程,并"招集本邑学界商界及素在本地办事之绅士共同协

---

① 《天津自治局文件录要初编》,第 3 页。
② 《札饬直隶提学司卢靖通饬各州县限期选派绅士游学文》,骆宝善、刘路生:《袁世凯全集》第 16 卷,河南大学出版社 2013 年版,第 39 页。
③ 《直隶提学司卢拟定通饬各州县筹备公款续派绅士游学日本考察地方自治办法》,甘厚慈:《北洋公牍类纂(一)》,台湾文海出版社 1990 年版,第 106 页。
④ 《天津府县志辑·民国天津县新志》,上海书店出版社 2004 年版,第 11 页。
⑤ 天津档案馆等编:《天津商会档案汇编(1903—1911)》,天津人民出版社 1989 年版,第 2288 页。

议"①,以收集思广益之效。1906 年 11 月 9 日,自治局给天津总商会发去电报,要求商会公举十名绅商,与天津自治局、天津劝学所等机构代表共同组成天津县自治期成会,商讨自治事宜。官方希望通过建立自治期成会这样的临时机构,搭建起一个政府与包括绅商阶层在内的地方精英交流互通的平台,以促进地方自治的顺利推进。天津绅商当然乐见这一情形,期成会的成立表明政府对自身在地方政治上地位和影响力的肯定与需求,借此更可彰显自身话语权。于是,在接到自治局照会的七天后即 11 月 16 日,天津总商会回复自治局,表示已选出十名绅商代表参与建立期成会。②

天津期成会会员主要由自治局职员(17 人)、自治局公举人员(12 人)、劝学所公举人员(20 人)和商会公举人员(10 人)构成,其成员多出自经营地方学务和商务的学绅和绅商两大阶层。③值得注意的是,除去来自商会的十名会员外,由自治局和劝学所公举的会员也多有商人出身者。例如在自治局推举的 12 人中,至少石元士、杨俊元、李士铭、卜宝廉、华承瀚、林墨青、卜禹昌、王贤宾、宁世福 9 人均系绅商,且其中半数以上为盐商出身。④自治期成会主要用来规划天津自治制度层面的事宜,如商讨议事会、董事会的成立章程、自治经费、监督机制等,且根据期成会简章规定,凡自治议案均由自治局拟稿并交由期成会开会讨论,超过半数以上会员同意方

---

① 甘厚慈:《北洋公牍类纂(一)》,台湾文海出版社 1990 年版,第 78 页。
② 商会选出的十名绅商分别为:同知衔纪联荣,五品衔候选知县王用勋,生员李向辰,同知衔候选州同芮玉坤,同知衔刘锡保,花翎二品衔广东补用道徐诚,举人刘承萌,蓝翎同知衔胡维宪,五品蓝翎候选县丞曹永源,举人刘钟霖。详情参阅天津档案馆等编《天津商会档案汇编(1903–1911)》,天津人民出版社 1989 年版,第 2289–2290 页。
③ 详见《自治期成会会员衔名清单》,《天津自治局文件录要初编》第 20–22 页。
④ 关文斌:《文明初曙:近代天津盐商与社会》,天津人民出版社 1999 年版,第 190 页。

可通过。因而,在天津县议事会成立之前,天津自治期成会可以说是整个天津自治活动的核心决策机构,天津绅商参与此中,在某种程度上可以影响政府的决策和自治活动的走向。

1906年12月6日,天津县自治期成会正式成立并开会,当天期成会会员共同议决出议事会章程四条。因劝学所及商会士绅均兼有个人事务,又规定此后逢单日开会,工作日为晚七点半至十点,周末为下午两点至五点①。此后,自治局局员与学界商界士绅前后共举行会议十九次②,最终共同议决出《试办天津县地方自治公决草案》,共八章一百一十条。1907年2月18日,直隶总督袁世凯在草案基础上稍加修改后予以批准,遂形成天津县自治的纲领性文件——《试办天津县地方自治章程》。

(三)天津县议事会、董事会

作为绅商与地方官员共同协商讨论的产物,《试办天津县地方自治章程》(后文即称《自治章程》)不可避免地反映出天津绅商的精神意志和利益诉求,这在关于议事会议员选举资格的限定上表现的尤为突出。根据《自治章程》的规定,享有选举权的本籍人士需满足下列条件:1. 25岁以上有业之男子;2. 能自写姓名、年岁、职业、住址者。而被选举为议员的本籍人士需满足下列任一条件:1. 高等小学堂或与之同等及以上之学堂毕业者,或有著述经官鉴定者;2. 自有二千元以上之营业或不动产者,或代人营业至五千元以上者;3. 曾办学务或地方公益事务者;4. 曾经出仕或得科名或在庠者。同时,对于非天津县籍的本国人,若想享受选举或被选举权,除

---

① 《自治期成会开会纪要》,《申报》1906年12月27日,第二版。
② 关于自治期成会开会事,详见《大公报》1906年12月5日、14日,1907年1月14日。

满足上述条件外,还需在天津县境内继续满 5 年以上,且在境内有 2 千元或 5 千元以上之营业资本或不动产方可。作为议事会执行机构的董事会,会长由本县知县兼任,副会长、会员则由议事会选举而出,被选举人的资格限定与议事会议员相同。①

《自治章程》对于议事会议员和董事会会员的被选举人资格做了诸多限定条件,对于这些额外规定,自治局解释称,"被选举人理当听有选举权者自择之。然初行选举,茫无头绪,不如列一二资格以为标准。"看似漫不经心,实则是反映了选举的内在标准和潜在导向。如规定财产标准,自治局认为此类人"皆有阅历之人于市面,商情知之最悉,使为议员,必有益处";又如选择曾办地方公益事务者,当局认为"自治原为办理公共事务,曾经办过者最合被选举资格"。②自治局所列举的标准,主要体现对被选举人员的知识学历限定、财产限定、经验限定和功名限定上。无论这些限定是否是有意为之,其客观结果都使得政治利益最终偏向于垄断天津知识、文化、经济的各类士绅阶层。

1907 年 6 月 16 日,在经历了近一年的宣传、组织和筹备工作后,天津当局按照选举规章制度正式开始选举工作。自 6 月 16 日至 8 月 18 日,经过初选、复选两轮选举,最终从 2572 名候选人中选出 30 名议员。天津县议事会的成立是中国历史上第一次具有近代意义的民主选举,"它与天津的政治、经济、军事、教育、文化的近代化进程密切相关,意义重大而深远"③。

---

①详见《试办天津县地方自治章程》(节录),天津档案馆等编:《天津商会档案汇编(1903–1911)》,天津人民出版社 1989 年版,第 2290–2298 页。
②《试办天津县自治章程理由书》,天津市档案馆、天津市和平区档案馆编:《辛亥革命与天津档案资料选编》,天津人民出版社 2011 年版,第 22 页。
③郭剑林:《袁世凯、徐世昌与天津地方自治》,《历史教学》2004 年第 7 期,第 36 页。

天津县议事会第一届议员构成表①

人名	备注	人名	备注
石元士	监生,富商,杨柳青石家	刘光锡	武生
李士铭	举人,盐商,度支部郎中,"李善人"家	石作桢	监生,杨柳青石家
胡家祺	举人,天津初级师范学堂监督	赵炳麟	
李金榜	举人,自治局员	齐鼎升	廪膳生,西乡劝学员,自治期成会员
杨希曾	盐商,"长源杨家"	周敬熙	
刘恩林	富绅,"土城刘家"	解元湜	监生,自治毕业生
郑文选	监生,富绅,自治毕业学员	杨恩寿	
李耀曾	举人,劝学所	苏式燕	
高振銎	举人,吉林知县,自治局讲员	李宗政	
王邵廉	直隶学务公所议长,北洋大学堂教务	刘学瀛	民立十三小学堂董事
赵承恩	自治研究所	卢翰章	附生,自治研究所学员
林兆翰	附贡,劝学所总董	孙洪仪	附生,自治期成会员
王新铭	举人,天津民立第一、二等小学学堂堂董	宋春霖	自治研究所毕业,选举调查员
苏之銮	岁贡生	元星垣	
李家桢	武生,盐商	赵椿龄	

　　第一届天津县议事会选举出的 30 名议员主要由绅商和学绅构成,夹杂以自治毕业的士绅。其中明确为绅商身份的有 7 人,分别为杨柳青石家的绅商石元士、石作桢,"李善人"家的盐商李士铭,"长源杨家"的盐商杨希曾,"土城刘家"的绅商刘恩林,长芦盐商李家桢以及绅商郑文选。此外,即便是从事新式教育的学绅,亦有经商出身者,例如孙洪伊即出身天津北仓富绅之家,林兆翰(墨青)则为盐商出身。绅商为议员中所占比重最大的人群当属无疑。

①本表参考范红霞:《清末新政时期直隶地方自治》,河北师范大学 2002 年硕士学位论文,第 52–54 页;《天津自治局文件录要初编》;(日)贵志俊彦著,周俊旗译:《北洋新政体制下地方自治制度的形成——天津县各级议事会的成立及权限》,《城市史研究》1996 第 1 期,第 147–149 页。

在 30 名议员中,经议员互选最终确定议长由"李善人"家的大盐商、度支部郎中李士铭担任,副议长由从事地方学务的直隶学务公所议长王邵廉担任,此二人均属极负地方名望者。1908 年 7 月,天津县董事会正式开选举会,除会长按照规定由天津知县张寿龄兼任外,选举出绅商石元士为董事会副会长,刘恩渠等 6 人为会员。此外根据董事会相关规定,"凡本籍曾办学务或办地方公益之正绅,皆为董事会名誉会员"。第一届天津县议事会和董事会的选举结果彰显了以绅商为代表的新型士绅在地方事务上的话语权,此后,1909 年议事会议员经过第二次改选,其人员结构虽然发生了较大变化,但仍能保持一定数量的绅商代表参与其中。此外,除了官方机构,天津绅商还活跃于各种主张地方自治和君主立宪的民间组织中。1910 年,天津"绅商学界自治各界组织天津县城研究会"①,并推举盐商王观保、李家桢为正、副会长。同年,绅商李士铭筹建组织宪协会议,被地方政府称赞"上慰君主立宪之望,下树国民舆论之鹄"②。

综上,在清末天津自治这场政治活动中,地方政府对于参与者有着一以贯之的准入要求和资格规定:或为科举正途出身、有功名的传统士绅,或为新学背景出身、从事学务的学绅,或为家境殷实、从事地方事业的绅商。政府清晰地认识到,所谓地方自治即以地方之人、财兴办地方之事,其核心要素在于人和钱。办理地方事宜靠的不仅仅是公益心,更是权威和财力。在政府职能萎缩、权势丧失、财力匮乏的大背景下,官方不得不倚重地方精英来操作具体事宜。政务处在对自治批示中即提到,"不必拘定乡官之名,但求能办地

①《本埠·组织研究会》,《大公报》1910 年 11 月 1 日。
②《本埠·关心宪政》,《大公报》1910 年 7 月 27 日。

方之事"①。而绅商因其亦官亦商、半官半商的双重身份兼具威望、财力和经验，在地方上享有很高的经济地位、政治地位和社会地位,无疑是推行自治的上佳人选。从实际情况来看也确实如此。在天津县自治推行的整个过程中，可以看到天津绅商自始至终参与其中,并担任重要角色。这表明虽是初始形成,绅商阶层已经在地方事务上掌握相当的话语权。有学者指出"清末地方自治运动的主体是绅商阶层"②,实为确论。

二、共进中的龃龉——以抵制印花税风波为例

天津自治筹办之初,袁世凯对于地方自治的定位即"以自治补官治之不足",随后中央在向各地推广地方自治时,也认定"自治事宜,不得抗违官府之监督,故自治者,乃与官治并行不悖之事,绝非离官治而孤行不顾之词"③。然而,由于天津初次推行地方自治,官治与自治间的界限并不明晰,因而在具体实践中,官治与自治推进的同时也伴随着绅商、议事会与官府间的龃龉和摩擦,这在天津绅商抵制征收印花税一事上得以体现。

关于征收印花税一事,在1903年初直隶总督袁世凯即上奏朝廷仿行印花税,并拟于天津试办,然而因清廷考虑国内时局紧张,办理阻力较大,遂以"恐滋扰累,着从缓办理"④。1907年年初,直隶

①《奏报天津试办地方自治情形折》,廖一中、罗真容整理:《袁世凯奏议》,天津古籍出版社1987年版,第1519页。
②梁景和:《清末国民意识与参政意识研究》,湖南教育出版社1999年版,第185页。
③故宫博物院明清档案部编:《清末筹备立宪史料档案》(下册),中华书局1979年版,第725页。
④《时事要闻》,《大公报》1903年4月15日。

提学使卢木斋召集直隶各州县学务代表召开特别会议，提出以印花税来筹款兴办地方学务，俟与会代表讨论时，"各代表人所议意见不同，言论互异，一时竟无所适从"①。1908 年，直隶总督杨士骧又以政府推行禁烟，"不得不以印花税为抵补鸦片税之所失"②为由，于 4 月 1 日创办天津印花税局，意图再行试办印花税。此举一出，遂引起天津商民广泛而强烈的抗议。尽管尚未收到办理印花税的办法章程，天津商会还是于 4 月 11、22 日，分别给农工商部及总督杨士骧发文，表示"时事艰难，商民困苦，实有不宜轻于一试者"，并呈请暂行缓办，表达了自身对于印花税的强烈关注和迫切要求。杨士骧对于商会这样的轻率做法表示不满，饬令商会"剀切劝谕商民，静候妥定章程遵照办理"。③然而杨士骧低估了天津商民的汹涌民意，此后政府收到了关于缓办印花税的源源不断的请求。6 月 12 日，天津 796 家商号联名向政府上书，申诉天津的困苦商情，并呈请裁减捐税，可以视作天津商界的集体呼声。当局面似乎再次向着缓办迈进时，1909 年，天津地方政府突又发布告示，拟于当年 10 月 16 日通行试办印花税。度支部尚书载泽也于此前后表示"行用印花税事宜已议决，不再从缓"④。官府此举引发了天津商民的新一轮更大规模的抵制风潮。1909 年 9 月，天津 1877 家商号联名上书农工商部及直隶总督端方，痛陈捐税苛重，以致"凡居民之衣食住，无论巨细，一切日用必需之品，罔弗层叠进，逐项增捐；甚至舞伶歌妓，

①《教育志·全省学务代表特别会议》，《申报》1907 年 3 月 10 日，第十一版。
②《接紧要新闻·西报译要·直隶将行印花税》，《申报》1908 年 9 月 16 日，第二版。
③《津商会为津埠商务疲困洋布商亏欠洋债案关乎全局请缓办印花税事禀农工商部及直督杨文》，天津档案馆等编《天津商会档案汇编（1903-1911）》，天津人民出版社 1989 年版第 1688-1690 页。
④《紧要新闻一·京师近事》，《申报》1909 年 11 月 14 日，第一版。

粪土秽泥,亦皆有捐"①,强烈要求从缓施行印花税。面对激昂的民情,端方委派长芦盐运使张镇芳、津海关道蔡绍基及天津知府知县等一系列地方大员齐赴天津商会劝谕各行商通行试办,而商会总理王贤宾则委婉表示"尚望督宪恩施格外,倘各处有从缓豁免地方,津埠亦求援例以免向隅"②,仍不放弃争取缓办的机会。

除了通过联名和商会上书政府表达诉求外,考虑到作为地方议事机构,天津县议事会有议决"地方用款之清厘及筹集事"之权,天津绅商遂将缓办印花税的希望置于议事会身上。10月9日,"天津绅商民等约有千人到议事会呈递说帖,要求立即开会核议展缓印花税事宜"③,接到绅商及民间的请求后,议事会决定由议长面见端方以申诉。10月12日,议事会议长赵承恩、副议长刘孟扬赴直隶总督署谒见端方,赵承恩痛陈"我国正当贫弱之时,而津埠自庚子以后又亏累万分,若再征此税民力更难担负",刘孟扬则表示"观绅民等之情形,似非但以敷衍办理所能了事",端方遂答允"必想一办法"。④随后,端方晋京向摄政王载沣禀报津埠困难之情形,并与度支部尚书载泽商谈印花税一事,中央的答复为,"可以缓办,不能不办"⑤。中央虽有缓办印花税之意,但可以缓办,不能不办的方针却未给商民吃下定心丸。清廷显然是持观望态度,可行则行,不可则缓,"曰可以缓办者是稍救燃眉之急也,而曰不能不办者则其祸仍伏诸后也"⑥。而地方政府也是伺机而动,不时发起试探性进攻。

---

①天津档案馆等编:《天津商会档案汇编(1903-1911)》,天津人民出版社1989年版,第1705页。

②《紧要新闻一·津商恳求缓办印花税志详》,《申报》1909年10月16日,第一版。

③《紧要新闻二·议事会提议缓行印花税》,《申报》1909年10月15日,第二版。

④《紧要新闻一·议事会吁请缓行印花税纪详》,《申报》1909年10月19日,第一版。

⑤《专电·电一》,《申报》1909年10月25日,第一版。

⑥《论说·论各省人民对于实行印花税之惶恐》,《申报》1909年10月26日,第一版。

1909 年底，直隶印花税总局又向天津县议事会发文，称将于次年春实行印花税，面对官方的催促和激烈的民意，天津议事会内部意见分歧，一筹莫展，最终表示"议事会权力薄弱，不克议此重大问题，是应函请咨议局联合各省定夺行止"①。政府的阴晴不定和县议事会的示弱，促使天津绅商转而寻求更高层——直隶省咨议局的支持与帮助。1909 年 11 月 11 日，天津各行商董与咨议局议员代表孙洪伊共同筹议包括印花税在内的苛捐杂税问题。之后，在处理印花税问题上，商会与咨议局似乎保持着相同的口径。在 1910 年初的一次咨议局会议上，有议员表示"如政府不准早开国会，则国债会及印花税二事我国民绝不担任"②。而在商会的一次会议上，与会各绅商也均认为应等"朝旨允准国会与否，再定印花税之行否。如国会不开，人民即无参政权利，则印花税之义务决不能承认"③。咨议局以不办理印花税为资本要求政府早开国会，而商会以政府不开国会为由不承认印花税，二者虽目的不同，却有着相同的利益追求。此后，面对地方政府的多次催促，商界始终虚与委蛇，表示碍难办理，政府也苦无良方，印花税之事遂不了了之。

在实行印花税一事上，天津绅商借助商会、议事会、咨议局等机构传达自身诉求，通过联合发声扩大声势，以迫使政府缓办印花税。官方则因财政窘迫而必欲实现印花税的征收，遂与地方绅商、议事会及咨议局之间展开了持久的拉锯战。

官方推行地方自治，本欲"以专办地方公益事宜，辅佐官治为主"④，

①《本埠·议事会纪事》，《大公报》1910 年 1 月 15 日。
②《本埠·藉此要求》，《大公报》1910 年 1 月 23 日。
③《紧要新闻一·津商籍印花税要求国会》，《申报》1910 年 6 月 11 日，第一版。
④故宫博物院明清档案部编：《清末筹备立宪史料档案》(下册)，中华书局 1979 年版，第 728 页。

孰料在实际运行中官治、自治跳脱出预定范围。地方自治机构不仅要求缓行天津印花税，还希望政府将地方捐税拨归其下作为自治经费，因而在地方税费问题上，官府与自治机不断地发生龃龉和摩擦。时人因之评论到，"官与议会争权，议会与官争利，两失之"。①

三、半新半旧、亦官亦商——局限与不足

天津绅商在清末地方自治中突破传统束缚，参与到地方政治秩序的构建中，凭借自身的权势、威望和财力对地方事物产生了重大影响力。但由于半官半商的双重特征和双重性格以及"在商言商"的传统阻碍，导致其在参政议政过程中暴露出自身诸多的缺陷和局限性。

以绅商为代表的新型士绅对于地方文化、财力及权威的垄断，导致在早期试办的天津县自治中，上至议长下至议员多数为其把持，议员构成缺乏多元化和广泛性，地方自治权几乎成为少数绅商阶层的政治特权。当时人即尖锐指出，"今之称地方自治者，不曰自治，曰官治也。吾则曰非惟官治，亦绅治也。绅治、官治，一而二，二而一者也"。实际上，绅商因其半官半商的身份特质，在自治事务的实际操作中不可避免地会以传统官方思维行事，导致自觉或不自觉地与地方政府产生各种联系，进而模糊官治与自治间的界限。《大公报》就曾发表评论，暗中讽刺当时议事会议长李士铭，"今之所谓议长者，其代表也，一模棱之代表而已；其监督也，一禀承之监督而已"，抨击议长"视官意之向背而左右之，官之所可吾可之，官

---

①《天津府县志辑·民国天津县新志》，上海书店出版社 2004 年版，第 81 页。

之所否吾否之"。①此语或许略显偏颇,却反映出绅商在参与政治时的身份问题和自身的局限性。

毋庸置疑,绅商在地方事物中处于重要地位,并产生巨大影响力,"绅士者,实地方自治之代表也。欲问中国地方自治体何在,则绅士是也"②。绅商也因此自恃甚重,认为在地方自治中应享有不同的政治待遇。1910 年 4 月 10 日,天津商会总理、绅商王贤宾在顺直纳税多额者议员选举会上发表讲话。以纳税之多少来选举议员,从选举公平、普及的原则来看,似乎既不公平,也不能普及。然而在王贤宾看来,"义务较重者,权利亦必较多。纳税多额,其纳税义务既较一般人民为重,则其特享有此权利,亦为理所当然",且绅商肩负有振兴国家实业之责,"关系于我国前途,亦云大矣"。③然而,与其在地方事务上享有的重要地位及话语权相比,绅商在一些政治问题上表现出的低参与度可以说是极不相匹。在地方公益事业中,绅商因传统优势而驾轻就熟,从容应对。但涉及到国家政治,绅商往往畏葸不前,临阵退缩。这一点从天津绅商对国会请愿一事的态度中可以明显看出。1910 年 5 月,天津商会众绅商开会讨论是否请求速开国会事。会董杨筱林认为"商会不能出名办国会,商会有节制,总协理亦有节制";郑彤勋则认为"商会自应办商界事",且"不但不必办国会,商界以外之事均可不办,以符名义";胡子斌更是提出"国会事重,商人不够资格,更不能办";杜筱琴虽主张"请开国会,商界亦有担负之责",但建议"以商会半官半商之性格,倘若商会诚

---

① 《言论·论议事会议长之资格》,《大公报》1907 年 10 月 30 日。
② 《社说·敬告我乡人》,《浙江潮》1903 年第二期,第 8 页。
③ 天津档案馆等编:《天津商会档案汇编(1903—1911)》,天津人民出版社 1989 年版,第 2322 页。

恐大部阻难,仍须由商民出名为正办,较比商会出名尤为妥善"。①可以看出,商会诸绅商仍保留着商人"在商言商"的传统意识,以商界之事固步自封,除此之外均可不办。且绅商与商会相类似,具备"半官半商之性格",在涉及政治问题上,也就自然不得不左右权衡,甚至流于保守了。

近代绅商阶层在办理地方自治事宜上,一方面因自身半官半商的特殊属性致使自身与官方割舍不断的联系,从而模糊官治与自治间的界限;另一方面因"在商言商"的传统仍挥之不去,导致绅商惯性地偏向固守眼前利益,与己相关则努力争取,稍涉其他则心存疑虑,不愿轻易尝试,在许多事情尤其是政事中,表现的尤为谨慎小心。如一些学者所说,"'言商仍向儒'的价值观念追求,使近代绅商在气质和行为方式上趋于稳健、务实,甚或流于拘谨、保守"②。从天津县自治进程中绅商的表现行为可以看出,身份与传统的桎梏使这一新兴阶层在参政议政上未能迈开步子,而是瞻前顾后、患得患失,这反映出在近代中国社会的转型时期,绅商作为由传统商人向近代资产阶级过渡的特殊群体,正在新与旧、官与商之间徘徊挣扎,并试图从传统与近代的平衡之中找到一条自身的转型之路。

(本文系 2018 年 4 月在天津举办的"近代天津与中国社会转型"学术研讨会交流论文,收入该研讨会内部论文集(上册)第224—232 页)

作者:杨兴隆,天津博物馆

---

①天津档案馆等编:《天津商会档案汇编(1903-1911)》,天津人民出版社 1989 年版,第2360-2361 页。
②马敏:《官商之间——社会剧变中的近代绅商》,第 333 页。

历史的尴尬：天津美租界的
划分、形成与消失

刘海岩

从 19 世纪中到 20 世纪初，中国先后有 10 个城市划分了 27 个外国租界，其中 25 个是由一国管理的专管租界，2 个是由多国共管的公共租界。上海只划分了 2 个租界，却是面积最大的；天津则以划分租界最多著称，先后有 9 个国家在这个城市设立过租界，有的还几次扩张。①

一般情况下，租界无论是最初的划分还是后来的扩张，大都有交涉、划界，然后是签订合同、发布公告这样一个过程。即便天津英租界最初是在英国军队占领下，由英国单方面擅自划定，再将结果照会清政府，也有明确的文件记载。唯独天津美国租界，其最初划定却没有留下任何官方记录，至于划界合同、公告等法律文书，更是一概阙如。

---

① 关于租界的划分与扩张情况，请参见费成康：《中国租界史》第一、二章，上海社会科学院出版社 1991 年版；关于天津租界的划分与扩张情况，请参见尚克强、刘海岩：《天津租界社会研究》第一章，天津人民出版社 1996 年版。

在美租界实际存在的 40 年间,对于租界存在的合法性,曾引发争议甚至外交纠纷。争议发生在 1895 年,这时美租界已经实际存在 30 多年了。

一

1895 年,德国要求在天津设立德租界,以作为"代索辽东之酬劳",清政府应允了德国的要求。德国人提出要划分的租界范围是:"北由杏花村之下仁记洋行南边道路外起,南至小刘庄之北庄外止,东至河边,西至海大道"[①],其中包括美租界的部分地区。

当时的天津,外国租界区位于老城东南、海河西岸地势较高的地区,由北向南依次为法、英、美三国租界。英租界发展较快,到 19 世纪 90 年代已经形成以欧洲人为主要居民的社区,笔直、宽阔的维多利亚道纵贯南北,路两旁漂亮的盎格鲁—撒克逊混合式建筑,还有泊满轮船的海河码头。而位于英租界南面,仅一道之隔的美租界,却失于规划和管理,大部分地区处于未开发状态。美国政府还几次提出,要将租界交还清政府管理。德租界选定在美租界南面,与美租界也是一道之隔。这时的美租界,正处在美国人不愿管清政府不敢管的状态,于是德国人便大起觊觎之心,想方设法染指该界。

此时,美国人尽管对美租界不当回事,可是一得知德国人有意蚕食美租界,美国驻京公使立即向总理衙门递交了抗议照会。他们

---

①参见"德国买地一事拟由津海关道持平作价请示遵行由(光绪二十一年七月)",总理衙门清档,档案号:01-18-049-02-007,现藏于台北"中央研究院"近代史研究所。以下所引该所之清档,只注档案号。

认为德国人划界侵占了美国租界的土地,即"闽粤会馆义地北边之道路起至仁记洋行地之南界中间之地"。①

美国人的态度很坚决,德国人只好让步,把德租界的北界退到闽粤会馆一线。但是,在他们与清政府订立的租界合同中,还是有几款是专门针对美租界的,比如合同第二款就规定:"英国租界南界仁记洋行之南,中间有地址一段,已盖招商局、矿务局、仁记洋行等房。如中国不将此地给他国作租界(指美租界),仍归中国管辖,河边道路理宜修好,与英租界河边码头道路一样。嗣后如有损坏,仍需随时修筑。海大道亦照此一律。河边道路,地方官不准盖买卖小房。将来德国领事函请修此道路,如逾一年尚未修妥,可由德国代修,其工料由中国工程局给还。"②

这也就是说,美国租界地区如由清政府管辖,清政府就要负责按照英租界的标准将界内道路修好,清理路边妨碍交通的店铺建筑。如果一年内还修不好,德国可以代为修路,但清政府要支付费用。

在该租界合同的最后,还增加了补充条款,更是直指美国租界:"现因美国驻京大臣照会总理衙门,请中国不准将此地让与德国。如美国国家应允不要此地,德国租界北界即作为从仁记洋行南边之道路外起。"③美国人寸土不让,德国人不甘心,在与清政府订

---

① 参见"咨送订立天津德国租界合同由(光绪二十一年九月)",总理衙门清档,档案号:01–18–049–02–019。

② 参见"咨送订立天津德国租界合同由(光绪二十一年九月)",总理衙门清档,档案号:01–18–049–02–019。王铁崖的《中外旧约章汇编》,也收录了这份德国租界合同,系从德文英译本转译中文的。该文本相关条款内容与总理衙门清档中的中文本,含义多有差异,而且表述模糊不清。参见王铁崖:《中外旧约章汇编》(第1册)第633–636页,三联书店,1957年。

③ 参见"咨送订立天津德国租界合同由(光绪二十一年九月)",总理衙门清档,档案号:01–18–049–02–019。

立的租界合同中埋下伏笔，随时准备一有机会就蚕食甚至侵吞美租界。

就在与德国交涉的同时，总理衙门和北洋大臣、津海关道等，还与美国驻京公使和驻津领事就美租界的合法性问题大起纷争。先是 1895 年 7 月 31 日，美国公使田贝照会总理衙门，态度非常强硬："现闻有一二国或数别国，欲请中国将原拨归美国租界之地，让与管理。兹不过先达知贵署备案，中国如允与彼，抑或有意与之，本大臣决不能照允。相应照会贵王大臣，请即咨行北洋大臣，无论现欲将原拨美国租界让与何国，立即停止可也。"①

面对两国列强的争夺，总理衙门似乎有些不知所措，便一边答复田贝："查此事本衙门并未闻有此等情形，且未据北洋大臣咨行有案，恐系传闻之误"②，一边要北洋大臣马上查找依据，以便应对。

8 月 9 日，署北洋大臣王文韶致函总理衙门："查天津英法租界系咸丰十一年由三口通商崇大臣按照天津和约第十款定议。英租界系准议约王大臣移会办理，法租界系由崇大臣与法国哥使会订合同十二款存案。美国则遍查档册，并无指拨租界案据。"③

美租界已经实际存在了数十年，竟然找不到任何条约、合同或照会等有关划界的法律依据，这使得清政府处于尴尬的境地。王文韶出的主意是，如果总理衙门也找不到任何案据："情不能却，亦当

---

①参见"美国公使田贝照会（光绪二十一年六月初十日）"，总理衙门清档，档案号：01–18–057–06–001。

②参见"总理衙门给美国公使田贝照会（光绪二十一年六月十三日）"，总理衙门清档，档案号：01–18–057–06–003。

③参见"署北洋大臣王文韶函（光绪二十一年六月十九日）,总理衙门清档,档案号：01–18–057–06–006。

据理说破,然后酌量拨给,殊难限定地段。"①意思就是说,再给美国划一块土地,以平息美德两国的争夺。

但是,总理衙门收到的却是田贝又一份强硬的外交函:"兹查美国租界四至限界,系东至海河,西至海大道,北至英国租界,南至闽粤坟地,相应将此四至函达贵王大臣查照。"②这是告诉清政府,美国坚持租界原址一寸也不能少。天津海关道盛宣怀也收到美国驻津领事李德的外交函,称:"此项租界四至,应请贵道随时保护。俾现当议定德租界之时,免有紊乱之事。"③

王文韶与总理衙门商讨,如何应对强硬的美国人。他又提出另外一个依据,说 30 年前美国人卫廉士等"曾在英国租界以南租地数段",可是已经"辗转售与中国及他国官商管业"。他认为这些地段本不应算作美国租界,而在他看来美国人争租界的目的就是利益驱动:"今美国领事借端出认租界,明因该处距津较近,又与英租界毗连,于建造码头、设立行栈甚属相宜,地价必将日贵一日,深恐德国租占,是以居意把持。"④尽管总理衙门和北洋大臣找出种种理由,企图弥补被动的局面,也无法改变美国政府的强硬立场。

---

① 参见"署北洋大臣王文韶函(光绪二十一年六月十九日),总理衙门清档,档案号:01-18-057-06-006。
② 参见"美国公使田贝函(光绪二十一年六月二十二日)",总理衙门清档,档案号:01-18-057-06-007。
③ 参见"北洋大臣王文韶文(光绪二十一年七月初八日)",总理衙门清档,档案号:01-18-057-06-008。
④ 参见"北洋大臣王文韶文(光绪二十一年七月初八日)",总理衙门清档,档案号:01-18-057-06-008。

二

关于美租界最初划分的缘起及时间，一般的说法是，英、法两国于1860年组成联军攻占天津和北京，要求清政府续订条约的时候，美国人与俄国人共同作为居间调停人。北京条约签订后，英国和法国相继在天津划分了各自的租界。清政府为了表示不歧视美国人，主动在英租界的南面划出一片土地给美国人作为租界①。

然而，美租界最初是如何划分的，有什么诸如合同、照会之类的文件，却没有见到任何记载。过了30多年，清政府却说，当初划分美租界无凭无据，无论是主管外交的总理衙门，还是负责天津对外事务的北洋大臣衙门和海关道衙门，都找不到任何当初设立美租界的档案文件。其实，美国方面也没有任何档案记载。美国国务院在给驻华公使的指示中，曾明确表示："没有记录表明，美国实际上（在天津）曾经划分过租界。"②在北京的美国使馆或天津的美国领事馆，也没有档案记录美租界实际划分的情况，比如租界的四至、界线，等等。而且，也找不到美国人购买或转让美租界土地的记录，或者是美国领事馆接受租界土地契约的文件。③

---

①费成康著：《中国租界史》，第32页。

②State Department to Charles Denby, Oct. 18, 1896. *Diplomatic Despatch*, China 111, No. 551, enclosure.（"国务院致田贝函"，1896年10月18日，美国外交急件，中国111，第551号附件。）转引自多萝西·斯旺：《天津美国租界》第21页，美国哥伦比亚大学1960年版。以下引文凡出自该文者，只注篇名和页码。

③Richard Olney to Charles Denby, Oct.18, 1895. U.S. Department of State, *Diplomatic Instructions, China*, 5, No.1175.（"理查德·奥尔尼致田贝函"，1895年10月18日，美国国务院外交训令，中国5，第1175号。转引自多萝西：《天津美国租界》第8页。

专门研究天津美租界的美国学者翻阅了美国政府的外交档案,发现在 1860 年和 1869 年的外交文件中,都曾提到过天津的美国租界,也提到过租界建立的时间。这表明,在英法租界最初设立时,美租界在同一时期也划定了。至于如何划定的,既没有合同、照会之类的法律文书,也没有划界的官方记录。[①]而且,美国学者翻阅了从 19 世纪 60 年代到 90 年代的美国政府档案,发现美国国务院对天津的美租界, 无论是在法律上还是对其实际状况的了解都既不重视又所知寥寥。那么,美租界存在数十年的依据是什么呢? 只能说是清政府和美国政府之间的默认。

外国租界设立初期,本国侨民大都人数不多,财政实力有限,在这种情况下,租界都是由本国领事管辖和负责市政事务。可是,在天津开埠的头十年,美国领事都是由商人兼任,没有职业外交官担任领事。而且,由于在天津的美国侨民很少,美国政府还曾不得不聘用非美国人在领事馆任职。当时的五名副领事,有两名是外国人,一名荷兰人,一名英国人。1868 年,英国、俄国和法国商人还曾被聘任为支付定额薪水的美国副领事。直到 1871 年,美国国会才批准任命美国职业外交官担任专职驻津领事。

1877 年,美国驻津领事德尼(Owen S. Denny)在美国侨民尤其是美国商人店主们的支持下,按照其他租界通行的市政管理方法,首次组建了巡捕。[②]这些美国侨民之所以表示支持,是希望获得本国租界的保护。

这种做法获得美国政府的支持, 但是并没有坚持多久。1880

---

①Dorothy Swan.American Concession [D]. Master's Thesis:Columbia University, 1960, P8。

②Dorothy Swan.American Concession [D]. Master's Thesis:Columbia University, 1960, P11。

年,当时的美国驻津领事孟艮(Willie P. Mangum Jr.),以规章制度不"正规"为由解散了巡捕。①他认为,当时美租界的发展状况,还没有条件制定市政章程,确立规范的市政管理制度。他通过与清政府地方官员协商,有条件地将美租界交还中国政府管理。

按照1895年驻华公使田贝的说法:"1880年10月12日,美国领事照会津海关道,拟将所拨之租界仍交中国管理,并经声明,嗣后如欲定立工部局章程,亦可归领事馆复行办理。是年10月14日,经津海关郑道照复云,嗣后,美领事如欲复管租界,须先与关道妥商如何办法。如所定之章无碍,可以照租界原章归美领事管理。"②

当时的美国驻津领事官李德也致函李鸿章,谈到1880年的同一份照会:"前孟领事照会前津海关郑道,其文内开,窃查美国租界有设立公所一处,本领事查美国租界差役及所办之法,目下光景有些错乱,是以有不方便之事,拟欲将其裁撤。现已将该公所全行裁撤,其地方应仍照旧章办理。此次公所虽已裁撤,将来如有美国官员拟当再应设立之时,自应仍准设立,以昭允当。"③

可是,清政府的官员又有另一种说法,1879年5月22日,时任天津海关道的郑藻如曾致函美国毕副领事:"前因闻知贵副领事设立公所,置用刑具,曾经面劝裁撤,已荷允诺。嗣闻尚未撤去,复令新关委员查复。兹据禀称,公所刑具并未裁撤,又复指定租界勒收规费,将华人责打、监押,民怨沸腾。查条约,中国民人应归中国官

---

①Richard Olney to Charles Denby, Oct.18, 1895. U.S. Department of State, *Diplomatic Instructions, China*, 5, No.1175.("理查德·奥尔尼致田贝函",1895年10月18日,美国国务院外交训令,中国5,第1175号。)转引自多萝西:《天津美国租界》第11页。
②参见"美国公使田贝照会(光绪二十一年六月初十日)",总理衙门清档,01-18-057-06-001。
③参见"大学士李鸿章文(光绪二十一年六月十四日)",总理衙门清档,01-18-057-06-004。

审办,向来紫竹林一带交涉事件,大者由领事官送交关道核办,小者交租界委员就近了结,从无领事官将华人擅自责打、监押之事,亦未闻有勒收规费之说。又闻贵副领事议收规费,并妓院而取之。征及秽琐实伤大体,别国领事正在商禁妓院,而贵副领事乃仍收其规费,毋乃以美名让人乎?"①

美租界设立的"公所",就是巡捕房。刑具、拘押、刑讯华人,显然违反了中外条约规定的"治外法权",租界华人犯法,要交由中国当局法办。所谓"规费",应当是税收。当时的美租界,由于常年失于管理,社会秩序混乱,尤其是朱家胡同、杏花村一带,成了妓院的聚集区,如原为县署衙役的刘六在朱家胡同开设娼寮数载②,美国领事馆非但不查禁妓院,反而向其征收税费。

与此同时,李鸿章执掌北洋时代创办的洋务企业,有些也在美租界占有大片土地。例如,轮船招商局、开平矿务局都在美租界濒临海河占有大片土地作为仓储之地,还建有码头。

当1880年,美国方面主动提出将美租界有条件地交还中国政府管理的时候,该租界靠近英租界又濒临海河的好地段都已经被轮船招商局和开平矿务局所占有。英国的仁记洋行和俄国的萨宝实洋行也占有部分地块。美国人当时在天津经商居住的本来就很少,在美租界租地建房的更是绝无仅有。所以,当津海关道郑藻如与美国领事就裁撤"公所"交涉时,就以此为理由:"贵国租用之地可称为美租界,至如招商局等处,非贵国租用之地,自不得因其附近毗连,遂概指为美国租界。"③

---

①③参见"署北洋大臣王文韶函(光绪二十一年六月十九日(1895年8月9日).总理衙门清档,01-18-057-06-006。
②《新闻报道》,《时报》1886年9月9日。

而当1895年,两国之间因为美租界存在的合法性发生外交纷争时,十五年前的这次交涉也成为双方争执的一个焦点。美国公使田贝认为,虽然当时美国将租界交由中国政府管理,但从没有放弃恢复对租界管辖权的权利:"从1880年,本国驻京大臣与本国外部大臣迭办此事。本国政府未云嗣后决不管理本国之租界,以弃此权。"[①]而清政府的官员则说,正是因为那次交涉,郑藻如与美国领事之间来往的信函中,"照会内有租界字样"[②],才导致美国人以此为据,索还租界。

美国学者认为,1880年美国领事与中国人达成协议,将租界有条件地交还中国政府管理,使得美国日后对租界的权利主张变得脆弱。也许因为如此,对美国的权利要求,清政府一直没有认真对待。

当1895年,德国人企图染指美租界遭到美国人的抗议而作罢之后,1896年6月,美国政府再次声明放弃对天津美租界的管辖权,将租界交由中国政府管理。在美国国务院给驻华公使的指示中,美国政府还是认为美国当时没有条件恢复对美租界的管辖权。[③]

到了1899年,美国正式提出在华"门户开放"政策。1900年,义和团运动爆发,形势发生了转变。

---

①参见"美国公使田贝照会(光绪二十一年六月初十日),总理衙门清档,01-18-057-06-001。

②参见"署北洋大臣王文韶函(光绪二十一年六月十九日(1895年8月9日).总理衙门清档,01-18-057-06-006。

③State Department to Charles Denby, Oct. 18, 1896. *Diplomatic Despatch*, China 111, No. 551, enclosure.("国务院致田贝函",1896年10月18日,美国外交急件,中国111,第551号附件。)转引自多萝西:《天津美国租界》第30页。

三

由美国时任国务卿海约翰提出的"门户开放"政策,主张在维护列强受条约与国际法保护的一切权利并维护各国在中国平等公正贸易之原则的前提下,保持中国的领土与行政完整。这就意味着,各国列强不得公开地瓜分中国。对于列强辟有租界的通商口岸,美国极力主张像上海那样设立国际共管的公共租界。当时的西方各国,都口头上表示赞成美国的"门户开放"政策。

然而,过了还不到一年,义和团运动爆发,天津成了主战场,列强组成八国联军首先攻占了天津。联军占领天津后,西方各国再也不管什么"门户开放"政策,纷纷按照各自的实力抢夺划分租界。没有租界的要建一个新的,已经有租界的要扩张。俄国和德国划分的租界面积都超过了当时的世界霸主英国,导致英国借机再次扩展租界。没有派军队参加八国联军的比利时,也趁机划了一块租界。

西方各国在天津肆意抢占土地,设立由本国专管的租界,这显然是与美国的门户开放政策相矛盾的。这种形势也使得美国政府发现自己处在尴尬的地位。一方面,美国希望实行"门户开放"政策,各国都不要划分势力范围或专管租界;另一方面,面对各国纷纷抢占地盘,美国又不甘心自己的利益受到损害。于是,美国政府又重新对在天津占有租界产生了兴趣。

1901年,美国驻华公使照会清政府,要求恢复对美租界的管辖权:"联军在天津管理时,有数国政府乘机在该处占出宽大地段作为租界及别项之用,惟美国于占地一节无此情事。缘本国所最乐意办法,系欲各国公立租界,不愿分行办理。现时天津形势似不能按照公立办法。兹奉本国政府来文,嘱请中国仍将前所退还,人所共知之美国租界复行拨给。"①

　　然而,此时的美租界,夹在英、德租界中间,已经成为列强矛盾的一个焦点。清政府不敢贸然应允,反而去征求英、德两国的意见,又遭到美国的抗议。而且,当时的美租界由于长期缺乏正常的市政管理和维护,大片未开发土地状况恶化,社会秩序混乱,已经处于被美国人称之为"不堪入目"的状况。②

　　面对美国要求恢复对租界的管理,李鸿章和袁世凯都曾向美国人提出另外划一片土地给美国人作为租界。当美国公使拒绝他们的提议时,他们又通过津海关税务司德璀琳游说美国人,要他们接受这一替代方案。

　　为了说服美国人,清政府还提出两片地块供美国人选择,一片在德租界的南面,一片在靠近老城,与日租界相邻的地方。美国人一度也开始考虑放弃旧租界,选择新租界。美国驻京公使和驻津领事之间,甚至还为此讨论过选择哪片地区为好。美国驻津领事若士得(J. W. Ragsdale)致函公使康格,预言商业的大发展时期就要到来,美国非常需要有一片租界为在天津的美国人提供保护。他还历数租界保护种种有利之处,如可以使美国人不必遵守外国法律,看别人的脸色,美国银行也可以在天津开设分行。如果不能给美国人提供落脚之地,天津的贸易将会被放弃,等等。③

---

① 天津档案馆编:《天津租界档案选编》,天津人民出版社1992年版,第5页。

② Squiers to John Hay, July 25, 1901. *Diplomatic Despatch, China* 113, No.667, enclosure 1.("斯夸尔斯致海约翰函",1901年7月25日,美国外交急件,中国113,第667号,附件1。)转引自多萝西:《天津美国租界》第23页。

③ *Diplomatic Despatch*, China 111, No.889, enclosure 6,9.(美国外交急件, 中国111,第889号,附件6,9。)转引自多萝西:《天津美国租界》第32页。

与此同时，在天津的美国人也向领事请愿，呼吁再建美国租界。他们的热情甚至比领事还要高，表示如果没有政府的援助，他们愿意在财政上为租界的发展提供帮助。

美国公使已经指示驻津领事与海关道就获取一片新的美租界展开谈判。可是，过了没几天，美国助理国务卿致函美国驻津领事，通知他国务院最后决定不再考虑获取新的租界，要他结束与清政府地方官员的谈判。

1901 年 7 月，英美两国公使在北京举行谈判。美国人一方面提出还是希望英国人能够放弃专管租界，建立公共租界，在被英国人拒绝后，美国人提出将美租界有条件地交由英租界工部局管理，以便使美国政府摆脱目前的窘境。①

美国政府最终决定采取这一办法，将美租界并入英租界，一方面是美国政府不愿意，也无法对租界实施管理。虽然美国政府更愿意建立公共租界，但是目的无法达到，只好退而求其次，将美租界交给英租界工部局管理，以便日后需要时还有可能恢复对租界的管辖权。另一方面，客观上美租界大面积土地已经被轮船招商局和开平矿务局占有。这些清政府的"国企"，已经有大量的外国资本，尤其是开平矿务局，事实上已经成为英资企业，这使得美国人在美租界的经济实力更加薄弱。

同年 11 月，美英两国未与清政府协商便达成协议，将美租界纳入英租界管辖。这种合并管辖是有条件的：1.必要时美国可以在原美租界单独实行军事管制；2. 美国有权在该界河坝停泊军舰；3.

---

① Squiers to John Hay, July 25, 1901. *Diplomatic Despatch*, China 113, No.667, enclosure 1.（"斯夸尔斯致海约翰函"，1901 年 7 月 25 日，美国外交急件，中国 113，第 667 号。）转引自多萝西：《天津美国租界》第 53 页。

该界所属英国工部局董事会至少要有一名美籍董事;4.该界内的土地转让须在美国领事馆登记;5.如制定专门适用于该界的特殊规章必须得到美国领事的同意;6.美国政府有权中止此项协定,重新对该界实施管理,但必须在一年以前通知英方。

1902 年 8 月 6 日,英国驻华公使致函北洋大臣袁世凯:"本年春间,据本国租界工部局禀称,此项地段(指美租界)既无工部局管辖,素为藏垢纳污之区。近两年经联军驻扎,此等弊端似水之归壑,且与本租界毗连,其鄙秽情形敝局不能不视为重要。已于上年春间曾以设法将此项地段归入敝局所管推广界内,禀经前任甘总领事面商德、美两国领事均无异言,请酌核前来。本大臣据此,当与美国康大臣晤商,旋经康大臣复云,此项地段如能互定美国船只永可在彼尽先停泊,如美国政府将来欲管其地,应先期一年知照英工部局,并与该局商酌补还各项经常公费,本大臣即允其归于本国工部局管辖,等语。兹特函请贵部堂查照,一律允将其地归于本国工部局管辖。"①

第二天,袁世凯就予以答复,同意英租界工部局接管美租界:"顷诵七月初三日惠缄,具悉一切。查天津英租界西南临河地段,既经贵大臣与美公使商妥办法,归贵国工部局管辖,本大臣自应亦无异言。"②

10 月 23 日,津海关道发表公告,宣布美租界并入英租界。由此,存在四十余年的天津美租界消失了,英租界又增加了一片"南扩展界"(southern extension),天津的外国租界也由九国变成了八国。

①天津档案馆编:《天津租界档案选编》,第 16—17 页。
②天津档案馆编:《天津租界档案选编》,第 18 页。

租界,是近代中国城市的特有现象。租界的划分,是在西方列强强权之下进行的。按照当时中外交涉的方式,划界大都有法律文书、外交文书,还有种种历史记录。美租界既无法律文书作为划界依据,又无历史记录可为佐证,却存在了将近半个世纪。德租界的划界交涉,才将这一尴尬的历史揭露出来。清政府官员无能的交涉,在列强之间左右逢源,都无补于事,最终是美英之间的私下交易,才使得这片缺乏合法性的租界有了"合法"的归宿。

参考文献

1. 费成康:《中国租界史》,上海社会科学院出版社 1991 年版。
2. Dorothy Swan . American Concession at Tientsin[D]. Master's Thesis : Columbia University,1960.
3. 新闻报道[N].时报,1886-09-09.
4. 天津档案馆:《天津租界档案选编》,天津人民出版社 1992 年版。

(刊于《天津师范大学学报·社会科学版》,2018 年第 6 期,第16—21 页)

作者:刘海岩,天津社会科学院历史研究所

对清末天津教育品陈列馆
的历史考察

郭　辉

近代以来,在中国被迫打开国门,走上现代化之路后,发展教育被有识之士看作是强国的重要手段。教育博物馆便伴随着近代中国新式教育的推广而产生了。它是专为教育家收集校舍、校庭及学校卫生之资料,桌、椅、黑板等校具,理化学实验器械、地球仪、博物标品、模型、挂图等教具之类,并备有馆教育的参考图书,为教育上参考之资的专门博物馆。①1902 年 8 月,直隶总督兼北洋大臣袁世凯代表清政府从外国人建立的都统衙门手中接管天津,遂在天津开始实施新政,全面推进天津的现代化进程。教育博物馆就在这样的背景下从日本被移植到了天津。

一、严修与临时性教育品陈列场在天津的开设

严修(1860—1929),字范孙,号梦扶,祖籍浙江慈溪。南开大学

---

①陈端志:《博物馆学通论》,上海博物馆 1936 年版,第 80-81 页。

创始人,近代中国著名教育家。进士出身,选翰林院庶吉士,授编修,充国史馆协修。1894 年在任贵州学政期间,曾奏请朝廷开经济专科,量才选贤。1898 年在天津设严氏家塾,聘张伯苓教授英文及数理化。1902 年赴日考察归国后专心从事普及教育,并联合士绅,开办了天津民立第一、第二小学。1904 年改家塾私立中学堂,系天津南开中学前身。后陆续设立保姆讲习所、蒙养院,是开创近代天津民办幼儿、小学、中学教育之先河的兴教大师。并任直隶学务处督办、学部侍郎。民国后,北洋政府曾多次举荐其到国务院任职,皆力辞不就,而潜心于天津的教育事业,费力尤多,贡献卓著。1919 年,南开大学正式成立,严修了却教育兴国的毕生宏愿。晚年曾组织城南诗社、崇化学会,诗词唱和之中,泼墨挥毫之间,尽显津门四大书法家之一的风采。

1902 年 8 月至 10 月,严修赴日本进行考察。由于严修热衷于教育事业,所以日本的教育博物馆和各校附设的陈列室成为他们十分重要的关注点。严修每参观一个学校,对其陈列馆、标本室情况及展览的展品都进行详细的记录。如第一高等学校"地质矿物标本室,分国内外国,有宝石见本。动植物标本室有叶形小蝶,张则为蝶合则与树叶无别,以便藏身也,出小笠原岛。以显微镜视豆根寄生之微生虫,蜗牛无雌雄,只能生育。物理用意室透光机,微生物有二十二度热乃生,试光线之暗室,电车雏形,碳酸瓦斯,七球相触动"①。在帝国大学工科参观了学校附设的建筑学列品室、造船学陈列室、土木工品陈列所、机器工学列品室、应用化学列品室;帝国大学理科附设的动物标本陈列室、地质陈列馆。并写到:"人类学仓

①严修撰、武安隆点注:《严修东游日记》,天津人民出版社 1995 年版,第 82-83 页。

库:本邦诸地方石器时代遗物,皆三千年前物也。支那种类现用物品,各国古器"①。东京盲哑学校"一室列外国盲生用品、外国痴儿教具制品"②。东京高等商业学校附设商品陈列所,其中有"湖南漆,贵州草,北京之磁,又列出输出品各注国名,大底皆投其所好者"③等等。

1902年10月12日,严修父子又前往东京教育博物馆参观。该教育博物馆是1877年由位于汤岛圣堂的东京博物馆演变而来的,1881年改称东京教育博物馆。其目的在于"收集教育上所必须之国内外各种物品,以利于从事教育者之研究,兼供民众之参观,以期有益于社会"④。1899年,作为东京高等师范学校的附属设施,坐落于旧圣堂场内。其收集和展览的资料,从幼儿教具到"残废者用具""体育用具",应有尽有。其中教育用具5000件,金石、植物、动物标本15000件,教育图书9000件,共计30000件左右。还包括史密森基金会国立自然博物馆等外国博物馆进行资料交换和寄赠。而且还设有图书室,供外来者用研究室、陈列品目录,并向各博览会、学校等出借资料⑤。严修在当天日记中写道:"午后,同清水君、智怡同往教育博物馆。第一陈列场有立牌,题曰:家庭、幼稚园、小学校用具及成绩品。第二陈列场立牌署曰:物理、数学、星学、地学、化学、生物、生理、植物教授用具。第三陈列场署曰:实业教育用具及成绩品、图画、音乐、体操教授用具。"每一个展室的展出内容和展出情

①严修撰、武安隆点注:《严修东游日记》,天津人民出版社1995年版,第86页。

②严修撰、武安隆点注:《严修东游日记》,天津人民出版社1995年版,第99页。

③严修撰、武安隆点注:《严修东游日记》,天津人民出版社1995年版,第106页。

④《教育博物馆规则前言》,参考[日]伊藤寿郎《博物馆概论》,吉林教育出版社1986年版,第101页。

⑤[日]伊藤寿郎:《博物馆概论》,吉林教育出版社1980年版,第101页。

况，严修都进行了认真和全面的记述。并且还特别在日记中提到"以上细目另用记之"①。可见他对教育博物馆的浓厚兴趣。

1904年2月，严修仿照日本在天津筹划教育品陈列场，即临时性的教育品展览会。"假定浙江会馆将所有一切科学仪器及教科书陈列其中，纵人参观。并演说各种利益以鼓人精进之思"②。"因浙江会馆地势不便，故改在城隍庙官立小学堂内陈列"③。1904年2月7日，经过严修的积极筹办，教育品陈列场在城隍庙官立小学堂正式对外开放。《大公报》以"文明盛事"作为新闻标题进行报道。本次举办的展览会先在2月7日、8日开放两天，"休息一二日再继办两日。"展览共分十二部："曰博物部曰气学部曰力学部曰水学部曰教育用品部曰磁石部曰电学部曰化学部曰热学部曰声学部曰光学部曰书籍部。此外并附列人身模型、罗列繁备颇足，一扩眼界。"展览的展品由"严范孙太史及益德王宅所购"，其中"严太史所购大远镜一具、显示一千倍显微镜一具，为最好云"④。在展览过程中，还特地请华石斧、林墨青、张伯苓等人照料一切事宜，并为观众"逐件指列、逐件试验，不惮烦劳。"承担演示和讲解工作。展览会也取得了很大成功，开展当天"观者鱼贯而进，出入各有定路，颇有整齐严肃之象，洵盛举也。"由于展览会仿照日本模式举办，在参观路线和出入口设置上引用日本名词，"标贴出口、入口，字样观者多不解，其何谓。"参观者多不按预定设计路线参观，仍须由人指示。因此《大公报》在报道中还专门要求将标识的日本名词"改用本国字样，为顺便耳"⑤。

①严修撰、武安隆点注：《严修东游日记》，天津人民出版社1995年版，第114页。
②《中外近事·本埠·文明盛事》，《大公报》1904年2月5日。
③④⑤《中外近事·本埠·文明盛事续志》，《大公报》1904年2月8日。

1905 年 1 月 21 日至 24 日，严修再次在城隍庙官立小学堂举办了教育品陈列场,在陈列各种理化仪器、博物标本的基础上。又将新增的多种新购仪器、标本进行展示。参观时间为每早九点至十二点、午后二点至五点。每人收票费铜元一枚,"惟官民立各学堂学生由教员率领来观者,概不收费,以示优待,若自行来观者仍一律收费"[1]。

二、周学熙与天津教育品陈列馆的建立

在严修访日归国后不久,1903 年 4 月 4 日至 6 月 4 日,在袁世凯的委派下,周学熙赴日参加大阪博览会并对日本进行了考察。周学熙(1865—1947),字缉之,号止庵,安徽至德(今东至县)人,近代著名实业家。出生于清末官僚家庭,其父为周馥曾任山东巡抚、两江总督、两广总督等职。1900 年,周学熙入袁世凯幕下,主持北洋实业,成为袁世凯推行新政的得力人物。1905 年出任天津道,1906 年创办启新洋灰公司、滦州煤矿公司,1907 年任长芦盐运使,1908 年创办京师自来水公司,1912 年和 1915 年两次任财政总长。1918 年任华新纺织公司总理,先后创办华新所属的天津、青岛、唐山、卫辉四家纱厂。1919 年创办中国实业银行,任总经理。1922 年与比利时商人合办耀华玻璃公司。1924 年成立实业总汇处,任理事长,1947年病逝。当时与南方实业家张謇齐名,有"南张北周"之说。

作为袁世凯天津新政的核心成员和重要幕僚,周学熙对日本的考察,对其以后影响深远。他总结日本发展的经验认为"日本维

---

[1]《中外近事·本埠·开办第二次教育品陈列场》,《大公报》1905 年 1 月 22 日。

新最注意者,练兵、兴学、制造三事","今日本蕞尔岛国,幅员不过一百三十五万方里,其内港外海商轮大小一千三十余艘,铁路纵横一万二千数百里,电报得律风则无村无市无之,其民生而习乎交通洞达之场,智慧日增而不自觉。一学堂之善法,一工厂之新制,不片刻而遍传,且终朝而可亲见。"①坚定了他教育和工艺并重的思想。

周学熙考察日本回国后首先"以考察所得于日本者,欲以施诸我国。"并提出"欲兴工艺,非设专局不能收效,于是于六月条陈教养局、工艺学堂、考工厂三事之宜。请辞教养局总办,建议设工艺总局于天津。"②计划设立直隶工艺总局,以为全省工学界之枢纽,以创兴工艺提倡实业。1903年7月,周学熙首先上书袁世凯,提议设立工艺总局,周学熙随后被委任为总办直隶工艺总局事务。

在兴办直隶各项实业过程中,周学熙认为:"学堂为人材根本,工艺为民生至计,二者固宜并重,而讲求之道亦属和资,工艺非学不兴,学非工艺不显。"③

周学熙在《东游日记》中记载:1903年4月25日,火车赴博览会场,教育馆凡学校用品陈之。1903年4月29日,观学校教育品展览会各科,实绩仪器及学徒服物皆列之。可见,周学熙对日本的教育博物馆已经有了很深入的了解。所以他在给袁世凯的上书中进一步提出:"查外国学校,各科课程皆有教育物品,各种仪器具备,以供教授,故学堂工厂日新月异,竞出心裁。伏思天津为总汇之区,已立蒙小学、中学堂、高等专门学堂,似宜设立教育品陈列馆,购置

①周学熙:《东游日记跋》,《周学熙集》,华中师范大学出版社1999年版,第50页。
②周学熙:《周止庵先生自叙年谱》,《周学熙集》,华中师范大学出版社1999年版,第688页。
③周学熙:《直隶工艺总局酌拟教育品陈列馆试办章程并约估经费详文并批》,《周学熙集》,华中师范大学出版社1999年版,第87页。

仪器、图画、任人纵观,以资启发。"①1904 年 10 月,周学熙上书袁世凯正式提出创办天津教育品陈列馆,馆舍位置设在天津旧城东门外的玉皇阁。袁世凯批复:"设立教育品陈列馆为文明进化最重要关键。"②同意建立,并在资金上给予极大支持。

周学熙筹办该馆过程中"与学务处严编修(即严修)等会商,体察情形"③,拟定教育品陈列馆试办章程。1904 年 9 月 19 日,严修日记中也有"改《教育品陈列馆章程》"④的记载。1904 年 12 月 14 日,严修又"同林、卞二公至玉皇阁,观陈列馆之建筑"⑤。时刻关注教育品陈列馆的建设。严修虽然不是天津教育品陈列馆的主要创办者,但他却是重要的支持者和参与创办者之一。

教育品陈列馆馆址改建后,按照周学熙向袁世凯提出的"拟派两人赴日本选办陈列品"的建议,陈宝泉受周学熙派遣再赴日本,考察教育博物馆并购置相关展品。陈宝泉(1874—1937),字筱庄,天津人。北京师范大学校长,著名教育家,天津藏书家。曾留学日本弘文学院。1902 年入 严修蒙养学塾任教,后入直隶学务处。1905年入学部供职,官至郎中。辛亥革命后,参与组织通俗教育会,创办北京高等师范学院(北京师范大学前身),任校长九年。后回天津任县教育会会长。1929 年任天津市政府特别参事、救济院院长、天津及北京通俗教育会会长,整理海河委员会总务处处长。1931 年升任河北省教育厅长,改组河北大学,提倡义务教育、生计教育。

①③周学熙:《直隶工艺总局酌拟教育品陈列馆试办章程并约估经费详文并批》,《周学熙集》,华中师范大学出版社 1999 年版,第 87 页。

②周学熙:《直隶工艺总局酌拟教育品陈列馆试办章程并约估经费详文并批》,《周学熙集》,华中师范大学出版社 1999 年版,第 88 页。

④天津图书馆编:《严修手稿》第六卷,天津古籍出版社 2012 年版,第 4716 页。

⑤天津图书馆编:《严修手稿》第七卷,天津古籍出版社 2012 年版,第 4751 页。

1905 年 2 月，陈宝泉在日本东京"屡就诸教育家访问教育博物馆事宜"[①]后，上《天津教育品陈列馆议绅陈宝泉上周总办意见书》，从陈列馆建筑、分类、陈列、许女子参观、在外国宜派一留学生为委员五个方面提出了建设意见。1905 年 3 月 15 日，经过一番紧锣密鼓的筹备，在周学熙、严修、陈宝泉等的通力合作下，以"濬发学识，教育实验为宗旨，罗列中外各种教科书籍、仪器、标本、模型、图标，分科陈设，标签贴说，以备各学校管理者考览、咨询"[②]的天津教育品陈列馆在玉皇阁开馆。16 日，开始对外售票，当日往观观众颇多。

三、天津教育陈列馆的陈列内容及开放情况

根据《直隶工艺总局教育品陈列馆试办章程》中陈列规则的规定，天津教育品陈列馆的陈列内容分五大部分：

一是陈列教授用品及各种图形，如家庭及幼稚园玩具实物、教授用具、体操游戏及身体检查用具、教场用具、生徒用具、历史用标本、地学用具、数学用具、图画标本及器具、音乐器具、手工用具及手工成绩品、幻灯及映画、裁缝用具及标本之类。

二是理科仪器标本及图形，如物理学器械、化学器具及药品生理学器械、动植物学标本及器具、矿物学标本及器具、农学标本之类。

三是各学堂建筑图形及学堂桌凳、函架原式及图形之类。

四是关于学龄就学诸表，幼稚园儿童、小学校生徒、男女员数，并年龄表；小学校、师范学校、中学校、高等学校、专门学校、技艺学

---

① 陈宝泉：《天津教育品陈列馆议绅陈宝泉上周总办意见书》，《陈宝泉教育论著选》，人民教育出版社 1996 年版，第 12 页。

② 《直隶工艺志初编》第一册，清光绪三十三年北洋官报局排印本，第 2 页。

校、盲哑学校、各种学校生徒卒业后之状况调查表；幼稚园儿童学校生徒活力统计表；并关于幼稚园学校卫生诸表；关于教科用图书诸表；关于公集学资并幼稚园学校会计诸表；关于学校教员、幼稚园保姆，并关于学校职员诸表，及各学堂规则之类。

五是陈列各学堂生徒成迹品与赏赉品及卒业证书之类。[①]

由于天津教育品陈列馆依托道教宫观玉皇阁改建而成，该馆在展厅设置上分为楼上楼下两个展场，共六个陈列室。入门，楼下为第一陈列场第一室，内陈列家庭玩具及幼稚园各学校用标本、模型、图书等类。由第一场出门左转登楼为第一陈列场第二室，内陈列人体解剖模型及动植物标本、算学用具等。第二陈列场第一室，其中尚未陈列。下楼到第二陈列场第二室，内陈列物理、化学实验器具等。第二陈列场第三室，内陈列本国各学堂各种教科图书、章则、表簿、证书、学生用具及手工制品等。第二陈列场第四室，内陈列各学堂各学科成绩品等。[②]

1906年，天津教育品陈列馆又新辟陈列场，内陈列日本农科大学成绩品、日本高等工业学校成绩品、学校模型及新式油画水彩画等。[③]

天津教育品陈列馆还附设藏书楼（即图书室），陈列各种科学应用之书籍，分类庋设，以便阅览，其官绅士商寄陈、寄售之书，及本馆购入之书，均于签上表明。[④]图书室建成后，"举凡大中小学及

①周学熙：《直隶工艺总局教育品陈列馆试办章程》，《周学熙集》，华中师范大学出版社1999年版，第89-90页。
②《大公报》1905年3月17日。
③《新辟教育品陈列场之内容》，《教育杂志》，1906年第9期。
④周学熙：《直隶工艺总局教育品陈列馆试办章程》，《周学熙集》，华中师范大学出版社1999年版，第90页。

各类学校之教科书和其他图书,咸分类陈列,公众阅览,此为天津最早的官办公共阅览室。"严修又"石印各学堂真迹寄陈列馆",还将家藏图书1342部图书捐赠给陈列馆附设的图书室①,后来这些书成为光绪三十四年(1908)开馆的直隶图书馆最初的一部分藏书。②图书室免费对各学堂学生开放,除各学校往观不取分文外,客每人取制钱十文,即可任意参观,亦开风气之一段。③

在对外开放服务方面,《直隶工艺总局教育品陈列馆试办章程》中参观规则的规定:"每年三月之八月上午九点钟开门,下午四点钟停止售票,五点钟关门;九月至二月上午九点钟开门,下午三半钟停止售票,四点钟关门。但每日十二点钟至一点钟为午膳之时概不售票。"④该馆休息日为"万寿节下午;自十二月二十一日之来年正月初五日;上元节下午;端午节下午;中秋节下午;每月逢五日下午,若其日系星期则推后一日,因星期系各学堂教习学生休息之期,可以来馆参观及演说,故本馆不休息。"⑤在女子参观方面,虽参观规则仍规定:"凡来参观之人不准携带妇女,其女学堂之女教习,及女学生不在禁例"。⑥但陈宝泉随后在《天津教育品陈列馆议绅陈宝泉上周总办意见书》中建议"按照考工厂前例,择日允许妇女参观,勿谓女子无教育知识也。"⑦反对对女子参观采

①任继愈《中国藏书楼》(贰),第672页。
②《教育杂志》,1905年第5期。
③《工艺局添图书馆》,《申报》,1905年4月12日。
④周学熙:《直隶工艺总局教育品陈列馆试办章程》,《周学熙集》,华中师范大学出版社1999年版,第90页。
⑤⑥周学熙:《直隶工艺总局教育品陈列馆试办章程》,《周学熙集》,华中师范大学出版社1999年版,第91页。
⑦陈宝泉:《天津教育品陈列馆议绅陈宝泉上周总办意见书》,《陈宝泉教育论著选》,人民教育出版社1996年版,第13页。

用差别化的对待方式。这一建议最后得以实现,安排每个星期五作为女子接待日。为维持展馆秩序和卫生陈列馆还规定:观众不能穿泥鞋,不得携带伞、杖、包物类及犬畜类,如有伞杖等物,入门时可交于携带品收管所,出门时认明领回。观众如损毁展品、展具及门窗玻璃,要照价赔偿;观众不得折损馆里花木及一切器物,不许在陈列室内吸烟,随意吐痰;疯癫或酒醉者不许进馆等。①据统计,1905 年从农历九月初一至二十九日,共接待观众 7121 人,其中优待票共到 187 人,入览票共 4683 人,举办的四次星期五女客游览共到 2251 人。②

天津教育品陈列馆还开设仪器讲演会,向天津各学堂教员普及科学原理及科学仪器的使用方法。时任天津私立第一中学堂(即南开中学的前身)监督张伯苓曾多次主讲仪器讲演会。在讲解气学时,张伯苓试验了虹吸管、水银抽气桶、毛力奥特氏瓶、风雨表、气压计等十余种科学仪器。③在讲解声学时,他又试验沙瓦特齿轮及测音表与风琴各音高低之比较。初级师范学堂的日籍教员小幡勇治专讲生理学心脏之构造、血液之循环作用及血球之形态变化,血浆之组成,就该馆全体模型逐层分剖解释详明。④像这种讲演会天津教育品陈列馆开设了至少 13 期,参加教员每期约三四十人,取得了非常好的效果。⑤

---

①陈宝泉:《天津教育品陈列馆议绅陈宝泉上周总办意见书》,《陈宝泉教育论著选》,人民教育出版社 1996 年版,第 13 页。

②《天津教育品陈列馆调查录》,《教育杂志》1905 年第 17 期。

③《天津教育品陈列馆仪器讲演会》,《教育杂志》1906 年第 18 期。

④《仪器讲演会纪要》,《申报》1906 年 12 月 27 日。

⑤李军:《晚晴时期教育博物馆的引入与发展——以天津教育品陈列馆为例》,《科学教育与博物馆》2015 年第 1 期,第 227 页。

三、天津教育品陈列馆的终结

天津教育品陈列馆的初衷是:"系罗列大中小学堂各项教育用品,及各种学科成绩书籍,以备参观,购取有所师承。"但是自 1905 年"又附设教育品制造所,竭力研究仿造,出品日多,而且进步之速异乎寻常,上年(1906)曾将所制造物品选择多种,咨送京师劝工陈列所,交纳陈列。旋奉农工商部咨复,以所送各物均系料实工坚,适于人用,而制作所所出教育军用各品,精美尤甲于他省,成绩卓著,咨由宪台行知到局,现拟专注制造,已将教育品陈列馆名目,改并教育品制造所,以定趋向。"①可见,由于教育品制造所制造的教育军用各品甲于他省,又料实工坚,适于人用,袁世凯决定专注制造,将教育品陈列馆改并教育品制造所。1907 年夏,在天津教育品陈列馆迁入河北劝业后场,而改陈列馆为参观室,以并于制作所内。②天津教育品陈列馆在存在 2 年多后即告终结。虽然存在时间不长,有学者提出:它是中国人建的第一个完整意义上的现代博物馆。③也有学者结合相关史料的发掘、分析,从创办目的、过程、运营和展馆性质出发,认为其是我国最早的专门博物馆——教育博物馆。④还有学者指出其即为我国最早的教育博物馆之一, 也被学界认为是

①周学熙:《详直督袁复陈筹办工艺情形文》,《周学熙集》,华中师范大学出版社 1999 年版,第 172 页。
②王守恂:《天津政俗沿革记》,卷九。
③陈克:《天津教育品陈列馆与中国人早期的博物馆实践》,《天津文博》第七辑,科学出版社 2010 年版,第 43 页。
④岳宏:《浅析天津教育品陈列馆》,《天津博物馆论丛 2014》,科学出版社 2015 年版,第 1 页。

中国博物馆事业初步建立的重要标志。[①]无论"第一"与"最早"与否,天津教育品陈列馆作为天津早期官办专门博物馆,在天津近代博物馆发展历史中是有开创性地位的。

(刊于《博物馆研究》2018年第3期,2018年6月,第34—39页)

作者:郭辉,天津博物馆

---

① 李军:《晚晴时期教育博物馆的引入与发展——以天津教育品陈列馆为例》,《科学教育与博物馆》2015年第1期,第222页。

都统衙门与城市治理

赵　威

　　天津作为近代中西方文明撞击的前沿，租借林立，其城市建设和治理深受西方观念影响。尤其是从 1900 年 7 月开始，被八国联军成立的机构——都统衙门（全称"暂行管理津郡城厢内外地方事务都统衙门"）殖民的两年多。虽然清廷丧权辱国，天津人民遭受了莫大屈辱，但都统衙门出台的一系列城市治理制度，对天津城市基础设施建设、城市税收制度建立、公共环境卫生管理、警察制度建立等起到了初创或示范作用，极大地改变了天津城市面貌。

　　都统衙门改变天津城市基础设施是从拆除城墙开始的。当然，其出发点并不是为了城市基建，而是出于自身安全考虑。八国联军从大沽口一路沿海河入侵天津，遇到的有效抵抗，主要来自沿途各炮台以及攻打天津城区时城墙上的防御火力。所以，八国联军占领京津后，提出摧毁天津至沿海一线的所有军事设施，包括大沽口、北塘、海河两岸等处炮台和天津东、西机器局、西沽武库等，然后便是拆除天津城墙。天津也因此成了中国近代第一个拆除城墙的城市。

城墙拆除后,在原址修建了四条马路,成为老城厢主干道。马路的修建,不仅给城市交通带来了便利,而且将西方的市政管理制度引入天津,例如,都统衙门颁布《天津城行政条例》,把西方契约精神运用到城市管理当中。马路的修建,还带动了周边商业开发,这必然要涉及征地拆迁。出人意料的是,这一关系民众切身利益的问题,没有引发冲突,而是得到有序又快速的推进。这主要得益于法律和税收两方面的保障。通过《临时政府会议纪要》可以看出,都统衙门建立后颁布的第一个法令就是《天津城行政条令》,其中规定"清理中国政府和私人放弃的动产与不动产,编造清单并且采取必要措施",向能够出示财产证明的居民发放产权证,这项规定具有保护私人财产的性质。而对"违反条例的外国人应予以逮捕,并立即做出询问笔录,并在24小时内将被逮捕的外国人送交所属的军事或领事当局",把征地问题纳入了法制轨道。对于已经清理的马路两侧违建房屋,禁止重建,在北门到御河、东北角到御河的道路沿线发布告示,防止重建行为发生。

拆迁工作的平稳推进,有法律作保障,还要依靠财力做后盾,合理的补偿和人性化的拆迁,将拆迁阻力降到最低。这就需要城市税收制度的建立。都统衙门在天津建立了中国近代第一个城市税收制度。城市税收制度的建立,最重要的意义在于,改变了过去任意摊派的做法,使政府捐税有章可循,有法可依。

伴随城市基础设施建设的是公共环境卫生的改善。战火带来的不仅是妻离子散和城市秩序的破坏,还有更严峻的问题——"死尸堵塞了河流,空气龌龊,用水污秽",令人担忧的卫生状况时刻威胁着人们的生命健康。都统衙门成立后,专门设立卫生局,管理城市的公共环境卫生,其职责是"采取卫生防疫措施,预防发生流行性疾病和其他病患",包括水质监测、疾病防控、疫苗接种、检疫监测、丧葬事宜等等。1901 年 3 月,临时政府制定并颁布《洁净地方章程》——成为天津最早的城市卫生立法——要求居民必须保证门前卫生,每天到规定地点倾倒垃圾,并设立卫生巡捕,对违反规定者实行严厉处罚。

都统衙门除了进行天津城市基础设施改造、公共环境卫生的管理外,还设立了城市警察制度,对城市照明、自来水供应、电话系统、城市消防等各方面都有所创制。这些举措不只改变了天津城市面貌,提升了城市文明,更重要的是改变了人们的观念,加快了天津城市治理的近代化步伐。

(刊于 2018 年 12 月 19 日《今晚报》第 16 版"副刊·津沽")

作者:赵威,天津日报社

中国最早的女子师范学校

赵进杰

漫步在河北区天纬路上，你会体验到来自于津门古刹大悲院浓厚的宗教氛围，但很快就被一股更现代、更新鲜、更时尚的艺术气息所感染，因为你正在走近一所具有百余年历史文化底蕴的艺术院校——中国最早的女子师范学校，也就是今天的天津美术学院。它的前世今生究竟有着什么样的故事，你可以走进它的历史深处看一看，听一听。

一、清末肇始、革命摇篮

20 世纪的最初十年，清政府在经历了"庚子之变"的惨痛教训后，开始在全国范围内大力实施新政，其中以袁世凯在天津所推行的北洋新政最为成功和具有示范效应。在金融、市政、工商等领域取得阶段性成果的同时，袁世凯也很关注教育的发展，尤其是女子教育。由于此前并无先例可以遵循，因此更能凸显新政的"新"之内涵。而女子教育的发展,首要的任务莫过于师资的储备,故袁氏委派当时总理天津女学事务的傅增湘具体负责创办女子师范学校事宜。傅氏不辱使命,旋即于 1906 年创建"北洋女师范学堂",最初以三马路西口民房为堂址,并于当年闰 4 月 22 日正式开学。学堂初设简易科,后改设完全科,学生人数亦随之增加,原有堂舍不敷使用,故于 1910 年底奉饬迁入原北洋客籍学堂在天纬路的新建堂舍,即今天的天津美术学院院址所在。

女师学堂建成后即广聘名师,当时在该校执教的不仅有提倡"兴女学、张女权"的传奇女性吕碧城,还有秘密从事反清活动的革命志士张相文、白雅雨等人。特别是白雅雨,他曾随蔡元培加入光复会,后又加入同盟会,矢志反清,并在他所任教的法政学堂和女师学堂从事反清革命的宣传。在他的影响下,许多女师学堂的学生也走上了革命的道路,并追随白雅雨从事地下反清活动。武昌起义发生后,为了能在京津地区发动更大的反清军事行动,白雅雨决意到滦州策动驻守当地的新军第 20 镇起义。在准备起义的过程中,为了能将当时在天津的枪支、弹药转运至滦州,女师学堂的部分女学生不惜冒着生命的危险,随身携带着这些物资并躲过清廷士兵的搜查成功将其运送至滦州。不久,在清朝强大军事力量的镇压下,滦州起义失败,白雅雨也不幸被捕而牺牲,并于就义前赋诗云:"慷慨赴死易,从容就义难。革命当流血,成功总在天。身同草木朽,魂随日月旋。耿耿此心志,仰望白云间。悠悠我心忧,苍天不见怜。希望后起者,同志气相连。此身虽死了,主义永流传。"女师的学生掩埋好老师的尸体,并强忍住悲痛的眼泪,她们并没有被清廷的反动势力所吓倒,而是在老师的革命精神和绝命诗的感召下继续从事反清运动。当时在上海的女师毕业生沈警音、葛敬诚等人甚至组成了上海女子北伐敢死队，与其他革命团体在战场上并肩战斗，直至清王朝瓦解，显示了不畏牺牲、顽强拼搏的革命主义精神，女师学堂也因此成为当时女子参加辛亥革命的摇篮。

二、五四运动、女权新声

清帝退位，民国伊始，女师学堂于 1912 年春正式更名为"北洋女师范学校"。转年 5 月，女校改归省立，又更名"直隶女子师范学校"，并相继增设附属女子中学和附属蒙养园(即今幼儿园)。1916年 1 月，留日归国的齐国梁出任女师学校校长，奉省令改校名为"直隶第一女子师范学校"，并随即对学校进行大力改革，学校也因此进入一个稳定、快速发展的时期。

1919 年五四运动爆发，迅速波及全国，当时天津的学生运动也在如火如荼的发展，直隶第一女子师范学校的女学生们也不甘示弱，积极投身到轰轰烈烈的反帝爱国运动之中。5 月 5 日，直隶第一女子师范学校召开各班学生代表会议，郭隆真、邓颖超等人倡议成立以女师学生为主的女界爱国同志会。经过她们前期的细心筹备和周密策划，天津女界爱国同志会于 25 日在老城东门里江苏会馆召开成立大会，大会选举女师毕业生刘清扬为会长，当时仅有 15 岁的邓颖超则被选为评议委员、讲演队队长。随后，这些意气风发的女学生们走出校园，克服重重阻力和困难，深入天津市内的大街小巷、工厂、家庭等地，向广大市民特别是妇女进行反帝爱国宣传，并动员大家自觉抵制日货，争取民族独立。为了更好地领导天津的学生爱国运动，马骏、周恩来等学生运动的领袖于 9 月 16 日成立天津地方革命团体——觉悟社,刘清扬、郭隆真、邓颖超等女师学生也加入其中,并迅速成为觉悟社的骨干力量。觉悟社的成立为五四运动在天津的发展注入了生机与活力,他们接连举行了一系列的演讲、集会、游行、请愿等活动,与当时的北洋政府进行针锋相对的斗争。特别是在抗议日本人打死我爱国学生的斗争中,多名觉悟社成员被军警非法拘捕,但他们并没有屈服,而是在监狱中继续以绝食的方式相抗争,最后迫使警方不得不做出让步并将他们全部释放。1920 年底,随着周恩来、刘清扬、郭隆真等人赴法国勤工俭学,觉悟社的活动随即停止。而留在天津的以女师毕业生为主的进步青年们并没有放松下来,她们以邓颖超、李峙山等为首于 1923 年初又组织成立了女星社,该社以"实地拯救被压迫妇女,宣传妇女应有的革命精神,并加入无产阶级革命"为宗旨。女星社主要通过其刊物《女星》和"女星补习学校"开展妇女解放运动,特别是《女星》上所刊登的大量反映妇女生活及反抗压迫的文章,在当时的社会上引起极大反响。1924 年 1 月 1 日,全国第一份主要由妇女主办的《妇女日报》在天津正式出版发行,刘清扬任总经理,邓颖超等为编辑,继续致力于妇女解放运动和无产阶级革命运动的宣传,堪称中国女权运动的时代新声。

三、创建学院、大师云集

国民革命北伐成功后,直隶省改名为河北省,女师校名遂亦改为"河北省立第一女子师范学校"。1929 年 6 月,经省政府决议,在女师校内增设女子师范学院,初设国文、家政两系,均以艺术学为副系。1930 年 9 月,校长齐国梁以院、校并立于行政不便,呈准院校合并并以学院为总名,正式成立河北省立女子师范学院。学院成立前后,首要的工作便是师资的引进和提升,特别是那些学有专长的专家学者,成为学院重点引进的对象,女师学院一时大师云集,名家辈出,其中又以顾随、冯沅君、曹禺、李霁野等人最为世人所称道。

顾随,河北省清河县人,他一生献身教育,长期从事文学创作和古典文学研究,著述颇丰,被后人誉为"隐蔽的大师"。之前顾随只是在济南、青岛两地的中学教书,1926 年他转入当时的女一师执教,1929 年离去,在女师任教大约两年半的时间。顾随的教学方式很自由,完全是自己选定文学篇目,初中三年主要教鲁迅作品和外国名著,所以给学生们打下了很好的文学基础。1926 年考入女师的学生王振华后来回忆道:"教师的水平也很高, 如语文老师顾随先生,他教了我们三年鲁迅作品,他从来不说'鲁迅',总是称'鲁迅先生'……顾先生给我们讲课,主要方法是带着感情朗读,讲解并不十分多,他念的非常好,抑扬顿挫,非常吸引人,我们跟着他的感情,跟着他的阅读就能理解作品。另外,他鼓励我们多动手多写作,我们练习写了很多文章。当时顾先生在学生中威信非常高,有人说'顾随是女师的灵魂!'学生非常尊敬他……"此外,顾随在女师任教期间,还曾刊印他最早的两部词集《无病词》和《味辛词》,由此名声大噪,引起京、津学界的广泛关注。此后,顾随先后在燕京、辅仁等大学执教,并培养了周汝昌、叶嘉莹、黄宗江、吴小如等众多名家, 因此可以说在女师的教授生涯为他以后教育和学术事业的发展奠定了坚实的基础。

冯沅君,女,河南唐河人,其大哥冯友兰、二哥冯景兰均为著名学者，她本人则是毕业于北京大学的我国第一位女研究生，并且是和冰心、庐隐齐名的第一代新文学女作家。1932年，与其丈夫陆侃如一起赴法留学，入巴黎大学文学院博士研究班，从事古典词曲研究。1935年回国后，冯沅君即到女师学院任教，直至抗日战争爆发，共约两年多的时间。她当时在国文系教授文学史，所用教材即是她与丈夫合编的《中国文学史简编》，还讲授词曲研究等选修课程。她对自己所教的学生很客气，称呼她们的名字时总在后面加上"小姐"二字，以示尊重，她的谦和品格和深厚的学识也赢得了学生们的尊敬和爱戴。以至于女师学院的毕业生周孝铨在五十年后仍然深情地回忆道："冯沅君先生为中国文学史及戏剧史权威，讲课内容丰富，论点极新……而其治学态度之严谨，尤为后学之楷模……"可谓对其师称颂备至。冯氏教学之余仍不忘词曲研究，1936年将研究所得撰成《古剧四考》一书，该书创获极多，影响亦大，一举奠定冯氏在现代学界的女性学人地位，而此项工作就是在女师任教期间完成，因此亦可称为女师学院学术之荣光。此外，像李霁野在此教授英文时于1930年翻译了英国文学名著《简·爱》，戏剧大师曹禺在此任教期间于1935年创作完成了话剧剧本《日出》，这些也都堪称女师文学艺术田园里所结出的丰硕果实。

四、几经变迁、弦歌不绝

1937年抗日战争爆发后，天津沦陷，河北女子师范学院也被日军野蛮炸毁，遂迁西安、兰州等地，与西北联大、国立师范学院的有关系、科合并继续办学。1945年抗战胜利后，女师学院返津复校，并迅速恢复到战前的办学规模,一些著名学者也纷纷来校任教。新中国成立后,原女师学院院长齐国梁调往保定,由当时的河北省主席杨秀峰兼任院长,学院也由以前的只招收女学生改为男女同校,并更名为"河北师范学院"。到了1956年,学院已由最初只有四个系发展成为设有中文、数学、音乐、美术等十二个系科,成为全国科系最全的综合性师范院校之一。

1956年9月,河北师范学院理科四个系(数学、物理、化学、地理)和体育系迁往石家庄,建成石家庄师院(今河北师范大学)。1958年中文、历史两系并入河北北京师院(今河北师范大学);教育、政教、外文三系并入天津师范大学(今河北大学);留下的音乐、美术两系改为河北艺术师范学院。后来音乐系也迁出,原校址则专办美术宣传和教育,逐渐发展为绘画、工艺两系,并最终于1980年经国务院批准定名为天津美术学院。当时正值改革开放初期,西方艺术思潮开始进入中国的大学校园,天津美院几乎每天晚上都有艺术讲座,异彩纷呈,使当时的青年学子耳目一新。那时的天津美院师资力量很强,除了孙其峰、萧朗、秦征等享誉全国的大师外,还有一大批活跃在国内画坛并颇有影响的中青年画家。由于天津美院的示范和带动作用,周边区域的艺术气息也愈来愈浓,先是在中山路一侧建成了大型的现代美术馆,使之成为百姓大众接受艺术熏陶的市民课堂;后来又将地纬路改造成古香古色的艺术一条街,并引入画廊、书店、文具店、咖啡馆等多种新业态,如今已成为颇受年轻人青睐的时尚艺术领地。

时间跨越百年,在今天的天纬路二号和七号的校址上曾经发生了太多太多的故事,她不仅是一所学校发展变迁的记录,也是一个民族从落后到抗争并最终崛起的百年发展历程的象征。不论时代如何变换,从当年的河北女师到现在的天津美院,她所代表的教育救国理想激励了一代又一代的莘莘学子,而她所孕育的学术传统和人文精神更是历经百年传承从未断绝,一直浸润在国人的生命之中。

(刊于《海河之北》2018 年第 4 期总第 10 期,2018 年 12 月,第 4—7 页)

作者:赵进杰,天津市第二中学

从方便到不方便：
近代中国城市粪溺问题
——以天津为中心的考察

任吉东、王歆

作为具有丰富词汇的汉语来说，"方便"一词从原始佛教用语"谓以灵活方式因人施教，使悟佛法真义"延伸到基本的"方法、便利"再衍化出口语中的"大小便"之意，本身就体现了使用者对身体排泄随心所欲的文化内涵与思想观念。而作为近代化的重要一环，关乎"方便"在内的卫生近代化已然不是单纯意义上的卫生问题，在这个看似微细的主题下，涵盖了作为包括经济、政治、文化、社会等多方面的内容，"牵一发而动全身"，成为各种新旧元素、传统与现代、落后与先进、保守与开放糅杂博弈的混合场域。诸多因素的叠加，致使在传统时代看似"方便"的个人事务在近代化进程中逐渐变为"不方便"的公共事务，成为承载丰富内容的课题。

一、以商品的名义：作为贸易物品的经济属性

在传统中国社会里，因国家在卫生公众事业上，基本表现为一

种行政组织和制度建构的缺失，主要由士绅商人为代表的社会力量按照市场的规则自发运行与经营，政府角色的缺位与社会力量的介入恰成互补之势，不存在双方关系的"对峙"。但近代以来，随着国家政权建设不断推进，政府开始逐渐插手原本"无心进入"的社会各行各业，开始试图纳入市政管理体系，进行常态化的治理和控制。而城市粪溺行业作为和广大城市居民切身相关的且一贯"享有恶名"的传统行业无形中成为城市当局所最欲先染指的公共领域。这一过程与近代国家政权建设相伴生，然而其进程在很多城市都是一波三折、进展艰难。

中华民国成立后，中国的历届市政当局都从增加税收、注重卫生的角度，试图对粪业进行管理和改造，以最终实现政府对环境卫生的全面管制，但从北洋政府到国民政府，无论是规范粪业从业规则，还是全面收归市办，小到对粪夫从业时间、粪桶加盖，大到粪夫登记、收买粪道，都遭到了以粪商为代表的粪业行业的阻挠与抗争，如1924年的北平"不久以前，北平发生一件事情，极有趣味。在北平市政府内，不知那位，想到粪的政策，要将全市粪道，改归官办；因此就惹动一班以粪为饭碗的粪夫、粪妇、粪子集合起来；手拿粪耙子、粪杓子、粪篮子等等的粪具，要到市政府去请愿，反对政府粪的政策。"[1]到了1934年袁良任北平市长后，以粪夫一日不改革则市政一日不易着手，并见到改革之困难，遂饬卫生局拟定收归官办办法。但仍遭到一般粪夫群起反对，认为粪道归官生计断绝，聚众请愿，改革政策无疾而终。

之所以会出现如此波折，归根到底是由于粪溺业巨大的经济

---

[1] 邵仲香：《粪夫请愿》，《农林新报》1924年第34期，第825页。

利益,"尿粪是人们排泄的东西,肮脏污秽,恶臭难闻;照理不该作为人们占有把持的物品,更不够政府和人民争夺的价值。不过它有肥地的力量,能做土地的肥料。它在农人土地上,的确是件好东西……所以一切粪的风波,粪的交涉,重心乃在于农人用粪尿肥地,和农人用钱买粪。以一种极肮脏污秽的排泄物,竟致你争我夺,连政府也蒙了染指的嫌疑,说起来真是笑话。"①如上海"在1910年至1920年间,上海公共租界工部局从这些交易中平均每年获得50000美元的收入。"②而在广州市"广州市府于开投本市粪溺,因承商之争相竞投,而致迟迟未决、由每月底价三千余万,增至四亿元,一般逐臭承商,一番角逐。"③溢价如此之高,可见此种行业的暴利程度。至于承包商的利润,以上海为例,"当时两租界都有粪霸即包粪头,向租界当局承包,付规定的承包金(法租界规定为每年八千元)。法租界共有粪车四百辆,是粪霸的资本,他们每月付给粪夫每人拉车费8元,另给法捕房与卫生处有关人员小费6000元外,每月可净赚10000到12000元左右。"④

在天津,高额的利润使得一些士绅和商人多次企图加以控制和把持垄断,以便从中牟利。1909年天津举人张璨文就曾禀请将天津西河运河一带粪船及跑合人所收各费化私为公,招人包办⑤;同年,民人任士奎等又希图设置清洁公司,从中抽收粪船谢钱①;两年

①邵仲香:《粪夫请愿》,《农林新报》1924年第34期,第826页。

②[美]罗兹·墨菲:《上海——现代中国的钥匙》,上海人民出版社1986年版,第189页。

③《广州投粪溺底价四亿元》,《开平华侨月刊》1947年第3期,第30页。

④薛耕莘:《近代上海黑社会见闻》,江苏省政协文史资料委员会编:《江苏文史资料集粹》(社会卷),江苏文史资料编辑部1995年,第250—251页。

⑤《关于天津地方自治之文件》,《大公报》1909年5月17日,第5版。

之后，又有民人周文义、李香圃等拟设立保安粪行一处[2]；民国伊始，杨富春、张月桂等拟发起转运肥料公司[3]，这种情况一直到 1937年仍然存在，该年周子清等备资十数万元之巨款，企图组设天津市地方清洁所[4]，对全市的粪业加以垄断。虽然这些举措没有得逞，但由此也可见该行业的炙手可热。

也正是由于利润驱使，粪商粪夫内部的争执矛盾以及粪业与官府、城市居民之间的冲突几乎贯穿了天津粪业的发展历史，记载不绝于目，《直报》曾报道："天下至污者莫如粪，然田非粪不殖，载在周礼孟子亦尝称之，故捡拾者皆有规矩，分地段不得混淆也，昨金家窑与狮子林两粪夫在大道相争，彼此打作一团，旁人排解之，据云事关重大非控经官断不能了，若辈勿管也，遂揪扭以去。"[5]时人也常见诸文本："津之各粪厂捡粪人挨户要钱，由数文至百十文不等，稍拂其意，彼即数日不来，是以各居民无不忍气，不干与较。今西门内永顺米局因拾粪人索钱，该米局人与之互有争辩，拾粪人遂纠集同伙多人，各持粪叉粪帚与米局寻殴，嗣经巡捕弹压始能解散。噫其事甚小，其臭甚大，人之怕臭，举世同情无惑乎。粪中人倚势作威，而米中人甘拜下风也。"[6]

可以说，大到行业垄断，小到粪道纠纷，经济利益一直左右着

① 《来函》，《大公报》1909 年 11 月 2 日，第 6 版。
② 《为周文义等拟设粪行抽用等事致天津商务总会移》（1911 年），J0128-002263-001，天津市档案馆藏。
③ 《转运肥料公司试办简章》（1915 年），J0128-002885-025，天津市档案馆藏。
④ 《为周子清等组织天津清洁所事与天津市商会来往函》（1937 年 1 月 7 日），J0128-008998-001，天津档案馆藏。
⑤ 《争粪控官》，《直报》1898 年 4 月 24 日，第 6 版。
⑥ [清]储仁逊：《闻见录》卷 6，第 131 页。

粪溺业的发展,这使得与此相关的"方便"问题也蒙上了金钱的味道,以至于各方势力纷争博弈,这也是方便之所以会产生"不方便"的经济根源。

二、以文明的名义:作为殖民霸权的政治属性

作为现代性的卫生,虽然冠以文明的旗号,但在中国城市的出现并不像人们想象的那样看上去很美,很多地方是伴随着占领、暴力、惩戒和污秽,"余闻笃生言北京人向来在街上出恭,庚子各国联军占领北京乃禁之,如有人在街上出恭,警兵即捉其人,以其身上之衣拭去粪秽;自此以后,北京人乃不敢在街上出恭。此乃应用斯宾塞尔训育上之自然应报主义,不得不叹服西人处置之妙。北京数千年恶习,乃自联军扫荡廓清之;亦可快亦可痛也。"[1]

而作为被外军直接统治长达两年之久的天津在这方面更有切肤之痛,"都统衙门的卫生部不光以前所未有的方式干预了天津城的中国人的日常生活,他们还以这个城市从未想到过的理由来完成这些措施……随着都统衙门的规定越来越多,警察力量越来越大,天津社会各个阶层的人发现自己都变成了卫生苦力。"以致于到 1902 年夏天,"天津的居民们仍然对占领军队带来的奇异的具有威胁性的卫生感到迷惑。"[2]

这种卫生不仅仅带来的是身体上的不便,更有着种族歧视和阶层差别,卫生在某种意义上成为了殖民者肆意取笑、愚弄被殖民

①杨昌济:《达化斋日记》,湖南人民出版社 1978 年版,第 23 页。
②[美]罗芙芸著,向磊译:《卫生的现代性:中国通商口岸卫生与疾病的含义》,江苏人民出版社 2007 年版,第 186–188 页。

者低等民族身份的工具,更是统治阶级对被统治者进行规训、政法和规范的政治手段,而这两者都无疑带有赤裸裸的暴力倾向和侮辱成分,"殖民列强和富裕阶级,作为统治阶级的组成部分,直接把被殖民者和穷人与排泄联系了起来。殖民者似乎忘记了所有的人都有这种生理机能, 也忘记了文明的排泄的能力是经济发展的产物,他们被殖民者成为'屎棍'。①而在实际执行过程中,"违反卫生条例的文人会被剥夺代表他们尊雅的标志(辫子、文人长袍),并被迫穿上绣着卫生字样的制服进行公共劳动。在一块空地上排泄就有死在一个武装的外国士兵手下的风险。"②都统衙门也默许甚至纵容这种暴力行为"鉴于马上要清除目前堆积在城区河边的垃圾,本委员会命令巡捕局长派专人阻止有人再向河边倒垃圾, 允许这些人在执行公务过程中采取严厉手段。"③而这些惩罚措施带有明显人身侮辱与伤害,如巡捕局局长建议,准许各巡捕分队指挥官对"在街道及各公共场所一切有碍公共秩序及卫生等的不良行为"实施体罚,体罚程度不超过 25 棍。④"可见,尽管公共卫生无疑是文明的产物,但普及和接受这种文明的过程并不一定都是以温文尔雅的文明方式。相对于个人来说,天津民众所感知的这种文明经历刻骨铭心,以至于时人疾呼'大国民被倭奴欺辱太甚、民受辱呼天枉然、羞辱华民已甚矣、国民受外人欺侮不可言状、津民受外国兵欺辱太甚'。"①

①Anderson,*Warwick. Excremental Colonialism* .Critical Inquiry 21.No.3(Spring 1995):640–669. 转引自[美]罗芙芸:《卫生的现代性:中国通商口岸卫生与疾病的含义》,第 189 页。
②[美]罗芙芸:《卫生的现代性:中国通商口岸卫生与疾病的含义》,第 190 页。
③倪瑞英等译:《八国联军占领实录》,天津社会科学院出版社 2004 年版,第 286 页。
④倪瑞英等译:《八国联军占领实录》,天津社会科学院出版社 2004 年版,第 359 页。

　　这种歧视不仅仅发生在殖民者和被殖民者之间，在不同的殖民者内部也会发生这种基于种族的身份区别，"占领天津不久，日本司令秋山上校就接到了一份英国军队当局发来的正式投诉，关于日本地区的不卫生和对欧洲租界造成了威胁……大多数日本移民都是贫穷的冒险者，在欧洲观者和日本当局眼中，这些移民是低等的阶级，既不懂的个人卫生，也不明公共卫生为何物。"②对于这些殖民者来说，推行公共卫生的主观目的并不是为了天津城市的环境美观和整洁，更主要的是"本地人口会成为微生物的携带者，影响白人健康。"③而且这方面的诉求也往往伴随着对国家主权的侵害，"清政府在维持外国观念的卫生方面的无能一直以来都是外国列强在通商口岸要求增加领土和治外法权的理由。"④

　　同时作为本应一体化的公共卫生事业，也受制于天津多元化的政治分区，"1860 年开埠以后，随着九国列强在此建立各自的租界，天津常常呈现出是聚集在一起的几个彼此独立的城市……这是一座被分割的城市。"⑤与现代化抽水马桶、下水系统相伴生的是一直延续到 1949 年以后的粪夫，他们的职业之所以生存并不是出于其行业的经营战略，而是由于不同的政治边界所造成的行政隔阂，使得"共享"与"公共"这个卫生本应有的内涵无法有效地实现。"这些市政单位里有如此之多的分区，因而一个真正'公共的'行政不可能在口岸天津出现。卫生的现代性，一个被帝国主义创造的概

①任吉东、原惠群：《卫生话语下的城市粪溺问题——以近代天津为例》，《福建论坛》2013 年第 3 期。
②[美]罗芙芸：《卫生的现代性：中国通商口岸卫生与疾病的含义》，第 196 页。
③[美]罗芙芸：《卫生的现代性：中国通商口岸卫生与疾病的含义》，第 185 页。
④[美]罗芙芸：《卫生的现代性：中国通商口岸卫生与疾病的含义》，第 200 页。
⑤Gail Hershatter, *The Workers of Tianjin*,1900–1949(Stanford University Press, 1993),P.56.

念,又被帝国主义本身所产生得碎片化损害。"①

这种带着文明外衣的"方便"事宜,以一种侵略的姿态强力进入,其本身就带有一种不文明的暴力因素和种族歧视乃至国权受辱的消极被动色彩,一方高高在上,一方低下卑微,这种所谓的文明教化显然不是进行近代公民素质培养那样循循善诱,自然也就使得受众无法心甘情愿地加以认同,这也是方便之所以"不方便"的政治因素。

三、以惯习的名义:作为大众生活的文化属性

作为生活方式一部分的排泄方式,其改变也需要一个并不轻松的过程。习惯了在乡村野外解决问题的农民,和在街边角落排泄的城里人,进到狭窄的厕所里,在众人面前排泄,显然需要一个适应过程。这个过程并不会因为一时的暴力和强迫而得到彻底的更改,天津市民虽然在都统衙门的刺刀下勉强学会了"如厕"方式,但很显然并没有养成这种习惯,制度性规范并没有内化到广大民众的生活中。

而当天津再次回归清政府后,没有了刺刀的威胁,民众又依然故我,卫生状况也"固态重萌","天津地面自交还华官以后,初尚加意整顿,一如洋官经管之时,为日既久,遂渐疲顽。洋官经管时,街道甚为洁净,刻下则粪溺狼藉,又复旧观矣。"②"然而如果到公共厕所里一看,其杂乱不卫生的程度,几乎不能靠近。再加上在小胡同

①[美]罗芙芸:《卫生的现代性:中国通商口岸卫生与疾病的含义》,第209页。
②《附张·来函》,《大公报》1902年11月8日,第9版。

或狭窄道路里,那些不惹人注目的地方,仍然可以看到屎尿、尘埃散乱的景象,只是不像从前那样严重罢了"。[1]

时人称:"天津自设卫生局后, 道路洁净已多较之庚子年前真有天渊之别,居民受益诚属不浅。但地方辽阔,视察仍有未周,兼之人民程度太低,非加取缔难收良好结果,一如东北隅菜市月前由工程局添修马路,开掘暗沟,铺洋灰地,油色一新,所费金钱已属不少。今仅月余,肮脏又复如前,并无一人打扫,泼臭鱼水者如故,晾乱猪毛者如故,苦力人等晾破衣服于市中者亦如故,漫无限制,此宜取缔者一也;一小孩在门外便溺者家长并不管束,成津人习惯,东北城隅一带尤多。每日早晚在小药王庙前成群结队,几成小孩粪厂,即十二三岁之幼女亦随便脱裤一蹲,恬不知耻,致引成年之恶少假名便溺插足其间,互相调笑,实属不成事体,此不但有碍卫生且有伤风化,此宜取缔者二也;一三义庙前居民多由将脏水桶放于门外者,因院子太小无处安放所致,然只求自己干净,不顾路人掩鼻,殊于公德有亏,此宜取缔者三也。以上仅就所见略举数端祈登诸贵报,俾有地方之责者庶可知所整顿焉。民人郭春年。"[2]

不仅仅是平民百姓如此, 就连自号为精英分子的读书人也未能很快"从善如流","阅日本人所著中国瓜分之命运,痛言中国人之不洁;其所言苏州上海各处习惯,实有使人愧汗者。如士人书斋中置马桶对客出恭,亦余所未闻也。长沙乡间之习惯,于寝室中置尿桶,臭不可闻,余家亦素来如此;余自海外归来乃改去此恶习。窃

①[日]日本中国驻屯军司令部编,侯振彤译:《二十世纪初的天津概况》,天津市地方史志编修委员会总编辑室 1986 年版,第 323 页。
②《来函》,《大公报》1911 年 7 月 21 日,第 9 版。

恐曾往日本者甚多,未能人人如我之断行改革也。"①甚至在抽水马桶普及的年代,先进洋派如清华大学的在读生也无法适应这个新生事物:"临毕业前一年是最舒适的一年,搬到向往已久的大楼里面去住,别是一番滋味。这一部份的宿舍有较好的设备,床是钢丝的.屋里有暖气炉,厕所里面有淋浴有抽水马桶。不过也有人不能适应抽水马桶,以为做这种事而不采取蹲的姿势是无法达成任务的(我知道顾德铭即是其中之一,他一清早就要急急忙忙跑到中等科去照顾那九间楼),可见吸收西方文化也并不简单,虽然绝大多数的人是乐于接受的。"②就连以西化先驱著称的上海还有提倡蹲厕的要求:"上海一般抽水马桶间,干净到还干净,只是坐厕多,蹲厕少,内地的人,很多不习惯。本来解手坐也好,站也好,本是个人的习惯问题,并不是先天性的一定应该需要蹲着。不过我们觉得蹲厕比坐厕的优点多"一、蹲着容易解些,也容易擦些,二、坐厕坐下去,夏天觉得热冬天有点冷,臀部不舒服,三、容易得传染病……我们赞成蹲厕,主张社会普遍设置蹲厕。"③

在很多情况下,民众本身并不是不遵守公共卫生准则,而是根本就不知道作为世代相传的"随地便溺"的生活习惯究竟出了什么问题,暴力只能令人产生恐惧,但无法达到信服,也许在他们看来,反而是这种突如其来的所谓公共卫生影响了他们原本正常的生活,就如同他们在以后的日子里不能马上接受电车的喧嚣和火车的轰鸣一样,原本存在的观念行为早已经成为日常生活不可分割的一部分,就如同我们今天进入厕所出恭一样,他们走出家门出恭

---

①杨昌济:《达化斋日记》,湖南人民出版社 1978 年版,第 23 页。
②梁实秋:《清华八年》,燕山出版社 2010 年版,第 92 页。
③浪:《提倡蹲厕》,《青年生活》1946 年创刊号,第 3 页。

也是天经地义的。而具有讽刺意义的是,那些写着"禁止小便"的场所往往就是人们习惯小便的地方,"我们只要略略·举目,便知道这是我们应该小便之所了。假如墙上没有这一条禁令,我们倒不敢遽作斯举,因为这是颇不大方的。有了这一条东西,我们便知道这是习于小便之处。小便时既不触目,行人也甚少掩鼻而过。"①可见习惯的惯性之所在。这也是方便之所以不方便的深层次文化因素。

结 语

当胡同变为马路,当四合院变成了小洋楼,人们不得不改变包括排泄在内的行为习惯和行业方式,以适应日新月异的城市,这就是所谓的生活文明,而从方便到不方便的变化恰恰直观地折射出这种城市生活文明的转变进程。

但毋庸置疑,同历次文明冲突与融合一样,公共卫生作为一种新的文明形式输入并楔进中国的文化母体,也面临着一个适应、生存和发展的问题,而它又与近代的行业变迁、殖民侵略和国家建设等纠合在一起,在诞生时期就面临着经济利益的挑战、殖民霸权的阴影和惯习惰性的反扑,使得原本简单易行的方便变成了错综复杂的不方便——深刻地反映出这个转型时期特有的时代主题:既有传统行业重新定位洗牌的整合与重组,也有东西方文化在社会生活层面的全方位接触与碰撞,更有国家和社会之间悄然发生的一次控制与反控制的争锋与博弈。

时至今日,中国又处在另一个城市文明化的进程中,各行各业

---

① 史郁:《禁止小便》,《论语》1948 年第 164 期,第 2034 页。

也在不断地进化蜕变，其产生的冲突与改变仍在不断发生并日益改变着我们的生活方式。而在这其中，作为衡量人类文明的重要标志之一的城市粪溺与厕所，已经受到越来越多的关注，由联合国发起的"厕所革命"已经在发展中国家普遍开展，习近平总书记也曾对中国的"厕所革命"作出多次重要指示，强调厕所革命不是小事情，是城乡文明建设的重要方面，要"努力补齐影响群众生活品质短板"。①这是一场广泛而深刻的社会革命，是对城市规划、治理机制和身处其中的我们思想认识、文化观念的又一次洗礼与冲击，今天的我们也必然会像先人那样在阵痛和振荡中逐渐适应和完成自我向城市现代人的转变，而"方便"在今后的中国成乡也将彻底告别"不方便"成为真正的"方便"之事。

（刊于《福建论坛：人文社会科学版》，2018 年第 2 期，第 83—87 页）

作者：任吉东，天津社会科学院历史研究所
王歆，天津市教育科学院研究院

---

①《坚持不懈推进"厕所革命"努力补齐影响群众生活品质短板》，《人民日报》2017 年 11 月 28 日，第 1 版。

1875 至 1930 年代天津杨柳青人
在新疆经商述评

张利民

　　"赶大营"是晚清以来流行在天津和新疆的用语,专指天津杨柳青人长途跋涉 4000 公里,穿越沙漠戈壁到新疆各地从事商贸活动,其群体被称为"大营客"。新疆的天津杨柳青人从 1875 年随左宗棠大军入疆,一直到 20 世纪 30 年代末,延续了四五代人,在新疆各地最多时达到四五万人,成为新疆最具经济实力和社会地位的商帮。一些报刊、游记、日记和调查对他们的经济活动有所描述,但官方文献记载甚少。近年来有些介绍性文章和少量专题研究,[①]且关注点不在津帮整体的兴衰。本文拟补不足,试图使后人全面了解他们的历史足迹。

[①] 王鑫岗等:《天津帮经营西大营贸易概述》,《天津文史资料选辑》第 24 辑,天津人民出版社 1983 年版;赵学敏 谢玉明主编:《杨柳青镇志》,天津社会科学院出版社 2005 年版; 贾秀慧:《试析近代新疆商业史上的"津帮八大家"》,《新疆地方志》,2004 年第 3 期;《"津帮"在近代新疆的商业活动述评》,《西北民族研究》2005 年第 3 期;周泓:《群团与圈层——杨柳青:绅商与绅神的社会》上海人民出版社 2008 年版;樊如森:《天津与北方经济现代化(1860—1937)》东方出版中心 2007 年版;刘卓:《新疆的内地商人研究——以晚清、民国为中心》,复旦大学历史系博士论文,2008 年,以及新疆地区的文史资料等。

一、杨柳青人赶大营的兴起及原因

清乾隆年间平定噶尔叛乱时,沿途就有山西、陕西等内地商人跟随军营从事买卖活动。①天津人的"赶大营"则兴起于1875年(光绪元年),清末进入全盛。著名作家茅盾1939年任教于新疆学院,留驻乌鲁木齐②一年有余,他有一概述:"据言此辈天津帮商人,多杨柳青人,最初至新省者,实为左宗棠西征时随军之贩,当时称为"赶大营"。左公西征之时,规模异常远大;大军所过,每站必掘井,掘井得水必建屋,树立小小之市集,又察各该处之土壤,能种什么即种什么。故当时"赶大营"者,一挑之货,几次转易,利即数倍,其能直至迪化者,盖亦颇有积累。其魄力巨大者,即由行商而变为坐庄。据言此为今日新疆汉族巨商之始祖。其后"回疆"既定,"赶大营"已成过去,仍有"冒险家"画依样之葫芦,不辞关山万重,远道而往,但既至镇西或迪化,往往资斧已罄,不能再贩土产归来,则佣工度日,积一二年则在本地为摊贩,幸而获利,足可再"冒险"矣,则贩新省之土产,仍以行商方式回到天津,于是换得现钱再贩货赴新省;如此每年可走一次,积十年亦可成为富翁,在迪化为坐庄矣。"③

起初赶大营的是一些被饥荒迫于绝境的杨柳青人。他们背井离乡肩挑车载,随左宗棠西征大军,贩卖针头线脑和生活什物,以

---

①"西征之师,北出蒙古至科布多、乌里雅苏台者为北路,西出嘉峪关至哈密、巴里坤为西路。师行所至,则有随营商人奔走其后,军中资用,多取供之";林竞:《新疆纪略》,东京天山学会1918年版,第22页。
②清代乌鲁木齐、迪化交替使用,本文仅用今称。
③茅盾著:《见闻杂记》,上海文光书店1946年版,第122—123页。

补军需之缺。据说，杨柳青的船工安文忠最早开拓了这条生财之道。20 世纪 40 年代，日本人在杨柳青的调查中说："当时马车上装满远征军专用的物品，如太阳罩、锁绿、夹扎等军用杂货，追随行走在大路上的军队开始做生意。"这三种杂货为行军途中的遮阳伞帽、马背上驮运物资的马扎，锁绿估计是治疗暑热、风寒和创伤的中药（即当时人所称的丸散膏丹）。在陕西的天津商人周乾义等，此前已经在乌鲁木齐等地设同盛和等店铺，是为坐商，这时也加入了赶大营热潮。"当时在陕西省境内经商的五个杨柳青人周、王、陈、李、韩，每人出资一百两，合计五百两银的资本，设立五合公，跟随西征军，获得暴利。此后，杨柳青人相继入疆，竞相从事新疆的贸易，"①于是形成了以天津杨柳青人为主的"三千货郎满天山"。

最早关于杨柳青人赶大营的记载，来自报纸和游记、日记。1878 年 1 月《申报》中有杨柳青王某赶大营后给家中寄十五两白银的记载，距离赶大营的起始时间仅为二年。②翌年《申报》又载，杨柳青的高葆元，"以乡人多赶大营，高亦摒挡长行，日积月累，得二三百金，去冬挟资而归。"③数年后有人评论："问关万里贸迁于嘉峪关外者，腰缠十万，满载而归，"④说明赶大营极具诱惑力，使杨柳青人趋之若鹜。1884 年上海《点石斋画报》有图画，以"相逢意外"为题附文"津人郭某，家有老母及一妻一子，前年以生计维艰，远赴伊犁谋食。伊犁距津有一万三四千里之遥，郭去后初时家书尚不空寄"，后

①[日]满铁华北经济调查所：《杨柳青商人在新疆》，该所油印本 1943 年，第 1、2 页，天津社会科学院图书馆藏。
②《杀嫂》，《申报》1878 年 1 月 11 日，第 2 版。
③《昵妓成仇》，《申报》1879 年 7 月 2 日，第 2 版。
④《云津秋报》，《申报》1888 年 8 月 21 日，第 2 版。

音信皆无,"忽忽十载",因"家境益窘",其母劝媳改嫁,媳不得已从之;但每念其夫,便放声大哭。某日黄昏郭某回乡,听到有女子哭声,"细聆所诉苦情,酷似床头人,"但因长年未见难以辨认,幸遇相识郭某者,才携妇回家,偿还媒资。①这个故事还是有一定的可信度。

游记中最早记录天津杨柳青人赶大营的是陶保廉。他于1891年(光绪十七年)随父陶模赴任新疆巡抚,8月至天津,看到杨柳青人"俗好远游,自蒙古草原走新疆伊犁者以千计"。②进入20世纪后,赶大营的记载逐渐增多。裴景福,原为广东南海县知县,因涉嫌贪污,谪戍伊犁,1906年春他在哈密"住福生店,店主路姓,天津人";到了奇台,"市面甚盛,多天津人",特别是"洪姓天津人,商贩,来此三世矣,……庚子之乱天津人失业迁此者二三百户,皆依洪而来"。他感叹道"穷荒竟有此富民!"③同年,方希孟西行考察铁路建设,到乌鲁木齐看到"贸易中人,惟天津为最夥,皆由草地而来。"④1911年(宣统三年),袁大化被起用为新疆巡抚,赴任沿途常有天津商人迎送。⑤温世霖,天津人,因鼓吹新政,率领学界同仁学生到督署请愿,被治罪遣戍新疆。1911年1月他从天津启程,5月到乌鲁木齐,其日记中随处可见一路上得到天津商人的资助、迎送和宴请,他还记述了各地的天津风俗。⑥杨柳青小贩从赶大营的行商逐

①《点石斋画报》大可堂版,第八册,上海画报出版社2001年版,第231页。
②陶保廉:《辛卯侍行记》,光绪丁酉年(1897)刻本,《西北行记丛萃》第二辑,甘肃人民出版社2002年版,第65页。
③裴景福:《河海昆仑录》,1909年上海文明书局印,甘肃人民出版社2002年版,第274、292页。
④方希孟:《西征续录》,甘肃人民出版社2002年版,第94、145页。
⑤袁大化:《抚新记程》,见《西征续录》,甘肃人民出版社2002年版,第159、193、219页。
⑥温世霖著、高成鸢编注:《昆仑旅行日记》,天津古籍出版社2005年版。

渐转变为坐商，最初大多集中在当年清兵进军路线的城镇，如奇台、哈密、伊犁等地。新疆建行省后，乌鲁木齐的津商店铺增多，到清末已形成规模庞大、财力雄厚的"天津商帮"。

杨柳青人赶大营主要适应了军队的需要，并得到官府的支持。

随军贩卖构成了清军后勤保障的组成部分。西征大军的粮饷由粮台等官员筹办，但沿途因遭兵燹后物资匮乏，官兵的日用杂品如手巾、胰子、布袜、腿带、针线、茶、烟和避暑、治疗疮伤的丸散膏丹等奇缺，随军商贩应军营之需，在上百里外采买后卖给官兵，随买随卖，高价赚取官兵手中浮银。且时常有军队官员的赏赐，利润丰厚。他们从最初的数人结伴随军售卖，形成颇具规模的随军商帮。1876年（光绪二年）春，清军出嘉峪关之前，已汇集杨柳青人500余，加之秦、晋、陕、甘商贩，总共有千人之多。此时商品出手快、利润大，众多商贩增担加货，伺机随军出关。西征大军也按照惯例招募商贩随军，并将其纳入后勤保障之中以保护和管理，具体的措施有：一，颁发给出关证明。由军队营官派员登记商贩，符合条件者发给盖有军营关防的允许出关的"龙纹执照"，俗称"龙票"，进疆各关卡验证执照后放行，延续到民国时期仍如此。二，设固定的交易地点。清军出关前曾经仿照前例，在肃州军营附近划一段街道为"买卖街"，形同集市，军人可以出营购物，与民众交易。军队出关后效仿"买卖街"的办法，军队"允许在距离营盘的半里以外，得由商人搭盖棚厂，开张生理，和营中交易"，亦称"买卖圈子"。军方可向商贩约定所需货物，官兵也可自选购物。"于是大军旌旗所在，也就是这般商贩踪迹所到"。[①]三，官方给予各种便利。如官店中允许商

---

①秦翰才：《左文襄公在西北》，商务印书馆1945年初版，岳麓书社1984年版，第167–168页；参见吴霭宸《新疆记游》，商务印书馆1933年版。

贩住宿。左宗棠在数千里军事运输线途中设立站点为"官店",搭盖简易房屋马棚,用以安置工匠、夫役住宿,接待往来员弁,设官兵管理。赶大营的商贩可凭"龙票"投宿,酌收灯油费。供应军队给养辎重的骡马车、骆驼等,遇有装载不满或空车时,商贩亦可求助搭乘,人货尽量上车,商贩则赠送烟酒等。有的商贩系应军营之约,采购青菜瓜果之类,军营则派车运输,以保证军需。

军队进驻乌鲁木齐、哈密等城市后也设"买卖街",是固定的交易场所,后发展为商业区。成为坐商的大营客,依然得到官府的支持,代办协饷最具有代表性。清政府每年约有 400 万银两协饷拨付新疆,或由各省拨款,或由新疆派员领款,镖车押运,费时费人,且不安全。如 1907 年(光绪三十年),"有镖帮由新疆回天津,经紧八站内,被劫银二十余万,杀死驼户九人。"①经津商与官府商议,自 1892 年(光绪十八年)开始,由乌鲁木齐的八户天津巨商抵押具保后代办京津等地协饷。伊犁将军府则委津商安文忠为伊犁官钱局总办,直接到各省催解协饷,嫣然政府官员。这样,津商以协饷作为流动资金,分别在京津等地购进大宗货物,货到新疆限期结算,抵饷银入库,由此实力大增。再如代政府发行"官票"。阿克苏的聚兴永京货店于 1907 年(光绪三十三年)经道员袁镇允准,以现存官票 3 万两,拨给该店代办发行,年息一分,按季交库,5 年为期,以后继续发行官票。通过发行官票,既有更多的资金周转,还可得钱色折扣。乌鲁木齐的永裕德京货店经理杨绍洲,利用商会会长的权力,经官方批准,取得发行"本票"特权,凭"油布本票"兑换红钱(铜钱)

①李德贻:《北草地旅行记》,转引自顾颉刚著,达浚等点校:《西北考察日记》,甘肃人民出版社 2002 年版,第 16 页。

400 文,通行于市,从中获利,一跃成为"八大家"之首。①

天津杨柳青人不远万里赶大营,最初是迫于生存环境的无奈。

天津因漕运和盐业而发展,杨柳青镇紧邻运河,是漕运码头和南北方货物集散地,也是船户和船工的聚集地。道光年间漕粮停运,河道失修,船工以短途杂运难以维持生计。适时杨柳青又遇人祸天灾,太平军北伐、捻军等多次兵临城下,民国初期又有军阀混战。杨柳青附近地势低洼,地薄人稠,旱涝不断,致使饥民骤增,被迫另谋生路。1867 年(同治六年)左宗棠率军在直隶一带追剿捻军,征调船只和船工,被抓官差的船工随军到陕西以至甘肃,他们夹带一些日用品售卖,有了与军队做生意的经验,成为日后赶大营的"演练"。杨柳青为水运码头,人们普遍具有经商理念和群体意识,同乡人在新疆赚钱的效应带动群体紧随其后,去新疆寻求发展。②

二、津商在新疆的兴盛及其经营范围

左宗棠收复了被阿古柏侵占 13 年的新疆。大乱之后,经济急待恢复,随大军而来的天津商人正逢其时,在官府的支持下实力迅速增强,来自晋、鄂、湘、豫、秦、陇等地的商人,都不能与津商抗衡。《新疆图志》称:"津人植基最先,分枝遍及南北疆"。从清末到 1930 年代,大营客历经三四代达到四五万人,先后有两千多家店铺。

乌鲁木齐是新疆设行省的省会,社会日趋稳定,津商开的店铺迅速增多,到 1894 年前后在大十字街商业街,90%以上是津帮商

①谢玉明:《"赶大营"》,赵学敏 谢玉明主编:《杨柳青镇志》,天津社会科学院出版社 2005 年版。
②周泓:《群团与圈层——杨柳青:绅商与绅神的社会》,上海人民出版社 2008 年版。

户,"酒肆茶寮,鳞次栉比,其繁盛之状,尤似京华",故有"小杨柳青"的别称。同盛和、永裕德、公聚成、复泉涌、聚兴永、德恒泰、新盛和、升聚永等津商商号,资金雄厚、商品齐全,被誉为"津商八大家"。他们在天山南北各主要城镇设立分号,在天津、北京、上海等地设外庄。①

津商从乌鲁木齐向南北疆拓展,当时有"要想富、上南路"、"要发家、上北丫"(北丫即塔城)之说。北疆以省城为政治中心,信息灵通,便于和家乡内地联系,且满汉人口相对集中,消费需求大,因此津商多集中在奇台、伊犁、伊宁、惠远、额敏、塔城等地。津商在伊犁、奇台等地开办的文丰泰、福泉厚、德泰成、义盛和等京货店和杂货店等颇负盛名。南疆地域偏远,受地理环境和交通条件制约,津帮店铺集中在轮台、阿克苏、喀什噶尔至和阗一线的城镇。

津商的实力不断增强,经营范围几乎囊括了新疆民众生活用品的各个方面,承揽了新疆与内地贸易的大宗商品,为新疆的经济发展做出了重要贡献。

在新疆经营日用百货和杂货业的津商,是最早赶大营一批商贩。他们成为坐商后首先经营的还是日杂商品,如津京日用百货、京广杂货、绸缎布匹,生活什物、副食调料等,兼售洋货、海产珍品等。这些在新疆均称"京货",因此津商也被称为"京帮",其店铺被称为"京货店"。京货店和杂货店遍布各地,规模大小不一,时有"上有绸缎、下有葱蒜"之说,也间售杨柳青年画、窗花、吊钱、风筝等岁时用品,以及民族用品和俄国特产。随着经营范围的扩大,津商开始形成分工更为细密的行业。如绸布店虽有绸缎庄、棉布店之分,

---

① 贾秀慧:《试析近代新疆商业史上的"津帮八大家"》,《新疆地方志》2004 年第 3 期。

但多为兼售,以苏杭绸缎、津沪布匹和洋布为主,间有满汉成衣、纱巾等服饰用品。鞋帽店专营男女老幼各款鞋帽,间有印度式的"面斗帽"、清式朝靴、俄式胶鞋和民族毡靴等。还有专门的袜子铺和以经营俄货为主的五金杂品店。干货店主要是收购当地的干果销往内地,有阿克苏的胡桃、吐鲁番的葡萄干、杏干、黑白瓜子等。青货店主要购销新鲜水果,如当地的葡萄、哈密瓜、巴旦杏等瓜果,由天津运销鸭梨、金丝小枣及南货甘蔗、柑橘等。

新疆盛产棉花、皮毛等畜产品和珍贵药材。天津则是全国出口棉花和皮毛最多的口岸。津商往来于新疆与内地之间,收购新疆特产作为"回货"。大的京货店都经营收购和贩运业务,重点是棉花、皮毛和肠衣等,打包或加工后运到天津出口,打破了被俄、英洋行垄断的局面。1906 年,方希孟西行考察时记录:"闻甘肃凉州、西宁产毛极夥,津、沪商人由归、包草地入边收买,捆载而东,运出海外,岁值三四百万金,为出口之一大宗"。①

津商最大的中药店和药材庄在乌鲁木齐和伊犁等地。他们收购当地的羚角等药材,与京津同仁堂、乐仁堂、达仁堂、隆顺榕等名店形成固定的业务往来;售卖丸散膏丹等京津中成药;另外还有西药房,以西药为主,间有坐堂西医,可作常规化验和简单治疗。

新疆盛产黄金,边民常以"沙金""麸金"交换生活用品。津商开办金店,除专营珠宝金饰、贩售黄金外,还承揽加工金条、金元宝,为官绅和津帮商户串换金银钱钞等业务,以贮存或带回京津进货。银楼以经营银饰品、工艺品为主,加工银器,也贩售金银,串换钱

---

① (清)方希孟著:《西征续录》,原为抄本,引自甘肃人民出版社 2002 年李正宇等点校本,第 95 页。

钞。当地人有押当的习惯,常常抵押家中的沙金、玉器、铜铁炊具、水具等以应一时之需。原来的当铺都是当地的"巴依"(当地财主)和回族富户经营。进入南疆的津商也看中此业,在库车、阿克苏、喀什噶尔、喀喇沙尔和和阗等维吾尔族聚集区,共开设数十家当铺,乌鲁木齐亦有数家。

津商的到来还为新疆的饮食服务业增添了色彩。他们制售京津酱菜、副食调料、腊肠卤肉和京津糕点,应时的月饼、汤圆、粽子、年糕等也出现在市场上。进疆的天津人中有厨师,他们在新疆各地开设具有天津或北方风味的饭店,仅乌鲁木齐就有百家之多,其名店大店吸引社会上层,小吃小店满足了下层民众的口味。天津人开的洗澡堂在新疆建省后开始纳客,但比较简陋;民国以后设备更新,有了男女澡堂,附设理发部。餐饮服务让新疆人感受和了解了内地民情,加强了民族融合。

新疆蔬菜品种较少,杨柳青人从家乡带来菜籽,经商之余结伴开荒种菜,以解当地缺少蔬菜之困。他们经过多年摸索试种,终于掌握了适合新疆种植的品种和技术,使新疆有了"京菜"。乌鲁木齐、伊犁、哈密、奇台等地都有天津人的菜园。有些人逐渐成为专业菜农,累代相传,成为"种菜世家",仅乌鲁木齐附近就有数十家。由于种菜有一定的收益,一些当地人也学种各种蔬菜,造成菜籽紧缺。津商看准商机,在内地专门收购菜籽,回新疆开办专售菜籽的菜籽店和摊点。1917年,谢晓钟在乌鲁木齐看到"蔬菜品类繁多",自从津人改良培育种植后,"春初之菜,无不应时入市,且所治町畦,整洁有序","湘鄂之民,皆弗逮也"。[①]在吐鲁番,先后有近10家

①谢晓钟:《新疆游记》,上海太平洋杂志社1922年,甘肃人民出版社2003年版,第104、118页。

津帮开办的葡萄园,其中同盛和是新疆著名的商号,购地 500 亩,开凿"坎儿井",以种葡萄为主,间种蔬菜、水稻、杂粮及花果,园内环境优美,常接待游客,后因时局变化出让给当地果农。津商在清末还兴办了多处牧场。前述 20 世纪初裴景福在奇台见到"洪姓天津人,商贩,来此三世矣。养马一万六千匹,牛五千,羊万馀,驼二三百头,河两岸草地牧马,绵延数十里,皆洪姓所畜也。"[①]津商较大的牧场集中在北疆伊犁地区,有 20 多家,放养牛羊和骆驼。养骆驼的一般有四、五百峰,多者千峰以上,有的兼养骡马。

为了便于新疆和内地货物的中转、仓储和客商食宿等,津商入主货栈业和运输业。津帮"八大家"都有货栈,在进疆沿线和天津设分号。每年往来新疆的津商驮运队,信誉可靠。驮运队多用骆驼作为运载工具,每驮载货约 250 斤到 300 斤,日行数十里,遇天气不宜,须就地停宿;从关内有南北两条线进疆,行程四五个月,运输周期较长。1915 年,在新疆津商和天津的商人计划出资 5 万元设立汽车公司,总公司在归化,分公司设奇台,"以承乘载旅客,捎带零物为业务",但未被政府批准。[②]1920 年前后,戴连鹏父子在乌鲁木齐开办了汽车运输队,从内地购进美制道吉旧车 3 部,承揽由天津至新疆的长途运输。1928 年,新疆省长杨增新出资,委用亲信朱炳筹办绥新长途汽车公司,集资 30 万元,公司设于天津法租界,1931 年开始运营,1937 年后停运。

在新疆的津商还创办了一些具有近代性质企业,如根据新疆

---

①裴景福著:《河海昆仑录》,1909 年上海文明书局印,甘肃人民出版社 2002 年版,第 292 页。

②天津市档案馆、天津社会科学院历史研究所等编:《天津商会档案汇编(1912–1928)》,天津人民出版社 1992 年版,第 2413–2414 页。

的特产开办肠衣加工厂、羊毛加工厂和毡筒厂,聘用内地或归国华侨为技师。顾颉刚 1938 年 6 月在黑错参观了中兴肠衣厂,经理天津人称该厂"收购而粗制之",为出口货之一,"极为洋人所喜"。①毡筒厂生产仿俄式的各色毡筒靴,不仅畅销新疆,常被津商带回天津,成为馈赠亲友佳品。乌鲁木齐有一家山东人兴办的制鞋厂,技术工匠是杨柳青人,生产各种靴鞋。1932 年,天津商人杨元富创办了德元电业公司,是乌鲁木齐第一座发电厂,最初只供大十字街津帮商户照明,后安装路灯,扩大了供电范围。津商还利用矿山资源在乌鲁木齐开办铝制品厂,铸造铝勺、饭盒、铝盆、铝铲等,因价格低廉受到新疆各族民众的喜爱。

津商财富的增长吸引了更多杨柳青附近的农民等来新疆淘金。有些商人还将家眷接来定居。清末以后,专门运送家眷寻亲的骡马车曾盛行一时。这种木轴铁瓦车可容十多名男女和儿童,从天津杨柳青至新疆,整票收银 50 两,乘坐全程;半票收银 25 两,只准坐半天,轮流步行。因回程客少,车运棉花、皮毛、果品、药材等新疆特产而归。

三、津商的经营方式、营业额及社会地位

新疆建省后,津商借机发展,实力大增,成为新疆各地商业的主流。林竞曾是甘肃民政厅厅长,自 1916 年后三次考察西北,他清晰地梳理了发展脉络。"汉商则燕、晋、湘、鄂、豫、蜀、秦、陇共八帮。燕帮又分为京、津二联,各不相属。津人(多杨柳青人)当同光之初

---

①顾颉刚著,达浚等点校:《西北考察日记》,甘肃人民出版社 2002 年版,第 233 页。

西师再出,首冒霜露,随大军而西。军中资粮充积,俘获所得,恣为
汰奢,不屑较锱铢。故津人之行贾者,徵贱居贵,多以之起家。其乡
之人,一时振动,闻风靡从,谓之赶大营。及全疆肃清,遂首先植根
基于都会。故今日津人之肆遍南北,居货无常,凡山海珍供,罗致无
遗"。①

津商在京津等地设外庄直接采购,运到新疆批发兼零售,同时
收购加工新疆特产运回天津销售和出口。津帮批发商多集中在奇
台、乌鲁木齐和伊犁等交通枢纽城市。奇台"商务于新疆为中枢,南
北商货悉自此转输,廛市之盛,为边塞第一,''②设有货税稽征所。
这里有很多批发商,也有商家自设的货栈。据林竞 1919 年的调查,
奇台的"燕、晋商人,由张家口、归化经蒙古草地而来。岁输入绸缎、
茶叶、纸张、漆器及东西洋货,达三百余万,而归化来者居十之六
七,归化则又来自京、津。"③津商进疆货物很大部分在乌鲁木齐批
发,"八大家"是最大的批发商,其中同盛和信用可靠,最负盛名。伊
犁是新疆建省之前的政治经济中心,八旗后裔聚集于此,对京津产
品需求旺盛。这里的津商数量仅次于乌鲁木齐,批发商户分布伊犁
九城,批发业务覆盖北疆,其中文丰泰京货店当属"津帮第一家"。
据《伊犁府乡土志》载,"查伊犁所属各城,均有开设京货铺,系天津
商民者多,外路商民亦有开设各样铺户,大半小本经营,无多大宗
生理。"④

---

① 林竞著、刘满点校:《蒙新甘宁考察记》,甘肃人民出版社 2003 年版,第 165—167 页。
② 王树枏、曾少鲁总纂:《新疆图志》实业二,1911 年,上海古籍出版社 1992 年版,第
299 页。
③ 林竞著,刘满点校:《蒙新甘宁考察记》,甘肃人民出版社 2003 年版,第 163 页。
④ 马大正等编:《新疆乡土志稿》,新疆人民出版社 2010 年版,第 342 页。

津商遵从当地的交易习惯,以易货和赊款等方式,尤其对游牧民,"多以食用购得商品,且多以物易物"。在北疆的阿勒泰和额敏地区有 30 多家商店对当地人贷款,称为"支放",即派小贩到各地,向牧民赊出花标布、蜡烛、塔糖、毛毯、茶叶、铜铁炊具等货物,根据产期换取牲畜和皮毛,结清赊账。以这种方式收购"竟低于通常市价之 30%,至土人有利息不能偿者,遂永远为商号之债务人"。①如在南路各城的津商,赊销鞍蹬一套,秋后还马一匹;赊销茶砖两块,秋后还棉花 100 斤,获利甚巨。各个店商都有相对固定的贸易圈,熟悉当地的消费量和物产。这些店商也放养牛羊、骆驼,出售给口岸的沙俄洋行等,再购置日用品赊贷给农牧民。

津商不仅促进了新疆与内地的商品流通, 还解决了新疆货币长时期不能与内地通兑造成的资金回笼问题。新疆特产有黄金、珍贵药材、棉花、畜产品等,津商将这些称为"回货",民国初年每年都有万驮回货。津商经常将黄金夹藏在运往京津的货物中,同盛和自1885 年起不断将金条、金元宝等夹藏在棉花包里运回京津,此后津商纷纷效仿。但是风险太大,时常遭遇土匪抢劫。1932 年,曹万子骆驼队被劫,津商损失夹藏黄金两万多两。鹿茸、羚羊角、麝香、犀角、红花、贝母、雪莲等名贵药材价值高、体积小,两地差价悬殊,也是津商回笼资金的主要"回货"。1884 年,伊宁德心堂药店的郭德奎,随身携带鹿茸、羚羊角、麝香等名贵药材,徒步返回北京与同仁堂成交。新疆盛产优质棉花,内地需求量大,津帮商号大量收购。新疆畜产品的收购、加工和出口最初被洋行把持,清末乌鲁木齐仅俄国

①张大军:《新疆风暴七十年》第 3 册,台湾兰溪出版社 1980 年;转引自张利民、方兆麟、胡有刚主编:《丝路津商——赶大营资料汇编》,天津人民出版社 2014 年版,第 164 页。

洋行就有 30 多家,共有商人 800 多人。十月革命后,白俄洋行停止了进出口贸易,羊肠衣和皮毛大量废弃,津商抓住时机收购加工,运天津出口。1920 年安辅臣在伊犁创办的直新公司,1930 年宋杰生等开办肠衣加工厂,都经营畜产品的收购和加工。1930 年代,猞猁、旱獭、貂鼠、银鼠、灰鼠、红狐等珍贵兽皮多通过邮寄、汽运,羊毛、肠衣则用驮运转水路和铁路运回天津。吐鲁番的葡萄干、阿克苏的胡桃、杏干等也是回货。

津商的组织结构与内地大致相同,有东家、股东、经理(即掌柜)、二掌柜、店伙、学徒等,经理多是共事多年的经商伙伴或儿女亲戚等,较少使用当地人。津商店铺多为独资,也有本家合资和合股经营。如乌鲁木齐的同泰兴,1930 年代改为祥记后,"换东不换夥","股东系孝义堂与春发堂所投资,立有合同,津迪两号","人股按 10 成分配,股东 6 成,津迪经理人 2 成,公积金 2 成。"[1]这样,长年在新疆的职员和伙计可分到一定的红利,有利于形成以店为家的归属感,似近代企业雏形。

实力强的津商在新疆和内地遍设分支机构,以掌握行情、开发货源、调剂资金。乌鲁木齐的同盛和在天津、北京、武汉、广州乃至香港等地都设有常庄,连同新疆各地的分号,总共有近 20 处,雇用人员 200 多人。伊犁的文丰泰也是设庄最多的津商。新疆的津商在天津设外庄最多,依次是呼和浩特、北京、上海。津帮在天津设立的常庄多在北门外针市街、曲店街和日租界寿街一带。他们自购房产和仓库,主动到生产和经营棉布、海货、鞋帽、染料、茶叶和药材的

---

①新疆自治区档案馆:《同泰兴查封案》天字 5 号;转引自:新疆通志商业志编委会、外贸志编委会、新疆维吾尔自治区档案馆编:《新疆商业外贸史料辑要》(第 1 辑),乌鲁木齐福利印刷厂 1990 年版,第 211—213 页。

厂店看样订货。在上海、广州、武汉和香港等地的外庄主要为新疆组织进货。在商路沿线的呼和浩特、包头等地的外庄和货栈，主要是转接货物，并采购当地特产。1919年8月初，林竞在今内蒙古四子王旗调查，有伊犁的三合益、文丰泰、义泰公、同盛和等11家津商，乌鲁木齐的恒泰源、福盛泉等7家津商，奇台的文丰泰、德泰裕等4家津商，还有叶尔羌的德丽厚津商，①总计22家津商分号。

新疆津商群体的营业额无法估算，但个案数据可供参考。清末民初，仅乌鲁木齐的同盛和京货店，每年运销新疆的海参、明骨、鲍鱼、鱼翅、干贝、唇肚等干鲜海货多达300驮（每驮300市斤）。一战期间，英、俄商品短缺，津商在内地进货增多，仅京津两地，每年进疆货物均在两万驮以上。1919年4月29日，林竞在奇台调查，该地50余家商号，年输入绸缎、茶叶、纸张、漆器及东西洋货值达三百余万元，多从京津到呼和浩特，再到奇台。其中年贸易额20万元左右的7家商号中有3家是津商，年贸易额10万元左右的7家商号中有5家是津商。②根据1930年至1932年的调查，每年从新疆汽车运往天津出口的羊肠子、各种羊皮、驼毛和珍贵皮毛、鹿茸、羚羊角等，总额在461.67万元，总重量为56余万斤；适合驮运的马鬃马尾、各种羊皮、驼毛和羊毛、棉花、药材，以及贝母、枸杞、蘑菇等，总额85.24万元，总重量为308余万斤。每年总共有近400万斤、总值近550万元的货物运往天津。每年由内地运往新疆的主要货物，汽车运输的总重量54.3万斤，货值172万余元；驮运商品总重量是1217.7万斤，价值达102余万元；每年总共有近1300万斤、总值约

①林竞著,刘满点校:《蒙新甘宁考察记》,甘肃人民出版社2003年版,第232—234页。
②林竞著,刘满点校:《蒙新甘宁考察记》,甘肃人民出版社2003年版,第163页

280 万元的货物运往新疆。1930 年代,每年天津与新疆的商品流通达到 1700 余万斤、近千万元。两地流通商品的特点是,运往天津的商品重量轻,数量少,但价值高;从天津运到新疆的商品正相反,因此有巨大的赢利空间。如当时从乌鲁木齐等地寄往京津的小包邮件中有狐腿、羊肠、獾猪皮、狼皮、猞猁、狐皮、狸子皮等,数量在数百件或者千余件不等,[①]属于值高货轻的贵重商品。1935 年,曾问吾经深入调查后说,清朝前期,晋商"经营事业之重大者为票号及茶庄,因其资本雄厚,故握有新省商业之大权";其次是经营大宗茶叶贸易且与新疆军政界关系密切的湖南商人;再次才是贩运粗细杂货的"平津帮"。民国以后,由于协饷断绝,晋商汇兑"无事可作,相继收束,南商茶庄亦受汇兑庄收束之影响,日渐衰微",平津帮迅速崛起。[②]有一个津商同泰兴祥记被查抄的个案,亦可窥津商营业额之一斑。据档案记载,该商号 1937 年改为祥记后,9 月购老羊皮2012 张运津,购买贝母 542.5 斤存放在奇台的货栈,另在伊犁购买羚羊角值 1300 万两,塔糖 40 箱价值 232 万两,两湖所产的米茶1 付价值 68 万两;布匹 4 件价值 362 万两。[③]自 1937 年 5 月 14 日至 9 月 30 日购买驼毛 7304 斤、羊毛 3.1 万斤,共计 260 包由驼队起运天津。该商号会计从天津带约 40 箱货乘新绥公司汽车到乌鲁

---

① 新疆省政府档案"秘书处、第四科、建设类",转引自《新疆商业外贸史料辑要》(第 1辑),乌鲁木齐福利印刷厂 1990 年版,第 170、234 页。

② 曾问吾:《中国经营西域史》,商务印书馆 1935 年版,第 685 页。

③ 该两为乌鲁木齐两,1935 年的比约为 720 两折合银元 1 元,800 两折合库平两 1两,参见[日]满铁华北经济调查所:《杨柳青商人在新疆》,该所油印本 1943 年,第 53页;1939 年票币 1450 两,折合大洋 1 元,参见新疆自治区档案馆:《同泰兴查封案》天字 5 号;转引自《新疆商业外贸史料辑要》(第 1 辑),乌鲁木齐福利印刷厂 1990 年版,第 212 页。此时所言约为 1939 年的票银(下同)。

木齐。查封该商号时判定，自 1937 年 1 月到 8 月"共卖货银 9.66 亿两，存货估价银 5.1 亿两（系估计外县存物 2998 万两，及迪号存货4.8 亿两），共买货价银 8792 万两，计得利银（毛利）5.68 亿两"。①按照当时比价，8 个月毛利约近 40 万元。1939 年同泰兴祥记重新开业时，头一天的营业额就达一千几百万两，折合关内银元 1 万余元。②因此茅盾说："新疆汉族商人，以天津帮为巨擘。数百万资本（抗战前货币之购买力水准）者，比比皆是。除迪化有总店，天津有分庄而外，南北疆之大城市又有分号。新疆之土产经由彼等之手而运销于内地，复经由彼等之手，工业品乃流入于新疆。"③

由于津商取代晋商、湘商，在新疆日益做大，社会地位随之提升。1916 年 10 月，谢晓钟作为财政部特派员在新疆等地调查后言道，"京商贩运京洋广货，资本雄厚，交际敏活，商业知识，亦富于他商，其执商务牛耳，非无故也"。④曾吾问也认为，津商"在近二十余年中，遂驾山西帮而上之，执新省商业之牛耳。"⑤因此，津商在新疆各地商会中占据了重要地位。1911 年后，乌鲁木齐、奇台、塔城等地陆续创建了商会，从此商界有了与政府直接对话的渠道和调解各种纠纷、维护商人利益的合法组织。津商长期担任各地商会会长、副会长和会董等职，首届乌鲁木齐和奇台的商会会长都是杨柳青

①新疆自治区档案馆：《同泰兴查封案》天字 5 号；转引自《新疆商业外贸史料辑要》（第 1辑），乌鲁木齐福利印刷厂 1990 年版，第 211—213 页。
②参见杨梦九：《盛世才查封同泰兴等三家商号始末》，新疆自治区政协文史资料委员会编：《乌鲁木齐文史资料》第 6 辑，新疆青年出版社 1983 年版，第 96 页；转引自张利民、方兆麟、胡有刚主编：《丝路津商——赶大营资料汇编》，天津人民出版社 2014 年版第 311 页。
③茅盾著：《见闻杂记》，文光书店 1946 年上海第 5 版，第 122——123 页。
④谢晓钟：《新疆游记》，上海太平洋杂志社 1922 年，甘肃人民出版社 2003 年版，第 104 页。
⑤曾问吾：《中国经营西域史》，商务印书馆 1935 年版，第 686 页。

人。1913 年至 1936 年,奇台商会职员名录中天津籍会长、董事和办事人员,大约占三分之一。①他们掌管日常事务,调解商业纠纷,并与各级政府有着密切的联系,具有相当高的社会地位和政治影响。

1930 年代末,新疆治安不靖,政府几经更迭,事变暴动和混战不止,津商经常成为被抢掠的对象,长途运输也开始败落,造成货源短缺,繁荣不再。1937 年后,形势更加恶化,津商纷纷抽走资金,另谋出路。据 1940 年代初在杨柳青的调查,在新疆经商的还有约5000 人,集中在天山南北两路,北路有 3000 人,南路有 1500 人。津商在新疆日益衰落。

津商在左宗棠收复新疆后,适时进入新疆,带动了新疆的经济恢复和发展。他们将新疆产品推向内地和国际市场,促进了新疆与国内外市场的商品流通与资金往来,建立了沿海内地与新疆的经济纽带。津商与晋商、湘商等相比没有官方政治背景,但是他们的群体规模更大,更注重民用生活需求,经营范围也更广泛。津商在新疆的活跃时期正值中国社会转型,因此他们对新疆发展的影响更具时代意义。津商不仅加强了新疆与内地的经济联系,促进了民族交融,客观上也维护了中国的统一。

(刊于《经济社会史评论》2018 年第 4 期,2018 年 12 月,第80—91 页)

作者:张利民,天津社会科学院历史研究所

---

① 奇台县档案馆 12 全宗、1 目录第 4 卷。

"电影"一词再溯源

王勇则

关于"电影"一词最早在中国出现的时间,常见著述多以天津《大公报》1905 年 6 月 16 日所载题为《活动电光影戏出售》的广告为据。此文曰:"兹由外洋运到新式电影机器一付(副),并影片六十余套,其景致异常可观,兼有游戏影片甚多,见者莫不捧腹,而价廉物美,堪称独步。倘蒙赐顾,驾临敝行面议可也。天津法租界英商快利洋行启。"

1905 年之说流传广泛,影响尤为普遍,几成定论。但也有研究性著作对此出言谨慎。黄德泉先生著《中国早期电影史事考证》(中国电影出版社 2012 年版)第 46 页载:"在中国,'电影'一词,最早可能见于 1905 年 6 月 16 日至 23 日(光绪三

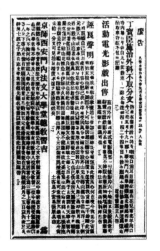

《大公报》1905 年 6 月 16 日第 1603 号广告《活动电光影戏出售》中,载有"电影"一词

十一年五月十四日至二十一日）天津《大公报》上一则《活动电光影戏出售》的广告文案中。"

那么，1905 年之前，"电影"一词是否在国内公开使用过呢？

王大正先生《〈中国电影的摇篮〉四十言辨析（下）》（《当代电影》2010 年第 2 期第 70 页）所载，曾引起笔者兴趣："光绪二十九（1903）年夏，东四余园饭庄有'华辉电影'放映……以往笔者查到《京话日报》所载的《大观楼电影上捐》，是北京'电影'名称最早的诞生处。后经查找，天津报纸用'电影'二字还要早，恰恰它又是用在了介绍北京余园饭庄的放映。虽说京津地区出现'电影'一词是于 1903 年，但它并未得到广泛的推广与应用。清末京津各家报纸，记者们……分别使用电光影戏、活动影戏、洋影戏、光影戏、电影戏等名称……至宣统元年（1909），报界对'电影'二字，达成共识，趋于定位，并且普遍使用。"

查《大观楼电影上捐》一文，见载于 1906 年 2 月 25 日《京话日报·本京新闻》，文曰："大观楼演唱电光影戏，由开设人任庆泰，到卫生局禀报。据说，这一处电影，都是自行制备，并没有洋商合股。所演的戏文，全为开通民智，不是淫词小调，请准立案报捐，每月认捐六十元。奉批示：'男女分座，不准任意混杂。'"可见，此文题目中出现的"电影一词"是对"电光影戏"的简称。

而王大正先生称"电影"一词早在 1903 年就已出现，文献依据若何？惜未言明。互联网上介绍其有关曲艺史研究成果时有言："王先生所用史料以民国报纸为主，惜多注释不详，甚至根本不出注，令史源难考。"知其曾任沈阳市艺术研究所研究员，所言定有出处。笔者曾试图就教，惜联系未果。

检索电影研究史料可知，曾有电影于 1903 年传入中国之说。

上海《新影坛》1944年第3期所刊《中国电影史(一)》(署名屈善照)载:"中国最早知道有所谓电影这个东西,系在先于辛亥革命的八年以前,亦即前清光绪三十年(1904)。当时,上海四马路上有家青莲阁,位于福建路东边,楼上辟为茶馆,楼下则经营着游戏场和店铺。是时的一部分上海人,都视此处为工暇兼余的唯一休息场所……西班牙人拉摩西,带了一部放映机和几部短片,租赁了楼下的一个小房间做放映室,前面悬挂一幅白布,充作银幕,雇了吹打手在门前敲锣打鼓,并作炫耀的装饰,用以吸引路人注目。这样一来,上海人便知道有所谓电影这一玩意儿了……另有一说,是光绪二十九年(1903),林祝三从美国带回了一些影片及一部放映机,租了北京打磨厂的天乐茶园开映,但其后如何,则不明白。此实比之拉摩西的在上海,早在一年以前。"

可见,对于电影在中国的首映和早期传播路径,20世纪40年代的电影史研究者并未详加考实。况且,仅据此载,也难以判定"电影"一词出现于1903年。那么,"电影"一词在国内到底出现于何时?颇令人牵挂。

一、天津《大公报》1903年8月6日已在消息中使用过"电影"一词

笔者近检《大公报》,偶见一则载于1903年8月6日第2版《中外近事·北京》栏目的消息,题为《电戏又到》:"美国华辉电影活动影戏,又到北京,借东四牌楼余园饭庄地方,自本月初十日开演,至十五日截止。所有头等、二等客座以及包厢价目,仍如曩例。"此次上演日期为1903年8月2日至7日。此文应该是转载于北京其

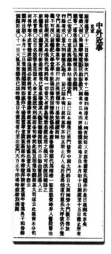

《大公报》1903 年 8 月 6 日第 404 号《电戏又到》中,提及"电影"一词

他报章的迟到消息。

"电影"一词在此文中赫然在列,足以改写中国电影的早期履历。可见,王大正先生早已得见这一史料,因其述作囿于行文方式,而未标明来历,导致未被纳入研究视野,亦属情有可原。

鉴于《电戏又到》一文迄今尚未得到足够的学术关照,理应引起关注。而笔者在此基础上,经过继续梳理《大公报》1903 年所载,又有所心得。

《大公报》已于 1903 年 6 月 24 日至 6 月 29 日连载题为《华辉电光活动影戏》的广告:"准于五月初二日(即礼拜五)起,在鼓楼北玉顺茶园开演,至初五夜止。此影戏新由美国寄到,曾在京都试演。业蒙王公大臣以及驻京各国官商大加奖许,较之前在津城演过者,大不相同。其中,如庚子之大沽水战图、非律宾(即菲律宾)之美日交战,以及各种戏术变幻诸图,令人笑乐惊奇、观玩不释,诚近今第一奇观也。今特将票价减售,以广见闻。幸津地绅商早临一观,勿错失此机会也。每晚八点半钟开演。包厢四元五角、头等客座七角、二等客座四角。华辉主人告白。"

此文中所指的"五月初二日""初五",均为闰五月的夏历日期,即 1903 年 6 月 26 日、29 日。而此文中的"之前在津城演过"一语也表明,电影登陆天津的时间不晚于 1903 年 6 月。

此次招徕效果显而易见,颇足动人观感。《大公报》1903 年 6 月 29 日《纪活动影戏》:"初三日(即 6 月 27 日)晚,有友人赴玉顺茶园,观看电光活动影戏。据云,其间人物活动如生,颇多妙趣。有一极有趣、极可笑者,为男女二人坐长椅于河岸,彼此嬉戏笑乐,正在得意,从远来一着白色衣者,行至二人身后,突推二人于河中。河水波浪为之翻起,二人急起上岸,衣服尽湿,紧黏身上,而水犹淋漓遍体,滴滴直流。上岸后,急将长椅扶起,遂追赶白衣人而去。此据友人所述为戏中最有妙趣者,并云其情形,一如生人,绝不似假作者。因援笔志之。"

1903 年 6 月 30 日,《大公报》改而刊载题为《华辉电光影戏减价续演三晚》的广告:"兹因每晚看戏人多,十分挤轧,二等座位不敷。今特改章,自今晚起,一例定价钱洋五角,不分头二等座位,包厢四元,小孩减半。诸君欲得好座者请早,勿误为要。自初六起至初八止,风雨不演。华辉主人白。"7 月 1 日至 2 日,又连载题为《鼓楼北玉顺茶园华辉电光大影戏减价续演三晚》的广告,但内容均与 6 月 30 日广告一致。

大公报社记者因之满怀兴致地前去饱眼福。《大公报》1903 年 7 月 2 日《再纪活动影戏》:"此次电光影戏,观者皆叹为得未曾有。其间,如火车到站图,行客来往纷杂,或上车或下车,或由车上往车下运物,其步履、其动作一如真人。而且,行走时或回首旁观,或掉臂直行,或逢人脱帽为礼,无不活动如生。所欠缺者,言语与呼吸耳。又如,美军大战斐律宾(即菲律宾)图,其兵队或起或伏,或直逼前进,或纷纷后退,枪炮齐施,浓烟滚滚。其美国旗,或舒或卷,回旋飘荡。其兵官或来或往,各路指挥。观者一如身临战场。其他,如夜半遇鬼、如勇夫斗力、如村女照像、如小孩翻筋斗、如法京风景、如英皇加冕盛会等等,一切皆各别饶生趣。其佳妙处,实难以言语形容。而以夜半遇鬼一则,为尤有活趣。因叹西人于游戏之事,皆能出奇入妙、想入非非,其他政治、工商诸大端,更不待言。我中国人能无愧色乎?!"

据以上所载可知,由美国"华辉"出产的无声电影,1903 年相继在京津等地上演,甚至上演日期在 1903 年之前的可能性也是不能排除的。1903 年 6 月在津上演时,《大公报》仍载为"电光活动影戏",也简称"活动影戏""电光影戏"。而后于 8 月赴京在余园饭庄(原名漪园,文渊阁大学士瑞麟宅,1902 年已改饭庄)再演时,相关报道缘何在题目中简称为"电戏",却将内容表述为"电影活动影戏"了呢?

记者的本意是不是仍为"电光活动影戏"? 但误写或误植为"电影活动影戏"了呢? 虽然"电影活动影戏"这个词语组合显得拖泥带水,但如果在不经意间,催生了"电影"一词,亦可视为偶然中的必然。可以肯定的是,此载至少可以颠覆 1905 年之说。不过,仅据此载就判定"电影"一词是在中国的"首秀",仍不免有风险。

二、北京《顺天时报》1903 年 5 月 20 日已在消息题目中出现"电影"一词

前文判断,《大公报》1903 年 8 月 6 日《电戏又到》一文,很可能是据北京报章转载而来。笔者再接再厉,尝试搜检 1903 年出版的北京《顺天时报》(结合《大公报》的其他记载),又有重要发现。

一是《顺天时报》1903年3月的相关报道，或载为"电射影戏"，或载为"电光影戏""电射景戏""电景影戏""电气戏法""射影马戏"等，不一而足。其演出地点分别位于北京福寿堂、大观楼等处。

《顺天时报》1903年3月21日第2版《京师新闻·开演三日》："英国电射景戏，在打磨厂福寿堂开演之事，已纪前报。兹闻，定于二十一日至二十三日开演三日，风雨无阻。每客位包厢三元、头等五毛、二等三毛云。"

关于此次演出，《大公报》已于1903年3月17日预报，这则以《中外近事（北京）·射影马戏》为题的消息载："英国射影马戏回京，借打磨厂中间路北福寿堂，定于本月十七日起，每晚八钟开演，客座包厢五元、头等者每座五毛、二等者每座三毛。演欧美历史中各大战事，并英皇加冕各景，以及英皇游历事迹。届时必有一番热闹云。"

此后，北京福寿堂经常以电影演出活动招徕观众，以下报道亦可为证：

如《大公报》1903年5月25日《中外近事（北京）·韩戏到京》："法国未士德傀偏戏、美国华伦马戏、日本电光影戏，前曾到京开演。兹又有韩国一等优人、一等教坊到京演戏。假地打磨厂福寿堂，每日自下午二钟至五钟止，每夜自八钟至十二钟止。上等客座八角、中等五角。自四月二十八日起演云。"

又如《大公报》1903年10月24日《中外近事（北京）·乐以忘忧》："印度马戏，连日因风雨停止，致往观者皆扫兴而返。兹复有美国电气戏法到京，定于初六日在打磨厂福寿堂开演，以十日为期，已遍贴告白。想彼行乐者，当如入山阴道上，有应接不暇之势矣。其亦回思今之时为何时乎？尚征逐于耳目之娱，惟日不足耶。"

《顺天时报》1903 年 3 月 17 日第 1 版《京师新闻·开演影戏》：
"十六日晚,有日本人在前门外大观楼开演活动影戏,客位有头等、
二等、三等之分。自八点钟至十二点钟止,往观者颇形拥挤。"

《顺天时报》1903 年 3 月 20 日第 2 版《京师新闻·又复开演》：
"日昨,大观楼又复开演电射影戏,头等座二元、二等座一元、三等
五毛,观者颇伙。"

《顺天时报》1903 年 3 月 26 日第 2 版《京师新闻·常川开演》继
载:"大栅栏大观楼开演电景影戏,已纪前报。兹闻每日八点钟开
演,十二钟停止,系常川开演,并非暂设,且日换新奇式样。楼上设
红灯,远望之若繁星。每夜观者颇众。并闻,该主人系自津购来电景
机器,其费约一千元云。"此文中提及的"自津购来电景机器"一语,
颇具意味。据此判断,电影登陆津门并取得演出成功的时间,应提
前到 1903 年 3 月之前。

《顺天时报》1903 年 3 月 29 日第 2 版《京师新闻·非常奇观》又
载:"日前二十九日,有同人赴大观楼,开演电射景戏,自八钟至十
二钟始毕。其中变换异态,洵非常之奇观。"

可见,1903 年春,电影放映活动在北京较为频繁。这种神奇的舶来品着实令人眼界大开,甚至可以说是形成

《顺天时报》1903 年 5 月 20 日第 365 号第 2 版《电影
又到》中,两次出现"电影"一词

了一个演出小高潮。

二是《顺天时报》1903年5月20日第2版《京师新闻》栏目中，载有题为《电影又到》的消息："日昨，美国华辉电影活动影戏，在东四牌楼黄土坑魏家胡同开演。自本月二十一日至五月初二日截止。北京人士有未瞻仰者，盍往观乎。"

此文中提及的"本月二十一日至五月初二日"，指1903年5月17日至5月28日。特别应该引起注意的是，这篇报道居然两次出现了"电影"一词，而且直接出现在题目之中。这显得颇不寻常。

另外，此文中提及的"东四牌楼黄土坑魏家胡同"这个演出地点，也值得探查。已知魏家胡同曾有一家名叫"德和"的戏园。又，今魏家胡同18号所在地，清末原为戏园，民初改为马辉堂花园（马家花园）。

以上出现的诸多电影早期称谓中，大多饱含着"电""影""戏"这三个字。在其基础上简化为"影戏""电戏"，甚至是"电影"，是所必然。

三是《顺天时报》在1903年8月至11月的报道中，已知至少三次出现"电影"和"电影戏"一词，而且与"电射活动影戏""电光活动影戏""电气戏法""电光影戏"等称谓杂出，即：

1903年8月8日第2版《京师新闻·电戏新到》："刻由美国运来电射活动影戏，于初十起，在东四牌楼余园饭庄开演。每位头等座一元、二等座半元云。"初十指1903年8月2日。

1903年9月10日第2版《京师新闻·影戏开演》："前门里西皮市太升堂饭庄，内设华辉美国头等电光活动影戏，准于十七日开演。头等座小洋元八毛、二等座五毛、包厢大洋十元云。"十七日指1903年9月8日。

1903 年 10 月 24 日第 2 版《京师新闻·新到电戏》:"美国新到电气戏法,在前门外打磨厂福寿堂演,每日晚八钟开演,头等五角、二等三角,于月之初六起云。"初六指 1903 年 10 月 25 日。可见此为预告消息。

1903 年 11 月 6 日第 2 版《京师新闻·影戏开演》:"前门外打磨厂福寿堂,设有美国电影戏,由月之十七至十九日,接演三日,座价仍前。"文中所载的"月之十七至十九日",指 1903 年 11 月 5 日至 11 月 7 日。

1903 年 11 月 14 日第 3 版《天津新闻·影戏出奇》:"西人某甲,在东门外某茶园内,开演电光影戏,丝毫逼现、壮采奇情,颇令人观止之叹,可谓愈出愈奇矣。"

1903 年 11 月 19 日第 2 版《京师新闻·开设电影》:"前门外小沙帽胡同北葡萄地,有某国人于黄昏之时,开设电影戏,由二十八日起至三十日止,开演三日。每人价座,北京当十大钱八百文,往观者颇多。"文中所载的"二十八日起至三十日",指 1903 年 11 月 16 日至 11 月 18 日。

经以上梳理史料,可作出以下判断:

一是《顺天时报》1903 年 5 月 20 日所载的《电影又到》,在题目和内容中均出现了"电影"一词,即"电影又到"和"美国华辉电影活动影戏"。显然,这个记载要比《大公报》1903 年 8 月 6 日所载,提早了两个半月之久。鉴于迄今未见相关著述引用《电影又到》这篇报道,故可视为重要的电影史料发现,颇能再次改写中国电影的早期履历。

二是将《顺天时报》1903 年 5 月 20 日《电影又到》与《大公报》1903 年 8 月 6 日《电戏又到》比对可知,二者均记载为"美国华辉电影活动影戏"。显然,如此明确使用"电影"一词,而且并非孤立性存在,已经完全超出了误写误植所致的解释范畴,而一定是有意而为之。换言之,当时对"电光活动影戏"与"电影活动影戏"这两个词组的混用情形,并不敏感,导致这两个词组都堂而皇之地登上了大雅之堂。关键是,将其缩写为"电影"且使用在题目中,非同小可,实在是具有划时代的意义。

三是将《顺天时报》1903 年 8 月 8 日《电戏新到》与《大公报》1903 年 8 月 6 日《电戏又到》比对可知,二者涉及的是同一个新闻事件,虽然均为迟到的消息,但《顺天时报》所载的时间稍晚,而且称为"电射活动影戏",并非"电影活动影戏"。可见,《顺天时报》所载亦非原创消息,至于其出处源自何种报章,仍有必要继续探究,但考察意义已明显降低。这是因为,《顺天时报》1903 年 5 月 20 日《电影又到》中两次出现的"电影"一词,更为诱人。

三、"电影"一词的频繁使用 已知不晚于 1907 年

虽然谋求对"电光影戏"之类的简化,当时已是大势所趋,报章记者或访事人(类于如今的新闻通讯员)也在不断尝试,但是起初占主导地位的大概仍是"影戏""电戏"这两个简称。

如《大公报》1903 年 12 月 4 日《北京又一影戏》:"都城又到一美国影戏,亦系电光映射。于十二日始,每晚八钟至十一钟,在珠市口之天和馆开演,以两礼拜为期。未知与前月福寿堂所演者,是一是二。"

除"电光映射"外,"电光影出""电光影像""电气影戏"等,也可

1900年之前，"影戏""电光影戏"等词语在《申报》等报刊上已屡见不鲜。图为《申报》1897年7月29日刊载的广告《天华茶园新看美国新到机器电光影戏》

视为对"电光影戏"的变种或衍生。

如《大公报》1903年9月16日《江苏争开眼界》："近有人于贡院西街开设实验光学馆，以电光影出泰西各国名盛之区以及各种异样草木、禽兽等类，每晚八下钟开演。至馆者，以八十分为度，每人大洋四角。又有西人于洋务局间壁，开设外国戏园一所，亦以电光影出'中国拳匪'大战大沽口，英大战亚非利加（即非洲），花旗国（即美国）、法国大赛珍宝会，英国新皇接位，各官绅商至殿朝贺等类。省垣民人以及赴试士子，均未见过，咸欲一睹为快，故生意甚盛，观者如堵云。"

又如《大公报》1903年12月4日《本埠·电火伤人》："袭胜轩茶园演设电光影像，每晚赴园观看者，塞满园中。至于日前正在演观之际，忽轰然一声，电火崩出，立时轰轰烈烈，不可向迩。当经园中多人赶即扑灭，而演影西人，被火焚烧，焦头烂额，倒卧地旁，奄奄待毙，未悉能保无性命之忧否？"

再如《申报》1906年4月23日《赠书志谢》："法国派对公司专在中国销售活动电气影戏器具，昨将图说一册见赠。"

而"电影"这个简称出现后，起初与"影戏""电戏"等相较，尚无明显的优越感，而是常常与其他称谓交错使用。

如《大公报》1906年12月14日《电光新影》："法界权仙茶园，

每日早晚演设电影，极为新颖，光彩绚烂，形神逼肖，与从前之来津者不可同年而语，亦文明世界之雅剧也。宜其观光者，履舄交错云。"

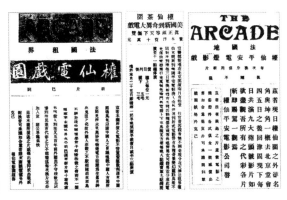

《大公报》1906年至1908年刊载的"权仙"广告三种。"权仙电影园""权仙平安电影公司"的使用频率越来越高

又如，《大公报》于1907年2月起连载的天津法租界"权仙"广告，既载为"权仙平安电灯影戏""权仙电戏园"，也不忘加载"权仙电影园""权仙平安电影公司"这两个更时髦的称谓。这简直是把相关简称用到了极致，生怕观者对此不明就里。

不过，当时出版的《大公报》，也已慷慨地将"电影"一词写进消息的题目中去了。检索1906年2月至1907年2月其对天津本埠的报道，可以为证：

一是1906年2月5日《演试电影》："参谋处于初十日晚，演试秋操电影，延请某镇统制阅看。"

二是1906年3月17日《特演电影》："今日晚，法界青年会特演电光活动影戏，惟该会屋宇狭窄，不能任人便入，惟持有票照者，始为延进云。"

三是1906年5月26日《活动电影》："法租界青年会，定于今日下午，射照教育活动电影。想学商两界中人，届时往观者，实繁有徒云。"

四是 1906 年 7 月 28 日《电影新戏》:"粤东陈君,近于袜子胡同大仙茶园,新组织一电光新戏。机关完备、活动如生。想欲拓眼帘者,必先睹为快云。"

五是 1907 年 2 月 2 日《义务电影》:"顷闻,青年会董理人,由日本新购各国照片,特为发明外洋风土人情,于今晚在本会演试,任人入座观览,不受分文。欲扩眼帘者,盍往观之。"

六是 1907 年 2 月 6 日《公益善会李公祠开演电影新戏助赈启》:"现商之权仙戏园内美国电影洋东,借演电影数日助赈,即蒙慨允,复蒙电车公司,助以发光电线,使电影光耀稳妥,毫无危险之虞。又蒙英国电灯房,助以电灯。窃思外人尚且仗义如此,我同胞当更慨发隐恻,踊跃相助也……"已知此启事刊载多次。

七是 1907 年 2 月 22 日《李公祠助赈电影新戏开演》:"津郡绅商诸君所组织之公益善会,为筹江北赈捐,拟在李公祠开演新戏及电影等剧,将卖入之款,不动分文,全数汇至灾区,以拯灾民。诚莫大之善举也。"

还有一个因素也颇能说明问题。《大公报》当时刊载的译自外文报章的消息,也已明确翻译成"电影"一词了。如 1907 年 1 月 17 日

1907 年,"电影"一词已普遍使用在京津报章的广告或启事中。图为《大公报》1907 年 2 月连载的《公益善会李公祠开演电影新戏助赈启》

所刊的《译报》载："法租界权仙茶园外国电影戏，以江北巨灾，拟于日内，加演新戏三天。所有戏价，统充赈捐……以上译法文报。"

再检 1907 年出版的《顺天时报》亦可知，其在消息中，甚至在文章题目中出现"电影"一词，已属寻常。如《观东长安街平安电影戏记》《电影功捐停办》《请看巴黎第一电影》《开明电影开演有期》《滨湘文兰看开明电影》《泉湘小宝看开明电影》等。再加上《顺天时报》大量刊载以"开明电影"为主打的戏园广告等，足以表明，"电影"一词已开始悄然挑起大梁了。

京津两地的新闻纸对"电影"一词的青睐，自然也传播到了南方。笔者判断，上海报章对"电影"一词的使用，始于对京津报纸所刊消息的转载，时间不晚于 1906 年。如《申报》1906 年 8 月 26 日《游戏杀典韦（京师）》："北京日报云：前日，端午帅（即端方）中，因电影灯汽桶炸裂，伤毙多命。姚统领广顺，惨受其祸。端午帅婉惜殊深。昨，铁大军机（即铁良）函致午帅，唁吊函内有云：'道员姚广顺，公之典韦也，公以游戏杀之，未免可惜'。当道闻之，莫不捧腹。"

可见，1906 年起，"电影"一词的使用已日趋频繁，而且势头很猛，大有快速取代其他称谓或简称之势。尤其是京津报纸当时在新闻消息题目中，对"电影"一词使用得愈发普遍，说明读者对此已能够普遍接受，已不存在理

《顺天时报》1907 年经常刊载的开明电影广告

解上的偏差了。

而天津权仙电影园、北京开明电影戏园等电影放映场所，1907年都已正式在广告之中发布影讯，且见报频率越来越高。笔者认为，以此作为"电影"一词定型的标志和深入人心的表征，实无不妥。

结　语

总之，1903年才是国内出现"电影"一词的重要时间窗，1905年之说可以休矣。虽然经以上查摆史料，已判断出"电影"一词出现的某些规律，但还不能肯定"电影"一词就是1903年最早出现的。毕竟本文选取的早期报纸样本较少（仅局限于《申报》《大公报》《顺天时报》），只有再接再厉把1903年及1903年之前的报刊大范围地认真检索一过，才能令人放心。

当然，人们对于"电影"这个新名词，确有一个逐渐消化、容纳和习惯的过程，但这个过程并不漫长。"电影"一词在京津地区被普遍使用，下限当在光绪末年（1906—1907年），显然早于以往述作中判断的1909年（或称宣统年间）。而国人对"电影"一词的最终接受和广泛运用，也真切地诠释了新兴词语在形成和发展过程中的逻辑性。

（刊于《寻根》，2018年第2期总第142期，第56-64页。选入本书时，作者略有校补）

作者：王勇则，河北区政协文史委

中国早期电影批评对传统文化价值观的传承和传播
——以《北洋画报》"电影专刊"为考察中心①

王晏殊

一、背景：现代城市印刷媒体与电影书写网络

有"绘像社会"美誉之称的《北洋画报》创刊于 1926 年的天津，1937 年因抗战爆发停刊，总共出版 32 卷，计 1587 期，在民国同类综合性画报中比肩南派代表上海《良友》画报。画报创刊人冯武越主张"传播时事、提倡艺术、灌输知识"，因此，以"美好而像真"的摄影图像方式，传播社会时事、传承艺术文化始终是画报立意美化人生的宗旨。

《北洋画报》自创刊伊始便关注电影艺术，无论中西，每有新片放映即请业内专家加以评鉴，文章冠之以"之内容""之技巧""之比较""之讨论"等不一而足，更是在 1933 年特设"电影专刊"，先后出

①本文系天津市哲学社会科学规划资助项目(TJXC16-003)；天津市教育科学"十三五"规划课题(HE4005)；中国高教学会大学素质教育研究会课题(CALE201645)基金项目支持。

刊 107 期,每期一个版面,掀起一轮评论热潮。"电影专刊"内容大致可分为三类:电影艺术相关理论、电影评论性文章(电影取材、剧情介绍、剧本创作)、电影导演(拍摄构思、摄影技巧)及演员传记(人物形象塑造、表演得失、演员周边新闻)和其他(中外电影比较、电影宣传广告)。其中艺术理论和电影批评部分所占比重较大,也是本文研究的重点。本文意图以《北洋画报》"电影专刊"的电影评论为主要考察内容,借助文本解读和文化分析来探索传统文化营养对于电影创作、电影文化事业发展和城市平民大众的影响及意义。

有学者称早期的"无声电影"为"插图、照片的延长的印刷媒介"①。反观"以图像为中心"的画报又何尝不是电影影像延伸、传播的利器。电影影像及演员剧照以图像的形式被呈现于画报之上,让人们在影院观赏完影像的魅力后得以从银幕延伸至画报,再次反复回味银幕上那些稍纵即逝的影像画面,在满足视觉享受、保留影像记忆的同时,更是在这些图像承载的信息里,追寻各种潜藏于内心深处的精神慰藉。因此,画报"美好而像真"功能的重要性可想而知。

进入 20 世纪初期,都市中的现代传播媒介如报纸、期刊、画报等相应诞生并迅速成长,这让中国开明士绅和新型知识分子开始懂得借重现代传播媒体为电影这一新型事物构筑起影院之外的一个全新而又深广的传播空间,同时电影文化又被吸纳进印刷媒介,透过图像与文字建立现代人的生活形象与生活观念,绘制文化图景。《北洋画报》"电影专刊"正是这种合作模式下诞生的产物,通过这一"电影的印刷媒介化",既可以实现透过画报媒介传播电影之

---

① [日]佐藤卓己:《现代传媒史》,北京大学出版社 2004 年版。

目的,更可以在变换电影受众"凝视"的时空关系中,形成新的价值及满足社会认知学习的目的。这一点在"电影专刊"的批评文章中表现尤为突出。

二、生成:传统性聚合与现代性文化书写的主体选择

自 19 世纪以来,中国一直面对着"西方"这个复杂的话题。如历史学家陈旭麓所说,"传统文化在西方近代文化的冲击和影响下向近代文化过渡转变的历史,也就是传统与西化相斥相纳的历史。"[1]因此我们看到在以往经典电影史叙述中,往往围绕"传统"与"现代"、中与西、旧与新为划分的二元对立框架体系来为 20 世纪二三十年代电影评论进行阐述和定位,认为"电影没有卷入五四运动这样激烈的新旧斗争,却长期地和旧文化保持着千丝万缕的关系。"[2]上个世纪末以来,随着思想界对现代性问题的反思及更为多元化的理解,更多的观点开始认为中国早期电影应该是一种与其他媒体相携而行、融合"古典、世俗、外来等诸种因素"[3]且获得了现代性眼光的文化产物。事实上,二元对立也好,还原多义性也罢,都必须将中国早期电影置于二、三十年代传统文脉与现代新兴观念杂糅的话语场中进行理性关照。也只有在这样客观而整体的问题意识背景下,考察中国早期电影批评及其文本呈现——《北洋画报》"电影专刊",才能真实打开早期电影批评丰富

---

①陈旭麓:《近代中国社会的新陈代谢》,中国社会科学院出版社 2006 年版,第 397 页。
②柯灵:《柯灵电影文存》,中国电影出版社 1992 年版,第 287 页。
③张真:《银幕艳史:都市文化与上海电影 1896–1937》,上海书店出版社 2012 年版,第55 页。

的意义空间。

　　《北洋画报》的编辑主体中,即有具备现代精神的专业新闻写作记者,又有保持传统文人做派的士绅、作家和艺术家。具有现代情怀的同时又兼具传统文化底蕴是这一编辑群体的主要特征。比如,《北洋画报》的创办人冯武越,目前可找到的相关资料虽然不多,从一些零星文献中可以得知其身份有两个重要特征。一是资深画报媒体人。冯武越少年留学海外,是我国较早研究和收集画报的人。曾先后创办过《儿童杂志》《电影周刊》《图画世界》《京报》附刊《图画周刊》种种,随着办报经验一步步积累,"立下了办报的根基"。《北洋画报》刊载过许多冯武越谈论画报的文章,其中观点不乏为我们研究中国早期画报发展提供了可资参考的珍贵史料。二是"受欧风美雨熏陶的新派士绅"①,较早接触了摄影、电影等当时罕见新奇的西式艺术表现形式。摄影技术和铜锌版印刷技术的大胆使用,使画报首开北派画报先河,成为"印刷精美,为北方巨擘"②的民国画报佼佼者。画报创办人的这些身份特征对我们理解《北洋画报》大有裨益,也许正是凭借了其资深报人背景、深广人脉、丰富经验和国内外影坛资源信息的掌握,才得以让《北洋画报》成为早期中国电影研究的一个不容忽视的注脚。

　　除了冯武越,《北洋画报》"电影专刊"主编王伯龙也是电影批评的重要撰写者。王伯龙,河北保定人,出生于天津,与王元龙、王次龙兄弟三人是中国早期电影界颇具影响力的电影评论家、明星、

---

①张元卿:《读图时代的绅商、大众读物与文学——解读〈北洋画报〉》,《天津社会科学》,
　2002 年第 4 期。
②刘凌沧:《中国画报之回顾》,《北洋画报》第 888 期,1933 年 1 月 31 日。

导演,有广泛的电影人脉和资源。自 1933 年第 972 期始,王伯龙在第三版署名"伯龙"开设"银灯琐话"专栏,先后发表了介绍史东山、但杜宇、张石川、张慧冲、王次龙、蔡楚生、孙瑜等导演艺术研究系列文章,就导演生平、主要作品及其个人风格等做了较为精辟的介绍。另外尚有其他电影专评及电影杂文计约 24 篇,其独特而专业的影人视角、丰富而及时的影坛资讯,使得他的影评文章成为考察中国早期电影观念形成的重要史料。

早期中国电影的发展在 1933 年已经达到一个小高潮,社会各阶层都会在电影及电影界内寻求到自身所关切的问题。王伯龙在文章《银灯影历(一)》开篇即概述了电影在中国发展以来的面貌,并用"波谲云诡,极陆离光怪之大观""争相延致,重愿光声,斗角钩心,演成银海奇澜"等词汇描述,可以洞察到当时电影人已经开始意识到:中国电影所承载的社会文化意义已经远非记录现实生活、反应社会现状那么简单。诚如署名"雨文"的作者在《论电影之取材》中所言:"电影之使命,并非供人以娱乐而已。籍其推进之势力,增高其本身之价值,使能符合'电影教育'之原则;并综合政治,文化,历史,科学种种,治为一炉,以达艺术之最高峰,庶可造福于人类"①。而这种问题意识在另一篇题为《代表东方男性美的高占非与呐喊民族主义的王次龙》中亦得到体现:王伯龙同时提到两个在当时家喻户晓的明星,一个是代表传统美的高占非,一个是代表传统精神、自己的胞弟王次龙,标题中意味深长的提到"呐喊民族主义",这样带有意识形态的文章很显然已经脱离简单的娱乐化、商业化的内容制造,开始作为一种精神力量和传统形象而存在。该文

①雨文:《论电影之取材》,电影专刊第 101 期,《北洋画报》第 1550 期,1937 年 5 月 4 日。

章还提出了一个非常有意义的词语——"民族片",我们暂且不论在早期中国电影史上"民族片"是否为王伯龙首创,但这一提法却很显然表达出早期中国电影的传统思想性这一特质。另外一篇《抓住时代命脉打入社会下层之青年四导演》(史东山、王次龙、蔡楚生、孙瑜)中,王伯龙再次强调了"民族性",虽然文章最后说是"四位新朋友"①,但这种预言式的介绍确实对于早期中国电影史来说是至关重要的一笔。

《北洋画报》上所刊载电影评论的时间并不算长,观点也不能算完全准确和严谨,但从上述这些评论已足以窥见到一些中国早期电影的发展状貌。也恰恰是拥有了《北洋画报》"电影专刊"这种可视化的电影史"琐话"资料的诸多记录,方能帮助我们建构起一个尚有阐发空间的、既观照整体又记录细节的早期中国电影批评史述传统。

三、建构:"伦理传承"与"审美传承"的内容呈现

中国"戏教"传统自古有之,早期的"影戏"电影美学便是传统"戏教"内容与好莱坞戏剧美学相结合的产物,这种戏教传统既成为中国早期电影确立自身的一条重要途径,同时也在一定程度上使得中国早期电影仍然保持了诸如仁爱、亲善、孝道、惩恶等传统文化价值观,在满足受众审美"期待视野"上也找到谙合之处,因此早期电影批评无论是在故事内涵的挖掘上或是对镜头影像的审美探索上都体现出一定的民族文化传承性。

---

① 伯龙:《电影专刊》第九期,《北洋画报》第 996 期,1933 年 10 月 10 日。

（一）"伦理传承"与民族自省意识

二、三十年代画报编辑群体很多都是受近代文化"西进东退"影响的一代人，除了具备一定开阔的文化视野和批判思想外，更为重要的是这些人仍然坚守着传统文人以天下为己任的道德理想情怀，因此对通过艺术的方式改良社会情有独钟。因此画报影评多重视从国人性格角度去挖掘电影现实意义，或者由民族传统欣赏趣味来引导读者接受电影影像艺术，通过"感化人心"的方式实现对城市平民大众的"再启蒙"教育。例如 1937 年华安公司特约周信芳拍摄了一部历史影片《斩经堂》，电影既突破了传统旧剧分幕和背景的限制，同时又仍能保留传统表演形式上的美点，而被评论为是一部因"旧剧的艺术，经过融化的作用"而在摄制上取得很大成就的电影①。有些评论更将中国传统文化诉诸"新道德、新观念"来实实在在地谈论现代电影的编创。例如在《观明星"小情人"之后》一文中，谈到郑正秋所创这一剧本"戏是一部悲戏，人却没有坏人，用'善与善的比较'，证明社会上有'蛮性'的遗留"，对郑正秋剧情的构造大加褒奖，认同这种以传统道德来挽救社会秩序的价值观。其他影评诸如《评"新人的家庭"》《仗义还妻》《谈赤胆忠魂》《从"大家庭"说起》《杂谈船家女》《关于"母爱"的零碎》等等莫不如是。这些影评不仅提倡为平民立言，同时还倡导将中国的传统文化营养注入到平民大众喜闻乐见的新型电影文化形式中，可见早期的电影批评除具有净化社会的作用外，其文化传承职能也初显端倪。

进入到 20 世纪 30 年代，《北洋画报》电影评论逐渐去除了以

①萤飞：《漫谈"斩经堂"》，《北洋画报》第 1574 期，1937 年 6 月 29 日。

直观感受为主的简单印象式批评风格，更多理论化、理性的专业分析见诸报端。关照视角也从中国传统文化伦理道德层面转移到民族意识的觉醒层面。电影《还我河山》描述的是白蕉岛土民在黄金龙两兄弟的带领下，经受考验、不怕牺牲，最终合力将夷寇驱逐海外的故事。《北洋画报》设"特刊"介绍："他（指王元龙）作的不是从前历史上的侠客，而是现在所需要的民族英雄；此片也不是陈腐的武侠片，而是中国人需要的借镜。一国的影片贵在能表现出一国的民族特性，《还我河山》的片名和内容，都带有"不二价"的意义，这适足表现出我国不屈不挠勇敢的民族性。"①在另一篇《"大汉"片中两颗新星》的文章中，更是介绍另一胞弟王次龙独自筹资拍摄这部"深合时代需要"的影片，是"以民族主义粗线条的立场著称在银坛上的。"②纵观《北洋画报》中的电影评论文章，虽然没有如"左翼影评"般旗帜鲜明观点明确，但民族意识一直被视为贯穿其始终的传统文化价值观中的根基性因素。

（二）"审美启蒙"与文本写作策略

近代传统社会体制和文化意识形态所发生的重大变局，让一些中国知识分子到社会的转型需要打通"新"与"旧"的分界，社会的转型需要器物、制度和思想等诸种层次的变革。特别是自上而下的美育普及来重塑国民的精神信仰和文化观念的突破口。诚如蔡元培所言："美感者，合美丽与尊严而言之，介乎现象世界与实体世界之间，而为之津梁"③。在他们看来，美育的范围应该更加社会化

---

①左右：《介绍"还我河山"影片》，"还我河山特刊"，《北洋画报》第919期，1933年4月13日。
②伯龙：《"大汉"片中两颗新星》，《北洋画报》第1108期，1934年6月30日。
③蔡元培：《对于新教育之意见》，《蔡元培全集》（第二卷），中华书局1984年版。

和日常化：美术馆的设置、剧场与影戏院的管理、报刊图书的出版设计、个人谈话与容止、社会的组织与演进等等凡有美化的程度均在所包。

《北洋画报》所处时期，城市文化、大众文化逐渐酝酿成型并渗透到民众的日常生活之中，不断丰富和改写着城市平民大众的日常审美体验。电影评论对于电影的审美作用越来越关注，电影作为杂糅了多种艺术特性的综合艺术，与其他中国传统艺术门类如绘画、音乐、书法等形成交辉相应、互为渗透的艺术景观。比如绘画界与电影界的交汇就不少见，《北洋画报》中一篇名为《观"传家宝"之后》的文章曾提到该片导演但杜宇本是画家身份，因此所导影片中"处处含有画意，美术思想之丰富，在国产影片中，可谓得未曾有。"①再如，《"生之哀歌"片中之歌曲》一文关注到电影插曲的流行，用得好可以激奋整个民族的热血，反之则可萎靡了整个民族的锐气："影片是国家文化推进的利器，故在影片中，穿插进一两首适合剧情的歌曲，其对影片本身，不仅形成多一层的力量，而且对于全体故事的展开，能有着深入的印象划入人们的脑海里"②。可见当时电影批评已开始注意并尝试运用中国传统艺术形式和造型、音乐等电影语言相互关联来寻求对电影阐释的可能性。

《北洋画报》作为当时最先进的照相铜版画报代表，其迥异于一般报刊的版式为电影评论提供了一个独特的展示空间，画报内容并不试图简单迎合读者"左图右史"的欣赏习惯，以"印刷精美"

---

①记者：《观"传家宝"之后》，《北洋画报》第 36 期，1926 年 11 月 10 日。
②区浦：《'生之哀歌'片中之歌曲》，《北洋画报》第 1193 期，1935 年 1 月 15 日。

"美好而像真"著称的海量摄影图像,其本身就具有丰厚的文化内涵和史料价值,而由影评人所标注的文字内容则意在帮助唤起普通观众对图像"深层意义"的认识。正是在读"图"与读"文"的双重乐趣中让读者体验到了电影艺术的无穷魅力。《北洋画报》上的电影评论在文本结构上一般由电影剧情介绍、电影优点、电影不足这三个方面组合而成,这样的写作构造,使影评在内容上清晰具有条理,另外也起到纲举目张的作用,尤其是专为某部电影开设的"特刊"号中,这一点体现尤为明显。例如画报1931年6月6日刊载的《全国第一发声影片"雨过天青"特刊》上,通过版式的分割、排列组合后,文本呈现《"雨过天青"本事》《介绍"雨过天青"》《"雨过天青"之职员与演员》和《日本新闻界之批评》几个不同版块内容,四篇影评来自不同的作者,内容也各自有所侧重,但同时又都可以成为彼此的"参照",使电影内容与电影评论形成某种互文对照关系,两两对读之间即产生了多义性阐释空间。

结 论

在20世纪中国现代性语境下,"传统"与"现代"是国家发展过程中无法回避的文化议题,而"现代"与"传统"互为胶着的状貌也为早期电影批评文章的风格形成提供了社会和精神的温床。《北洋画报》中的电影评论自觉或不自觉地以中国传统文化营养为渊源,借助电影批评文本捍卫着"西进东退"后逐渐丧失的或变质了的传统文化观念。当下,中国电影人依旧在新的历史语境中砥砺前行,在重新想象并建构民族文化身份的同时,积极探索着如何有效面对外国生产经验与文化价值观的输出,如何建构起传统文化价值观传承和传播的有效路径。为此,本文以接近电影原生形态的电影史结构方式回顾了《北洋画报》电影批评的相关内容,试图窥见早期电影批评历史的个中堂奥,期冀看到与以往认识有所不同的内容。

(刊于《当代电影》,2018 年第 5 期总第 266 期,2018 年 10月,第 136—139 页)

作者:王晏姝,天津工业大学人文学院传媒艺术系

民国时期天津戏曲演出场所运营模式初探

王兴昀

　　1860年天津开埠，被辟为通商口岸。"各国侨商，列省行贾，都荟萃于斯，真个是攘往熙来，旅至为归，一天天繁盛起来。"①天津租界林立、华洋杂处、商旅如云，逐渐发展成为近代北方重要的工商业城市，更是南北经济、文化交流的重要枢纽。随着天津城市的发展，吸引了大量移民汇聚于此，从而带动了娱乐业的发展。戏曲演出作为天津市民最普遍、最热心的一种消遣方式，拥有较为广泛的戏曲观众群体。于是兴建及经营戏曲演出场所成为一项回报明显的产业，少数具有一定实力的人士视建设戏曲演出场所为一种有利可图的投资。本文从梳理民国时期天津戏曲演出场所的建设和经营方式入手，试探讨剧场投资方和经营方之间的关系。天津戏曲演出场所比其他地区更为复杂，这是天津华洋两界并存的独特格局所致。剧场所处的辖域不同，官方的管理政策不相同，主要目标

①喜晴雨轩主：《津桥蝶影录（一）》，《北洋画报》1926年7月7日。

观众也不尽相同。不过它们均处于天津大的社会环境之中,相互之间的竞争并未因种种不同而削减,所以不妨将它们进行综合性的考察。

一、获利——戏曲演出场所投资方的选择

戏曲演出场所的运营看似有利可图,但是实际上有着较大的盈利压力。首先是兴建戏曲演出场所,特别是在较为繁华的地段选择合适的地点或房屋建造或改造剧场,需要大量的资本投入,往往由多个股东合力建造。明星大戏院所在地原属恒和产业公司,冯友苓、陈宜苏等四人合股,"发起人每人先认五千元,凑足两万元,贴给恒和公司作建筑费,共资四万元"[1],才将明星大戏院建起来。其次,建成后招徕演员演出,维护和升级剧场设施都需要持续的资金投入。戏曲演员尤其是名角薪酬的包银制对于剧场来说是不小的负担。"北平名角来津出演,与戏院条件多系论包银,言明条件,预先付清。"[2]包银制一定程度上保障了演员的权益,不论演出售票情况如何,演员领取事先约定好的酬劳。但对于剧场来说,可能面临售票不佳,账面亏损的情况。而且就全年来说,演出市场有季节性疲软的特点,演出旺季和淡季交替之间,剧场也容易出现亏损。所以剧场投资方所要考虑的是如何能够较为稳妥的保全财产,更为稳定的回收投资成本,并获得利润。

---

[1]《娱乐之一斑(六)》,《益世报》1931年1月28日。
[2]《名角与戏院》,《益世报》1935年9月5日。

（一）保全资本——戏曲演出中心区的转移

清末民初，靠近租界的华界南市一带的戏曲演出场所已具规模，已经形成产业中心化的趋势。戏曲演出中心区是指城市中戏曲演出活动和演出场所相对集中而紧凑的地区或地段。天津戏曲演出中心区是在天津经济中心的培育和推动下发育成熟的，并随着天津经济中心的变迁而变化。戏曲演出中心区的出现既是天津戏曲演出业达到成熟的标志，也是走向进一步发展的依托。

民国初期，天津华界受国内大环境的影响，时局时常或多或少呈现出动荡的态势。剧场设施的维护是一项颇耗资本的工程，而充满不确定性的社会局势制约着投资人对剧场进行修缮或者是升级。20世纪20年代中期开始南市地区的戏曲演出场所因为缺乏必要的维修不可避免的出现了老化的趋势。这些戏园"对于座位设备上因陋就简"，因为"由于历年兵士之骚扰，不敢有所装潢，否则掷巨额资本，欲博蝇头之利而不可得。"①于是南市戏曲演出中心区的剧场环境不断恶化。

各家戏园"设备既属简单，建筑尤形恶窳，身入园门，腥臊之气，直触鼻端，使人望而却步。"②剧场地面上"因为一班不道德的听众随便泼倒茶水，更是潮湿污秽不堪！舞台上的尘土，不知有多厚，演起武戏来，往往会迷了前几排的听众的眼。至于长櫈的坐着不舒服和常常会弄污衣服，还是余事。"③而且"满地吐痰，不足为奇。随

---

①《下层民众娱乐场所调查之二：旧三不管儿家戏园子》，《大公报》1928年9月17日。

②《津埠剧院之进步》，《益世报》1929年2月25日。

③《南市两平民戏院》，《益世报》1933年12月30日。

处加凳,毫不要紧。连小孩子们在座下撒尿,也都是司空见惯的把戏。"①演出场所的简陋也限制了名角来此演出。这里聚集了大量普通戏曲演员,还有一些过气落魄的往日名伶,以及尚未成名的青年演员。南市地区戏曲演出所吸引的观众变成了所谓的"下层民众"。演出票价便宜,"似乎可以治疗一般人对于娱乐上的饥渴。"②这也使得剧场的投资方"感觉顾曲其间者多半为中下社会中人,无庸十分考究",所以"戏园设备乃永无改善之希望。"③

面对华界市面的不稳定性,投资方出于自身利益的考虑,开始选择较为安定的环境进行投资,建设新的剧场。随着官僚军阀、权贵富商逐渐以租界为安乐窝,人口资源和社会财富向租界流动,天津出现了以租界为核心的"中心化"趋向,租界逐渐成为天津城市中心。这也使得天津戏曲演出业逐步向租界转移。

从20世纪20年代开始,梨栈一带兴起了戏曲演出场所建设的新高潮。其中尤以明星大戏院、春和大戏院(后曾改名为国泰大戏院)、北洋大戏院、中国大戏院四家为盛,这四家剧场一度也成为专演京剧名角大戏的头等剧场。从某种程度上说,这四家剧场的目标观众群体是租界中的富裕阶层,因此较之以往剧场有了较大的提升。它们都更进一步吸纳了西式剧场的建筑方式,规模更大,戏曲演出场所的称谓也完成了从"茶园""戏园"到"戏院"的变化。特别是考虑到了剧场的舒适度。对于富裕阶层观众来说进入剧场不是单纯的听戏赏歌,所追求是一种全身心的愉悦,他们对剧场环境及舒适度尤为关注。同时,这些剧场适应了戏曲演出新的趋势。随

①瑟瑟:《南腔北调》,《大公报》1930年4月26日。
②《南腔北调》,《大公报》1930年3月10日。
③《下层民众娱乐场所调查之二:旧三不管几家戏园子》,《大公报》1928年9月16日。

着戏曲自身表演方式的变革，承袭已久的方形戏台已经不能满足戏曲演出形式改良的需要。20世纪30年代随着日本侵华的步步紧逼，特别是1931年"九一八事变"和"天津事变"之后，法租界凭借更为安定的社会环境，巩固了自己天津戏曲演出中心区的地位①。

同时，附设于商场的剧场更是兴盛一时。劝业场、中原公司、天祥商场、泰康商场等处均设有剧场。因为"商场小规模的戏班、比较容易组织，一切开支等项也比较节省。又以地位在商场里面，来往人多，上座也比较的繁盛。有这许多原因，所以天津最近常演川剧的戏场，差不多全在商场的范围之内。"②有时这类戏曲演出场所附设于商场的游艺场内，多与其他剧种、曲艺杂技及多种娱乐活动同在一个游艺场内开设。有时顾客只需在游艺场门口买一张票即可观看戏曲在内的多种舞台艺术演出，且票价相对便宜。各家商场在夏季开设的屋顶花园中也举行有戏曲演出。

(二)出租经营——剧场投资方的稳妥选择

天津的戏曲演出场所的经营模式大体分为两种：一是由剧场建设投资方直接经营，二是由投资方将剧场租于他人经营。第一种方式虽然对于剧场的管理更为便利，但是演出市场的盈利状况有一定的未知性。如果投资方直接运营剧场，一旦演出不能获利，投资方要承担兴建剧场和维持剧场的双重资本压力，风险较大。所以

---

①20世纪二三十年代，在法租界中心产业区以外，天津还形成了多个适合社会中下层消费的戏曲演出产业次中心。较为成熟的戏曲演业次中心有南市(即旧三不管)、新三不管(位于西门外白骨塔附近)、地道外(位于老龙头车站以东，铁路线以外)、谦德庄(位于英、德租界以南)。这些地方的戏曲演出场所多为戏棚，也有一些中小型剧场。

②《天津剧界嬗变的形势》，《大公报》1929年1月30日。

大多数戏曲演出场所建设的投资方出于降低风险，稳定获利的考虑，主要选择第二种方式，即将剧场出租①。

剧场建设投资方选择出租剧场，实际上将一定的市场风险转嫁给了剧场的实际经营方。不管经营方的实际收益如何，投资方基本上能获得稳定的租金收入。但是投资方和经营方两者之间又常常有着难以调和的矛盾。经营方担心演出市场疲软，不愿支付太费用，多想以低价长时间租用。而投资方想以合适的价格出租较长时间，但又怕合同已定、行情见涨不能及时提高房租。所以双方往往签订短期合同。而激烈的市场竞争，导致了"铁打的剧场，流水的经营方，多变的剧场名"的现象。春和大戏院正是在复杂多变的租赁关系中一步步走向了衰落，原本头等剧场的金字招牌也在这个过程中消磨殆尽。

春和大戏院初期由投资方自行选择经理，直接经营，但"自开幕以来，经理数易其人，至最后一任经理为闽人林君（林退庐）"。他"曾任简任职官吏，又执律师业务，于社会间雅负时望，但对于戏剧电影，不免有不得门径之处"。电影营业直接包租他人。戏曲营业由李华亭"负责筹划约角。李君营梨园之业多年，积有经验，故平均戏剧一部颇有盈余"。春和大戏院"合计电影、戏剧两部，闻每年亦可博有赚利也。不过以内部手续，尚欠清晰，开销又不知节省，以故徒有其名，而未得实惠"。林退庐借口欲往政界发展无暇兼顾，辞任经

---

①实际上剧场不论是由投资方直接经营，还是出租给他人。剧场经营方都会迫于戏曲演出的独特性，雇佣或任命同戏曲演出界关系密切的人士出任前后台经理（管事），以便能够更为有利地约请演员演出，保证剧场运作顺利。前台经理负责账房、案目、茶房（主要为传统的"三行"）等；后台经理专司演出事务，负责文武管事、场面头、箱管、书记、催戏、茶役等。因事涉钱款，为求避嫌，前后经理一般为两人，偶有同一人兼管前后二台的现象。

理。春和大戏院于 1929 年 8 月 19 日租给由社会闻人刘髯公牵头的协记公司承办，"办法每月纳房金及全部生财之租价二千元。此外电费、薪金等及前后台开销，统由协记担负，合计除影片租价、角色包银不计外，每月须用经费三千二百元之谱。"①

刘髯公对戏曲界较为熟悉，于是"演戏时间比较电影为多。"②先后邀请富连成科班以及李万春、王少楼、胡碧兰、雪艳琴、蓝月春等名演员登台，获利不少。但是双方签订的合同仅到 1930 年 4 月底为止。"该院原经有数起商量续期，终以接洽不能妥协，均未成议。现已决定仍由该院自行接办，将不再出租。"③但是直接经营之后，林退庐立即感到盈利压力。"因为专演京戏，北平的角色偶一到天津包银就很大，所以不单观众的负担重，戏院的一出一入也颇可观。不过角色的大小不定，一月的统计亦颇不一，所以说不出个定数来。不过只就大概来说，每日的开支约至一百三四十元的样子，一月也就够四千元了。"④

此后春和大戏院在"园主林君赴长春后，"由何怪石、管心泉等人合股租赁，合同为期一年，营业"成绩尚属不恶"。但是合同到期后，依旧没能续约，"刻又改组，归吉祥公司接办，并由李华亭充任经理。"⑤李华亭与戏曲界联系紧密，于是春和大戏院"内部焕然一新，角色既佳，管理尤为认真，俗有'死店活人开'之谚。"⑥即便如此春和大戏院依旧有较大的盈利压力，为求扩大财源竟然"加演白俄

①《春和戏院改组之经过》，《益世报》1929 年 8 月 15 日。
②《春和戏院未来之剧》，《大公报》1930 年 1 月 17 日。
③《春和院内新消息》，《大公报》1930 年 3 月 31 日。
④《娱乐之一斑（一）》，《益世报》1931 年 1 月 19 日。
⑤《春和改组》，《大公报》1933 年 3 月 14 日。
⑥《艺屑》，《大公报》1933 年 4 月 11 日。

女子裸体跳舞。"此事"被法国工部局侦悉,以该院违令擅演裸体跳舞,有伤风化,当由窦局长、梅总办带同特警等多人,同往该院勒令停演。并将舞女及该院经理李华亭一并带局罚办,该院亦即停止营业。"①吉祥公司不得已又将春和大戏院转租给新记公司,自1933年12月10日,"春和院即完全归新记办理。新记方面并推杨仲衡为经理。"②幕后却由刘髯公掌控。1934年,"名票刘叔度,招齐股本,继续接办。"③1935年春和大戏院"改隶于管辖平津光陆电影院之大陆电影公司接管,"④并更名为国泰大戏院。虽然"特聘故都广德楼戏院经理李亦青为驻平代表,负责办理邀角事项。"⑤但是戏曲演出始终难以振作。1937年3月春节期间大陆电影公司放弃春和大戏院迁往他处,春和大戏院再次被出租再次更名为"光华大戏院。"⑥

可见虽然投资方将出场出租,可以将压力转嫁给租赁剧场的经营方,但是短期合同带来的负面效应却不断侵蚀了剧场的生机。投资方急于收回建筑成本,不愿签订长约。而经营方却因为难以定立长期合同,在经营中往往带有短视性。经营方在租赁剧场之后,为了能降低风险,并不单纯以戏曲演出为业,往往兼营电影放映等其他业务以求保证收益。而且为了能使手中的流动资金更为充实,往往吸纳了传统戏曲演出的一些行规来降低自身的风险。曾经被戏曲观众诟病已久的"三行",不但在华界剧场大行其道,也进入了租界中的剧场,春和、明星、北洋等曾经的头等剧场在不同的阶段

①《春和戏院擅演裸体跳舞》,《大公报》1933年11月7日。
②《春和院改组》,《大公报》1933年12月14日。
③《剧讯》,《北洋画报》1934年3月17日。
④《国泰戏院装修门面——春和院易主改名》,《大公报》1935年7月13日
⑤《剧讯》,《北洋画报》1935年7月20日。
⑥《光华大戏院已租妥国泰旧址订本月五日开幕》,《大公报》1937年3月1日。

也不同程度的引入"三行"。

"三行"即票房、果局与壶碗。票房承包剧场票务,与剧场依照事先约定的比例分账。"果局设摊于园中,售各种零食烟卷之类;壶碗即园中侍役,以茶水及手巾把,以取观客茶钱。此三行之于戏园,例须纳租。故有人将营戏园,则先向三行预征之,即以此款布置一切。"①有时甚至剧场邀请名角演出的经费均由"三行"分摊而得。因为"如角好戏硬,上座自多","三行"人等"自有余利可图。"②可是"三行"的引入却极大干扰了剧场的秩序。尤其是票务方面"留座"的积习,让观众怨言颇多。

二、获利——戏曲演出场所经营的策略

剧场建设投资方将剧场出租可以规避一些风险,但是如果经营方经营不善,就会使得剧场的声誉受损,影响剧场在观众心目中的地位,酿成难以挽回的后果。这对于剧场的可持续性运营极为不利。从这个角度来说,曾经盛极一时的明星大戏院、春和大戏院、北洋大戏院三家的衰落都同多次转租有一定的关系。尽管难免有种种不足之处,经营方在运营剧场的时候,都是明确的以获利为目标。于是天津各档次的剧场为求盈利,在应对消费能力不同的人群时,演化出不同的经营策略。

(一)争邀名角——应对高消费群体的对策

民国时期是戏曲演出名角制的成熟期,名角特别是京剧名角

①惕身:《旧戏园之组织》,《中华画报》1932 年 5 月 13 日。
②《津门剧界掌故》,《益世报》1946 年 12 月 31 日。

受到观众的追捧。聘请京剧名角往往成本较高,花费不赀。京剧名角包银本已不低,接待、吃住往往亦须戏院出资。剧场经营方欲求盈利,"本'羊毛出在羊身上'之远离,因为名角之包银多,不得不将票价提高,"①将成本分摊在票价中,由观众承担。以高票价,博取利润,也因此使得由官僚、绅士、资产阶级构成高消费群体观众成为了京剧名角演出针对的对象。虽然名角的号召力并不一定能成为戏票大卖的保证,可一旦成功,就收益颇丰。所以邀请京剧名角属于某种高投入、高风险、高回报的经营行为。

对于剧场来说,京剧名角演出除了可能带来收益外,还有能借名角巩固乃至提升自身的社会声誉。一家剧场如果长期没有名角演出,其在高消费群体观众心目中的地位和社会影响力也会降低。这也就进一步加剧了演出市场的竞争。可是京剧名角的数量毕竟有限,因此聘请名角的竞争就异常激烈。名角们往往藉此自高身价,提高包银。剧场经营方也有时为"一时意气之争,争相抬高包银",自行抬高名角身价。"谭富英前在北洋露演,每日包银四百元,后明星电影院竟出五百元一日之高价将谭富英约来。"②

有时一家剧场邀来名角演出,其他剧场也往往会同时约请名角登场,以求反制。春和、北洋、明星三家因为地点相近,投资方和租赁经营方之间关系复杂,常有唱"对台戏"之举。"本市大戏院,向以春和、北洋两处为最优,因两处皆无长班,一周之间,未必准能演唱三四日。"经营方"多半各展其交际手腕,赴平(北平,今北京)邀聘角色来津作短期之出演。最使人不满意者,则为一经演唱,两院必同时开锣,每每使观者有顾此失彼之势,而两院营业亦皆互相牵

<hr>

①②《名角与戏院》,《益世报》1935 年 9 月 5 日。

制,不住美满,良以两院本有芥蒂,只以意气之争,任何方面皆不肯示弱,遂致造成时常对垒之局面,双方均无良好之结果,空为演员白忙一回也。此等办法,偶一为之,本未为不可,若视为定而不移,必须如此,其两败俱伤,可断言也。"①

演出市场的激烈竞争和京剧名角高价的包银让剧场运营陷入了恶性循环:名角是可能剧场赚取金钱和声誉的保证,可只有花高价才能邀到名角,这也就使得戏票价格不断提升,一般民众越来越看不起名角的演出。正所谓"名伶一出戏,穷汉十天粮。"高票价也成为了《大公报》《益世报》等媒体的批评对象。

实际上到了20世纪30年代,京剧名角的演出成为头等剧场的负担。民国初期,北京为首都,权贵云集,上海为全国商业中心,富商汇集,京剧名角多在两地演出。京剧名角在天津的演出多为短期"过路班"。天津作为水陆码头,"外埠邀请名伶要经过天津,停留演唱几天。"②所以"角不常来,戏不常演,而嗜戏者多,故定价虽昂,看客则无不争先至。"③故而剧场经营方有利可图。可是"南京定都,政府南迁后,北平名伶,因市面萧条,相继走外埠,于是津中戏院,尽力约聘名伶。"④京剧名角接踵而来,"有时各院争唱对台,营业反日渐冷落。"⑤剧场经营方亏损的可能性加大。1935年杨小楼、郝寿臣出演北洋大戏院,"此次所演五场之包银,共计五千元,按该院所订票价,散座最低六角,最高三元,须须场场能卖八成座,始能维持

①《春和与北洋对垒》,《益世报》1933年11月10日。
②《闲话天津的旧戏》,《益世报》1936年10月20日。
③白藕:《天津的京戏》,《北洋画报》1930年8月9日。
④式颤:《天津桥畔十余年来剧之变迁及近状》,《十日戏剧》第16期,1937年7月30日。
⑤白藕:《天津的京戏》,《北洋画报》1930年8月9日。

够本,七成五即须赔钱。"①

(二)海派本戏——迎合中产消费群体的选择

相对于高消费群体,由职员、知识分子及自由职业者等构成中产阶层消费群体人数更多,可以说他们才是戏曲演出的主体观众。总体来说,他们可以承担名角演出的消费水平,但是其经济能力又难以承受经常性的名角演出。他们对于戏曲演出所抱的更多是一种消遣的态度,"皆是崇尚新奇"②这种心态也使得中产阶层消费群体极少有门户之见, 各剧种和各演出派别都能在天津找到一席之地。"为了观众的爱好及认识上的不同,京朝派与外江派(海派)各有一部分势力, 除此秦腔,昆弋等短期出演也照样地获得良好结果,在天津的戏剧观众不像上海的观众那样的喜欢花样翻新,又没有北平(今北京)观众那样的品评修养,只是基于一种纯娱乐立场而爱好者而已。"③于是一些剧场倚重京剧新戏,通过出新来博取中产阶层观众的青睐,"以排演连台本戏吸引观众"④。正如一首竹枝词所说"戏派年来尚外江,行头砌末号无双。连台新剧多荒诞,休要苛求字调腔。"⑤排演新戏的成本远低于聘请京剧名角,因此票价适中,大约在一元上下。小成本的剧场希望以低票价,新剧目,引来大量的观众,使得戏票大卖,从数量上赚得利润。

新明大戏院早年"拥有海派鼻祖麒麟童作台柱,王灵珠、王佩

①《名角与戏院》,《益世报》1935年9月5日。
②式颛:《天津桥畔十余年来剧之变迁及近状》,《十日戏剧》第16期,1937年7月30日。
③④蔡庆:《天津戏院素写》,《戏剧旬刊》第14期,1936年6月。
⑤冯文洵:《丙寅天津竹枝词》,雷梦水等编:《中华竹枝词(一)》,北京古籍出版社1997年版,第517页。

秋、赵鸿林等人配之,以《闹花灯》《狸猫换太子》等本戏号召。"后由"由刘汉臣、汉森、汉勋弟兄,等排演海派连台戏《济公活佛》《汉光武》等,以机关布景之变幻,大为轰动一时,观众趋之若鹜,全市戏场营业无出其右者。"①拥有自己演员班底的剧场和附属于商场的剧场更是重视连台本戏和机关布景,其中尤以天华景和中原剧场最有知名。天华景在劝业场内,"为各商场中最大之舞台,楼凡三层,包厢可供六座,楼下座位,亦颇舒适。以建筑论,尚属完美。"②而且"砌末、行头都研究得很动人,能迎合妇孺的心理,哄得老太太、小姐、少爷们一乐,于是兴旺起来。它内部的组织也仿佛齐整些,虽然包银不多,但准保不克扣,所以角色历久不去。"③同时,天华景戏院的演出不论风雨,轻易不回戏。顾客在劝业场内购物时会赠给天华景戏票代金券,这更成为招徕观众的重要手段。天华景注意在演出中运用机关布景制造噱头吸引观众。"《扫除日害》一剧,演唐尧驱九日事,系一出神话戏。末场布景,海天红日,宛如真景,海中波涛,滚滚而流,天际微云,冉冉而动,加以电光映射,幻成异彩,洵为壮观。孟丽君扮嫦娥,在月中曼声度曲,而水流云去,景致亦陪衬活动。以故座客鼓掌欢呼,叹为得未曾有。"④该院演出第十七本《西游记》时,"用真蟒上台,以资号召。蟒长约七尺,重约二十斤。"⑤所以天华景的演出很受观众的欢迎,院方也是获利颇多。"闻只《天河配》一戏,天华景一家收入达五六千金以上,机关布景最称富丽新

①式颢:《天津桥畔十余年来剧之变迁及近状》,《十日戏剧》第 16 期,1937 年 7 月 30 日。
②《皎然一片天华景》,《大公报》,1929 年 3 月 20 日。
③《津市的娱乐场所(续)》,《大公报》,1934 年 1 月 12 日。
④《劝业场之游艺新讯》,《大公报》,1929 年 8 月 26 日。
⑤《天华景戏院真蟒上台》,《大公报》1935 年 8 月 29 日。

奇,统计之亦仅用五六百金,居收入十之一耳。"①

中原剧场位于中原商场"系附属于游艺场性质,本戏之演出顾着重于趣味。编排者刘寒香,排演之《华丽缘》《情侠传》《五美奇缘》皆获得大量观众之热烈欢迎。"《释迦牟尼佛》一剧"布景机关之变幻尤足令人咋舌。"②中原剧场尤为注重演出布景(舞台美术),其"布景向为津门首屈一指,绝非一般普通者可比,故历次排演新奇之演出,颇博观众之称道。"演出《八仙得道》时,"观者无不惊奇,且皆有百观不厌之感。"③

(三)评剧兴起——满足低消费群体的需求

低消费群体虽然承受着较大的生活压力,但是依旧有着休闲娱乐的需求。原本他们可以被视为戏曲演出的边缘群体,但是在适当的条件下他们也可以转化为戏曲演出的消费群体。首先是票价便宜。几分、几角左右的票价大约在他们的承受范围之内。其次是通俗易懂。绝大多数低消费群体文化水平较低,剧情、唱词需要浅显。在这种契机下,评剧在民国时期异军突起,成为天津戏曲演出中不可忽视的力量。

评剧旧称"蹦蹦""蹦蹦戏""半班戏"。清末即曾在天津流传,但为社会主流所不容,只能见于落子馆中,难以进入正式剧场演出。后"渐又为社会人士所乐观,从租界地带、落子馆里,渐渐搬到华界的戏园里。"④当年的蹦蹦"一变而为'评戏'了。"⑤评剧大受欢迎在

①《天华景新排之海式戏》,《益世报》1929 年 9 月 2 日。
②蔡庆:《天津戏院素写》,《戏剧旬刊》第 14 期,1936 年 6 月。
③《中原剧场上演八仙得道》,《大公报》1936 年 12 月 5 日。
④燕归来簃主人(张次溪):《天津游览志》,中华印书局 1936 年版,第 37 页。
⑤《蹦蹦戏风靡一时》,《益世报》1934 年 2 月 25 日。

于它演出剧目"正是它的观众所熟知的内容。"①而且"唱词比哪种
戏剧都通俗,格外的容易明白。"②更重要的是票价低廉。特一区福
州路皇后大戏院,由张月芳姊妹演出短期评戏,"日场一律一角,夜
场一律一角五分,票价如此低廉,真不愧平民化之娱乐场也。"③即
便如评剧名角刘翠霞最高票价也仅四角。④

　　从 20 世纪 20 年代末开始,评剧渐渐成为了天津戏曲演出的
主流。1929 年曾经的戏曲演出重地新明大戏院开始演出评剧,可见
"津人对于蹦蹦,实已引起其嗜好与兴趣,而最近数年之内蹦蹦戏
在津之发展扩充,顿亦大足惊人也。"⑤到 20 世纪 30 年代演出评剧
的剧场"实较唱梆子、二簧的戏班为多。计有北门里的福仙、劝业场
的天乐、南市的燕乐升平、荣业大街的聚华、谦德庄的天合,其余如
聚英杂耍场, 尝以蹦蹦攒底, 天祥市场三楼旧有李宝珠蹦蹦班演
唱,以及河北大街的普乐、南市的权乐,都曾以此号召。"⑥评剧演出
的舞台布景也一改往日的简陋。天福舞台"《花为媒》一出,里面张
小姐和王公子在花园相会的一幕,台上布着花园的画景,而且密缀
着许多小电灯。这种布置,寻常唱京调的戏馆里,还不常见。"⑦一些
评剧演员的风头已经不亚于京剧演员。"刘翠霞出台时,台上亦摆
列花篮,并置极大值银盾多件,辉耀夺目。刘所着行头,及所用桌围
椅帔,亦均灿烂鲜艳,气派与大戏班之著名女伶相埒。台下怪声叫

①《蹦蹦戏风靡一时》,《益世报》1934 年 2 月 25 日。
②《娱乐场得零碎话》,《大公报》,1929 年 1 月 14 日
③《皇后大戏院改演评戏大减价》,《大公报》1930 年 6 月 11 日。
④《急景凋年中津市之游艺场(四)》,《大公报》1935 年 1 月 26 日。
⑤《新明大戏院将演评戏(下)》,《益世报》1929 年 8 月 19 日。
⑥燕归来簃主人(张次溪):《天津游览志》,第 37 页
⑦《蹦蹦戏谈(二)》,《大公报》1929 年 2 月 1 日。

好,嚣然盈耳,其热闹之状,亦为各戏院所未见。"①

天津观众对于评剧的喜爱极为热烈。"虽不能与皮簧并驾齐驱,而吸引观众的力量,亦殊不小。"②泰康商场四楼的鸿记舞台"前于承平无事之日,庞世奇、陶显庭等,组织昆班,日夜演唱,售座每位只取二三角,终以座客寥落不能支持,只得偃旗息鼓。"津变发生后,鸿记舞台演出评剧"每座亦售二角。当十一月二十七日风声正极紧之日,曾往一观,居然满座。"③

结语

民国时期天津作为华北的经济中心、北方海运和漕运的中转枢纽,经济与社会获得了显著的发展,从而带动了城市文化产业的繁荣。戏曲演出业在天津文化产业中脱颖而出,成为具有代表性的行业,并形成了产业聚集中心区。天津戏曲演出场所的运营模式和经营方式,体现出日益鲜明的商业性要素和市场化走向,显示出了以吸引观众为本的运作思路。

(刊于《艺术探索》,2018 年第 5 期总第 152 期,2018 年 10月,第 117—123 页)

作者:王兴昀,天津市艺术研究所

---

①《天天舞台之蹦蹦戏》,《大公报》1930 年 12 月 7 日。
②《新新今天改演评戏》,《大公报》1936 年 5 月 13 日。
③《昆曲与蹦蹦戏》,《天津商报画刊》3 卷 47 期,1931 年 12 月 8 日

论当今民间小剧团小剧场话剧演出

王海冰

　　1918 年 6 月《新青年》第四卷第 6 号开辟的"易卜生专号"的发行，对我国的现代文学史以及我国现实主义话剧的成长发展产生了深刻影响，可以说，也助推了"五四"新文化运动的爆发。在其前后，社会上不断涌现出民间小剧团，演出易卜生的《娜拉》(《傀儡家庭》《玩偶之家》)等代表话剧和胡适、欧阳予倩、熊佛西等文学(戏剧)大师们受其影响创作的大量社会问题剧。剧团除在正规的剧院演出外，大部分则在小剧场和校园演出，为学生、广大民众和社会各阶层的人们从思想认识到传播、学习、借鉴、讨论易卜生现实主义社会问题剧起到了很大的推动作用，形成的"易卜生热"几十年不退。1931 年"左翼剧联"成立后开展了新戏剧运动，上海、北平、天津、武汉、广州等城市，社会民间业余剧团和学生剧社更是如雨后春笋出现，演出大量战斗性戏剧。在戏剧大师曹禺于南开、清华求学时的二、三十年代，还在学校参与演出易卜生的《娜拉》等戏剧。以至其受易卜生等戏剧影响，创作出叙事诗性社会问题剧《雷雨》

《日出》《原野》等一些代表我国话剧走向成熟的经典。

1935年,张彭春执导《财狂》剧照,曹禺(中)饰韩伯康

概括以上只为说明20世纪初至40年代，业余的、民间的、校园的小剧团活跃在社会和校园里,于小剧场演出话剧，曾经形成过蓬勃繁荣的景象，在我国是有传统的。比较而言,现今的民间民营的小剧团,小剧场话剧演出却是没有达到如此繁荣的局面,有的还步履维艰。

对于小剧场戏剧演出,曹禺先生是推崇和提倡的。曹禺出生的年代,天津被称为"戏曲的码头",有许多小剧场可供社会民间的剧团演出,曹禺的继母爱看戏,经常坐人力车抱着、领着曹禺去小剧场看戏,天性爱好戏剧的曹禺从小种下了戏剧的种子,也对旧时的小剧场有着习惯性的感受。但他对小剧场从感性到理性的认知还是从日本开始的。曹禺曾于1933、1956、1982年先后三次访问日本。1933年春(夏天诞生了《雷雨》),在清华求学的曹禺与一些同学享受公费资助来到日本时,感受到日本小剧场运动兴起的气息,第三天就和同学孙浩然冒雨去剧院看戏。他感觉在黑暗中看不清剧场的造型,舞台和大讲台一样,远不如南开瑞廷礼堂,剧场只有五六十个观众,正演出一出北欧的戏《好望号》。曹禺说,我们听不懂日语,却被演员真实、诚挚、干净的表演紧紧抓住。戏演完后,我们和日本观众一起鼓掌。当时我有一个印象,台上的人比台下的人还多,这是一场多么庄严动人的演出。1980年1月曹禺先生率中国戏剧家代表团访问英、法两国,在英国访问了莎士比亚的故乡斯特拉福小镇。参观了莎翁故居,观看了莎士比亚、易卜生等大师的戏剧演出。同时,给曹禺留下印象深刻的,还有斯特拉福小镇有许多小剧场并常年演出,回国后他曾建议多建小剧场,发展小剧场的话剧演出。1993年11月1日曹禺先生在接受田本相先生采访时说,小剧场戏剧对培养观众,锻炼演员,摸索在新的市场经济中发展话剧,是一个好方式。一定要创作出高水平的小剧场话剧,才能把观众吸引过来。

如果以1982年林兆华导演第一次将实验小剧场话剧《绝对信号》搬上北京戏剧舞台并得到曹禺的祝贺,视为标志着中国小剧场话剧运动开端的话。几十年来,虽然小剧场和民间民营小剧团话剧演出有了一定的发展,但就全国来讲还未达到普遍的程度,仅从北京、上海、大连、成都、南京、天津等大一些的城市来说,由于地域环境、人员结构、历史文化,特别是政府和社会的认知程度,以及扶持、支持的政策和实施力度的不同,民间的小剧团小话剧演出也是不平衡。

天津是曹禺出生和生活过的地方,离北京很近,历史上话剧创作和演出有很深的底蕴和历史,20世纪30年代至40年代初是天津话剧发展繁荣时期,除南开新剧团、市立师范的"孤松剧团"等各个学校剧团外,社会上民间业余小剧团纷纷成立并演出。据有心人不完全统计,有白雪剧社(后更名乙亥剧社)、春草、青青、新生活、喇叭、非非、天津、时代、咪咪、宓若、新路、春笋、流线、津电、绿波、百合、绿竹、鹦鹉、和平、新世纪、永生、天津东方旅行、今日、通俗、银绿绿、公教青年会等几十家剧团或剧社,可谓蓬蓬勃勃。

比较过去,现今天津民间小剧团小剧场话剧演出确实感到汗颜。不但没有 20 世纪 30 年代的局面,而且还没有达到当下北京的局面。至现在,能演戏剧的小剧场充其量也只有四五家。纯民间民营演话剧的小剧团也就五六个。随着小剧场的出现到有所增加,民间小话剧团(社)也相应地从尝试到一拨拨地出现,可以说,满足了一部分公众欣赏小剧场话剧演出艺术的文化需求。但是,由于社会方方面面的原因,小剧场运营(经营)步履维艰,民间小话剧团(社)生存艰难,小剧场话剧商业性常态演出困难重重,这种局面困扰着小剧场和民间民营小剧团话剧演出的发展。

以天津的曹禺剧院为例,因建筑结构原因,剧院内设有 150 座、80 座、76 座 3 个小剧场,均按准专业演出配置的灯光、音响等设备。曹禺剧院从一开始目的很明确,只想要恢复话剧的本源,要做高雅戏剧文化小剧团的"孵化器",做天津小剧场话剧演出的"引擎",起到提升大众艺术欣赏层次的作用。因此曹禺剧院小剧场只作为非营利性的公益演出场所,只是象征性收取演出的能源(水电)费成本,不收场租费。

小剧场平台有了,进行广泛宣传,吸引话剧演出团体。为造声势,协调邀请了天津的专业话剧团先公益性演出曹禺《雷雨》《日出》等戏剧。后试着商演,结果几场下来话剧团承受不住了,因为专业院团开发、创作一台戏,少则几十万,多则几百万,就是成熟的戏,运输等剧务性开支也不小,加之在这样的小剧场演出没有政府政策性"场补"。不收场租费,剧团也是亏着演出,长久不行。

有专家也为小剧场的话剧演出出谋划策,提出可以调动学校

曹禺剧院小剧场雷雨厅

的学生小剧社来演，当年曹禺等戏剧大家们的学生时期都是学校剧团的骨干，也在社会演出过。现在的大专院校按照教育主管部门的要求，几乎每所院校都成立了学生业余话（戏）剧社团，主要是偶尔在校园丰富一下学生的业余文化生活。为发挥学校小剧社的优势，让其走出校园，走入社会。曹禺剧院小剧场尝试并成功组织了在小剧场的学生戏剧展演（纪念性、活动性的公益演出）。是否可以让学校小剧社在小剧场进入档期，按时间场次参与常态化商演时，虽然小剧社的学生们积极性很高，最后却没有一个剧社能成行。首先学校领导不支持，到社会演出，出了意外没法交代，让学校组织没有这样的任务和义务。配合纪念活动在社会偶尔演出可以，常态化做不到。二是客观因素也不允许，学生在校是以学习为主，还有寒暑假，时间保证不了，学生戏剧团体是业余性质，无经费，涉及演出前期的交通、排练、道具、导演等花费，学校如不支持，根本无法解决。现在与曹禺等戏剧大师们的学生时期相比年代不同，社会原因复杂，不可同日而语。

学生总要毕业，走入社会的。由于大学实行扩招，许多学校增加了艺术类专业招生。一家新设有表演专业的大学，一批学习表演的学生毕业了，一些本不想从事表演专业的而上了表演专业的学生自找门路工作了，还有一小部分特别喜欢戏剧表演的毕业生，专业院团进不去，又没有"门路"找到好的工作。怎么办，有些还对戏剧表演有"梦想"的同学，靠着热情，自主创业，想闯出一片天地。他们学习北京一些成功经验，自组纯民营的小剧团，也算大学生自主创业吧。所谓纯民营的小剧团，是指背后没有任何资助的，完全靠自己。这样的剧团，往往是靠几人凑钱，工商注册，租的房子成为办公、居住、排练的共用场所。还要自己写剧本，改剧本，编情节，舞美、导演、作布景几乎都要靠自己（因没有钱）。自负盈亏的民间小剧团对外签专职演员费用高，为节约开销，与在校学表演的学生进行合作，对学生演员实行"一场一结"，费用节省了一点，但演出质量受到了影响。加上学生还要上课，还有寒暑假需要回家，演出的连续性也受影响。尽管如此，对于这种民间纯民营的小剧团曹禺剧院还是给予了扶持，提供平台，不要场租费用。最好时，曹禺剧院小剧场有四家民间小剧团同时演出，一年演出 200 多场。由于现在市、区政府还没有对类似自主创业文化小剧团的政策性扶持资助政策，加之学生"一贫如洗"，看小剧场话剧的消费群体还没有培养成熟，剧院又要求在小剧场不能演"乱七八糟"的戏，更不能演低俗、恶俗的剧。往往过不了多长时间，一些坚持不下来的小剧团，从信心满满，到后劲不足，渐渐走向"散伙"了。原因还是连"盒饭"都解决困难，谈何容易。有人说，不是有成功的吗，像"开心麻花"之类的。那是极少数，北京与天津的环境、条件也不同，如都能成"麻花",就没有"麻花"了。还有人出主意,找企业老板商助一下,给企业冠名宣传。剧院也千方百计帮助找过,可哪个企业老板愿意在当今的社会环境下为这个和自己没有"关系"、刚刚起步只有社会效益没有直接效益,对企业又没有直接回报,有的还演出"探索性"戏剧的民间小剧团投钱呢?哪怕钱还不多,不好找到。大学扩招和非艺术院校增加了艺术类专业,使大量的学戏剧表演专业的毕业生(专业院团少,人员饱和)不能从事自己心爱的表演工作,造成艺术人才浪费。鼓励大学生自主创业,只有社会与政府关注扶持民间的民营的小剧团小剧场演出才能逐步解决。扩招了,增加了,问题还没完,还需把注重点放在艺术毕业生如何就业上。

再有剧本问题。小剧场的表演场地形态各异,雷雨厅小剧场是三面观众凹字形的,不是规范的镜框形态。所以,适合此类型小剧场演出的剧本与规范化的剧场演出的剧本应该是有一些区别才好。一次戏剧文学研讨会上,与专业作家们研讨此事,提出现在小剧场话剧演出剧本良莠具存,能不能作家们拿出点时间,为小剧场

北纬零度小剧团在曹禺剧院小剧场演出话剧《真?探!》

量身编创或改编一些适合小剧场演出的文学性、探索性、趣味性、启迪性强的"本子",大部分人不置可否。有人说,"易卜生专号"年代,许多文学大师不断创作"社会问题"的剧本(虽然社会问题剧有不太注重话剧艺术性等问题)让民间的小剧团演出,教育民众,启迪民智。现今也有许多社会问题,人们却不愿传承传统去创作,为什么?其原因每个人都心知肚明。由于可供小剧场演出的资助性剧本很少,社会上有个别的民间小剧团、小剧场在没有实力花钱请人创作或改编剧本时,为了生存,为了票房收入,就去迎合一部分观众的低级趣味,编造调侃一些庸俗的剧情充斥舞台,长此以往,不但小剧场话剧演出的健康发展受到影响,同时也与曹禺等戏剧大师倡导的我国话剧艺术在提升民众高度文明素质的作用背道而驰。

一些普遍存在的问题困扰着民间话剧演出的发展。对从事民间话剧小剧团和剧场的艺术家,如果他们不以营利为目的,就会面临基本生存和基本创作经费的问题解决不了。再有地区发展不平衡,政府现在还没有针对民间、民营小剧团和小剧场全国统一的支持扶持政策。英国爱丁堡是世界上小剧场戏剧演出展演的成功典型,一次收到朋友介绍参加爱丁堡前沿剧展戏剧节的微信文章说,每次在爱丁堡看戏,都会注意他们是如何把一个普通空间变成剧场的,教堂、教室、大楼的中空区域,酒吧,甚至一间普通会议室,都可以因地制宜进行改造演出。可以说,绝大部分演出,都是在非剧场形态的"专业剧场"里进行的。而我们的城市却热衷于花大钱建造各种规模巨大的剧场,却很少在如何将现有场地改造成为表演空间上而动脑筋,造成有些新建的大剧场低效运营,甚至空置浪费。有的为了提高新建大剧场的演出使用率,政府可以每年给予上千万的高端高雅艺术演出和活动的"惠民"票务补贴(应该说是必要的),而中端和低端的民间民营小剧团戏剧演出则关注不够。

在扶持非营利小剧场和纯民营小剧团的创作演出,发展有活力的表演团队,鼓励艺术家、剧团多创作个性化和探索性的戏剧而搭建平台上,有的地区做在了前面。北京、上海对小剧场戏剧演出和民间小剧团健康的发展就很注重政策和资金的扶持。据说北京市文化部门对越来越活跃的小剧场话剧的关注,曾推出一系列扶持政策和各类活动。对小剧场的扶持分为三个梯次,第一梯次是从培养观众、戏剧爱好者入手扶持小剧场;第二梯次是扶持进行艺术探索的实验戏剧;第三梯次是关注有一定票房,又兼具思想性和艺术性的优秀作品。相关文化部门还推出过"北京优秀小剧场剧目展演"活动,举办"北京故事——优秀小剧场贺岁剧展演"。据说香港的扶持做法力度也很大,对于这样的表演艺术团体、创作工作室和剧场,每年只象征性地收取一元港币。每年运营成本为,其中票房收入占三分之一,香港政府资助三分之二。对于小剧场,我国台湾地区的做法是,很多小剧场都是政府投入地产资源及建设,然后无偿提供给民间戏剧团体经营使用。

曹禺先生说的"剧本的生命在于演出",做好剧本在小剧场演出的发展是其重要的方面。特别是对社会上方兴未艾的非盈利的小剧场话剧演出和民间民营小剧团能健康蓬勃地成长,是一个很现实的事情。在这个问题上,"易卜生号"年代的先贤们已为我们开拓了先河,形成了传统。有人说,小剧场话剧将担负着全社会80%以上的戏剧创作、探索、表演和人们观看演出的需要,因为小剧场与民间民营的小剧团演出才是整个话剧演出"金字塔"的基础。虽让其形成规模相当困难,但当下北京、上海等地的小剧场话剧演出还是逐渐呈现出了以上局面,这种局面形成不易,社会民间的积极性很高,如何扩展发扬壮大,如何让其他城市也赶上来,在全国逐渐形成蓬勃的面貌,感觉目前缺少的就是助推的力量。如何扶持支持民间民营小剧团和小剧场戏剧演出,引导培养观众的文化消费,让观众在小剧场欣赏话剧表演感觉是件很惬意的事,在当今社会环境下,只能需要社会有识之士和政府相关部门尽助推之力才能做到。

(刊于中国话剧理论与历史研究会等主办:《〈新青年〉与中国话剧国际学术研讨会论文集》,2018 年 7 月,第 180—184 页)

作者:王海冰,曹禺故居纪念馆

天津最早的"赏菊诗社"

韩吉辰

　　查氏水西庄是天津南运河畔一座园林。这座占地百亩的私家园林，建于清雍正元年（1723），扩建兴盛于乾隆年代。其创建者是津门巨商查日乾、查为仁父子，均是天津文化名人。

　　水西庄是众多文人聚集的园林，文化氛围浓厚，不断举行各种"诗会"。菊花在水西庄是最重要的花卉。水西庄有"赏菊诗社"，分韵赋诗，留下许多颂菊诗篇。影响最大的一次"赏菊倡和诗社"是在康熙五十五年（1716）查为仁首创，这是在水西庄建立之前的事情，但是影响极其深远——有诗坛名家26人参与，一直到乾隆初期，还有诗人唱和呢。《赏菊倡和诗》在乾隆八年（1743）于水西庄刊刻传世，在诗坛上影响极广，以至写入《天津县志》中。

　　可以说，这是天津最早的一次"赏菊诗社"，有三个鲜明的特色：

　　其一，背景特殊，是查为仁在监狱中发起的"菊花诗社"。原来康熙五十五年（1716）秋，此时的查为仁被诬入狱已经五年，苦闷之余在狱中有感而发，作《赏菊诗》七律二首，诗曰：

　　黄菊窥篱作好秋,五年清梦隔悠悠。何来野老敲门入,却送霜枝破客愁。自植几丛当槛列,更删数朵小瓶留。花开便是重阳节,莫惜风轩洗盏酬。

　　略同薏苦不须猜,佳客如云次第来。澹处何嫌邀月看,瘦时偏耐倚霜栽。孤根尚有寒蛩伴,晚色休教白雁催。钞得玉函方一卷,眼前怀抱好为开。

　　其二,和者甚众,轰动一时。查为仁《赏菊诗》七律二首写出后和者甚众,有诗坛名家 26 人。后来在乾隆时期集成诗集,其中名句为:"黄菊窥篱作好秋,五年清梦隔悠悠。"这一名句在和诗中均必须呼应。令人惊奇的是,在《赏菊倡和诗》中还有佛门道教的人士参加,更奇怪的是,居然有两位神秘女诗人"和诗"。

　　第一首是女诗人写在湘妃竹折叠扇上,悄悄放在查家门口,仆人恰好见到,遂拾起转交主人,查为仁大为惊奇。专门写了一段文字,记述此事。他写道:"康熙丙申年十二月二十五日,奚奴从外城归,拾得湘竹折叠扇一握,上书二诗,款写'偶读赏菊诸咏,有怀,次韵却寄';下署'邗上赵琼英'五字,楷画娟秀,颇饶林下风致。赏菊诸咏,何由闺中得以寓目?此扇又何以遗之道上?皆无从致诘也。"

　　另一位女诗人则更为离奇。这位女诗人名叫杜丽春,江西吉水人,明朝万历年间,其父到天津赴任,杜丽春随往天津后发生不幸溺水身亡,死后据说成仙,被任命负责天津水府,经常显灵。康熙五十五年(1716)十月十二日,青城道士董守素,扶乩仙降,叩请仙诗,"杜丽春"见案上有莲坡居士赏菊原倡诗,极为咨赏,因和二律而去。人们惊呼神奇,争相传诵。

其三,这次"赏菊诗社"的结集《赏菊倡和诗》对《红楼梦》创作可能有极大影响。《红楼梦》中第 38 回"林潇湘魁夺菊花诗"节,大观园的女儿们写了很多菊花诗。其中,很多诗句意境与《赏菊倡和诗》相通相近。例如,薛宝钗的《忆菊》中"空篱旧圃秋无迹,冷月清霜梦有知",意境恰与查诗名句"黄菊窥篱作好秋,五年清梦隔悠悠"相呼应。而且,查诗中的"篱、秋、清、梦"四个主要关键字,巧妙地嵌在《忆菊》诗中。因曹雪芹在水西庄住过,许多红学家认为这可能是受《赏菊倡和诗》的影响。

(刊于 2018 年 11 月 14 日《今晚报》第 12 版)

作者:韩吉辰,中国红楼梦学会会员

《北洋画报》中的女性诗歌

孙爱霞

一、曹红俤的《绝命诗》

《北洋画报》刊发过很多民国女性的旧体诗词,这些女性中有一部分是旧知识女性。而在旧知识女性中,还有一部分社会地位极为低下,甚至是男性的"玩物",曹红俤就是这样一位女性。

《北洋画报》刊发过曹红俤的一组《绝命诗》:

> 街鼓冬冬漏几声,中庭如霰月出生。低徊不解年来事,一盏寒灯最有情。

> 底事年来半醉痴,六朝金粉玉台诗。江东词客今黄土,碧玉绛纱独自思。

> 数声银漏向郎当,猩色屏风锦画堂。懒事吟哦慵去睡,声

声肠断唤王郎。

　　三字狱成千古悲,君君身竟误红儿。绿妃愿把高楼坠,来世鸳鸯老一湄。

　　这四首绝句的意思很好理解:前三首皆书写情郎去世后,女子那种千回百转、无穷无尽又无地排遣的哀思。如此哀思,令曹红俤无心留恋人世,最终决定效法坠楼之名妓绿珠,自杀追随情郎而去,并希冀求得来世的夫妻因缘,所谓"来世鸳鸯老一湄"者。

　　曹红俤是谁,诗作背后本事是怎样的?

　　1928年4月21日北画刊发署名"删尘"的《记诗妓曹红俤死事》一文,文中记述了曹红俤的些许信息:"近接福州挚友林君来函。内述诗妓曹红俤狗情事,并附该妓绝命诗四首。原信照录如左,并附以诗,或亦足为阅报者谈助也。原函:'……艳名久噪台江之诗妓曹红俤,今者竟尔一杯芙蓉膏,玉碎香消。弟与该妓有诗酒缘,悉其身世及死事甚祥。妓福省北门后槽人,幼即聪慧异常儿。父某,名秀才也。以膝下只此一颗掌珠,授以书。民十五,妓年十七,名即大噪。涉足花丛者,匪不知有诗妓其人。去年冬,妓眷一客曰王叔青,我我卿卿,订啮臂盟。近月王某……被捕,无何枪决。红俤闻耗,乃于本月十三晚,竟服阿芙蓉,碧落黄泉,追寻所欢去矣……'"

　　至此,曹红俤殉情一事之原委遂明,《绝命诗》本事亦明。据此可知,曹红俤是一位没有接受过新式教育的女子,职业也是当时社会地位比较低下的。在遇到有情人之后,便选择为其殉情。即便为男子殉情身死,仍不能得到男性的同情,更不要说认可,却被冠以"狗情事",用助谈资而已。因此,曹红俤虽然长于共和制之民国社会,代表的却是两千多年专制社会中最为可怜的那部分女性。

(刊于 2018 年 1 月 24 日《今晚报》第 12 版"副刊·津沽")

二、姚佐唐的《哭夫诗》

《北洋画报》中的旧女性诗歌作者,除了类似曹红俤那样的社会地位极为低下的阶层,还有一部分旧女性有"名分",虽然这种名分本身就带着男权的烙印。姚佐唐是这类旧女性的代表。

姚佐唐是东北勇将韩光第小妾。韩光第于 1929 年对苏战役中阵亡,被南京国民政府追封上将,蒋介石、张学良等人于其陵园牌坊上题词,赞其忠烈。韩光第战死之后,姚佐唐写了两首《哭夫诗》,表达自己的哀思:

> 前年悲痛为伤离,今日方知死别期。乍得噩音疑是梦,继闻战死竟如痴。春风帐里缠绵意,明月楼头绝妙词。回首不堪论往事,夜台何处寄相思?

> 转战札兰竟不还,从今信有望夫山。赤绳虚系三生约,碧血犹存一剑环。报国千秋君愿慰,愁肠百结妾情艰。伤心未作虞姬死,寂寞兰闺泪暗潸。

姚佐唐此《哭夫诗》由"亦强"自沈阳寄来,并附小注云:"东北勇将韩光第,于对俄之役,战死疆场,举国悲悼,忠烈之名,永垂后世。其遗妾姚氏，近有《哭夫诗》之作，哀艳悱恻，令人不忍卒读。佳人烈士，千秋佳话。爰录寄北画，公之于世，以为日后修史者之所取材焉。"

可见，姚佐唐对韩光第的哀思较之诗妓曹红俤的殉情，更能得到同情，更能得到男性的认可。这种男性的认可，源于姚佐唐妾的名分，源于韩光第的烈士身份：因其有"妾"的身份，故其情感较之诗妓殉情，更合乎男权社会的伦常；因其夫为马革裹尸的英雄韩光第，故其悼夫之诗作，更满足男性的英雄情结，所谓"佳人烈士，千秋佳话"。由此可知，在男性眼里，姚佐唐虽是小妾，社会地位虽不高，但其悼夫之作仍值得大书特书，值得昭示后世。

暂且不论男性眼中《北洋画报》旧知识女性社会地位的区别，仅从女性解放角度视之：姚佐唐与曹红俤皆是男性附庸，是中国两千多年专制社会中地位低下之女性的缩影。这类女子未能接受到清末民初女性解放思想，对于自己的现状并无反思，一任生命淹没于男权社会，是可怜可悲的存在。

(刊于 2018 年 1 月 29 日《今晚报》第 12 版"副刊·津沽")

三、吕碧城与杨云史

吕碧城惊才绝艳，蜚声中外，曾任天津《大公报》编辑，反对封建礼教，鼓励女性解放，是当时最有影响的女权主义者。1920 年赴美留学，周游欧美各国，后常住瑞士。吕碧城交游甚广而一生未婚，是现代女性独立自主形象的代表。但其发表于《北洋画报》的四阕《蝶恋花》，却被刘云若认为是对杨云史的"归宿"之作。

刘云若所指的有"归宿"之想的是第一阕：

彗尾腾光明月缺。天地悠悠,问我将安托? 一自鲁连高蹈绝,千年碧海无颜色。 容易欢场成落寞。道是消愁,试取金尊酌。泪迸尊前无计遏,回肠得酒哀愈烈。

这是 1928 年吕碧城自瑞士寄给国内杨圻的词作,时周游欧美诸国已八载。词作充溢漂泊日久的萧索、落寞之意:"天地悠悠,问我将安托? 一自鲁连高蹈绝,千年碧海无颜色。"格调高古,毫无闺中女子情态,反而有英雄失路之叹,蕴含悲凉情绪。据刘云若《隔一重洋各自愁》中说:"近吕女士有词四阕寄云史,并縢长函,中有语云:'天地悠悠,我将安托? '此荡气回肠之语,信当有为而发。异邦独客,形影自伤,因作归宿之思,是亦人情之正。然而青陵孤蝶,竟已飞上别枝,沧海百年,心事终成虚化,此真人间无可奈何事。而杨则琴已成声,盆难再鼓,想更嗟辜负良机,碧海云天,将'隔一重洋各自愁'矣! "

杨云史是名满华夏之词人,时已丧妻。吕碧城早已蜚声中外,尚自独处,且二人早有诗筒往还。据此,刘云若"归宿之思"一说似不无道理。而且杨云史的和作似也能佐证刘云若此说,因其和吕碧城词作时已纳妾,故其和作中有诸如"如此人间容我醉,手扶红粉斟寒翠"这样表明有佳人相伴的词句,亦有"大好男儿时不再,举杯吞尽千山黛""北去兰成君莫问,哀江南后非元鬓"此类自叹英雄老矣、年华老去、心境改变的词句,对吕碧城也是一种回应。

但是,如果把吕碧城词作只理解为对杨云史的"归宿之思",那就局限了,也低估了吕碧城,因为其寄给杨云史词中还有这样的表述："为问闲愁抛尽否？收得乾坤，缥缈归吟袖。雪岭炎冈相竞秀，一时寒热同消受。"吕碧城旅居之萧索、寂寞、孤独，甚至悲凉情绪，都是短暂的，乃至片刻的，并未久滞其中。对待婚姻爱情，吕碧城曾有"不遇天人不目成，貌姑相对便移情"的期许与坚持，其于现实中也有欣赏的男子，可惜都非良配。未曾遇到目成心许的男子，没有遇到爱情，于是吕碧城选择单身，但也活得独立、自由。似吕碧城这样的婚恋观，是现代知识女性才有的婚姻爱情观，绝非专制社会中的传统旧女性所能比。因此，即便吕碧城词作里有一丝对杨云史的爱慕之心，也不会是全部。笔者更倾向于《蝶恋花》是吕碧城对朋友倾诉近况、倾吐心绪的一种表达。

（刊于 2018 年 1 月 31 日《今晚报》第 12 版"副刊·津沽"）

四、李昭实之痛

《北洋画报》刊登过很多女性的诗作，既有像曹红俤、姚佐唐那样的旧女性，也有吕碧城这样的新女性。除了吕碧城，还有一位李昭实，也属于新知识女性。李昭实的人生，也不是旧女性所能理解的。她把自己的人生过得丰富多彩，把自己与国家民族联系在了一起。

李昭实是李拔可之女，曾于南通女子师范、江南女子公学、爱国女学校及圣玛利亚书院等校求学，接受过新式教育。与吕碧城不同的是，她有爱慕的男子，并最终和心之所属缔结百年之好。1918年，与文学家兼外交家王一之先生结婚，赴美游学。后又赴欧，足迹遍布各名都市，所至辄有记述，散见于《申报》《时报》《北洋画报》等报刊。李昭实精通各国文字，周旋于坛坫之间，为保持祖国权利奔走游说。学问渊博，眼光锐利，各国记者莫不叹服。其于《北洋画报》

所发诗作更是有一种胸怀天下的悲悯之心。《西欧北海途中得女丽亚噩耗》有云:

> 频闻汝病已彷徨,噩耗传来空断肠。凝视而兄还肖汝,独开泪眼慰爷娘。

> 轴轳影尽南飞鹊,呱泣音沉北逝鸿。堪叹危邦多难日,明珠沧海雨蒙蒙。

诗人自注云:"民十六十一月,风雪载道,予出山海关北行,而生甫弥月之丽亚,则冒寒向津沽,乘海舶南下。此后天南地北,偶接家书,微闻此儿多病,屡哭,久之,则渐无所闻。至今噩耗传来,转增故国之愁,莫慰高堂之痛,呜呼! 丧乱频仍,学术坠废。民众生命,无学术为救济,无社会政策为保障,其可悲痛,尚有什伯于丽亚者,安得有人以拯之哉!"李昭实所生女儿不幸夭折,其适在欧洲。听闻噩耗,神魂崩摧。但其哀恸却未曾拘泥于一己之身,而是由一己之伤痛,延伸至中国当时的"丧乱""学术""民众"。换言之,李昭实所虑者,乃多灾多难之故国,乃千千万万如女儿丽亚之民众! 这绝非唯知"小爱"、不知"大爱"之旧女性会有的眼光与责任感,实乃新知识女性才有的精神境界。

(2018 年 2 月 5 日《今晚报》第 12 版"副刊·津沽")

五、吕美荪好读杨云史诗

《北洋画报》旧体诗词的作者,女性数量虽远少于男性,但也是不容忽视的存在。因为这些诗词,书写的是民国女性眼中的文坛、社会。这些女诗人中,能与当时的文人名士诗词唱和往还者,除了吕碧城,还有吕碧城的姐姐——吕美荪,也是民国新女性的代表。

吕美荪曾任北洋女子公学教习兼北洋高等女学堂总教习,后应父亲挚友赵尔巽之邀,任奉天女子学堂教务长、女子美术学校教员与名誉校长。曾与康有为、梁启超、赵尔巽、吴郁生、于元芳、黄公渚等人唱和往还。晚年中风,抗战胜利后病逝于青岛。

吕美荪也与杨云史有往还,很喜欢读其《江山万里楼集》。《北洋画报》曾刊其《读〈江山万里楼集〉奉题云老》诗四首:

> 百战声方壮,千军正会同。虎牢孤骑去,甲帐一宵空。机智穷王粲,天心败令公。祇今关塞血,犹染夕阳红。

> 第一英雄事,惟教意气真。始终义宾主,亦是保彝伦。回首悲戎马,哀歌动鬼神。参军随帅隐,寂寞作诗人。

> 为郎侍先帝,上殿静鸣珂。白首余双涕,青桑生九河。勉从鼙鼓战,犹作蕨薇歌。荃茝芳堪佩,君今阆涧阿。

> 江山楼万里,日日啸清才。一卷灵均语,千年庾信哀。戎衣归解后,草阁不轻开。按剑非无睹,明珠自隐埃。

杨云史是清末民初著名的文人,诗词成就很高。其诗表现出与诗坛主流"诗界革命""同光体"完全不同的诗学宗趣,所谓"千言《天山曲》,目空《秦妇吟》。江山真绝世,铿锵此唐音";其词"旨远而微""情深而文""声逸而哀,回肠荡气……自成馨逸"。这样一位在诗词上都表现出非凡功力的文人,在晚清民国有很多"粉丝",也吸引了吕氏姐妹。吕美荪此四首诗作,充满了对杨云史既能入世做英雄,又能归隐做诗人的欣赏之意。而对于杨云史诗中的"灵均语""庾信哀",则有一种"怜其才"的怅惘。由这四首诗看,吕美荪也是一位视野开阔的女性,无"大门不出"之闺中女子的情态。

吕美荪对杨云史诗的喜爱到了一定程度,其发表于《北洋画报》的《读〈江山万里楼集〉午倦欲眠,以卷帙重坠地,惊起戏作》诗云:"卧读佳诗午榻眠,千篇何事印蛮笺。堕书真恨杨云史,重比金函玉节编。"似嗔实喜的心理活动,令人莞尔。

（刊于 2018 年 2 月 7 日《今晚报》第 12 版"副刊·津沽"）

作者:孙爱霞,天津社会科学院文学研究所

严复等人在津首倡"小说界革命"

倪斯霆

1902 年 11 月，梁启超于日本横滨创办《新小说》杂志，其在创刊号上发表了被陈平原等学者称为"揭开了中国小说史上新的一页"的《论小说与群治之关系》。此文开宗明义便言："欲新一国之民，不可不先新一国之小说。"并称"诸文之中能极其妙而神其技者，莫小说若，故曰：小说为文学之最上乘也。"在文章中，他发出激情呼吁："故今日改良群治，必自小说界革命始"。此文一出，文坛应者云集。对后世中国现代小说创作与评论产生深远影响的"小说界革命"，由此开始。

然而，揆之史料，我们便会发现，梁启超掀起的这场"革命"，绝非是他"先知先觉"使然。在此之前，视小说关乎国运民治之舆情便已蔓延，而且一些有识之士也已著文呼吁并且付诸行动。这其中，对梁氏影响最大也是迄今学界认为最早者，便是 1897 年底天津《国闻报》刊出的《本馆附印说部缘起》（以下简称《缘起》）。对此，梁启超在 1903 年亦言："天津《国闻报》初出时有一雄文，曰《本馆附印小说(说部)缘起》,殆万余言,实成于几道与别士二人之手。余当时狂爱之,后竟不克衰集。""几道"者,近代中国知识分子中真正"学贯中西"第一人严复是也;"别士"者,乃为近代著名历史学家夏曾佑。本是一则报馆"启事",却由此二君操刀写出"万余言",还被梁启超称为"雄文",《缘起》在当年之分量,由此可见一斑。那么,此文到底讲了什么,其在当时及此后产生了何等影响? 对此我们还要从《国闻报》的创办说起。

1897年5月,严复、夏曾佑、王修植、杭辛斋等维新人士欲筹建国内首家维新派舆论平台——国闻报馆,几经考察,他们将馆址选在了当年华洋杂处的"天津紫竹林海人道"。当年10月26日,作为国人在津创办的首张中文报纸,《国闻报》面世。在其存续的两年间,除了力挺维新变革外,其另一突出业绩,便是刊发了直接导致随后"小说界革命"的《缘起》。此文1897年11月10日开始连载,当年12月11日刊竣,前后历时一月有余。综观全文,便会发现,它应该是中国小说从古代发展到近代后,在其迈向现代的过程中,国人所发出的用西方进化论原理揭示小说内在机制与外在功用并将小说抬到与"经史子集"并重地位的第一声。对此,从以下三方面可以得到印证。

首先,《缘起》一文将西方"进化论"观点和"物竞天择"原理,首次引入到文学领域。全文开篇便以《三国演义》《水浒传》等小说为例,阐述了其之所以能够深入人心长传不衰,是由于"莫不有一公性情焉"。至于"何谓公性情?一曰'英雄',一曰'男女'。"作者认为,"英雄"不仅是战斗,其包涵着人类同自然与社会的一切博弈并战而"争存";"男女"并非只是交媾,而是由两性间的情事引发出世间的种种故事而达到人类的"传种"。而这"英雄"的"争存"与"男女"

的"传种",恰是人类的"公性情",也就是我们今天说的"人性"使然。正是"英雄"与"男女"这一对"公性情",方才造就了人类进化社会发展乃至伟人成事扬名之业绩。而反观古今中外文学名著,"英雄"与"男女"也确是其最大之"母题"。即使在小说"现代化"之后的民国时期,不但被"主流"诩为具有"严肃"性质的新文学小说均具此"公性情",而且在通俗小说领域,这种"公性情"更是被"发扬光大",乃至形成了类型化的"武侠小说""言情小说""社会小说"等门类。梁启超不但对此"公性情"推崇备至,而且随后还补进了"鬼神"一说:"人类于重英雄、爱男女之外,尚有一附属性焉,曰畏鬼神,以此三者,可以该尽中国之小说矣。"至此,梁氏又为类型化的通俗小说找到了"神魔小说"这一门类的依据。由此可见,《缘起》及此后梁启超的小说理论,对中国现代通俗小说而言,其意义是要超过新文学小说的。

其次,《缘起》一文首次提出了小说是"正史之根"之说。在严复等人看来,中国小说"教化"之意明显,而探究人情世态之"公性情"与沧海桑田之"进化"的说部则少见。如此这般,天下众多知识欠缺之人读之,便会深受其害。而放眼世界,"欧、美、东瀛,其开化之时,往往得小说之助"。因此他们便要大量翻译域外或抢救国内的小说珍品,随报赠送读者,其最根本的目的,就是要启蒙读者,使其开化。同时,他们还认为,今日人情世态的呈现,就是来日史家所作史书的素材。小说具有鲜活地解构当今社会人情世态的功能,因此它就是将来人们书写真实历史(正史)的根据。严复等人的这番理论,不但用事实提升了小说对社会改良的重要贡献,而且还对此后现代小说尤其是现代通俗小说在表现人情世态及"忠实"描摹社会等方面,起到了引领与指导作用。

最后,也是《缘起》一文的最大贡献,便是发出了小说具有与"经史子集"同等地位的"离经叛道"之声。何谓"经史",何谓"子集","经史子集"与被贬为"稗史"的小说是否有高下之别,严复等人有着标新立异之说:"书之为国教所出者,谓之'经';书之实欲创教而其教不行者,谓之'子';书之出于后人一偏一曲,偶有所托,不必当于道,过而存之,谓之'集':此三者,皆言理之书,而事实则涉及焉。书之纪人事者,谓之'史';书之纪人事而不必果有此事者,谓之'稗史':此二者,并纪事之书,而难言之理则隐寓焉。"将小说家之"稗史"与"经史子集"并行,并将其提升到"典籍"之列,可谓严复等人"石破天惊"之识见。这种对中国传统固有文化秩序的挑战与冲击,彻底颠覆了国人视小说为"丛残小语"而不登"大雅"之观念。从此之后,小说地位陡然上升,并一跃而为"文学之最上乘"。那么,何等小说才具此地位,作者又提出了小说"出于经史上"的"五不易传"与"五易传"标准。也正是在此等标准引领下,梁启超等人随后便掀起了轰轰烈烈的"小说界革命"。据日本汉学家樽本照雄统计,近代中国小说数量曾高达 19156 种,其中翻译小说约 5346 种,创作小说约 13810 种。而这其中,绝大部分是在《缘起》一文刊发后出现的。

从以上论述可知,《缘起》一文实乃发出了"小说界革命"之先声。它不但将传统中国不受主流阶层待见的"稗官小说"提升到了"典籍"位置,更是将西方的小说理念与范本引进了国门。从此,小说在中国文坛不但有了"头牌"之位,通俗小说更是在经过一番"洗心革面"后,以全新的"现代"面貌而矗立在民国文坛的潮头。

(刊于《天津日报》2018 年 7 月 23 日第 12 版"满庭芳")

作者:倪斯霆,天津市出版传媒集团《书报文摘》报社

民国时期崇化学会在
天津文庙的国学活动

罗　丹

　　天津文庙始建于明代正统元年（1436），据《天津卫志》载："文庙，在东门内。明正统元年，天津左卫指挥使朱胜，照陵西按察司佥事林时，建言事例，奏淮开设。本官遂将住居一所，施为学宫，首建堂斋公廨，十二年大成殿成。"可见天津文庙从建立初始，就与学宫（卫学）相互结合。卫学又称文学，是儒学的一种，是天津第一座官办学校。在全国各地文庙体制中，天津文庙是庙、学合一的典型代表。景泰、天顺、弘治年间，先后修建棂星门、两庑和明伦堂。万历四十年（1612）在天津卫城西南角楼创办以学习武艺为主的武学，能做文章的武生，经过考试后也可进入文学。清代雍正三年（1725），天津卫改天津州，雍正九年（1731）升州为府，另置天津县，故而卫学改为州学，后又升为府学，天津文庙也随之升为府庙。由于当时府、县两级官员不便同地祭祀孔子，在雍正十二年（1734）于府庙西侧另建县庙并随建县学，形成天津文庙府、县并列的格局。

民国时期，华北地区最大的国学组织崇化学会长期设在天津文庙，以明伦堂等房屋院落为基地，开展国学教育和研究活动，会集和培养了许多文史方面的学者，在天津近现代教育史、文化史上留下了浓墨重彩。崇化学会在天津文庙的文教活动，对于在民国社会转型时期传承和弘扬儒学精神，也发挥了特殊而重要的作用。

一、明伦堂复起弦歌

"明伦"二字，出自《孟子·滕文公上》："夏曰校，殷曰序，周曰庠；学则三代共之，皆所以明人伦也，人伦明于上，小民亲于下。"意思是，乡里办的地方学校的名称，夏朝叫"校"，商朝叫"序"，周朝叫"庠"；至于国家办的学校即大学，三个朝代都叫"学"。无论是乡学还是国学，共同的目的都是阐明并教导人们懂得人与人之间的伦理道德标准。上层人士明确了人伦关系，下层民众就会相互亲附。明伦，一直是中华传统文化和教育的重要内容。至少从宋代开始，文庙、书院、太学、学宫便多以明伦堂来命名讲堂。明伦堂，成为读书、讲学、弘道、研究之所。各地的文庙不仅是祭祀大成至圣先师孔子的地方，也是当地的官办学校，明伦堂作为对参加科举的国家未来人才宣传"明人伦"的讲学厅，地位自然十分重要。

明代设天津卫学，明伦堂建在文庙西侧。清代康熙年间《修文庙记》载："遂于棂星门外添建东西掖门二座，以为官衿骏奔趋跄之地，砌砖花墙二道直抵街市……西花墙之外再添夹道砖墙一道，以别学宫与明伦堂之界。"说明直到康熙年间，明伦堂仍在学宫（文庙）西侧。雍正十二年（1734），在已成为府庙的文庙西侧另建县庙，遂将明伦堂改建至文庙东侧，其基本格局保持至今。天津文庙历史上确实有殿堂门楣挂过"明伦堂"匾额,但现在所说的明伦堂一般为广义的明伦堂,即天津文庙博物馆最东侧从南到北的一组建筑,它与中路的府庙、西路的县庙形成相对独立的建筑群,共同构成天津文庙博物馆三大组成部分。

明伦堂建筑群由门厅、前殿、大殿、配殿等组成,是天津府学的主学堂,古时的秀才(生员)在此上课学习。近代以来,在明伦堂建筑群后部建成一座中西合璧的方形高敞大屋,三面设置大窗,采光效果很好。室内放置数排书桌坐椅,成为一间可容纳近百人的大教室。

1935 年,华北最大的国学组织崇化学会迁至天津文庙,以此为基地,开展国学教育和研究活动。崇化学会的主持者,近代著名学者、书法家华世奎写有"明伦堂复起弦歌"的诗句,自注"辗转迁徙,至乙亥秋始将指定之府庙东偏明伦堂前后一段地基房舍收回,迁入作为会址",表达了明伦堂是崇化学会最好的会址,也是复兴国学最合适的基地的意思。曾执教于崇化学会的著名学者、书法家龚望先生收藏有一幅老照片,系拍摄于 1936 年的"崇化学会讲习科初级讲习科学术讲演会主讲董事学生合影",上面有章式之、华世奎、王守恂、赵元礼、杨鸿绶、金钺、高凌雯、龚望等崇化学会董事和主讲,照片上方挂有华世奎题写的"明伦堂"匾额,也可说明明伦堂是崇化学会和天津国学的标志性建筑。

近些年,随着"国学热"的兴起,很多地方的文庙纷纷恢复明伦堂,重现往昔的开坛讲学之风。天津文庙博物馆内的明伦堂也被辟为国学馆,请大专院校、科研单位及社会上的名师讲授"国学",如《论语》《中庸》《大学》等,并定期举办专题讲座,普及传统文化知识,产生了有益的社会影响。

二、崇化学会在文庙绵延国学

崇化学会，作为民国时期天津乃至华北地区最大的国学组织，总共存在 24 年，其中有十余年设在天津文庙，与文庙结下不解之缘。

1927 年，近代著名教育家、诗人、书法家严修(范孙)联合华世奎、林墨青等 34 位发起人，在其私邸蟫香馆创办崇化学会。创办宗旨是"延国学之坠绪，衍固有之文化"，"为童年储师资，为学子谋深造"，"讲求国学，补学校之不及"。命名为"崇化"，则是取自汉武帝元朔五年(前 124)丁巳六月诏"崇乡党之化，以厉贤才"之意。学会建立讲习科传授国学，敦请硕儒章钰(式之)为主讲，学员于训诂、义理、辞章分修。1929 年，崇化学会首席董事严修去世，学会工作由华世奎主持，迁至特三区(今河东区)二经路天津行商公所。

1935 年，崇化学会迁至天津文庙，以明伦堂为主要基地开展活动。学会扩充组织，开办初级讲习科及学术讲演会。后来陆续成立国学讲习科，国学讲习科夜班，国学专修科。1942 年，华华世奎逝世，李琴湘、金浚宣等继续主持学会工作。天津沦陷后，崇化学会"不受日伪补助，不受日伪指导，不收学费，所聘讲师亦甘于尽义务，领导百数青年努力读书，借以保存国粹，维持民族命脉"。1947年，李琴湘、孙正荪等创办天津崇化中学，1952 年更名为天津市第三十一中学，2006 年恢复原校名。

至 1951 年停办，崇化学会历经四任董事长，新老常务董事三十一名，始终如一以"发扬固有文化"为宗旨，24 年不改初衷，讲授、辅导研究《论语》《孟子》《诗经》《尚书》《尔雅》《史记》《汉书》《资治通鉴》等中国经典文献,培养众多优秀经史研究者。在社会发生巨变、新文化和新式教育形成主流的形势下,崇化学会办学宗旨及实践能够超越时代的局限,为当今社会如何继承发展中国优秀传统文化提供了范例。

为弘扬中国传统文化,天津戏剧博物馆文庙博物馆管理办公室于 2017 年 5 月至 7 月,在天津文庙举办了"传统文化的守望者——天津崇化学会 90 周年记"原创展览。展览以崇化学会的活动为主干,分三个部分讲述了民国时期天津文庙的历史。第一部分除回溯明清时期天津文庙修缮概况外,主要介绍了 1923 年天津绅商筹措巨资修缮文庙的善举,以及 1934 年起国民政府天津市府的修缮历史。第二部分主要介绍了民国时期天津文庙祭孔大祀规格,天津文庙与祭社在文庙祭祀中的作用,以及天津文庙祀孔的乡祭和官祭的概况。第三部分主要从崇化学会成立、崇化学会讲习科传播国学,以及从初级讲习班到国学专修科三个方面介绍了崇化学会 24 年间"传承固有文化"、绵延国学的艰辛历程。展览展出了大量与民国时期天津文庙相关的珍贵资料,如民国初年与祭社的知单,1915 年印《春秋丁祭礼式》,1923 年印《祀孔初献干戚舞谱》《辨位图》,1927 年崇化学会捐启、崇化学会简章,1947 年拟成立国学专修科捐启及崇化学会学员课卷等,是迄今为止最为全面地展示民国时期天津文庙情况的一次展览,吸引了众多的专家、学者和文史爱好者。

三、华世奎热爱天津文庙

天津旧城改造前,天津文庙建筑与周围密密匝匝的旧平房相邻相依,处于人间烟火之中,加之没有正门,外表看上去并无辉煌显赫之感。只有看到东门里大街上那两座古朴典雅的过街牌坊,人们才意识到这里是一块文化圣地,继而肃然起敬。在几代天津普通百姓眼里,文庙的标志,不是院墙里的某座大殿,也不是大殿里供奉的某位历史名人,而是竖立在院墙外的两座牌坊。尤其是两座牌坊上"德配天地""道冠古今"八个金色大字,既雄伟刚劲,又端庄典雅,令人百看不厌,铭记在心。由于没有落款,很多人并不知道这八个大字是天津近代著名书法家华世奎所书。

华世奎(1864—1942),字启臣,号璧臣,又号思闇。他出身天津"八大家"之一的"高台阶华家",16岁入天津县学,22岁取拔贡,30岁中举人,曾任清政府内阁丞,官至正二品。清亡,他隐居天津,晚号北海逸民。华世奎位列近代天津四大书法家之首,与孟广慧、严修、赵元礼并称"华孟严赵"。华世奎的书法走笔取颜字之骨,气势雄伟,功力深厚,是"馆阁体"书法的佼佼者。结束中国两千多年封建统治的宣统皇帝退位诏书,就是经由华世奎毛笔恭楷誊写而昭告天下的。华世奎榜书"天津劝业场"牌匾,至今悬挂在这个商场中,堪称津门第一名匾。

华世奎自述"光绪五年己卯科试取入天津县学,为附学生",那年是1879年,他16岁。"发轫学黉六十年",是华世奎《己卯三月重游泮水感赋十首》开篇之句。1939年岁次己卯,华世奎76岁。迭经世变,入泮已周花甲子,华世奎有此感怀诗作,且一题而十首,这在他的上下两卷《思闇诗集》中是独一无二的,字里行间充分袒露出传统文人士大夫浓厚的文庙情结。

华世奎归隐津门后,一直热心文庙事宜。民国初年曾明令禁止祀孔,文庙面临存废之危机。华世奎"屡闻有人毁庙改作他用之议,经誓死力争乃止"。华世奎以其社会影响力,成为维护文庙的领袖人物之一。伴随他合力坚持的团体,是与祭、洒扫两社。丁祭恢复后,与祭、洒扫社仍继续活动,曾将轮值次序在报纸刊登,诸多社会名流列于其中,华世奎轮值三月十五日。

"几费经营几折磨,明伦堂复起弦歌,十年人树园中木,一旦风掀海上波。"华世奎这首诗讲的是在文庙经营崇化学会。他自注"丁卯之秋,范孙与余约同乡耆,创立崇化学会,召集生徒讲经课史"。范孙(严修)故后,学会由华世奎主持,"辗转迁徙,至乙亥秋始将指定之府庙东偏明伦堂前后一段地基房舍收回,迁入作为会址"。始于 1927 年的崇化学会,至 1935 年得以将文庙明伦堂作为会址开展活动。华世奎曾说:"吾唯知两事,一曰保文庙,二曰存学会。"他爱文庙,不仅为文庙书写了"德配天地""道冠古今"牌坊,而且还托人给牌坊加了护柱石。

华世奎与天津文庙有着终其一生的不解之缘。他对文庙怀有深厚的感情,为保护和利用文庙建筑发挥了重要作用。

(刊于中国孔庙保护协会等编:《新时代中国孔庙发展之路》,人民日报出版社 2018 年 11 月,第 155-160 页)

作者:罗丹,天津戏剧博物馆文庙博物馆管理办公室

谦德庄的市井文化

孟　国

　　人们常以城厢文化、漕运文化和租界文化作为天津城市文化的代表,而这些似乎都与谦德庄的地域文化不搭界。谦德庄地区存在至今整整百年,网络上甚至以"臭名昭著"等极端词语来诟病谦德庄。纵观谦德庄的历史,可以认为谦德庄地域文化的主流属于市

待安置的灾民

井文化。

一、小买卖串起市井商业

市井文化产生于街区小巷,反映了普通市民的喜怒哀乐。市井文化自由散漫,缺少深刻性,上不得大雅之堂,甚至不免有些粗俗鄙陋。

谦德庄的市井文化带有明显的商业倾向,但却难说"商埠",因其规模太小,当地居民的相当一部分人都是小商小贩的从业者。

谦德庄最体面的商户就是有间门脸儿,常常是"前店后居"。不少商户卖、修结合,既是买卖人,又是手艺人。笔者的父亲当年就在当地一间七八平方米的门脸儿内从事钟表、眼镜的修理,兼营买卖。记得夏天,父亲常常用两块铺板在小店对面搭个摊位招揽客户。

摆地摊儿的分布在谦德庄各条街上,往往固定在某个门脸儿前。摆地摊儿卖的东西常随季而变。如:卖膏药的、卖芭兰香的、吹糖人的、卖大梨膏的、修鞋的、缝穷的等,五花八门。

走街串巷

谦德庄的市井

的小贩是谦德庄市井文化最精彩的一部分。他们的经营品项相对固定,每天到每条胡同的时间都差不多。儿时印象中,走街串巷的修理业似乎更多。如:剃头的、修笼屉的、箍筲的、磨剪子抢菜刀的、修搓板儿的、打帘子的……无所不有。

在义园前有一个"破烂市儿",就像"跳蚤市场",一些"喝破烂儿"的,把收购的物品分类筛选后放在这交易。有门脸儿,也有地摊儿,各类日常用品全极了,像针头线脑、各种小五金等。

二、日子过得有声有色

各类通俗文艺活动也是谦德庄市井文化的重要内容。住在谦德庄的人多数贫穷,却不缺文艺生活。据说谦德庄刚形成不久,就有了书场。1949 年前后,在李家小房子、天和前街一带有五六家书场,早、中、晚三场,每场两个半小时,可计时收费,十分钟二分钱。《杨家将》《岳飞传》《聊斋》《三侠五义》《封神演义》等都是保留节目。著名西河大鼓演员田荫亭曾在此演出《岳飞传》,场场爆满。相声名家郭全宝、于宝林等也曾来此演出。后来谦德庄新建了长江影剧院等文化场所,骆玉笙、常宝霆、白全福、苏文茂、朱相臣、王毓宝、李润杰、王宝堂、王元霞、小月珠、小鲜灵霞等曲艺、戏曲演员都曾到此演出。

谦德庄的跤场也很有名,李家小房子北口有一跤场,是张德起、张大力等摔跤名家创办的,他们开跤场是为了强身健体,不向观众中的老人和孩子收费。业余跤手也可上场过招,有时也表演举墩子、举石锁、气功等,特别是张大力的"单耳吊童"堪称绝技,至今难忘。在谦德庄的大街上,常有要把式的、变戏法的、拉洋片的、要

义园前街旧物市场

猴的等。

　　小人书铺也是谦德庄市井文化的组成部分。笔者儿时每天放学后,写完作业就一头扎进小人书铺,一分钱看一本,没钱就两人看一本。小人书铺里人总是满满当当的,没座时就靠墙站着看。那时如果大人找不到孩子,十有八九就在小人书铺。

　　当然,谦德庄的市井文化也有丑陋的一面,在旧中国,烟馆、高利贷、妓院等遍布谦德庄,一小撮地痞、流氓为非作歹,欺压良善。但这不是,也不可能成为谦德庄市井文化的主流。

　　（刊于 2018 年 1 月 16 日《今晚报》第 6 版"天津卫"）

作者:孟国,天津师范大学汉语文化学院

天津方言单音节词研究

谭汝为

汉语词汇从古代汉语以单音节词为主，发展到现代汉语以双音节词为主，经历了漫长的过程。天津方言单音节词数量较多，分析原因：一是天津方言在句式表达上力求简洁明快，而单音节词就适应了这个语用特点；二是天津方言单音节词读音响亮，表义显豁，特点鲜明，具有很强的表义能力。本文拟对天津方言单音节的名词、动词、形容词、代词、量词、副词、介词等进行分类探讨。

一、单音节名词

长期处于漕运码头文化熏陶下的天津人，说话唯求简洁，干脆利索。例如两人对话："跟我走！""哪儿去？""南市。""干嘛？""坐坐啊！"再如"冰糖葫芦"到了天津叫"糖堆儿"，商贩吆喝叫卖时将其进一步简化为"堆儿"；"柿子"，被天津商贩吆喝为"糖罐儿"，在比喻表义的基础上，再简化成"罐儿"。天津方言口语表达，在遣词造句时,不蹈故袭常,而崇简尚新。例如天津人日常的食材食品,如枵子(鲤鱼)、鲢子(鲢鱼)、厚子(草鱼)、弯子(豆角)、柿子(西红柿)、浆子(豆浆)、馃子(油条)、棒子(玉米)等就与北京话大异其趣。

普通话的单音节名词多为基本词汇,而天津方言的单音节名词却多为一般词汇。例如天津话:"二嫂子的派儿、个儿、条儿,那都是百里挑一的!"这里所说的"派儿""个儿"和"条儿",分别指人的气派、身高和体型。

天津方言口语里的"货",常指能力甚低或品行卑劣的人。天津话否定某人,简单俩字儿:"这(读为jiè)货!"从主观心理动机衡量,似可归入詈词之列;但体现在客观存在的词语上,却含而不露,超然物外,如羚羊挂角,无迹可求。至于其语义所指是"笨货、蠢货、赔钱货",还是"贱货、浪货、骚货、一路货"等,天津人绝不明说,让听者自己去猜想。这就是天津人所推崇的"骂人不带脏字"。

在天津方言单音词家族里,儿化词比重较大,例如:

份儿——指身份,如:"这回够份儿了,副局了。"

谱儿——指架子,排场,如:"官儿不大,谱儿可不小。"

戳儿——指幕后支持者,如:"人家后边有戳儿。"

串儿——混血儿,如:"我说她长得这么漂亮呢,原来是个串儿。"

碴儿——指事端,势头,如:"我把这碴儿给忘啦。"

块儿——指男子胸部和臂部的肌肉,如:"他亮出一身块儿。"

亮儿——比喻额外好处,特殊报酬,如:"干这活儿有亮儿没亮儿?"

底儿——指积蓄,如:"大户人家就是没落了,还是有底儿的。"

天津话的"活儿",源于曲艺杂技界对表演节目的称呼。如:"表演叫使活儿,辅助表演叫量活儿,表演水平高叫活儿好,魔术叫文活儿,杂技叫武活儿,古彩戏法叫落活儿,滑稽魔术叫刨活儿"等。后来,举凡手艺高下、技术优劣、服务好坏等,皆可用"活儿好"或"活儿糙"来评价。

天津方言部分单音节词,如名词"海、神、火、人、铁"等,附加上语气词"啦",皆可独立成句,如"海啦! 神啦! 火啦! 铁啦! 人啦! "等等。例如:"海啦"指数量大;"神啦"指高超;"火啦"指火爆;"铁啦"指牢固等。其评价色彩,多为褒义赞扬。但"人啦",非指丑小鸭变成白天鹅,却指小人得志,穷人乍富。盖因吃了"狗熊穿大褂"的挂落,天津话说的"人啦",呈现出的却是讽刺色彩兼有鄙夷意味。

二、单音节动词

天津人说话,干脆利索,不拖泥带水,不吭哧憋嘟,不冗长拖沓。用俏皮话说,那是:胡萝卜就酒——嘎嘣脆! 对事件的描述,对人物的褒贬,对事物的评价,凡是能用一句话的,绝不用两句话;凡是能用一个字的,绝不用两个字。因此,在天津话里,单音节动词很多,简直可以车载斗量。譬如:"拿了、崴了、蔫了、震了、盖了、掰了、裂了、砸了、黄了、叠了、闷了、尿了"等。

天津方言词"尿"的用法很特殊。旧时在街面上动武打架,凡怯阵、服软、退出或溜走的,都被讥讽为"尿了",即"被对手吓尿裤了"的意思。例如:"你还是爷们儿吗?还没上阵呢,怎么就先尿了。""在众目睽睽之下尿了,那可太栽面了! "由此,"尿"还引申出理睬、含糊、在乎的意思,多用于否定句式。例如:"别看他穷横,我才不尿他了"(即"不在乎他");再如:"也不扫听扫听,我到哪儿也不尿他"

（即"不服他"）。

请看带提手旁，表示动作行为的天津方言单音节动词：

扯——①撕，撕下，特指买布料。例如："我们姐儿俩去百货大楼扯块布。"②指某女性思想开放，说话不含蓄，口无遮拦；办事不拘谨，动作失态，与众不同。例如："这姑娘哪儿都好，就是有点儿扯。"

抡——胡说。例如："他一时兴起，口若悬河地抡开了。"

扽 dèn——用力拉。例如："做独面筋儿不用刀切，得用手扽。"

抹 ma——①（脸色）突然改变。例如："这小子把脸儿一抹，来个六亲不认。"②罢官，免职。例如："这回可算是把他的官儿给抹了。"

㧆 tuǎn——（对比较疏远且不合作的人）以迂回而温和态度对待，逐渐拉近距离，达到安抚或笼络的目的。例如："将来有用得上他的时候，㧆着他点儿！"

抽——①挥掌猛打。例如："干这缺德事儿，就是找抽。"②收缩。例如："运动衣一下水就抽了。"

撤——①（用手掌）打（对方脸部）。例如："再说瞎话，我撤你嘴巴子。"②离开。例如："我有点儿事儿，先撤了！"

搪——抵挡，应付。例如："天大的事儿，我自个儿搪。"

掫 zōu——①扶持，拉拽。例如："老太太上车，劳驾您了掫一把。"②托举，抬起。例如："帮我把麻袋掫到肩膀上。"③掀翻。例如："一桌饭菜让他给掫了。"

㧡——①悄悄塞给。例如："每次见到舅舅，都㧡给我十块八块的。"②不经心随意放。例如："数码相机的电池，不知让他㧡到哪去了？"③放入、插入。例如："一只脚㧡到泥里了。"

为求简洁明快,天津话往往把动宾结构双音节动词略去宾语,只保留前面的动词。例如:

认——"认同"的省略,例如:"他的煎饼好,虽然价有点高,人们还是认。"

发——"发财"的省略,例如:"扎彩铺隔三差五接一些大活儿,就能小发一笔。"

作——"作祸"的省略,例如:"你小子就作吧,离倒霉不远了!"

拍——"拍马"的省略,例如:"这一通拍,谁听了不舒服?"

搭——"搭罐"的省略,指淘汰出局或中途退出,例如:"下的嘛臭棋,快搭走,换一个。"

碰——"碰瓷"的省略,例如:"这两个无赖就是以碰为生的。"

缺——"缺德"的省略,例如:"你这事儿办得太缺了!"

刷——"刷色"的省略,例如:"这通毫不婉转的猛刷,引来会场上一片暗笑。"

捅——"捅钱"的省略,例如:"为了给儿子找工作,他没给局长少捅。"

现——"现眼"的省略,即出丑,丢人。例如:"就你这两下子,就别现了。"

栽——"栽面"的省略,因失败、失误而出丑。例如:"这回能耐梗可要栽了。"

崴——"崴泥"的省略,比喻陷入困境或事情难于处理。例如:"他感到这回是真崴了。"

在单音节动词中,有名词用如动词的,如:

猴儿——逮捕,关押,例如:"那小子作恶多端,让公安局猴儿起来了。"

杠——指抬杠,顶撞,例如:"姐俩儿都跟撅嘴驴赛的,差点就杠起来了。"

腿——步行,例如:"最后,没辙了,只好扔下车子腿回家去。"

庹 tǎo——成人两臂平伸,两手间的距离,约合五尺,例如:"有没尺没关系,用手一庹,就知道多长了。"

形容词用如动词的,如:

贫——连续多次,表示说话絮絮叨叨,令人讨厌,例如:"这小子太贫,净耍嘴皮子。"

秃——光头男子不戴帽子,裸露头顶,例如:"大冬天你秃着脑袋,不嫌凉啊!"

淡——不理睬,使之尴尬,例如:"多好的一个媳妇,楞让你小子给淡走了!"

单音节动词"震、盖、拿"的后面附加语气词"啦",可独立成句,如"震啦! 盖啦! 拿啦!"评价色彩,为褒义赞扬。

三、单音节形容词

天津话:"哥哥肉,嫂子抠儿,熬出菜来特别齁儿。""肉",形容愚笨迟缓;"抠儿",形容吝啬;"齁儿",形容太咸或太甜。再如哏儿(有趣)、海(极大,极多)、贫(油滑)、糙(粗俗)、"刺儿"(好挑剔,不合群,难相处)、"寸"(偶然巧合)、"艮"(性格倔强,有骨气)、"老"(同辈亲属中排行最末的),如老儿子、老兄弟、老闺女、老姑、老舅、老姨等。

名词用如形容词的,如:

鬼 ——形容机灵,例如:"小雨这人才鬼呢,总给她画个圈儿下个套儿的。"

水——形容低劣,例如:"这是嘛手艺? 太水啦! "

贼——形容精明。例如:"老爷子眼睛可贼了,嘛事都甭想瞒过他去。"

轴——形容执拗,例如:"她的脾气可轴着呐。"

动词用如形容词的,如:

尥——原指骡马等跳起来用后腿向后蹬踢。后形容小孩子顽皮、淘气,例如:"这孩子太尥,让人费心。"

窜——(气味)浓烈,例如:"谁家熬鱼了? 味儿还真窜! "

四、单音节代词

疑问代词"嘛",表示"什么"的意思,在天津方言中使用频率极高,如"嘛事儿?""嘛玩意儿?""干嘛去?""做嘛?""这是嘛?(读为介似嘛)""吃嘛点嘛!""嘛人嘛命!""吃嘛嘛不够,干嘛嘛不行"等。

外地人把"嘛"写作"吗",其实是两码事。"吃嘛?"和"吃吗?"语义所指,相差很远。"吃嘛 mà?"就是"打算吃什么?"(言外之意:菜单上的菜,你随意任点)。而"吃吗 ma?"就是"还吃不吃?"(言外之意:不行就改日再议。)二者表义趋向是真伪对映,南辕北辙。

疑问代词"哪儿",表示"哪里""什么"的意思。如"哪儿学来的(读为 dì)?"表示对某人言行不满而发出责问。例如:"越说越走畸,都哪儿学来的? "再如"哪儿对哪儿呀",指对不上茬儿,不是一码事。例如:"关公战秦琼,我的活祖宗,这都是哪儿对哪儿呀? "这两个诘问句,都带有强烈的否定色彩。

在天津方言口语表达中，有时把两个"哪儿"用在同一个短语里，如"哪儿跟哪儿"，对风马牛不相及、令人难解的异常现象，发出匪夷所思的感叹。例如："出殡的把抬杠的埋了，这是哪儿跟哪儿呀！"再如"哪儿说哪儿了(读为 liǎo)"，表示在哪儿说的就在那儿结束，指谈话内容保密，不外传。例如："天津人谈心的规矩是：哪儿说哪儿了，就是畅所欲言、淋漓酣畅，但说完就算，不足为外人道。"又如"哪儿也不是哪儿"，指一无是处，完全被打乱了。例如："至此，一个地位不低，收入颇丰的三口之家，就这么被毒品给弄得哪儿也不是哪儿了。"

五、单音节量词

(一)天津方言特殊的物量词

起儿——层级。例如："《鲁迅全集》放在左面书柜的第二起儿。"

揸儿——指拇指与食指相握的空间数量。例如："这一揸儿香菜有二两吗？"

磴儿——楼梯或台阶的序数。例如："台阶四十磴儿。"

垡儿——批。例如："人走了好几垡儿了，但这个传统还保留着。"

(二)天津方言特殊的动量词

抱儿——(哭的)次，回。例如："这孩子一天不知哭多少抱儿。"

过儿——遍。例如："这衣服洗了三过儿，怎么还有胰子粉味儿呢？"

六、单音节副词

　　天津方言单音节副词数量不少。例如程度副词"倍儿",用在某些形容词之前,表示非常、十分的意思,例如:"说话倍儿哏儿";"哥儿俩倍儿铁";"站柜台的姐姐倍儿俊儿"等。程度副词"精",用在某些形容词之前,表示十分、非常的意思,例如:"从干校回来,变得精瘦";"浑身淋得精湿。""愣"表示竟然的意思,例如:"夜里让贼偷走了一车货,值班的愣不知道。"另外,还有:

　　官——肯定,一定。例如:"我预测,天津队官赢!"

　　行 háng——有时。例如:"他行来行不来的,咱就别打他的牌了。"

　　横——"可能"的速读合音,表揣测,大概,也许。例如:"他怎么还不来呢,横家里有事吧?"

　　紧——尽快地。例如:"头俩月买的棒子面儿紧着吃,别捂了。"

　　老——很,挺。例如:"我还是不老明白的,您再给我讲讲。"

　　毛——大约,将近,差不多。例如:"一个月工资毛四千元了。"

　　且——较长时间地。例如:"为了写这篇文章,一天到晚且琢磨了。"

　　饶——①非但。例如:"快清明了,饶不暖和倒下起雪来。"②尽管。例如:"饶着花了钱,还得受埋怨。"

　　贼——特别,格外。例如:"电灯泡贼亮贼亮的。"

七、单音节介词

　　与普通话不同的天津方言介词有:

打——相当于介词"从"。例如:"我刚打北大关来";"打那儿以后,我们就没见过面"。

拿——相当于介词"被"。例如:"昨个儿拿雨淋了。"

起——相当于介词"从"。例如:"他起小就喜欢京剧";"我们起东局子来。"

顶——相当于介词"到(某个时间)"。例如:"顶现在也是那个德行。"

济——相当于介词"就",①放在优先的地位。例如"家里有做好的吃食,也先济着爷爷奶奶吃。""别的事儿都撂下,咱济这事儿办。"②就着。例如:"别都一块儿来,咱济一个问题讨论。"

给——①相当于介词"对"。例如:"你给我说说。"②相当于介词"被"或"让"。例如:"归其还是给小狐狸精迷住啦!"

头——相当于"在……以前"。例如"头春节,买卖就黄了。"

本文对天津方言单音节词,按照其语法和词性,从语义和结构两个角度进行了分类探讨。与语音、词汇、文化、民俗等研究方向相比,天津方言的语法研究迄今还比较薄弱,对这方面的研究,应进一步加强。

参考文献

1. 谭汝为著:《这是天津话》,天津教育出版社 2009 年版。

2. 谭汝为著:《天津方言文化研究》,天津人民出版社 2014 年版。

3. 马庆株、谭汝为、曾晓渝著:《天津方言研究与调查》,天津人民出版社 2014 年版。

4.谭汝为主编:《天津方言词典》,天津人民出版社 2014 年版。

5.谭汝为著:《天津方言与津沽文化》, 中国国际广播出版社 2015 年版。

(刊于《关东学刊》,2018 年第 4 期,2018 年 8 月,第 136—141 页)

作者:谭汝为,天津师范大学国际教育学院

三读周汝昌选注《杨万里选集》内外

田晓东

　　那是 1984 年,我即将步入大学二年级,赶上 80 级的老学长们在三角地处理毕业后不想带走的旧书。之前总觉得买书太贵,这次遇到旧书,不仅能打折压价,还可以用菜票,便一口气买了七八本,有《中国古典文学作品选读》系列的《唐诗一百首》《宋诗一百首》,还有一本周汝昌选注的《杨万里选集》,虽然同为上海古籍出版社出版,但不属于《中国古典文学作品选读》系列,当时没看清楚,回到宿舍细看还是繁体竖排版,一下子心里凉了大半截,我一个理科生最怕繁体字,读起来好似"一山放过一山拦",就连《红楼梦》,因为校图书馆收藏的尽是繁体竖排本,借了两次都没能啃下去,只好完璧归赵。对这本《杨万里选集》,我也没再多想,投入书箱了事。

一

　　暑假回家,消磨火车上无聊的时光,除了看书,没有别的办法。

当时乘火车从北京到石家庄,特快也要走4个多小时,车厢里全是北京各大高校暑期返乡的学生(统一订票)。我选中了《杨万里选集》,还有个不足为外人道的原因,能看繁体竖版书的人至少在稠人广座之中不能算没文化吧。

说来奇怪,我打开书,完全不需要故作姿态,书前的《引言》一下就吸引了我,周汝昌以新颖、俏皮的笔法把杨万里作诗的"活法"写得风趣有致,令人忍俊不禁。周汝昌欲擒故纵,先拈出一首清代郭麐的小诗说事,吊起了读者胃口才道出郭师法的老师原来是杨万里;然后条分缕析杨万里如何师法自然,追求神韵,不依傍他人,创造了自己的"诚斋体"。得此"列车开示",不独数小时的旅程眨眼而过,接下来两个月的暑假也过得充实有味,除掉数十个繁体生字(不含书中注音字)被我生吞活剥,首次读周汝昌选注的《杨万里选集》,收获大致有二:

一是对杨万里的诗喜读喜诵,进而激发自己尝试写诗;

二是周汝昌注诗别开生面,语出精到且言之有物,引起我对这位独具匠心的学者的持续关注。

我念小学时以为全中国只有两位诗人:毛泽东和郭沫若;上了中学才知道何谓唐诗宋词。除了李白、杜甫、白居易等名家一两首名篇,中学毕业尚不知天壤之间,竟有杨郎——杨万里,更何况他的诗。

初读杨万里的《闲居初夏午睡起二绝句》其一:

梅子留酸软齿牙,芭蕉分绿与窗纱。

日长睡起无情思,闲看儿童捉柳花。

我生长北方，未曾尝过梅子的味道，"梅子留酸软齿牙"，不待"望梅止渴"的故事条件反射，念过一遍，几同亲尝，竟情不自禁地揉了揉腮帮；"芭蕉分绿与窗纱"，芭蕉幸而见过，"分"字使"芭蕉"活，不同"梅子留酸"尚在意中，"芭蕉"则宛在画中，但非画面之重，和"日长睡起无情思"只突出幽静闲适；至"闲看儿童捉柳花"，瞬间把握住儿童嬉戏，柳花飞舞，如画面定格，得即景会心之旨。诚如钱锺书先生《谈艺录》中所言："诚斋善写生……如摄影之快镜；兔起鹘落，鸢飞鱼跃，稍纵即逝而及其未逝，转瞬即改而当其未改；眼明手捷，踪矢蹑风，此诚斋之所独也。"

周汝昌在《引言》中说："当日诚斋的这首诗，被张浚看见了，读后喜曰：'廷秀（诚斋的字）胸襟透脱矣！'"为了形象说明透脱，就是不执著，这一杨万里作诗"活法"的表现，周汝昌从两则禅宗的小故事入手，发微阐幽，引人如入宝山，拐到哪里都不会空返。让心有余力的读者，得享禅理之妙；让以为诚斋此诗是"士大夫吃饱了、无事作、闲得不耐烦的作品"的读者，领略"饱喜饥嗔"以外的精彩，这番功夫绝非一般的写作者孜孜以求就能够达到的。

正文中，周汝昌在该诗注后另有笺，引周密《浩然斋雅谈》："诚斋亦自语人曰：'功夫只在一"捉"字上。'"周汝昌认为："然此实用白居易'谁能更学孩童戏，寻逐春风捉柳花'语，周（密）说未可尽凭。"何谓笺？周汝昌曾说："笺，大多不阑入一般的注，而只着重时地、交游、史事、本事、评议等方面。而注，往往要包括笺的内容；或者说，凡是好的注，一定是先要下过笺的功夫，不只是注字眼字面，这就决不是单单乞灵于几部字书、辞书、类书所能做到，实际要付出长期的、辛勤的劳动才行。"不单帮助读者扩展视野，征引史事材料而非盲目采信，驳议有据，态度审慎。

周汝昌注诗,不轻易放过让读者疑惑的细微之处。他在《重版附记》中写道:"关于注音,因为诗句时时牵及格律和谐韵的问题,很难完全依照现行普通话标准读音来处理,有时不得不稍加变通。"此说甚是,读音对格律诗而言兹事非小,一音之差,去韵、意俱远。如"日长睡起无情思",周汝昌注"思",读去声,名词。"思"的这个意思被我活学活用,后来尝试作诗时,有句"离思今宵入旧年",即拜周先生所赐。诗虽不工,愿学焉。

《闲居初夏午睡起》这等好诗,杨万里在日常琐事之中别具只眼,横生妙趣。结合周注,只需连续读上几遍,便可成诵,且经久难忘。

再看《有叹》:

> 饱喜饥嗔笑杀侬,凤凰未必胜狙公。
> 幸逃暮四朝三外,犹在桐花竹实中。

这首绝句时人刘后村读了,竟然"不晓所谓";而"晚始悟其微意"。如果没有笺注,可以想见今人必然多是不知所云了。周汝昌先把"朝三暮四"和世传凤以"桐花""竹实"为食注释清楚,在笺中引《后村大全集·诗话·前集》说:"此自江东漕奉祠归之作也;凤虽不听命于狙公,然犹待桐花、竹实而饱,以'花''实'况(比喻)祠廪(祠禄,作祠官,不任事,白领俸钱)也,欲并祠廪扫空之尔!未几,遂请挂冠(弃官退休)。"原来是杨万里的自嘲诗,感叹凤凰究竟比猴子清高多少呢?

周汝昌把杨万里在作此诗之后不久便辞掉祠禄,彻底挂冠为民,称之为"胸襟透脱",认为以"比兴"视之固可;归为"活法"表现,亦无不可。要之,则活法乃大,活法乃正。

读了此论，我顿感茫然，如何掌握"活法"的妙趣和分寸，让读诗和作诗、理论和实践相互观照，仍是知其然而不知其所以然。从开示到开悟，"功夫在诗外"，还得有很长一段路要走。直到第二次通读《杨万里选集》，才略有领悟，那已经是十几年后的事情了。

二

约在 2002 年，胡适热已在大陆兴起有年，我看到一篇文章说胡适于 1961 年 7 月手书一首诗赠给雷震。

> 万山不许一溪奔，拦得溪声日夜喧。
> 到得前头山脚尽，堂堂溪水出前村。

用日夜喧腾的溪水隐喻不可阻挡的民主新潮，安慰并鼓励因文字狱身陷囹圄、正在度过他 65 岁生日的友人。

这首七言绝句题为《桂源铺》，是杨万里的诗。我不记得曾经读过，马上翻出那本已经泛黄的周汝昌选注《杨万里选集》，一查，果然没有。心想为什么当年周汝昌未收此诗呢？带着疑惑，加之对 1947–1948 年周汝昌向胡适先生问学《红楼梦》的一段因缘很感兴趣，我借来《诚斋集》为参照，开始第二次读《杨万里选集》。

杨万里诗文集《诚斋集》有 133 卷，计 220 万多字，今全存。关于选目，周汝昌"逐篇审慎抉择，……反复不下十余次"，看似可以像唐末韦庄编《又玄集》一样，面对几乎全部唐诗"执斧伐山，止求嘉木；挈瓶赴海，但汲甘泉"，但时代局限和个人理趣不可避免地对周的选目产生影响。

所谓时代局限,较《杨万里选集》(初版 1962 年)早出版几年的钱锺书选注《宋诗选注》(初版 1958 年),可作为一面镜子参看。深得宋诗三昧的钱锺书认为:"它(《宋诗选注》)当初不够趋时,但终免不了也付出趋时的代价——过时,只能作为那个时期学术风气的一种文献了。假如文献算得上时代风貌和作者思想的镜子,那么这本书比不上现在的清澈明亮的玻璃镜,只仿佛古代模糊暗淡的铜镜,就像圣保罗的名言所谓'镜子里看到的影像是昏暗的。'它既没有鲜明地反映当时学术界的'正确'的指导思想,也不爽朗地显露我个人在诗歌里的衷心嗜好。也许这个晦昧朦胧的状态本身正是某种处境的清楚不过的表现。……这部选本不很好,由于种种缘由,我以为可选的诗往往不能选进去,而我以为不必选的诗倒选进去了。只有些评论和注释还算有价值。不过,一切这类选本都带些迁就和妥协。"

与钱锺书有所不同,周汝昌 "深觉诚斋的风格和别人迥然不同,犹如珍珠异味。这缘法,一结而不可解;以后乱读几本书,知道得多些了,而始终爱诚斋之心不少减。""爽朗地显露"了自己对诚斋诗的"衷心嗜好"。在具体选目上,周汝昌以为"对于诗,选七绝最严,因原集此题最多,真是选不胜选,我是偏重思想性和写得比较深婉味厚的",而摒除带理学意趣、禅宗味的作品。他在为 1979 年版《杨万里选集》写的《致读者》里,虽预先说明听见"理学"这个名称,不要怕,但在 1962 年选注"于道学有分"的杨万里诗文时,为"反映当时学术界的正确的指导思想",理学(道学)的痕迹尽量不去触碰。

故此,像杨万里模仿理学中人得道学真传之口气,夫子自道的《幽居三咏》之《诚斋》,自然被割弃。

> 浯溪见了紫岩回,独笑春风尽放怀。
>
> 谩向世人谈昨梦,便来唤我作诚斋。

上文提到的,旅次之中不经意地体现一种轻松理趣、哲理思考的《桂源铺》;可作为《桂源铺》姊妹篇的《过松源晨炊漆公店》其五,通通难逃落选的命运。

> 莫言下岭便无难,赚得行人错喜欢。
>
> 正入万山圈子里,一山放过一山拦。

周汝昌在《引言》中讲到杨万里生平,"(诚斋)在永州日,得见谪居在此的张浚,此后终身奉之为师;'诚斋'之名,也就是张浚曾勉以'正心诚意'之学而取的。"多少弥补上《诚斋》诗弃选的缺憾。对张浚之子张栻,因家学之故,张栻早闻理学之旨,其重视察识践履,别具"一段涵养工夫",与杨万里交游密切,并对杨的诗风形成影响匪浅。杨尝说:"某行天下,知我者希……知我者钦夫(张栻字)一人而已。"但碍于张栻是开创理学湖湘学派的主要人物,杨赠张诗文虽不乏名篇,周汝昌也只能一概舍弃。如此,张栻卒后,杨万里作《翻破箧得张钦夫唱和诗》:

> 年年不是不吟诗,吟得诗成寄阿谁。
>
> 留取朱弦不须断,只将瑶匣锁蛛丝。

这番知音难求的感慨只能和《桂源铺》《过松源晨炊漆公店》一样,觅之《诚斋集》了。

把思虑深沉的宋代理学入诗,江西诗派由"夺胎换骨""点铁成金",渐至末流"味同嚼蜡",饱受拾人牙慧、焚琴煮鹤之讥。在"人人西江社,诗参活句禅"的背景下,杨万里从学江西诗派到超越之,"传派传宗我替羞,作家各自一风流。黄陈篱下休安脚,陶谢行前更出头",自觉回归六朝诗论的"物感说"。他体认并践行陆机在《文赋》中提出的"自然景物"变化对文学创作的激发、促进作用,及"情""物"交感的理论和物感后产生的情感以及相应文辞表达的一系列问题;并对《文赋》中"伫中区以玄览,颐情志于典坟"之"玄览"的观察,学习陆机融会儒道,追求清幽而高雅的创作理念。杨万里凭借壮游、为宦等"征行",将游历所体验到的"自然景物"之美视为创作源泉。"五十年之间,岁锻月练,朝思夕维,然后大悟大彻。笔端油口,句中有眼,夫岂一日之功哉。"终于以"诚斋体"在南宋诗坛高树一帜。

周汝昌选注《杨万里选集》时,对这方面的诗作选目最多,其中原因与周汝昌求学的经历密切相关。周汝昌兼具诗人气质,自小对中华诗词留心玩索,"我初次知有诚斋这个名字,是由于先述堂(引者按:顾随别号)师的文评中引了他的一首绝句,当时就很想读他的集子,可是贫居无书,只有想望。后来忽然在家门口往西不远的小集市上遇到三册日本选刊的诚斋诗残本,一见之下,大喜望外,急为收得,如获至宝。兴奋地抱回家,马上就爱上它了。"到了1947年秋,周汝昌经过复试重回燕京大学就读西语系;1951年,他的本科论文英译陆机《文赋》答辩,《文赋》文字艰深,即便翻译成白话文已属不易,何况是译成英文。周汝昌的答辩令中外教授举座皆惊,赢得长时间热情的掌声。一位老师破例请他吃饭,告知论文一字未改全票通过。

正是对诚斋诗发自内心的爱,深厚的国学功底附以西学的系统训练,使周汝昌对杨万里诗的理解更为透彻,以"活法"统摄杨万里诗最鲜明特点。从体裁上讲,短小轻灵的绝句最易体现活法;其中又以纪行易得江山之助,"所谓流转圆美如弹丸"之作精采迭现。因此纪行诗中的七言绝句最受青睐,成为周汝昌选注《杨万里选集》中的不二重点和亮点。

在周汝昌引用前人"活法诗""活泼泼""活泼剌底"等形容"诚斋体"的艺术审美特征,尽显得心应手之际,而对"活法"的源流却欲言又止。人都说"活法"为吕本中首倡,但吕的"活法"——"学诗当识活法。所谓活法者:规矩备具、而能出于规矩之外;变化不测、而能不背于规矩也。"主旨是讲作诗的"规矩",还没有超出音节、格式、文法、章法的圈子。而"诚斋的活法",周汝昌指出:"虽然也可以包括着这一层而言(他运用得却很灵活,变态多方),但其真精神却早已跨越了吕本中的范围而指向作品内容方面的事情,关系到作者的认识事物的方法问题,要探本穷源得多了。"

说到"作者认识事物的方法问题""探本穷源",则不能不提中国本土化佛教——禅宗的影响。南宋初期,自身求变内化的禅宗一派在世俗政权扶植下,一扫北宋徽宗时期"重道轻释"的被动局面,再次活跃起来,尤其是临济、曹洞宗风大盛,法脉流播海内外。禅宗改变了宋人的思维方式,影响一代士风,以至后世有所谓宋儒是佯儒阴释、还是佯释阴儒之争。

"活"是南宋禅宗最重要的特征之一,诗学中出现的一系列"活法""熟参""妙悟"的新概念,带有明显的禅宗因子,"活法"与禅宗自在三昧相通,无拘无束,活泼无碍。禅宗口诀"须参活句,勿参死句",正是悟"活法"之意。史弥宁《友林乙稿·诗禅》:"诗家活法类禅机,悟处功夫谁得知?"一语道破,揭示出悟道 - 活法 - 诗艺的随机性、互动性、同构性——行住坐卧,无非是道;纵横自在,无非是法;

质感标新,无非是诗。

杨万里深谙"活法"是连接诗法与妙悟的津梁,上接苏轼冲口而出、任情直吐的"捷法";黄庭坚不主故常、变化万方的"句法",创立了诗歌创作奇正相生、法无定法的"活法"时代。"于道学有分"的杨万里虽非信仰佛教,但"认识事物的方法问题"却与禅宗主观心性相通。"大抵诗之作者,兴上也,赋次之,赓和不得已也。我初无意于作诗,而是物是事适然触乎我,我之意亦适然感乎是物是事。触生焉,感随焉,而是诗出焉,我何与哉? 天也,斯谓之兴。"诚斋之"兴",即创作中的意识性活动,疾如刘勰《文心雕龙·神思》里"寂然凝虑,思接千载,悄然动容,视通万里",乍一起念,"一时顿现";进而转化关注对象、移易境界以打断前面的情感流程,若禅家之断"常见"而入禅思,达到"透脱"的境界。张元幹形象解释这一过程:"文章(此指诗)盖自造化窟中来,元气融结胸次,古今谓之活法。所以血脉贯穿,首尾俱应,如常山蛇势;又如风行水上,自然成文。"

周汝昌对佛经、禅宗的话头、典故等入诗本就持批评态度,比如1957年他所写《〈范成大诗选〉后记》:"释家语言而入诗,例如'溪声便是广长舌,山色岂非清净身'之类,不但思想内容无多足取,即是从艺术角度来看,这也是最糟糕的文字,其但不成其为'诗'而已! 作俑者固然无聊,但向这方面严重发展、'青出于蓝'的却是范成大。"杨万里与范成大同属"宋中兴四大诗人",周汝昌对杨却笔下留情得多,选注《杨万里选集》时,非但没有把《诚斋集》里并不难找的与佛教神宗沾边的诗斥为"恶趣",还选了《和李天麟二首》:

> 学诗须透脱,信手自孤高。
> 衣钵无千古,丘山只一毛。

句中池有草，字外目俱蒿。

可口端何似：霜螯略带糟。

句法天难秘，工夫子但加。

参时且柏树，悟罢岂桃花？

要共东西玉，其如南北涯！

肯来谈个事？分坐白鸥沙。

注后加按语："按这两首诗写得并不算好，但较全面地反映了作者对学诗下的工夫的看法，对好诗的几点要求；所以几经斟酌，还是选录在此。"权当消过毒了。

周汝昌还在《引言》中以《有叹》为例，阐明"透脱"从一个禅宗范畴过渡到诗学体系中的一个美学范畴，杨万里具有开创之功。但是，白璧微瑕，惟在《有叹》笺中似缺一条。如果能引东晋名士习凿齿《又与谢安书称释道安》："统以大无，不肯稍《齐物》等智，在方中驰骋也。"意指释道安视道家虽自诩逍遥方外，不过是"方中驰骋"。以此道、释二教的门户之见，说明杨万里《有叹》诗中自嘲——所谓"方外"，仍在"方中"而已，不是更方便"透脱"吗？走笔至此，必须声明：以周汝昌先生之该博，非不能笺注，而是避谈禅宗主观唯心论罢了。

既然杨万里受禅宗影响有干时忌，对禅宗流衍盛衰分析不够，周汝昌《引言》归纳的"诚斋的长处，是在'活法'；他的短处，还是在'活法'。——不是在于'活法'本身，而是在于他对自己的'活法'有点过于自喜、自负、自恃。……他的作品有的极为沉婉深至，有的又很滑快浅率。"便显得玄之又玄。直到1983年，周汝昌在《〈苏辛词说〉小引》里才一吐衷曲："盖禅宗是中原华夏之高僧大德将西土原始佛法大大加以民族化了的一门极其独特的学问,它对我们的文学艺术,发生了极其巨大深远的影响。不理解这一层关系,那中国文艺全史就是不好讲的了。"同理,面对社会转型时期异常严酷的仕途现实,像杨万里这样清廉的官僚也曾使用了"内举不避亲"的借口,为子嗣亲朋的仕途升迁挖空心思地求荐。这些都是周汝昌选注《杨万里选集》或有意、或无意、或不得已而回避的问题。明乎此,看似求全责备,但若想全面把握《诚斋集》,以上问题仍是不可或缺的。

三

2012 年 5 月 31 日,周汝昌先生逝世。为纪念先生,上海古籍出版社当年 12 月再次推出新版周汝昌选注的《杨万里选集》。从 1962 年中华书局初版,1979 年上海古籍出版社修订再版,2012 年新版改为更适合今人阅读习惯的横排本,繁体、硬面精装,并恢复周汝昌 1962 年版的自题书签。较之 1979 年版,新版由 282 千字增至 344 千字;348 页增至 380 页,修订幅度很大。

我从天津图书馆借到新版本拜读一遍,体会最深的已非杨万里的诗,而是对选注者周汝昌矻矻穷年,嘉惠学人之举有了更深的认识。不妨借美国芝加哥大学社会学系阿伯特(Andrew Abbott)教授概括的"做学问需要的五样东西"作方便法门,试着谈几点看法。

一、能力。阿伯特的原词是 horsepower,直译为马力;巧合的是周汝昌生于 1918 年农历的三月初四,戊午年,属马。周汝昌曾说:"注释之事,自古为难。"好在周汝昌尝得恩师顾随先生亲炙,对顾先生的授课风格——文史哲禅,诗内诗外,旁征博引,包罗万象,所谓课堂"跑野马",谙熟于心;复有燕京大学中文系研究院的经历,专攻中华古典诗词。周汝昌选注《杨万里选集》，一试"马"力，诚可谓"手握金刚钻，敢揽瓷器活。"

二、想象力。相当于我们常讲的"悟"。好的注释，须对作者的身世、作品的时地、创作的背景等材料博收慎取，尽量掌握；作者创作风格、表达技巧，既有显豁径直、一目了然，又有含蓄委婉、正言若反，皆须注释者选取门径、沿波讨源。做到这些，没有悟性或想象力是不行的。2005年周汝昌有一次接受记者采访时说过："中华诗是情思美、声韵永、文采彰、境界高的综合与升华，是以魅力最大，涵咏无穷，其上品真不愧是透肝沁脾，生香满颊。"不迷不通，周汝昌这番发自内心的深情告白，或许是他对中华古诗词情有独钟、钟而有悟的最佳脚注吧。

三、意志力。法国美学家杜夫海纳（Mikel Dufrenne）说过，审美客体是有深度的，这种深度的呈现是对一个新世界的开启。这个新世界的开启有赖于打开主体人格的一个新的侧面，如果只停留于日常表面的习惯性联系之中，这个新的世界就不会出现；只有主体达到审美情感的深度，审美对象的深度才会敞亮出来。《杨万里选集》中每一条注，都不是一般人所想的只是查查字典、辞书，抄上几句就行了；实际问题千头万绪，一个小问题可能就是一个大考证。这样做下来，一条极少几个字、几句话的注几乎就是一篇学术论文的提要与浓缩。为使考证避免枯燥，周汝昌特别注意行文的遣词用句，他用轻快活泼的语言，让读者跟随他出入经史百家、典章故实，几句话便让严谨的考证清晰明白。这番笺注功夫，非有做学问的意志力不能措手，相当于"主体达到审美情感的深度"；其供与学人参考借镜，使杨万里诗文一唱三叹之际，尽得涵泳之趣，"审美对象的深度才会敞亮出来。"

四、训练。1959年4月,人民文学出版社出版了周汝昌选注的《范成大诗选》;1962年12月,作家出版社出版了他与顾学颉合作完成的《白居易诗选》;同月,中华书局出版了周汝昌选注的《杨万里选集》。通过三部诗(诗文)选注训练,严谨的考证、活泼有趣的写法,以及独特的视角,使《杨万里选集》大获成功,备受佳评,堪称周汝昌注诗的代表作。

《杨万里选集》不落俗套,特别是《引言》部分,煌煌三万言,周汝昌介绍杨万里诗的艺术风格,描述历史情境,要言不烦,让读者领略玩味"诚斋诗"的妙趣、"活法",读罢无不有兴会淋漓之感。周汝昌的燕大学长、香港中文大学牟润孙教授对人说:"注诗推周汝昌,如不能像人家这么注,简简单单,草率粗陋了事,那就等于误人子弟。"加拿大汉学家施吉瑞(Jerry Schmidt)教授接受访谈时也说:"我的博士论文研究的是杨万里,叶嘉莹老师是我的博士生导师。这其实也得益于我对周汝昌先生编著的《杨万里诗选》的认真研读。说实话,拥有极好的注释的中文诗选,远远比简单的英译文本更加重要。正是由于优秀的诗选作品的出现,使我们对诗人本身、对作品的理解,能够更加深入、更加透彻。"

五、忍耐力。周汝昌对待研究对象极其认真,诗文作注要花大力气,时间、精力投入都很多;注文则力求简洁、言之有物,而出版稿酬是按字数核付的,这种费力的笺注每千字只给两元钱,得酬反而最少。况且当年周汝昌因生病不能坐班,带病在家工作,生活和研究条件都有不少难处。1962年却是周汝昌著述的高产期,可见他是以极大的忍耐力辛苦工作的。

三读周汝昌选注《杨万里选集》,每次都有收获;遗憾的是,那本开启我爱诗、写诗之路的1979年版《杨万里选集》,在一次搬家纷乱中不幸遗失;但在我内心,通过阅读,得周汝昌先生启迪之入微、点拨之精到,如亲聆先生教诲,不因岁久而淡忘。值此先生百年诞辰之际,聊叙成篇,以作纪念。

参考文献

1. 见周汝昌《读夏承焘〈姜白石词编年笺校〉》。

2. 见韦庄《又玄集》序。

3. 见钱锺书《宋诗选注》(香港版)前言。

4. 见杨万里《答朱侍讲》。

5. 见章甫《送谢王梦得监税借示诗卷兼简王金》。

6. 见周必大《跋杨廷秀石人峰长篇》。

7. 见吕本中《夏均父集序》,《后村大全集》卷95《江西诗派》引。

8. 见杨万里《答建康府大军库监徐达书》。

9. 见张元幹《跋苏诏君赠王道士诗后》。

10. 见王瑞来《"内举不避亲"——以杨万里为个案的宋元变革论实证研究》。

11. 见周汝昌《读〈稼轩词编年笺注〉》。

12. 见徐怀谦《周汝昌:中国文艺最忌"死",最贵"活"》。

13. 见乐黛云《真情真思真美——读季羡林先生的散文》。

(刊于天津市红楼梦研究会、天津市津南区文化体育局编:《周汝昌百年诞辰纪念专辑》,百花文艺出版社,2018年12月,第77—89页)

作者:田晓东,自由撰稿人

相声病了，得治

鲍震培

20 世纪 30 年代以后，一些艺术造诣深厚、具有远见卓识的前辈艺术家，如侯宝林，致力于相声的净化和改革，使它得以"登堂入室"，从底层大众的通俗艺术变成全民雅俗共赏的喜剧艺术，由姿态低到尘埃的"玩意儿"提升为铁肩担道义的"语言艺术"。经历了"文革"的停滞期和改革开放后的高潮期，通过广播、电视传播，马季、姜昆等优秀艺术家将相声领进了传统说唱艺术的殿堂，相声在大众娱乐和电视领域里，独领风骚几十年。

当下的相声渐渐回归市场运行的轨道，从表面上看似乎是恢复了"传统"，但是必须注意时代已发生了沧桑巨变，传统并不意味着"做旧"，坚持传统并不意味着抱残守缺式的故技重演，我们被唤醒的文化记忆决不意味着曾被否定的糟粕卷土重来，秉持现代文明的心灵决不允许一夜退回旧社会，决不允许任何形式的死灰复燃和暗度陈仓。遗憾的是，一些小剧场舞台、电视选秀节目明星导师云集，在对年轻相声演员的引导中，低俗代替了通俗，欲望代替了希望,感官刺激代替了娱乐享受。

一些相声从业者对传统相声认识模糊,对笑的审美认识模糊,缺乏侯宝林先生等前辈大师的文化自觉。他们一味"向卖座看齐""向流量看齐",以鼓吹"去价值观""去思想化"来哗众取宠,无底线媚俗,在相声这块文化瑰宝中生生糅进原本已剔除的糟粕,使之最终滑向"三俗相声"的泥潭。我们痛心地看到,当今相声舞台上,有人借着弘扬传统文化的态势,捡起传统中的糟粕,传达低级趣味等不健康的内容。一时间,"脏活""臭活"沉渣泛起,粗俗、肮脏的字眼雾霾般弥漫,以"你的儿子长得像我""两性"和"脐下三寸"为噱头的段子如病毒滋生,不仅是"语言污染",而且是对观众的"心灵污染"。还有人打着振兴传统艺术的幌子,把旧社会妓院里唱的"窑调"《探清水河》搬上舞台。虽然此曲作为非遗的学术研究是可以的,但是照搬原词在舞台上呈现,唤起的是旧时代嫖客文化的心理联想,与新时代文化格格不入。

机敏睿智和幽默感,是相声艺术的优秀品质,而有的人正在把幽默变成恶搞,把喜剧变成闹剧,把娱乐变成"愚乐",尤以伦理抓哏为最常见的低俗"愚乐"手段。某相声社专场里,没有一段相声不包含"谁是谁爸爸,谁是谁孙子,谁媳妇跟人跑了"之类的伦理哏。

20世纪30年代有一位相声演员陈荣启,非常厌恶伦理哏,他说:"你们骂人和挨骂都那么自然,就不嫌难受吗?说相声的上骂三辈儿,下骂五辈儿,不就是为混口饭吃吗?说相声的也是人,有谁愿意自己的父母兄弟姐妹老婆让人骂来骂去的,连地下的祖宗都不能安静地躺着。这样的活我以后决不再使!"侯宝林先生说:"早有人要净化相声艺术,我们今天更要反对低俗的包袱,净化语言,要向陈荣启先生学习。""笑料不够,伦理哏凑"反映出的是相声人缺乏创新、乏善可陈的惰性，它使相声审美变成毫无美感可言的人性恶趣味的狂欢，使娱乐变"愚乐"，此风决不可长！

讽刺和嘲笑是相声的功能，也是相声引以为傲的光荣传统，无论是侯宝林净化语言追求品位，还是刘宝瑞洞察世态人心的韵味，抑或是马三立的"自嘲"式冷幽默，都是接地气的，直面民生的，传递正能量的。但近年来由于受西方"腐文化"的影响，在一些演员身上，清新的正面形象不见了，表演暧昧、语言隐晦、做派轻佻，动不动打"擦边球"、洒狗血，台风骚、浪、贱，迎合粉丝追星，以炒作刷流量，阳刚之气不见了，取而代之的是娘娘腔、表情包，搔首弄姿令人作呕。习近平总书记在文艺工作座谈会上的讲话中指出，"低俗不是通俗，欲望不代表希望，单纯感官娱乐不等于精神快乐"，一针见血地批评了这些"三俗"现象。

相声病了，而且病得不轻，病在对传统相声的优良传统视而不见，却对糟粕的"痼疾"趋之若鹜：低俗的语言和笑料使我们的生活愈加鄙俗化，傻子般的"愚乐"降低了观众的智商水平，腐化糜烂的表演使观众陷进感官刺激泥沼不能自拔，"碎片化拼凑"破坏了相声艺术的整体美感，降低了欣赏的品位，失去了韵味的咀嚼。观众正在用不满的、质疑的目光审视着相声，这些病症若不根治，早晚有一天会让相声苦不堪言，受到未来无情的审判，成为历史的罪人。

鉴于相声具有深厚的传统，今天有人提出相声要"复古"。笔者认为，若真的要复古，也决不能做舔痈吮脓的"嗜痂者"，而是应该重拾当年侯宝林、启明茶社、相声改进小组等说文明相声、干净相声的主张，维护相声生态文明，清除精神雾霾，还相声"绿水青山"，让相声对得起"语言艺术"这个文明的维度。

面对广大观众的质疑,相声该何去何从?《淮南子·泰族训》说:"根深则本固,基美则上宁。"相声和其他传统艺术一样,深深植根于中国传统文化,不讲继承,就会成为无根之木,无源之水。要"固本强基",就要盘点反映优秀价值观的相声经典,学习经典的精华,向经典致敬;对于腐朽落后的价值观及其派生的浊物,我们要加强文化批判意识,正本清源,以正驱邪,像鲁迅先生所说"剜烂苹果"一样,褒优贬劣、激浊扬清。因此,相声的发展和创新,应承接传统之精髓,不断提高相声的审美品位,增加其韵味,创演出接地气的无愧于伟大时代的艺术精品,以满足人民群众日益增长的精神文化需求。

(刊于 2018 年 8 月 18 日《光明日报》第 5 版"文化记忆")

作者:鲍震培,南开大学汉语言文化学院

综述与随谈

京杭大运河经济功能的
回顾与前瞻

阎金明

京杭大运河全长 1794 公里,纵贯京、津及六省 35 个城市,集京津、燕赵、齐鲁、中原、淮扬、吴越等文化形态于一体,把中国江南的稻作区和北方的产麦区连结在一起。大运河连通着海河、黄河、淮河、长江和钱塘江五大水系,空间上与"一带一路"形成水陆两路的双重对接,同时还把历史与当代、国内与国际、经济与文化以及人与自然巧夺天工地联系在了一起。在中国经济面临转型和努力形成新的增长动力的形势下, 让具有灿烂历史文化的大运河再续辉煌, 充分挖掘其在服务改革开放和绿色协调发展方面的巨大潜力,是值得深入探讨和研究的课题。

一、大运河经济功能的简要回顾

史料记载,开挖大运河最直接的动机是出于政治和军事需要。隋朝结束了长期分割混乱的局面后, 急需一条联结中原京都并辐

京杭大运河图

射南北两端的运输通道，以使其政治和军事触角向更加广大的国土扩张，展示中央政权的影响力。

由此衍生出大运河的另一大功能是"漕运"，即把南方鱼米之乡的大米、丝绸、茶叶、木材、瓷器等源源不断地运到北方，特别是保证宫廷所需。因为按照黄仁宇先生的研究，到公元八世纪以后，"也就是唐宋两代，中国经历了一次巨大的变化：经济的重心，由华北旱田地带移至华中和华南的水田地带。"这一带的农业和手工业发展较快，产出的丰富程度远非北方地区可比，因此可谓"百司庶府之繁，卫士编民之众，无不仰给江南"。①

初期的漕运都是由军队来完成。运送漕粮的军士称之为运军，全部运军有官兵十二万人，运粮船只 12000 艘。②一千多年来运河的年漕运量平均在 400 万担，最多曾达 800 万担，几乎可以满足当时京城 100 多万人的全部需求。

随着北方农业的发展，对江南粮食的依存度有所降低。统治者开始允许粮船捎带一些其他种类的商品进行交易，比例也逐年增大。1474 年，规定每船可携带十石私货。1502 年，又进行了重新规定。1560 年和 1579 年这一数额分别增加到了 40 石和 60 石。③同

---

①黄仁宇：《万历十五年》，中华书局 2007 年版，第 201 页。
②黄仁宇：《万历十五年》，中华书局 2007 年版，第 157 页。
③黄仁宇：《明代的漕运》，海峡出版发行集团鹭江出版社 2015 年版。

时逐渐准许商船在大运河航行。一方面,这条"贡河"很快就变成一条促进商品流通和服务百姓需求的大动脉;另一方面,这条成本低廉的运输大通道又强有力地带动了沿线地区的商品生产。传统的、封闭的小农经济格局受到冲击,手工业、半手工业的商品生产在这里开始萌芽。清代诗人查慎行"本业抛农务,群情逐贸迁,刹蓝多用染,屑草半为烟。"诗句形象地说明了这个转变过程。

以运河沿线的鲁西地区为例。在商品经济推动下,原受黄河泛滥形成的涝洼贫瘠地区,如济宁、聊城、临清、德州等地发展迅速,城市规模也较快扩张,成为南北商品交易转运中心。南货从这里转运至晋、冀、鲁、豫,并远销陕西和关外地区。北方出产的物资也集中在这里装船南运。除了传统的农副产品,还出现了一些新兴产业。临清的"贡砖"通过运河运至数百公里外的大都北京,生产的哈达大量供给远在数千公里之外的西藏。济宁则大量种植烟草。棉花的种植使鲁西地区至今还是全国棉花生产基地。在运河的南端,以丝绸、棉纺织品为主的手工业产品供应范围从宫廷走向全国、走向丝绸之路。

明、清两代运河的年运输总量已经达到很惊人的数字。从征收的钞关税(相当于现在的工商税)来看,明代从运河上获得的征收,最高时竟占到全国税收收入的90%,这个比例到清代仍占30%—50%。

大运河北端的北京通州,曾经是万舟骈集的漕运重镇。元、明两代漕运极盛时期,每年过往船只达3万余艘,在通州装卸的货物无数,其中仅粮食一项最多达600余万担,总计10亿余斤。

天津地处大运河货物进京前的最后一个重要物流节点,而且在沟通南北、向西部和西北地区辐射方面发挥着无可替代的作用。

天津金钢桥附近大运河标志

漕运给天津带来的重大发展机遇，以及其后几百年天津在中国北方所占有的重要位置，其影响至今仍很明显。九河下梢，"以港兴城"，河海交汇，开放包容，成为天津城市的最大特点和优势。在促进经济发展的同时，大运河还把南方的商业文明带到北方。天津的地域文化就融合了南北西东以及海外的多种元素，在商业发达的同时成为雅俗共赏、文化创新和传承的重镇。有专家分析，仅从天津的饮食特色就可看出不同文化和生活习惯在这个城市的集中反映。五方杂处的居民带来了各地的饮食，极大地丰富了天津的饮食文化。如包子，麻花，煎饼、豆腐等食品，在大运河沿线地区都有制作。但到了天津，为适应不同人群的口味，得到逐步改造、提升，口感更加丰富，特点更加鲜明，使天津餐饮文化形成自身特色。

在京杭大运河的南段，有鉴真和尚东渡出发处的江苏张家港黄泗浦，有明代著名航海家郑和七次下西洋起锚地的江苏太仓刘家港；有元代著名的两大港口——宁波港和舟山金塘镇沥港，这两个港口是元代海运航线北通直沽的起点港。可以说，京杭大运河直接连接着陆上丝绸之路和海上丝绸之路，名副其实地成为沟通两大丝路的"廊道"和"桥梁"。

二、新时代对大运河经济功能的新期许

实践证明，大运河的经济功能不仅仅是一种商业行为的体现，而且兼具开放、融合、交流、互鉴等特点，其综合性、动态性、线性活态性的特征十分鲜明，既是我国"一带一路"倡议的重要组成部分，又可以乘"一带一路"倡议的东风重振雄风。也正因为如此，2014年6月，中国大运河被列入世界遗产名录，大运河的开发建设引起更广泛的关注。

首先，沿线30多个大中小城市的经济基础比历史上任何时期都要雄厚的多。40年的改革开放，我国国民经济迅猛增长，取得了举世瞩目的成就。国内生产总值从1978年的3645亿元增长到2017年的82.7万亿元，综合国力明显提升。大运河沿线省市大都属于我国东部发达地区，经济社会发展水平和市场化程度较高，在信息化、智能化方面走在全国的前列。目前沿线八省市的经济总量36.5万亿元，占全国的比重达44.1%。按照五大发展理念对大运河进行新的开发利用，条件和时机都是相当成熟的。

其次，深入发掘大运河经济功能是中国经济转型升级和新旧动能转换的现实需要。在我国经济总量已经居于世界第二位、传统的增长模式正面临挑战的情况下，经济增长动能的转换是一项迫切任务。由以往粗放型增长转变为提高科技含量，由高消耗的制造业向现代服务业转型，大运河沿线省市都大有文章可做。基础雄厚的城市正着力发展战略性新兴产业，许多中小城市则可以逐步向现代服务业转型，如航运及相关产业、文化旅游、动漫创意、地方特色产品与餐饮等。大运河沿线发达地区的经济转型，对其他地区都

将产生一定的示范和带动作用。

第三，落实京津冀协同发展国家战略和雄安新区宏伟规划目标的需要。历史上的大运河，曾经将北方地区的山东、河北及京津两大城市紧密地连结起来，在商品经济作用下的地区"一体化"特征较为明显。而在后来的漕运活动渐趋衰落、建国后的计划经济以及北方地区旱情日益严重导致断航等多重因素作用下，自山东向北的运河段航运基本停止，利用率低下。京津冀协同发展国家战略的提出，为大运河北段的开发利用提供了历史性机遇。2017年2月，习近平总书记来到大运河森林公园，听取了北京通州区历史文化、水系治理、生态环境保护等情况介绍，察看了大运河沿岸生态环境治理成果，眺望北京城市副中心建设全貌。京津冀三地正在酝酿联手打通运河，2020年实现北运河正式通航。通州早已开始着手运河的河道治理及沿岸的规划开发，河道由90米拓宽至200米，平均挖深0.5米。建设了日处理能力10万吨的碧水污水处理厂，以提升运河及其上游通惠河、温榆河的水质。自2015年开始，北运河天津武清段从休闲驿站至定福庄，已经成功实现11公里通航。河道最宽处100米，水深4米左右，有4艘大型画舫船和部分摇橹船在该段航道中航行，为市民提供休闲观光游服务。为了助力北运河通武廊三地2020年实现旅游性通航，从2018年下半年开始，武清区对没有改造的北运河河道进行集中清淤、补水、修建坡道、绿化等，并在沿岸建设生态旅游项目。①

大运河京津冀地区段的提升改造和开通，将极大地带动文化

---

① 通武廊三地协同发展重要纽带，2020年北运河旅游性通航。《天津日报》2018年5月27日。

旅游业的发展,使三地人民在地缘、亲缘、人缘等方面更加紧密地联系在一起,让古老的运河为区域协同发展做出新的更大贡献。

大运河淮安段公益演出活动

第四,大运河的通航将带来可观的经济效益。大运河沿线一带始终是重要的经济发展带,其具有的经济价值不言而喻。目前大运河的山东、江苏、浙江段航运功能还在使用中,连接着中国两个最具活力的经济带(沿海经济带和长江经济带)和两个经济圈(长江三角洲经济圈和环渤海湾经济圈)。目前大运河在交通运输、防洪抗旱和南水北调中发挥着黄金水道的重要作用。而大运河所具有的休闲旅游价值更是显而易见。运河文化滋生着商业文明,漕运文化离不开义气仁声,长途贸易离不开道德伦理的支撑。这就使得运河文化具有鲜明的商业性、开放性、都市性、消费性等地域特点,融会了商业、建筑、市井、工艺、民俗、宗教、饮食、水乡等多种文化,为发展全域旅游搭建了良好平台。

总之,大运河的开发建设,适逢国家提出"一带一路"倡议、京津冀协同发展、雄安新区建设和长江经济带等重大战略规划。主动融入国家战略,发挥优势,乘势而上,完全能够使古老的运河焕发新的生机和活力,推动沿线地区经济社会的发展。也正因为如此,沿线各地才抢抓机遇,跃跃欲试。位于大运河南端的杭州提出,要把京杭大运河文化产业带打造成杭州文创的重要板块；扬州继2015年公布实施《扬州市大运河遗产保护办法》后，又于2017年2月1日施行《大运河扬州段世界遗产保护办法》，并提出"七河八岛"保护利用方案；沧州要"处理好死掉的运河和活着的城市的关系"，把运河真正打造成产业运河、文化运河。国家层面则正加快大运河黄河以北段复航的论证和规划，研究恢复上个世纪仍可通航的白洋淀、大清河、天津水运航线，促进京津冀协同发展，助力雄安新区建设。

毋庸置疑，目前在将大运河作为一个整体加以规划和开发利用上，还缺少国家层面的统筹协调，运河沿线地区的自然、历史、文化、经济等资源的开发利用缺乏整合，有时处于无序状态。岸线低效利用，运河功能主要体现在城市景观、排污泄洪等基本作用上，深度开发和科学利用不足。

三、更好发挥大运河经济功能的几点思考

无论是从历史沿革还是从当代发展来看，京杭大运河都是沟通两大丝路的"廊道"和"桥梁"，在京津冀协同发展国家战略和长江经济带开发建设中都将发挥更大作用。建设好运河经济带是落实国家战略的重要组成部分。要以重点城市、重点行业、重点项目为突破口，在振兴航运等传统产业的同时，加速转型，提升品质，增强运河经济带的经济、科技实力，改善经济带的生态、环境形象，扩大经济带的国内外知名度和影响力。近期要产生以下几个效应：

直观效应。发展航运，取得运河经济带的直接经济效益。实践证明，发展水运占地少，效益高。修建一公里铁路平均占地30-40

亩,修建一公里高速公路平均占地60亩。而改造和开发运河的效益非常明显。黄河以南运河段的改建仅花费40亿元投资,却为国家提供了一条长达1000公里的运输干线,与同等能力的其他运输方式相比,节约投资近百亿元,每年还可以为工业部门增加27亿元利润(或减少成本支出),航运本身的投资回收期也只有5年。以运煤为例,一条大运河相当于三条铁路的运力,而且成本要比通过汽车、火车运到海港再运到南方要低得多。不可否认,目前我国陆上运输系统已经十分发达,但从物流成本角度分析,水路、铁路和公路的运费成本之比大致仍为1:5:10!如果运河两岸开采的大量沙石、建材、矿产品及农副产品能够更多地通过运河运输,其在社会物流成本上的节约将极其可观,企业产品也将更具竞争力。目前山东济宁以南至杭州段近1000公里仍可通航100吨拖驳船队,货运量很大。其中江南段已接近亿吨,苏北段2700万吨,山东段700万吨。但济宁以北至北京778公里需进行改造。

有专家乐观地估计,"到2020年左右,或更早一点,京杭大运河将再度辉煌。届时千吨轮船过长江,跨黄河直抵首都北京,她将承担一亿吨左右的跨省长途物资运输任务。区间运输量超过两亿吨,成为东部地区最大的运输通道。近1800公里运河两岸不仅是一片繁华的经济带,工业走廊,鱼米之乡,也是一大片青松翠竹、碧水蓝天、清新宁静的家园。"①

带动效应。要以大运河的开发建设和全面通航为契机,为沿线城市注入更大活力,加快发展。中国经济进入新常态,传统增长动力逐渐减弱,亟待产生新的动力,以保持一定的增长速度。因为只

①何为刚:《略论京杭大运河的过去和未来》,《济宁师专学报》1997年第3期,第92–96页。

工作人员讲解大运河扬州段历史沿革

有保持一定的增长速度,才有助于解决前进中的各种问题,才能够确保实现"两个一百年"的宏伟目标。大运河沿线的 35 个城市,多为区域经济发展中的重要节点,发挥更大作用或重振雄风是必然的历史担当。而其中又有 18 个城市是历史文化名城,包括北京通州、天津市、河北沧州、衡水;山东德州、聊城、济宁、泰安、枣庄;江苏宿迁、淮安、扬州、常州、无锡、苏州;浙江湖州、嘉兴和杭州。这些城市在新常态下都确定了自己新的定位,突出科技创新、信息技术、现代物流、智能化制造以及现代服务业等。大运河正像一条纽带,把悠久的历史文化和经济社会发展连接起来,把自然景观和市场经济发展结合起来,相互促进,相得益彰,共同发展,互利共赢。

文化效应。亦即文化旅游效应。要发挥优势,促进运河全域旅游的加快发展。国务院办公厅于 2018 年 4 月发布了《关于促进全域旅游发展的指导意见》,提出要在旅游业已成为国民经济的战略性支柱产业的情况下,"将一定区域作为完整旅游目的地。"同时指出我国旅游有效供给不足、市场秩序不规范、体制机制不完善等问题日益凸显。进入新世纪,旅游业在很多国家和地区已经成为低污染、低消耗、高收益、高带动效应的新兴产业。要进一步挖掘大运河历史文化资源,讲好运河故事,传承运河文化,使古老的运河活起来，成为一条文化旅游带、观光休闲带、新兴产业带、万民欢乐带。这方面仅以全长近180公里的大运河天津段为例。在天津境内分为南、北运河，由南到北途经天津静海、西青、南开、红桥、河北、北辰、武清等区，南、北运河交汇于天津城市的发祥地——三叉河口。这些地区的历史文化和经济发展各有千秋，独具特色，成为"天天乐道，津津有味"的"津味儿"文化的重要组成部分。由运河把原先散落的珍珠串成串，其整体吸引力将大大增强。

体制效应。学习借鉴"一带一路"建设、京津冀协同发展、长江经济带发展等国家战略的创新经验，在大运河开发建设中，努力突破原有的行政、地区壁垒，让市场在资源配置中发挥更大作用，在体制创新方面做出更多探索。沿线省市应建立大运河联合协作机制或联席会议制度，定期进行沟通交流，就重点议题进行专题调研，提出对策。定期在沿线不同城市举办招商、会展、推介等活动，吸引国内外客商参加。加强在战略性新兴产业和现代服务业领域的交流与合作。建议以建立大运河旅游联盟为切入点，密切区域合作，推动沿线开发，使人流、物流、资金流更加密集，拉动相关产业的合作交流。2018年5月，京津冀三地政府部门大力推动北运河生态文化工程，积极促进三地通航，将北运河建设成为通武廊三地协同发展的重要纽带。按照规划，三地力争在2020年实现北运河旅游性通航，让古老的北运河焕发新的生机。同时要加快北运河博物馆、延芳淀湿地、运河文化公园、运河文化中心、北运河香河段生态综合整治一期等重点项目进度，使之成为三地协同发展的新动力。

开放效应。开放带来进步，封闭必然落后。历经千年、生生不息的大运河，其发展沿革本身就得益于开放交流、包容互鉴。中国改革开放40年的一条宝贵经验，就是抓住机遇，扩大开放。只有开放,才能获得更多推动发展所必需的资金、技术、资源、市场、人才乃至机遇,才能不断为经济发展注入新动力、增添新活力、拓展新空间。①因此,大运河的开发建设同样要秉持开放理念。一要学习借鉴发达国家内河航运的成功经验。内河航运在发达国家始终稳定发展,竞争能力十分明显。其运输成本和运价大约是铁路的 1/3,公路的 1/9。欧美国家大都将内河水运作为一种重要资源予以开发利用。在煤炭、矿石、建材等货物的运输上极具吸引力。二要以海纳百川的精神吸取各方所长,高起点进行航运设施、航道疏浚、景点设计、游客动线规划、历史文化节点建设、土特产品展示、幻影成像、VR 设施的建设和摆布等等。三要突出以人为本,以游客舒适度、满意度为导向,全方位提供游客满意的吃购行游购娱服务。特别要防止"高大上"的旅游硬件建设与软的服务相脱节、不实的高价格把游客吓跑,从而使景点缺乏"人气"的现象。

生态效应。"绿水青山就是金山银山。"要把大运河这条经济线、文化线、旅游线打造成一条生态建设示范线。党的十九大明确了到本世纪中叶把我国建设成为富强民主文明和谐美丽的社会主义现代化强国的目标并将这一目标载入宪法,凸显了建设美丽中国的重大现实意义和深远历史意义,生态文明建设被提到了前所未有的高度。回首过去,在国民经济快速增长过程中,也积累了大量生态问题,人民群众从过去的"盼温饱"到"盼环保",从"求生存"转向"求生态"。大运河的规划建设,要从一开始就高度重视生态环境问题,对水体治理、航运操作、森林草地、清洁能源、废物处理、环境监测、生产生活等活动予以统筹考虑,合理规划,确保落实到位。

---

① 《习近平新时代中国特色社会主义思想三十讲》,学习出版社 2018 年版。

要结合"河长制"保护管理体系的引入，强化运河开发建设的政策设计和引导，协调处理大运河开发相关事务并约束和规范地方政府行为。要让资源节约、环境友好成为大运河的显著特征，成为一条流动着的"绿色银行"。

参考文献

1. 京杭大运河沿线 35 个城市计划共建"大运河文化带"，中新网济南 6 月 28 日。

2.《习近平新时代中国特色社会主义思想三十讲》，学习出版社 2018 年版。

3. 陈克：大运河带来的天津饮食文化，2016 年 9 月 2 日《天津日报》。

4. 黄仁宇：《万历十五年》，中华书局，2007 年版，第 201 页。

5. 黄仁宇：《明代的漕运》，海峡出版发行集团鹭江出版社，2015 年版。

6. 何为刚："略论京杭大运河的过去和未来"，《菏泽发展研究》2016 年第 11 期。

7. 陈曼娜："大运河文化带建设助推'一带一路'"，中新网浙江新闻 2017 年 12 月 3 日。

8. 芮乐伟、韩森：《丝绸之路新史》，北京联合出版公司 2015 年版。

（刊于《天津文史》2018 年第 2 期总第 70 期，2018 年 6 月，第 30—36 页）

作者：阎金明，天津市文史研究馆

运河荟萃八方菜

万鲁建

天津是一个因运河而生、因运河而盛的城市。运河使天津从一个荒漠的军镇,逐渐发展成为一个工商业繁盛的大都会,成为南北商旅往来交汇之地。《津门杂记》说:"津地为九河下游,合众流汇归三岔河,皆由直沽入海。"又说:"天津一城,三面临河,大海在其东南,三角淀绕其西北,为河海之要冲,畿南之屏蔽也。"《续天津县志》也说天津为"舟楫之所式临,商贾之所荟集,五方人民之所杂处"。正是因为这种河海交汇之地的地理位置,使得天津盛产鱼虾蟹等水产品,故民间有"吃鱼吃虾,天津为家"的说法。也正是因为天津人爱吃,会吃,故天津人有"卫嘴子"的称号。津门诗人崔旭曾有诗写道:"曾经最说天津好,运河荟萃八方菜"。清人羊城旧客所著《津门纪略》还有专门的"食品"一卷,说道:"津沽出产海物俱全,味美而价廉。春令最著者则蚬蛏、河豚、比目等类;秋令螃蟹,肥美甲天下;冬令则卫河银鱼,驰名远近。更有铁雀,佐酒亦佳。黄芽白菜胜于江南冬笋者,以其百读不厌也。"运河不仅沟通了南北往来,促进了商业繁盛,也为餐饮业的发展提供了契机。

清末民初,伴随着南运河码头的逐渐繁荣,其附近的侯家后、北大关、官银号一带地区工商业兴起,旅馆、餐饮业日渐发达,不仅有天津风味的菜系,很多山东风味菜系和南方风味菜系的饭庄和饭馆夜纷纷出现。据《津门小志》记载,19 世纪末的天津饭庄约有五百余家,"其最著名者,为侯家后红杏山庄、义和成两家,其次则为第一轩、三聚园。装饰之华丽,照应之周到,味兼南北,烹调精绝。大有'座中客常满,樽中酒不空'之概。"这一时期,全市的大饭庄、中性饭馆和小饭铺达到 500 余户。到了 1930 年代,天津计有大型山东饭馆 8 家、济南馆 2 家、河南馆 2 家、四川馆 2 家、广东馆 2 家、保阳馆 2 家、山西馆 2 家、清真馆 2 家、西餐馆 4 家、中西餐馆 5 家、日餐馆 3 家。天津饮食业之发达,不仅吸引了南北往来的客商,京城达官贵人、富商大贾也都闻名而来。据《中华全国风俗志下编》之"天津之社会观察谈"记载,"天津商肆之多且盛者,首推酒席馆","北京名公巨卿,遇有大宴会,辄苦拘束,不能畅所欲为。乃群趋于津埠,呼卢喝雉,任意挥霍。风会所趋,而酒席馆遂应时大兴。高楼大厦,陈设华丽,远胜京师。每当夕阳西下,车马盈门,笙歌达旦。"这一时期,天津知名的十大饭庄、九大楼、八大成先后建立。八大成主营天津菜系;九大楼则主要是回民羊肉馆;十大饭庄则是山东菜系。可见此时天津仍以北菜馆为主。1946 年国民党接收天津后,南方人日益增多,南菜馆逐渐增多,由原来的 15 户增至 34 户。到 1946 年天津市的饮食业达到顶峰,全是饮业坐商多达 3900 户,另外还有饭摊和个体饮食户 4500 余户,各类中西餐馆 210 多家。按照菜系来分,天津菜系占据主流,多达百户;山东菜系 50 余户;江苏菜系 17 户;广东菜系 17 户;浙江菜系 3 户;四川菜系 3

户;西餐 13 户。另有其他各种菜系的餐馆及素菜馆十余户。呈现出南北菜系汇聚津门的盛况。

运河,除了让风味各异的菜系汇聚津门,同时也造就了风味独特的食品,最为著名的就是杨村糕干和独流老醋。

杨村糕干是位于北运河畔的武清区杨村的杜姓人家所制作的。杜家本是浙江省邵兴府山阴县人,后沿运河来到武清杨村。因不懂的北方耕种习俗,故以做小本生意为生。他们从官家运粮船购得私米,将其磨成面粉并加白糖加工成糕干,沿河叫卖。由于他们做的糕干甘甜可口,价格便宜,很受南来北往客商的欢迎,生意越做越好,后来杜氏家族生产糕干者多达十余家。康熙皇帝南巡驻跸杨村时曾品尝过杨村糕干,赞不绝口,并将其列为贡品。乾隆皇帝也非常喜欢,甚至御赐"妇孺恩物"四个大字,并赏龙票一纸,使其可以购买官价白米。更使得杜氏糕干名誉大振。据说在 1915 年还曾获得巴拿马万国博览会三等"嘉禾"奖。曾任天津市长的杜建时自称出生于杨村万全堂糕干世家,故被时人戏称为"杨村糕干"。1956 年,周总理陪同柬埔寨国家元首西哈努克亲王和夫人来杨村参观筐儿港八孔闸水利枢纽工程时,在品尝杨村糕干后说道"不减当年!不减当年!"甚至还风趣地吆喝一声"杨村糕干老铺的好!"时至今日,杨村糕干仍旧深受大众的喜爱,2008 年被天津市批准为"天津市非物质文化遗产"。

独流老醋,也因运河水而闻名于世。因为"食醋好不好,用水最重要。"而独流镇又恰位于南运河和子牙河、大清河交汇处,有着得天独厚的便利条件。1927 年《益世报》曾报道说:"醋为独流特产……以其水土宜于制醋,故味佳,醋商亦发达。"独流早醋的生产早在明朝嘉靖年间的《河间府志》就有记载,后来在清朝乾隆年间还一度成为贡品。关于独流老醋的由来,静海地区还有一则美丽的传说,云明清时期,流经独流镇的南运河水甘甜可口,康熙知道后命令独流的造酒师来福利用运河水酿造御酒进贡。但来福不愿意献技皇上,撒谎说甜水加热要变成酸酒的。康熙便命令他造酸酒,最终在一个仙师的指点下得以造出酸酒,因二十一日酉时出,故名醋。康熙听说后,也特意颁旨,赐名"独流老醋"。使得其声名远播。1922年,大总统黎元洪经过独流时专门去了老三立作坊品尝老醋,并为其题写了牌匾。后来在1922年的直隶省第一次工业观摩会上,独流老醋还获得了食品类一等奖。据1906年成书的《直隶全省商务概况》记载,"天津府静海县独流醋行销天津、河南、山东等地。"1913年《直隶第一次实业调查记》也说:"独流所制之醋,品质极佳,久已运销进京及各县。"1932年的《益世报》也有报道说:"独流醋,气香味醇,为他处所不及,邻近诸县,视为珍品,故恒以此送礼。该镇所产之醋各省驰名,独留老醋无不知者,畅销于长江南北及平津一带。"新中国成立后,独流老醋得到全面的继承和发展,并确立了"天立"商标,2001年被国家工商行政管理局认定为"中国驰名商标"。如今,天立独流老醋早已行销全国各地,甚至远销美国、日本、俄罗斯、新加坡等世界各地,成为天津饮食的一道名牌。

　　总之,天津因运河而为南北交汇之地,为了适应来自全国各地市民的需求,各类餐馆和食品应运而生,呈现出百花齐放的局面,并最终形成独具特色的津门饮食文化。

（原刊于 2018 年 12 月 3 日《天津日报》第 12 版"满庭芳"）

作者:万鲁建,天津社会科学院历史研究所

大神堂老井

姜茂树

在神堂村南海边有一口水井,井沿被绳子磨出一道道的印痕,凹痕里还挂着青苔,透着年深日久的沧桑感,人们都叫它"老井"。我上小学时学校就在井旁,坐在明亮的教室里,扭头不仅能看到大人们打水、挑水的身影,而且还能听见海潮声。

常听二太爷讲,从前庄里人吃水,夏天要靠在小洼坑里收集雨水,冬天则要到海边刮取凌絮沫子和收集冰雪沉淀澄清,这也被称为揭冰水。吃了这样的水会拉肚子腿软,常闹病。

一天,庄里来了一位道士指点人们挖井。那口井虽然紧靠海边,可水却很甜很旺。自从有了这口井村里闹病的人少了。有小孩儿出生,用刚挑来的井水烧热再晾凉后,给孩子浑身上下擦洗干净,就会活泼健康地成长。那时村里还有个习俗,年三十这天都把水缸挑得往外漫水,这叫富富有余、福满全屋。大年初一不干活,让忙碌一年的人们歇歇手脚。所以每到除夕,老井旁你来我往,家家户户都抢在傍晚前把水缸挑满。

特别是过了年开海时，撑船人第一件事就是把船上的淡水备足。这时全庄出动,挑水的队伍像一条长龙似的,奇怪的是不论多少人挑水,井里的水却总是不涨不落。但到了傍晚,井水很快就会见底,可是子时一到,老井里的水便又神奇地涨满。因此老人们常说,这口井的井眼与海眼相通,越是东风涨大潮时井水越旺。

老井养育了一代又一代的神堂人,虽已过去多年,但至今仍深深刻印在我的记忆之中。

(刊于 2018 年 5 月 16 日《今晚报》第 12 版"副刊·津沽")

作者:姜茂树,汉沽作家

小盐河纤夫

李瑞林

汉沽古有小盐河,以沟渠为道运盐。

汉沽的制盐业开始于五代,张家码头是煎灶熬盐的地方。顺治十七年(1660)"废煎改晒",海水进入晒滩地,经过十八道工序后变成原盐,又通过驳运工用驳盐船,把晒滩地生产的原盐通过艚船运进汉沽盐坨地,筑坨储运。

驳运工属汉沽盐场的古老工种,驳盐船叫艚子,顶风时靠人力拉纤。除去冰冻季节无法驳运外,驳运工不分昼夜搞驳运。一对驳盐艚子由二人合作,一人站立在船上掌舵,一人把一块纤板斜挂在肩,牵着满载原盐的艚子,身体前倾,一步一个脚印,行走在由人工挖掘的沟渠边沿上,牵引着驳盐艚船运行。

驳盐苦,苦在四季搏寒暑。春风十八裂,拉纤人经受着春风的蛮飕,嘴唇干裂。酷暑烈日,驳盐沟沿途盐碱茫茫,没有寸草生,阳光毒射,渴得人嗓子眼冒烟,可喝了水又出汗,衣服湿了干,干了湿,后脊背的衣服上面留下一片片盐碱痕迹。遇刮风下雨,窄窄的

"泥鳅背"土埝埂又黏又滑,随时摔跤。寒风起,天气凉,冰絮阻拦难行船。冬仨月,不驳盐,冒着寒风修船。

　　"长芦盐场,东方面海,成为川流纵横的水国。其春末夏初之时,橹声咿轧之音,帆影参差之处,景物共处,片片白帆夕照红,帆樯出没烟波里,恰似北国的江南"的景象,已经成为历史,也只能从文字记录中寻觅。

　　(刊于 2018 年 1 月 1 日《今晚报》第 12 版"副刊·津沽")

作者:李瑞林,汉沽地方文史学者

泥沽周家

刘景周

　　泥沽是天津一个古老的地名。春秋时期,海岸线始至泥沽,周定王五年(前 602),黄河至泥沽入海,称泥沽海口。战国时期,已有人居住。新莽三年(公元 11 年),此地聚落称泥沽砦,北宋太平兴国年间,宋辽隔海河对峙,此地驻军,设泥沽寨,烟户渐稠。元代灶户定居,明代永乐移民,形成了西、中、东,三大村庄,有了东泥沽、西泥沽之分。泥沽不过海河边一篙之地,却与海河一样地古老,一样地名载青史,知闻于天下。

　　泥沽历史上出望族显宦,周家即其中之一。清代地方有谚语称周家"三代四进士,父子两翰林"。周人龙,《清史稿》循吏传中有彰显篇幅,循吏一词,《史记》有循吏列传,太史公解释为"奉法循理之吏"。也就是指奉职守法的官吏。周人龙是康熙四十八年(1709)进士,做过山西屯留县知县,山西清源县知县,在屯留,前任有"提短封"的例行课税科目,这里的"封",就是国家规定的职权范围。"提封"的意思就是,举凡建置所属封疆区域范围,都算在征收课税范围之内,"短",就是根据官吏需要,或征仨月,或征俩月,临时增添,不属长期。说白了就是,正常的税收之外,不断地有临时附加的征收项目,即所谓苛捐杂税。百姓疲于应付,有苦难言。周人龙这位知县一到任,第一件事,就是把这种不合理征收取消了。这一取消,自然是大快人心。为在县境培养人才,他规定,每逢初一十五,由县衙召集县内士子到学宫听讲,他亲自讲课。遇到荒旱之年,他曾自己出钱赈济灾民,还曾步行百里对天求雨,祈解民困。《清史稿》说他"兴学赈荒有声"。在清源,周人龙也曾实施浚渠筑堰,根除了连年水患。

这之后,周人龙历任忻州、直隶州知州、蒲州知府。在蒲州,黄河河道不断变迁,原本在此岸的土地,河道一改,就到了彼岸。改来改去,山陕两省百姓,隔河争地,打了几十年官司。山陕沿河二千余里,聚讼纷纭,地方官束手无策。周人龙提出粮随地走,因地纳粮。平息了争讼。雍正初,朝廷有议论说,本来按丁纳粮,改为按地纳粮,不种田的丁口乐意了,种田多的人家不乐意了。周人龙驳斥说,"君子平其政,焉得人人而悦之?今不悦者,不过绅衿富户,而大悦者,乃茕茕无告之小民,……今行之数年,穷民狃于数年利乐,必不安于一旦变更。且富民少而穷民多,不当以彼易此。"由于周人龙的定见,按地纳粮之法乃得持续下来。

再后来,周人龙调任湖北安陆知府,数月后,又擢任江西督粮道。还没等成行,地方长江决堤,周人龙召集邻县数万人筑堤抵御洪水。"亲冒风雨,率以施工"。有人劝道,既已迁官,何必自苦?人龙说:"助夫由我招至,我去即散矣!伏秋一至,民何以堪?"安陆人烧香为他祝福。江西漕运任上,漕粮征运素多弊,周人龙"严立规条,宿蠹一清"。乾隆十年(1736),告病回家,不久去世。享年六十四岁。有《居易堂诗稿》存世。

周人龙的儿子周大论,做过州同知,盐课大使。历任福建兴华府经历、莆田县承,调台湾彰化,又被派诸罗县(今台湾嘉义)治事。时林爽文起义,大伦抵抗,被执,不降身死。

大伦的儿子,周琦、周璠,布衣,赴台收取父亲尸骨,归途中周琦死于扬州,周璠携父兄尸骨回到泥沽。周璠著有《海村诗草》、《道德经注释》。

周人龙的胞弟,雍正五年(1727)的进士;周人龙的从弟周人麒,乾隆四年(1739)的进士,也各有清正官声,而且著作颇丰。

按常理说,东西泥沽应该不乏周门遗迹,邻近的葛沽,旧年的达官贵人们,至今遗有大夫第、进士第、将军第多处,匾额、楹联,录载史乘,成为各个时代的留痕。奇怪的是,周家这样的官宦家庭,在东西泥沽,没有留下任何遗迹。周家非农业户,东西泥沽,没有他家的田地。旧居所也是寻常宅院,乘时退化。留下的,只是周家为官清廉的传说。据传,周人麒赴山东做主考官,朝廷派刘墉跟从考较他是否廉政,途中,住在周人麒家里,刘墉见其家开个小店铺,夜间,人麒老伴在炕上推小磨子,周人麒说,"先别推磨了,给我补补袜子,去山东好穿"。刘墉感叹,周某竟是如此清贫的好官,半途回见皇上,禀告所见,遂不再考较。

为官清廉的传说,虽为虚声,比之那些身外之物的硬件,它风雨不蚀,更经得起时代的淘洗,而伴随人类,萤入无限的时空。

(刊于 2018 年 9 月 21 日《天津日报》第 16 版"满庭芳")

作者:刘景周,天津地方史学者

李家是哪家?

李琦琳

近检中国档案出版社 1996 年版《颜惠庆日记》,发现驻俄公使颜惠庆 1934 年 12 月在天津的活动中,两次与"李家"出现了交集。

12 月 2 日星期日大风:"昨晚受了凉,在李家吃了午饭,他正在筹备婚礼"。12 月 4 日:"胡霖来访,他谈到了新疆问题,要我回莫斯科。黄郛遭到批评。整天在家没有外出。李、刘结婚,华界人士极多。"

李家是哪家? 颜公使受了凉,还要去他家吃一顿婚礼筹备之中的午饭,两天后的日记中又特意记下他的婚事。若如 12 月 4 日的日记显示,颜惠庆"整天在家没有外出",那么他何以知道婚礼上"华界人士极多"呢? 这个大喜临门的李家一定是背景深厚。

当年的报刊为我们解开了谜团。《大公报》1934 年 12 月 5 日《西湖盛会—黎绍业君与刘孝琛女士昨日下午举行结婚大典》:"本市马场道西湖饭店,昨天下午,有一极盛大之社交集会,系故黎总统之公子绍业君,与故海军总长刘冠雄氏之女公子孝琛女士,在该饭店举行结婚盛典,证婚人为驻俄大使颜惠庆氏。乾坤两宅,均为名门巨族,故门外汽车排列甚长,厅中贺客众多,名流毕集,为津市交际社会所罕见。"报纸配有结婚现场宾主合影照片,并特别介绍:"此图为昨日新郎新娘结缡后之摄影,立新郎新娘之后者为证婚人颜氏。"

12月6日,《北洋画报》又以显著版面刊载此次结婚现场的大幅合影照片,人员更齐全,画面更清晰。照片说明文亦可证明颜惠庆参加了此次婚礼:"黎前总统之公子绍业君与前海军总长刘冠雄氏之女公子孝琛女士,于四日在西湖饭店举行结婚典礼(证婚人为颜惠庆氏,立新娘身后者),大华照相馆摄。"

由此可以明确两件事,一是"李家"应为"黎家"。二是"颜氏"即指颜惠庆。12月4日,颜惠庆不仅出门了,还是这对新人的证婚人,有图有真相。难道颜惠庆的日记写错了吗?

据《颜惠庆日记·编辑说明》可知,《颜惠庆日记》由颜惠庆之子颜植生于1985年捐赠给上海市档案馆。日记每年记录一册,作者用钢笔草书英文记于当时按制式印刷的"国民日记"之上。上海市档案局于1986年组织人力进行翻译,全部《日记》按照原文直译,书写格式依旧。译者做了大量的考证,但由于日记记叙简略、随意,导致一些内容难以核实。

由此可以初步判断,颜惠庆用英文写日记时,对于"黎"字,应该是写成了"Lee"或"li",但《颜惠庆日记》译者至少两次将其翻译成了"李"字。而"整天在家没有外出"一句,非指颜惠庆,而是指黄郛而言。此句前面的英文草书标点,应该是个逗号,即:"黄郛遭到批评,整天在家没有外出。"只有这样翻译,才符合逻辑。总之,颜惠庆在日记中记载的是黎家婚事。至于颜惠庆与黎家缘何熟稔、与刘冠雄家是否有交谊,也都值得考索。

(刊于 2018 年 3 月 12 日《今晚报》第 12 版"津沽·副刊")

作者:李琦琳,天津市保护风貌建筑办公室

旧时"混混儿"

李锡文

老天津卫给人的印象是遍地"混混儿",是流氓地痞横行的地盘,似乎"三不管""混混儿"就是天津的"象征"。有人为此忿忿不平,称之为"天大的谬误"。其实,天津在历史上"确有其事"。

混混儿,他们属于流氓阶层,但又不同于流氓,也不同于土匪,大约更接近于"地痞无赖",是一帮子游手好闲、没事找事、聚众打架、生死不怕、为害一方的土棍。从前,天津的"混混儿"很有势力,也有名气。

据老人们回忆:清末天津街头,常见一些无赖土棍,一人独行或三五成群,穿着不伦不类,说起话来摇头晃脑、挑大拇指,走起路来总是迈左腿、拖右腿,装作伤残。他们整日游逛街头,衣袖里暗藏斧头,腰间插着匕首,惹是生非,骂骂咧咧,爱打爱闹。他们各霸一方,为非作歹,祸害百姓。光绪年间有这样的记载:"天津土棍之多甲于各省",可见当时天津的混混儿已经是"臭名远扬"了。混混儿现象,是过去历届天津治安部门非常头痛的问题,袁世凯在津当政期间,曾将一些混混儿当作土匪杀掉。虽然如此,混混儿现象始终不能从根本上彻底铲除。只有到了解放后,这些旧中国的社会"渣滓"才被清除。

半个世纪前的 1950 年 12 月 25 日,天津的老百姓纷纷走出家门,涌向街头。人们奔走相告,兴奋之情溢于言表。就在这一天,横行天津 30 多年的大恶霸袁文会被人民政府处决了!人们怎不弹冠相庆!

袁文会是中华人民共和国成立前天津"安青帮"(青帮)的头子。天津历来漕运发达,而青帮正是发迹于漕运——垄断内河航运,这个"组织"后来发展为残害百姓、称霸一方的黑恶势力。袁文会出身河霸流氓,长期设立赌局、开办妓院、贩运烟毒、贩卖华工;对平民肆意敲诈勒索,残害人民,被他直接残害致死的就有数十人。"九一八"事变后,袁文会投入到日本人的怀抱,他按照日寇的旨意,在河北霸县(今霸州)组织土匪 300 多人,建立武装,并亲任司令,残杀抗日军民。

袁文会是天津混混儿的头目,因而就成了天津"混混儿""恶霸"的代名词。袁文会长期活动于南市一带,南市是他从事各种罪恶活动的基地。旧天津南市的社会秩序和社风民情,也在一定程度上受到袁文会等混混儿们的熏染,而南市的民风,又不断向四周辐射,对整个天津社会产生了影响。

袁文会、刘广海、"张八"之流,老百姓深恶痛绝,但却为当时和后来的流氓无赖、顽劣之人所推崇、所效仿。混混儿的来源算是五花八门,有些饥寒交迫的"赤贫",反正是好死不如赖活着,也就豁出去了,纷纷模仿混混儿,在社会上瞎混,胡作非为。黑社会里的人在"黑吃黑"当中,惯于"玩死签",以自毁自残的极端手段,从胆量到气势上压倒对方,使对手屈服。跳油锅、过刀山、滚钉板、剁手、断腿等等,都是典型的混混儿才做的出来的。

青帮并不是天津所独有的,上海的青帮、洪帮势力更大、影响也大。而混混儿同样也不是天津所独有的现象,旧社会许多大城市里都有混混儿,上海、北京、武汉、广州等城市都有。相对来说,天津的混混儿在天津的地盘上活动更加猖獗、持续时间较长,因而破坏力更大些。

近年来,在新的社会条件下,"混混儿现象"又有滋生。比如人们有时看到天津街上的"碰瓷",就有点儿混混儿的味道。你正常开车或骑车,他找个空挡,突然撞你,或成心让你撞,之后说是你撞了他,不给钱就没完。他们"被撞"之后,干脆倒地不起,佯死装伤,目的是讹人钱财。2004 年 9 月 1 日,天津某法院审理了这样一起案例:被告人陈某某在一次酒后失足,摔下楼梯,造成股骨胫骨折。这成了他敲诈的"资本"。陈某某多次在马路上有选择地"撞"汽车,而后由其他几个"弟兄"帮腔,出面了事,洽谈"私了",或者到医院拍片子归交警解决,敲诈司机。他们采取这种手段共敲诈 20 多万元,所得赃款几人表分挥霍。法院一审判处陈某某等人有期徒刑 6~9 年。

我在天津站前广场亲眼看到一件事:有个阴冷的中年男子,穿一身青色,走路一瘸一拐地,手里提着几包瓜子,见了路过的外地人,冷不防把一包瓜子塞到路人手里,阴沉沉地说"拿 10 块钱来!"实际那瓜子当时最多值 1 块钱。这时,旁边的人(实际是同伙)赶紧对路人说:"你别挨着他,一碰他的胳膊就掉了!"卖瓜子的也装成胳膊腿都有残、浑身要散架、一碰就倒的样子。有些外地人一看这"阵势",只好乖乖地从自己兜里拿出钱来"了事"。

今天国内的"黑社会"现象仍然存在。黑社会成员惯于吃喝嫖赌、诈骗、行凶、欺行霸市，垄断地盘，为害一方，令百姓极为痛恨。他们往往组织严密，犯罪手段狡猾而凶残，背后有所依托，比起旧社会"混混儿现象"，更具有威胁性和破坏性。只是在社会打击之下，他们早就失去了对抗社会的能力，只有转入地下，时隐时现。

如今的天津，已是全国社会治安最好的地区之一，这是得到公认的事实。这从一个方面表现出今日天津的民风和社会风气，同过去"混混儿"肆意横行的时代相比，已经完全不是一回事了。

(刊于《中外文摘》2018 年第 12 期,2018 年 12 月,第 70 页)

作者:李锡文,作家

民国时期河北省政府成立
与河北省第一次行政会议

何德骞

　　天津市河北区与河北省曾有很深的历史渊源,1928年河北省政府成立大会与1934年河北省第一次行政会议,都是在今河北区境内举办的。

　　清末袁世凯就任直隶总督后,创建北站,修筑大经路(今中山路),并以原三口通商衙门(今金钢公园处)为直隶总督行辕。河北区(时称河北新区)始为直隶政治中心。民国以降,直隶省公署及其所属各厅署皆在河北新区。据民国十一年(1922)《天津指南》载:直隶省长公署、直隶交涉使署、直隶财政厅、直隶教育厅、直隶实业厅、直隶审判庭、直隶检查厅,以及津海关监督署、陆军部无线电报局、奉军司令部办公处、陆军测量局、敌国人民财产清理处、厘捐总局等,均设在以大经路为中心的河北二马路、三马路、河北公园、河北种植园等处。这里因而形成直隶政务区。

　　1928年国民政府北伐成功,第三集团军第4师长傅作义率先进占天津。总司令阎锡山委派傅作义为天津警备司令。同年6月28

日,直隶省改称河北省,并于天津河北新区成立了河北省政府。6月30日,将直隶省的京兆地区的北京改称北平,并与天津分设两个特别市。

国民革命军在北伐底定,首先要建立北方地方政权,撤销战地政务委员会。1928年7月4日《国闻周报》报道了河北省政府成立情形:

> 河北省政府于4日下午2时在河北省旧督署举行成立典礼。到场者,省政府主席商震,委员徐永昌、段宗林、朱绥光、沈尹默、孙岳仑、温寿泉、严智怡,中央代表周震麟、省党部代表王宣、市党部代表彭志兴、市长南桂馨、警备司令傅作义,暨各机关代表计百余人。行礼后由商震读总理遗嘱,宣誓就职。文曰"河北省政府委员商震、徐永昌、段宗林、朱绥光、沈尹默、孙岳仑、温寿泉、严智怡等敬谨宣誓。余谨当恪遵总理遗嘱,服从党义,奉行国法法令,忠心努力于本职,并积极剔除一切积弊、增进行政上之效率,如违备誓言,愿受本党最严厉之处分,谨誓。"全体省政府委员宣誓以后,次由中央委员周震麟训词,省、市党部两代表致辞,最后由省主席及各委员相继答辞,并附带报告。

典礼仪式顺利完成,并置秘书处暂理政务。典礼仪式上还强调韩复榘委员、李鸿文委员、丁春膏委员各因公务未能莅会,随后当补行宣誓方可就职。会议结束,全体莅会者聚餐叙话。当晚,商震等人赴北平,面晤蒋介石(第一集团军总司令,国民革命军总司令)、冯玉祥(第二集团军总司令)、阎锡山(第三集团军总司令)、李宗仁

1928 年 7 月 4 日河北省政府成立大会后与会者合影

（第四集团军总司令）、杨树庄（海军部总司令）汇报河北省政府成立经过。蒋、冯、阎、李、杨共同议定方案后，国民政府遂于 7 月 6 日以宥电发布中央执委命令："本日国府会议议决，直隶省改名河北省，旧京兆区各县并入河北省范围。并任命：商震、韩复榘、徐永昌、朱绶光、段宗林、丁春膏、沈尹默、孙奂仑、李鸿文、温寿泉、严智怡为河北省政府委员。以商震为省主席。孙奂仑兼民政厅长、李鸿文兼财政厅长、温寿泉兼建设厅长、严智怡兼教育厅长。等因奉此。"同时要求以上各员务必于七月豪日（7 月 4 日）后在津组织河北省政府委员会的各厅、处机构。

是年 7 月，因战乱尚未全部救平，办公地点只能暂设旧督署。天津警备司令部亦暂设旧省署。河北省政府为了尽快办公就绪，特向国民政府呈请任命各厅、处荐任以上官员，经省政府委员会讨论议定各员呈悉中央核准。

1929 年 1 月 21 日，国民政府令：

国民政府行政院长谭延闿呈据河北省政府主席商震呈请。任命张芥尘、崔敬伯、高文伯、方朝豫为河北省政府秘书；

汪少伦、刘鹤汀、许？云、余钟寰为河北省政府秘书处科长；刘潜、蒋锡曾、周之骥为河北省政府民政厅秘书，张国浚、步以莊、舒乃藩、何毓华为河北省政府民政厅科长，耿述之为河北省政府民政厅技正；戴百贤、籍郁恩、冯绍韩为河北省政府财政厅秘书，陈楷、何寿棠、左运奎、刘式謩为河北省政府财政厅科长；陈凤标、刘驹贤、冯飞为河北省政府建设厅秘书，孙丕康、梁如璋、雷斌、卫龙章为河北省建设厅科长，杨励明、王国英、王廷翰、温承让为河北省建设厅技正；金秉燧、吴鹏、苏莘为河北省工商厅秘书，杨华、吴梦茵、张毓为河北省政府工商厅科长，于桂馨、董如奉为河北省政府工商厅技正，应照准此令。中华民国十八年一月二十一日(国民政府印)。

河北省政府1928年6月在天津河北旧督署成立省政府时，委员并未全部接受就职到任，教育厅的厅长先后为沈尹默、严智怡。工商厅长吕咸和农矿厅长萧瑜是在1929年初才被任命的。所以上述三厅秘书、科长、技正均未在津呈请任命。河北省政府秘书长王次甫也是在1929年1月才被任命接篆。按《国民政府文官制度》荐任以上为高等文职，1929年河北省政府荐任以上官员仅为60余人，而且各员俟就职后必须再由国民政府加委任命确认其职"合法"。

1928年6—10月，河北省政府在天津处理公务，但其时社会秩序极其混乱，北洋旧部散兵游勇尚未完全缴械，省政府所在地的河北新区亟需绥靖维稳，当时的第三军团军傅作义所部"担任维护地面事宜"，第十五师段树华将师部设在河北宇纬路，第五旅设防河北公园，第四十五团团长杜淑将团部设在金钢桥旁的益世报馆,第十和三十七两团驻扎河北公园,其余输送队、卫生队、工兵连、骑兵连均在河北三马路一带集结待防。因当时河北是全省政务中心,故除了需加强保卫之外还要应对交通畅通任务。8月13日在河北大经路一带"水沟堵塞,流通不便",严重影响人行车驶,第九师师长陈长捷自告奋勇率部参加修掘大经路两边水沟,"以排泄积潦""为群众谋便利",被《益世报》誉为"陈长捷实行兵工政策"。"10月12日河北省政府议定省会迁移北平,省政府搬至旧北洋政府的国务院,民政厅易址京兆尹公署,财政厅由天津黄纬路移至北洋政府的·统计局、国史馆、铨叙局三处……"至此天津特别市政府才迁入省政府原址办公,随迁机关尚有财政局和土地局(亦在市府办公)。

1929年河北省政治中心变为市政中心,崔廷献市长甫上任便特派工务局会同市政府市政临时委员会(第二科长任该委员会筹备主任)共商市政设置举措。天津河北地区此后历经各届政府修葺建设,直至解放初期未断整修工程。

1934年河北省政府、民政厅(时民政厅为省政府政务中心)

1934年10月25日,河北省第一次行政会议在河北省政府(河北旧省公署址)大礼堂举行正式开幕典礼。此次行政会议是民国时期召开的唯一的一次行政会议,当时省会已有北平迁回天津,与会者除河北省各县长代表外,尚有社会各界名流。当时,该会受到国内外广泛关注。在政治观察最有影响的"末次研究所"《国内政况》里专章介绍了这次会议,醒目标题为:"冀行政会议明晨开幕 各县长接踵谒民政厅长,于主席有重要提案"。10月24日,天津《益世报》《本市消息》对这次会议的召开时间、参加人员、讨论议题及开幕前情况作了详细介绍:"河北省第一次行政会议,已决定于明(二十五日)晨九时在省府大礼堂,举行正式开幕典礼"。地址即河北大经路河北省政府。"大会主席,将由民政厅长魏鑑担任。昨据大会筹备处消息:谓明日举行开幕典礼后,下午二时起即正式开始讨论各项提案,于(学忠)主席曾亦有一提案,议题名目'如何改进全省行政先后缓急轻重案',任出席各专家及县长自由发挥意见,公开讨论。"参会县长代表共44人,均由于学忠和魏鑑亲自检选(约占全省县长三分之一)。省政府并要求参会县长代表均着藏青哗叽制服(即中山装)借以符合"新生活精神"。各县长陆续到津,谒见民政厅长魏鑑后,由长芦盐运使曾仰丰24日晚七时约宴于大华饭店,顺便讨论长芦盐务整顿办法。

10月25日上午,出席河北省第一次行政会议共有118人。会议分组讨论在河北省立工业学院进行。

省政府主席于学忠、委员魏鑑、鲁穆庭、张厉生、周炳林、林成秀、胡汇源、张厚琬、史靖寰、郑道儒、严智怡、张荫梧、查燿等人,以及保安正、副处长,特聘各业专家,行政督察专员共26人。省政府各厅、处秘书、科长,自治筹备处主任,警务处长共48人届时全部出席会议。

审查委员会分为民政组、财政组、建设组、实业组、教育组。

民政组审查委员为：魏鑑、严智怡、刘忠幹、李东圜、宴阳初、曾仰丰、陶尚铭、陈中岳、关广誉、汪澄波、张仁蠡、何毓秀、舒乃藩、程廷恒、王海峰、张国浚、孙兆昌、陈闽儒、许同莘、李鸿栻、富维骥、陆元炳、萧禀原、蒋锡曾、萧德润、李子厚、刚书林、刘少宠、刘潜、苗作新、赵钟诚、江春炎、张熙光、于宝琳。以魏鑑为召集人。财政组审查委员为：陈访先、丁春膏、翁之镛、熊鼎盛、杨天受、殷汝耕、李学谟、王用舟、邹良骥、朱颐、步恒勗、张其军、任传藻、王铄、刘全学、饶秉衡、金良骥、李聘卿、孙象乾、高元泽、左运奎、李鹏图、戴常箴、王述文。以鲁穆庭为召集人。教育组审查委员为：周炳林、张厉生、陈筑山、刘延昌、刘云亭、董天华、周维垣、于龙溪、卢郁文、杨晶华、陈铁卿、李刚、陈莎、张芥尘、陈贯吾、井守文、张雪门、曲直生、吴正华、沈肃文、贺诩新、梁容若。以周炳林为召集人。建设组审查委员为：林成秀、李书田、张恒懋、赵云椿、刘树人、耿述之、秦荣甲、萧鹤延、信刚、佟奎文、康久显、赵良、刘任、孙福耆。以林成秀为召集人。实业组审查委员为：史靖寰、梁建章、孙嘉彦、李树舫、黄曾元、王凤翰、崔纪成、王昭章、高哲民、林树芬、李宝瑞。以史靖寰为召集人。此外还有张中立、叶屏侯、罗隆基作为列席委员参会。

这次会议原定五天，旋因议案难决略有展延。大会主席于学忠仅在第一天莅席，其后由副主席魏鑑主持。大会秘书长为查燿、记录股长为叶国璋，干事有尚久愈等人。

全会五组中以民政组提议最多、议案最为重要。其中，尤以何毓秀、张其军、张国浚、蒋锡曾、孙兆昌等人议案最为突出，何毓秀提出的"裁局设科"办法和"先简后繁、化阻为助、少设机关、多办事业、权衡轻重、标本兼顾"各项举措备受全会关注。最后由联审组表决通过。

1934年河北省第一次行政会议出席的人员除省政府全体委员外，几乎都是社会名流、政界精英、学界翘楚。其中严智怡是著名教育家，刘潜、陈中岳、任传藻、萧稟原是声誉素著的城南诗社诗人，张国浚、蒋锡曾、陈铁卿是学术研究专家，宴阳初、张中立、罗隆基是著名政治活动家，李书田是水利专家，杨天受是商界耆宿，丁春膏是革命志士，金良骥、何毓秀、孙兆昌、孙象乾、关广誉、舒乃藩、张其军、苗作新、王海峰无一不是政界干员。值得一提的是此次参会的张仁蠡、陶尚铭、殷汝耕、李鹏图后在敌伪政权都是头面人物。

1934年由河北省政府召集的首次行政会议，不仅《益世报》有专章报导，《大公报》也详细介绍了会议表决过程，而且由"末次研究所"将其列为南京《国民政府十年》要闻，加以编次。

(刊于《天津史志》2018年第6期总第179期，2018年12月，第37—40页)

作者：何德骞，天津地方史学者、书法家

第一次走向世界的天津
——1873 年维也纳世博会与天津

洪卫国

　　历史上天津是作为拱卫京畿的门户而建城的,因其与作为国家都城北京的特殊地理位置而带来的政治、军事上的重要性与特殊性,使得天津在建城六百年的时间里,长期处于一种门户封闭状态。1860 年第二次鸦片战争后天津开埠, 洋务运动的兴起与西方列强对中国市场的觊觎,使得"当河海之冲,为畿辅之门户"的天津很快成为北方经济与贸易的中心。天津向世界敞开了一条开放的门缝。然而 1870 年 6 月发生的"天津教案"让外部世界、特别是西方世界以另一种方式"了解"了天津,令天津走向世界的脚步戛然而止。

　　1870 年 11 月,奥地利向世界各国发出维也纳博览会参会邀请时, 作为清政府主管涉外事务的总理衙门还在为天津教案的善后大伤脑筋时,以世博会是"炫珍耀奇"的无益之举,以"中国向来不尚新奇,无物可以往助"①为由加以拒绝。迫于奥国公使的强烈要

————————————
①摘自赵佑志《跃上国际舞台:清季中国参加万国博览会之研究》《台湾师范大学历史学报》1996 年第 25 期

求及总税务司赫德的说项,遂将筹展、参展博览会事务正式授权总税务司署办理,总税务司赫德通令包括津海新关在内的全国十四个通商口岸海关精心备办展品。本文以在天津教案发生后的背景下,维也纳世博会参展后带给天津的影响与意义做简要阐述。

一、开埠前西方人对天津的印象

历史上曾经到访过天津的外国人,无不对天津这座首都的卫城壁垒森严印象"深刻"。

从元代的意大利人马可波罗和明代的利玛窦;到顺治年间访华的荷兰王国使节哥页;还有乾隆年间闯关上访的东印度公司洪任辉、再到以为乾隆拜寿为名谈判开放贸易的英国使节马嘎尔尼等一系列外国使者,谓之通往天子都城的唯一桥梁①。

参加攻占大沽口的英军第 67 南汉普郡步兵团的军官 1861 年在天津合影

①雷穆森著:《天津插图本史纲》,天津人民出版社 2009 年版,第 10 页。

从康熙帝平定台海、开放海禁、设立四海关起,中国历史上第一次以"海关"冠名国家的对外贸易管理机构,天津这座城市从来不在开放之列。鸦片战争后,清政府更是对天津的开埠噤若寒蝉,颇有卧榻之侧岂容他人安睡之感。

1840 年的第一次鸦片战争开放五口通商,没有天津口岸;1858 年第二次鸦片战争前期,英法联军占领天津,在天津海光寺中外双方签订的《天津条约》,依然没有开放天津口岸;正如 1858 年参与谈判《天津条约》时任美方公使的列维廉所言,天津的开埠,"除了给欧洲列强一个足以威胁京城的基地以外,那末,天津还将会成为阴谋的巢穴"①。直到因互换《天津条约》政府签字文本而接连爆发两次战事、并导致大清皇帝的夏季办公处圆明园被焚毁而签署的《北京条约》,清政府才不得不开放天津口岸。

短短的三年里,天津前后经历三次战争,这是中国其他口岸所不曾"享受"的待遇。究其原因,天津口岸拱卫京畿的敏感与特殊地理位置与军事上的重要性,开埠让封闭、自大的大清王朝感受到的是前所未有的、直抵脏腑的威胁与冲击。

马克思 1853 年 6 月 14 日《中国革命与欧洲革命》中曾这样写道:"与外界完全隔绝,曾经是保存旧中国的首要条件。而当这种隔绝状态通过英国而为暴力所打破的时候,中国的抵抗难免带有这个民族的一切傲慢的偏见,愚昧的行动和迂腐的蛮气。"

1860 年冬从北京撤出的英法联军仍占据着天津的东门外、海光寺和大沽口的南北炮台,直到翌年的 7 月 29 日,清军才从英法联军手中接过了大沽炮台的控制权,而 1861 年 3 月 23 日,天津口

①雷穆森著:《天津插图本史纲》,天津人民出版社 2009 年版,第 18 页。

1861 年,远眺天津城垣

岸开征了史上第一票洋船关税。

1861 年 1 月,由主持《北京条约》谈判的恭亲王奕?担任领班大臣的大清总理各国事务衙门,简称总理衙门"开张纳客",接管以往由礼部和理藩院分别执掌的对外事务,特别是管辖各口海关事务,开始对西方采取妥协政策和按照条约制度展开近代外交关系;同年 5 月,由时任署理总税务司的罗伯特·赫德一手创建的津海新关正式开关运行①。

二、开埠后十年里天津口岸对外贸易的状态

第一次鸦片战争使得中国丧失了关税主权,英、法、美、德等国以低税率向中国倾销工业化产品,由于华北内地交通阻绝,外国商品难以从天津深入内地。第二次鸦片战争导致天津开埠,逐渐成为华北以及西北地区主要的中转进口货物集散地。同时,天津还具有了辐连直隶(河北)、山西、内蒙古、陕西、河南以及山东的北部等广大销售市场的中心口岸作用。津海新关首任税务司克仕可士及曾评价到:"在中国,除去上海或许还有广州,没有任何一个口岸像天

①陈诗启著:《中国近代海关史(晚清部分)》,人民出版社 1993 年版,第 85 页。

津这样有着同内地如此良好的水路交通。"

根据《中英续增条约》(即《中英北京条约》)第四款规定,自条约签订之日起,"天津郡城海口作为通商之埠",准英人"至此居住贸易"。《中法续增条约》(即《中法北京条约》)第七款规定,自签订之日起,"直隶之天津府,克日通商,与别口无异";还规定,"任法国传教士在各省租买田地,建造自便"。英国和法国以及美国在天津城外西南方向,靠着海河西岸开辟了租界,这是天津最早的外国租界。

咸丰十一年(1861)在天津外商有林德赛公司(Lindery&co)、麦多士公司(MeadoWs&co)、菲利普和穆尔公司(Peailippe&Maoreco)、怡和公司(GaraineMatheron&co)4家。同治六年(1867),在津开设的外国洋行已达17家,计英商9家,俄商4家,德商2家,美商1家,意商1家。在天津常住的外国人也由咸丰十一年(1861)的13人增加到同治六年(1867)的112人,其中英国58人,美国14人,德国13人,俄国13人,法国10人,意大利2人,瑞士1人,丹麦1人。

1. 天津口岸的商品进口

据《天津条约》规定:鸦片以"洋药"名义合法进口,从此,天津口岸鸦片进口逐年增加。开埠初期,鸦片在进口洋货中居第一位。咸丰十一年(1861)三月二十二日至十二月一日,到达天津的船只共215艘,其中英国船41艘,美国船19艘,其它船只155艘。咸丰十一年(1861)进口鸦片1482担,十三年(1863)进口3714担,占年天津进口额的36.4%;同治五年(1866),天津进口鸦片高达9162担,价值5768169关平两,占天津洋货进口额的33.4%,比咸丰十三年(1863)增加了1倍半。[①]

---

①以上数据引自《天津通志·外贸志》和《天津海关志》。

棉布占进口洋货的第二位。同治二年（1863），天津进口各种棉布共达 202316 匹，价值 1108822 关平两，占洋货进口总额的16.24%。至光绪九年（1883），棉布进口量已达 7958549 匹，价值6322653 关平两，占进口总额的 61.44%。

毛呢及毛制品占洋货进口的第三位。同治二年（1863）为 932 匹，价值 10740 关平两。至光绪九年（1883）增至 29338 匹，价值 439159关平两，占进口总额的 4.27%。毛呢及毛制品的进口量增加 31.4 倍。

还有五金类（铅、钢、铁、锡、铜）、火柴、糖、煤油、铁路器材等。从洋货净进口额（扣除复出口）来看天津洋货的增长情况，由同治四年 （1865）的 6775928 关平两，增至光绪二十年（1894）的13699283 关平两。

然而天津口岸的进口贸易有其特殊性，除鸦片外，开埠初期天津口岸直接贸易占比并不不大，据统计，直到光绪二十年（1894），天津口岸的直接进口在全国进口总额中还仅占 2.81%，直接出口仅占 0.27%。天津输入的洋纱、洋布绝大部分是从上海转口而来，由外国洋布商人经营的从国外 至天津的径直贸易所占份额较少。洋布转口贸易完全由中国商人所控制，他们采取在上海派驻代理人的方式经营洋布贸易。在上海直接购入商品既降低成本又避开洋行的垄断。时任津海新关税务司贝格在 1865年曾向总税务司署报告说："有着

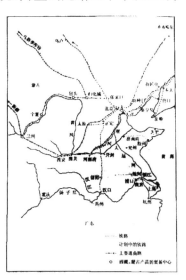

十九世纪天津口岸贸易区域图

大宗交易量，而且是有利可图的贸易正逐步从外国人的手中转移到中国人的手里。现在是后者统治着市场，前者越来越受到其左右。外国商人和轮船主越来越变成中国贸易商人的代理人，变成他们的搬运工"。①

2. 天津口岸的商品出口

主要以原材料和土特产品为主，外国商人以低价从中国内地购进原料，再以高价售至国外，比单纯从外国进口洋货更有利可图。同时，天津口岸有其独特的地理条件，主要依靠从华北及附近地区的收购大量农畜土特产品，再输出国外，从中获得厚利。由于这种情况，天津口岸的大宗原料及土特产品的输出开始增长。

咸丰十一年至同治九年（1861—1870），天津出口货物仅有黄花菜、药材、火石、红枣、乌枣、鹿茸、核桃、毛发、鱼骨、香菌、葡萄干、大黄、棉花等，出口量有限，不及贸易总额的十分之一。

天津商埠贸易统计表

年份	总 值(两)	进口值	出口值	税收
1861	5475644	5014071	461573	–
1862	7503302	7095811	407491	164207
1863	7188442	6275225	913217	163681
1864	9376208	7645422	1730786	210849
1865	13557353	11852437	1704916	358023
1866	19271419	16583457	2687962	541335
1867	14720294	13497097	1223197	411297
1868	17383873	16437708	946165	390605
1869	18044606	17081641	962965	394857
1870	16922186	16188609	733577	399006

数据摘自：雷穆森著：《天津插图本史纲》，第259页。

---

①引自张思《19世纪天津的对外贸易与传统市场网络》，"南开大学网"2007年8月25日。

三、天津教案成为天津社会形态的转折点

从19世纪六十年代中，清政府终于摆脱了"太平天国起义"的灭顶之灾，"借洋助剿"让以恭亲王奕䜣及曾国藩、李鸿章、左宗棠、胡林翼等封疆大吏们认识到西方军事技术的先进，纷纷实践了以"自强""求富"为主张，倡导西方新式练兵，引进机器生产，学习科学技术，派遣留学生和兴办学堂等"借法"活动。曾国藩设立安庆内军械所，集中一批中国有名的科学家"试造洋器"，李鸿章在上海设立制炮局，学制新式的大炮和炮弹，这些都是"师夷长技"的初次尝试。这批人被人们称为洋务派。发生在同治、光绪两朝的这些活动，也称为"同光新政"，清朝统治者则自诩为"自强新政"。

开埠后天津亦加入到兴办洋务的潮流中，以三口通商大臣崇厚为代表。

崇厚，字地山，号子谦，又号鹤槎，满族人。1826年10月7日生于河南开封道署，是金代皇室完颜氏的后裔，在满洲八旗中属上三旗的镶黄旗。1860年恭亲王奕䜣以崇厚"久在天津，于地方情形既能熟悉，而控驭外夷，亦能权智兼济，不至拘执乖方"①荐为三口通商大臣。既办理通商事务，又可调度天津防军。并利用海光寺旧址创办了北方第一家生产军火的天津机器局。但囿于崇厚的个人能力和清政府对天津地位的观念，在十九世纪七十年代之前天津的洋务发展并不顺利。奉派处理"天津教案"的曾国藩曾言到"以前为崇公所误，失之太柔，以后当自主也。"②

①《上谕》，《筹办夷务始末》(咸丰朝)卷六十八，第7册，第2559页
②《曾国藩全集·家书》(二)，岳麓书社1985年版，第1374—1375页。

　　1870年6月21日发生的天津教案直接导致20名外国人死亡（其中法国13人、俄国3人、比利时2人、意大利和爱尔兰各1人），此案震惊中外，可谓案情特别重大，是清末教案中最重要的教案，在近代教案史上具有举足轻重的地位。它也是中国近代历史自第二次鸦片战争至中日甲午战争之间最重要的历史事件之一。前海关税务司马士在他的《中华帝国对外关系史》一书中这样写道："半世纪的种族嫌恶；十年来的民族怨恨；反基督教情绪的滋长，部分的基于宗教的偏见，部分的基于迷信，部分的基于轻信谣言；所有这些达到了一个共同的焦点，并且这种上长着的纷扰于三小时的杀人、放火和抢劫中达到极点。"①

天津教案案发地——"圣母得胜堂"（即望海楼教堂）

①马士著：《中华帝国对外关系史》第二卷，商务印书馆1963年版，第207页。

天津教案发生后,清政府调整了天津的管理体制,裁撤三口通商大臣,洋务派代表人物李鸿章接任直隶总督兼北洋通商大臣管理洋务,常年驻守天津,从而使天津的政治影响力和经济活力得到转折性的提升,天津成了直隶省事实上的省会。李鸿章借助其高涨的权力地位,利用天津的沿海港口城市的诸多便利条件,汇集了资金和一批洋务人才资源,引进西方工业革命的技术经验,先后在天津及周边地区建立了一批军工、航运、工矿、电信、铁路等洋务企业。不仅为天津口岸近代工业的兴发奠定深厚的物质与技术基础,而且也开启了北方近代工商业中心城市的先河。从此开创了史称为"同治中兴"的辉煌时期。

三口通商大臣——崇厚

"洋务"一词是从"夷务"演变而来的,1858年中英《天津条约》更明确规定"不得提书夷字"。而"洋务运动"一词则始自1961年中国史学会主编的《洋务运动》资料丛书。

1870年10月12日,清政府命李鸿章接办天津机器局。

位于天津城南海光寺的天津机器局

1872 年,设立官督商办的轮船招商局天津分局,把天津作为其北洋航线的终端,除运输南方的漕粮外,还大批揽载南北间的客货运输,为天津沿海和对外贸易的发展,提供了便捷的海洋运输工具。

津海新关备办 1873 年维也纳世博会展品正是这一转折的历史时期。

四、维也纳世博会第一次向世界介绍天津

1870 年总税务司署通令各口岸海关向社会公众发出参加世界博览会的通告后,不料乏人问津,即使公布展品实行免税等诸多优惠措施亦不得回应。尤其是天津口岸,天津教案的处理虽然以赔款、惩凶、遣使道歉了结,但中外人士相互敌视严重,国内民怨沸腾,皆詈骂前期处理教案的曾国藩为国贼;而西方报复中国的言论亦甚嚣尘上。1870 年 8 月 11 日《北华捷报》刊文"这次悲惨的和万恶的天津残杀案,是涉及一切同中国具有关系的国家的一个事件;并且,除非强使作一种严重的赔偿以外,每个人都要对容忍那样的残暴行为而得不到惩处的冷酷态度感到懊丧。赔款并不能满足正义的要求。一切有关的官吏应当偿命。特别是,崇厚必须处死……如果允许他逃脱的话,那末在这个国家中的每个欧洲人都要遭受灾祸。"[1]

为此赫德于 1872 年 8 月 3 日,总税务司赫德发布第 4 号通令要求各口税务司负责的港口外国轮船经营的全部贸易商品的品

①马士著:《中华帝国对外关系史》第二卷,商务印书馆 1963 年版,第 210 页。

名、将商品分类、编号、产地、目的地、价值和进出口的数量,并按中文报税名称排列顺序,具体的整理工作由海关验货办理。维也纳博览会官方章程第七条明确规定"展示国际间的商品交流,形成一个世界商业和贸易的总体描述。为此,所有重要港口和海港之贸易和商业的商品的样本将进行展览。"①借以提高中国在国际贸易中影响,为维也纳世博会的筹展,赫德先后发出九份通令指示,这是前所未有的。

津海新关税务司的汉南

津海新关由赫德亲自监督,税务司汉南(Hannen)负责督办,二等验货白各林(J.Brackenridge)主办,赫德还授权粤海关税务司包腊(E.c.M.Bowra)全权负责筹展之事,于各口岸巡视以便随时纠正与调整。

根据天津档案馆保存的原始档案,津海新关备办的展品,按照包腊的分类规则分为矿冶、农林、华工、食品加工、手工业等18大类,共计225件(箱),在展品种类上居各关之首。

主要以农业园林与林产品最多,有86件,其中大米、绿豆等谷物,花椒、陈皮等调味品,茶叶、菊花等饮品;大黄、当归等汉方药材代表了天津口岸出口商品的特点。税务司汉南则把主要精力放在编撰天津口岸十年贸易情况上。

①《总税务司通令·第一辑》1872年第四号

保存在天津档案馆的津海新关的部分送展清单

1873 年 3 月,在赫德的亲自监督下,津海新关的展品在海关码头清点封箱装船, 运到上海港统一经意大利里雅斯特港转运至奥地利的维也纳。

1873 年维也纳世博会,史称"奥国万国商品陈列公会"。适逢奥匈帝国皇帝约瑟夫加冕 25 周年。为此建造四幢意大利文艺复兴风格的展馆、分工业馆、机械馆、农业馆和艺术馆。坐落于著名的维也纳城市花园,共新建 190 多栋新建筑。主馆工业馆长 907 米、宽260 米,面积达 7 万余平米,中央穹顶高 83 米、直径 110 米,建筑雄伟宏大,在当时为世界之最穹顶建筑。两个主题是提高人民的教育、品味和生活质量的理想主义;工业时代涌现的大量工业产品,丰富原材料的社会现实。工业馆为主展区,四周围绕各国修建的展馆,共展出 26 类展品,包括"理念的主权、好品味的培养、疗养术、儿童与妇女的教育、食品生产的分配、百姓的生活条件、艺术"等。世博会的组织者按照蒙卡托地图投影法分国别设置展馆,中国馆被安置在东边,紧邻日本,明治维新刚刚兴起的日本,格外重视此次出展,亦第一次正式派出官方代表团参会,获得 92 面奖牌。

1873 年 5 月 1 日,奥匈帝国皇帝约瑟夫亲自为博览会揭幕。以粤海关副税务司包腊为首的中国政府参展代表团正式亮相维也纳国际博览会。

六个月的展期共有725万人蜂拥而至,参观游览。

天津送展商品中,西北的毛毯、羊毛挂里、山东的草帽辫等陈列于工业馆;木轮马车、漕运驳船、舢板的模型则与意大利人的火车、比利时人的发电机和电动机

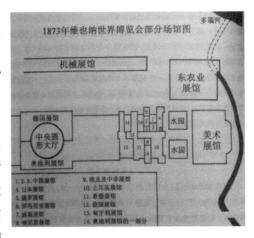

1873 年维也纳世博会场馆示意图①

同台,令西方人瞠目结舌。而陈列于建筑馆的海光寺飞檐斗拱的中式庙宇建筑模型及一组反映民俗市井生活的泥塑陈列把天津人的生活展现在西方人面前。法国报纸则把目光聚焦到一枚小巧精致的鸽哨上。

不过,由外籍税务司们选送的展品也闹出不少笑话、误会甚至是偏见。像食品工业展区内厨具、海参、烟丝、天津冬菜并排展出,让内行人也摸不着头脑。而展出的反映天津市井民俗生活的一组十三个泥塑,内有戏子、戏台、吸毒的瘾君子、小孩洗澡、会客、嫁娶场面、出殡、残疾乞丐乞讨、妇女打牌等等,一方面反映了当时中国社会底层生活的剪影,另一方面也反映出海关洋员对神秘、博大的中国文化认识上的偏见与猎奇心理。

---

①图示引自(英)查尔斯·德雷格著,潘一宁、戴宁译:《龙庭洋大臣》,广西师范大学出版社 2018年版,第242页。

余 论

中国展品是以其极具东方色彩的传统文化、工艺为特色并赢得观众的心的。正是由于参加维也纳世博会的成功，清政府才有意愿参加以后的历届世博会，也正是由于津海新关备办 1873 年维也纳世博会展品，从贸易与社会人文的角度，向世界介绍了一个正在走向开放的天津，让天津第一次走向了世界。

从 1873 年维也纳世博会开始，通过历次世博会参展，天津的工商业界认识到博览会这种商业模式的重要性，天津工商总会主导下的天津工业售品总所于 1915 年、1916 年、1917 年连续三年举办国货展览会，天津国货维持会在 1915 年举办了国货陈列大会，天津商会与国货维持会在 1916 年举办天津国货展览会，直隶省实业厅于 1010 年、1922 年分别举办了手工业品展览会和第一届工业观摩会。让天津真正成为了中国北方的商贸中心城市。

(本文为中国海关学会 2018 年 12 月 8—9 日召开的"近代海关与博览会"学术研讨会交流文章)

作者：洪卫国，天津海关

天津:中国留学运动的发祥地

井振武

近代中国向西方学习先进的科学技术,无非两条路:一是请进来,雇佣大批洋员,训练海陆军、兴办学堂、创立企业、修筑铁路、船坞;二是走出去, 百闻不如亲见,"欲学齐语者须引而置之庄岳之间",取回真经。从曾国藩津门撰写"留学宣言",到派遣官学生——幼童赴美留学;从李鸿章派遣青年军官赴德"试水",到派遣福建船政学堂、天津武备学堂学生留学英、法、德、日。直至盛宣怀组织天津大学堂(北洋大学)毕业生赴美深造,终于趟出培养高端人才的最佳途径。在走出去的过程中,近代天津充当着领头羊的角色,上述留学活动无不打上天津烙印。天津是中国留学运动名副其实的发祥地。

一、曾国藩天津撰写"留学宣言"

1870 年 7 月,清政府担心西方列强以"天津教案"为借口,挑起新的侵华战争，遂接受直隶总督曾国藩的建议，急调李鸿章的淮军，赶赴京畿一带驻防。8月，李鸿章接任直隶总督后，奉命前往天津城内会同曾国藩、毛昶熙、丁日昌等人一起处理教案谈判及善后事宜。恰在四位重臣云集天津之际，丁日昌屡向曾国藩进言，兜售容闳的留学计划，并以眼前教案为例分析说明人才匮乏的种种弊病以及实施留学教育的刻不容缓。这一建议，得到行辕设在贡院的曾国藩以及新任直隶总督李鸿章等人的一致赞许。于是，曾国藩精心组织人力撰写了一份颇为缜密的上奏文稿，待机而动。

上奏的机会出现了。这一年是曾国藩六十整寿，10月7日(阴历九月中)，奉旨赐寿，由军机处派员赴津咨交御书："勋高柱石"匾额一面，御书"福""寿"字各一方，梵铜像一尊、紫檀嵌玉如意一柄、蟒袍一件、吉绸十件。10日，曾国藩专折奏谢恩，乘机向皇上附奏了《奏带陈兰彬至江南办理机器片》。在《机器片》中，曾国藩第一次向

1890年在德国留学的段祺瑞(左二)与商德全、滕毓藻、孔庆塘和吴鼎元，由德国教官瑞乃尔指导学习操炮。

大清皇帝提出派遣官学生留学的建议。

为了加重分量，曾国藩会同李鸿章、丁日昌、毛昶熙四人联衔上奏，正式提出："博选聪颖子弟，赴泰西各国书院及军船政等院，分门学习，优给资斧，宽假岁时，为三年蓄艾之计，行之既久，或有异材出乎其间，精通其法，仿效其意，使西人擅长之事，中国皆能究知，然后可以徐图自强。"《机器片》纲领性和指导作用突出，成为后来组织留学活动所援引最多的文献，是中国留学运动的宣言书。在《机器片》中还推荐：四品衔刑部主事陈兰彬、江苏候补同知容闳辈，"都可以信任"负责办理留学事宜。

那天深夜，晚归的丁日昌，呼起早睡的容闳，告之事态进展甚佳。使容闳"闻此消息，乃喜而不寐，竟夜开眼如夜鹰，觉此身飘飘然如凌云步虚，忘其为僵卧床第间"。容闳在《西学东渐记》中记述了奏折送京情况，他说"两日后，奏折拜发"，"由驿站加紧快骑，飞递入京，此时曾督及余人皆尚在津沽也。"曾国藩后来回忆说："臣去年在津查办教案，前江苏巡抚丁日昌奉旨前来会办，屡次与臣商榷，打算挑选聪颖少年送往西方各国学校学习军政、船政、测量计算、机器制造等学科。"

考虑到容闳一人单薄，做事缜密的丁日昌，特推荐汉学功底深厚的陈兰彬（字荔秋，广东吴川人）作为帮手，负责留学生汉语传习。经曾国藩、李鸿章等人首肯，留学事务所的领导班底在津已见雏形。容闳记述说："数日后，津中有为曾、丁诸公祖钱者，予及陈兰彬均在座，丁抚遂为余等介绍。予之与陈素未识面，今则将为共事之人矣"。老友丁日昌离津前，与容闳有过一次推心置腹的长谈，说明用意，他说："君所主张，与中国旧学说显然反对。时政府又甚守旧，以个人身当其冲，恐不足以抵抗反对力，或竟事败垂成。故欲利用陈兰彬翰林资格,得旧学派人共事可以稍杀阻力也。"可见,丁日昌为成就容闳的事业用心良苦。10 月 17 日(即九月二十三日),曾国藩离津,前往北京面圣。不久,曾国藩与李鸿章等人呈送同治皇帝会奏,由两宫太后批给总理各国事务衙门复议。同年冬,"着照所请"的朱批传到南京,这成为中国近代留学运动的开端。

两江总督曾国藩速命容闳、陈兰彬火速前来,商议实施留学教育的具体事宜。曾国藩、容闳根据 1868 年 7 月 28 日签订的《中美续增条约》第七条:"中国人如果入美国学习,美方给予最优待遇"的规定,拟定具体章程 12 条,主要内容为:一、与美国政府商谈,中国派幼童入美国学校学习,由清政府支付一切经费;二、在上海设立"留学出洋局",派员负责,选出幼童在局中培训,准备出国;三、出洋幼童年龄在 12—13 岁左右,先派员 120 名,分四年派出,留学期限 15 年;四、留学生学习专业由清政府决定,归国后也由政府具情录用;五、幼童出洋后听从中国方面的约束,在学习洋文同时兼习中文;六、拨出留学经费白银 120 万两,于江海关分拨,等等。

随后,容闳匆匆赶赴上海筹划下一步工作。与此同时在上海的陈兰彬积极起草留美教育章程。接着,上海设立幼童出洋肄业局。陈兰彬、容闳分别担任正、副委员,为常驻美国管理中国留学生事务做了干部上的安排。1871 年,一所可容纳 100 名学生和教职工的留美预备学堂(亦称"出洋局"),在上海开办。

曾国藩、李鸿章与总理衙门沟通意见后,于 1871 年 8 月 18 日联衔上《拟选聪颖子弟赴泰西各国肄业折》,向皇太后、皇上详细汇报工作计划与进展情况,以求得最高当局首肯。"万事齐备,只欠东风",1872 年 2 月 27 日,曾国藩、李鸿章再次上《派员携带学生出洋肄业应办事宜疏》,"仰恳饬下总理衙门核覆施行。"3 月 12 日,曾国藩不幸去世。薪尽火传，直隶总督李鸿章担起输送留美幼童的任务，成为实际工作的领导者。5月7日，总理衙门根据皇上的懿旨，最终下发《遵议派员携带学生出洋肄业应办事宜折》，代表清政府正式批准留学计划。

从1872年8月至1875年10月间，前后共四批，计120名幼童赴美利坚合众国留学。最初，曾国藩札委徐润负责招募、输送留美幼童(第三、四批由李鸿章札委祁兆熙招募)。徐润忠实地完成任务，每送走一批学生，都向政府部门禀报，还在上海《申报》上刊登消息、公布名单。故清政府赠给徐氏家族五个自费名额，由徐家自筹办理。于是徐润把叔叔家的三个儿子、自己的两个儿子，随第四批幼童前往美国读书。由此，我们看到自费留学生的形式派生出来。

幼童留学出现西化倾向，引起清政府恐慌，在权衡利弊后，中途夭折留学。1881年7月，幼童出洋肄业局被解散。94名幼童中途辍学(共120名幼童，除因事故早已撤回、及滞留美国未归，以及在国外病故等，减员26名)，分三批归国。第一批21名送往天津电报局学习电报，第二批48名，第三批25名，除福州船政局、上海机器局等留用23名外，其主体50人都分配到北方天津，加之学习电报的幼童，其来津人数占了总人数的70%。天津成为接收官学生最多的城市，也是其活动的历史舞台，涌现出民国第一任总理唐绍仪、中国铁路之父詹天佑、工科进士地矿学家邝荣光等一大批杰出人物。

二、李鸿章派遣军官留德"试水"

1875年10月，李鸿章送走第四批留美幼童后，便思考着如何敲开通向欧洲留学的大门。第二年 3 月,在津德国炮兵教习李劢协任职三年期满,准备回国。行前,他向李鸿章表示,愿携带淮军各营中"年少聪明"的下级军官,"同往德国武学院加功学习,以期各尽所长"。李鸿章认为,营中卞长胜等年龄在二三十岁内外,久经沙场,熟悉洋枪洋炮,随李劢协三年学习炮法、洋书略通门径,诚实要好。而本人极"愿出洋阅览欧洲武备开扩新闻"。因此,对李劢协的建议格外重视。他知道"西洋水陆兵法及学堂造就人才之道,条理精严,迥非中土所及"。在给同科进士郭嵩焘的《复郭筠仙星使》函中,李鸿章说明自己的心迹。他说:"派数人前往,小试其端,具有远谋。"也就是说派几个青年军官去德国留学,只是投石问路,从中总结经验,以便敲开留欧大门。

李鸿章分析认为:各国环伺争强竞胜,而"德国陆军枪炮操法最擅长,近来水师铁甲舰亦日新月异,与英相埒"。又与中国相隔万里,并无与大清的领土问题纠葛,遂选作为突破口,"师彼长技,助我军谋"。4 月 17 日,由水陆各营推荐的卞长胜等七人,随李劢协从天津搭乘轮船启程,前往德国。6 月,先入斯邦道第四号军营,从德国公使巴兰德之兄巴提督暨令侄、婿等尽心学习语言,并往各处大制造局厂,沿海要隘大炮台、内地军营参观,开拓视野。但因卞长胜、王德胜等三人违反营规,巴提督建议将其召回。李劢协为平息矛盾,将卞长胜等三人带往博洪炮厂安置,学习制造机器。但卞长胜等"学业未能长进",1878 年被提前召回。经此事件,王德胜发愤读书,进步飞速,被"留柏林都城,延师专教","凡德国行军测绘、迎战阵法、炮台营垒、水雷各艺均已学成"。回国后,经李鸿章面试,其"诸艺为出洋诸生之冠"。准将蓝翎尽先守备王德胜留于天津,以都司尽先补用。后官至记名总兵。

李鸿章认为,"所派德国学习武弁年长,而洋文未精,深造颇难,但望学成回营能充教练管带,庶不负此行耳"。1879年,李鸿章在津会见巴兰德大使,谈到留学时说:"我们有学生在令兄那里学习,多承照应,这几个人都没有念过外国书,不过学些技艺。"巴兰德回答说:"现在亦读德意志书?""可惜年纪过大,怕学不好。"杨德明、查连标、袁春雨、刘房圃等四人,在斯邦道第四号军营学习四年,凡枪队理法皆能领悟。年底,除一人因病暂留当地就医外,其他三人学成归国。李鸿章亲自面试,不但予以奖励,还安排担任教习,下令在津亲军营,仿照德国一哨建制,挑选精干武弁组成一个哨队,交袁春雨、查连标、刘房圃等人依法教练,还派德国教官汉纳根随时观察,督率讲究。在哨队学员学成后,分派各营充当教习,这成为北洋军队中设立学兵连、学兵营、学兵团的先声。

由于青年军官德文基础薄弱、年龄偏大,只在斯邦道第四号军营随军习战及在一些兵工厂内劳作,按照与李劢协签订章程规定:"入武学院,讲究陆军技艺"的愿望没能实现,付出学费,教训深刻。虽然派遣青年军官留德仅有七名,但开创了官派军职人员(成年人)留学的新纪元,意义重大。留学生归国后,对陆军新军事变革带来重要影响,催生出培养将才的军事学堂——武备学堂的诞生。

三、船政学堂、武备学堂学生大批跟进

早在1873年,左宗棠、沈葆桢就提出:从福建船政学堂挑选"天资颖异,学有根底"的学生二十余人,送往英国"深究其驶船之方,及其练兵制胜之理",学习制造水雷后膛螺丝开花大炮,速则

留美大学生王宠惠,曾获耶鲁法学博士,后任民国政府外交部长、国务总理。

三年、迟则五年。但后来发生日本侵略台湾,以及"云南事件",筹款艰难,迟迟不能动身。第二年春,李鸿章就留学事宜会见日意格(法国人,受聘于福建船政正监督),并向日意格保证留学欧洲教育一定会组织起来,而当下任务是解决好台海问题。1875年9月,挚友丁日昌出任船政大臣,迭次函商,"以前后堂学生内,颇多究心测算造驶之人,亟应遣令出洋肆业,以期精益求精,不致半途而废"。

有了派遣青年军官留德的破冰经验,李鸿章为北方洋务运动培养精英和骨干而进行筹谋与布局。在丁日昌的催促下,李鸿章指示在家丁忧的李凤苞抓紧撰写留洋章程,启动福建船政学堂学生留欧进程。李凤苞(1834—1887),字丹崖,江苏崇明人。曾捐资为道员,受命办理江南制造局、吴淞炮台工程局,兼任两局编译,翻译《克虏伯炮说》《营垒图说》等科学技术书籍。爱好历算,精于测绘,深得李鸿章赏识。1876年5月,李鸿章把李凤苞、日意格叫到天津,修改、补充选派学生出洋章程。还带他们亲往烟台,登上英法军舰阅操,"借以考究其利钝。英法各舰制法绝精,而驾驶操练,英尤灵捷严整",加强其对"出洋学习造驶之举,实为中国海防人才根本,诚如钧示未可缓图"深刻的认识,可见李鸿章远谋深虑。10月,李鸿章上《议选员管带学生分赴各国学习折》,推荐留学监督,表示说:"日意格久襄船政,条理熟悉,心地亦尚忠恳。李凤苞究心洋务,才识精明,志趣亦甚远大。该二员和衷共济,此事可期有成。"

总理衙门对李鸿章派遣船政学堂学生赴欧洲留学的尝试并不热心,"叠致总署,概置不理"。李鸿章不灰心,逆流而进,他通过与英使威妥玛沟通协商,获得了英国政府的支持。与驻英公使郭嵩焘函商,得到协助办理的承诺,并会见法国公使白来尼,白表示"自必乐为帮助"。于是,依靠日意格负责办理具体工作,定员30名,二十万经费由闽省额拨南北洋海防经费内酌提动用,一切就绪。1877年1月,李鸿章会同沈葆桢等上《奏闽厂学生出洋学习折》。并附有《选派船政生徒出洋肄业章程》,"恭呈圣览,仰恳饬下总理衙门核准实施",最终获得皇帝批准。

1877年3月,李凤苞、日意格率领福建船政学堂学生30人,及随员3人从上海出发,乘坐木厂济安轮,经香港,奔赴英国、法国。日意格在巴黎设立留学总部,管理留学生事务。其中严复、方伯谦、何心川、林永升、叶祖珪、萨镇冰等六人考入英国格林尼治海军学院,学习驾驶理法,这是最早进入欧洲军事学院读书的中国官学生。刘步蟾、林泰曾、蒋超英、林颖启、江懋祉、黄建勋等六人,分别在字来克林、荻芬司、上爱勤考特、上伯里洛芬等军舰,讲求枪炮、水雷及行军布阵之法。翻译罗丰禄入三琴士官学校学习气学、化学及格致学问。在法国,魏瀚、陈兆翱、郑清廉、陈林璋等考入削浦官学;梁炳年、吴德章、杨廉臣、李守田、林怡游等入多郎官厂,池真铨、张金生、林庆升、林日章等入科鲁苏民厂,学习制造理法;罗臻禄入汕答佃学堂专习矿务。涌现出中国第一代造船工程师和矿产工程师。随员马建忠、文案陈季同入政治学院,专习交涉律例。艺徒陈可会、刘懋勋、裴国安、郭瑞珪,或入腊县船厂,或入马赛铸铁厂,或入马赛木模厂,学习制造技艺。

留学生如期回国,李鸿章看到了希望,他上书朝廷奏请奖励有功人员,还为英法两国教导肄业生出力人员请五品军功和颁发鍫金赏牌。驾驶学生出色者,则有刘步蟾、林泰曾等;制造学生出色者,则有魏瀚、陈兆翱等人,"经臣等量材器使,或派管驾蚊船、快船,或在船政差遣及派往外洋为铁甲舰监工,其余亦分任要务,各效所长。"派遣留学英法学生获得极大成功。接着李鸿章上《奏续选闽厂学生出洋游学折》,相继派遣第二批、第三批留学英法学生,为创立北洋海军、发展造船业储备了人才。1888 年 12 月,北洋舰队在山东威海卫刘公岛宣告成立,留英学生林泰曾、刘步蟾分别担任北洋海军左翼总兵和北洋海军右翼总兵。

与此同时,1889 年,李鸿章筛选天津武备学堂优秀学生段祺瑞、商德全、吴鼎元、滕毓藻、孔庆塘等 5 名毕业生赴德国柏林军校留学,从根本上改变陆军青年军官难以进入外国军事院校读书的现状。接着,1898 年又选派天津武备学堂幼年班王廷桢、张绍曾、蒋雁行、陆锦、李士锐、李泽均、贾宾卿、张鸿逵等 8 人赴日本,是中国学生留学日本进入陆军士官学校之始。

四、盛宣怀找到培养高端人才途径

1895 年 10 月,经光绪皇帝批准的中国第一所大学堂在天津成立。选送毕业生出国留学,是大学堂创办之初计划中的重要组成部分。1899 年,北洋大学堂第一届 18 名学生毕业。翌年元月,钦差大臣、直隶总督裕禄颁发了中国历史上第一张大学文凭。接着发生了"庚子之役",大学堂校舍成为侵略军的兵营,师生四散,许多学生流亡上海。曾任大学堂督办的盛宣怀心急如焚，他通过南洋公学选送天津大学堂第一批毕业生陈锦涛、王宠佑、王宠惠、薛颂瀛、胡栋朝、严锦荣、吴炷灵、张煜全等八人于 1901 年 7 月赴美留学。同时，还带动了十余名大学堂的自费生前往。这是中国派遣的首批留美大学生，开中国高等学校留学教育之先河。

留学日本的张绍曾，后曾任民国政府国务总理。

1902 年大学堂迁往西沽。由留美幼童唐绍仪、梁敦彦、梁如浩、蔡绍基等人相继担任督办，积极鼓励在校学生出国深造，校风为之一变，开启第二次赴美留学风潮。大学堂设有"留美学堂监督"一职，由总教习丁家立兼任。在"留美幼童"督办大学堂的八年间，公费资送学生出洋一共 55 名。1906 年梁敦彦任内第一班 34 名未毕业生全部派出留学，其中三人赴法国，其余均进入哈佛、耶鲁、康奈尔和麻省理工等美国名校。

次年，第二班未毕业学生 14 名，除 1 人赴德国外，其余全部赴美留学。1908 年派遣 7 名。在这些留学生中涌现民国国务总理王宠惠，著名外交家王正廷，经济学家马寅初，数学家秦汾，金融家钱永铭，医学家刘瑞恒，冶金学家温宗禹、蔡远泽，法学家赵天麟、冯熙运，师范教育家李建勋、齐璧亭等，人才济济。在北洋大学堂的引领下，"庚款生"赴美留学，蔚然成风，锻造出大批高端卓越人才。

在天津引擎推动下，至清末民初，走出国门向西方学习、振兴中华成为一股不可阻挡的历史潮流。同时，也留下了破冰者的艰难足迹,经验教训,弥足珍贵。据教育部颁布的《中国留学回国就业蓝皮书2015》记载, 我国累计出国留学人数404万, 累计回国人数221万,成为中国现代化进程的重要生力军。

(刊于2018年4月20日《今晚报》第16版"副刊·讲述")

作者:井振武,天津地方史学者

张伯苓校长的爱国三问

陈鑫　南理

"你是中国人吗？你爱中国吗？你愿意中国好吗？"这是张伯苓校长于 1935 年 9 月 17 日新学年"始业式"上，让南开大学新老同学自省的三个问题。

所谓始业式，就是迎接新同学的开学典礼。在仪式上，学子们最为期待的便是校长的演说。张伯苓校长常常利用这个契机，向学子们宣示南开的精神。他的演说别具特色，虽是带有天津乡音的"大白话"，但言浅而意深，极富感染力。在每一次"入学第一课"上，张伯苓讲得最多的就是为国为公，这也正是南开精神最为重要的内核。张伯苓对此念兹在兹，不断以此勉励新老学生。

一

虽然举办始业式是学校的传统，但 1935 年的始业式不同以往。演说中，张伯苓主要谈了两个主题，一是"认识环境"，二是"努力干去"。这里的"环境"指的是时局,这一年的不同之处,正是"环境有了许多的变化"。

环境有了什么变化?最大的不同,就是国家的危难日益深重。"九一八"事变东北沦陷后,华北随即面临着日寇的蚕食。特别是进入 1935 年以来,日本通过一系列行动,制造事端,挑起摩擦,提出种种无理的要求。而国民政府一再退让,并于 7 月与日方达成"何梅协定",表态对日本"所提各事均承诺之"。一时舆论哗然,人心大乱。

环境的变化,也让南开大学遇到了空前的困难。作为一位深具使命感的爱国教育家,张伯苓感到,"何梅协定签字以来,平津一带随时可有战祸"。他甚至清醒地预见到,"天津如被侵袭,早受日人嫉恨的南开学校,其遭遇破坏自属必然"。为了将南开继续办下去,张伯苓与校董们反复思量,决定寻求当时国民政府的支持。为此,他不得不将本该在 9 月 11 日举行的始业式,推迟了一周,专程赶赴南京,面见当时的国民政府教育部长。在南京,张伯苓对迎接他的南开校友们说,要"为救国而抗日",不要因为学校有可能被毁,而对抗日心存顾虑。张伯苓呼吁校友们:"同学们固应爱护母校,但尤应爱国。"只要国家在,学校"何患不能恢复",相反如果没有了国家,即使学校幸存,被敌人利用来愚弄国民,那"办南开学校又有什么意义"?

时局板荡,令张伯苓忧心忡忡。他感到,必须要通过一次演说,和全校新老同学"稍微谈谈现在的情形"。因此,虽然错过了开学日,但是从南京回来后,张伯苓仍然坚持为同学们做一场始业演说。

二

在演说中,张伯苓并没有对同学们谈及学校遇到的困难,也没有过多描述外敌的凶恶。他强调的是中国人、南开人自己应如何认识这样的环境。他指出,人如果不能应付环境,就要被淘汰,而教育正是帮助人应付环境的。

张伯苓说:"最近几年,特别是最近几个月,有个很不安全的感觉。我们自以为是一个国,而这个国可是没有门,没有墙,这怎么好!"国没有"门",是指国防的无力,对外不抵抗,门户洞开。"墙"则是指支撑国家的各方面力量。张伯苓说:"以前的环境,四面的墙一齐倒,彼此互相支持住,没有倒下……现在几面墙都塌了,有一面墙要整个地倒下去,自己又没有柱子支着。"联系当时情况可知,"四面的墙一齐倒",是指军阀纷争的混乱局面。而在其他墙都塌了后,"一面墙要整个地倒下去",指的是国民党蒋介石一系虽然打败了其他新旧军阀势力,却照样在外敌面前软弱无力,同样也要倒下去。

最令张伯苓感慨的,是已处于危墙之下,人们还不能团结一致。不仅如此,很多人甚至没有意识到"不安全"。张伯苓语重心长地对同学们说:"希望我们南开的人,都有这个感觉。"也就是都要有危机意识,快快盖自己的墙,挡住那猛扑而来的势力。

三

"认识环境"之后,重要的是"努力干去"。怎样去干? 张伯苓提出了三个要点,要公、要诚、要努力。要公是价值观,是方向;要诚、要努力是态度和作风。

之所以要"公",是因为很多人太自私、不能合作。之所以要"诚"要"努力",则是因为许多人爱耍小聪明、敦厚不足,做事总是浅尝辄止、知难而退。

特别是讲到自私,张伯苓痛心疾首。他说,自己曾经面对小孩子做过一次讲演。张伯苓问他们:"中国人多不多?"小孩子们说:"多。"又问"中国强不强?"说:"不强。""为什么不强呢?"小孩子们回答:"不能团结。"张伯苓说,这个道理小孩子都懂得,但是实际上很多人却做不到。他让学生们想一想:"我真爱国么?我自己对公家有好处吗?我自己对公家有害处吗?"张伯苓要求学生们每天都要想上三回。

他说,很多人有一个毛病,就是太狭隘,"总不愿别人好"。"大家在一块谈,谈到别人的坏处,大家精神百倍;说人好处,就不高兴了,好像不愿中国有好人。"张伯苓指出,"这就是亡国的根源。"讲到此处,张伯苓提出本文开篇那三个振聋发聩的问题:

你是中国人吗?是!

你爱中国吗?爱!

你愿意中国好吗?愿意!

这"爱国三问"无异于醍醐灌顶,激昂了学生们的爱国之志!张伯苓对学生们说,如果你是中国人、爱中国、愿意中国好,那么就改掉自私狭隘的毛病,为国家为公团结起来!他希望南开人要从自己做起,"由一班、一个学校起下功夫,练习为公"!

始业式上的"爱国三问",让初入南开的学子们真切感受到了国家的危难和南开人的责任,不少同学从此投身到救国运动之中。两年后,日寇伸出全面侵华的魔爪。战火初启,滋育爱国精神的南开校园便成为日军炮火攻击的目标,举行过一场场南开大学始业式的秀山堂礼堂毁于一旦。不过,正如张伯苓校长所说:"被毁者为南开之物质,而南开之精神,将因此挫折,而愈益奋励!"作为南开精神核心要义的爱国主义精神,自此更加深刻地扎根在一代代南开人心中。

转瞬,南开大学将迎来百年校庆。百年树人,风雨载途,南开大学始终高扬爱国旗帜,"爱国三问"在南开教育事业中一以贯之,成为始终回响在每一名南开人耳畔、振奋精神、激扬力量的永恒拷问,陶铸了一批又一批爱国淑世、心怀大公的英才栋梁。2018年9月4日的又一次新生入学典礼上,南开大学校长曹雪涛院士再一次三问南开学子"大学之义""治学之义""人生之义",向当代南开学子提出了弘扬爱国奉献传统、在新时代"爱中华,复兴中华"的人生期冀。不同时空的南开问答,一脉相承的爱国精神,必将在一代代南开人心中赓续传扬,必将成为巍巍南开最深沉的底蕴、最壮丽的诗篇。

(刊于南开大学新闻网 2018 年 9 月 18 日)

作者:陈鑫、南理,南开大学党委宣传部

谈新发现的严复给侄儿
严君潜的家书

严孝潜

2017 年 12 月在北京故宫举办的"绎新籀古 光气垂虹—严复书法特展",展品中有一封严复给侄儿严君潜的未刊家书。该封家书在中华书局 1986 年出版的《严复集》中没有收录、在福建人民出版社 2004 年出版的《严复集》补编中没有收录、在福建教育出版社 2014 年出版的《严复全集》中也没有收录,其全文如下:

君潜贤侄如见:

多时不面,想都安好,生理当益发达极佳。

闻嘉井尚在日本,不审何时当归。有去书时,烦嘱代愚买日本信纸十卷,但要质洁理细,不须太讲究也。

更有切嘱者:吾看嘉井近来于女色上面颇形沉溺,中年人此事于体气根基甚有关系。汝为其兄,似当委婉劝谏,至於所费钱财抑居其次。

闻贤梁孟于烟霞一道亦有进境,此事我过来人,知之极稳。凡今日所谓快意者,皆他日丧失自由之资。故革固不能,然亦须猛省节制。嗟夫!人生祸害,皆伏于得意之时。

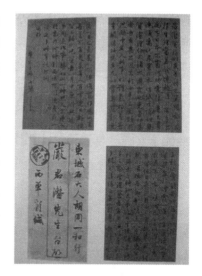

汝兄弟近日生理颇有得手之势,望深察吾言,自施临崖勒马手段,则后福正无穷耳。吾于汝曹忝居一日之长,是以不惮烦絮,作为此言。吾若不言,更是无人言者。

连日报端皆云福州吃紧,吾八月中,原拟与琥弟同返,但事势如此,一时恐又不得行,奈何!何时到西城可顺便看我一谈也。

手此奉托,即问近好。

几道手泐 七号

信中的严君潜又名培南,是严复的族侄,年轻时随严复到天津北洋水师学堂学习,1895年第五届驾驶班毕业生。1896年严复协助张元济在北京创办通艺学堂时,推荐严君潜当常驻教习。1900年7月因八国联军攻占天津,随严复南下上海避难。1902年1月,北京五城学堂成立,林纾为汉文总教习,王劭廉为西文总教习,严君潜任分教习。在这期间,林纾与严培南、严璩合作翻译了《伊索寓言》。后到京师大学堂教授英语与数学,并兼做买办业务,与其弟严嘉井(家井)合开了一家一和洋行。1910年9月严复在给夫人朱明丽的信中曾提及"闻培南买办很会拉点生意,今年似可无忧,但开销甚大,一月须用六百余两,至其薪水,刻不过五百两而已。"辛亥革命后先后任北京大学、北京师范大学教授。

严君潜有三女一子,1912年长女严倚云出生,在这之前他曾有五个孩子,但都夭折了。有鉴于此,当时严复长子严璩,年近四十依然无子女,严复遂提议让严倚云过继给了严璩,成为严复的长孙女。严君潜后又有女严以安,又名严灵,曾任《北平时报》《大公报》记者,女以宁,子以诚。

信中严复让严君潜托其正在日本的弟弟严嘉井代买十卷日本信纸,并规劝严君潜劝谏其弟严嘉井在日本沉溺女色的荒唐行为,鼓励族中子弟生活应节制以求上进。

信中严复还以自己曾为治哮喘而食鸦片上瘾难除的亲身经历,告诫他的侄儿:"凡今日所谓快意者,皆他日丧失自由之资。"可谓诚恳痛切。

该封家书未署年月只署日期七号。但信中提到"连日报端皆云福州吃紧,吾八月中,原拟与琥弟同返,但事势如此,一时恐又不得行,奈何!"

查严复在1918年8月22日(七月十六日)写给熊纯如的信中曾提及"复夏正八月间,拟将回闽,送子完姻"(《严复集》第三册第692页)。

严复在1918年9月20日(八月十六日)写给熊纯如的信中又提及"复原拟八月同三小儿回里就婚,兹乃闻遍地萑苻,人方出境,自不能不观望徘徊,稍行辽缓。乱世行止真难预定也。"(《严复集》第三册第693页)

严复在1918年9月间(八月间)还写信给在唐山工业学校任

教的侄儿、严复四弟严观澜之子严伯鋆。

严复在信中讲:"吾月前有信与汝父,言秋后当同三弟回闽,……吾之初意本拟八月内南行,嗣闻家乡不靖,又山东有兵变之事,故怀观望,尚未动身。然若消息稍佳,则尽九月半前必行也。"

综合上述几封信件中所述,本封给严君潜家书的写信时间当为 1918 年 9 月间,严复在信末署七号,故其写信时间应为 1918 年 9 月 7 日(八月初三)。

幸运的是该封信及信封现存福州严复翰墨馆,从信封的邮戳上尚可明显看到"七年九月七日"字样,所以无异这封家书的写信时间当为 1918 年 9 月 7 日。时严复住在北京西城(单)太安候胡同,而严君潜住在东城(单)石大人胡同,所以严复在信中有"何时到西城可顺便看我一谈也。"之语。严复后来是在 1918 年 11 月 4 日(十月初一)才离京返闽。

(刊于《福建文史》2018 年第 3 期总第 83 期,2018 年 5 月,第 24—25 页)

作者:严孝潜,天津地方文史学者

有关中华武士会的
两份重要史料

阎伯群

中华武士会是中国武术史上的重要社团，开创了近代武术发展的新纪元。但因其年代久远、存世文献稀缺等原因,有关中华武士会的研究始终存在较大的局限性,无法突破现有的瓶颈。近日,天津文史学者方博先生发来两则发现于天津《大公报》的史料,对中华武士会的研究具有极大裨益。

有关史料如下:

维持武士会(1915 年 10 月 19 日《大公报》"本埠"新闻)

河北公园中华武士会自开办以来三年, 于兹毕业学员四五十人,莫不成绩卓著。嗣因发起人公务纷纭,多不到会,以致该会不能进行。刻有奥界学校教员王亦韩,以武术振起尚武精神为国民体育之补助,若一经废弛,殊深可惜,遂约请商会协理卞月庭、会董杨晓林,整顿该会,已于十七日下午三钟开会。经众公推,卞月庭为正会长,杨晓林为副会长,李忠元为教务主任,李彬堂为教员,林墨青、张小良、张升甫为名誉会董,杜显阁、阎子扬为编辑员,杨琳生为文牍员,胡子皋为庶务员,职员举定。经正副会长相继演说,大致谓:发展中国固有之武术,为强国之基础。又经王亦韩宣读会章,逐条讨论,完毕时至五钟,当即闭会。

武士会毕业(1916年4月25日《大公报》"本埠"新闻)

前日下午二钟,河北公园中华武士会讲习科专修班举行毕业式。是日,到会者为该会会长卞月庭,会董教育会会长张小良,私立法政教务主任李秀夫,师范学校教员杨欣兰,干事杜显阁、杨林生、胡子高、阎子扬、王子翔等。此次毕业者五人,为王恕、杨琪、阎道生、罗斌、胡岗,当由会长卞月庭发给各该学员文凭。对于该毕业生演说大致系劝勉毕业后仍须求学,总期中国固有武术逐渐推广,唤起同胞尚武精神,必须达到强国强种目的。又,张小良相继演说云:练习武术首重精神,体操不过强健外表,武术可以练气,由内发于外,此术学校多赞成之。今北洋法政、北洋大学、社会教育办事处等,均由本会传习设立武术分会,其余尚有保定各学校亦由本会传习武术,将来必须推及各师范学校,辗转传至各小学,可达普及之目的,云云。毕会后,开茶话会议,教务主任李忠元、教习李彬堂云:编辑拳术、剑术各谱,如能翻印,可以任人观摩,惟乏经费,势难举办。会长卞月庭首倡捐款百元,以资补助。拟定,此次毕业生均加入编辑员之席,每星期讨论一次,研究拳术、剑术,各式绘具图说。订期伏假后蒇事云。

这两则史料分别记述了 1915 年 10 月 17 日中华武士会整饬会务、推选会长及教职人员,1916 年 4 月 25 日举办讲习科专修班毕业式、捐修武术拳剑谱之事宜。

通过这些史料,我们可以梳理出中华武士会早期的几段重要史实。一是关于中华武士会会长的问题。多年以来,有关中华武士会首任会长是谁、先后经历过几任,都存在争议,至今除去李存义和李星阶二人外,未见他人有准确记载。《维持武士会》一文明确记述了卞月亭、杨晓林于 1915 年 10 月当选为中华武士会正副会长的过程。二是中华武士会教材的编纂、印制问题。目前我们能见到的中华武士会教材,多是由"李存义口述、杜之堂编辑"、采用石印或者铅印技术印制而成的书籍,如《五行连环拳谱合璧》《三十六剑谱》?《八字功谱》等,均没有版权页码,未能提供出版时间。作为形意拳早期的理论著作,其编辑、出版时间对于河北形意拳史的研究具有重要的坐标价值。以上文献帮助我们解决了这个问题。从中可以知道,1915 年 10 月,这些教材由"杜显阁、阎子扬为编辑员",1916 年 4 月,中华武士会讲习科专修班毕业后,该班毕业生"均加入编辑员之席,每星期讨论一次,研究拳术、剑术,各式绘具图说","订期伏假后葳事"云。

(刊于《武魂武道》2018 年第 6 期,2018 年 12 月,第 75 页)

作者:阎伯群,河北省霸州市文联

旧书新语(四题)

罗文华

一、铁蹄下的青春印迹
——读杨大辛《拾穗集》自印本

《拾穗集》是杨大辛先生早年木刻作品的自印本,书的全名是《拾穗集——杨大辛木刻作品选(1941—1949)》,书名下方印有"按原作尺寸复印·三十册·1992年·天津"字样。杨大辛先生在1992年3月写就的自序中介绍,1991年,天津版画学会为纪念鲁迅诞辰110周年暨新兴版画运动60周年,筹划版画展览,主办方邀请大辛先生以旧作参展,引起他对那段铁蹄下的青春印迹的回忆,"兹筛选旧作32幅,利用复印设备按原大复制,装订30册,分赠友好留念……题曰《拾穗集》,取艺苑拾荒之意"。在自序署名后面,有作者手钤的"杨大辛"篆书阳文小印。

杨大辛,原名杨永福,1925年出生于天津,今年已是93岁高龄。20岁时,他有感于身世凄楚,别署"大辛"。在七十多年的写作生涯中,杨大辛所用笔名甚多,他用杨鲍、鲍犁、姚宝等笔名发表小说,用鲍风、轻舟、杨永、马大可、牛马走、辛吉、孟隼、阮幸生、袁敬之、祝竹荫、辛公显等数十个笔名发表杂文和随笔。杨大辛自幼喜爱文艺,并且形成了敢于直面社会现实的性格。天津沦陷期间,他曾任《银线画报》和《华文每日》杂志编辑。抗战胜利后,杨大辛集资开办知识书店,自任经理,配合中共地下党员参与革命宣传工作。1946年,杨大辛依托知识书店创办了《鲁迅文艺月刊》,受到读者欢迎。解放战争期间,知识书店成为掩护革命活动的据点。改革开放后,杨大辛担任天津市政协文史资料委员会副主任,后又兼任天津市地方志编修委员会副主任,主要从事天津文史研究和文史资料编辑工作。1992年,杨大辛离休,而反映他青春印迹的《拾穗集》正是在这一年编印的。

中国的木刻有着悠久的传统,早期的木刻版画大都在章回小说中起到插图的作用。鲁迅于20世纪30年代发起的新兴木刻运动使这一传统焕发了新的生命力,木刻家们更加关注社会现实问题,表现内容更加通俗易懂。木刻在抗日战争中的宣传和鼓舞作用是十分显著的,无论是解放区、国统区还是沦陷区,美术工作者创作的木刻都在宣传抗日和唤起民众上发挥了十分重要的作用。抗战木刻版画大都创作于战争年代,少数作品的原版和原件流传至今,其余大都散失了;中华人民共和国成立前出版的木刻图书目前存世也很少。杨大辛收藏有六十多年来名家创作的木刻原作数百件,还有中华人民共和国成立前出版的木刻图书数十册,这些作品和史料自然都是非常珍贵的。

《拾穗集——杨大辛木刻作品选(1941—1949)》的价值在于它是20世纪40年代中国黑暗时代的真实写照,同时也是当时进步青年抗争心态的真实体现。天津沦陷时期,杨大辛还是一名中学生,就学习和创作木刻,而且是天津木刻界的积极分子。他与北平报刊联系,连续发表天津的木刻作品。1943 年 10 月,为纪念鲁迅逝世七周年,杨大辛创作了木刻《鲁迅先生遗容》,刻工精细,纹理清晰,确实把鲁迅先生"执著无尽的战斗者"的气质凸显出来。《拾穗集》中所收其他作品,如《重担》《码头脚夫》《逃难大军》等,也都成为他这段人生和追求的实证。

1943 年 1 月,杨大辛联络平津 19 位木刻家,在天津旧法租界举办"津京木刻展",展出作品百余件。这些作品大多反映日伪统治下劳动人民的贫困生活和悲惨遭遇,因此展览受到日本特务机关的追查。作为一名富有正义感的爱国青年,杨大辛亲身经历和见证了天津的抗日木刻活动。2015 年 9 月,为纪念中国人民抗日战争暨世界反法西斯战争胜利 70 周年,"铁蹄下的青春——杨大辛与1943 年京津木刻展"在天津美术学院美术馆展出,我在展览现场聆听了杨大辛先生的深情回忆,特别是鲁迅介绍的外国版画家凯绥·珂勒惠支、麦绥莱勒等人的作品对他青年时代投身木刻创作所产生的特殊影响。

杨大辛先生是天津文史界、文艺界、编辑界成就斐然、德高望重的老前辈。从我个人的读书、写作和工作来说,他是我十分尊敬、经常请益的好老师。大辛先生比我年长 40 岁,但我们之间却是完全可以坦诚交流、无话不谈的忘年交。这本《拾穗集》,大辛先生仅仅自印 30 册,所赠送的只能是最好的朋友。我手头这一本,原是大辛先生赠给我们《天津日报》文艺副刊的老编辑、著名民俗专家、中国民间文艺"山花奖"获得者张仲先生的,扉页题有"仲兄雅正,杨大辛赠,一九九二年九月"字样,因而此书还是一册珍贵的签名本。后来张仲先生在我编辑的版面上发表有关《拾穗集》的文章,需要配发其中的木刻作品,便将此书放在我的办公室了。大辛先生当然也题赠给我一册此书,因此,仅印 30 册的《拾穗集》,我自己就有幸收存了两册。最近,报社搬家,我在整理物品时从书柜里翻出大辛先生赠送张仲先生的这本《拾穗集》,颇生感慨。张仲先生去世十年了,固然值得怀念;好在我们还有耳聪目明、精神矍铄的大辛先生,他还在乐观地吟咏着"九旭老翁意气爽,且盼几载艳阳天"。前几天,我在电话里给 93 岁的大辛先生提出近期目标——活到一百岁。大辛先生高兴而自信地回答:"我努力吧,估计没问题。"

二、津沽名镇走出的红学大师

——读周汝昌《曹雪芹小传》毛边本

1918 年 4 月 14 日,后来成为享誉中外的红学大师的周汝昌先生,出生在位居七十二沽前列的津南名镇咸水沽。今年适逢周汝昌先生诞辰 100 周年,我和天津市红楼梦研究会其他骨干成员一起,积极筹备举办纪念活动。我有幸与中国红楼梦学会副会长、天津市红楼梦研究会会长赵建忠教授一起,接待了来津参加周汝昌学术研讨活动的著名红学家邓遂夫先生、来津参加著名画家彭连熙先生所绘《红楼梦群芳图》邮资明信片首发活动的电视连续剧《红楼梦》中贾宝玉的饰演者欧阳奋强先生。但非常令人遗憾的是,天津市红楼梦研究会等单位联合主办的全国规模的纪念周汝昌先生诞辰 100 周年学术研讨会,却因会址所在单位内部突生变化,不得不延期了。

　　周汝昌先生出身于津南"养船"富户。那不是一般的富户，而是花园建楼祀魁星的人家，延续着虔诚的诗书传家的传统。周汝昌富有天资，加之勤奋，读高中时便开始发表文章。在燕京大学西语系读书期间，为了研究《红楼梦》，他写信给未曾见过面的大学者胡适，求借珍贵的甲戌本，胡适先生竟然托人带给了他。周汝昌的《曹雪芹生卒年之新推定》等文章在天津报纸发表，得到胡适的激赏，成就了一段奇缘佳话。靠着深厚的文化底蕴，周汝昌对《红楼梦》的独到解读，影响了几代学人的相关研究，也引导了几代读者的名著欣赏。因为下笔如有神，他特别擅长报章文体，这为他的学术打通了普及大众的捷径。用曾任《今晚报》副刊部主任的著名学者吴裕成先生的话说，周汝昌先生"为家乡天津两张大报写专栏，他的桑梓情怀、文史探讨，多有卓见；论及风土民俗，追本求真，往往以提升文化品位的阐述，令人耳目一新。"周汝昌从津沽名镇走出，终于成为红学巨匠、国学大师，成为代表天津走向全国乃至世界的一张文化名片，反过来又把自己大半生精心酿造的文化美酒奉献给家乡人民，他是天津人的骄傲，值得我们深情缅怀。

　　周汝昌先生晚年十几年间刊载在《天津日报》副刊上的大量文章，多半是由我编发的。后来他的文稿由其女儿兼助手周伦玲誊清，或者由周先生口述、伦玲大姐笔录完成。我自幼是个"红谜"，上大学时就发表过两篇关于《红楼梦》的评论文章，二十年前寒斋集存的有关《红楼梦》的书籍就有整整一书柜，所以由我来编辑周汝昌先生的稿件，周先生和伦玲大姐非常满意，双方合作默契。其间，周先生还将他新出版的《红楼小讲》等著作赐我，因他目力极低，书上他签名的字都是核桃般大小，而且是下面一个字半套着上面一个字。伦玲大姐也把她自己写的重头文章及时供我刊用，如 2006 年 3 月 12 日在本报发表的《帮父亲编书》一文，她向世人介绍了周汝昌先生在米寿之年有八本红学书籍问世的盛况及过程，很受读者关注。周先生和伦玲大姐不仅自家长期供稿，还热心地为我推荐了一些优秀作者，如中华诗词学会副会长、著名学者周笃文先生，他在本报发表的《诗家本色绝清奇——谈谈沈鹏先生的诗缘》一文就很有分量，书法大家、原中国书法家协会主席沈鹏先生看到报纸后，还特意赐书给我，表示十分满意。

2017 年 5 月 20 日上午，我逛天津古文化街文化小城，在地摊上淘得一册周汝昌著《曹雪芹小传》。此书系百花文艺出版社 1980 年 4 月第一版，1981 年 4 月第二次印刷，没署责任编辑姓名，封面设计是陈新，毛边本。摊主刘明兄以经营旧票证为主，是老朋友，见我欲买此书，他坚持不收钱，我则坚持付钱，争执半天，最后他只象征性地收了一元。

《曹雪芹小传》书前有美国威斯康星大学教授、著名红学家和历史学家周策纵（1916—2007）写的不算短的序，介绍了此书的渊源："新春里才从墨西哥度寒假回来时，收到周汝昌先生自北京来信，说他最近已把旧著《曹雪芹》一书增删修订，改题作《曹雪芹小传》，即将出版，要我写一小序，以志墨缘。"自五四时期新红学发展以来，经过许多学者的努力，对《红楼梦》和它的作者、编者和批者的研究，已有很大进步。其间，周汝昌 1948 年起草、1953 年出版的《红楼梦新证》无可否认地成为一部划时代的最重要的红学著作。周汝昌挖掘史料之勤慎，论证史实之细密，都十分令人敬佩。曹雪芹的一生留下可考的资料实在太少了，所以对于《红楼梦》作者的研究也许是红学中最为艰难的，但红学又的确需要这样一本著作,这是周汝昌又一令人敬佩之处。正如赵建忠先生所评价的:在二百多年来的这支红楼"寻梦"之旅中,能够为了一部作品及其作者耗费一生心血进行研究并卓有建树,可以说唯周汝昌一人而已。

《曹雪芹小传》早已是一本学术名著,后来百花文艺出版社又再版重印过,其他出版社也出版过,我甚至还见过日文译本。关键是我手里这册是毛边本,部分已裁。1981年出版的书,极少见毛边本,可见天津是改革开放后制造毛边书的先行城市。毛边本,除了作者自留外,只能送给亲近而且懂书的朋友。如此看来,在这本书的流传过程中一定还有一段好听的文人故事。

三、变革历程中的面影和光辉
——读孙犁《农村速写》

孙犁的散文集《农村速写》,戚单插图,"十月文艺丛书"之一种,天津读者书店(地址在天津官银号单街子14号,系天津市新华书店前身之一)1950年4月一版一印,仅印了3000册。我存的这本《农村速写》,是三十年前买的,那时它已经是旧书了。

速写,顾名思义,是一种快速的写生方法。速写是中国的原创词汇,属于素描的一种。速写同素描一样,不但是造型艺术的基础,也是一种独立的艺术形式。这种独立形式的确立,在欧洲18世纪以后。此前,速写只是画家创作的准备阶段和记录手段。本来是绘画用语的"速写",后来也被用在了文字上,成为类似于散文或者干脆说属于散文的一种文体。著名的,如《茅盾散文速写集》一书。读者如果见到"风景速写"一词,那大概是美术作品;

如果见到"心灵速写"一词,那多半是文学作品;但如果见到"人物速写"一词,那么它既有可能是美术作品,也有可能是文学作品。孙犁的作品集,用了《农村速写》这样看似简单的书名,说明刚刚随着解放大军开进天津的孙犁,也在努力地改变着自己,适应着新的环境。

从1949年进城,到2002年去世,五十多年间,孙犁一直在《天津日报》工作。一般人都以为老年的孙犁肯定是一位离休干部,其实不对,直到他九十高龄辞世时,报社也没给他办理离休手续。因此,孙犁一生,是作家的一生,也是报人的一生。中华人民共和国成立初期,孙犁出版了《农村速写》和《津门小集》,当时都是作为通讯写作并发表的,体现着鲜明的新闻记者的职业色彩。当然,以我们今天对孙犁的印象,他是一位特别优秀的散文家,所以对他的《农村速写》《津门小集》的书名,我们不仅不觉得它们简单,反而觉得它们非常质朴,质朴得更像散文,更接近于散文的本质。好的记者,可以写出好的散文,孙犁是个实例,萧乾、黄裳也是。

《农村速写》收文十余篇,是一本小书。试想如果印成沉甸甸的一大厚本书,那也就不像"速写"了。它们的写作时间,据作者1950年3月写的该书后记介绍,除去《投宿》一篇是在晋察冀山地时写的,时间靠前,其他各篇全是在冀中农村工作时所写,时间在日本投降以后、土地改革和大生产运动期间。其中《采蒲台的苇》一篇,初载于1947年3月14日《冀中导报》,它以抗战时期的白洋淀地区为背景,叙述了一个真实的军民抗日的故事。作者采用象征手法,以坚韧不拔的"苇"来表现那些英勇抗战的白洋淀人民。这一篇影响较大,后来被选入小学课本。

孙犁是一位善于总结自己的作家。对于这本书的内容,他认为："这差不多都是纪事，人物素描。那时我是当作完成一个记者的任务写作的，写的都很仓促，不能全面，名之为速写，说明它们虽然都是意图把握农村在伟大的变革历程中的一个面影，一片光辉，一种感人的热和力，但又都是零碎的，片面的……"在这句话中"一个面影，一片光辉，一种感人的热和力"是对自己写作的肯定，指明自己实际上把握住了时代的基本精神、生活前进的方向；"零碎的，片面的"仿佛是在说自己写作的不足，但却极有可能是他在通讯中加入了自己擅长的文学的思维和艺术的手法。

1954年12月，北京通俗读物出版社根据天津读者书店版重印《农村速写》，孙犁调整了一些篇目。他在1954年8月写的重印后记中特别提到增补的《张秋阁》："《张秋阁》一篇，是从旧稿中检出，这显然是一个断片，不知为什么过去我把它抛掷，现在却对它发生了一种强烈的感情，这也许是对于这样一个女孩子的回忆，越来越感觉珍重了吧。"作家珍重感情，作品便往往更具文学性，这句话体现出孙犁在经过几年在新社会的思想磨砺后，对文学的依恋与有意识的回归。

青年作家朱晓剑说："孙犁的好，在于平和与自然……孙犁写小说，写散文，写诗，也写书话，但让人记住的多矣。并非其是写作多面手，而是其经历的丰富，才有了如此风度，信手拈来，无不成文，且漂亮。"这个评价颇中肯綮，孙犁是善于把丰富的经历转化为写作的财富的人，一生中无论遇到什么变化，他走得都很自信和沉稳，百折不挠，步步为营，最终成就了文学的辉煌。在契诃夫的小说《决斗》中，有这样的描写："海浪把船打回来了……它往前走两步，又往后退一步，可是划船人是固执的，他们不知疲劳地划动船桨，不怕高耸的海浪。木船不住地往前走，往前走，瞧，现在已经看不见它了。再过半个钟头,划船人就会清楚地看见轮船上的灯火。不出一个钟头,他们就会靠拢轮船的舷梯。生活里也是这样……"生活里的孙犁就是这样,他不怕巨浪、不知疲倦地往前划动船桨,驶向文学的自由王国。

孙犁是我的老同事,更是我的业务导师,这本《农村速写》我已买了三十年,是完全有机会请他题字、签名的。但我从不拿自己的藏书找作者签名,所以此书也未请孙犁老师补签。

四、孙犁精心耕耘的一块园地
——读《天津日报·文艺增刊》创刊号

2017 年 12 月 30 日,是这一年的最后一个周末,因上午九点要到天津市河北区四马路问津书院参加问津年会,我便干脆早起,打了一辆出租车,七点多钟赶到了狮子林桥西塊的海河岸边,逛一逛这里的旧书摊。尽管天气十分寒冷,河面早已冰封,但书摊阵势却不小,沿河绵延数百米,逛摊的人也不少,密密匝匝的。很快便遇到了前来逛摊的著名学者、藏书家倪斯霆、侯福志等几位好友,大家边看书边聊天,很是开心。忽然,倪斯霆兄轻轻拽了一下我的衣袖,用眼神示意我注意书摊上的一本旧杂志。我定睛一看,是《天津日报·文艺增刊》。倪兄知道我热爱自己的报社,平时喜欢搜集与《天津日报》有关的故纸,便小声提醒我说:1979 年第一期,还是创刊号呢。于是问价,答曰一元,遂买下。其实摊主如要十元,我也不会还价的。

我们坐侯福志兄的车到问津书院门口,因附近的早餐店都没开门营业,我和倪、侯两兄就在胡同口一个热气腾腾的小食摊上摊了三套煎饼馃子,边吃边聊起《天津日报·文艺增刊》来。倪、侯两兄都是天津旧报刊收藏与研究专家,藏品丰富,且出版过很有影响的专著,他们皆认为《天津日报·文艺增刊》是天津历史上一份非常有分量、有价值的刊物,应当给予认真整理和研究。我也向他们谈了我了解的相关情况:上世纪70年代末,改革开放大潮涌起,通俗文学异军突起,现实主义文学传统面临冲击,加之当时《天津日报·文艺周刊》固有的版面已经不能满足广大作者和读者的需要,于是在1979年第四季度,由天津日报文艺部主办的旨在刊发纯文学作品的杂志《天津日报·文艺增刊》(季刊)创刊了。1982年年初,改名为《文艺》双月刊,成立了独立出版、发行的编辑部。到1989年停刊,十年间,《天津日报·文艺增刊》和《文艺》双月刊共编辑出版了57期。

冬夜无眠,灯下闲览,发现这本将近四十年前出版的《天津日报·文艺增刊》创刊号所提供的文艺史信息和编辑学信息是非常丰富的。封面"文艺"二字,集的是鲁迅书法。封底标有定价0.25元。创刊号作者阵容强大,文字方面,有李霁野谈《简·爱》及其作者、周汝昌谈《石头记人物画》题诗别记,也有后来成为《天津日报》文艺副刊舵手和骨干的朱其华、张仲的散文和掌故文章,但头条安排的是工人作家董乃相的小说《在班组里》,具有鲜明的时代特征和城市特征;美术方面,有秦征、沈尧伊、邓家驹等人的油画,孙琪(其)峰、呼延夜泊(王学仲)、张德育、杜滋龄、梁斌等人的国画,王之江、张乃英等人的雕塑、彩塑,颜铁良的木刻,段纪夫等人的漫画,吴家琭(玉如)、王颂余、华非等人的书法、篆刻。在这本16开、目录和内文共64页的杂志中,竟刊发了七十多幅美术作品,且作者极一时之选,真正做到了"文图并茂"。文艺副刊有"文"有"艺","文""艺"兼顾,这是《天津日报》的一个优秀传统。

《文艺》双月刊的办刊风格之所以不同凡俗,与孙犁的指导有很大关系。这本杂志,可以说是孙犁晚年开垦并精心耕耘的一块园地。孙犁虽然不直接参与该刊日常的编辑业务,但却亲自写约稿信。他希望编辑放下架子,深入基层约稿,广泛联系、培养年轻的业余作者;要有甘于为人做嫁衣、耐得住寂寞的精神;对作品,特别是青年业余作者的作品,要仔细、认真地阅读原稿,不要差强人意,大删大改,尽量保持其作品的原貌。该刊一直遵循孙犁的办刊宗旨,得到当时很多文学名家的支持,如冰心、丁玲、舒群、严文井、魏巍、刘绍棠、从维熙、姜德明、张志民、蒋子龙、冯骥才等,也发现和培养了一批后来蜚声文坛的文学新秀,如贾平凹、铁凝等,其中有的作者的处女作就是在《文艺》双月刊上发表的。据老编辑葛瑞娥统计,该刊发表的二十多篇优秀作品分别被《新华文摘》《小说选刊》《小说月报》《小小说选刊》等转载,有的小说还被改编成电视剧播出。

我1987年到《天津日报》工作,当时报社还给每位编辑、记者发一份《文艺》双月刊。我耳闻很多孙犁、邹明、李牧歌等编辑前辈精心经营《文艺》双月刊的事迹。有一次还亲见报社分管《文艺》双月刊的副总编辑朱其华因该刊送审的小样份数不够而大发雷霆,感受到报社领导对该刊的重视。后来我又与曾经编辑过该刊的葛瑞娥一起在文艺部工作了十几年,常听她回忆办刊往事。孙犁逝世后,我听铁凝讲起当年她刚出道时写了一篇小说寄给孙犁,想不到孙犁立即在《天津日报·文艺增刊》上发表出来,给铁凝以极大的鼓励。这些,都使我对孙犁、对《天津日报·文艺增刊》和《文艺》双月刊、对自己目前仍在从事的文艺副刊编辑工作充满了敬意。

赏读《天津日报·文艺增刊》创刊号,更加印证了《天津日报》系列报刊的起步其实都是很高的。面对当今纸媒境遇,回想昔日精彩辉煌,真真令人喟叹不已。

(刊于《温州读书报》2018 年第 8 期、第 6 期、第 12 期、第 3 期第 2 版"书窗")

作者:罗文华,天津日报社

《冀东子弟兵》爱护老百姓

冯 伟

在国民党政权统治时期，自 20 世纪 20 年代末至 1948 年 12 月 14 日汉沽地区解放时，包括寨上、营城、汉沽及东部沿海部分渔村在内的广袤区域，统称为宁河县第五区。坐落在第五区中部的寨上，1930 年由乡改镇，逐步成为第五区的政治、经济、文化中心，不仅设有宁河县第五区公所、警察第五分局等机构，同时还是知名的海盐集散地和繁荣的工商业区。

汉沽地区解放后，对其行政区划的调整提上日程，第五区的历史面临终结。1949 年 3 月 1 日，划宁河县第五区寨上镇和营城、汉沽两乡，第六区北塘镇和蛏头沽乡，第二区小神堂村，以及丰南县大神堂村，建汉沽特别区，升格为县级建制。

近日笔者整理老报纸时，在一份 1949 年 1 月 16 日出版的《冀东子弟兵》上，发现两条汉沽解放时冀东军区所属部队进驻寨上、并赢得百姓拥护的新闻，特与诸位分享。

《冀东子弟兵》创办于 1946 年 1 月，由中国人民解放军冀东军区政治部主办。时何兰阶任政治部主任。该报高度重视思想建设，及时传达军区有关政策规定，交流所属部队、单位的工作经验，报道部队作战及生活情况。该报 1949 年 5 月 26 日终刊，共出 315 期。虽然存世时间不长，却是一份颇具影响力的军队报纸。

笔者所藏的这份《冀东子弟兵》，为总第 292 期，4 开 4 版，土纸铅印。历经岁月流徙，依然字迹清晰、保存完好，留下一段军民团结的历史佳话。

该报第二版头条，是一则题为《"民卢"一连在北塘，发扬艰苦作风，工作情绪高涨》的消息，开头便说："'民卢'一连随主力进入寨上后，为了有利歼敌，又奉命西进。"此处对寨上虽是一带而过，但在文章后面的措辞中，仍可体察到纪律严明、作风艰苦的"民卢"一连，受到寨上百姓非同一般的欢迎和礼遇。

第三版的另一则通讯《胜利部三连进入寨上受到老乡爱戴》，通篇不足 300 字，叙述平易朴实，通过口语化的表达，写出了军爱民、民拥军的鱼水深情。1948 年 12 月 14 日，我人民解放军第四野战军第 12 兵团 46 军 137 师 409、410、411 团解放汉沽地区，冀东军区 15 军分区胜利部三连随后进驻寨上镇，起初老百姓对部队没有认识，不敢接近他们。于是，胜利部三连的同志们便以实际行动结合宣传，深入做好爱民工作，从而赢得了群众的高度信赖。

这则通讯介绍了几件小事。机枪班战士夏连海，一口气给老乡担了 5 挑水，并宣传我党的政策，感动得老乡拿出自家的辣子给他们吃。八班战士宋连义挑完水，来不及歇一歇，又抄起笤帚把院落打扫得干干净净，引来老乡连连称赞："这队伍真好，总给我们干活。"连部驻地的房东还买来了纸烟,要送给指战员抽。但不论是送啥东西,同志们都拒绝了,老乡说:"你们才是人民的队伍呢,要是'国军'不但乱拿东西,连狗都给杀了300多条吃了!"部队换防时,老大娘们都难割难舍的说:"你们一走,我们吃水干啥的又困难了,我们真不愿意你们走啊!"

从上述两条新闻能够看出,汉沽解放后,迅速开展对国民党政权的接管改造工作,这一时期的军事管制极其严格,部队换防也十分频繁。1949年1月,冀东军区所属部队及单位包括:第12、14、15军分区,唐山市警备司令部,秦榆警备司令部,塘大警备司令部,训练第1、2、3、4、5、6师。其中,负责汉沽地区驻防工作的是15军分区,后一则通讯的发稿单位也正是15军分区。在此前的1948年9月19日,15军分区部队就曾成功炸毁汉沽、茶淀间的铁路750米,导致国民党运输列车停运近一天一夜。

1948年11月11日,毛泽东致电各中央局、野战军前委,提出"军队向前进,生产长一寸,加强纪律性,革命无不胜"的重要指示。1949年1月6日出版的总第290期《冀东子弟兵》在报头显要位置就曾刊登过这一指示。

非常时期,需要非常的纪律。到1948年底,解放军从120万迅猛增至400万,解放区从地处偏僻的几小块区域急速扩展到长江以北的大半个中国。可以说,严明的纪律对于提高各级党组织和人民军队的战斗力,直至最终取得解放战争的全面胜利,起到了至关重要的决定性作用。《冀东子弟兵》的新闻报道化大为小、以小见大,使我们看到,在国共战略决战的关键时刻和中华民族命运转折的紧要关头,正是因为人民解放军军纪严明,对老百姓秋毫不犯,把铁的纪律挺在前面,才使军民团结如一人,从而形成强大的战斗力和凝聚力，有效地保证了中央战略意图在全党全军得到迅速传达并贯彻实施。

（刊于 2018 年 5 月 28 日《藏书报》第 3 版）

作者:冯伟,汉沽老报纸收藏家

篱边絮语

张金声

一、周叔弢的古印收藏

周叔弢一生收藏颇丰,然以古籍、古印为甚。其所藏古印以"王器兵戎"玺为最,此玺出自陈簠斋旧藏。

陈介祺,号簠斋,山东潍坊人。陈氏乃有清一代之金石学集藏古、鉴古、释古、传古之大家。其自藏古印7000余方,后又得吴式芬双虞壶斋所藏2000余方,计近万方,辑成《十钟山房印举》,可谓我国古印谱集大成之作。因陈氏与吴氏为儿女亲家,故《十钟山房印举》成后,陈氏将吴氏旧藏归送其婿吴重熹。吴氏所藏后尽悉散出,先为徐世章所得,后归周叔弢。20世纪五十年代,为买建国国债,周氏将其所得吴氏旧藏全部售予故宫博物院。

"王器兵戎"玺为铜质,绞绳钮,此钮独特,古制也。玺为菱形,有边栏,中有"X"线界格,朱文四字,各格一字,上王字、下兵字、右戎字、左器字,字皆正文,钤出为反文。清道光中叶,陈氏得此玺,十分珍爱。其所编《簠斋印集》，古玺居首，此玺又置古玺卷之首，堪称万印楼（陈氏斋号）藏玺之冠。陈氏每钤此印除正面朱文，必拓背面及印钮，盖因是印背面为龙首云纹与周代彝器花纹相同。

陈氏殁后，三房析产，长房得万印（称为万印，实则七千余方）。后历经几次析产，万印一直由长房庋藏。1914 年，日本兵由山东龙口登陆，陈礼丞奉其母并携万印于天津。陈礼丞平居将万印之中精品，置于案边，时常把玩，计有"王器兵戎"，汉代金玺"建明德、子千亿、保万年、治无极"及玉印二十余方。时，陈氏府中有男仆李顺，女佣金子，二人相爱，知陈礼丞案头所置必为万印中精品，为日后生计，故窃取并私逃之。玉印为陶北溟所得，而"王器兵戎"玺辗转为周氏所得。周氏珍爱有加，并于楠木盒盖题"簠斋故物"。

"文革"中，周氏所藏古印全部被抄走。后落实政策，余印皆归还，惟缺"王器兵戎"。周氏叹道："余之所爱'王器兵戎'一玺尔，若何有归赵之望耶？"天津市委统战部张玉珍赴京遍访，后于中国历史博物馆寻得，原物归还周氏。

1980 年，周氏将其庋藏古印悉数捐给天津艺术博物馆。该馆与天津杨柳青画社联手将周氏所捐，并与原先所藏精选若干，都为《天津艺术博物馆藏战国鈢选》《天津艺术博物馆藏汉魏官印选》《天津艺术博物馆藏汉魏私印选》出版，计三函六册。

1983 年，天津艺术博物馆择周氏所捐古印四百方，辑成《周叔弢先生捐献玺印选》准备出版。周氏闻后，十分高兴，深盼问世。1984 年，是书由天津人民美术出版社出版，封面钤"王器兵戎"，首页压卷钤"长于君相室鈢"，陈邦怀作序。可惜周氏于此书出版前不久去世，未能得见，憾哉。

（刊于 2018 年 4 月 16 日《今晚报》第 12 版"副刊·津沽"）

二、齐白石画明灯夜雨楼

吾邑赵元礼与齐白石为好友知音。齐氏邀赵氏赴京叙谈,赵氏携其王氏夫人赴京,并居齐氏宅中月余,二氏终日茶谈叙艺,且有诗作唱和,其乐融融。后,齐氏应赵氏之邀莅津,居赵氏府邸月余。其间,应赵氏之请,齐氏画"明灯夜雨楼",赵氏有记:"予以明灯夜雨名其楼求齐白石翁状此景,画一竖幅,极苍茫之致,然真得领略此种况味之时,每年亦不过数夕耳。"齐氏此惬心之作,赵氏极珍惜。大约1954年,赵氏六子君路持此画作装裱于荣宝斋,费用于200元至500元间。君路以价贵欲不装池。荣宝斋审定为齐氏精心之作,故与其达成协议,装池无需费用,若易主之际,当首让荣宝斋。是画装裱极精,惜失于"文革",不知所在。

(刊于2018年5月16日《今晚报》第12版"副刊·津沽")

三、众家题宋梦仙遗墨

李叔同客居上海时,与许幻园、张小楼、蔡小香、袁希濂,义结金兰,称"五涯五友"。李氏奉母并妻居许氏城南草堂,其长子李准、次子李端,皆出生于此。许氏夫人宋贞字梦仙,能书善画,工篆刻。五位金兰兄弟摄影留念,李氏隶书题"天涯五友图",宋氏诗作五首赞之,称李氏"李也文名大如斗,等身著作脍炙人口。酒酣诗思涌如泉,直把杜陵呼小友",并绘城南草堂图。1914年,宋氏病故,李氏于宋氏画作有跋,广为流传。然宋氏画作,久不为世人所见。去岁,偶见此作,乃宋氏于1900年所作仕女画并题"庚子秋,宋贞作于天籁阁,时病起也",钤"苍梧翠竹"白文印。是画宽绫大裱,陆润庠为之题塘,陈三立、吴昌硕、李瑞清、高邕、郑孝胥、伊立勋、冯煦、刘世珩、曾寿等,长题短跋,充盈绫卷,了无间隙,真个雅不可及也。宋氏著有《天籁阁四种》行世。

(刊于 2018 年 5 月 28 日《今晚报》第 12 版"津沽·副刊")

四、李盛铎的三封信札

天津博物馆庋藏敦煌遗书 350 卷,其中 256 卷由周叔弢捐献。周氏所捐,其中泰半钤有李盛铎鉴赏印。李盛铎字义樵,号木斋。生于 1859 年,殁于 1934 年。李氏为清末民初藏书名家、校勘家、版本目录学家,著述甚丰。并与罗振玉、叶恭绰、傅增湘并称近代四大藏书家。其藏有宋元古椠 300 余部,明清刊本、抄本各 2000 余部,可谓既精且富。

曩见李氏手札三函,其一"见示《兰盆经疏》一本确系宋藏无疑。鄙人所藏无年月者与此亦相似,但行款字数小异耳,复上,抱存仁弟,盛铎顿首"。函中所言抱存,即袁寒云。袁氏生于 1889 年,殁于 1931 年。其亦喜收藏宋元旧刊,《北京琉璃厂私乘》有,袁寒云购买宋元佳本,一掷千金,因而有"宋版书籍,价值奇昂,而嗜者风靡一时"。时间不久,袁氏便藏有宋版百部,故其筑藏书楼"百宋书楼"。至其藏宋版二百部时,复改书楼"丽宋书楼"。袁氏之所以藏宋版如此之多且精,一是因为有钱;一是有高人,即李氏为其长眼。

李氏与袁氏有师生之谊。袁寒云虽就学方地山等名士,但其收藏宋元旧椠之学实得益于李氏,其尝言:"半载后,学大进,试举一书,皆能渊源道其始末。"从袁氏所著《寒云手写所藏宋本提要廿九种》可见袁氏所言不虚。从李氏信札可窥其对袁氏的耳提面命,既肯定袁氏所出示之《兰盆经疏》宋本无疑,且又言及另一宋版,令袁氏开阔眼界,此函又言道"昨夕盛扰,谢谢。案上《洛阳伽蓝记》一册,忘未携归,望嘱海寰捡藏,容日走取,为荷"。李氏所言《洛阳伽蓝记》祖本早已佚失,现存最早为宋刻本,其藏有此本。由是可知,其携带所藏《洛阳伽蓝记》赴袁氏之邀,与友人共赏,在座者尚有吕海寰。吕氏亦嗜藏书,曾以重金得宋拓《淳化阁帖》,其甚爱此阁帖,每移一地,必随身携带此帖。民国后,其居津门此帖随身携之,并邀众人时常欣赏。

其二"手示诵悉。《本草》为元大德宗文书院本,敝藏有此书,故一见而知。其书殆亦刊于南宋末,而元人修补印行者,明刊皆从此出矣。抱存仁弟,盛铎顿首"。此札李氏虽只言片语,然可窥其道版本源流之精准。

李氏另有付一函袁氏"文稿价位便宜皆可留也。《片玉词》又得精本,物聚所好,然哉。寒云主人,盛铎顿首"。李氏不特从版本目录教授袁氏,就连价格亦要指导,李氏于袁氏之教授,可谓煞费苦心。函末,李氏又言道《王法苏诗》一册,由津携来,附便呈览"。?可见师弟之间的于意融融。此三函信札,可见李氏学养之丰赡,于宋元旧椠独具只眼。

(刊于 2018 年 6 月 18 日《今晚报》第 12 版"津沽·副刊")

五、祁井西津门治砚

祁昆字井西,民国年间京城名画家,亦擅治印刻竹,然治砚刻铭,向不轻作。汪向元庋藏字画,既精且富,余力则喜藏砚,其得上品端石十枚,以厚赏请祁井西来津治砚。祁氏因材施刀,匠心独运,无论文字图案,皆用刀内敛,了无烟火气,时人见之以为明清旧作。祁氏治砚本无多作,此十砚洵可宝也。徐世章亦喜藏砚,汪氏以十砚之一寿徐氏,是砚今存天津艺术博物院。

(刊于2018年7月18日《今晚报》第12版"津沽·副刊")

六、徐世昌藏《上陶室砖瓦文捃》

徐世昌收藏字画颇丰,然亦喜藏金石拓本。山左高鸿裁,清末金石名家,其竭四十年之力,得秦汉砖瓦数以万计,择五百余品成《上陶室砖瓦文捃》,诚为海内古砖收藏之巅。高氏力欲求精,成书甚少,海内藏家皆欲得之。现存三部,原北平燕京大学图书馆一部,为试拓之粗率本;徐世昌、山东图书馆各藏一部,精拓本也。王献唐曾言,《上陶室砖瓦文捃》数量既多,品质亦确,为海内古陶精华,可谓空前矣,其关系文化甚巨也。徐氏得此拓本,时常披览,摩挲不已,偶有心得,或跋或注,长篇短什,皆真知灼见。

(刊于2018年9月3日《今晚报》第12版"副刊·津沽")

七、查天行与金平往还信札

曩见先龚作家师藏金屏庐手札,其一"莲坡科场事,父子同系狱。天行翁得见还,恐合卺无期,遂拟退婚。许聘莲坡者为子升公之孙女,其时女父已亡故数年,札云尔"。是札中所言"子升公之孙女"为金至元。其二"此先八世祖子升公讳平,与查莲坡尊人之手札，义正而词婉，未几莲坡竟蒙矜释，夫谐嘉耦，是诚有关故实亦佳话也"。此两札金屏庐记于 1964 年冬，所记之时，查金二氏往还信札尚存，今不知所在，然其所记诚为研究水西庄又添一新材料耳。

(刊于 2018 年 10 月 10 日《今晚报》第 12 版"津沽·副刊")

作者：张金声，天津文史学者

记载静海历史的志书

李佳阳

　　静海县隶属于天津市,2015 年 8 月,国务院批复同意撤销天津市静海县,设立天津市静海区。静海区总面积 1475.68 平方公里,辖 18 个乡镇(其中 16 个建制镇)、383 个行政村。据史料记载和考古证实,静海乃退海之地,3000 多年前,尚属泽乡,后经自然变化,海河平原开始出现, 这里逐渐成为陆地。东周时期静海即有先民活动。汉初置县名东平舒。宋大观年间(1107—1110)置靖海县。明洪武初年改靖为静称静海,并沿用至今。期间,沧海桑田,归属数易,境域多变,1973 年 8 月隶属天津市。

　　静海的志书,因年代久远及天灾人祸,明代以前的志书已无从知晓,目前已知静海最早的志书是《静海县图志》和《静海县志》,这两部静海志书都已佚失无存,不为众人所知,但书名被收录于明朝正统六年(1441)成书的《文渊阁书目》中。《文渊阁书目》是现存不多的官修书目,在目录学史上有着不可低估的地位。属于明初国家藏书的第一部书目。其中《静海县图志》收录在卷十九旧志中,《图志》共两册,卷数撰人及修撰年代未录。《静海县志》收录在卷二十新志,卷数撰人及修撰年代未录。据杜来锁《〈文渊阁书目〉中畿辅旧志与新志修撰时间考》一文考证:旧志基本修撰于洪武初期,新志大概修撰于洪武后期。

《文渊阁书目》中所录书籍明朝时均藏于紫禁城文渊阁内,其中就包括静海的这两部志书。旧志与新志中所录志书今已全部散佚。究其原因,杜来锁考证推断:旧志与新志当即为上报朝廷之抄本,而非刊布流行之书,府州县虽留有副本存档,但稍延时日,便被遗忘、丢失。又因全被藏于深宫大院,所以不为后世所知。

还有一本《静海县事迹》成书于万历二十三年(1595),共一册,修撰者为明朝时任静海县教谕(县学的教授。相当于教委主任有时是县学校长。)蒋楷。今也已佚失无存,也不为众人知,但书名被《内阁藏书目录》卷七志乘部和《千顷堂书目》卷六吏部所收录。蒋楷,贵州普安卫人,万历十三年(1585)举人,著有《大酉先生诗集》,后升任云南昆明县知县转腾越州知州。蒋楷还为静海八景之一东郊海曙赋诗一首,"东皇初驭六龙车,遥指天门五色华。□影□□飞鸟动,晴光绕遍野人家。岛烟洲雾看成□,□阙银台望若霞。闻道三山今不远,便将从□□丹砂。"成为现存最早描写静海八景的诗文。

被后世所知的静海明朝志书,是由县令王用士于天启七年(1627)主持修撰的《静海县志》,这部志书佚失的很早。修成50年后的清朝康熙年间为重修静海县志,全县征集此志,虽经多方努力,也仅仅找到一册。康熙版县志阎甲胤序称"遍搜隐遗无可考据,幸祠部高公治第津里藏书未尽,仅获遗志一册"。

王用士,字旂召,山西阳城人,明朝万历已酉(1609)举人,先任考城县知县,惩暴治奸,豪强伏匿。父亡,回家丁忧,期满出任静海知县,任期政绩卓越,百姓称道,建义仓(建设粮站以备荒年赈灾自救)、清邮传(清理驿站保证邮路通畅)、缮城垣(修缮城墙增强城池的防御能力)、浚河渠(疏浚河渠保证船只通航及丰水期行洪)、修邑志(修纂静海县志为后世存史)等政绩多不胜数,深得静海百姓爱戴,真可谓父母官。在静海任职三年中这些工作还不算什么,最大的功绩是为民做主敢于顶撞上官,因此而被罢官,早早的结束了政治生命。事件是运官粮的船行至静海运河段时,因风大水急,造成了翻船事故,损失惨重。一个姓石的台司要静海百姓赔偿事故损失。但被王县令断然拒绝,并严词回击,你翻船那是天灾所致,关我静海百姓何事,你要找就去河边找河水去吧。石台司气急败坏以顶撞上司的罪名上疏罢免了王用士的官。王县令离开静海时,静海百姓依依不舍泣不成声,竟用身体躺在路上不让县令的车驾通过,足见百姓的爱戴之情。王用士回家后闭门谢客不问政事,教育本族子孙读书,安享天伦之乐,终享寿六十九岁。

此志虽已佚失无存,但庆幸的是近日发现了一篇跋文,可窥此志书一二,"岁丁卯阳城王公侯兹土,敏慎而文,逾年而有辑志之役,书既成既详且核以示余,余读而叹曰,嗟乎邑不以志重乎,邑而无志与无邑同,其任其故而无据也,又岂若地形有识,风物有识,遗徽往迹,一开卷而了然也耶。"文末点出志书修成的背景"邑隶于畿辅之首善地,志成于新圣改元励治之始"。这篇跋文由静海乡贤高尔俨撰写,撰写跋文时高尔俨刚得中举人,年龄仅仅21岁。高尔俨(1606—1654年),字中孚,号岱舆,别号钵菴,静海宗保村人。崇祯十三年(1640)中探花(一甲第三名),后被授翰林院编修。清初,征补原官。顺治八年(1651),任吏部尚书。顺治十年(1653),晋弘文院大学士(宰相),是年因病回故里。1654年病故,帝赠少保,谥号"文端"。高尔俨著有《古处堂集》四卷,《四库总目》传于世。

清朝共修县志两部,第一部是康熙版《静海县志》,康熙十一年(1672)檄令邑郡重修志书,知县阎甲胤聘请县儒学训导(儒学的辅助教职)马方伸纂辑,并充校正,廪生(成绩名列一等的秀才)杨晟、谷之蕃、陈□、王振公同校,康熙十二年(1673)成书。其中风俗目记载农民商贩生活习惯十分详尽,赋役目记载明清间田赋制度与户口、人数的变化条理清楚。全书分四卷,含分野、地理、疆域、公署、铺舍、墩堡、形胜、河道、风俗、景致、古迹、官师、学校、赋役、武备、选举、艺文、辟荐、庙坛、名宦、乡贤、人物、典礼、灾异、土产、寺观、陵墓等目,共 7.7 万余字,并附阎甲胤和高辑睿序各一篇、马方伸跋一篇、疆域总图、县治图各一幅。史料翔实。国家图书馆、天津市图书馆、辽宁省图书馆藏有此书。

阎甲胤,陕西渭南县人,贡生。当时修志经费短缺,修志工作举步维艰,阎公便带头捐献工资,使县志最终得以修成。马方伸:顺天府密云县人,贡生。高缉睿:字镜庭,号愚谷,静海人,大学士高尔俨之孙。先后历任西城兵马司正指挥、叙州知府、湖北按察使,康熙四十年任福建布政使。其主要著作有《崇古堂诗》《镜山阁偶存》等。

康熙版县志发挥了承前启后的作用,保存了大量明代及明以前的历史资料,也为后世修志提供了保障。可能鉴于当时资料所限,也有不严谨的地方,比如最后一目陵墓,共收录三座陵墓,分别是李进墓在城北固宁乡,李世和墓、张绅墓在城北里仁乡。实则这三座墓是在宁津县,明朝时宁津全县被划为固宁、庶富、迁善、里仁四乡,1992 年版《宁津县志》记载在宁津发现李世和墓,并发现石碑、石羊等文物。实际在明朝嘉靖版《河间府志·卷三·古迹》则明确记载这三座墓属宁津县。不知何种原因,到了清朝被误收到静海县志,并且宁津县志也没了这三座墓的记载。

清朝另一部县志是同治十二年(1873)修成,命名为《重辑静海县志》。由时任知县郑士蕙主持增修,主讲静海瀛海书院的举人郭光庭校正,附生牛邦俊、监生张照青全校,户吏李元湉缮清。郑士蕙字柏崔,陕西华州人,道光二十七年(1847)进士,同治八年(1869)至十二年(1873)任,任满升任保定府同知,著有《饮冰书屋》。全志分八卷,约14万字,卷首有序、凡例、总图。正文分为九志,依次为地理、建制、灾祥、物产、田赋、官师、人物、选举、艺文,图由监生张照青绘制,作序郑士蕙作跋郭光庭。其中地理志记载大清河、黑龙港及子牙故道等的源流及河道变迁情况非常详细。国家图书馆、天津市图书馆、静海区档案馆均藏有此书。

民国时期也修了一部《静海县志》,从1927年由本县元殿元等人联合向县政府建议修志到1929年始修再至1934年修成刊印,共历八载春秋。总裁为历任县长:白凤文、陈云溥、陶季唐、朱铭轼;副总裁:元静轩、边尧枕、翟玉琦、辛荣春。总纂:高毓彤;副总纂:刘新桂、边守靖。协修:高毓滢、牛桂荣、侯维申、于国珍、马文暄、萧福申、牛树荣。编辑主任:毛龙章、元殿元。编辑:岳式均、陶志新、边应柱。除总裁外,参与县志编纂工作的都是静海本土的文化大儒,也可以说这是第一部完全由静海人编纂的县志,投入人力之多,纂修时间之长,调查资料之丰富,志书质量之高,都是前代修志无法相比的。既继承了旧志的体例也有创新发展。

全志分礼、乐、射、御、书、数,共6册。以十二地支为序,分为首部、土地部、人民部、政事部。首部包含目录、檄文、序文、凡例、历修职衔、捐资姓名等。二部为土地部,分为方舆、建置、物产。三部为人民部,分为官师、选举、人物、风俗、文艺。四部为政事部,分为立法、司法、行政。政事部的门类表明了纂者法治天下的思想。这种变通旧体、改易名称的方式,得到不少志家赞许和效法。美国、日本、荷兰等国立图书馆及国内各大图书馆均藏有此书。

总纂高毓浵(1877—1956年),字淞荃,号潜子,静海人,光绪进士,清翰林院编修,天津最后一位翰林,一生勤奋博学,除通晓经史子集、医卜星相及甲骨文、钟鼎文等国学外,还兼通数理化等西学,且著述颇丰。编辑主任毛龙章(1886—1970年),字尊楼,静海土河村人,宣统元年拔贡,北洋法政毕业,曾任安徽省政府委员兼财政厅厅长,安徽省第九区行政督察专员等职。纂修《安徽第九区风土志略》,留有手稿《尊楼年谱及诗存》。晚年定居南京。

编辑主任元殿元,字杏樵,生于清光绪二年(1876)静海大邀铺村人。二十九年(1903)考中优廪生。后入保定陆军速成学校。毕业后,曾任朱庆澜部排、连长,继任郑汝成部一等副官。1913年一名革命党重要成员被捕,他冒生命危险将其救出。嗣后孙中山先生曾亲书"博爱"二字相赠以表谢意,其后人至今珍藏。

民国版《静海县志》最后能刊印行世全赖元殿元先生。到了编修后半期,因缺少经费,修志局只剩下他一个人工作,为补人力不足,常唤其子无偿调查资料、撰写初稿。5年间,他的足迹遍及全县各村庄,历经千辛万苦,终于完成县志稿,后又因经费不足,校订排版等皆无人处理,推迟一年后,才由他亲自携稿进天津付梓,由天津文竹斋出版。

中华人民共和国成立后的很长时间静海没有编修县志,直到1989年才正式编纂建国后的第一部志书,并于1995年出版发行。县志编纂历经两任编委会主任,都是时任静海县副县长,分别是龚进义和张柏捷,静海县志主编张培生,副主编王敬模、武德巍、邢维刚,审定验收组主审王辉,副主审郭凤岐。全书分建制、自然环境、人口、农业、水利、工业、交通邮电、商业、外经外贸、财税金融、城乡建设、能源、综合经济管理、党政群团、政法、民政、人事劳动、军事、教育科技、文化、卫生体育、民情习俗、人物、大邱庄等 24 编,下分 113 章、441 节、993 目,共 141 万字,并附序、大事记、概述、附录、志补等 5 部分,还有墨图 14 幅、彩照 75 幅、表 275 张。

在 1994 年的评稿会上著名历史学家来新夏先生对《静海县志》给出了高度评价,说这是一部观点正确,论述清晰,体例编排基本合理,文字流畅的佳志,具有许多优点。

进入 21 世纪静海又续编了一部新志《静海县志(1979–2008)》(以下简称续志),续志历经五载,三易其稿,终得面世,成为天津市各区县二轮修志中第一部出版的志书。

续志始修于 2008 年,2013 年 8 月编修完成,经历两任编委会,主任均是时任副县长的曹殿卿,两任主编分别是孙橄、舒万成,两任执行主编均是王敬模,审定验收组主审苏长伟,副主审邹积浩。

全书分政区、环境、资源、人口、城镇规划与建设管理、交通·邮电、水利·电力、开发园区、农业、工业、商业贸易、财税·金融·保险、经济管理、政务管理、党政社团、政法、军事、教育·科技、文化、卫生·体育、社会生活、人物等 22 编,下分 105 章,共 173 万字,照片 300 余张,并附序、大事记、综述、索引、志余等 5 部分,志余中编入了 1995 年版《静海县志》勘误表。这是一部全面记述改革开放后,静海县各行各业全面发展、图文并茂的志书。

除了以上几部专门记载静海的志书,在许多大部头的志书中也能查到静海的内容。

要想找到这些隐藏有静海内容的志书必须知道静海的历史沿

革,明朝洪武八年(1375),属北平府;十年(1377),属河间府。清朝雍正三年(1725),属天津州;九年(1731),属天津府;民国十七年(1928),直属河北省;新中国建立后,1949 年 10 月,属河北省天津专区。1958 年 12 月,属河北省天津市;1961 年 6 月,属天津市、天津专区双重领导;1967 年 1 月,属天津专区;1973 年 8 月至今属天津市。

李贤、彭时等纂修《大明一统志》中的河间府目中便有静海内容,此志是明代官修地理总志。成书于天顺五年(1461)四月,共 90 卷,该书以当时两京十三布政使司为纲,以及所属一百四十九府为目,下设建置、沿革、郡名、形胜、风俗、山川、土产、公署、学校、书院、宫室、关津、寺观、祠庙、陵墓、古迹、名宦、流寓、人物、列女、仙释等 38 门。

清朝所修《嘉庆重修一统志》中的天津府目也有静海内容,全书共 560 卷,另加凡例、目录二卷。其诸府及直隶州,又各立一表,所属诸县系焉。皆首分野、次建置沿革、次形势、次风俗、次城池、次学校、次户口、次田赋、次山川、次古迹、次关隘、次津梁、次堤堰、次陵墓、次寺观、次名宦、次人物、次流寓、次列女、次仙释、次土产。

从明朝至清朝雍正三年(1725),静海均隶属于河间府,所以各个时期的《河间府志》对静海都有详细的记载,如明嘉靖版、万历版和清朝康熙版。因明朝所修静海地方志书全部佚失无存,所以明朝这两版《河间府志》所记载的静海内容弥足珍贵,对研究静海明代以前历史提供了重要依据。

清朝康熙《河间府志》共二十二卷,刊印于康熙十六年(1677),志书分为:星野、沿革、疆域、河道、城池、景胜、贡赋、物产、风俗、典礼、封建、仕籍、人物、选举、流寓、仙释、烈女、武备、恤政、艺文二十门。

静海到清朝雍正年间先属天津州后属天津府,所以在《天津府志》中静海内容详尽。《天津府志》分为乾隆版和光绪版。这两版府志和静海县志的修纂时间正好形成时间差,保证了志书的连续性。康熙版县志修成到同治版县志修成中间相隔 200 年,形成县志断档,但乾隆版府志正好在这两个版本中间,补充了因静海县志断档形成的志书记载空白。同治版县志修成到民国版县志修成中间也相隔 60 多年,也造成了许多的记载空白,但光绪版府志也正好在这两个版本中间,补充了因静海县志断档形成的志书记载空白。这两部府志对县志连续、翔实的记载静海历史起到了非常重要的作用。

《畿辅通志》为清代官修省级地方志。畿辅,是指京都周围附近的地区,在清代是直隶省的别称,静海即为畿辅之地,所以志中静海内容多有收录。清代共修有三部《畿辅通志》。

首部修于康熙年间,直隶巡抚于成龙、格尔古德先后监修,延聘翰林编修郭棻任总纂,共 46 卷,分为 22 门。康熙年间静海仍属河间府,所以静海内容记载在河间府目中。

第二部修于雍正年间,初由直隶总督唐执玉奉命延聘原任辰州同知田易等人开始纂辑,后由直隶总督刘于义、李卫相继监修,聘翰林院侍读学士陈仪继续修纂,共 120 卷,分为 31 门。此时静海已属天津府,所以静海内容记载在天津府目中。

第三部修于光绪年间,为李鸿章任直隶总督期间,延聘莲池书院主讲黄彭年主纂,全书共 300 卷,由纪、表、略、录、传、识余、叙传等诸体组成,下有若干分目。静海内容在志书的天津府目中记载。三部《畿辅通志》中,光绪版体例完备,资料充实,最为有名,也最为实用,是研究河北省历史地理的重要资料,也是研究静海历史的重要资料。

1928 年 7 月河北省政府成立,管辖 131 个县,静海便是其中之一。1931 年 9 月,河北省通志馆于天津成立,此为编纂《河北通志》的专门机构。通志稿分为五志:《地理志》(含河北省全图、河北省沿革图稿、县沿革表、气候、地质、水道、水道述略、关隘、古迹、封爵);《经政志》(含官制、赋税、制用、恤政、交通、交涉、通商、警政、教育、水利);《民事志》(含风土、方言);《食货志》(含农工商矿鱼、盐务、物产、矿产);《文献志》(含爵谥表、宦绩、元列传、明列传、艺文、金石、旧志源流)。因 1937 年 7 月 7 日日军侵华而终止,未完成修纂也未刊印,所有志稿散失,直至 1992 年才由河北省地方志编纂委员会主持,考证辨识,搜集遗稿,出版《河北省通志稿》。这部志书非常详尽的记载了包括静海在内的所有县的各方面资料,是了解民国静海历史的重要志书。

从 20 世纪 80 年代至今,静海不仅修了县志,而且静海政府各部门、各乡镇村街都修有各自领域的志书,记载了静海各个领域的历史资料,使记载更加详尽。部门志有文化志、水利志、土地志、工业志、灾害志、军事志等,村镇志有独流镇志、王口镇志、台头镇志、唐官屯镇志、团泊镇志、团泊村志、梁官屯村志等。这些志书的修纂,为静海的腾飞发展发挥了存史教化,资治育人的重要作用。

(刊于《京畿学》第一辑,2018 年 10 月,天津古籍出版社,第 345—351 页)

作者:李佳阳,天津冶金集团轧三钢铁有限公司

马拉列车的来龙去脉

王和平

天津有个地名是东局子,是北洋机械局东局的简称,泛指现在河东区成林道以北,月牙河以西的位置。还有一个地名是紫竹林,位置在和平区吉林路与承德道交口西侧。在一百多年前,这两个相距十多公里的地方,曾修建了一条小铁路,靠马拉动列车往返前行。

那这条铁路的来龙去脉是怎样的?

清光绪二十六年(1900),八国联军攻占天津后,法国驻天津总领事杜士兰单方发布公告,将海大道(今大沽北路)东北和西南至墙子河约

两匹马的客货两用"豪华"列车

马拉小火车出发了

沿着东局子到天津的大路前进

小火车在东局子院中

2000亩（1.33平方千米）的土地列入"推广范围"。法国军队乘机将坐落于天津城东的天津机器局东局占领，同时圈占附近荒地，后建设为设有靶场的法国兵营。根据《辛丑条约》，天津法租界在紫竹林设有法国兵营和法国驻军司令部。这样法国军队在天津有了两处兵营，一处是在紫竹林，另一处就在东局子，两处相距十余公里。为方便联系，法租界当局在东局子和紫竹林之间，修筑了一条小铁路，从而使东局和周围的大片土地成为租界外的租界。

法国兵营的防范非常严格。1901年的东局子法国兵营有一道土墙，土墙外边是一道合围的小河，水是从贾家沽河引入的。土墙里面有一整圈铁蒺藜，也就是铁丝网，兵营的四个角设有专门的碉堡，虎视眈眈地注视着往来人群。小河设有南北两座水闸，也是全营官兵进出的通道。兵营中间是个大操场，这条小铁路就从这里发出，通过东局子大院，过了水闸，

小火车的轨道

顺着东局子通往天津城，驶往紫竹林营区。

这条铁路是一条窄轨铁路，铁轨很轻，重量在每米 10 公斤以下，列车是一种平盘铁车，主要是运送往来的官兵和粮食。运输工具用牲畜牵引，也就是说这节列车是用马匹来拉动的。这辆马拉列车，长有十米左右，两侧端头设有护栏，车内有八把座椅，乘坐的士兵和家属可以欣赏路边的风景。车厢的顶部是用布做的艺术布帘，另外装有窗帘，如果遇到风雨，可以拉上躲避，底部为了安全也加装了铁栏杆。车厢底部安装了四个铁轮子，一旦启动，十分轻便。列车由两匹健壮的战马执行运输，由一位战士吆喝马匹前进。

小铁路沟通了两处法国兵营的联系，也及时把军火、弹药、粮食、装备送到兵营，而且是专线运输，避免了很多与群众的接触，使列车能很快地到达目的地。从 1900 年到 1946 年，这四十多年的时间内，在天津一直跑着一辆这样的"马拉列车"，这也许在全国也不多见吧。

(刊于 2018 年 6 月 9 日《今晚报》第 10 版"天津卫·乐活")

作者：王和平，天津地方史学者

百年教育在西青

尹树鹏

　　崇文重教是西青鲜明的性格。追寻其千百年来的文化现象,都可以用唯物的眼光在文化地理源头上寻找答案。《论语》有云:"智者乐水,仁者乐山。"天津市西青区是一片由众多河流滋养的沃土,因而产生了其亲水的文化特点。由此铸就了西青人聪敏、灵活、稳重、刚毅的性格,植根了崇尚文化、重视教育的传统。这些与生俱来的独特魅力,虽历尽沧桑,但因其根脉深厚,始终绽放,并保持着顽强的生机与活力。

一、文化地理孕育深厚文脉

　　先天的区位优势是文化持久的重要原因。西青区位于天津市中心城区的西南部,扼水陆交通枢要。众多古老的河流承载的人流、物流、信息流,使这里自古就成为经济、文化、教育等各业俱兴之地。因而,兴文重教的传统源远流长。解析位于它的文化中心一杨柳青古镇所携带的历史文化信息，就是一部运河流域社会形成与发展的缩影。京杭大运河穿镇而过，东流之后，才孕育津城。这也就有了民间流传"先有杨柳青，后有天津卫"的说法京杭大运河从开凿至今已历经2500余年，其历史几乎贯穿中国社会发展。特别是元明清三代，官方为了运输长江流域出产的物资，始终竭力经营大运河。得运河之利，江南、山东、河南及直隶等诸多地区的物资均是先汇聚到杨柳青，为这里积淀了丰厚的文脉。其明显标志是柳口镇与直沽寨地名同时出现在《金史》中，它直接点明了运河滋润出的两块重要区域。明朝设卫筑城后，古镇与津城连在一起，文风也就浑然一体了。

在科举制度的引领下，文人崇尚文曲星，许多庙宇供奉文昌帝君，但以文昌直接命名的建筑并不多。天津仅在老城西北角建有文昌宫，它始建于清代，后虽经多次捐资重修，最后毁于大火而荡然无存。杨柳青的文昌阁则始建于明末，在四百多年的历程中，多次被毁，有多次重建、重修、屹立至今。杨柳青文昌阁是天津地区现存最古老的供奉文昌帝君的场所，由此体现了杨柳青对文昌信仰的坚定不移，也直接证明了杨柳青地区文化根脉的深厚。

二、传统教育中的私塾与书院

优越的区位条件使西青的社会发展始终处于活跃状态。清末该地区隶属天津县管辖，也是民间较早自发进行教育普及的地区之一。它的表现形式，其一是在各村广泛建立私塾，另一则是以民办公助为特点的书院教育。前者为贫苦子弟普及知识，后者助杰出学子完成科举仕途。

1860年后,虽然天津已经被迫开埠,但全社会的思想仍处于传统模式。农耕经济的惯性仍使西青各村镇按部就班地创办着私塾及慈善性质的义塾。当时,天津城厢内外共有义塾二十余处,杨柳青亦立四处义塾。不同于城厢义塾由官方出资创办,西青的义塾则多由民间机构或绅商个人资助。西青地区重视传统教育,在清末已形成规模,这为贫民子弟学习知识提供了机会,也为近代以后的新式教育普及和推广平民教育奠定了基础。

西青地区对书院建设不遗余力,在文昌阁内建成崇文书院堪称天津最后一处,也是规模最大、环境优美的一处书院。书院本是中国古代一种类似学校的教育机构,官办书院始于唐代,宋元继之,明代虽有停滞,至清代又被官方鼓励。天津自康熙以来,出现了三取、问津、辅仁、集贤、稽古、会文等六大书院。至光绪初年,天津仅剩官办书院三处。而杨柳青镇则于光绪四年(1878)由当地士绅们在文昌阁内创建了崇文书院。

崇文书院对文昌阁的周边环境进行了建设,使其景观和讲学条件更胜一筹。阁内分为三层,一层供孔子,二层奉文昌帝君,三层祀魁星,院有高墙围护,古木参天,外有荷塘环绕,仅有小木桥与外界相通,可谓小桥流水,树木葱郁,荷花飘香,芦絮轻扬,成为士子们读书、学习、修身养性的绝好去处。崇文书院培养出多位饱学之士,还涌现了刘学谦和杜彤两位进士。

清代中后期,社会动荡,一批具有启蒙思想的开明之士转向新政。他们倡导革新、变法、废科举、兴办新式教育。此时,西青也能在两种思想文化的碰撞与交融中与时俱进。这是西青新式教育能迅速兴起的社会思想基础。甲午、庚子两次外敌入侵中国,中国两次惨败的历史教训,使觉醒的国人进一步认识到旧教育的腐朽。欲强国,需启民智,兴办新式学堂是必由之路,已成为全社会的共识。

三、近代教育促使学校发展

西青区是近代以来新式教育发展最早和最快的地区之一,由当地士绅自筹资金,献地建房或借助庙宇,率先创办许多新式学堂。在漫长的岁月里,这些学堂的名称和隶属关系及公私性质多有变动。

清末,既延续崇文书院的文脉,又开创近代新式教育的先河杨柳青士绅们创办了崇文小学。此后不久,即改组为天津县公立第一小学堂。1928年后,又更名为天津县公立第六十小学校。这就是西青区的第一所近代学堂。它拉动了整个地区新式学堂的建立和教学内容的改革。

而后,西青的新式教育处于快速发展期。至1933年,仅杨柳青地区就有学校11所,其中县立1所、公立7所、私立3所。整个西青也做到了大村有完全小学,小村有初级小学。经费供给虽然捉襟见肘,但入学人数逐年增加。这种局面一直维持到抗日战争前夕。

1937年以后,日本侵略者在整个天津地区推行奴化教育,要求各校开设日语课,教材加入"中日亲善"的内容。但这些只能在几个大的乡镇中的高级小学实施,其他学校无从顾及,再加师生的抵制,也就不了了之。

抗日战争胜利后,国民党忙于内战,不关心教育,西青教育发展缓慢。甚至,教师的薪金常不能兑现,引起了抗议、上访罢教的事端。

1949年中华人民共和国成立,人民政府把发展教育事业摆在重要地位,大兴办学之风,村村都成立了小学校。当时,经济基础薄弱,学校发展迅速,出现了师资不足,经费短缺,教学设施简陋等问题。广大干部、教师发扬艰苦奋斗的精神,在困境中求发展。

20世纪50年代,通过统一教学内容和教学形式,逐渐使教育工作走向正规化。为加强管理,采取联校制,各乡镇陆续建立了小学联校。教育工作呈现蓬勃发展的态势。20世纪60年代,西青推广集中识字等先进教学经验。随着适龄儿童的急剧增加,民办教师加入了教学活动。

进入20世纪80年代,由于国家的独生子女政策,学生人数迅速下降。进入21世纪,许多小学开始裁并,学校数量逐渐减少。总体格局形成中心学校和多个校区的办学局面。随着改革开放后,西青的经济发展日新月异,教育投入稳步增加,在校区建设和设备现代化上全部赶上市区重点学校水平西青的中学教育出现的较晚,因农耕社会对中学人才需求较少,故办学艰难,基础薄弱。1912年,石元仕创办天津县私立第二中学堂,可惜不久停办。1942年杨柳青镇立小学附设初中班年后撤销。直到1944年,私立育青商业职业学校的成立,才结束了西青没有中学的历史。中华人民共和国初期,因经济形势尚在恢复和农村的经济承载能力所限,仅在重点乡镇建有中学。1958年,许多小学附设初中班。而后有的撤销,有的直接改为中学改革开放后,农村形势变革加快,中学数量明显增加。这些中学在以后的发展中进行了整合和改制,有的成为重点高中,有的转为职业学校。在城市化进程中,大的乡镇都已成为现代化的社区,所建中学无论硬件和软件完全达到了国家教委对现代化学校制定的标准,各校小学成绩突出,呈现出欣欣向荣的景象。西青区已成为天津市的教育强区。

职业教育催生开拓创新在传统农耕社会,农业知识和技术来源于祖辈经验传承,不发达的手工业来源于师傅的传帮带。没有专门的职业教育,严重地阻碍了中国的社会发展。西青因直接受到运河来往的商业信息,使当地人民有一种天然的亲商性。所以,最先出现了印制年画及附属的手工产业。虽然都是以师授徒,但已比纯粹的农耕有了进步清末以来,天津市区新式教育已蓬勃兴起,西青响应的最及时。以严修为代表的现代教育奠基者,考察日本的职业教育后深感中国开展职业教育的紧迫性。在上奏朝廷提出废除科举、兴办新式教育的同时,还提出发展职业教育的主张。天津新式教育中的职业教育率先在全国展开,并长期走在中国前列。继天津县民立第一、第二艺徒学堂后,民立第三艺徒学堂即创办于杨柳青,堪称津郊最早的技工学校。

为解决贫民就业,特别是女子就业问题,天津劝学所在多所女学添设花边传习所,杨柳青就是其中之一。此外,还曾在杨柳青镇民立第五女子小学创办蚕桑学校,培养出第一批女技工。

西青还首创教师进修班,以适应教育改革和培养人才的需要,1922年,天津县劝学所所长华芷苓亲自到杨柳青镇召集第四区各校教员培训国语。每日两小时,三星期后结束。这是当时最早的教师进修班。1945年杨柳青镇建天津简易师范学校,到1948年已培养出一百多名小学教师1949年后,针对农村的社会实际,在1958年为克服普通中学课程与农村社会实际需求脱节的现状,一些乡镇中学改建农业中学,在教学内容上增加了养殖、种植等专业课程。这些学生后来都成为农村的专业技术人员。天津市对西青区工业发展和工业布局的规划促成了当地与其衔接的职业教育。1965年建立汽车制造半工半读学校,1980年小杜庄建立农业职业学校。1983年在杨柳青建立西郊区高级职业技术中学。改革开放后,为应对普通中学生仅有基础知识没有任何技能而就业困难的局面,加大了中等教育结构改革。把部分高中改为职业学校,增加专业技术课,开始培养社会急需的初、中级技术人员。既解决了学生就业,又使工厂获得许多有技能的人才。

随着社会经济形势的发展,国有企业体制改革的深入,对传统技术人员需求减弱,而对高级技术人员的需求增加,使一些职业学校失去发展优势,遂对他们进行了并转,瞄准市场需求,开设与大专水平衔接的职业学校。同时,也使精简后的高中向优质高中发展,转而促进了优质高中的发展壮大。高考录取率成为重点高中的办学目标之一。最近十年来,西青区初、高中学校均按照国家教委的相关规定率先达到现代化学校的标准,办学质量进高等教育带来崭新局面中华人民共和国成立后,在第一个五年计划期间,作为老纺织基地,天津纺织局依照中央部署,有计划地对纺织行业的结构进行完善。针对全纺织行业工程技术人员稀少的局面,开展了多层面的技术人员培养。1958年在河西合并成纺织工业学校。并依照市政府的规划,在杨柳青建立了规模最大,最正规的纺织工业学校。1959年纺织工业学校迁入新址,系统的为天津市的纺织工业培养专业技术人员。该校规模大、设备新、实习基地丰富、专业课程设置全面、师资力量强,为天津纺织工业培养了大批专业技术人员,是纺织工程师的摇篮。1964年杨柳青附近建立农业机械化技工学校,后改为天津市劳工经济学校。1958年在原杨柳青中学内建立天津专区工学院,1959年与天津机电学院合并,增设中专班。12月改为天津农业机械制造学校,归农机部直接领导。

1960年在原基础上重新选址建立新校。1963年迁入新址并将天拖技校合并。在校学生达20个班,为全市最大的半工半读技校。1976年改称一机局721大学。1979年改为天津大学机电分校。1980年扩建,到1992年改称天津理工学院一分院。1963年天津第一所以汽车维修和驾驶技术为主的公用局技工学校建成,并发展成现在的公用技师学院。改革开放以后因该地的土地资源丰富,原工农联盟农场的国有土地被置换建立了天津多所专业高校。1982年天津农学院建成,1987年天津城市建设学院建成而后发展为天津城建大学。

进入21世纪以来,在天津市经济强市和科技强市的引领下,为发展高等教育,大力培养创新人才,增强城市综合竞争力。在西青区创建了天津第三高教区,天津师范大学、天津工业大学、天津理工大学纷纷迁入西青。为西青高等教育的发展写下浓墨重彩的一笔。

近百年来,西青的教育虽在密度上不如中心城区,但办学理念始终恪守着重教兴学的传统。在一个农耕区域、商业区域、河运中心、文化结合点、工业文明最早浸染的区域内,多元的文化思想互相碰撞。人们的思想活跃,使教育和文化在并不平静的历史里执着地前进和发展。在普通和职业教育主流发展中还因地制宜的创办了许多平民学校、补习学校,并开展了丰富多彩、多有成效的社会教育。众多先贤慷慨解囊资助办学的行为伴随着西青百年教育的长河,留下不可磨灭的足迹。当我们回顾西青的百年教育,我们要永远铭记为教育发展做出贡献的先贤,永远记住为教育做出贡献的中国先进知识分子,永远讴歌一个兴文重教的地区。科学技术是第一生产力,教育则是产生科学技术的基础和保障。西青成为教育强区的历程是全区人民永恒的精神财富。

(刊于天津市西青区政协、天津市西青区教育局编:《西青百年教育(上)》,天津社会科学院出版社,2018年9月,第1-9页)

作者:尹树鹏,天津地方史学者

南开大学分校：
天津档案学高等教育的先行者

周 持

2018 年,对于天津的档案事业,尤其是档案教育事业来说,是一个特殊的年份。不仅因为今年是改革开放四十周年,同时还是天津师范大学成立六十周年以及天津师范大学管理学院的前身——南开大学分校成立四十周年的日子。1981 年,南开大学分校档案系成立,成为当时国内第 4 所、天津第 1 所开设档案管理本科专业的高校,可以说,天津市的档案学高等教育自南开大学分校开始,天津的档案事业发展也离不开南开大学分校档案系的支持。

一、南开大学分校档案系的建立背景及初期贡献

南开大学分校档案系的建立背景,是共和国史上的两个具有划时代意义的大事件,一是恢复高考;二是改革开放。

(一)恢复高考促使成立南开大学分校

1977 年 7 月,中共十届三中全会召开,此次会议恢复了邓小平

同志的中共中央副主席、中央军委副主席、国务院副总理和解放军总参谋长的职务。经过邓小平同志及教育界人士几个月的斗争和探索，终于在当年年底至 1978 年年初，恢复了中断十年之久的全国高等学校入学统一考试。从 1977 年冬天到 1978 年夏天，有一千七百六十多万人怀揣梦想参加了高考。高考，使一大批被"文革"耽误了的学生圆了"大学梦"。

1977—1979 年这三届高考考生存在"三多"的特点：老三届学生多、大年龄考生多、已经工作的考生多。仅天津一市，三年时间有 21216 人通过努力考上了大学。经过 1977 年冬天的第一批高考，可以明显看出我国高等教育当时存在"三少"的情况，即招生学校少、授课教师少、招生名额少。以 1978 年为例，天津市仅有 4977 个招生名额，而实际招生只有 4667 人。面对百废待兴的中国高等教育，如何使更多学生能够走进大学课堂接受高等教育成为了当时的一个难题。在当时的经济形势下，继续兴办新的大学并不现实，在北京、天津等大城市设立已有高校的分校成为一种潮流，暂时缓解了高考考生"三多"和高等教育"三少"之间的矛盾。

1978 年，天津市高等教育委员会等本市相关部门和南开大学、天津大学协商，在充分提供给考生入学名额和充分考虑天津市经济社会发展人才需求的情况下，设立了南开大学物理分校（即南开大学分校）、南开大学第二分校、天津大学化工分校（上述二者后合并为今天津职业大学）、南开大学第三分校、天津大学理工分校、天津大学分校、天津大学机电分校、天津大学冶金分校（上述四个分校后合并为天津理工学院，即今天津理工大学）、天津大学建筑分校（后更名为天津城市建设学院，即今天津城市建设大学）、天津大学石油分校、天津大学纺织分校等十余所分校，当年 11 月 27 日正式开学。分校由天津市相关部门和两所高校双重领导,由两所高校派出教师授课,南开大学分校为天津市高等教育委员会与南开大学共同领导,初期大多聘请南开大学相关专业教师授课。学科性质方面,建立之初大多开设本科层次,且学科层次较为单一,南开大学分校仅开设物理学专业,因此初期又称南开大学物理分校,所有学生均实行走读上课。在这样艰苦的条件下,一些天津市考生也同样获得了上大学的机会。1978年的高考中,天津市各分校首次招生,共招收考生7618名,是当年全国其他高校在津招生人数(4667名)的1.6倍,最大程度满足了天津市考生进入大学学习的需求,同时也大大提高了天津市高考本科入学率。可以说,恢复高考不仅使天津市的高等教育走出了"文革"的阴霾,重新焕发生机,而且促使以南开大学分校为代表的一批新兴高校应运而生,为天津市的高等教育发展及人才培养贡献力量。

(二)改革开放促使天津市诞生了首个本科档案学专业

1978年12月,中共十一届三中全会胜利召开,此次全会实现了思想、政治、组织路线及历史问题上的拨乱反正,作出了实行改革开放的重大决策。全国各地积极响应,各族人民都投身到了改革开放和社会主义市场经济建设的大潮中去。

天津原本是中国最早对外开放的城市,也是中国北方工业中心、中国轻工业基地,但经历了"文革"的十年浩劫,天津的经济、政治、文化、社会生活等各方面水平均一落千丈。可以说,恢复高考后的前几届大学生都肩负着恢复天津经济、建设天津社会文化事业的重任。因此,科学设置高校专业、培养建设天津急需的人才就至关重要。

　　"文革"对学术界打击最大的就是部分人文社会科学学科的发展,政治学、经济学、法学、社会学、心理学等人文社会科学受"左"倾错误影响,发展几乎停滞不前。出于天津市文化教育及社会事业发展考虑,需要立即培养人文社会科学人才,但当时天津市各高校中,社会科学类专业(本科层次)相对全面的仅有南开大学和天津师范学院,此外还有以经济类专业为主体的天津财经学院和以语言类专业为主体的天津外国语学院。南开大学分校及时分批分次地开设了部分人文社会科学类本科专科专业——档案管理、企业管理、政治学、行政管理、社会学、图书情报学、秘书、人事管理等等。上述专业中,有些专业如政治学等是由于其他原有高校同类型专业的人才培养数量较少,不足以满足天津市社会需求;而以档案管理为代表的一些专业则填补了天津市同类型专业的空白。

　　档案管理专业创立于1981年,是继中国人民大学、中国人民大学第二分校(今北京联合大学)之后全国第三所创办本科层次档案管理专业的高校。第一批学生是从1978年入学的数学、物理学、化学三个专业学生中挑选出部分较为优秀者转入该专业攻读。在此之前,天津市仅有天津市河北区干部大学档案系开设档案管理的成人教育班(此成教班与中国人民大学历史档案系为改革开放前我国大陆仅有的两所档案教育机构)。南开大学分校开设档案管理专业,开创了天津市档案管理学科高等教育的先河。

二、南开大学分校档案管理专业的不断完善、发展

　　南开大学分校档案管理专业成立以来,在课程设置、师资力量

选择、实践教学等各方面不断完善、日趋成熟。

(一)精心设置培养方案,做到理论实践并重、多学科交叉

南开大学分校设立时间短,开设专业大多为应用型学科,这就使得其课程设置不宜像传统老牌儿高校一样单纯注重研究,而要侧重实务。档案管理专业亦是如此,上世纪 80 年代我国高校学科门类中尚没有管理学门类,档案管理专业属于历史学门类中国史一级学科下的学科方向,授予学位可从文学、理学和历史学三者中选取其一。分析《南开大学分校八六级档案学系档案学专业教学方案》(以下简称《教学方案》)可以看出,南开大学分校在档案管理专业课程设置上做到了"两个兼顾"——兼顾理论型课程和实践型课程、兼顾其他学科门类。

1. 做到理论与实践兼顾

《教学方案》显示,除了公共必修课程外,档案管理专业课程大体分为两类:理论型课程有现代汉语、古代汉语、逻辑学、中国古代史专题、微积分、线性代数、概率与数理统计、管理系统工程概论、档案学概论、文书学、中国档案史、外国档案工作、世界近代史、天津地方史、图书情报学概论、社会学概论、清代文书、中国政治制度史、中共党的机关发展史、秘书学概论、方志学、科学技术发展史、自然科学概论等;实践型课程包括写作、文史文献检索工具、计算机语言与档案管理程序设计、档案管理学、科技档案管理学、档案保护技术学、档案文献编纂学、现代化管理、管理心理学、检索语言、书法、速记、行政管理、识图、保护化学等。二者所占比重基本相同,可以保证学生在掌握专业理论,有一定科研能力的同时也注重实践,成为应用型人才。

2. 注重其他学科知识渗透，打造"一专多能"人才

通过分析《教学方案》开设课程可以看出，南开大学分校档案管理专业不仅注重档案学的学习，同时也满足档案专业学生未来工作中所需知识"多而杂"的特点，结合本校综合性大学的特色，向学生介绍其他学科课程，将学生打造成为"一专多能"的人才。比如给学生讲授社会学专业的社会学概论；政治学专业的中国政治制度史、中共党的机关发展史；行政管理专业的行政管理、管理心理学；企业管理专业的现代化管理等等。当年档案管理专业学生大多毕业分配到机关、事业单位、国企从事档案管理或行政管理工作，了解这些知识，对于其日后工作大有裨益。

（二）充分利用与南开大学的历史联系，聘请或引进高层次人才充实教师队伍

南开大学分校最开始的教师队伍基本上是由从南开大学调来的教师组成，后期也录用了两所高校及本校的优秀毕业生任教（这部分毕业生大多成为了现在天津师范大学管理学院的骨干教师）。部分课程也由南开大学相应教师担纲。比如，很多历史学类课程就是由南开大学历史系和历史所的教师讲授，所选用教材也与南开大学历史系相同，且部分教材例如翦伯赞教授主编的《中国史纲要》等是各高校至今依然沿用的经典教材。从这一意义上说，南开大学分校虽然硬件设施较为艰苦，但师资队伍、教材等方面却毫不逊色于南开大学。

南开大学分校除了聘请南开大学的教师外，还另行聘请了一些国内外知名的专家学者。例如，南开大学分校档案系第一届档案管理专业学生学习"中国档案史"这门课程，就是聘请我国档案史

学专家、中国人民大学档案学院周雪恒教授主讲的。

充分尊重人才,聘请专家学者,使得专业教学质量逐步提升,科研能力也有所加强。随着南开大学分校行政关系上的调整,部分专家、教师如桑毓域教授、李福君教授等也逐步充实到了天津师范大学管理学院中去,增强了后者的教学科研实力。

(三)努力完善办学层次

南开大学分校在初期办学时为本科层次,后期在完善办学层次方面也做出了相应努力。

南开大学分校档案系从 1983 年开始招收专科层次秘书专业,完善了档案系的学科设置,也拓宽了档案学的学科教学科研视野。

(四)为学生创造优质实习机会

南开大学分校档案系在教学方面不仅注重书本知识的讲授,也注意联系高层次、高水平的实习基地,鼓励学生"走出去",在实践中开阔眼界、学到新知识。除了天津,在南京、沈阳等多个城市都有档案系的实习基地,例如位于南京的中国第二历史档案馆,不但是我国民国档案最主要的保存基地,也是全国中华民国史学科的权威研究机构之一,档案系学生去二史馆实习,不但能获得业务锻炼机会,同时也能通过翻阅史料、请教专家汲取中国近代史相关知识。

三、完成历史使命,南开大学分校并入天津师范大学

经过近 20 年的运转,南开大学分校已经成为了天津市高等教

育系统的中坚力量,档案系更是天津档案系统人才培养的摇篮。仅首批毕业生中,就产生了天津市档案局(馆)前副局(馆)长杨文杰,天津市北辰区档案局(馆)长刘振义、天津师范大学管理学院档案学系前系主任、教授、硕士生导师桑毓域,全国档案系统先进个人、天津市和平区档案局(馆)网络信息科科长胡祥华等全国档案系统及档案学界的知名专家。

二十世纪九十年代,天津高等教育系统进行了又一次调整,南开大学分校也完成了它们的历史使命,并入了天津师范大学。1992年10月1日,南开大学分校更名为天津师范大学应用文科学院,但依然独立办学。1996年正式并入天津师范大学。同年12月与国际管理学院合并为国际信息与管理学院。2000年12月与天津师范大学马列教研部合并,更名为经济与管理学院。2003年6月马列学科独立,经济学科与管理学科分设学院,成立天津师范大学管理学院,直至今天。

去年9月,天津师范大学档案学系微信公众号"与档同行"正式开通,成为档案学系宣传档案学及档案教育的前沿阵地。今年3月,天津师范大学新增图书情报与档案管理一级学科硕士点,档案学专业拥有了独立的硕士授予权,可以看出,天津师范大学图书情报档案学科的发展日臻完善!

结　语

南开大学分校档案系在恢复高考之后为天津市的高等教育事业和档案事业做出了极大贡献,它在特定历史环境下仓促设立,却为天津培养出了一批又一批社会主义档案事业建设者。南开大学分校档案系的历史不应被忘记!

参考文献

1. 郭大钧主编:《中国当代史(1949–2007)》,北京师范大学出版社 2011 年版。

2. 天津市地方志编修委员会办公室编著:《中国天津通鉴（上卷)》,中国青年出版社 2001 年版。

3. 天津市地方志编修委员会编:《天津简志》,天津人民出版社 1991 年版。

4. 郑质英主编:《天津市四十三年大事记(1949–1993)》,天津人民出版社 1995 年版。

5. 天津市教育招生考试院档案室编:《天津市普通高考报名录取统计资料汇编(1977 年 –2008 年)》。

6. 扬弃、宋国华主编:《天津师范大学 50 年:1958–2008》,天津古籍出版社 2008 年版。

7. 天津市地方志编修委员会编著,《天津通志·档案志》,天津社会科学院出版社 1999 年版。

8. 杨晓红主编:《中国档案史》,辽宁大学出版社 2002 年版。

9.《国务院学位委员会关于下达 2017 年审核增列的博士、硕士学位授权点名单的通知》(学位〔2018〕9 号)。

(刊于《天津档案》2018 年第 3 期,2018 年 6 月,第 21—23 页)

作者:周持,天津市北辰区档案局(馆)保管利用科

连环画中的天津故事

吕　明

一、《血溅居士林》里的民国奇案

20世纪八十年代末期,由明星岳红、孙飞虎等出演的电影《女刺客》红极一时。这部电影取材于一桩民国奇案——施建翘刺杀孙传芳。

事件起源于施建翘的义父被军阀孙传芳杀害,人头悬挂在安徽蚌埠车站门厅上。这位羸弱女子,怀揣为父报仇的誓愿,秘密潜回天津,住在英租界伦敦路(今和平区成都道)地界里。她一方面找到医院,将裹足的小脚通过手术得以恢复;另一方面,打探仇人的住所、行踪规律且秘密购买了手枪、子弹等。在1935年初冬的一个下午,潜入天津老城东南的“居士林”,亲手射杀仇人孙传芳。

针对这一事件,当年各个新闻媒体都竞相报道。几乎与事件同步报道的,还有以绘画手段再现“时事新闻”的连环图画《血溅居士林》。

新天津报出版社,是天津爱国文化人士刘髯公创办的,地址在意租界大马路(今河北区建国道66号)上。此次事件发生的第一时间,报馆记者就赶到现场。为了吸引读者关注,报馆破天荒连载了跟踪新闻事件的时事连环画。这些画面的文字脚本是副刊主编王喆夫,绘画是美术编辑孙焕文。这也是天津连环画史上第一次有文字和绘画作者的连环图画。由于时代久远,我们今天只能通过零散画面,一睹这部时事新闻连环画作品的风采。

历史学者把发生于津门的这一事件,列为民国奇案之一。自1935年11月13日事件发生到1936年10月14日,民国政府主席林森的特赦令宣布,施建翘被无罪释放。

(刊于2018年6月2日《今晚报》第10版"天津卫·乐活")

二、劳模潘长有　感动亿万人

在新中国劳动模范行列里,天津钢厂炼钢工人潘长有的名字和事迹熠熠生辉。1950年初,这位天津土生土长的年轻人,以国家主人翁的态度和舍生忘死的拼搏精神,率先采用"热修马丁炉(马丁炉,也称平炉,由德国西门子公司于1860年首创的炼钢技术和工艺)"的方法,将传统修炉时间大大缩短,每年省下65天的修炉时间用于生产。

在中华人民共和国成立初期,国家经济建设和国防工业急需钢铁,潘长有的"热修马丁炉"工艺,在为国家创造更多工业产品的同时,极大鼓舞了亿万人民建设新中国的热情和决心。

中华人民共和国成立初期,在天津图书编辑、出版、发行能力有限的情况下,天津军管会文艺处(后为天津市文化局)提供稿源,委托上海晨光出版公司,编辑出版了"工厂文艺习作丛书"。丛书共27种（册），真实记录了1949—1951年间津门职工文艺发展的情况。其中《潘长有》一册连环画,绘画者是时任天津制钢厂（后更名天津钢厂）工会干部张谛。笔者曾采访过张谛先生,得知他原来是第一个撰文报道、拍摄新闻照片和绘画潘长有英雄事迹的人。

连环画《潘长有》开篇是一帧青年潘长有的画像,用铅笔素描,勾勒出炼钢工人的形象。后面的十四幅连环画，以线描写实的手法,再现以潘长有为代表的炼钢工人群体,创造了世界上第一次成功"热修马丁炉"的感人事迹。

当年的连环画，图案和文字都已经模糊,纸张也早已发黄斑驳,但新中国劳模潘长有的精神是永存的。

（刊于2018年6月9日《今晚报》第10版"天津卫·乐活"）

三、《火烧望海楼》描画"天津教案"

连环画《火烧河楼》是以近代"天津教案"的发生地——望海楼教堂为背景描画的一部作品。

1961年8月,天津美术出版社组织精兵强将,根据历史事件创作编绘《火烧河楼》。画家张玮是新中国天津优秀的连环画家,在绘画《火烧河楼》之前,他先深入天津老城、望海楼三岔河口等一百多年前事件发生地采风、写生。广泛收集有关天津近代历史的资料,尽可能再现当年事件原貌。比如,自"天津教案"到中华人民共和国成立,海河上游历经多次裁弯取直的河道更改,海河两岸的景物都发生了改变。张玮仅沿着海河和有关街道,就画了厚厚几大本的写生。

《火烧河楼》里的主要人物，都是真实的，张玮细心为每一位主要人物造像，力求与可查的人物原貌一致。初稿完成后，社长郭钧几次召开会议，由画家、学者、编辑提意见。同时，部分画面刊载于《天津画报》，广泛听取读者反馈。

文史学者、书画家何德骞，回忆起当年《火烧河楼》连环画带给他的震撼时动情地说："张玮先生的这部作品，人物形象鲜明，天津风情浓郁，建筑物、街道、官服制式等无一不精准，令人拍案叫绝！"例如刚刚落成的望海楼教堂阴森恐怖，三座塔尖突兀地耸立在河边，行人显得非常渺小。画面中天津百姓簇拥着孩子惨死的朱老太，老人悲痛欲绝，泣不成声，画面十分传神。

（刊于 2018 年 6 月 23 日《今晚报》第 10 版"天津卫·乐活"）

四、《金钟历险记》讲述智护国宝

现藏于故宫博物院的清皇室金编钟，每天有数以万计的参观者驻足参观。这套共用去一万三千六百多两黄金铸成的国宝，是清朝乾隆皇帝 80 岁"万寿大典"当日被放置在太和殿上的寿礼。随着清王朝的覆灭，这套金编钟也"走出"紫禁城，成为盐业银行的一笔资产。

1931 年九一八事变后，日寇占领东北，觊觎华北，京津危在旦夕。盐业银行高层秘密将一批包括金编钟在内的故宫珍宝由盐业银行副总经理兼天津分行经理陈亦侯负责，押送并隐藏于天津法租界内的盐业银行天津分行。1937 年 7 月 30 日，日寇占领了除英法意三国租界外的全部天津市区。日本情报机关似乎嗅到了金编钟的气息，很快敲响了盐业银行天津分行陈亦侯经理的宅门……

由广州花城出版社 1983 年 11 月出版的"环球旅游"连环画系列套书的第三册《金钟历险记》,将读者带入一段跌宕起伏、险象环生的"爱国金融家誓死护宝智斗日寇"的真实故事中。

连环画第 17 图,深夜,法租界盐业银行二楼的阳台上,陈亦侯先生手扶栏杆,目光坚定地望着远方。若是按总部的密令,把金编钟送到设在天津老城北马路的炉房,陈亦侯既不担风险和责任,还可以轻而易举得到约八千两黄金。可他想:"如果在我的手里毁掉国宝,怎么对得起祖宗?"

连环画的第 21 图,在 1940 年 4 月的一个深夜,陈亦侯与自己的司机杨兰波,将金编钟装入八个小木箱,运到毗邻的英租界四行储蓄会,在此接应的胡仲文和亲信工友徐祥,把国宝藏入库中。

第 22 图,陈胡两位爱国金融家的四只手紧握着,对天盟誓:"天知地知,你知我知!"为了迷惑日寇的视线,胡仲文吩咐储蓄会总务,买了八吨煤堆在门口。转移国宝后的第三天,日寇派军警闯入盐业银行,搜查的结果,可想而知。

1949 年,天津解放,胡仲文与远在上海的陈亦侯商议后,致函天津市军管会,代表盐业银行献出四位爱国者秘密守护的金编钟。至此,这套凝聚中华文明和智慧的国宝,终于回到人民手中。

(刊于 2018 年 6 月 30 日《今晚报》第 10 版"天津卫·乐活")

五、去故事发生地创作《银沙滩》

1976 年 4 月,由天津人民美术出版社出版的《银沙滩》,是以天津静海县某村改造盐碱地故事为线索,由津门作家创作、改编,由天津人民美术出版社专业画家、文化馆美术工作者、农民画家和知青联袂创作的优秀连环画作品。

天津静海文化馆老馆长丁昉在接受笔者采访时回忆，大约是1974年春天，由天津市静海县文化馆、天津人民美术出版社组成的《银沙滩》连环画三结合创作组，来到连环画故事的发生地——距静海县城10公里的双塘公社杨家园村。创作组成员一边体验生活，一边着手连环画的改编和绘画。公社特意将创作组成员，安排在一个大院子的三间房里：最外间是责任编辑叶坚铭，负责审稿。中间一间是四位绘画者，依次是县文化馆干部丁昉，出版社画家傅洪生，当地农民代表、天津艺术学院绘画系连环画年画班工农兵学员施振广和天津插队知青赵金龙。最里间是作家冯育楠，他一边修改、完善长篇小说，一边编写上下册的连环画《银沙滩》。

《银沙滩》连环画，选择了开本大气的60开本，可谓"精雕细琢"。《银沙滩》采用了中国连环画传统线描的勾线绘画，同时加入了西画的透视关系和一些黑白处理，使得连环画面更加生动、人物形象更加鲜活。

(刊于2018年7月7日《今晚报》第10版"天津卫·乐活")

六、《刘连仁》控诉日寇罪行

1958年4月15日，天津塘沽新港码头红旗飘扬、锣鼓喧腾，新闻记者、摄影师翘首以待，共同等待见证一个历史性时刻——一位被日寇强掳为劳工的中国人，在逃进深山13年后，历经坎坷，终于回到祖国的怀抱。

刘连仁回国的消息被天津媒体最先报道后，天津美术出版社的同名连环画《刘连仁》就率先出版了。这部出版于1959年7月的连环画,选择了 48 开的较大开本,用中国传统线描技法,再现了那段不堪回首的往事。

连环画主人公刘连仁是山东高密井沟镇草泊村人。1944 年 9 月的一天上午,时年 31 岁、在家务农的刘连仁被日寇抓住,成为日本军国主义"移入华工方案"的试验品,运回日本北海道雨龙郡沼田村明治矿业公司昭和矿业所,作为奴隶下井挖煤。

这里就是一座"活地狱",塌方、透水、瓦斯爆炸等事故时常发生,中国劳工许多人被打死、饿死、冻死和病死,中国劳工大军就是一支"死亡队伍"。

自被抓后,刘连仁和同胞们无不想着逃跑。在经历了多次逃跑——被抓——受刑的过程后,1945 年 7 月的一天深夜,刘连仁终于趁着看守的松懈和月黑风高,顺利地跑出矿业所,拼命跑向远处的崇山峻岭深处……从此,刘连仁就被迫成为"穴居山野,茹毛饮血"的野人。在北海道的深山里穴居 13 年,创造了人类生命的奇迹。直到 1958 年 1 月底的一天,一位日本猎户上山发现了他的踪迹……

为讨回公道,1996 年 3 月,刘连仁向仍然不认罪不赔偿的日本政府提起诉讼,并三次赴日法庭陈述。2001 年 7 月 12 日,刘连仁全面胜诉,被告日本政府被判赔偿中国公民刘连仁 2000 万日元。

(刊于 2018 年 7 月 14 日《今晚报》第 10 版"天津卫·乐活")

七、《吉鸿昌》讴歌民族英雄

天津是中国的一座文化名城,在抵御外国入侵者的战斗中,涌现出一大批仁人志士和民族英雄。在今天和平路与赤峰道交口,有座近百年历史的国民饭店,这也是爱国将军吉鸿昌被捕的地方。在国民饭店西南不远处的中心公园,矗立着吉鸿昌烈士的铜像供市民瞻仰,对面的花园路 5 号,就是吉鸿昌的故居。

由吉鸿昌事迹改编创作的连环画版本非常多,笔者在此重点介绍天津新蕾出版社 1991 年出版的《中华英烈传》中的一册。它是由天津美协原副主席、天津美院院长姜陆领衔绘画的《吉鸿昌》。这套彩色连环画的封面设计、绘画由天津著名画家陈九如完成。姜陆的水粉画,采用了现代动漫的一页多图形式,人物形象塑造鲜明,用短短几十幅彩色画面,再现了吉鸿昌伟大、传奇的一生。

其他有关吉鸿昌的版本,各地多为名家绘画。其中,在吉将军的家乡河南,1983 年中州书画社出版了一套四册的全面介绍吉鸿昌一生的连环画,这是同一题材内容最丰富的一套连环画。另外,人民美术出版社和辽宁美术出版社的上下册版本,浙江、上海、广东等地出版的单册版本及中国电影出版社和广西美术出版社的电影版本等也有很多。

(刊于 2018 年 7 月 21 日《今晚报》第 7 版"天津卫·乐活")

八、"一代蛙王"穆祥雄的奥运梦

2008 年北京夏季奥运会开幕式上,八位新中国各个时期、不同运动项目的世界冠军护送着奥林匹克旗帜入场,其中一位满头白发、精神矍铄的古稀老人走在护旗手的队伍中十分引人关注。当解说员说出他的名字——穆祥雄时,现场欢呼声响成一片。

穆祥雄 1935 年出生在天津天穆村一个回族游泳世家。很小的时候,穆祥雄就在蛙泳上表现出惊人的潜力。1946 年,不满十二岁的穆祥雄首次参加天津市幼儿男子组游泳比赛就获得第一名；1947年夏天和1948年春季，他又两次参加天津市游泳公开赛，均荣获同年龄组别个人总分第一，被业内誉为"游泳神童"。1959年9月17日，第一届全运会100米蛙泳男子决赛，穆祥雄先后三次打破世界纪录，成为新中国第一位打破世界游泳纪录的选手，被国际泳坛誉为"一代蛙王"。

人民美术出版社出版的连环画《一代蛙王》，由天津画家刘希立绘画完成。连环画封面，定格天津人穆祥雄打破世界纪录时的英姿。而穆祥雄在奥运游泳项目上的夺金梦，直到1992年巴塞罗那奥运会上，由他培养的女弟子钱红一举夺得四枚金牌才得以实现。

（刊于2018年7月28日《今晚报》第7版"天津卫·乐活"）

作者：吕明，连环画收藏家、天津地方史学

夕阳终落幕，余晖映满天
——回忆与津门连环画家王恩盛先生的往事

王 垚

3月10日凌晨，98岁的津门连环画家、商业美术家王恩盛老先生，永远离开了我们。做为新中国第一代连环画家，见证了连环画多年来的发展历程和兴衰，老人的离去，带走了"天津中联书店"这个北方早期的私营出版社，最后一位在世的专职画家。

知道王老的大名，还是在1999年举办的"天津首届'小人书'收藏大展"的报道中了解到，那时我拍刚进入连环画收藏圈，根本不懂得什么连藏门道，也无缘得见先生。后来知道先生不但画技高超，且在武学造诣上功力深厚，早在1953年，便拜在武当丹派剑法十一代传人孟晓峰大师（1884—1977年）门下，成为武当神剑第十二代传人。

到了2006年年初，天津古玩城举办的全国连环画交流会，做为嘉宾来助阵的王恩盛先生，一派仙风道骨，大家风范，与各位老友及连友相互交谈，和蔼可亲，这是我第一次见到这位老画家。而当时一个二十出头的我，资历尚浅，没好意思上前与之攀谈。

2016 年 9 月 26 日"连环画家王恩盛艺术研讨会"合影

　　直到 2016 年初，由津门连环画收藏研究学者吕明先生引荐，带我到王老所居住的"五大道"地区河北路 245 号家中拜访。才正式开启了我与王老在连环画艺术上的一段忘年之缘。而当时，老人已是 95 岁高龄，我也把一份珍藏了 11 年之久，介绍王老的《今晚报》和几部其连环画作品带到老人面前，请其签名钤印，留存珍藏，圆了一个心愿。

　　同年 9 月 26 日，在吕明先生的提议下，我与连藏家陈军先生，三人共同策划，在天津友谊宾馆为王老举办了"连环画家王恩盛艺术研讨会"，这次活动得到了天津人民出版社、天津艺术史学会、天津文史馆等多方支持，老一代美术家邓家驹、杜明岑，津美社原社长刘建平、资深编辑徐礼娴、施振广，天津美院副教授、史论系主任刘永胜，画家张精来、王志恒、哈铭，著名文化学者何德骞、罗文华、刘恒岳、曲振明、齐珏等人，还有老一辈已故连环画家萧文采、张玮、张鸾、陶琦的子女萧惠珠、张郁箐、陈汉、何励，原中联书店出版社创始人张瑞生的女儿张小莹，应邀参加，大家在会上均有精彩发言。时年90高龄的中国连环画研究会会长姜维朴先生也从北京发来贺电，为这位老友表示祝贺。

此后，我便时常到家中看望先生。每次去，都带上一些珍贵的老连环画资料与其分享，也给老人带来了一份欢乐。与年轻人在一起，王老总会滔滔不绝聊起往事，一起交流曾经的创作。我便把这些点滴一一记录下来，成为宝贵的口述资料。

记得有一次，我带来一本1955年的《连环画报》，其中一篇是王老根据作家刘绍棠的短篇小说《婚礼》编绘的连环画作品《春梅子的婚礼》，之前从未听过老人提及，因此发现这部作品后令我格外兴奋。经王老回忆，这是比发表于1956年《连环画报》上的其处女作《航空信》，更早的一部作品，这一天，"春梅子"终于回到了娘家。之后，我把这部作品的二十六幅画面，扫描打印，亲手装帧了一本连环画册送与老人，也见证了一段忘年连趣情缘。

今年春节前一天，我忙完假期前的最后工作，中午赶到王老家中拜年看望。一进门，老人正在观看平昌冬奥会花样滑冰比赛，见我到

2017年腊月二十九笔者与王恩盛先生最后的合影

照片拍摄于王恩盛先生九十寿辰

来,笑容绽放,握手也是格外有力。如同以往,带些精神食粮,这次带来书画家李文祥老师年前特为老人书写的"福"字。李老师的岳父哈珮(墨农)先生,生前与王老相识多年,亦是老友,因此老人格外高兴。临别前,其家人为我们留下合影,未曾想,二十几天后,老人仙逝于梦中,这次见面竟成了最后的诀别……

"神龟虽寿,犹有竟时。螣蛇乘雾,终为土灰。"

对于王恩盛先生的离世,思想上却有准备,但情感上却难以接受。虽然与先生交往只有短短的两年多时间,但却有着近二十年的情意,由此感受到老一辈通俗美术工作者,在连环画创作中的艰辛历程与严谨态度。做为年轻一代,有责任和义务去挖掘鲜为人知的连环画历史,收集已存世不多的资料,并流传于世人,使大家不应忘却连环画艺术曾经对几代人的影响和教育,及深远的意义。

夕阳终落幕,余晖映满天。送走了老人,却留下了无限思念,愿来世再续这段连缘。

(刊于 2018 年 6 月 4 日《藏书报》第 3 版"连藏画廊")

作者:王垚,连环画收藏家、天津地方文史学者

附 录

齐聚书院为问津
——第六届问津学术年会综述

余亦鱼

第六届问津学术年会于 2019 年 12 月 29 日在天津市河北区巷肆创意产业园举行,年会由天津问津书院主办,来自南开大学、天津大学、天津师范大学、天津财经大学、天津理工大学、河北工业大学、天津社会科学院、天津市档案馆(天津市地方志编修委员会办公室)、天津博物馆、天津市艺术研究所等单位的专家学者以及民间文史学者近 80 人出席了本次年会,提交论文 86 篇。内容涉及天津历史文化等诸多方面,除主旨发言外,还分为三个小组进行讨论。与会专家积极发言,讨论热烈,显示了天津历史文化研究的深度和广度。

一、民俗与天津

所谓民俗,根据钟敬文先生的定义,即"民间风俗,指一个国家或民族中广大民众所创造、享用和传承的生活文化。民俗起源于人类社会群体生活的需要,在特定的民族、时代和地域中不断形成、扩布和演变,为民众的日常生活服务。民俗一旦形成,就成为规范人们的行为、语言和心理的一种基本力量,同时也是民众习得、传承和积累文化创造成果的一种重要方式"①。由此可见,民俗既为民众所创作,同时也为民众的日常生活服务。它是民众日常生活中所形成的具有传承的生活文化,具有民族特色和地域特色。

天津民俗的形成、演化,则与天津城市的发展、社会生活和文化心态密切相关,具有明显的地方特征。探讨天津的民俗,对于我们认识天津的历史文化和民众性格都具有重要的价值。管淑珍探讨了民俗对于天津的意义。她从百姓日常的民俗事项、节日风俗等方面,探讨了民俗给予天津人生活的影响。认为对于五方杂处、南北交融的天津来说,民俗的意义在于可以增强城市人民的凝聚力。并呼吁"为了天津的进一步繁荣发展,请大家尊重、保护并且大力弘扬天津的民俗文化"。春节对于中国人来说是最为重要的节日,因此年俗也成为中国民俗的重要组成部分。天津过大年,一进入腊月(农历十二月),就开始置办"年货"。娘娘宫的年货市场,则是天津年货市场的大本营。高伟为我们描述了昔日娘娘宫年货市场的繁华场景,为我们考察天津的年俗提供了一个视角。旧时天津还有一个风俗很有特色,那就是"拴娃娃"。当时一些结婚不孕的妇女,为了早日得子便去娘娘宫抱一个泥制的娃娃回家,并用红丝绳拴住,故称"拴娃娃"。沈红所谈泥人,更像是一篇散文,也是从风俗"拴娃娃"谈起,最终引申出泥塑艺术的变迁。方博则从民间流传已久的"白俊英传说"谈到杨柳青美女擅作年画问题,认为这更多的

①钟敬文主编:《民俗学概论》,上海文艺出版社1998年版,第1—2页。

是一种艺术形象的塑造，白俊英不过是众多画工身份的农家少女形象的集中体现。欧阳康考察了明清时期天津水神信仰问题，认为明清时期天津是水神信仰较为盛行的地区，除了传统的龙神，还有河神、海神等信仰。这种信仰与天津的地理和社会环境有密切的关系，正是运河、河流、海洋等交错的地理环境，造就了天津复杂的水神信仰体系。由国庆从饮食文化入手，考察了煎饼馃子的由来，并从文字学的角度，考察煎饼馃子、煎饼果子、煎饼裹着的文化内涵，为我们重新认识天津小吃提供了新视角。

二、史迹与天津

天津虽然是一个近代兴起的商业都市，但是作为一个因运河和漕运而发展起来的城市，它依然有着较为丰富的历史遗存，尤其是周边郊区历史悠久，更是有着极为丰富的历史遗存。如蓟州的黄崖关长城、独乐寺、白塔寺，宁河的天尊阁等，都是国家重点文物保护单位。盘山，更是因清朝康熙和乾隆皇帝的多次前来而闻名天下，如今也是国家重点自然保护区，山内寺庙众多，石刻随处可见，保留下很多历史遗存。本届年会就有不少学者关注天津的历史遗存。

刘春考察了乾隆游盘山的情况，考证了乾隆来盘山的次数、他在盘山建设静寄山庄等的情况以及他在盘山作诗、题字情况，可见乾隆皇帝对盘山的钟情和厚爱。我们应该好好挖掘其中所蕴含的文化与价值。李红路根据相关资料，考证了塘沽第一眼水井的情况。姜茂树考察了具有神话色彩的大神堂老井。李瑞林考察了汉沽的小盐河纤夫，从一个侧面了解汉沽制盐业的情况。张乐君考察了葛沽的由来。他利用考古和文献资料，并结合古时传说和民间发现，从渤海西海岸平原成陆、海河主干流形成、古代葛沽地区军事民生等方面，对葛沽主体地区成陆、特别是"鲛脐港铺"做了考察分析。李佳阳详细考察了记载静海历史的各类志书，认为这些志书记载了静海各地的情况，对于研究静海地方史和资政育人都具有重要作用。曲振明利用各类文献，详细考察了河东盐坨的历史变迁、盐坨的经营管理以及中外人士笔下的盐坨。尹树鹏考察了西青区百年教育的情况，认为天津市西青区是一片由众多河流滋养的沃土，因而产生了亲水的文化特点。由此铸就了西青人聪敏、灵活、稳重、刚毅的性格，植根了崇尚文化、重视教育的传统。西青的教育虽在密度上不如中心城区，但办学理念始终恪守着重教兴学的传统。刘利祥考察了大沽路的交通枢纽下瓦房站由来及历史变迁。

周醉天考察了天津大学位于红桥区西沽武库时期的情况。刘宗江也关注北洋大学和桃花堤。认为西沽桃花堤是一片地区，首先是西沽村西北部历史上的西沽叠道沿路，其次是西沽村正北方向的前往北洋大学的大道，再次是北洋大学旁的运河堤畔上的桃花。同时他通过各种文献资料，对北洋大学西沽武库的地理位置也作了详细考证。认为北洋大学桃花堤集中区应是西沽一片区域，尤其是西沽村北方径直通往北洋大学的大道。这为我们厘清桃花堤的具体位置提供了参考。赵进杰考察了中国最早的女子师范学校——北洋女师范学校的历史变迁。认为它不仅是一所学校发展变迁的记录，也是一个民族从落后到抗争并最终崛起的百年发展历程的象征。张绍组以丁字沽小学为切入点，考察了丁字沽地名的由来、该地的娘娘庙和白衣寺等史迹。并通过各类文献资料，认为丁字沽小学的前身为第四半日学堂,其建立时间也非 1930 年而是 1903 年,将建校时间提前了 27 年。

章用秀考察了天津最早的私家园林问津园的前世今生,并分析了张霖建设问津园的原因。他认为由于南北文人雅士的聚集,使得问津园在天津文坛具有重要的地位和作用。杨传庆考察了一代名儒姚范执掌天津问津书院的情况,认为姚范在问津书院的教学注重传扬周孔之道,强调道德性情,将汉学之考据与宋学之义理折中调和。这也是桐城派与京畿文学与教育关联的一个生动例证。李琦琳通过报刊资料,考证了颜惠庆日记所记"李家"当为"黎家",并分析了产生错误的原因,为我们今后翻阅相关日记提供了借鉴。

三、运河与天津

大运河作为昔日沟通南北的重要交通带,为沟通南北经济、文化做出了巨大贡献。近些年,大运河研究不断深入,认识也逐渐深化,尤其是 2014 年大运河申遗成功以后,各地的大运河研究更是如火如荼。不少地方甚至成立专门的研究机构,整理历史文献,细化研究领域,全方位推进大运河研究。天津素有"运来载来的城市"之称,因此运河对于天津的影响不言而喻。天津各界也大力开展运河研究并取得了一定成绩,本次学术年会就有不少学者关注大运河,并提交了相关文章。

张慧芝考察了 18 世纪前期海河水系与天津设府的外部动力,认为天津设府的内动力主要是漕运、盐业;外部动力主要是军事、经济和河流治理。军事方面,由于清王朝由陆疆逐渐转向海疆,京师需要一个水上门户、海防中心;经济方面,海河流域社会经济发展，需要在尾闾建立一个外向型的商贸中心，同时全国性市场发展，满足北京所需及南北商品贸易，亦需要一个河海联运枢纽；河流方面，随着海河水灾对京师及漕运的威胁加重，需要设置专门的海河管理机构。基于多重因素，天津遂于雍正九年设府，迎来了一个新的发展时期。任云兰考察了运河、漕运与天津的关系，认为1205年因漕河淤塞不再折行永济渠旧道，而从北流三岔口至通州，使得天津真正成为内河航运的枢纽和控扼首都经济命脉的门户。而且无论河漕还是海漕，天津都是重要的中转枢纽，尤其是元代大规模的漕运，促进了天津城市的形成和发展。天妃宫遗址和现存的天后宫也与元明清时期的漕运文化密切相关。正是运河和漕运的发达与繁盛，催生了天津城市的茁壮成长。

阎金明对京杭大运河的经济功能做了回顾与前瞻。认为在新时代大运河的经济功能还需要继续强化，这是因为运河沿线各城镇的经济基础如今比历史任何时期都要雄厚，深入发掘大运河经济功能也是中国经济转型升级和新旧动能转换的现实需要，同时也是落实京津冀协同发展国家战略和雄安新区宏伟规划目标的需要。而大运河通航也会带到可观的经济效益。总之，大运河的建设利用，适逢国家提出"一带一路"倡议、京津冀协同发展、雄安新区建设和长江经济带，主动融入国家发展，发挥优势，乘势而上，完全能够使古老的运河焕发新的生机和活力，推动沿线地区经济社会的发展。吴裕成以历史上天津有"赛淮安""小扬州"之说为切入点，考察了大运河线性文化传播的途径与方式。认为"城市绰号"承载着丰富的社会历史内容，也是考察大运河哺育沿线城市的成长、主导南北交流互动的一扇窗口。这两个称号，也从侧面反映了古代天津城市发展的两个阶段，"赛淮安"侧重城市的规模风貌，透露着质朴;"小扬州"涉及城市的民风习尚,折射出纷华绮丽的看法。万鲁建考察了天津饮食与运河的关系,认为天津因运河而为南北交汇之地,为了适应来自全国各地市民的需求,各类餐馆和食品应运而生,呈现出百花齐放的局面,并最终形成独具特色的津门饮食文化。

四、人物与天津

天津是近代兴起的商业都市,是洋务运动兴起之地,也是清王朝对外交涉的重要窗口和办公地。因此,不但商贾大家汇集于此,达官贵人、军人政客亦常住于此,文人墨客也常有人逗留或驻足。近代天津又是一个租界林立的城市,各种文化相互交织融合,共同构建成一个充满国际色彩的商业大都市, 也吸引着各色人等齐聚津门。这些人,有的长埋于此,有的倏忽而过,但都或多或少留下了足迹。因此,近代天津研究,除了政治、经济、社会、文化诸方面外,人物研究是一个非常重要的方面。本届年会就有不少学者关注历史人物。

倪斯霆考察了严复等人首倡"小说界革命"的情况。认为梁启超所提倡的小说界革命,实发端于严复等人在《国闻报》刊发的《缘起》。认为该文乃是中国小说从古代发展到近代后,在其迈向现代的过程中, 国人所发出的用西方进化论原理揭示小说内在机制与外在功用并将小说抬到与"经史子集"并重地位的第一声。故《缘起》一文实乃发出了"小说界革命"之先声。严孝潜通过新发现的严复给侄儿严君潜的家书,考察了严复的生活动向。张诚考察了王修植与《国闻报》对于近代中国变革的作用。认为王修植利用《国闻报》为阵地,积极宣传新思想,参与戊戌变法和反对外国侵略的行动中去,为中国的变革发挥了重要作用,也为后来为中国的发展奠定了思想基础。陈兆军讨论了顺天府宝坻人李菡在李鸿章求学时期对他起到的重要作用,正是由于李菡的赏识,李鸿章才被选拔为优贡。甚至李鸿章的哥哥李瀚章也曾得到他的赏识举荐。周学熙是近代著名的实业家,所办直隶工艺总局、唐山启新洋灰公司、滦州矿物公司都在近代工业史留名。实际上他由于家学渊源,具有良好的国学根底,在诗学方面也颇有造诣。宋文彬通过对周学熙晚年所著《止庵诗存》及《止庵诗外集》的考察,认为其作诗之技法相当纯熟,其诗名不过为实业家之名所掩罢了。推及其他,还有不少历史人物,也都具有全方面的才能,需要我们给予全面分析和评定。陈鑫、南理考察了张伯苓校长的爱国三问,认为这三个问题,言浅而意深,极富感染力,是南开精神最为重要的内核,也必将在一代代南开人心中赓续传扬。

宋健利用相关文献,考察了天津宝坻王瑛与广东南海吴文炜的交游情况。认为尽管两人交往较晚,但相互赞赏,常有唱和,并逐渐成为好友。甚至在吴文炜去世多年,王瑛还作诗哀悼,可见两人情谊之深厚。该文也为我们考察天津籍诗人的交游考,提供了一个新视角。叶修成对查为仁的散佚诗文进行了考证,认为从这些诗作可见当年水西庄文事活动的空前盛况,以及水西庄宾主之间人际关系与文学创作的繁盛情状。张元卿考证了刘云若消夏诗中的"密司杨",认为乃是女招待杨韫辉,也说明刘云若的小说人物也取材于现实。侯福志考察了王仁安的"名号"和"斋号",认为弄清楚其名号、斋号的演变,对于他的生平和著述研究都非常重要。金彭育考察了金恭寿与《金氏家集》的关系。从清代到民初,《金氏家集》共有五种版本,最早为咸丰八年(1858)天津致远堂刻本,书中有金氏族谱。而民初的版本则由金恭寿编刻,并记录了他艰苦曲折的编辑过程。认为该版本为研究金氏家族的诗词创作水平、清代和民国初期的津沽民俗生活提供了宝贵的资料。刘礼宾考察了周维善与《新天津画报》的关系。他认为周维善作为爱国知识分子、具有正义感的漫画艺术家,其作品经常在《新天津画报》发表作品。这既表现出《新天津画报》的办报风格,也表现出报社所具有的爱国主义情怀。齐珏考察了西画教师刘啸岩与著名画家刘继卣的师生关系,认为正是刘啸岩的严格训练为刘继卣日后的绘画创作打下了坚实基础。孙肇净通过考释王崇烈致金钺的信札,考察了王崇烈与金钺等天津耆宿名士的交往情况,并探讨了甲骨文被发现的问题。有一段时间,关于谁是发现甲骨文的第一人闹得沸沸扬扬。从王崇烈的信件,也可窥见一些相关情况。这对于研究甲骨文问题颇有价值。周利成考察了张大千、徐燕孙因画展结怨终以联袂来津举办公开画展"握手言和"之事,为我们见识了一件文化人的逸事。杨秀玲考察了票界翘楚杨慕兰的戏剧人生,认为她作为票友之所以能取得成功,一是经济实力为她挑梁组班奠定了基础;二是人脉广泛为她演出风采声色无限;三是生性好胜为她不断进取拓展戏路铺平了道路;四是侠情义举为她热心公事业赢得众名伶扶助。

甄光俊详细考证了宁河前贤王照的事迹,尤其是他组织团练保卫乡里、创办小学堂、改良文字之事尤详,可窥见王照一生之事功。王雅鸣考察了汉沽乡贤知州刘灼、教育家崔以敬、江南副主考戴彬元、筑路诗人崔戟荣、一代宗师李汉章的事迹,让我们可知汉沽地区物华天宝、人杰地灵。魏暑临考察了书法大家吴玉如与天津的关系,认为他书宗"二王",但又并非死守"帖学",而是碑帖并重,融碑入帖,力求扭转数百年来书风之疲弊怪异,其书法实践与理论兼长并美,自成一家,在很多方面开书学史上未有之先河。林海清分析了从天津走出的红学大家周汝昌。认为奠定周汝昌红学大师地位乃是他的经典大作《红楼梦新证》,同时他对《红楼梦》版本的考订,也是对红学的一大贡献。由此他认为周汝昌是著述最多、影响最大的红学大师。田晓东通过阅读周汝昌选注的《杨万里选集》,认为周汝昌注诗别开生面,语出精到且言之有物。其选择诗作,也与周汝昌求学的经历密切有关。他认为做学问需要五样东西,即能力、想象力、意志力、忍耐力和训练。刘景周考察了泥沽周家,认为周家虽然是泥沽历史上的名门望族,却没有留下任何遗迹,令人奇怪。

张立巍讲述了世界语诗人苏阿芒的一生。认为他把屈原、李白、杜甫等诗人的著名诗篇翻译成世界语在国外发表,为中国文学走向世界做出了贡献。王垚回顾了其与津门连环画家王恩盛的交往,认为年轻一代,有责任和义务去挖掘鲜为人知的连环画历史。张辉考察了天津电建前身施工队1954年进入天津的情况,认为老一辈员工在施工技术落后的年代,奋力拼搏,为国家薄弱的经济基础夯下了坚固的石桩。王振良考察了去年才离世的乡贤李炳德与崇化学会的因缘。认为李炳德在崇化学会的学习,使其获得了深厚的国学功底,为后来撰写《〈津门艳迹〉中的天津土语》《天津抄本小说中的方言俗语》《天津土语拾零》等著作打下了坚实基础。

五、社会与天津

天津最初只是一个军镇,后来逐渐转变为行政区划。清朝建立后,天津海口成为京师重地,其政治地位日渐提高。尤其是天津还是漕运的枢纽,南北货物汇集之地,使得天津在经济上成为重要的商埠。因此,天津不但是首都北京的门户,也是北京的"后花园"。近代以来,很多达官贵人、军阀政客都曾寓居天津,或企图东山再起,或安居晚年。同时,天津也是直隶总督、北洋大臣办公之地,中外诸多交涉亦在此办理,使得天津在政治上成为举足轻重之地。因此,近代以来的很多重大历史事件,都发生在天津或与天津有关。鸦片战争、洋务运动、甲午战争、戊戌变法、义和团事变、辛亥革命等,无一不与天津相关。因此,也有不少学者将视角放在了历史事件与天津的关系方面。

刘海岩利用清朝总理衙门档案留存的 19 世纪 90 年代德美两国与清政府之间交涉往来的文件,考察了天津美租界的划分、形成与消失,认为美租界的设立缺乏合法性。而面对列强间的争夺,清政府官员的无能在交涉过程中暴露无遗。最终,通过英美之间的私下交易,美租界才获得"合法"的归宿,合并于英租界。葛培林考察了直奉战争与天津的关系。他认为两次直奉战争虽然都发生在天津周边地区,但都与天津密切相关。直奉两军先后都在天津设立总司令部,负责整个战役的指挥和调动。直军还在天津设立后方医院,负责伤员的救治。天津火车站也成为直奉两军争夺的战略交通枢纽。天津成为一个不设防的城市,给天津人民带来了巨大损失,也给天津的社会经济造成了一定影响。李学智、马俊波考察了近代天津的两次抵制日货运动,他认为发生于五四运动时期和九一八事变之后的两次抵制日货运动,前者出于民间自发,采取的民间自主行动;后者则出于国民党当局的组织、推动,并且对商学之间出现的矛盾进行调解。正是由于两者之间组织者的不同,使得两次抵制日货运动出现截然有别的情况,这体现出十余年间民间和官方力量的消长，也反映出近代中国社会从传统向现代转型的曲折历程。周梦媛考察了琉球志士向德宏等人为免于琉球被日本所吞并，来津寻求李鸿章的支持，最终却难达目的，林世功绝望之余自杀殉国，在运河畔谱写了一曲南国悲歌。

张利民考察了1875至1930年天津杨柳青人在新疆经商的情况。认为津商在左宗棠收复新疆后，适时进入新疆，带动了新疆的经济恢复和发展。他们将新疆产品推向内地和国际市场，促进了新疆与国内外市场的商品流通与资金往来，建立了沿海内地与新疆的经济纽带。津商注重民用生活需求，经营范围广泛，他们在新疆的活跃时期正值中国社会转型，因此对新疆发展的影响更具时代意义。津商加强了新疆与内地的经济联系，促进了民族交融，客观上维护了中国的统一。李树德从自己的父亲写起，引出其工作的天津西门里大街广泰兴百货店，再引出与广泰兴交易频繁的新疆老客，从微观角度折射出了杨柳青人赶大营的重大历史。杨兴隆以清末天津县自治为中心考察了近代天津绅商的参政议政问题。近代绅商阶层在办理地方自治事宜上，一方面因自身半官半商的特殊属性致使自身与官方割舍不断的联系，从而模糊官治与自治间的界限；另一方面因"在商言商"的传统仍挥之不去，导致绅商惯性地偏向固守眼前利益，与己相关则努力争取，稍涉其他则心存疑虑，不愿轻易尝试，在许多事情尤其是政事中，表现得尤为谨慎小心。从天津县自治中绅商的表现和行为来看，身份与传统的桎梏使这一新兴阶层在参政议政上未能迈开步子，而是瞻前顾后、患得患失，反映出在近代中国社会的转型时期，绅商作为由传统商人向近代资产阶级过渡的特殊群体，正在新与旧、官与商之间徘徊挣扎，并试图从传统与近代的平衡之中找到一条自身的转型之路。何德骞考察了民国时期河北省政府成立与河北省第一次行政会议的情况,可以窥见当时天津市河北区所具有的政治地位。

任吉东、王歆以天津为中心考察了近代中国城市粪溺问题。认为公共卫生作为一种新的文明形式输入进中国的文化母体,也面临着一个适应、生存和发展的问题,而它又与近代的行业变迁、殖民侵略和国家建设等纠合在一起,在诞生时期就面临着经济利益的挑战、殖民霸权的阴影和习惯惰性的反扑,使得原本简单易行的方便变成了错综复杂的不方便——深刻地反映出这个转型时期特有的时代主题:既有传统行业重新定位洗牌的整合与重组,也有东西方文化在社会生活层面的全方位接触与碰撞,更有国家和社会之间悄然发生的一次控制与反控制的争锋与博弈。赵威考察了都统衙门与城市治理问题,认为都统衙门出台的一系列城市治理制度,对天津城市基础设施建设、城市税收制度建立、公共环境卫生管理、警察制度建立等起到了初创或示范作用,极大地改变了天津城市面貌,提升了城市文明。更重要的是改变了人们的观念,加快了天津城市治理的近代化步伐。李锡文考察了天津旧时"混混儿"情况。所谓"混混儿"属于流氓阶层,但更接近于"地痞无赖",是一帮游手好闲、没事找事、聚众打架、生死不怕、为害一方的土棍。他们惯于"玩死签",以自毁自残的极端手段,从胆量到气势上压倒对方,使对手屈服。这是旧时天津的畸形社会现象。察古观今,如今"混混儿"少了,但是"黑社会"现象依然存在,维护社会稳定依然任重道远。

洪卫国通过中国参与1873年维也纳世博会,考察了第一次走向世界的天津情况。认为正是由于参加维也纳世博会的成功,清政府才有意愿参加以后的历届世博会,也正是由于津海新关备办

1873年维也纳世博会展品,从贸易与社会人文的角度,向世界介绍了一个正在走向开放的天津,让天津第一次走向了世界。井振武考察了中国留美学生运动,认为天津是"留学宣言"的诞生地,也是幼童赴美留学的酝酿地,并在中国走出去的过程中充当了领头羊的角色,因此天津乃是中国留学运动名副其实的发祥地。正是在天津引擎推动下,走出国门向西方学习、振兴中国成为一股不可阻挡的历史潮流。王和平考察了天津马拉列车的来龙去脉,认为这条马路列车是法租界当局为了方便东局子和紫竹林之间的联系而修建的,一直运行了四十余年,并由此使东局和周边的大片土地成为租界外的租界。

六、文化与天津

天津虽然是一个商业都市,但在文化方面也不遑多让。文化学者陈雍先生说津沽文化不是一个割裂的短时段的文脉,而是绵延不断积累的过程。除此之外,也有人说天津只有俗文化,缺乏雅文化。其实,这也不值一驳。如果没有雅文化,何来历史文化名城的称号。如果没有雅文化,也就不会有李叔同、梁启超、曹禺等文化大家的出现,如果没有雅文化,近代天津的出版业、新闻业也不会诞生出《大公报》《益世报》等全国有影响的大报。近年来,如果不是"书香天津",全国知名学者和文化人也不会大多来津举行讲座和签售会。俗文化就更不用说,天津乃曲艺之乡,各类曲艺争奇斗艳,相声茶馆更是热火朝天,一派繁荣景象。因此,天津是一个雅俗共举的文化都市,是值得我们骄傲的城市。对此,有不少学者论及。

杨莲霞以《北洋官报》为中心考察了清末官报的白话风格与社

会启蒙。认为晚清时期,传统的官方纸媒开启了近代转轨的步伐,它们通过变革报章书写文体,创新编印式样等手段,最大限度地照顾民众的阅读感受,试图弥补传统官媒"民众在场"的缺位。同时这种变革也为近代讯息传播和公共舆论的构建奠定了厚实的社会基础。报刊媒介既扩大了知识传播的限界,又在一定程度上缩短了与基层民众的距离,有效地实现了社会动员和民众启蒙。郭辉考察了清末天津教育品陈列馆的历史,利用相关文献,厘清了天津教育品陈列馆的建立过程、陈列内容和开放情况,认为作为天津近代较早建立的专门博物馆,尽管存在时间较短,但其在天津近代博物馆发展历史上却具有开创性的作用。罗丹考察了民国时期崇化学会在天津文庙的国学活动,认为崇化学会通过开展国学教育和研究活动,汇集和培养了许多文史方面的学者,在天津近现代教育史、文化史上都留下了浓墨重彩。对于民国社会转型时期传承和弘扬儒学精神,也发挥了特殊而重要的作用。冯伟从老报纸《冀东子弟兵》所刊登的新闻考察了汉沽解放时冀东军区所属部队赢得百姓拥护的历史,说明正是人民解放军的严明军纪,使得军民团结如一人,形成了强大的战斗力和凝聚力,取得了解放战争的胜利。周持考察了南开大学分校作为天津档案学高等教育先行者的情况,认为南开大学分校档案系虽是在特定历史环境下仓促成立,但是却为天津培养了大批社会主义档案事业建设者,为天津市的高等教育事业和档案事业做出了极大贡献。

韩吉辰考察了天津最早的"赏菊诗社",影响最大的一次则是1716年查为仁首倡的"赏菊唱和诗社",并有背景特殊、和者甚众、对《红楼梦》创作有极大影响的三个鲜明特色。孙爱霞考察了《北洋画报》里的女性诗歌,其作者既有像曹红俤、姚佐唐那样的旧知识女性,也有像吕碧城、李昭实、吕美荪这样的新知识女性。她们所书写的民国女性眼中的文坛、社会,为我们观察民国社会提供了另一个视角。谭汝为研究了天津方言单音节词,认为天津方言之所以出现较多单音节词,一是天津方言在句式表达上力求简洁明快,而单音节词适应了这个语用特点;二是天津方言单音节词读音响亮,表义显豁,特点鲜明具有很强的表意功能。这也有助于深化天津方言语法及语义的研究。罗文华通过对杨大辛《拾穗集》、周汝昌《曹雪芹小传》、孙犁《农村速写》《天津日报·文艺增刊》创刊号的考察,探讨了天津文化人在中国文学史上的地位。张金声通过考察周叔弢、徐世昌、李盛铎、齐白石等人的信札及收藏,探讨了旧时文人之间的交往与社会生活。

王勇则利用各种文献资料,详细考证了"电影"一词的溯源。认为 1903 年才是国内出现"电影"一词的重要时间窗口。人们对于"电影"这个新名词,确有一个逐渐消化、容纳和习惯的过程,但这个过程并不漫长。"电影"一词在京津地区被普遍使用,下限当在光绪末(1906—1907 年),显然早于以往述作中判断的 1909 年(或称宣统年间)。而国人对"电影"一词的最终接受和广泛运用,也真切地诠释了新兴词语在形成和发展过程中的逻辑性。王晏殊以《北洋画报》"电影专刊"为中心考察了中国早期电影批评对传统文化价值观的传承与传播。《北洋画报》中的电影评论自觉或不自觉地以中国传统文化营养为渊源,借助电影批评文本捍卫着"西进东退"后逐渐丧失的或变质了的传统文化观念。但是电影在满足观众娱乐需求与审美想象的同时,也要完成对电影文化价值的正确定位。在电影批评中植入符合人类多元文化取向与国家核心利益的文化价值观,也是电影研究业者的文化使命。

鲍震培从相声的现状谈起，认为现在相声存在一些问题，就是对传统相声的优良传统视而不见，降低了相声的艺术品味。病了，就得治。那就是要"固本强基"，学习经典的精华，激浊扬清，提高相声的审美品味。孟国考察了谦德庄的市井文化，认为其市井文化带有明显的商业倾向，各类通俗文艺活动是市井文化的重要内容。王海冰考察了当代民间小剧团小剧场话剧演出的情况，认为现在小剧场话剧演出还处于举步维艰的局面，一是因为场地问题，二是因为经费不足，三是剧本问题。对此，他提出政府应该分类对小剧场进行扶持，打造好的剧本，政府有关部门和有志之士共同努力，才有可能实现小剧团小剧场话剧演出的繁荣与发展。王兴昀考察了民国时期天津戏曲演出场所的运营模式，认为戏曲演出作为民国时期天津市民最为热衷的一种休闲方式，成为最具代表性的城市文化产业。民国时期天津戏曲演出业展现出了极强的活力，戏曲演出场所也呈现出百花齐放的局面，并以积极的态度不断调试着自身的运营模式和经营方式，适应着不断变化着的外界环境和观众观剧习惯。吕明通过收藏的连环画，挖掘出其中的天津故事，认为连环画创作中多有天津题材，一是因为天津历史丰富，二是有诸多连环画创作高手，推动了天津连环画事业的繁荣与发展。

七、回顾与展望

第六届问津学术年会，在大家的共同努力下，取得圆满成功。专家学者各抒己见，百花齐放，达到了互通信息、沟通交流的目的。而且在区域合作等方面也取得了一定成果，无论是学院与民间的交流合作，还是民间学者之间的交流合作，都得到进一步深化，并且取得了具体的成果。这是值得祝贺的事情。

如何在现有的基础上继续深化合作,开展共同研究,是一个值得探索的方向。在京津冀协同发展、雄安新区建设不断推进的今天,我们还需要加强与京冀的交流,并与相关社会组织、研究机构开展交流与合作,共同推进区域史和地方史的研究。

相信,未来会更加美好!

2019 年 10 月 7 日于沽上静心斋

转型、多元、互动：
近代天津的社会变迁
——第六届问津学术年会综述

万鲁建

2018 年 12 月 29 日，第六届问津学术年会在天津市河北区巷肆创意产业园内的问津书院举行。来自南开大学、天津大学、天津师范大学、天津财经大学、天津社科院、天津档案馆（天津市地方志编修委员会办公室）、天津博物馆等单位的研究人员以及民间文史专家共 70 余人参加了本届年会。

上午 9 时，年会在二楼集堂举行了开幕式，由问津书院理事长王振良先生主持。按照惯例，王振良汇报了 2018 年问津书院的工作，并就 2019 年工作计划进行说明。之后，天津师范大学历史文化学院教授李学智作主题发言，他根据自己从事史学研究的经验，谈了天津近代史研究的现状，以及今后可能的研究课题，在与会专家学者中产生共鸣。开幕式后，在三楼学海堂、四楼止月轩、一楼双槐书屋进行分组讨论，尹树鹏、侯福志、万鲁建分别主持。下午的闭幕式仍由王振良主持，各小组主持人汇报了小组研讨情况，王振良作最后总结。

本届年会的与会学者,可谓群贤毕至、少长咸集。既有长期耕耘在天津史研究领域的前辈学人;也有初出茅庐正在孜孜以求的青年学人,他们共同绘制着天津历史文化研究的美好蓝图。本届年会共提交文章80余篇,既有专业的学术论文,也有通俗的报刊文章。既有纯学理的思考,也有以考据见长的实证。然文章不论长短,皆表现出扎实的功底和严谨的学风,凸显了与会者的学术素养。

一、聚焦近代天津的社会转型

天津开埠始于第二次鸦片战争之后签订的《北京条约》,此后在洋务运动、庚子事变、清末新政等一系列重大历史事件的冲击下,天津在各方面都发生了重大变化,无论是政治、经济,还是社会与文化,都呈现出转型期的重要特征。本次年会有不少学者将目光聚焦于此,试图从不同方面解读转型时期天津社会的变化。有学者从政治角度考察了这种社会转型变化,如杨兴隆考察了近代天津绅商参政议政的问题。他认为自1906年袁世凯在天津开始试办地方自治,天津绅商便逐渐开始摆脱"在商言商"的传统参与政治的方式,而且在天津县自治的筹备、组建和具体操作过程中都参与其中,在近代天津的转型过程中发挥了不容忽视的作用。当然作为由传统商人向近代资产阶级转型的过渡群体,自身具有诸多局限,使近代天津的转型在政治上也表现出改良性。赵威则考察了都统衙门对近代天津城市的影响,尤其是所出台的一系列城市治理制度,对后来天津城市基础设施建设、城市税收制度的建立、公共环境卫生管理、警察制度建立都具有示范作用,勾勒出都统衙门在近代天津城市转型中所发挥的独特存在。

有的学者从文化角度做了分析,如杨莲霞通过对清末《北洋官报》的重点考察,发现传统官方纸媒的书写问题、编印式样变化以及取悦民众的意图等,指出《北洋官报》试图弥补传统官媒"民众在场"的缺位,并由此引发社会效应,使得各地开始选派专员进行白话演讲、设立民众阅报机构,甚至创办白话报刊,打破了传统精英社会垄断支持传播的界限,缩短了与基层民众的距离,实现了社会动员和民众启蒙。倪斯霆则考察了梁启超所大力宣扬的"小说界革命",指出其实际上是严复等人首倡于天津,并对后世中国现代小说创作和评论产生了深远影响。而这既是天津转型时期带来的变化,也是转型时期所具有的特征。所有这些,都使我们更可以更深入地理解近代天津的社会转型所具有的丰富内涵。

二、探索多元城市文化空间

城市文化空间并非单一,而是呈现多元化。尤其是在近代天津这种中西交汇、新旧更替决然而行的城市,更是具有多样性。如果从文化的性质来说,近代天津既有老城的传统文化空间,也有租界的外来文化空间,甚至还有华洋杂处的混杂文化空间。高伟所谈的娘娘宫年货市场,李锡文所谈的旧时"混混儿",孟国所谈的谦德庄的市井文化,都可以说是一种传统文化。春节是中国人最为重要的节日,天津人每到春节前都会到宫南宫北大街逛年市购年货,逐渐形成风俗。而这恰是中国传统文化最集中和最鲜明的表现。而"混混儿"以及谦德庄的市井文化,从根本上说都是传统文化在天津城市的外在表现。近代天津先后有九国租界,存在 80 余年,在租界内则形成了典型的西方文化空间。在这个空间内,处处充盈着欧风美雨,这里的西式生活、文化娱乐和体育活动各有特色,犹如一幅万国博览图,具有国际大都会的色彩。中西文化既对立又融合,共同形塑了天津城市的多样化文化空间。

如果从文化的类型来说,也有高雅与通俗之别。杨传庆所谈之问津书院与姚范、章用秀对问津园前世今生的考证,罗丹关于民国时期崇化学会在天津文庙的国学活动等相关论述,实际上均属于精英文化和高雅文化的范畴。高雅文化的兴盛,将会带动整个城市面貌的改变,使得整个城市充满"文化味"从而也显得高大上。至今,仍有人认为天津是个"没文化"的城市,这是缺乏对天津高雅文化有深入了解的表现。相对高雅文化,像戏曲演出、电影、年画等,则更多具有通俗文化的特点,也是大众所喜闻乐见的娱乐方式。对此,王兴昀、王晏殊都有专文论述,王勇则甚至还对"电影"一次在中国的出现进行了考证。王海冰则对现代民间小剧团小剧场的话剧演出情况作了考察和分析。为我们开展天津戏剧活动对比研究提供了可能。

三、市郊学者加强联动与合作

这几年,问津学术年会有一个显著变化,就是来自郊区的学者和关注郊区的专家日益增多,更为难能可贵的是,一些郊区学者还建立了联动机制,如武清、静海、宝坻以及塘沽等地区的学者建立了微信群等快速沟通渠道,实现了资源共享。这种合作共赢的模式,远胜于昔日的单打独斗,不仅有利于推动市郊各区的文史研究,也为天津市内各区甚至京冀等地开展交流合作奠定了基础。

本届年会有来自郊区县的学者13人,提交的年会论文涉及郊区者将近 20 篇,由此可见天津学者对郊区研究的日益重视。如李佳阳对静海区历史文献的搜集和田野调查,宋健和陈兆军对宝坻区历史名人和科举文献的挖掘与整理,李瑞林、李红路、王雅鸣对滨海新区风俗文化、历史遗存的不懈书写,罗艳春、张乐君等人对葛沽等地的持续关注,李汉东、侯福志等人对武清区的桑梓深情,都是令人感动和钦佩的。也正是有了他们的坚持和努力,不断挖掘、记录和整理,使得近几年关于天津郊区的文史研究取得了丰硕成果,有力地推动了天津郊区文史研究向纵深方向发展。

天津史研究不仅包括天津城市史研究,还包括对郊区和广大乡村的研究。我们只有将天津市视为一个整体,打破行政区划壁垒,加强相互间的合作与交流,才能真正将天津史研究推向一个更广阔的空间和平台,并由此建立起"天津学"研究的框架,逐渐使天津历史文化研究在全国占据一定地位。如今,郊区的一些学者已经进行了良好的互动,如李汉东、李佳阳、陈兆军等人密切合作,相互通气,共同推进,在有关各区朱卷的搜集和整理上取得了实质性成果。市内各区也要学习他们这种开放和共赢的合作模式,加强相互之间的沟通与联络,尽快建立联动机制,实现真正的高水平合作,共同将天津史研究迈上新的台阶。

四、不要停留,当大胆向前走

问津学术年会已经走过六个年头,如果五年可算作一个小结的话,那么 2018 年底举行的第六届年会,则昭示着未来五年天津地方历史文化研究的良好开端。无论是学院的专业学者、还是民间的文史专家,还是资深的业余爱好者,都认为一年一度的问津学术年会,是对天津历史文化研究的检阅,为学人之间的沟通和交流搭建了有效平台,很好地发挥了互通信息、交流成果、取长补短、共同提高的作用。

但是,回过头看历届问津学术年会,我们仍觉得存在一些不足,需要在未来能够突破,以取得更大的成绩。

首先,学院派与民间派之间虽然消除了很多误解,彼此有了很多的理解和交流。但是如何扬长避短,发挥各自优势,开展更加实质性的合作,仍是需要探索的重要课题。

其次,应该从更宏大的视野开展天津史研究。不仅要跳出天津看天津,甚至应该从全国或全球的角度来看待天津,无论是历史上的天津还是现实中的天津,都需要我们有更宽广的视野、更多元的高度。更有效的方法去认识天津。

再次,我们不但要研究天津,还应该将研究成果推向外界,让更多的人认识天津,关注天津,研究天津。天津不只是天津人的天津,也是中国人的天津,甚至是世界人的天津。只有如此,天津才能走向世界,世界才能拥抱天津,天津史研究才能取得重大突破,才可能真正形成"天津学"研究。

对天津学人来说,问津学术年会既是对过去一年天津史研究的回顾和思考,也是对新一年的展望与期待。相信未来会更加美好!

(发表于 2019 年 1 月 28 日《藏书报》第 8 版"问津")

从宏观到微观
——第六届问津学术年会第一组讨论小结

尹树鹏

　　本组各领域人才荟萃，进行了多角度、多维度的交流、探讨，而且有碰撞和倡议，并对未来充满期待和希望。本组既有宏观理论的探讨，也有微观的考据。下面简单介绍我们小组的基本情况。

　　葛培林先生重点谈了直奉战争对天津的影响。他从天津的空间变化讨论了直奉战争为什么发生在天津，并就天津人对直奉战争的支援情况作了探讨。金彭育先生结合自己家族的历史，挖掘新的史料，发现了家族史的一些新情况。李学智先生探讨了天津两次抵制日货运动的异同，他认为1919年的抵制日货运动，民间力量很强大，政府妥协屈服。1931年的抵制日货运动，虽然民间力量依然很强大，但是政府管制力量加大，国民党党部进行了严厉的控制，所以其取得效果就不如前一次明显。罗文华先生结合四份乡邦文献，即杨大辛的《拾穗集》、周汝昌的《曹雪芹小传》、孙犁的《农村速写》以及《天津日报·文艺增刊》创刊号，谈了自己的认识和看法。曲振明先生利用翔实的资料，探讨了河东盐坨的历史变迁。谭汝为先生介绍了自己多年来对天津方言的研究及取得的成果，并将中国方言的母语确定为淮河平原上的三角地带，把中国方言的母语地理空间界定得非常清晰，认为这是一种突破。

吴裕成先生通过运河沿岸的考察，探讨了天津由"赛淮安"到"小扬州"的变迁过程。为运河线性文化传统提供了一个很好的例证。严孝潜先生结合严复的地位，认为天津近十年来对严复的研究还比较薄弱，呼吁大家共同努力，编辑严复编年纪事，举办相关讲座，共同推进严复研究。张绍祖先生通过对 1902 年大公报记载的梳理，把丁字沽小学的建校时间提前了 27 年。张利民先生对口述史和赶大营的研究做了梳理，对如何构建文化自信，提出了自己的看法。并从专业研究者角度提出，"据说"一词在历史研究领域应当慎重使用。这一看法得到与会专家的认同。章用秀先生则探讨了问津园的前世今生。甄光俊先生长期从事戏曲史研究，对解放初期天津戏曲的发展做了梳理，并探讨了戏曲在巩固新政权方面所发挥的作用，以及传统戏曲当时是如何进行改革以适应新社会的发展。尹树鹏探讨了天津教育问题，认为在新式教育兴起以后，各个阶段政治生态的不同，造成其特点是不一样的。认为近代民间办学力量是不容忽视的。天津大学的陈印政老师则从科技史的角度，探讨了天津现代化的过程。冯智强先生探讨了天津翻译家群体，认为研究翻译史就是研究翻译家，汉语也深受外来语的影响，现代汉语所呈现的一些新特点，其实也能从近代汉语窥其一般。他还希望今后能加强翻译史尤其是天津翻译史的研究。

从史料到口述

——第六届问津学术年会第二组讨论小结

侯福志

本组总计有 17 人,有 3 人请假,发言的总计 14 人。大家虽然专业不同,且有些同志并非专业研究者,但大家都热爱天津,喜欢历史,因此能够聚集在这里,共同探讨天津的历史文化。本组讨论广泛,主要是围绕三个方面展开讨论。

一是各有所长,共论天津。宝坻的陈兆军先生今年出版两本书,一本是《科举世家"李半朝"》,一本是《清代宝坻硃卷集成》,都是有关宝坻文史方面的著作,对于天津科举史研究也具有一定价值。何德骞先生一直从事工艺美术方面的工作和研究,希望今后能在天津工艺美术史方面做出一些成果。张诚先生是老照片收藏家,长期利用老照片所蕴含的信息,解读天津的历史与文化,挖掘出了不少不为人所知的历史信息。周醉天老师除了担任问津讲坛的主持人之外,还组织天津文史学界的专家学者签名售书,让专家学者的成果为更多人了解。宋文彬先生是著名学者叶嘉莹先生的弟子,对诗学有很深的研究,并由此延伸到天津地方文化史的研究,经常在报刊发表大作。井振武先生一直从事留美幼童的研究,而天津又是很多留美幼童归国后的工作之地, 因此天津与留美幼童密切相关,值得深入挖掘。

二是重视史观,挖掘细节。井振武先生提出大历史的概念,他认为作为天津学者,我们不能将眼光仅仅局限于天津本地,或者是拘泥于一些历史细节,而应该放眼全国,立足天津。这就是视角要放在全国,落脚点要放在天津。对此,与会学者表示认同,大家认为天津学者应该将天津发生的一些历史事件放在整个近代中国的历史进程中去看待,并判断其地位和意义。也有一些专家学者提出要注重历史细节,大历史不能少,历史细节也不能缺失,否则就容易陷入无本之源。历史不能泛泛而谈,要注意细节,也就是要注重一些鲜活的史料。这些史料,一个得自于口述,一个是深入挖掘历史文献。天津保留的相关文献和史料还是比较丰富的,还需要我们继续尽力挖掘。既要有大的历史观,又要注重历史细节,两方面结合,对于我们今后开展天津史研究将大有裨益。

三是共同探讨,相互促进。与会学者还就共同关心和感兴趣的话题展开深入交流和讨论。本组讨论最多的一个问题是潞河督运图。去年本组的高伟先生、周醉天先生就曾对本问题展开过深入交流,该图究竟描绘的是天津还是通州,至今史学界还有争论。但是天津学者经过深入研究, 可以确认目前的潞河督运图所描绘的就是天津。另一个讨论较多的是对天津的诗人。今天有两位专家提到杨轶伦、杨轶群两位天津籍诗人,杨轶群还是天津文史馆馆员,武清人。两人在天津诗学具有一定的地位。孙肇净先生提到,杨轶群被抄家后心情抑郁, 为此孙丕容专门写诗安慰他。杨轶群看到诗后,豁然开朗,心境为之一变。这既是一段津门文坛往事,也是历史细节的生动表现。再一个讨论较多的是王懿荣，也就是甲骨文的发现者。关于究竟谁是甲骨文的最早发现者，目前还有争论。孙肇净说在《孙丕容书法集》中有一篇文章专门对此进行了考证。井振武先生通过考证，从五个方面论证天津是中国留学的发祥地。这也是百年看天津的一个重要方面。阎伯群先生结合中华武士会做了很多文献资料的整理编辑工作。尹忠田先生则追踪了著名报人刘髯公的事迹。

　　总之，我们讨论很热烈，交流很深入，深感收获很大。

从城市到郊区
——第六届问津学术年会第三组讨论小结

万鲁建

本组总计有 25 人,但因事未到者也有不少,参加讨论者共计十余人。本组年轻人居多,讨论比较自由,也比较热烈。

本组来自郊区县的专家学者较多, 而他们大都怀有深深的桑梓情,主要关注本地的文史研究。汉沽地区的李瑞林先生,长期从事汉沽地方史以及中华武士会方面的研究。他通过田野调查等方法,搜集了大量相关史料,其著作《汉沽乡土轶闻》多次再版,很受汉沽当地人的欢迎。罗艳春先生是天津师范大学的教师,他的研究方向是历史人类学,具有很强的田野调查能力。他最早从事江西万载万县的社会调查,来津后开始关注天津,开展对葛沽、汉沽、武清等地的田野调查。今年重点关注的是静海独流,正在做的一个课题也是《老报刊里的独流》。从他的研究来看,我们应该思考专业研究者和地方史研究者如何沟通和交流,以便能更好地开展相关研究。这就是说双方要能够在交流中得到收获。这些年我们也一直在做运河的调研,但除了发表相关论文外,还没有形成系统的研究成果。而这就需要我们在交流中加强与民间文史学者的交流。地方学者更注重资料的挖掘和整理，专业研究者的研究理论和方法，则是民间文史学者所应当学习的。两者应当形成互补，开展更为深入的交流与合作。静海的李佳阳和师大的罗艳春两个人就是一个非常好的例子，他们互相交流，加强合作，形成了良性互动。罗艳春去静海等地考察，得到了李佳阳的诸多帮助。李佳阳在整理静海的硃卷，相关理论知识也从罗艳春处获益良多。两者之所以如此迅速达成合作，也与天津问津书院这个平台的搭建有密切关系。李汉东老师也是研究武清文史的一名地方学者，日常尽力搜集有关武清的相关史料，如有关武清的诗歌、运河方面的资料。他还和李佳阳、陈兆军等人建立微信群，以方便相互之间的交流。在目前讲究大数据的时代，团队合作更是必不可少，也可以避免做无用功。李红路则是长期关注塘沽地方史，搜集了大量塘沽史料，并撰写相关文章，推动了塘沽地方史或者说滨海新区历史的研究。

这些地方史学者相互沟通交流，共同推进，能够更深更快地推进天津史研究。

此外，大家的关注点相对分散，我简单介绍如下。天津师大的林海清老师研究的是红楼梦的对外翻译问题。关于翻译问题，去年冯智强老师在我们组就有过相关讨论。中国文学如何走向世界，其实这里面也涉及一个翻译问题。譬如现在红学研究是一个热门，《红楼梦》被世界各国翻译成了很多文字。而天津又与红楼梦有密切关系，我们如何将天津作为切入点研究红楼梦走向世界的问题，也是我们值得关注的一个课题。2019 年是外交部向世界推介天津的一年，我们如何从"红楼梦"切入，向世界宣传天津，是一个很有意义的课题。我们应该借此机会，向世界介绍天津，推介天津，让天津走向世界,让更多人了解天津。

天津博物馆的杨兴隆老师关注的是近代天津自治,主要考察了绅商的参政议政问题。他认为盐商在其中发挥了重要作用。关于天津盐商的研究,国内外学者都有不少研究成果,如关文斌先生就曾有专著出版。张利民研究员也多次参加盐业博物馆的筹建,并发表相关论文。盐商在天津城市发展过程中发挥了重要的作用和价值,更加深入探讨盐商这一阶层在天津社会的地位和作用,仍旧是一个非常有意义的课题。

杨晓君老师是一名画家和书法家,她主要是通过画和书法来表现天津,如在今晚报发表的以天津老风俗为主题的画作,既富有情趣,又具有历史感。是一种很好的宣传天津历史文化的媒介与方法。如何让更多的人认识天津了解天津,其实除了著书立说、电视媒介外,利用画画和书法,也一样可以起到这样的效果。杨晓君女史的做法,就是一个很好的尝试。管淑珍老师虽然是作家,但是一直以天津为自己的创作源泉,曾出版《刘云若评传》《女刺客》等著作,都是天津的人和事。她现在所做课题是调查天津的老字号,以及如何让老字号在当代重新焕发生机。这不只是天津的问题,也是普遍性的问题。从根本上说,这是传统文化遭遇现代文明,如何融合与发展的问题。高万菊老师则谈到了抗战时期的大刀队问题。赵进杰老师考察了中国最早的女子师范学校的历史,并重点讲述了该校的两位著名老师即顾随和冯沅君。类似这种知名人物与天津的因缘,还有很大的挖掘空间。

总之,我们组的气氛非常热烈,讨论非常充分,也让大家都得到了展示的机会,同时也收获了很多。感谢问津书院这个平台,让大家共聚一堂!

第六届问津学术年会征稿启事

杜 鱼

问古鉴今，探索天津！

天津市问津书院按惯例，定于 2018 年 12 月 29 日，举办第六届问津学术年会，促进天津地方历史文化研究信息和成果的交流，欢迎各界学人积极支持和参与。现将有关事项和要求通报如下：

1. 参会者除特邀嘉宾自主决定之外，须提交 2018 年度发表的文章 1 篇，内容与天津历史文化相关，要求具有一定原创性，具体形式不限，长度一般不超过 1 万字。请在文末详注所发表的载体、期数（含总期数）、日期、页码等，报纸并请注明版序和版名。

2. 发表的载体必须具备下列条件之一：

①有正式刊号的期刊或报纸；

②有正式书号的独立或连续出版物；

③在全市性乃至全国性学术会议上交流过的论文（如收入内部论文集敬请注明编印单位、日期和页码）；

④天津市级相关专业部门（文史研究馆、政协文史部门、党史

研究部门、史志编纂部门、档案文物文献收藏编研部门)审核编印的非正式出版物。

3. 文章内容不得违反政策法律和损害公序良俗，发表文章的印刷品如列入保密范畴或仅供内部研究者谢绝提交。

4. 参会文章请以电子文本形式提交，在 12 月 26 日前发送至电子邮箱：wodejingxinzhai@sina.com（万鲁建）。文件名请统一设置为"作者姓名：文章题目"格式，文章题目含副标题，如"王振良：镜头中的记忆和屈辱——费利斯·比特及其在天津的军事摄影活动"。纸质文本一律不接纳。

5. 电子文本提交前请仔细与刊出的纸质稿核对，确保两个文本完全相同。除错字外内容上一律不作修改；注释请统一为脚注，序列号使用①②③……参考文献则统一置于文后，序列号亦使用①②③。

6. 文稿正文请统一为小四号宋体，小标题为小四号黑体。正文行距设置为 1.5 倍。文章主标题用二号黑体，副标题用小四号仿宋，署名用小四号楷体，三者均置于文首正中。

7. 所有通过审核的参会文章，将于 2019 年结集为《九河寻真.2018》正式出版。文章发表时配照片的，请同时提交至邮箱，照片说明文设置为文件名；配发照片含有顺序的，请在文件名中用 01、02、03 之类区别；发表时无照片的，不再另行配发。

8. 不符合要求的文章，将不再收入文集。结集文章问津书院和出版社均不支付任何形式报酬，每位作者送样书一册以为纪念。

9. 每位作者可将 2018 年度正式发表的天津地方历史文化文章，编制成目录附在文后，以学术性论文为主，篇幅较短数量较多者择要录入。

10.《九河寻真.2017》即将进入印刷程序,届时在年会上与作者见面。

11. 以上规定各类事项问津书院拥有最终解释权。

感谢天津学人对问津书院的关注和支持!

天津市问津书院

2018 年 12 月 06 日

第六届问津学术年会邀请函

尊敬的×××先生:

    由问津书院主办的第六届问津学术年会,定于 2018 年 12 月 29 日(星期六)举行。第五届问津学术年会文章结集《九河寻真.2017》、2017 年度问津学术讲坛文稿结集《三津谭往.2017》同时首发。今诚邀您作为特邀嘉宾莅临会议指导(有事可随时离会)。如有 2018 年发表的关于天津地方历史文化的稿件,可随时赐发给我,以便收入明年出版的《九河寻真.2018》。

    能否与会望告知,谢谢!

时间:29 日 09:00—16:30

地点:河北四马路 158 号问津书院(巷肆创意产业园内)

日程:09:00 开幕会(集堂 / 二楼会议室)

       09:40 合影留念(一楼中庭)

       10:00 分组讨论(一楼双槐书屋、三楼学海堂、四楼止月轩)

12:00 自助午餐(一楼餐厅)

13:30 分组讨论(一楼双槐书屋、三楼学海堂、四楼止月轩)

15:30 闭幕会(三楼学海堂)

16:30 散会

天津市问津书院

2018 年 12 月

第六届问津学术年会文章目录

（按作者姓名音序排列）

合计 86 篇

第六届问津学术年会日程

名称:第六届问津学术年会

时间:2018 年 12 月 29 日 09:00—15:30

地点:天津市问津书院(河北区四马路 158 号)

日程安排

09:00—09:30 开幕会(王振良主持),二楼大会议室(集堂)

　　王振良通报书院 2018 年工作

　　李学智先生作主题发言

09:30—09:50 合影(一楼中庭)

10:00—12:00 分组讨论(分组名单附后)

　　第一组 尹树鹏主持,三楼会议室(学海堂)

　　第二组 侯福志主持,四楼小餐厅(止月轩)

　　第三组 万鲁建主持,一楼书吧(双槐书屋)

12:00—13:00 自助午餐(一楼美术馆)

休息并参观问津书院

13:00—14:50 继续分组讨论

15:00—15:30 闭幕会(王振良主持),三楼会议室(学海堂)

小组主持人作分组总结(尹树鹏、侯福志、万鲁建)

大会主持人作会议总结并宣布散会

分组名单

第一组(26人)/主持人尹树鹏——三楼学海堂

鲍震培、高成鸢、葛培林、韩玉霞、金彭育、李学智、罗文华、孟国、倪斯霆、曲振明、任吉东、任云兰、谭汝为、王振良、吴裕成、严孝潜、阎金明、杨莲霞、杨秀玲、叶修成、尹树鹏、张慧芝、张利民、张绍祖、章用秀、甄光俊

第二组(25人)/主持人侯福志——四楼止月轩

陈兆军、高伟、韩吉辰、何德骞、侯福志、井振武、刘景周、刘礼宾、齐珏、宋文彬、孙肇净、田晓东、王海冰、王和平、王勇则、魏暑临、阎伯群、杨仲达、由国庆、尹忠田、张诚、张辉、张金声、周利成、周醉天

第三组(25人)/主持人万鲁建——一楼双槐书屋

管淑珍、郭辉、洪卫国、李佳阳、李锡文、林海清、刘春、刘宗江、鲁培雄、罗丹、欧阳康、沈红、万鲁建、王兴昀、王雅鸣、王晏殊、王垚、徐锴、杨兴隆、于霁丹、张乐君、张立巍、赵进杰、周持、周梦媛

重整行装再出发

万鲁建

时间真是匆匆,转眼间 2019 年都要过去了。回望 2018 年底的第六届问津学术年会,似乎都有些模糊了。而年会论文集《九河寻真.2018》却迟迟未能编定,这当然是我一贯拖拉的毛病所致。振良几次催促我往前赶,但我总是不以为意,到最后又总是手忙脚乱。十一假期之前,他再一次催工,我才开始上手,经过几天努力,总算是初见模样。假期出去几天后,回来继续奋战,终于在今天完成,明天总算可以安心外出开会了。

2018 年是问津学术年会的第六个年头,如果说以五年为一阶段,那么 2018 年就是"重整行装再出发"年份,这是值得纪念的,也是令人兴奋的。我想更应该努力编好论文集,开启一番新的面貌。但是,今年确实比往年要忙,尽管我自己也不知道在忙些什么,致使书稿延宕至今,颇令人无奈。

如此,对于展望的话,我也不好再说什么了,总之今后多努力吧。

不过,有些话我还是要说,尽管可能会得罪人。每年征稿的时候,都将具体要求重申一遍,可是五年过去了,仍旧还有不少文章未按规定提交,我作为编者确实感到为难。我在这里再次重申一遍,今年如果再不按照规定提交文章,明年的论文集将不再收录,还望见谅。

最后,还是要说感谢的话。感谢振良教授继续给我这样的学习机会,感谢天津社会科学院历史研究所所长任吉东研究员百忙之中赐序,感谢袁世凯玄孙袁侃先生题写书名。在这里,我还要向杨晓君女史说声对不起。本来我已经请她题写了书名,但按照文库每人题一签的规定,这次无法使用,我深感抱歉。感谢天津社会科学院出版社和张博社长在出版方面的大力支持,感谢天津社会科学院韩鹏的细心校对,也感谢所有提交文章的师友。

由于本人才疏学浅,加之懒惰成性,在编辑过程中难免出现讹误,还望作者和读者见谅!

2019 年 10 月 7 日夜于沽上静心斋

《问津文库》已出书目

(总计 92+3 种)

◎ 天津记忆

◎ **通俗文学研究集刊**

云云编：刘云若研究论丛　　张元卿编 38.00 元

品报学丛.第二辑　　张元卿、顾臻编 32.00 元

刘云若评传　　张元卿著 32.00 元

郑证因小说经眼录　　胡立生著 78.00 元

品报学丛.第三辑　　张元卿、顾臻编 48.00 元

刘云若传论　　管淑珍著 48.00 元

品报学丛.第四辑　　张元卿、顾臻编 58.00 元

走近姚灵犀　　张元卿、王振良编 58.00 元

◎ 三津谭往

三津谭往.2013　　王振良主编 39.00 元

三津谭往.2014　　万鲁建编 39.00 元

三津谭往.2015　　孙爱霞编 48.00 元

三津谭往.2016　　孙爱霞编 58.00 元

三津谭往.2017　　孙爱霞编 68.00 元

三津谭往.2018　　孙爱霞编 68.00 元

◎ 九河寻真

九河寻真.2013　　王振良主编 59.00 元

九河寻真.2014　　万鲁建编 59.00 元

九河寻真.2015　　万鲁建编 88.00 元

九河寻真.2016　　万鲁建编 98.00 元

九河寻真.2017　　万鲁建编 98.00 元

九河寻真.2018　　万鲁建编 98.00 元

◎ **津沽文化研究集刊**

《雷雨》八十年　耿发起等编	55.00 元
陈诵洛年谱　张元卿著	48.00 元
碧血英魂:天津市忠烈祠抗日烈士研究　王勇则著	98.00 元
都市镜像:近代日本文学的天津书写　李炜著	38.00 元
天津楹联述略　李志刚著	36.00 元
口述津沽:民间语境下的西沽　张建著	56.00 元
口述津沽:民间语境下的西于庄　张建著	108.00 元
紫芥掇实:水西庄查氏家族文化研究　叶修成著	58.00 元
芦砂雅韵:长芦盐业与天津文化　高鹏著	58.00 元
王南村年谱　宋健著	78.00 元
国术之魂:天津中华武士会健者传　阎伯群、李瑞林编	78.00 元
来新夏著述经眼录　孙伟良编	198.00 元
举火烧天:天津抗日杀奸团纪事　杨仲达、陶丽著	68.00 元

◎ **津沽名家诗文丛刊**

王南村集　王焕原著/宋健整理	68.00 元
严范孙先生古近体诗存稿　严修原著/杨传庆整理	48.00 元
星桥诗存　苏之銮原著/曲振明整理	58.00 元
退思斋诗文存　陈宝泉原著/郑伟整理	88.00 元
待起楼诗稿　刘云若原著/张元卿辑注	42.00 元
刘大同诗集　刘建封原著/刘自力、曲振明整理	88.00 元
碧琅玕馆诗钞　杨光仪原著/赵键整理	58.00 元
石雪斋诗稿(附遂园印稿)　徐宗浩原著/张金声整理	68.00 元
紫箫声馆诗存　丙寅天津竹枝词　冯文洵原著/杨鹏整理	88.00 元

思暗诗集　华世奎原著 / 阎伯群整理　　　　　　38.00 元

止庵诗存　周学熙原著 / 宋文彬整理　　　　　128.00 元

沽上梅花诗社存稿　孙爱霞整理　　　　　　　88.00 元

◎ 津沽笔记史料丛刊

严修日记(1876—1894)　严修原著/陈鑫整理　　138.00元

桑梓纪闻　马鸿翱原著/侯福志整理　　　　　　42.00元

天津县乡土志辑略　郭登浩编　　　　　　　　98.00元

严修日记(1894—1898)　严修原著/陈鑫整理　　128.00元

周武壮公遗书　周盛传原著/刘景周整理　　　　128.00元

天后宫行会图校注　高惠军、陈克整理　　　　128.00元

津门诗话五种　杨传庆整理　　　　　　　　　78.00元

《北洋画报》诗词辑录　孙爱霞整理　　　　　198.00元

◎ 名人与天津

李叔同与天津　金梅编　　　　　　　　　　　68.00元

我与曲艺七十年　倪钟之著　　　　　　　　　68.00元

辛笛与天津　王圣思编著　　　　　　　　　　88.00元

◎ 梓里寻珠

传承与突破:近代天津小说发展综论　李云著　　78.00 元

从租界到风情区:一个中国近代殖民空间在历史现实中
　　的转义　李东晔著　　　　　　　　　　　68.00 元

赶大营研究　张博著　　　　　　　　　　　　68.00 元

◎ 随艺生活